2012 年 4 月，俞立中出任上海纽约大学校长

1999年12月16日，俞立中陪同海峡两岸关系协会会长汪道涵（中）出席陈彪如教授九十华诞庆典

2003年，俞立中与上海师范大学学生校长助理交流

2004 年 12 月 7 日，俞立中率团访问韩国汉阳大学

2004 年 10 月 16 日，俞立中在上海师范大学 50 周年校庆大会上讲话

2006 年，俞立中看望华东师范大学瞿葆奎教授

2006 年 3 月 30 日，俞立中陪同上海市慈善基金会会长陈铁迪（前右）视察华东师范大学慈善爱心屋

2006 年，俞立中率团访问美国纽约大学，与约翰·塞克斯通（John Sexton）校长（前排左二）合影

2006 年 5 月 10 日，俞立中在美国芝加哥孔子学院成立大会上致辞

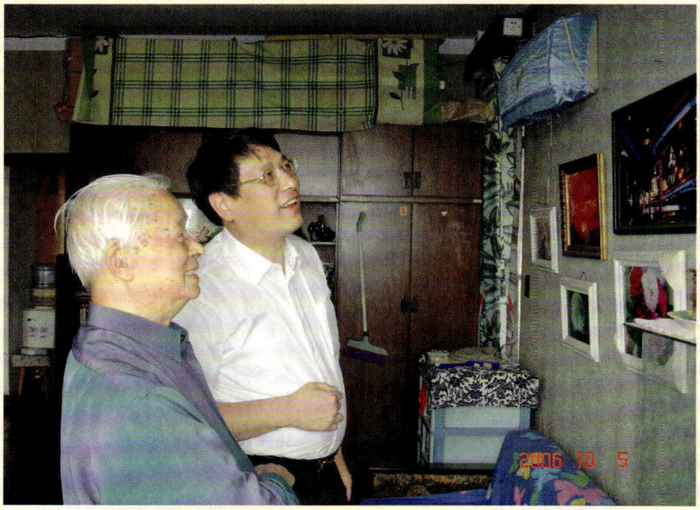

2006 年 10 月 5 日，俞立中拜访华东师范大学原党委书记施平

2008 年 2 月，俞立中出席华东师范大学春节联欢会，与留校学生共贺新年

2008 年 4 月 26 日，俞立中在华东师范大学校友代表大会上与原校长袁运开（左二）、张瑞琨（右二）、王建磐（左一）合影

2008 年 10 月 8 月，俞立中在华东师范大学闵行校区食堂参加首次“师生午餐会”

2008 年，俞立中随中国校长访学团在美国密西根大学学习

2008 年 12 月 27 日，俞立中出席华东师范大学首届人文社会科学原创奖授奖仪式

2009 年 12 月 23 日，俞立中出席华东师范大学国际文化节

2010 年 5 月 2 日，俞立中与校党委书记张济顺会见马拉维总统宾古瓦·穆塔里卡（右二）

2010 年 5 月，俞立中看望世博会志愿者——华东师范大学的“小白菜”们

2010 年 5 月 29 日，俞立中出席在华东师范大学举办的中国地理学会第十次全国会员代表大会

2010 年 12 月，俞立中在德国不莱梅大学与华东师范大学访学学生座谈

2011 年 3 月 28 日，俞立中出席上海纽约大学奠基仪式

2011 年 9 月，俞立中在华东师范大学新生报到时与学生及家长交谈

2011 年 10 月 16 日，俞立中在华东师范大学 60 周年校庆大会上致辞

2011 年 12 月 21 日，俞立中为丁肇中颁发华东师范大学名誉教授聘书

2012 年 10 月 15 日，俞立中出席上海纽约大学成立仪式

2012 年 4 月 10 日，俞立中和法国里昂高师校长雅克・萨马吕（Jacques Samarut）在华东师范大学中法合作研究中心合影

2013 年 8 月 12 日，俞立中在上海纽约大学首届学生开学典礼上致辞

2014 年 8 月 16 日，俞立中出席上海纽约大学新生开学典礼

2015 年 3 月 14 日，俞立中和上海纽约大学文理学部主任费大伟（David Fitch）教授在上海自然博物馆参观

2017 年 5 月 28 日，俞立中出席上海纽约大学首届毕业生学位授予仪式

2018 年 5 月 23 日，俞立中在上海纽约大学 2018 届学生毕业典礼上致辞

2019 年 4 月 16 日，俞立中拜会中国驻纽约总领事黄屏校友（前排右）

2019 年 11 月 26 日，俞立中在未来教育大会上作特邀报告

教育，看到一个更大的世界

俞立中文集

华东师范大学档案馆　编

华东师范大学出版社

本书编委会　汤　涛　林雨平　胡　琨

自　序

成年后的我，除了九年多的上山下乡经历，其他时间都是在大学里度过的，不是读书就是工作。如果从 1978 年上大学开始算起，我和大学结缘已经 40 年有余，在大学管理岗位上也有 24 年了，有幸经历了改革开放之初的大学教育复苏、世纪之交的高等教育快速发展、本世纪以来中国教育从数量到质量的转型。短短 20 多年的时间里，从“穷国办大教育”到“教育大发展”再到“从教育大国向教育强国转型”，中国高等教育实现了从精英化阶段到大众化阶段的转变，马上就要进入普及化阶段。回顾中国的改革开放，我们清晰地看到了这个大时代对高等教育发展的深刻影响，也看到了高等教育发展对改革开放的影响。说来也巧，正是在这个特殊的历史阶段，我先后担任了上海师范大学、华东师范大学、上海纽约大学这三所不同类型大学的校长，有机会直接参与中国高等教育改革和发展的过程，从而有了更直接的体验。

衷心感谢华东师范大学档案馆的用心，收集整理了我在三所大学有关大学管理和人才培养的讲话和文章，并选取部分内容，编撰了这本教育文集。这些文稿大致包含了以下几方面：1. 代表学校所作的工作报告或致辞；2. 在论坛或大会上的讲话或发言；3. 开学典礼和毕业典礼上的讲话；4. 务虚会议或工作会议上的发言；5. 报纸杂志上发表的文章；6. 网络平台上与学生的交流或感言。翻阅这些文稿，让我想起了很多往事，这是一次回顾，也是一次反省，真的感叹不已。坦率地讲，这部文集是三所大学的领导和老师们集体智慧的结晶；仔细读来，涵盖了很多人的思想和笔墨，只是这些文字是从我嘴里说出来的而已。当然，我也是这很多人中的一个，得益于大家沟通交流、相互影响，才有了这些想法。其中也有部分文稿是我在一些会议上的即兴发言，根据录音整理的，这些有感而发的话语也许真实反映了当时的所思所想。

在不同年代的讲话，必定带有那个时代的印记，但也留下了思想的轨迹。得益于改革开放，让我有机会由一名在黑龙江农场务农的知青转变成为大学生，而后又成为大学教师、留学生。在我的人生中，也许有过当教授的念想，但从未有当大学校长的奢望，是这个大时代把我推到了学校管理岗位上。更没有想到的是，这竟然成了我一生的事业。1996 年任华东师范大学校长助理、科研处处长，1997 年担任华东师范大学副校长，2003 年调任上海师范大学校长，2006 年回到华东师范大学任校长，2012 年被聘为第一所中美合作创办的国际化大学——上海纽约大学校长。经常会有人问我：担任地方师范大学、教育部直属 985 高校、中外合作的国际化大学的校长，有什么差别？我的回答是：都是挑战，永远是挑战！一路走来，一直是一个学习者，我没有受过教育管理的专业训练，没有忘记自己是一名地理学教授，但始终在学习的路上。如果有人要问我，在三所不同大学任职，有没有共同的教育理念，我一定会脱口而出——教育要以人为本，教育要面向时代，大学管理之道在于沟通。这不是空洞的口号，而是实践的体验，是一以贯之的理念，也是这本文集的主题。

教育工作者的心中一定要装着一个大大的世界，教育要让学生看到一个更大的世界。是为序。

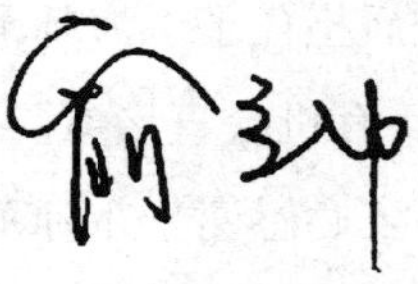

2020 年春节

目　　录

明确目标,统一认识,提升内涵,应对挑战①

（2003年5月）

进入新世纪后,学校各级干部和广大教职员工以党的十六大精神为指导,在校党委领导下,不断更新观念,抓住机遇,艰苦奋斗,全面贯彻落实《上海师范大学“十五”发展纲要》,走出一条自我发展的新路,学校的各项事业都有了新的发展。当前,上海社会经济跨越式发展和申博成功给高等教育带来新的机遇和挑战。近年来,高校在合并重组、规模扩张基础上的新一轮发展,使学校面临新的课题。为此,学校以“三个代表”重要思想为指导,总结经验,审时度势,调整策略,抓住机遇,应对新的挑战,适时修订学校建设发展规划。全校广大干部和教职工要进一步认清形势,在学校定位和办学理念上统一认识,在发展纲要的基础上细化目标和内容,落实政策和措施,明确责任和进度,切实做好后三年的组织实施工作,全面实现《上海师范大学“十五”发展纲要》提出的建设目标和各项任务。

一、科学定位,宏观调控,分类指导,提升内涵

《上海师范大学“十五”发展纲要》对学校的目标定位是：成为适应上海基础教育和社会经济发展需要的,以培养宽口径、应用型人才为鲜明特色的综合性大学。

学校的定位是清晰的,并得到教育部和市教委领导的充分肯定。但是,我们应清醒地看到近年来一批省属重点师范大学向高水平、研教型、综合性方向发展的态势逼人,上海各市属高校的建设发展在上层次、创特色、重应用等方面都下了很大的功夫,未来的竞争相当激烈。我们更要清醒地看到学校目标定位与发展现状尚有不小的差距,在办学过程中的矛盾冲突时有发生。因此,我们必须实现四个转换：在办

① 本文为俞立中在上海师范大学发展与规划工作会议上的讲话。

学理念上，由办综合性师范大学的理念向办有师范特色的综合性大学的理念转换；在办学思路上，由被动适应型、小富即安型向主动介入型、开拓发展型转换；在办学模式上，由单一化、传统型、封闭性的办学模式向多元化、应用型、开放性的办学模式转换；在办学的注意力上，向注重外延和规模的拓展向注重内涵和质量的提升转换，努力把上海师大建设成为上海不可或缺、不可替代的，特色鲜明的地方综合性大学。

在科学定位的基础上，学校要加强宏观调控，实行分类指导，真正把发展重心放到内涵建设上。内涵建设的重点是：加大学科与专业结构调整和建设的力度；加强学生综合素质和竞争能力的培养；加快师资队伍的建设；完善体制和机制的保障功能。内涵建设必须坚持以发展为主题，以改革为动力，以稳定为基础；坚持以育人为中心，以教学为主体，以科研为先导。

二、全面规划，加大学科与专业结构调整和建设的力度

学校的竞争优势往往在于其特色，而学校的特色又往往体现在学科与专业。在任何情况下，学校的资源总是有限的，学科与专业建设必然要有所为、有所不为。根据学校目标定位、学科发展趋势和社会人才需求，学校要注重顶层设计、全面规划，加大学科与专业结构调整和建设力度，使学校的优势和特色更为显现。

总体发展目标：力争博士点，扩大研究生教育规模；优化专业点，控制本科教育规模；提高办学层次，压缩专科教育规模。“十五”期间，本科专业调整为 60 个左右，硕士点发展到 70 个左右，博士点增至 15 个以上，力争在心理、教育、哲学、化学、生物、环境等学科领域有所突破。

分类指导原则：在同类学科中比较竞争优势，在专业方向上分析社会需求，根据学科与专业的整体情况制定发展策略。(1) 重点建设社会紧缺或贴近社会需求，且整体学科或局部学科领域已形成强势的专业，保持适度规模，保证学科梯队的可持续发展；(2) 在高层次上重点支持学科优势明显或有特色，但社会需求量小的长线专业，控制和调整规模，突出高层次人才培养，稳定学科带头人群体；(3) 在政策和机制上重点扶持社会紧缺或人才需求量大，但学科尚无明显优势的专业，合理扩大规模，加大领军人物引进力度，建设合理的学术梯队，错位竞争，选择若干学科方向实现重点突破；(4) 调整社会需求量小，且无社会影响、无学科优势的长线专业，缩小规模，

调整方向或逐步停止招生，严格控制进人，教师适当调配；（5）根据上海基础教育发展的需求，适时调整师范专业规模，重点支持教师教育创新，加快教师职前培养和在职培训一体化的探索。

重点建设优势学科。学校要重点建设在国内有优势的或在上海处于领先地位的优势学科（如：中文、计算数学等）。重点学科建设不搞面面俱到，而要突出重点优势方向或领域；不搞规模效应，强调层次提升、内涵发展；不搞封闭建设，重视开放流动、扩大辐射。

稳定巩固特色学科。对在上海乃至全国有较大社会或学术影响的学科和专业（如：历史、天体物理等），通过推出代表人物、优秀群体和学术流派，组织参与重大社会或学术活动，扩大影响，提升学科专业地位。同时，通过社会服务和社会影响，取得社会支持。

大力扶植新兴、交叉、发展性应用学科和专业。作为学校学科发展和社会需求的新生长点，特别是上海发展急需或人才短缺的学科专业（如：外语、广告、旅游、商学、生命科学、信息科学、管理科学等），要切实抓住时机、鼓励学科交叉、坚持以人为本、围绕优秀学科带头人组建队伍，精心扶植培育，积极争取各方支持，逐步形成学科优势或特色。

科研基地、学科梯队、科研项目、科研成果是学科建设的主要抓手；课程、教材、师资、实践基地是专业建设的主要抓手。校院两级要把建设经费集中投入到研究基地建设、人才引进和培养、课程与教材开发、国际合作与交流，使学科和专业得到实实在在的建设和发展，使全校师生员工的利益从根本上得到维护和保证。

三、明确目标，加强学生综合素质和竞争能力的培养

“十五”期间，在校学生规模因上海旅游专科学校的并入而有所调整。全日制本、专科生控制在 2 万人，其中 13 000 人在奉贤校区，7 000 人（本科生）在徐汇校区；研究生 2 800—3 000 人；各类留学生 1 200 人。在教育规模迅速扩大的背景下，学校更要注重学生思想品德教育，树立良好的学风，加强综合素质培养；更要强调分类指导，明确培养目标，加快教学改革，为学生提供各种学习和实践机会，增强竞争力。根据学校的定位，各类应用型人才培养是主流，教师教育是特色，同时学校仍要重视

精英人才的培养，使不同志向、不同追求的学生今天都能在学校得到理想的教育，明天都能在当今社会多样化的人才需求中找到自己合适的岗位。

加大培养模式改革的力度。学校要根据社会对人才知识结构和综合能力的需求，改革培养模式，提高学生综合素质和就业竞争力。要根据应用型人才、未来教师、精英人才的不同培养目标，采取不同措施：(1) 在完全学分制基础上，加快课程与教材建设，构建模块式课程组合，扩大选修课的比例，对学生选课进行分类指导；(2) 强化应用型人才培养的实践环节，拓展与企事业单位和政府部门的联系，通过各种渠道，广泛建立实习、实验、实训基地；(3) 重视优秀人才的选拔和培养，提供相应的课程模块，加强考研和出国深造指导；(4) 加快改革教师教育模式，建设教师教育终身学习的课程体系，尽快在学校推行注重课程和教学内容创新，灵活并具有普适性的教师培养模式；(5) 全面提高学生外语水平和外语应用能力，扩大与国外高校学生交流项目，为更多的优秀学生创造赴国外高校学习交流的机会，开阔学习视野，以适应国际化大都市发展的需求；(6) 组建就业指导委员会，加强人才市场的调研和预测，根据专业需求、人才素养、知识结构、能力技能等方面的市场要求，调整专业设置、课程结构和培养模式。

强化校园学术氛围，建设优质学习环境。学校要调动一切可能的资源，营造校园学术氛围，构建优质学习环境，倡导优良学风，提高学生的学习积极性和主动性，增强学生成才的自信心。(1) 挖掘课程资源，增加课程数量，提高课程质量，特别是通识课程的数量和质量；(2) 加强师资队伍建设和师德教育，完善教学质量监控体系，保证教学质量；(3) 将英语口语作为必修课，聘请外籍教授授课；(4) 加快图书馆建设，增加图书资料的数量，优化图书资料的结构，延长图书馆开放时间，提高图书资料的利用率；(5) 组织高层次专家学者的学术报告会和座谈会，在开展这类学术活动的数量、质量、措施、效果等各方面下功夫；(6) 鼓励学生独立开展或参加教师的社会调查和科研活动，注重创新能力的培养；(7) 增加功能教室、计算机房、实验室的开放时间，充分发挥资源效益；(8) 利用网络和计算机技术，在两校区间开展远程同步教学，举办互动式学术研讨会或报告会，增强学习效果；(9) 在学校主干道设置电子信息公告栏，使广大师生员工能及时获取有关信息，降低行政成本，提高行政效率；(10) 运用校报、广播、网络等各种宣传媒体，积极营造校园的学术和文化氛围。

四、政策导向，加快师资队伍的建设

师资队伍建设是学校发展之本。“十五”期间，学校面临的最关键，也是最困难的任务就是提高师资队伍的整体水平，优化师资队伍的结构。面对严峻的竞争局面，学校必须加大政策导向的力度，坚持人才培养和引进相结合的原则，坚持教师发展的分类指导原则，加快构建合理的学术梯队。

根据学科与专业发展规划，调整人才引进的政策力度和走向。人才引进既要抓住时机，又要注重规划。应在学科与专业规划基础上，针对学科队伍的薄弱环节，制定人才引进计划，有目的性、有针对性、有序地做好引进工作。对于重点对象，根据院士、学科带头人、学术骨干等不同层次，加大政策倾斜力度，采用灵活措施，必要时可设立特聘岗位，通过公开招聘，公平竞争，力争杰出人才的加盟。同时，也要着眼于可持续发展，增加优秀博士和博士后的引进或留用，组建学科梯队，改善师资队伍的学历结构，提升师资队伍的整体水平。

建立校学术骨干数据库，进行跟踪培养。统筹学校各方资源，有计划地为教师提供学习、进修、合作研究的机会，鼓励青年教师攻读博士、硕士学位，鼓励教师到国内名牌高校进修学习，鼓励教师在校内跟班旁听优秀外籍教师的课程，鼓励教师参加国际学术会议和国内各种学术活动。利用校际交流项目，有目的地选派骨干教师出国学习进修或合作研究，回国后能开设新课程或启动新的科研方向。为新上岗的博士提供科研启动基金，要求具有博士学位的青年教师坚持科学研究，保持持续发展的动力，以研究带动教学水平的提高。学校、学院和学科带头人要帮助和指导青年教师争取高层次的科研项目。

坚持教师发展分类指导的原则，政策导向、各尽所能、分类考核、各得其所。保证一批学术水平较高的学科带头人和学术骨干在完成最低本科教学工作量的基础上，以从事科研和研究生教育为主；部分科研任务重的教师可在一段时间内以学术休假形式集中搞科研。对于大多数教师，要强调业绩综合考核，其岗位职责应包含了教学、科研、管理、社会服务等各方面。根据实际需要，允许部分教师以教学，甚至以非学历教学工作为主。建立实质性的客座教授、客座副教授、客座讲师聘任制，构建相对稳定的兼职教师队伍，充分利用校外资源和退休教师力量，承担非全日制教育。

以人为本，围绕学科核心人物组织学术队伍。根据研究方向，以创新群体、工作室、研究基地、重点实验室等方式搭建科研平台，为德才兼备的学科带头人提供发展保障。职能部门要为优秀学术骨干提供全方位服务，尽可能使之集中精力，出高水平的成果。

加强学校宏观调控能力，积极指导和协助学院的师资队伍建设，加快人才引进和培养。学校要选择重点，在人才引进、教师培养、梯队组建等工作中主动介入，重点引进领军人物。严格控制教师队伍的数量和质量，生师比应与学校的地位和发展目标相符，以保证教学和科研工作的质量。

五、深化改革，完善体制和机制的保障功能

加强学校内涵建设必然会触及办学过程中的矛盾冲突，也会打破旧的平衡和利益格局。因此，必须深化改革，完善体制和机制的保障功能。全校上下要从学校发展的大局出发，形成共识，既要从长计议，又要勇于面对问题，敢于改革创新，推动学科与师资队伍建设，提高人才培养的质量，进一步开创学校工作的新局面。

加强决策程序的科学化。充分发挥专家学者对学校发展的决策咨询作用，调整校务委员会、学术委员会和学位评定委员会，修订三个委员会的章程，明确职责分工，使之在学校发展、学科与师资队伍建设中起到更重要的作用。进一步完善民主办学机制，充分发挥教职工在办学中的积极作用。

深化人事分配制度、岗位考核制度、职称评聘制度、教学督导制度、科研奖励制度等方面的改革。加强政策导向功能，激励广大教师高质量地从事教学和科研工作的积极性，鼓励教师面向社会，服务社会，参与竞争，增强学术活跃度。

强调科研体制创新。组建上海师范大学研究院，加强与政府和科研机构的联系，通过灵活机制，着力引进重量级人物。以研究基地建设为抓手，瞄准学科前沿或特色方向，集中科研力量，重组科研队伍，在一些领域取得后发优势，努力争取得到国家和地方的支持，进入教育部人文社科重点研究基地和上海市重点实验室行列。

加强协调，在组织体制上保证学校“十五”发展规划的实施。学院发展建设规划要以学校发展建设规划为主导，与学校发展建设规划相协调；师资队伍建设规划要

以学校学科、专业建设规划为主导。与学科、专业建设规划相协调，树立全局观念，加强宏观调控，规范规章制度，加大财政投入，实行科学管理。

摸清家底，科学调配，以提高效益为中心，加强教学和科研资源的管理，在学校资源紧缺的情况下更要强调使用效率。校、院两级都要加大对重点科研基地的投入。在实验设施上要集中建设，资源共享，充分发挥仪器设备的效益。

大力加强党建工作和精神文明建设。以三个代表重要思想为指导，坚持理论联系实际，兴起学习贯彻三个代表重要思想新高潮。推进凝聚力工程建设，充分发挥党组织的战斗堡垒和共产党员的先锋模范作用，充分发挥思想政治工作的保证作用。

对本科教育的三点思考①

（2003 年 7 月）

今天上午，项家祥副校长给我们作了一个非常精彩的中心报告，对上海师范大学过去这段时间里本科教育的现状和各方面所取得的成就作了一个非常全面的总结。同时针对社会对人才素质的需求，提出了专业培养的侧重点。今天下午我只想谈谈对本科教育的一些想法，大部分内容在项校长的报告里都有所体现，但有几个重要问题我想提出来供大家讨论。下面主要讲三点：

一、要充分认识本科教育在学校事业发展中的地位

几个星期前，项校长就跟我讲要在奉贤校区召开一次教学工作会议，希望我能够参加。我和项校长讲了，即使你不让我参加，我也要参加。因为本科教育对我们学校而言实在是太重要了。我在学校领导岗位上已经有七年的时间了，基本上没有和本科教育沾过边，分管的是研究生教育、科研等方面的工作。到了上师大以后，我感到从来也没有像今天这样更关注本科教育。我觉得对于一所大学而言，特别是像我们这样一所地方师范大学，育人肯定是我们最重要、最基本的任务。而在育人当中，本科教育又是最为重要和基础的工作。如果本科教育不能按照学校的发展目标去做，那么这所学校的发展是无从谈起的。所以，我第一点就是要强调“本科为本”的主导思想。

首先，各个大学的定位不同，清华、北大是研究型大学，在它们那里可能不会提出“本科为本”这样的想法，这也是研究型大学的特点所决定的。但对于我们这样一所大学，不管我们是把自己定位在教育研究型大学或是科研教学型大学，本科教育

① 本文为俞立中在上海师范大学暑期教学工作会议上的讲话，根据录音整理，标题为编者所加。

终究是我们的根本。因此，我们要特别强调“本科为本”这样的主导思想。

其次，要强调自己的特色。一所学校要在整个高教系统中有影响、有地位，很重要的一点，就是这个学校的特色。那么如何体现这个学校的特色，有两个方面是十分重要的：

（一）专业设置的特色。比如提到同济大学，我们马上想到的是他们的建筑专业，正是由于它们有很强的土木工程方面的专业群，所以，这个大学给人们的印象就极为深刻，带来的影响也就很大。

（二）人才培养的特色。我们许多同志经常讲到北大的精神，那么北大的精神是什么呢？开拓，关心社会，它从五四运动开始一直就站在我们国家政治生活的前沿，这就是他们人才培养的特色。再看清华大学，现在我们政府中许多领导人都是出自清华门，这虽然是一种现象，但实际上是反映了这所学校培养人的基本思路，也可以说是从共性上说明了它的培养特色。

那么，上海师范大学的办学特色怎样才能体现？从根本上讲，如何体现在我们的本科教育上，一是本科专业设置能不能体现出上师大的特色，二是本科人才的培养能不能体现出上师大的特色。这是将来我们学校社会地位非常重要的方面。不是说泄气话，作为一所地方大学，如果现在夸下海口，说我们要办一所中国或者世界一流的大学，这样的目标我作为一位校长是没有办法实现的。但是如果我们讲，希望把学校建成一所一流本科的学校，我认为这样的目标是可以实现的。而且就在目前，我校一些本科专业真的已经可以称得上是国内一流，或者至少在上海一流。比如说外语专业，可以说与上海一些名校如复旦、华师大等比并不逊色，外语专业的本科生入校高考成绩基本上都是一本以上，毕业生的社会反响也都是相当不错的。前两周我参加一个英国领事馆的 Party，就碰到一个我们上师大毕业的学生，她是在英国文化教育处工作，当她提到是从上师大毕业时是非常自豪的。这就是一流的专业，如果一个学生能够在公众场合中很自豪地说我是从某某学校某某专业毕业的，我相信这个专业肯定是非常不错的。反之，我知道一些学生不愿意说自己是某某大学毕业的，因为他觉得不是一流的。这就是我判断一流的一个标准，当然不见得非常准确。我们还有很多专业，像艺术类、计算数学等在全国、在上海，人才培养的成就还是不错的。所以作为我们这样一所学校，想办出自己的特色来，侧重点还是在专业设置和本科人才培养特色上。这也是根据我们自己的定位和自身的实际情况来考虑的。所以说，本科教育在我们整个学校的事业中是处于非常非常重要的地位。

那么从我们学校目前本科教育的实际情况来看，在专业覆盖面、本科生的规模、教学条件、课程建设、学分制、教学信息化管理等方面，相对于全国高校系统来看并不落后，甚至在很多方面我们是走在前面的。这里我自己至少有一个比较，华师大的本科实验室整体上不比上师大强，这是因为我曾经主管过华师大这方面的工作。第一次去看那些实验室时我曾说了一句话："真是惨不忍睹。"因为很多实验设备都是五六十年代的，像物理、化学、电子等等都是五六十年代的产品。而我看了上师大本科实验室的条件，感觉至少在目前整体上是超过华师大的。复旦大学我也曾去看过，也不过如此。这些年来，学校在本科教育上的投入，在多媒体教室和实验室建设、仪器设备添置等方面的投入就有一个亿。而我在华师大分管实验室建设时，整个学校一年的本科实验室经费才一百万，专项经费不到一百万。直到两年前，教委有一个农行贷款的实验室建设项目，我们贷了三年三千万，这让大家十分高兴，一直用到现在。所以，这样比起来，上海师范大学在本科教育方面的投入是不小的，而实际取得成绩也是不小的。全面学分制我们是比较早实现的；教务信息化管理，也是较早实现的。我想，这些都是我们的优势，也与各个学院、各位老师，特别是从事本科教学的老师们的努力是分不开的。这里也借这个机会感谢大家对上海师范大学本科教育事业的发展所作出的贡献。这将是我们学校今后发展非常重要的一个基础。

二、深化改革，进一步提高本科教学的质量和特色优势

本科教育非常强调的是"规范"，我想任何一所大学中分管本科教育的校长都是最讲究秩序和规范的，因为本科教育面对的是几万名学生，面向学生的是上千门课程，所以在整个教学过程中，任何环节的疏忽或不规范，带来的后果都将是不堪设想的。这是一个基本认识，但同样的，本科的改革也是不容忽视的。就是如何在规范的基础上进行本科教育改革。这是时代的需要，也是我们不断提升办学质量的需要。下面我想就这一问题谈五点想法：

（一）数量和质量的关系。现在我校本专科学生数已达到了 1 万 9 千人，在旅专正式合并到我们学校以后，本专科学生数就是 2 万 2 千人，已经超出了原来规划的 2

万名学生人数。从教育经济学角度来考虑，一旦学生数超过了某一个限度时，教育成本是会增加的。反之，如果学生数不能达到一定数量，由于硬件设施都已经建好，不能充分使用也是浪费，那就需要增加一定的学生人数，使之达到一个最佳的投入产出效益。但是一旦超出了这种规模，就需要新的投入，教育资产投入会成倍增加，给学校带来很多新的问题。所以，本届领导班子在讨论学校发展规划的时候，大家都非常清楚地认识到，规模不能够无限制地扩展，我们学校的发展规模到目前这样就可以了。接下来我们要考虑的一个重点是学校内涵提升的问题，就是在我们现有2万多名学生规模的基础上，如何把我们的工作做实、做好，真正地把我们的教学质量，把我们的学术水平提高上去。

那么，在实际运作中会碰到很多问题，比如大家一直在议论的，我们这样的规模到底能不能控制得住。因为涉及到方方面面的问题，但最根本的问题是对办学成本的认识问题。对此，我们想提出一个概念，即数量和质量的概念，就是指学校在办学思路上能否区分核心办学层和拓展办学层。所谓的核心办学层，就是指学校原有的办学基础，即原来国有资产这部分的办学基础。我们想这部分只能是保持这样的规模，不能再扩大了，当然我们也没有想再缩小这一规模，因为毕竟有一个投入产出比的问题。在保持规模的基础上，加强内涵，提高质量。这就是对我们核心办学层的考虑。同时，在核心办学层的基础上提出一个拓展办学层概念，即利用社会资源来培养社会紧缺人才，扩大上海师范大学的社会影响，拓宽办学经费的来源。因为最近教育部正式下发了一个文件，就是鼓励在公办大学下面成立民办的二级学院，许多企业都想做这件事情。实际上在江苏、浙江的一些地方已经开始做了，但上海一直没有开过这个口子。我们认为这个社会资源还是要利用，如果这种利用能够带来一定办学利润的话，也可以回过头来支持我们核心办学层的发展。

因此，我们考虑一方面在适当的时候，成立民办二级学院，完全由企业来投资，以学费来维持它的发展。学校通过教育品牌的输出、教育理念的输出，能够得到一定的回报，用来建设我们的核心办学层。另一方面，我们也想把现有的中外合作办学项目逐步向拓展层转化，真正实现经济上的独立核算，使这些拓展层的二级学院有更大的办学自主权。学校也考虑通过体制变革来促进特色学科的建设，使之得以提高或更为扎实。如美术学院，最近一直在讨论，加大学院的办学自主权，实施全成本核算，办学经费全部由学院来筹集，学校不投入经费，主要就是利用学费并吸纳社会资金，通过增加招收计划外的学生数量，用以提升自己的办学能力。这些都是办学的改革思路。总而言之，学校的核心层，包括本科教育和研究生教育，不能再扩大规模了，而要把重心转移到提升它的内涵和质量上来。而拓展层主要针对的是部分本科教育。今天正好利用这一机会，和我们分管教学的院长们沟通一下，这是学校今后发展的一个大思路。按照学校事业发展的大方向，如何做好这些工作，解决好数量与质量的关系问题。

（二）根据学校定位，加快结构调整。这几年我们学校本科专业的扩展是非常快的，各学院做这件事也很有积极性，但我们现在面临的一个问题是，我们新的专业在不断地出现，老的专业也仍在茁壮成长着。实际上，专业开设得越多，成本就越高，因为每一个专业都必须有一批老师，但更加严重的一个问题是，我们这些专业培养出来的学生，社会对它的需求到底是怎样的。我们一直感觉，缺少调查，有些事情有点想当然，包括我本人在内，有时候会觉得这个专业是缺的或那个是紧俏的，好像觉得是热门的，社会需要这样的人才，事实上可能并不完全是这么一回事。所以对于我们这样一所学校而言，我们还是要坚持"有所为，有所不为"，就是要根据社会真正的需求，同时根据学校的定位，加强社会调查，要搞一些人才市场的调研。今天上午项校长列了六类的人才需求，这是专门的权威机构调查后反馈的信息，我感觉这并不全面，似乎更侧重于技术类的理科人才，文科方面的不是很多。而对于我们学校，是不是社会缺少的专业我们都要开办呢？未必如此，有些专业我们办得了，有些专业我们办不了。或者有些专业我们去开办的成本很高，也是不能开办的。所以，在我们结构调整当中，学校和学院都需要进行社会调查。上次在学校发展工作会议中，我就提出要成立一个机构，去做一些调查，但到现在为止还没有落实，因为还没有一个单位来牵头做这件事，但我们又确确实实需要深入地去做这样一些调查。只有在此基础上，我们专业结构的调整才会是一种比较理性的调整，而不是想当然，更不能跟着感觉走，否则最终是会对学校发展不利，对学生也是不负责任的。因此，我们要对一些现在实际招生情况不好、毕业就业情况也不是很好的专业采取一定的措施。当然，一下子取消这些专业也很困难，我们只好采取隔年招生的办法，甚至三年、四年招一次，让这个专业还保留在那里。这样才能比较合理地控制我们整个学生的规模。

（三）一定要花大力气加强专业建设，特别是新专业和发展性专业。这几年各个学院办学的积极性都很高，体现在申报新专业上，但是新专业拿到了，又花了多少力气来建设它呢？有些专业是欠缺的。在我们调研中，也确实发现这样一些问题，有些新专业实际上仅仅是挂了一块牌子，把老的专业中的一些课程拼凑一下再加几门新的课程就算是新专业了。这样的做法在我们申报过程中，或在师资队伍还未健全时，作为暂时性的过渡办法还是可以的。但是，作为真正的专业建设与发展，如果一直这样做下去的话，那就是非常糟糕的事情了。所以，从目前来讲，并不希望大家申报更多的新专业，除非是有这个需要或有大的市场，而我们更多的力量是应该放在已有专业的建设上，特别是要针对新兴市场的需求，根据学科的发展，加强专业建设，包括课程体系、教学内容、教材建设、师资队伍建设和质量考核系统，这几方面是进行专业建设最基本的抓手。所以，也希望分管教学的院长们能够在这几方面多花一些功夫，多动动脑筋，让那些新专业和很有发展前景的专业能够按照社会发展的需求，不断改革和调整专业课程体系和教学内容。

有一个问题是要引起重视的，就是教材问题。有些教材可以自己编写，但我们不能把教材的发展和改革全部依托在自己编写上，而应该是很小的一部分由我们自己编写。在那些有很强的师资优势，或者是很强的学科优势的院系，可以组织教师来编写教材，比如师范类的教材，我们作为师范大学应该有这个优势来做这件事情。但有些学科，特别是目前发展很快的学科，比如信息科学、经济学、金融学的教材，实际上最聪明、最可行的办法是把国外的教材引进来。由于我国长期是计划经济体制，在经济学、金融学等方面是很落后的，因此目前引进国外最新的教材是明智的、最能突破的办法。清华、北大等名校的经济类、信息类的课程都大量引进国外的教材，这一点我们完全应加以考虑。学校也要花一点力气支持引进国外优秀教材，甚至可以用原版教材。

（四）加强教学质量评估和监控体系的建设。对于本科教育，一方面是在源头上建设，即加强课程、教材、师资建设；另一方面就是在最终成果上，要进行检验和考核。一直存在这样一种争论，学校出台了奖励科研的政策，根据获得的国家级奖项或成果给予奖励，这是容易做到的，而分管教学的校长就会说，教学是学校最重要的部分，为什么得不到奖励。我认为教学应该奖励，关键是怎么评定教学的成效。如果是根据课时数来奖励，那就成了上课越多奖励越多，这样做是否能真正体现教学成效呢？我认为这并不是一个好的做法。问题是，我们还缺乏一种合适的教学评估体系。我们学校在这方面也做了很多努力，包括学生对教师的评价、开展教师评优活动，这些都是逐步在完善我们的教学评估体系。我觉得是否可以从两个方面进行评估：第一，是从教学效果上对教师进行评价，目前我们做得比较多的就是这种方法，即从他的教学内容和教学形式、从学生的反映的角度对教师进行评价。第二，是从教师发展的本身进行评估。教师个人的发展也是可以进行评估的，比如这个教师教学、科研的能力，包括学术视野，信息的获取与更新的能力，对新教材、新内容、新手段的引进以及为学生开列的参考文献的数量和质量等都可以在教学中体现出来，这些针对教师本人发展的考察也完全应该有一套考核方式，这也希望各个学院能否思考一下，采取一种比较科学的考核体系对教师进行评估，并使学校今后能够有的放矢地对一些在教学上做出成就的教师进行奖励，就像对在科研上取得成就的教师一样重点奖励，也让这种奖励师出有名。当然，这可能有一定的难度，但这个工作非常需要做。这种评估存在一个导向的问题，如果导向不对可能会造成适得其反的效果，比如单纯从学生的考试考分情况来评价，那就可能会让教师大开绿灯，无论好坏都让学生通过，学生自然也会说这个教师很好，然而这个教师是否就真的是很好的。现在这种情况是有的，最近我在网上看到这样一件事情，学生把茆训诚老师称为“天刀”，他的考试有不少同学不及格，但很快有一些学生在网上说：“茆老师是很好的，尽管他对我们要求很严格，但我们真正学到了东西。”茆老师上课时每周都安排一段业余时间来帮同学补习，所以同学们在网上说：“这样的老师是我们真正需要的老师。考试不及格是你自己不努力的后果。”因此，我从这儿也感觉到如果我们定错了考核的指标，如果仅仅就凭学生获得优的多少来评价老师，或仅仅按照学生的反映来评价老师，这就可能会出现一种错误的导向。因此，大家要引起足够的重视。

（五）要增强学生的学习动力。对上海师范大学的学生而言，非常需要一些非智力因素的培养。不是说我们的学生在智力上和部属重点大学的学生相比有多大的差别，我们有30%的学生高考成绩在一本线以上的，但由于高考是一次定终生，高考成绩并不能就说明学生的智力水平高低。关键问题是，有些学生进入上海师范大学以后，为什么出现学习的动力不足或者是放任自己，我想很大一部分原因是非智力因素在作怪。所以，我觉得对于我们这样一所学校来讲，特别需要采取不同的手段、通过不同的途径来增强学生成才的自信心，增强他们学习的动力。因此，我们提出一些措施，例如分类指导的原则，其目的就是希望学生们能够利用我们学校现有的资源很好地发展自己。比如法政学院推行的本硕连读举措，鼓励学生们在三年级就可以提前考研，不过实施中也还有些问题，今年五名学生考上了，但他们的本科文凭还没有拿到，那现在就让他们继续完成本科的学习，同时在这一年中可以选修研究生的课程，明年就可以直接升为研究生。所以我认为我们必须要有一些导向性的东西，让学生从进学校开始就有一个明确的奋斗目标，否则学生们入校以后都不知道该怎么做，没有奋斗目标，缺少学习动力，就很难学好。我们要给学生提供更多的机会，比如开放实验室等措施，还要不断地宣传，把学生的注意力集中到成才上、放到学习上来。我和学校宣传部提出，在舆论上要“狂轰滥炸”，让学生们一进学校就感到“我要学习”，形成一个浓厚的学习氛围。还有一些很好的机会，充分利用好学校的各种仪式，比如毕业典礼和开学典礼。前几天我看了一个电视节目，是剑桥大学和北京大学的校长访谈节目，其中就提到剑桥大学非常重视各种学校的仪式，包括它们的开学典礼和毕业典礼，举办得非常庄严隆重，剑桥大学的校长也承认他们是非常用心地在做这件事情，因为他们觉得这是一个教育学生的很好的机会，能使学生产生对学校的自豪感、责任感和对学校的一种热爱之情。今年的开学典礼我们也要好好地搞一下，在会上不要跟同学们说什么你们是落榜生，你们要振作精神，要从高考的阴影中走出来等等，这样学生们一听就觉得没劲了。而应该讲：第一，你们是成功者，祝贺你们考进上海师范大学，这是一所很不错的学校，有许多值得骄傲的亮点；第二，学校将为你们提供怎样的发展机会和条件，可以考研，也可以出国深造，也可以成为社会需要的各类精英和专门人才；第三，在大学学习要靠自己，学校可以提供各种机会，但你们必须要设计好自己、把握好自己，知道自己应该怎样去努力。所以，从一开学，就把学生的神经绷紧起来，开发学生们非智力因素的积极方面，把他们的积极性都调动起来。我们的毕业典礼今年非常遗憾，由于非典的原因没有好好举行，明年一定要认认真真地举行非常庄重的毕业典礼，让学生们即使离开以后，这一辈子都忘不了这个毕业典礼，总是会想起我们上海师大。这些都是很好的思想教育的平台，思想教育并不仅局限于学习邓小平理论、“三个代表”重要思想，坐在教室中学习是一种形式，而参加这样的典礼也是学习邓小平理论、“三个代表”重要思想的一个平台，而且可能更加容易让学生们接受。

三、以学生为本，推进本科教学的改革，增强学生的综合竞争力

对于我们大学来讲，应该一切从学生出发，因为学生是学校的最终产品，对大学而言人才培养是一项最基本的工作。所以，我们考虑问题的出发点，我们改革和发展，要围绕学生的发展进行。在推进本科教育改革的过程当中，我们必须多为学生的未来想一想，从学生在未来这一激烈竞争的社会中如何取得一席之地的角度来考虑问题，当然，根本也还取决于学生本人的努力程度这一内因。而从学校的角度说，就是要创造围绕学生做文章这样的一种环境。

针对当代社会的发展，特别是上海市的发展，提出如何以学生为本推进我们本科教育改革的几点看法：

（一）一定要围绕适合上海国际化大都市建设所需要的人才素质培养方向来做文章。那么，怎样才算是适合国际化大都市发展需要的人才素质培养方向呢？这里应包含几个方面：

（1）如何采取多元化的教育手段使学生们德才兼备。过去往往把“德”归类到思想政治教育，我觉得“德”包含了人的文明素养，其基点是适应现代社会的世界观、人生观、价值观。在“德才兼备”方面，我们要在学生人文素养和全面发展上尽到责任。我知道顾大僖老师在翻译一本有关国际礼仪方面的书，我觉得完全可以用原版的书来给我们的学生上课，德育教育可以在形式上更多样化一些，在思想品德教育的同时，还可以学习外语，或者采取双语教学或是采用英语授课的形式，把它放在文化选修课中来上，当然这不能替代我们现有的政治理论课，不过我们可以变通一下，进行一些尝试。我们要采取多样化的手段对学生进行思想品德的教育，要注重效果而非形式。这不仅仅是从事思想教育的同志要思考的问题，而是要融合进我们本科教育的课程体系当中去。现在西方比较流行的环境教育，它就不单单是作为一门课进行教育，而是把环境保护、可持续发展的理念融化在各门课程中，它是一种思想、一种理念，我们的德育教育也应该如此。

（2）要在我们的本科教育环节中加强国际化环境下应用型人才的培养。上海将要成为国际化大都市，这已经是一个明确的目标。国际化大都市最基本含义就是有

一个国际化的环境，需要通行国际化的语言。从这方面出发，把学生外语能力的培养作为上海师范大学本科人才培养的一个特色，作为一个抓手。有些特色是我们没有办法培养出来的，比如让我们的学生都具有很敏锐的政治素质，让我们的学生像剑桥、牛津大学的学生那样成为政治家，这恐怕难以办到。学校抓这个特色是有一定基础的，因为我们的学生大部分是在上海出生，由于上海的中学英语教学总体水平是不错的，对我们的学生进行这样的培养是有基础的。所以我们提出全面提高上师大学生的英语和计算机网络应用能力。学生们目前计算机水平普遍不错，只要给他们一定的条件让他们自己去提高即可。但是，外语方面必须下决心和功夫来做。我们提出要使上海师范大学学生都能够开口讲英语，使之成为上海师大学生的一个标记。要强调口语作为必修课，原先的一些以双语教学的专业课能否就改为直接用英语授课，有一到两门的专业课能够以这样的形式开设。我们已经在采取四年不断线的外语教育，现在我们要做得更好一些。现在就提出要有一年的英语口语的必修课，专门请外教来上课，也可以把中国教师和外籍教师结合在一起上课，既利用外教的语音又利用中国教师对中国学生的了解，结合起来给学生们上口语课。但首先要强调一定要有外籍教师来授课，这不仅仅是矫正一下口音的问题，其实有些外教的口音也并不标准，更重要的是要给学生这样的感觉，通过外籍教师的授课和对话增强学生语言交流的自信心。学校出钱来办这件事，一位外籍教师算是10万元，那20个人也就是200万元，而把这件事做好了，学生将会从中得益匪浅。如果形成这样的品牌，上海师大毕业的学生能够讲英语，并且英语讲得很不错，作为标志性的人才标签，那么肯定会增加我们学生的竞争力。还有一种设想就是能否在我们学校中开设一些英语的培训，就像华尔街英语等等那样的做法，这样既是为了我们的学生，使他们如果希望学习可以就近参加，还能够吸纳社会上的人员来学习，我们也可以获取这方面的效益，我们请外籍教师还比较容易，并且价格也较为便宜。

我们要全方位给学生提供环境和机会，使他们将来可以在上海这座国际化大都市中找到立足之地，使我们的学生具有更大的竞争力。如果达成共识今晚就制订具体实施的方案。

(3) 怎样提高我们学生的综合人文素质。上海师范大学在本科专业结构调整后，学校的特色仍然将是以文科见长，这是无法改变的事实，而且也没有必要去改变。上海的二本类大学中只有上海师范大学是综合类大学，而相对于综合类大学而言，我们的特色是在文科方面。所以在我们专业结构的调整中，理工科专业是要得到相应的发展，但决不能丢掉我们文科的优势，我们学校今后的主打优势仍然是文科，这是学校的传统、基础、学科特色、文化等所决定的，而同时上海也需要这样一所以文科见长的大学。在这一前提下，在高等教育从精英化向大众化转化的过程中，人文精神、素质的培养是非常重要的。我们在考虑培养社会需要的各种人才的同时，是不是也应该考虑当上海人均 GDP 达到 8 000 美元以上的时候，人们对高等教育的需求就不仅仅停留在是为将来寻找职业的目的上，而是有相当一部分的人可能是为了提高自己的生活质量，为了提高自己某一种层次的需要，针对这一点我们将来能不能开设这样一些专业，这些专业就是让人们来补补血，来上课学点东西，提高自己的素养，这就没有一个很明确地为某种职业培养的目标。这些尤其是对于我们一些专业课已经上不下去甚至需要转专业的，并且自己也没有什么发展目标的学生而言是比较合适的。比如我们的女子文化学院，培养的一些很有文化素养的、知识面很宽的学生，她们将来也不一定就是要就业，而是在将来可以充当某一种社会的角色，这都是很好的。关键是我们有没有能力来培养。以学生为本，只要是进入上海师范大学的学生，我们终究是给他们一个好的出路，可以鼓励他们考研究生，给他们各种学习语言的条件以适应上海国际化的需要，加强各种环节的培养增强他们的就业竞争力，也要使一部分没有能力、没有抱负的同学也能够在我们这里得到某一方面大学教育的培养，使他能够成为我们这个大都市中一名合格的、高层次文化素质的市民。总而言之，要围绕如何适应上海国际化大都市需要的角度来考虑人才的培养和人才素质的提高。

（二）从学校定位出发，加强应用型人才的能力培养，加强实践环节。我到学校第一天搞调研时就听到很多好的信息，其中非常突出的就是奉贤校区的机电学院和建工学院的建设，他们加强学生实践环节的培养，增强学生的竞争力。我们的定位就是培养应用型人才为主的综合型大学，既然我们培养的主体是应用型人才，那么就一定要加强学生的实践环节，这也能够成为我们人才培养的一个特点。如果我们的学生出去以后，在工作岗位上能够很快地上手，就体现出我们人才培养的竞争力了，至于以后学生的发展怎样就看他们自己的努力与机遇了。但至少在就业的阶段要让我们的学生抢先一步。因此，各学院一定要重视这一环节。尤其是我们学校应用文科的发展，如何理解它的实践环节。作为一名应用文科的学生，不懂得如何去搞社会调查，不懂得如何到社会上去搜集数据、统计分析数据的话，就不符合现在这个时代对文科学生的一个要求。在国外的学校中是非常强调这一点的。他们的学生都可以作一些社会调查并据此有针对性地采取措施。所以，这也是我们“以学生为本”必须紧扣的一个重点。

（三）教师教育的改革。尽管现在师范类教育在我们学校所占的比例是四分之一，但师范教育作为我们教育的特色和优势，在将来仍然不会改变。因此，在师范教育的改革当中，上海师范大学要起一个领头羊的作用。最近在项校长的带领下，教科院、高教所、教务处等很多单位一起都在进行研究。上星期我到北京跟国家教委师范司的两位正副司长都作了汇报，他们都很感兴趣。10月份要召开全国师范教育的工作会议，我们非常希望能够在会上发表这些意见和看法，我也告诉他们我们有很多的想法希望能够进行实践。现在很多人在讨论教师教育的改革问题时，都是争论两个模式的优劣，一个是×加×的模式，一个是一体化的模式。而这次我们学校整体的想法是强调课程体系、教材体系开放性、一体化的教师教育模式。这当中实际是包含着几层内涵：第一，在现有的师范体制下，如何能够在整个课程的体系中，更突出师范类的特色，改变我们传统的模式，主动转变现有的教师教育体系，改变现有的教学内容和手段。比如把教育学、心理学都分割为一门门有针对性的短课程，加强教育实习、实训的环节，增强学生对教育手段的应用能力等等。第二，就是真正建立起“立交桥”这一亮点，通过这样的课程体系，把原先的非师范类学生甚至是外校、社会上的那些愿意从事教师职业的学生吸收进来，让他们选修我们这些课程，完成相应的学分要求，成为一名合格的教师。第三，我们的课程体系将要一直延续到学生毕业以后，包括教育类的研究生以及非学历的学生培养，都可以贯通起来。这一改革将会涉及到各学院中现有的教师教育培养的体制问题，需要大家积极配合做好这件事情。所以，目前要做的是，首先把课程体系完善起来，其次是把教材体系完善起来，最后是探索如何把我们现有的教师教育体制转换为新的培养模式。

我大部分的内容是提出来供大家讨论的，争取达成共识，然后马上实施下去。特别是外语口语教学的问题和教师教育改革的问题，这些已经不宜多议论了，思想统一，有了思路后就马上行动起来，在做的过程中再不断地去修正。否则一直争论不休没有行动，到最后人家都做了，我们还是停留在口头上而已。

面向社会需要，积极推动学校发展[①]

（2003 年 8 月）

进入新世纪后，学校各级干部和广大教职员工以党的十六大精神为指导，在校党委领导下，面对高等教育大发展的时机，在没有国家大投入的情况下，不是消极“等、靠、要”，而是积极开拓、克服困难、抓住机遇、奋发有为，走出了一条自我发展的新路，学校的各项事业都有了新的发展。我校本专科在校生人数从 1995 年的 8 000 人增加到了 19 000 人，其中本科比例从 65%增加到 87%，为上海本科扩招承担了相当的份额。本科专业从 25 个（含 15 个师范专业）增加到 55 个，硕士点达到 61 个，博士点有望达 14 个，学科专业的分布已覆盖到教育部颁布的 11 个大类中的 10 个大类，完成了从综合性师范大学向具师范特色的综合性大学的转换。奉贤的新校区建设已具规模，环境优美、设施先进，在校区的学生数达到了一万名。近年来，学校重视本科教学设施建设，基础实验室建设经费逾亿元，使实验室面貌有了极大改变；学校投入了一千多万元，建设了 160 个电化教室，使教学手段大大更新，为进一步发展奠定了坚实的基础。

当前，世博会和上海新一轮发展给高等教育带来新的机遇和挑战。近年来，高校在合并重组、规模扩张基础上的新一轮发展已显现其效应。在新形势下，学校党委以“三个代表”重要思想为指导，及时总结经验，调整工作重点，面向社会需要，规划学校发展。全校上下在进一步认清形势、科学定位的基础上，更新观念、开拓创新，逐步完善学校新一轮发展的思路。下面，我从三方面作汇报。

一、认清形势，科学定位，确立新一轮发展的理念

在整个高等教育体系中，不同高校应该有各自的定位，科学定位决定了一个学

---

① 本文为俞立中在上海市高校领导会议上的工作汇报。

校的发展目标和建设重点。《上海师范大学“十五”发展纲要》对学校的目标定位是：成为适应上海基础教育和社会经济发展需要的，以培养宽口径、应用型人才为鲜明特色的综合性大学。学校定位的依据是：(1) 上海教师教育结构的调整；(2) 上海高等教育从精英化向大众化的转变；(3) 上海社会经济发展对应用型人才的需求；(4) 学校在上海高等教育事业大格局中的位置；(5) 学校在师资队伍、学科与专业发展等方面的基础。上海师范大学是上海地方大学中唯一一所以文科见长的综合性大学。随着上海人均 GDP 的不断增长和市民素质的提高，我校对上海未来的贡献，首先是在数量和质量上满足上海市民接受高等教育的需要，重点是为上海社会经济发展培养面向基层的量大面广的应用型人才。

针对学校定位与发展现状的差距和冲突，我们提出了实现四个转换，即：在办学理念上，由办综合性师范大学的理念向办有师范特色的综合性大学的理念转换；在办学思路上，由被动适应型、小富即安型向主动介入型、开拓发展型转换；在办学模式上，由单一化、传统型、封闭性的办学模式向多元化、应用型、开放性的办学模式转换；在办学的注意力上，向注重外延和规模的拓展向注重内涵和质量的提升转换。

在科学定位的基础上，学校加大宏观调控的力度，进行顶层设计，实行分类指导，真正把发展重心放到内涵建设上。我们坚持以发展为主题，以改革为动力，以稳定为基础；坚持以育人为中心，以教学为主体，以科研为先导。明确建设重点：(1) 加大学科与专业结构调整和建设的力度；(2) 加强学生综合素质和竞争能力的培养；(3) 加快师资队伍的建设；(4) 完善体制和机制的保障功能。

面对内涵建设与办学规模的资源矛盾，我们提出了核心办学层和拓展办学层的概念。所谓核心办学层，就是指学校原有的办学基础，即国有资产这一部分。在保持规模的基础上，重点加强内涵，提高质量，这是我们对核心层的考虑。同时，在核心层基础上形成一个拓展办学层。扩展办学层的概念就是利用社会资源来培养社会紧缺人才，满足市民对高等教育的需求量，扩大上海师范大学的社会影响力，争取办学经费。教育部已正式发文，鼓励在公办大学下设立民办二级学院，周济部长还就此作了讲话。我国现在的毛入学率只有 15%，民众要求接受高等教育的热情还在增长，高等教育要进一步发展，但各类高校师资和物质资源都已经呈超负荷状态。再要扩大，在现有的机制下是很困难的。中国的情况是穷国办大教育，高等教育扩大要在体制、机制上创新，发展民办二级学院是一个思路。我们在积极与社会力量合作，建立独立的民办二级学院，完全由企业来投资，通过学生的学费来维持它的发展。学校通过教育品牌、教育理念、课程体系和课程教材的输出，教育质量的监控，来获取社会效益和经济效益，支持核心办学层的建设。我们也想使现有的中外合作学院，逐步向拓展层转化，有更大的办学自主权，真正地实现经济上的独立核算。学校还在试点扩大个别有市场前景的二级学院(如美术学院)的办学自主权，实施全成本核算，其办学经费由学院来筹集，通过吸纳社会资金，通过增加招收计划外学生数量，用以提升自己的办学能力。总而言之，核心办学层这部分不能再扩大规模了，而要把重心转移到提升它的内涵、质量上来，而拓展层主要是针对本科教育的社会需要。

二、开拓创新，发挥优势，加强人才培养的特色

一所为社会所关注的大学应该要有人才培养的特色，这是学校的竞争优势。在新一轮发展中，我们特别重视在人才培养方面的开拓创新，以充分发挥自身优势，办出学校的特色。上海师大立足上海，直接为地方社会经济发展服务，在人才培养上必须充分考虑：(1) 针对上海国际化大都市建设，特别是世博会带动下新一轮发展的人才素质要求；(2) 以学生为本，分类指导，错位竞争，充分为学生的发展和就业考虑；(3) 面向当前需要和未来需要，从可持续发展意义上显现人才培养特色。

(一) 从学校定位出发，突出人才培养的特色

如何办出自己的特色，这是我们在学校发展规划中经常讨论的问题。但现在这个问题很容易一般化，比如我们提出要培养宽口径应用型的人才，现在几乎所有大学都在这么提，那么我们上师大这样提有什么特色呢？我们的人才培养特色就是要体现上海国际大都市的人才素质，体现学校的定位，具体而言：(1) 外语应用能力；(2) 人文和科学素养；(3) 基层实践工作能力。

我们已经明确了大学英语课程四年不断。从今年开始，英语口语作为全校公共必修课，聘请外教和大外教师共同担当。同时，通过英语角、高级英语培训、英语讲座、国际学生交流项目、用英语开设专业课等方式，强化学生的英语应用能力，特别是会话。学校已拨专款，用于聘请外教。英语口语水平将会是上师大的一个亮点，

这也是应用型宽口径人才的一个具体表现。

我们对“宽口径、应用型”的考虑是：相对于学生的精深型，它更为注重知识的宽泛型；相对于社会的宏观型，它更注重职业的针对性；相对于素质的理论型，它更注重能力的实用型。这样的人才才是实用性、宽口径的应用型人才。除了英语这个抓手以外，我们正在规划学生综合人文素养、艺术素养、科学素养的培养，作为一种能力培养，作为文理相通的素质教育，上海师范大学有这方面的基础和优势。同时，学校不断强化应用型人才培养的实践环节，拓展与企事业单位和政府部门的联系，通过各种渠道，广泛建立实习、实验、实训基地，增强学生实际动手能力的训练。学校通过进一步在全市推进“建设百所爱心学校、举办百场市民报告、访问百名最可爱的人”的“三百行动”和在全校深入开展关爱教育和文明修身活动，以切实有效的实践活动，使学生更多地接触社会，参与社会实践，增强社会责任感，培养基层工作的能力。

(二) 面向社会对人才素质的需求，加大教学改革的力度

面对社会对人才素质的要求，在教育规模迅速扩大的背景下，学校更要注重学生思想品德教育，树立良好学风，加强综合素质培养；更要强调分类指导，明确培养目标，加快教学改革。根据我校定位，各类应用型人才培养是主体，教师教育是传统优势，同时学校仍要重视精英人才的培养。使不同志向、不同追求的学生今天都能在学校得到理想的教育，明天都能在当今社会多样化的人才需求中找到自己的合适岗位。

学校根据社会对人才知识结构和综合能力的需求，改革培养模式，提高学生综合素质和就业竞争力。根据应用型人才、未来教师、精英人才的不同培养目标，采取不同措施。

(1) 在完全学分制基础上，加快课程与教材建设，挖掘课程资源，增加课程数量，提高课程质量，特别是通识课程的数量和质量，扩大选修课的比例，构建模块式课程组合，对学生选课进行分类指导。

(2) 压缩课程总量，为学生的个性化发展提供更多的空间，鼓励学生独立开展或参加教师的社会调查和科研活动，注重创新能力的培养；多组织高层次专家学者的学术报告会和座谈会，增加计算机房、实验室、图书馆的开放时间，增加图书资料的

数量，为学生发展提供条件。

(3) 强化应用型人才培养的实践环节，加强实习、实验、实训和社会实践工作，特别是文科学生的社会调查、市场分析。

(4) 重视优秀人才的选拔和培养，提供相应的课程模块，通过导师制、国际学生交流项目、辅导班等途径，加强学生考研和出国深造指导。

(5) 加快改革教师教育模式，建设教师教育终身学习的课程体系，尽快在学校推行注重课程和教学内容创新，灵活并具有普适性的教师培养模式。

(6) 组合就业指导中心、教务处、学生处、研究生处、高教所、教科学院等的力量，形成一支非常精干、敏锐的队伍来加强人才市场的调研、预测和开拓，要充分研究当今天和未来的需求，要有超前的意识。根据专业需求、人才素养、知识结构、能力技能等方面的市场要求，调整专业设置、课程体系、教学内容和培养模式。

学校调动一切可能的资源，营造校园学术氛围，构建优质学习环境，倡导优良学风，提高学生的学习积极性和主动性，增强学生成才的自信心。

三、抓住机遇，服务社会，推动学校的内涵发展

世博会与上海新一轮发展为高等教育带来了新的机遇和挑战。要发挥学校的优势为上海社会经济服务，同时抓住世博会机遇推动学校的内涵发展。在学校建设已具规模的基础上，逐步把建设资金重点投入到学科专业与师资队伍建设，增强为社会服务的能力。学校每年拿出两个 1 000 万的专项经费，分别用于人力资源建设和科研能力建设，并提出了学科与师资队伍建设的思路和措施。

(一) 根据学校定位、学科发展和社会需求，注重顶层设计、全面规划，坚持“有所为、有所不为”，加大学科与专业结构调整和建设力度，使学校的优势和特色更为显现。总体发展思路：力争博士点，扩大研究生教育规模；优化专业点，稳定本科教育规模；提高办学层次，压缩专科教育规模。

(二) 分类指导原则：在同类学科中比较竞争优势，在专业方向上分析社会需求，根据学科与专业的整体情况制定发展策略。(1) 社会紧缺或贴近社会需求的专业，且整体学科或局部学科领域已形成强势(如：中文、计算数学等)，拟重点建设，保持适度规模，保证学科梯队的可持续发展；(2) 社会需求量小的长线专业，但学科优

势明显或有特色（如：历史、天体物理等），拟在高层次上重点支持，控制和调整规模，突出高层次人才培养，稳定学科带头人群体；（3）社会紧缺或人才需求量大的专业，但学科尚无明显优势（如：外语、广告、旅游、商学、生命科学、信息科学、管理科学等），拟在政策和机制上重点扶持，合理扩大规模，加大领军人物引进力度，建设合理的学术梯队，错位竞争，选择若干学科方向实现重点突破；（4）社会需求量小的长线专业，且无社会影响、无学科优势，拟缩小规模，调整方向或逐步停止招生，严格控制进人，教师适当调配；（5）师范专业，拟根据上海基础教育发展的需求，适时调整规模，重点支持教师教育创新，加快教师职前培养和在职培训一体化的探索。

（三）重点建设优势学科。学校要重点建设在国内有优势的或在上海处于领先地位的优势学科（如中文、计算数学、天体物理等）。重点学科建设不搞面面俱到，而要突出重点优势方向或领域；不搞规模效应，强调层次提升、内涵发展；不搞封闭建设，重视开放流动、扩大辐射。

（四）稳定巩固特色学科。对在上海乃至全国有较大社会或学术影响的学科和专业（如教育、艺术类学科），通过推出代表人物、优秀群体和学术流派，组织参与重大社会或学术活动，扩大影响，提升学科专业地位。同时，通过社会服务和社会影响，取得社会支持。如我们正在落实与徐汇区的全面合作，共同办好教师专业发展实验区、积极推进都市文化、设计园区等建设项目。

（五）大力扶植新兴、交叉、发展性应用学科和专业。作为学校学科发展和社会需求的新生长点，特别是上海发展急需或人才短缺的学科专业（如稀土材料），要切实抓住时机、鼓励学科交叉、坚持以人为本、围绕优秀学科带头人组建队伍，精心扶植培育，积极争取各方支持，逐步形成学科优势或特色。

（六）课程、教材、师资、实践基地是专业建设的主要抓手；科研基地、学科梯队、科研项目、科研成果是学科建设的主要抓手。校院两级把建设经费集中投入到研究基地建设、人才引进和培养、课程与教材开发、国际合作与交流，使学科和专业得到实实在在的建设和发展，增强学校为上海社会经济发展服务的能力。

（七）加强科研体制创新，筹建大学研究院，加强与政府和科研机构的联系，通过灵活机制，着力引进重量级人物，瞄准学科前沿或特色方向，集中科研力量，重组科研队伍，在一些领域取得后发优势，努力争取得到国家和地方的支持，重点建设好“都市文化”和“计算数学”两个上海高校 E—研究院，争取进入教育部人文社科重点研究基地和上海市重点实验室行列。

（八）师资队伍建设是学校发展之本。学校加大政策导向的力度，坚持人才培养和引进相结合的原则，坚持教师发展的分类指导原则，加快构建合理的学术梯队。(1) 根据学科与专业发展规划，调整人才引进的政策力度和走向。针对学科队伍的薄弱环节，制定人才引进计划，有目的性、有针对性、有序地做好引进工作。对于重点对象，根据院士、学科带头人、学术骨干等不同层次，加大政策倾斜力度，采用灵活措施，设立特聘岗位，通过公开招聘、公平竞争，力争杰出人才的加盟。同时，也着眼于可持续发展，增加优秀博士和博士后的引进或留用，组建学科梯队，改善师资队伍的学历结构，提升师资队伍的整体水平。(2) 建立校学术骨干数据库，进行跟踪培养。统筹学校各方资源，有计划地为教师提供学习、进修、合作研究的机会，鼓励青年教师攻读博士、硕士学位，鼓励教师到国内名牌高校进修学习，鼓励教师在校内跟班旁听优秀外籍教师的课程，鼓励教师参加国际学术会议和国内各种学术活动。利用校际交流项目，有目的地选派骨干教师出国学习进修或合作研究，回国后能开设新课程或启动新的科研方向。为新上岗的博士提供科研启动基金，要求具有博士学位的青年教师坚持科学研究，保持持续发展的动力，以研究带动教学水平的提高。学校、学院和学科带头人要帮助和指导青年教师争取国家和地方的科研项目。(3) 考虑到学校师资队伍现状，提出教师发展分类指导的原则，政策导向、各尽所能、分类考核、各得其所。保证一批学术水平较高的学科带头人和学术骨干在完成基本教学工作量的基础上，以从事科研和研究生教育为主。部分科研任务重的教师可在一段时间内以学术休假形式集中搞科研。对于大多数教师，强调业绩综合考核，其岗位职责包含教学、科研、管理、社会服务等各方面。根据实际需要，要允许部分教师以教学，甚至以非学历教学工作为主，主要通过教学工作量得到相应的报酬。(4) 以人为本，围绕学科核心人物组织学术队伍，根据研究方向，以创新群体、工作室、研究中心、重点实验室等方式搭建科研平台，为德才兼备的学科带头人提供发展保障。职能部门为优秀学术骨干提供全方位服务，尽可能使之集中精力，出高水平的成果。

坦诚交流，增进师生理解和信赖①

（2003年11月）

“校长在线”才刚开通，就得到了同学们的积极响应和热情支持。通过网络传来的上百张帖子，让我感受到了同学们对上海师大发展的热切期盼，也使我更切实了解到同学们对学校管理的意见、建议和希望。谢谢大家对学校工作的关心和支持，也谢谢我的学生校长助理和校网络信息协会为我们搭建了这条直通“热线”。我希望有更多的同学关心和参与“校长在线”。

作为一名大学校长，要面对学校管理、建设和发展方方面面的事务，能留给我自己支配的时间少得可怜。但我很清楚，工作再忙也要学会倾听各方面的声音，更要努力加强与各方面的沟通，这是正确判断和决策的基础。“校长在线”就是希望通过与同学们的坦诚交流和沟通，增进我们间的理解、信赖和友谊，这是学校持续发展的动力。

一个好的想法能否得到好的结果，需要我们的共同努力。同学们在“校长在线”上提出的问题涉及方方面面，不管能否圆满回答，我都认真拜读了。考虑到保护同学们的积极性，我花了很多时间尽可能对每个帖子作出回应，哪怕是几个字，也希望表明对你们帖子的关注。我相信学校的很多领导也看到了这些帖子，并在思考你们提出的问题。对于无法予以回答或引起共同关注的问题，我都将这些帖子一一打印出来，并批注了意见，请有关领导或有关部门提出处理方案或予以解释。今天，这些部门都很认真地作了答复，有些问题已及时采取了措施。从时间和效率考虑，今后“校长在线”内容将根据各位副校长分管的工作，直接与分管校领导见面，进行交流、沟通。

从“校长在线”的宗旨出发，我感到有必要将前一轮交流的情况作如下综述：

---

① 本文为俞立中通过上海师范大学BBS“校长在线”致同学们的一封信，标题为编者所加。

一、同学提出的一些问题，如：师范生学费的返回、教师资格课程的认可、外语和计算机课程绩点计算规定等等，已有明确的规定和政策。说明了以后，大家就清楚了，也无异议。应该说，同学们对这类问题的回答是满意的。但我希望大家能多用网络信息资源，有问题学会从教务处和学生处网页中查找答案，免得因不了解情况而烦恼。如还有同学不了解这方面的情况，请找一下相关帖子的回复。

二、同学针对学校管理制度和有关规定提出的问题。有些属误解的地方，我已作了说明。涉及改变现有政策和规定的问题，我们会充分听取各方面的意见，分析现有规定的合理性和适用性，通过管理决策程序，如校长办公会议，决定是否应该改变，提出修订方案。这些问题在没有校长办公会议决议之前，不可能给予明确的答复。我特别希望同学们理解“制度建设”对学校民主和科学管理的重要性，这是社会进步的表现。校长必须依法治校，根据制度管理。千万不要认为校长一句话就可以改变制度，这种“人治”现象不是现代社会的科学管理方法。

三、学校在管理中需要改进和重视的问题，如学生道德素养教育、教学质量评估监控系统的完善、体育设施建设和管理、学校的安全隐患等等，已引起学校有关部门的重视。有些问题已采取了具体措施，有些问题将在学校未来建设和发展中予以充分的考虑。谢谢同学们提出的这些建议和想法。

四、同学反复提出的一些共性问题，如食堂的质量、卫生和服务，后勤服务中心已设立了投诉热线，接受同学们的具体意见和问题，奉贤的学生校长助理也设立了“蒲公英”热线，听取同学们对生活上的意见和建议，学校有关领导和分管部门非常关注后勤服务中心的反馈。我本人和后勤服务中心也直接沟通了多次，提出了制度建设（如投诉和反馈制度、事故处罚制度等）、加强教育、提高卫生和服务意识、引进竞争机制等意见。学校和同学们一样关心食堂的问题，希望大家积极向消协提出食堂工作改进的建议。

同学们，四年的学习生活对你们每个人来讲都是十分珍贵的。为了使“校长在线”对同学们的学习、成长起到积极作用，我们将继续努力，不断完善在线的运作功能。再次谢谢大家的支持！

国际化人才培育与素质教育核心课程建设[①]

（2003 年 12 月）

进入 21 世纪，经济全球化已成为不可逆转的趋势。在这个背景下，世界各国的交流、互动从来没有像今天这样密切，同时，世界各国的竞争也从来没有像今天这样激烈。在全球化浪潮中，我们面临着空前的机遇和挑战。上海作为中国大陆开放度最高、经济最发达的城市之一，建设国际化大都市是迎接这场挑战的必然选择。世界各国的竞争，归根结底是人才的竞争。在人才培养中，高等教育中的本科教育承担着极其重要和不可替代的使命。上海师范大学立足上海，是上海地方大学中唯一一所以文科见长的综合性大学，重点是为上海培养量大面广的应用型人才。培养什么样的大学生，才能适应国际化大都市发展的需要，是我们首先要回答的问题。多年来，学校确立了国际化人才培育的理念，对大学生素质教育核心课程体系建设进行了积极的探索。

一、国际化大都市的人才素质理念

高等学府是培育社会知识阶层的摇篮。大学生的素质培育要不断适应社会发展的需求。学生需要什么样的能力，美国著名大学麻省理工学院的校长罗杰斯说过：高等学校要“提供一般的教育，使其在数学、物理、自然科学、英语和其他现代语言以及心理学和政治学的基础上，为学生毕业后能适合任何领域的工作做好准备”。因此，麻省理工学院作为一所著名的理工科大学，十分注意学生的人文素质培养，使学生具有发达的批判和推理的理智能力，具备在所有领域内的扎实的知识基础和继续学习的动机，具备与人类精神有关的品质，如很强的判断力、美感、适应重要变化

① 本文为俞立中在海峡两岸校长论坛的演讲。

的灵活性和自信心以及一定的历史知识等。

无论是研究型大学还是教学型大学，对学生实施交叉学科、复合知识教育的概念正在为大家所接受。

美国哈佛大学为学生专门开设学科交叉的核心课程，内容包括文学、历史、哲学、艺术、宗教、心理学、生物学、人类学。以问题教学主线，通过核心课程培养学生学会多角度、多维度地发现和思考问题，培养学生不断探索“为什么”、“怎么办”。

密西根大学开设课群课程以开拓学生视眼，这些课程往往由教授主讲，内容包括各种交叉知识。课群的课程有：医学职业基础、商业环境、世界和人民、儿童文学、科学技术等。密西根大学把课群课程、研究型课程和课外活动组成本科学生的三位一体教育。

麻省理工学院是一所理工科大学，但它非常注重对学生人文素养的培养，要求理工科学生必须修完科学、数学、人文和社会科学同等比例的核心课程，并在文学原著研究、语言思想和价值、艺术、文化和社会、历史研究这五门课中至少选三门，这为MIT复合型人才的培养营造了良好的教育环境。

东京大学设立独立校区的教养学院，承担一、二年级新生的公共基础课程，第三年开始分流到各个专业学习，基础学习包括外语、信息处理、人文科学、社会科学、数理科学、物质科学、生命科学的基础知识，包括实习、实验和体育，大部分学生在两年基础教育之后才选择自己满意的专业，这形成了东京大学独特的培养模式。

北京大学对本科学生实行跨学科知识复合型人才的培养。低年级实施通识教育，高年级实施宽口径教育，按学院或大类招生，高年级分流选专业，学有余力的学生还可以选修双学位课程，学生选修40学分的专业主干课程即可获得第二学位。虽然学校提供了文、理20余个专业供学生选修，但仍有30%的学生对学校提供的双学位专业数量和内容不满意，因此北京大学在进一步探索“元培计划”，这种模式允许学生基于学术兴趣而选择专业，它是学分制改革的深化，是在加强基础、淡化专业、因材施教、分流培养的思想指导下对本科生学习制度的根本改革。

北京师范大学实行集成、交叉、渗透、整合的通识课程，科学求真、人人求善，人文是“为人之本”，科学是“立世之基”，科学教育为人文为教育奠定基础，人文教育为科学教育提供向导。2002年起，北京大学实行按学院招生的“2+2”模式，就是在加强两年的基础通识教育之后，第二学年末通过双向选择确定专业方向。

国内外大部分学校都意识到在本科教育逐步走向普及的背景下，宽口径培养人才，以适应各种领域的就业需求是本科教育的根本出路。上海的本科毛入学率已达到50%，本科教育进入了普及化。在国际化大都市的发展趋势下，学校面对市场对人力资源的需求，必须确立国际化大都市的人才素质理念。

（一）视野开阔、知识面广、适应性强、具有创新潜力是国际化大都市人才素质的基本要求。长期以来，由于受前苏联教育模式的影响，大陆高等院校形成了一套计划经济体制下人才培养的模式。人才培养强调专门化，大学教育职业化。在该体制下，注重培养学生单一的就业技能，忽略了对大学生综合素质特别是人文精神和科学素养的培养，结果造成人才知识构成过度专门化、视野狭窄、职业迁移能力差、缺乏创新精神和创新能力，这已明显不适应国际化大都市发展的需要。目前，上海正进行着产业结构的大调整和城市功能的转化，在这种情况下，很难保证一个人在某一个固定的岗位上从一而终，或者从事的工作与自己所学专业完全对口，因此，国际化大都市要求人才具备人文精神和科学素养，有着广阔的社会视野和良好的心理素质，善于交往，对不同的职业有较强的适应能力，富有创新精神和创新能力。

（二）对不同文化的理解、包容和欣赏是国际化大都市人才的胸怀。国际化大都市除了发达的经济、贸易、金融、服务，多元文化背景是其最明显的特点。在各种文化交流尚不发达的过去，各城市、地区的人员、文化呈现出本地化的特征，人们虽然对外来文化缺乏了解，但生活和交流并无困难。而今天的世界，经济高度发达，人们的交流是如此的密切，在国际化大都市里，汇集了世界上各地区、各民族的成员，是世界各种文化的交汇点，如果没有对各种外来文化充分的理解和包容，就很难在国际化大都市中与不同文化背景的人交流和共事。这种多元文化的背景要求人才打破地域的局限，把外来文化和本地区、本民族文化作为人类共同的精神财富来看待，能充分理解和包容，具有海纳百川的胸怀，这样才能和不同文化背景的人交流和共事，共享全人类文明成果。

（三）外语和计算机能力是国际化大都市人才的通行证。国际化大都市最基本的特征是“国际化”，即具有高度的开放性，世界各国、各民族成员汇集一地，信息传播高度发达，因此，与世界的交流和及时获取各种信息成为最基本的需要。从这点出发，外语，特别是作为世界上使用最广泛的英语和获取信息最快捷有效的技术手段—计算机技术就成为国际化大都市中人才最基本的技能要求。可以毫不夸张地说,外语,特别是英语和计算机能力是国际化大都市最重要的通行证。

随着社会经济的发展,上海高等教育已经开始进入普及化阶段。大学本科不再是精英教育,其更广泛的使命是培养高素质的公民,这里包含着两层意思:一方面,我们培养的人才要具有人文精神和科学素养,能够适应社会未来发展的需要,具有良好的职业迁移能力,富于创新精神;另一方面也要为当前的就业做好准备,但决不单纯是为某一特定岗位培养专门化人才。这是学校在学生素质培养方面的基本理念。

二、国际化大都市的人才素质教育

上海师范大学从上海国际化大都市发展趋势出发,对传统的人才培养模式进行了反思,并在实践中进行了大胆改革。

(一) 调整专业结构,实行师范性大学向综合性大学的转变

上海师范大学曾经是一所高等师范院校,以培养中学师资为主,70%以上的专业是师范类专业,经过近十年的专业调整,目前我校的本科专业已涵盖了哲学、经济学、法学、教育学、历史学、文学、理学、工学、农学、管理学等10个学科门类,成为一所拥有2万多名学生的全日制综合性大学。新建专业中,学校充分考虑了应用型、学科交叉型专业,如:戏剧影视编导、涉外法学、编辑出版学、食品科学与工程、人力资源管理、财务管理、土木工程、法学、档案学、绘画、音乐表演等等。这些专业的建立,为培养学生适应社会需要、提高综合素质奠定了扎实的专业基础。

(二) 推行学分制,为学生自主成才创造一个宽松的学习制度

长期以来,内地高校习惯了计划经济下的培养模式,上什么课由学校和老师决定,学生基本没有选择权,是一种被动学习,这样的体制下很难培养出学生的自主意识和创新意识。从2000年起,学校开始推行学分制,把原来固定的学制改成弹性学制,学生具有较大的选课自由,使他们可以根据社会的需要和自身的特点选择自己成才的方向,由被动学习到主动学习,自主成才。学分制的推行,其意义不仅在于学生选课形式的变化,更重要的是为学生把握自己,适应未来千变万化的社会,激发自

己的潜能提供了一个良好的环境。

(三) 强化英语和计算机应用能力培养

学校十分重视英语和计算机的教学。因为我们意识到，无论是作为一个高素质的世界公民还是想要在国际化大都市中占有一席之地，学生必须拥有这两张通行证。

在英语教学上，学校一方面抓好传统的听、写、阅读，开设用英语教授的部分专业课程，使学生在大学四年期间英语学习不断线；另一方面，考虑到上海这个国际化大都市的需要，专门开设了大学英语口语课，把它作为我校学生的公共必修课，使我校的毕业生不仅有较好的听、写、阅读英语的能力，而且有一口流利的英语口语。

在公共计算机教学上，学校摈弃了以前只讲计算机操作技能的做法。我们认为，计算机教育的目的不但是为了让学生掌握计算机操作的一般技能，更重要的是使学生具有一种用计算机解决问题的意识，理解计算机是了解世界、解决问题的一种先进手段。基于这种认识，在教学内容上，学校着重把信息化基础、多媒体技术和网络技术介绍给学生，除此之外，我们还介绍计算机原理和历史发展背景。由我校主编的公共计算机教材是上海市教委出资建设的项目，目前已被绝大多数上海高校用作非计算机专业学生的公共计算机教材，同时，从 2004 年起，成为上海市非计算机专业大学生计算机等级考试的唯一的指定教材。

在抓好外语、计算机教学的同时，学校还把通过国家大学英语四级考试和上海市大学生非计算机专业计算机等级考试作为本科生获得学士学位的必要条件，从制度上促使学生高度重视外语、计算机的学习。

(四) 改革课程板块模式，开设副修系列课程、文化素质修养课程、素质教育核心课程

传统的课程板块十分强调专业性，必修课占了绝大多数，学生基本没有什么选择余地，这是适应计划经济体制下的人才培养的，但在市场经济体制下已很难适应。从 20 世纪 80 年代中期起，学校开始对此进行反思，并开始了一些改革探索。回顾十几年来的探索，我校在课程设置的改革分以下几个阶段：

第一阶段：开设副修系列课程。

为扩大学生本专业以外的知识面，学校于 80 年代中期开设了副修系列课程，作为任意选修课程板块。这些系列包括了文学、经济、法律、音乐、美术、心理学、数学、

物理、计算机、生物、化学、体育、旅游、建筑、汽车等等各个方面。每个副修系列有4—6门课程组成，学生可自由选读，只要修读完其中任意4门课程，即可获得该系列的副修资格证书。

第二阶段：开设文化素质修养课程。

从90年代起，为加强对学生综合素质的培养，学校组织开设了文化素质修养课程，作为限定选修课程，主要目的在于培养学生的人文精神和科学素养。文化素质修养课程共分为人文学科、社会学科、自然科学、艺术体育四大板块，学生要在其中修满规定的学分，作为毕业的条件。为充分发挥教师和学生教与学的积极性，课程的教学内容、教学手段和考核方式完全由教师决定，教师教得生动，学生学得有劲。文化素质修养课成为最受学生欢迎的课程之一。

第三阶段：开设素质教育核心课程。

为进一步提高素质教育的质量，在开设文化素质修养课程的基础上，从2002年起，学校组织了一批优秀的专家、教授，其中不乏国内外知名学者，如红学专家孙逊教授、近代史专家苏智良教授等，为学生开设素质教育核心课程，也作为限定选修课程。素质教育核心课程包含文学、历史、经济、法律、教育、艺术、心理、数学、计算机、化学、生物和环境等学科，通过向学生介绍各学科最前沿的发展和中国、世界的历史、文化和教育，使学生拓展了视野，为其提升自己的综合素质奠定了良好的基础。

（五）开办第二专业，为学生适应社会的多种需要创造条件

现代经济的发展，经济结构在不断地进行调整，单一的知识结构已无法适应社会的需要，为提高学生整体综合素质，增强就业的竞争力，从90年代起，学校开设了第二专业，鼓励学生在保证完成第一专业修读的前提下，修读第二专业，学生在完成规定学分后，即可获得相应的本科或专科毕业证书。第二专业多为社会紧缺专业，与社会需要紧密结合，极受学生欢迎。第二专业采用学分制，不限学制，学生在第一专业毕业后仍可回校修读，这种方式给予了学生充分的选择空间，也为日后在第一专业推行学分制获得了有益的经验。

（六）注重校园文化建设，鼓励学生参与社会实践

培养学生是一个整体工程，仅靠第一课堂是不够的，学校还十分注重第二课堂

的建设。所谓第二课堂，最重要的就是校园文化建设和社会实践。

校园是学生综合素质形成和提高的极其重要的场所，学校通过扶持学生社团和开展文明修身活动等进行校园文化建设。首先，学校积极扶持学生社团。学生可自己组织和参加各种学生社团，学校予以引导并给予一定的资助。目前，我校已有交响乐团、诗社、史学社、秋石印社等十几个社团，学生在这些社团里可充分发挥和培养自己的才能，获得艺术的陶冶；其次，由于这一代大学生多为独生子女，缺乏自立精神，不善于关心他人，针对这个特点，学校开展了文明修身活动，使学生自己承担了校园、教室以及宿舍的清扫工作，以培养学生的自立意识。

学生最终是社会的人，对大学生进行素质教育目的是为了使他们成为高素质的公民，因此，学校十分注重通过社会实践对学生进行素质教育特别是人文精神的培养，爱心学校就是这方面的代表。爱心学校是我校学生利用暑假到社区开办的暑期学校，分不同的年级和班级，专门为在校的中小学生和社区下岗工人服务，如同国外的义工。我校共有数千名大学生放弃了暑假休息、旅游、打工的机会，在上海市和江西、福建、山东 103 个办学点上，帮助数万名中小学生度过了健康、有益、安全而又丰富多彩的暑假；另外，学校还活跃着几千名志愿者，他们为孤老服务，为盲人录制有声读物，如他们为上海市 40 万盲人录制文学名著。大学生还自发捐助了落后地区两所希望小学。通过这些活动，学生们学会了尊重别人、关心别人，树立了自主意识。另外，学校还成立了勤工助学中心，通过向学生介绍勤工助学岗位，使学生了解社会、感受社会，为自己日后适应社会创造条件。

今天，国际化大都市有着共同的特点，即高度发达的经济，城市具有高度的开放性，也是多元文化交汇点。国际化大都市是经济全球化的必然产物，高等教育如何应对是每个国家、地区面临的共同课题。目前，世界面临的一个共同问题是：一方面，科技、经济的高度发达极大地提高了人们的生活水平，另一方面，资源危机、环境污染、生态失衡，以及与之相伴的人的价值观的失落、道德水平的滑坡。联合国教科文组织在一项研究报告中指出：21 世纪的教育，不仅要教育学生获取知识，更重要的是教育学生学会关心，学会同周围人们和谐相处。这些观点，已经成为世界各地区和各国的共识，从这个意义上来说，国际化大都市的大学生素质教育具有共同点。虽然，世界各国、各地区经济发展不同，高等教育也有着自己的不同特点和发展阶段，但一定可以相辅借鉴。

科学定位，开拓创新，积极发展，努力为上海社会经济发展服务[①]

（2004年2月）

上海师范大学创建于1954年，是上海市属重点大学。经过五十年的建设，学校已从原师范学院发展成为一所综合性大学。特别是近年来，在上海市政府的关心支持下，学校广大教职员工以党的十六大精神为指导，在校党委领导下，面对高等教育大发展的时机，在没有国家大投入的情况下，不是消极"等、靠、要"，而是积极开拓、克服困难、抓住机遇、奋发有为，走出了一条自我发展的新路，学校的各项事业都有了突飞猛进的发展。

一、学校的基本情况和特点

（一）学校规模大、学科门类全、办学层次多

上海师范大学是上海地方大学中唯一一所文理见长的综合性大学。在学校注册的学历生超过40 000人，其中全日制本专科生23 000人，分布在80多个本、专科专业，其中本科专业63个，覆盖到教育部颁发的11个门类中的10个门类，即哲学、经济学、法学、教育学、文学、历史学、理学、工学、农学、管理学。学校可授予硕士学位的学科点已达65个，可授予博士学位的学科点14个，并拥有中文、历史两个博士后流动站，在册研究生1 700人。学校设继续教育学院，成人教育中的学历生人数已达15 000人。2002年我校外国留学生数超过1 200人，名列全国前20位。

为适应办学规模扩展，学校近年来通过贷款，加大基础设施建设力度，校园规模和实验室面貌有了极大变化。学校现有徐汇和奉贤两个校区，占地面积2 000多亩。

① 本文为俞立中向上海市领导汇报的材料。

校舍建筑面积 49 万平方米。地处海湾旅游区的奉贤新校区占地 1 300 多亩，环境优美、设施先进，已容纳了 10 000 多名学生。

(二) 文科优势明显，理工科发展迅速

学校设 18 个二级学院，其中，文科类 7 个：人文与传播学院、外国语学院、教育科学学院、法政学院、商学院，对外汉语学院，女子学院；艺术体育类 4 个：音乐学院、美术学院、谢晋影视表演艺术学院、体育学院；理科类 3 个：数理信息学院、生命与环境学院、旅游学院；工科类 2 个：机械与电子信息工程学院、建筑工程学院；国际合作类 2 个：犹他科技学院、欧洲文化与商务学院。

我校的一些传统优势学科（如中文、历史、计算数学、天体物理等）和特色学科（如外语、教育、心理、旅游、广告、美术、音乐、影视表演艺术等）在上海乃至全国都具有很大影响。中国语言文学是上海市重点学科，也是教育部文科基础学科人才培养和科学研究基地。古籍整理、应用语言学、中国近代史、教育经济与管理、学科教学论、物理化学、计算数学、天体粒子物理等是上海市教委重点建设学科。中国语言文学在全国高校中排名第 23 位，历史学排名 25 位，教育学排名第 9 位；计算数学、天体物理学研究在全国处于前列。

近年来，面向社会需求的一大批应用学科（特别在生命科学、材料科学、信息科学、管理科学、商学和法学等领域）发展迅速。植物功能基因研究、稀土纳米功能材料研究、绿色化学化工、水环境工程等领域已进入国家 973 或 863 项目资助行列；云芝糖肽新药、油品储运监控管理系统、耐候光转换无滴浓膜等科研成果成功地实现了产业化，并获得国家科技进步奖和上海市科技进步奖。

学校设立了 26 个研究所、32 个研究中心或培训中心。上海市去年启动的 6 个高校 E-研究院中，“都市文化”和“科学计算”都是设在上海师范大学。教育部《高等学校学术文摘》也是由我校承办。

(三) 高素质、宽口径、应用型的人才培养特色

上海师范大学立足上海，直接服务于地方社会经济发展，在人才培养上充分考虑到：1. 针对上海国际化大都市建设，特别是世博会带动下城市新一轮发展的人才素质要求；2. 以学生为本，分类指导，错位竞争，充分为学生的发展和就业考虑；3. 面向当前和未来的需要，从可持续发展意义上显现人才培养特色。得益于历年来学校教育教学的不断创新发展，我校学生普遍有素质高、知识新、上手快、外语好的特色，毕业生受到社会各企事业单位的普遍欢迎，就业率在全市地方类高校中名列前茅，其中师范类毕业生的就业率达100%。建校近五十年来，上海师大为国家、为社会培养输送了近十万名社会主义建设事业所需的各类专业人才，其中不乏成功人士，如九位首届上海市教育功臣中就有两位是上师大的校友：上海中学校长唐盛昌和闸北八中校长刘京海。

二、如何在服务上海社会经济发展中提升学校的内涵

世博会和上海新一轮发展给高等教育带来新的机遇和挑战，市委市府关于实施“科教兴市”主战略的决策对学校未来发展和社会服务功能提出了更高的要求。在新形势下，学校党委以“三个代表”重要思想为指导，及时总结经验，调整工作重点，面向社会需要，规划学校发展。全校上下在进一步认清形势、科学定位的基础上，更新观念、开拓创新，逐步完善学校新一轮发展的思路。

（一）科学定位，发挥优势，加强人才培养的特色

在整个高等教育体系中，不同高校应该有各自的定位，科学定位决定了一个学校的发展目标和建设重点。《上海师范大学“十五”发展纲要》对学校的目标定位是：成为适应上海基础教育和社会经济发展需要的，以培养宽口径、应用型人才为鲜明特色的综合性大学。上海师范大学是市属综合性大学，办学规模大、学科覆盖广，尤以文科见长。随着上海人均GDP的不断增长和市民素质的提高，我校对上海未来的贡献，首先是在数量和质量上满足上海市民接受高等教育的需要，重点是为上海社会经济发展培养面向基层的量大面广的应用型人才，特别是各级各类文职人员。

因此，上海师大培养人才的特色要能体现上海国际化大都市的人才素质，体现学校的定位，具体而言：外语应用能力强；人文和科学素养好；工作适应性强。

我们已经明确了大学英语课程四年不断。从去年开始，英语口语已作为全校公共必修课，聘请外教担当。同时，通过英语角、高级英语培训、英语讲座、国际学生交流项目、用英语开设专业课等方式，强化学生的英语应用能力，特别是会话。英语口

语水平将会是上师大的一个亮点，成为宽口径、应用型人才的一个具体表现。

我们把学生综合人文素养、艺术素养、科学素养的培养，作为文理相通的素质教育，体现综合性大学的优势。同时，学校不断强化应用型人才培养的实践环节，拓展与企事业单位和政府部门的联系，通过各种渠道，广泛建立实习、实验、实训基地，增强学生实际动手能力的训练。学校通过在全市推进“建设百所爱心学校、举办百场市民报告、访问百名最可爱的人”的“三百行动”和在全校深入开展关爱教育和文明修身活动，以切实有效的实践活动，使学生更多地接触社会，参与社会实践，增强社会责任感，培养基层工作的能力。

在教育规模迅速扩大的背景下，学校更加重视学生思想品德教育，树立良好学风，强调分类指导，明确培养目标，加快教学改革。根据学校定位，各类应用型人才培养是主体，教师教育是传统优势，但学校仍重视部分优秀学生的个性化培养。使不同志向、不同追求的学生今天都能在学校得到理想的教育，明天都能在当今社会多样化的人才需求中找到自己的合适岗位。具体措施为：

（1）在完全学分制基础上，加快课程与教材建设，挖掘课程资源，增加课程数量，提高课程质量，特别是通识课的数量和质量，扩大选修课的比例，构建模块式课程组合，对学生选课进行分类指导。

（2）压缩课程总量，为学生的个性化发展开拓空间，组织高层次的学术讨论会、报告会和座谈会，增加计算机房、实验室、图书馆的开放时间，增加图书资料的数量，为学生发展提供条件。

（3）强化应用型人才培养的实践环节，加强实习、实验、实训和社会实践工作，鼓励学生独立开展或参加教师的科研活动，培养创新能力，特别是文科学生的社会调查、市场分析。

（4）重视优秀学生培养，提供高级课程模块，通过导师制、国际学生交流项目、辅导班等途径，加强学生考研和出国深造的指导。

（5）加快教师教育模式改革，完善教师终身学习的课程体系，推行注重课程和教学内容创新，灵活并具有普适性的教师培养模式。

（6）组合就业指导中心、教务处、学生处、研究生处、高教所、教科院等的力量，形成一支精干队伍，加强人才市场的调研、预测和开拓，充分研究当今天和未来的需求。根据专业需求、人才素养、知识结构、能力技能等方面的市场要求，调整专业设置、课程体系、教学内容和培养模式。

(二) 调整学科,加强建设,推动学校的内涵发展

科教兴市对高校的内涵发展提出了更高的要求,我们充分认识到人才队伍和学科专业是学校的核心竞争力,已把工作重心放到内涵发展,增强为社会服务的能力。学校在经费困难的情况下,每年拿出 6 000 万元的专项经费,用于人力资源建设,用于学科和科研能力的建设,并提出了学科与师资队伍建设的思路和措施。

(1) 根据学校定位、学科发展和社会需求,注重顶层设计、全面规划,坚持“有所为、有所不为”,加大学科与专业结构调整和建设力度,使学校的优势和特色更为显现。

(2) 在同类学科中比较竞争优势,在专业方向上分析社会需求,从学科专业整体出发制定发展策略。课程、教材、师资、实践基地是专业建设的主要抓手;科研基地、学科梯队、科研项目、科研成果是学科建设的主要抓手。校、院集中建设经费,投入到研究基地建设、人才引进和培养、课程与教材开发、国际合作与交流,使学科和专业得到实实在在的建设和发展。

(3) 在上海教育发展战略框架下,对相关的优势学科给予政策和机制上的重点扶持,合理扩大规模,加大领军人物引进力度,建设合理的学术梯队,并坚持错位竞争,选择若干重点方向实现突破。根据上海建设八个教育高地、一批学科中心的战略设想,上海师大一定要充分发挥相关学科的优势,如文、史、哲、旅游、外语、广告、艺术和教师教育等,在“旅游、会展、酒店管理”、“教师教育”、“语言文学”、“艺术”等教育高地以及“哲学社会科学”等学科中心的建设中有所作为。特别在两个方面要起到核心作用:一是旅游、会展、酒店管理方面。旅专划归上师大管理后,新组建的旅游学院加强了与国家旅游局、上海市旅委、锦江国际集团的联系和合作,致力于建设国内最有影响的旅游管理人才培养基地。二是教师教育方面。上海师资培训中心划归上海师范大学管理后,学校根据上海基础教育发展的需求,加强资源的整合,重点支持教师教育创新,加快教师职前培养和在职培训一体化的探索,成为上海师资培养和培训基地。

(4) 对在上海乃至全国已有较大社会或学术影响的学科专业(如教育、心理、对外汉语、计算数学、天体物理、艺术类学科等),学校通过推出领军人物、优秀群体和

学术流派，组织重大项目和社会活动，扩大其影响和地位。同时通过社会服务，取得社会支持。我们要致力建设好“都市文化”和“科学数学”两个上海高校 E—研究院，争取进入教育部人文社科重点研究基地和上海市重点实验室行列。

(5) 大力扶植新兴、交叉、发展性应用学科和专业。作为学校学科发展和社会需求的新生长点，特别是上海发展急需或人才短缺的学科专业（如食品检验和食品安全、稀土功能材料、生物技术、机电一体化、项目管理、环境工程等），要切实抓住时机、鼓励学科交叉，坚持以人为本、围绕优秀学科带头人组建队伍，精心扶植培育，积极争取各方支持，逐步形成学科优势或特色。

(6) 实现科研体制机制创新，建立大学研究院，在政策和经费上重点扶植，为德才兼备的学科带头人提供发展保障。研究院以创新群体、工作室、研究中心、重点实验室等方式，搭建学科交叉和科学研究的平台，围绕学科带头人组织队伍，提供全方位服务，使一批学术水平较高的学科带头人和学术骨干在完成基本教学工作量的基础上，可以潜心从事科研，出高水平的成果。研究院体制有利于与政府、企业和科研机构的合作。研究院开放流动的灵活机制有利于吸引优秀人才，集中科研力量，重组科研队伍，在一些领域取得后发优势。

(7) 师资队伍建设是学校发展之本。学校加大政策导向的力度，坚持人才培养和引进相结合的原则，实施“人才强校”战略。根据学科与专业发展规划，调整人才引进的政策力度和走向。针对学科队伍的薄弱环节，制定人才引进计划，有目的性、有针对性、有序地做好引进工作。根据院士、学科带头人、学术骨干等不同层次，加大政策倾斜力度，采用灵活措施，设立特聘岗位，通过公开招聘，公平竞争，力争杰出人才的加盟。增加优秀博士和博士后的引进或留用，改善师资队伍的学历结构，提升师资队伍的整体水平。

(8) 建立学校学术骨干数据库，进行跟踪培养。统筹各方资源，设立“优秀青年教师培养计划”、“中青年学术带头人计划”、“青年教师科研启动基金”等人才计划，改善中青年教师的工作生活条件。并有计划地为教师提供出国学习、进修、合作研究的机会，鼓励青年教师攻读博士、硕士学位，鼓励教师到国内名牌高校进修学习，鼓励教师在校内跟班旁听优秀外籍教师的课程，鼓励教师参加国际学术会议和国内各种学术活动。

(9) 加快学校信息化建设，打造数字校园，建立现代化教育的基础平台，在信息化基点上规范管理，提高教学、科研和管理效益。在完善全校网络系统、无纸化办公系统、校园一卡通的基础上，建设学校公共数据库和公共服务系统，加强与社会的信息互通，增强为社会经济发展服务的能力。

(三) 拓展外联，面向国际，在上海国际化大都市建设中发挥更大作用

在贯彻实施“科教兴市”战略中，高校要融入区域经济发展，实现产学研联盟，推进与企业、社会的互动和整合。同时，上海国际化大都市建设也要求高等教育不断提升国际化程度。上海师大在拓展外联、加强国际合作的探索中，积极为上海社会经济发展服务，加强学校的内涵发展。

(1) 加强与政府、企业和科研机构的合作，推进产学研联盟，积极发挥高校的优势。学校在全面探索与政府、企业和科研院所的多元合作。已与徐汇区政府建立全面合作关系，利用上海师大丰富的教师教育、美术教育、人文教育资源和生化科研优势，为徐汇区社会经济发展提供智力支持，在服务地区经济同时提升学校知名度，拓展了科研成果转换和学生就业的途径。本着教研联手，优势互补、共同发展的原则，数理学院与华东计算机研究所实现全方位合作，华东所将积极参与我校课程改革，提供科研项目，并推荐就业。根据上海旅游业大发展的趋势，旅游学院与上海锦江国际集团紧密合作，冠名“上海锦江国际旅游学院”，努力构建旅游会展、酒店管理的产学研基地。

(2) 推进与国际高水平大学的合作，引进优质教育资源，加快新兴学科专业的发展，改造传统专业，培养上海发展急需和短缺人才。在100所与学校签约的外国大学中，我们加强与一流大学的交流，特别在优势学科、特色学科和新兴学科领域的合作，推动学科发展。学校将提升犹他科技学院、欧洲文化与商务学院的办学层次；办好机电学院与美国戴顿大学合作的电子信息工程和机械设计制造及其自动化专业，与德国巴伐利亚州合作的汽车检测与维修专业。在合作办学过程中逐步把引进国外优质资源转化为自身改造和发展的能力；在引进国外高水平的课程体系和课程教材基础上，推动课程、教材和教学的改革，使专业发展建立在高起点上。

(3) 着力建设对外汉语教育基地，拓展留学生教育规模，提升学校的国际化程度。我校是国务院侨办批准的华文教育基地，国家汉办批准的国外留学生汉语水平(HSK)考试点，目前在争取成为国家对外汉语教育基地。学校成立了对外汉语学院，积极引进优秀教师，规范对外汉语课程，更新对外汉语教学手段，提高对外汉语教学质量。通过校际交流、留学中介等渠道，拓宽留学生招生渠道。

(4) 积极创立民办独立二级学院。面对学校办学资源与社会接受高等教育需求的矛盾，学校提出稳定核心办学层、扩大拓展办学层的办学思想。核心办学层为学校现有办学基础，必须控制规模，重点发展内涵，提高办学质量；而拓展办学层则是利用社会资源来培养社会紧缺人才，完全由企业投资，学校投入教育品牌、教育理念、课程体系和教材，进行质量监控。学校已经与有关企业签订了合作协议，并在积极推进民办独立二级学院，以满足市民对高等教育的需求量，扩大学校为社会服务的能力。

在实施科教兴国、科教兴市的战略中，在走通华山天险一条路的征途中，上师大一定发挥好自己作为地方综合性大学的作用，更有效地贴近于社会需求，更自觉地服务于大局利益，按照“三个代表”重要思想，把学校建设好、发展好。

人才强校,为建设高素质的师资队伍而努力①

（2004 年 2 月）

新学期刚开始,学校召开人才工作会议,传达全国及上海市人才工作会议精神,分析我校人才工作的现状,统一认识,部署我校人才工作的改革措施。这是学校党委为实施人才强校战略,以人才队伍建设推进学校各项事业发展的重大举措。下面我就学校人才工作,谈三个方面的问题：

一、我校人才工作的回顾

我校的人才(这里主要是讲教学、科研方面的人才)工作,在党委的领导下,取得的成绩是明显的。历届党委都把人才工作放在重要的位置上。特别是近几年来,学校党委、行政及各级领导对人才工作重要性的认识是十分清晰的,措施是明确的,成效也是显著的。

成绩主要表现在以下几个方面：

人才工作意义的认识有了深入。在学校制订的"十五"发展纲要及十年发展规划中,对队伍建设、人才的引进和培养都有明确的要求和目标,学校提出要"加大政策导向的力度,坚持人才培养和引进相结合的原则",加快构建合理的学术梯队,并具体提出了各个阶段队伍建设要达到的数量及质量的目标。各学院在学科建设中也都把人才队伍的建设放在第一位,结合学院实际,提出了师资队伍建设的规划。引进人才、培养人才、用好人才,以此促进学科水平的提高,已初步形成学校上下共同的认识。

人才竞争的机制进一步形成。近几年来,我校在人事分配制度的改革,如岗位

① 本文为俞立中在上海师范大学人才工作会议上的讲话。

聘任和岗位津贴的改革、实行专业技术职务的聘任制等，进一步形成了竞争机制；而收入分配向有贡献的专业技术人员倾斜，在一定程度上，有利于高层次人才的引进和师资队伍的稳定，调动了人才的工作积极性。

人才队伍的结构有了改善。经过不懈的努力，我校教学、科研队伍从学历结构、高级专业技术职务人员中青年骨干所占的比例等方面与九五期间比较，有了明显的改善。

从学历来看：

	博　士	硕　士	研究生学历总数
1993 年	12(1.2%)	169(17.2%)	181(18.45%)
2001 年	82(9.3%)	228(25.9%)	310(35.3%)
2003 年	136(9.7%)	511(36.5%)	647(46.2%)

注：1. 2003 年底在读的 79 名博士、81 名硕士未包括在内；2. 2001 年前统计的数字中均仅为徐汇校区的情况。

博士学历的教师已超过专任教师数的 10%，达到了我们第一步的目标。近几年在补充专任教师时，选留的毕业生中，硕士以上学历已占了绝大多数，2000—2003 年，我校引进、选留的教学、科研人员中，具有研究生学历的占了 75.7%，教学、科研队伍的学历层次有了明显的提高。

从中青年教师具有高级职务的人数比例来看：

	正　　高			副　　高		
	35 岁以下	36—45 岁	46—50 岁	30 岁以下	31—45 岁	46—50 岁
2001 年	1 人	13 人	15 人	13 人	98 人	89 人
2003 年	2 人	23 人	32 人	2 人	169 人	93 人

师资队伍层次的提高，为学校进一步的发展打下了良好的基础。

人才引进的强度进一步加大。学校根据学科建设和发展的需要，制定了人才引进的计划及相应的配套政策，使我校人才引进的强度进一步加大。根据统计，自 2000 年来我校为了学科建设和发展的需要，从上海及外地高校引进了 82 名具有副高以上高级职务的学科建设的骨干，其中有的是有实力的领军人物。高层次人才的引进，对提高学校的层次和办学水平起了明显的促进作用。我校专业设置的明显增加、博士点建设取得的进展，在一定程度上是加大人才引进强度的成果。

人才培养的力度进一步增强。我校已初步建立了从新教师上岗培训、在职教师学历培训到优秀青年学术骨干培养的一系列人才培养的机制，并取得了明显的结果。

如我校长期坚持选拔、评选优秀中青年学术骨干和校优秀青年教师，取得了明显的效果。自1991年来，我校共选拔校优秀中青年学术骨干37名、校优秀青年教师180人次，在学校经济实力并不是很强的情况下，对这部分人才提供了一定的资助，为他们的成长提供一定的帮助。现在，其中的不少同志已经担任了学科带头人、骨干教师，有的还担任了校、院两级的领导。

在积极引进、录用高学历人才的同时，学校还鼓励青年教师在职攻读博士、硕士学位。目前在读的青年教师就有200多人。

二、人才队伍建设的现状分析

在回顾我校人才工作取得成绩的同时，也必须看到，我校人才工作与新形势、新任务对我们提出的要求还存在一定的差距，在一定程度上影响我校学科的建设和发展。

2003年底我校在校本专科生的人数已达到20 000人，加上研究生、留学生及成人教育的学生，学生人数已超过40 000人，按标准学生数计，也达到24 000多人，而目前我校专任教师数不到1 200人，平均师生比达到1∶23。考虑到我校艺术、体育、外语专业教师的师生比不能很高，因此文科有的专业课的师生比远超过平均师生比，造成教师疲于奔命，既影响教师业务水平的提高，影响教学质量的提高，影响科研工作，也影响教师的身心健康，长此以往，最终要影响到学校的发展。

由于主客观的原因，我校教师的学历层次与学校发展要求还有相当的差距。从总体来看，教学、科研人员队伍中的博士生比例不高，目前具有博士学历的教师，只占教师总数的10%左右。按学校规划，到2009年，教师中研究生的比例要达到70%以上，其中博士生要达到50%以上，按当时教师数为1 600人计，则博士生的人数需在560—800之间。从目前的数字看，差距是明显的。

此外，高层次的青年人才数量还少，具有正高职称的青年骨干教师，虽有突破，但在整个高级职称的人才队伍中仍占极少数。2003 年底统计，我校 45 岁以下的正高职称的青年人才，还只占全校正高职称人才的 15%左右。

教学、科研学科带头人队伍年龄老化。以博士生导师为例，大多已超过或接近法定的退休年龄，根据 2003 年底统计的数据来看，具有正高职称人员中，年龄在 55 周岁以上的有 113 人，占全校正高职称人数的 68.5%，其中在学科带头人岗位上的占了相当大的比例。有的学科如果现有的学科带头人一退休，目前还很难在现有的本校中青年骨干教师中物色到在本学科领域有影响的、能接替的人。

我们学校还没有形成借用国内外高层次人才为我所用的氛围和机制。尽管我们聘请了不少兼职教授，其中不乏在国内外学术界有影响的名师大家，但真正在我校学科建设或教学科研中起很大作用的不多。有的学院已经注意这个问题了，但从总体上讲，还没有形成良好的氛围与机制。

造成我校人才队伍建设不足的原因是多方面的，一方面是由于我校近几年事业的快速发展，我校从过去单纯的师范专业向有师范特色的综合性大学转化，新专业大量增加，学科建设的任务明显加重，师资队伍建设跟不上事业发展的速度。另一方面，人才队伍建设本身存在一定的问题，也造成了队伍建设的现状。

对人才队伍建设的认识还不尽一致。对于人才队伍建设，无论是从数量上的补充，还是质量上的提高，认识并未完全统一。由于经济和机制方面的原因，不少学院对补充教学、科研人员还有顾虑，动力不足，因此造成了一方面教师数量严重不足，另一方面，各学院大量缺编。目前，各学院平均缺编 25%，有的学院缺编接近 40%。人才队伍数量和质量上的缺陷，已在一定程度上制约了学校教学、科研水平的提高。

领军人才引进的难度增加。由于学校所处的地位、引进成本、工作环境和条件等原因，我校在领军人才的引进上还有相当大的难度。一些在国内外有影响的对我校学科建设或发展有很大作用的领军人才还很难引进。

此外，在注意为申报博士点引进领军人才的同时，对一些应用性、新兴学科领军人才的引进还没有引起足够的重视。

人才培养的力度还需加大。对于现已具有副高以上专业技术职称的、有一定层次的中青年教师的在职培训还存在放任自流的情况。

目前在职参加各类进修培训的人员中，有意识地跟随国内外名师、大家学习、进修的还不多。

体制、机制还不能适应人才工作的新形势。目前我校的人才工作的体制和机制还不能适应新形势下人才工作的要求，计划经济影响相当深重，人才使用上的竞争机制并未完全形成；还未能真正形成人员能进能出、能上能下的用人体制和机制；在注重人才引进的同时，合理使用人才还不够重视，使现有的人才因使用、培养等各种原因而有所流失。

以上的回顾、总结是初步的，只是为了引起思考和讨论，目的是为了做好新形势下的人才工作。

三、新形势下人才工作的思路

全国及上海市人才工作会议的召开，为打开我校人才工作的新局面提供了有利的时机。在回顾总结我校人才工作的基础上，为了进一步落实人才强校的战略、落实“人才资源是第一资源”科学判断，围绕促进我校学科建设和发展，创造有利于吸纳人才、用好人才、培养人才的良好环境，为学校事业的发展，提供良好的人力资源，现对新形势下我校人才工作的措施，提出初步的意见，以便实施。

提高对人才工作重要性、紧迫性的认识。全国人才工作会议上，胡锦涛总书记代表中央所作的报告，在肯定我国人才队伍建设成绩的同时，面对激烈的国际竞争优势，代表党中央提出了“人才强国”战略，提出“人才资源是第一资源”的科学判断，提出国际竞争反映在知识、科技、产业创新上，表现在综合国力的竞争上，归根到底是反映在人才资源的竞争上，谁拥有了人才资源，谁就能掌握竞争的主动权；市委领导针对上海要建设现代化国际大都市的发展定位，提出要坚持走人才开发的国际化道路，要突出高层次人才队伍建设和“领军人才”的开发，要以人才的国际化引领城市的国际化，以人才的跨越式发展支撑城市的跨越式发展，以人才的竞争优势提升城市的国际化竞争力。胡锦涛总书记代表党中央所作的报告，中央及上海市委领导同志的讲话以及出台的决定、实施意见，进一步开拓人才工作的思路，提供了明确的工作目标和政策依据，为新一轮的人才工作指明了方向。上海师范大学作为上海地方重点高校，有为上海建设现代化国际大都市、为上海经济社会发展，培养和输送高质量的应用型人才的任务；没有高素质的教学科研人才，就无法承担培养高素质人才的任务。同时，高校本身又面临学科建设和知识创新的任务。而无论是人才的培养，还是学校发展，都离不开人才战略，国家有国家的人才战略，上海有上海的人才战略，学校也必须有适合自身发展的人才战略。

在回顾分析我校人才工作的时候，我们必须进一步统一对人才强校战略的认识，统一对"人才资源是第一资源"的认识，统一对人才工作重要性、紧迫性的认识，努力创造讲发展首先讲人才队伍的发展，争资源首先争人才资源的环境，抓住机遇，抓紧落实，把我校人才队伍建设快速提高到一个新的水平。

狠抓人才规划的落实。学校2004—2014年发展规划中，根据新十年学校事业发展的要求，对师资队伍建设，从数量、质量上；从五年、十年不同的时间段；从高层次人才引进的几个方面，都提出了具体的规划要求，当前的任务是要落实。校人事处要配合各学院，根据学校的要求，结合学院学科发展和建设的需要，尽快做好师资队伍补充和提高的计划，当前特别要在高层次、领军人才和紧缺人才队伍建设方面，找出薄弱环节，提出人才队伍建设的实施办法，尽快予以落实。

深化人事分配制度改革，促进人才队伍的建设。要坚持以改革促发展，要在学校多年来人事制度改革的基础上，进一步完善体制、机制的改进，进一步调动校、院两级做好人才工作的积极性。校党委根据新形势下人才队伍建设的需要，提出以下几个方面深化改革的措施：

设立研究院。研究院实行体制机制创新，为承担高层次研究项目的人员或引进的特殊人才、高层次的教学科研人才，提供一定的工作条件和待遇，提供最佳的研究环境；学校鼓励符合条件的中青年科研人员在研究院里设立工作室，争取早出成果、多出成果。

改进学院编制核定的办法。自2004年起取消缺编费的核定，并逐步减少缺编比例，使各学院的缺编比例控制在一个合理的比例上(约为15%)；提高流动编制的比例(2004年为教学、科研编制的15%)及流动编制费的数额(2004年提高到每个流动编制一年经费为5 000元)，鼓励学院聘请国内外高层次人员兼职兼课，建立一支相对稳定、工作职责明确的兼职教师队伍，规范对兼职教师的管理和考核，以提高我校教学科研水平。

修订岗位聘任及分配的办法。在原校聘岗位聘任办法的基础上，作如下修整：不再设置专业负责人、主要公共基础课负责人岗，具有正高职称的专业技术人员要负责或参与本专业的建设；为校聘五级岗，增设正教授(正研究员)岗；将原校聘五级岗中的硕士点负责人岗并入校聘四级岗中；取消拟建博士点负责人岗，将原岗位津贴改为奖励；适当提高校聘岗位的岗位津贴。严格岗位考核要求，根据所设立的各级岗位要求，分类指导，制订相应的考核要求：对担任学科建设任务的岗位，除现有教授职务的考核要求，同时还有学科建设方面的考核要求；考核达不到规定要求的，岗位津贴及年终奖金予以扣发，所聘岗位予以调整；实行真正的专业技术职称聘任制，国家工资与所聘岗位挂钩；修订教师进修及培养的办法，对随著名学者做访问学者的中青年教师，学校给予一定的经济补贴；设立上海师范大学青年学者特别培养资助计划，对年龄在 45 周岁以下，已具有高级专业技术职称及博士学历，具备担任学科带头人的能力或潜力但目前尚未被聘任在学科带头人岗位上的青年学者，学校通过一定的程序选拔；被确定为特别资助对象的，学校给予一定的津贴，这种津贴，一部分按年发放，另一部分在其担任学科带头人后或在一定的年份后予以兑现；对特殊、紧缺人才的引进加大投入，其中，引进的特殊、紧缺人才房屋补贴的加权系数可达 1.5—2.0。

2004 年是落实年。中央及上海市人才工作会议的召开，为我们人事、人才工作提供了有利的条件，指明了努力的方向，我们要在落实上下功夫，努力使我校的人才工作上一个新的台阶，在引进、用好、培养人才三个方面做好工作，为学科建设和发展提供有力的人才保障。

奋发图强，励志成才，让理想化为现实[①]

（2004年9月）

历时两周的军训已经揭开了大学生活的序幕。今天是入学教育的第一天，请允许我再次代表上海师范大学全体师生员工向你们表示热烈的欢迎！祝贺你们考入上海师范大学，迎来人生中的一个新起点。

面对新的环境、新的生活，同学们心里一定会有很多问题。大家非常想了解今后四年将要在这里学习和生活的学校，也非常关心学校能为自己的成长提供什么样的机会，更想知道应该怎样尽快适应大学的学习生活。我将从这些问题出发，给同学们作入学报告。

一、上海师范大学是怎样的一所学校

上海师范大学是一所文化底蕴深厚而又生气勃勃的学校。文化底蕴深厚，是因为它有着近五十年的历史积淀（今年10月16日将迎来建校五十周年大庆）；生气勃勃，是因为它自改革开放以来不断实现跨越式发展，日新月异，充满活力！每一个上师大人，都为之自豪和振奋！

（一）市属重点、文理见长的综合性大学

上海师范大学是上海唯一的一所文理见长的综合性大学，学科门类齐全，办学层次多样。学校共有80多个本、专科专业，其中本科专业63个，覆盖到教育部颁布的11个门类中的10个门类，即哲学、经济学、法学、教育学、文学、历史学、理学、工学、农学、管理学。研究生教育方面，学校可授予硕士学位的学科点已达65个，可授

① 本文为俞立中在上海师范大学2004级新生入学典礼上的讲话。

予博士学位的学科点 14 个，并拥有中文、历史两个博士后流动站。我校的一些传统优势学科（如中文、历史、计算数学、天体物理等）和特色学科（如外语、教育、心理、旅游、广告、美术、音乐、影视表演艺术等）在上海乃至全国都具有很大影响。面向社会需求的一大批应用学科（特别在生命科学、材料科学、信息科学、管理科学、商学和法学等领域）发展迅速，受到了学生的青睐。我校有 10 个学科是上海市教委的重点建设学科；中国语言文学是国家教育部文科基础学科人才培养和科学研究基地，也是上海市重点学科；古典文献专业为全国培养文献人才的四个基地之一。

在全日制教育方面，学校设有人文与传播学院、外国语学院、教育科学学院、法政学院、商学院、对外汉语学院、数理信息学院、生命与环境科学学院、旅游学院、体育学院、音乐学院、美术学院、谢晋影视表演艺术学院、机械与电子信息工程学院、建筑工程学院等 15 个二级学院；犹他科技学院、欧洲文化与商务学院 2 个国际合作办学的学院。目前，本专科在校学生数近 23 000 人，其中本科占 87%；研究生人数达 2 250 人；外国留学生数超过 1 000 人，其中长期生 440 人。学校还设立了继续教育学院，统筹成人教育，成人教育中的学历生人数有 14 000 余人。综上所述，学校已成功地实现了从综合性师范院校向以教师教育为特色的综合性大学的转换。

作为一所教育科研型大学，学校设立了 26 个研究所、32 个研究中心或培训中心，今年还成立了上海师范大学研究院，从体制机制上加强科学研究，增强服务社会的能力。多年来，学校在教育科学、人文社会科学和自然科学领域出了一批重要成果，产生了很好的社会影响，植物功能基因研究、稀土纳米功能材料研究、绿色化学化工、水环境工程等领域已进入国家 973 或 863 项目资助行列；云芝糖肽新药、油品储运监控管理系统、耐候光转换无滴浓膜等科研成果成功地实现了产业化，并获得国家科技进步奖和上海市科技进步奖。上海市去年启动的 6 个高校 E-研究院中，"都市文化"和"科学计算"都是设在上海师范大学。教育部的《高等学校学术文摘》也是由我校承办。

我校拥有一支实力雄厚、教学经验丰富的师资队伍。全校现有教职工 3 000 余名，其中教授等正高级职称人员 180 名，副教授等副高级职称人员 600 名。多年来，学校出了一批名师大家，更有许多中青年教师脱颖而出，有不少教师、学者在学术界、教育界享有声誉。如人文学科的马茂元、胡云翼、胡山源、张斌、任钧、朱雯、魏建猷、张家驹、任应镠、魏金枝等前辈学者在国内外学术界都颇有影响。建校五十年来，上海师大为国家、为社会培养输送了十余万社会主义建设事业所需的各类专业人才，其中不乏成功人士。首届九位上海市教育功臣中就有两位是上师大的校友：唐盛昌校长和刘京海校长。在日前揭晓的12位首届上海市师德标兵中也有两位是我校校友：奉贤中学英语教师张育青和徐汇区向阳小学校长洪雨露。

(二) 教学设施完备，校园环境优美

同学们是很幸运的。这些年来，学校投入巨资加大基础设施建设力度，校园面貌有了极大变化。学校现有徐汇和奉贤两个校区，占地面积约2 000多亩。校舍建筑面积49万平方米，其中教学辅助用房19万平方米。尤其是地处海湾旅游区的奉贤校区以优美的环境、先进的设施闻名全市高校。有谁能想象，四年前，奉贤校区一半是旧房，另一半是鱼塘和荒凉的滩涂。

学校为同学们身体锻炼提供了极其方便的条件，现有4个塑胶田径场，一大批篮球场、排球场、网球场、乒乓球馆、体操房、田径馆、球类馆、游泳池等体育设施。

我校的校园基础设施建设还在紧锣密鼓地进行中，大家的学习、生活条件将不断得到改善。学校在未来几年内还将投入1.5个亿，建成8万平方米学生公寓；在奉贤校区还将建成建工大楼、旅游大楼，大型学生体育馆、游泳池等。

学校创造条件为同学们学习成才提供了三大硬件设施平台：

一是基础实验室和电化教室平台。近年来，学校投入基础实验室建设经费超过1亿元，电子、通讯、生物、化工、机械、建工等实验室都是相当先进的。同时，全校用于教学的计算机近4 000台，用于多媒体教学的电化教室有180间，语音室(包括数字化语音室)有1 000多个座位。另外还有一批远程教室，学生可以在不同校区内同时上课。这些条件，在全国师范院校中，在上海地方高校中，都是非常突出的。

二是图书馆平台。图书馆是莘莘学子流连忘返的地方。学校充分发挥图书馆在学科建设、教书育人、科学研究中的重要作用，连年加大对它的投入。学校现拥有的两个中心图书馆宽敞明亮，条件优越，有250余万册纸质图书和150余万种电子图书，所有馆藏都借、阅合一，整个图书馆就是一个巨大的阅览室，进入图书馆，仿佛进入知识的海洋。馆内有上百个信息查询终端，有大型、中型视听室，有品质上乘的影视厅，同学们可以自由地欣赏中外音乐、影视和学习外语。希望同学们在大学期间好好利用学校的图书资源。

三是校园信息化平台。学校的网络是十分先进的,我校有千兆网接入中国教科网(CERNET),2 500多台联网计算机为同学漫游信息世界提供了便捷的条件,每个同学都会拥有一个免费的E-mail地址,拥有十兆网络磁盘空间。我们每年组织大学生进行网页设计竞赛,同学可以利用自己的网络空间发布个人网页,与外界交流、交作业和下载、保存个人资料。学校还在进一步加强校园信息化建设,如校园一卡通,为同学们的学习和生活提供更方便的服务,以及电子公示牌,适时向同学们发表各类信息。

(三) 注重素质培养、适应社会需求

世博会和上海新一轮发展给高等教育带来了新的机遇与挑战。上海师范大学立足上海,直接服务于地方社会经济发展,在人才培养上充分考虑到:(1) 针对上海国际化大都市建设,特别是世博会带动下城市新一轮发展的人才素质要求;(2) 以学生为本,分类指导,错位竞争,充分为学生的发展和就业考虑;(3) 面向当前和未来的需要,从可持续发展意义上显现人才培养特色。

得益于历年来学校教育教学的不断创新发展,我校学生普遍有知识结构新颖、实践动手能力强、外语应用能力强的特色,毕业生受到社会各企事业单位的普遍欢迎,就业率在全市地方类高校中名列前茅,其中师范类毕业生的就业率达100%。有不少学生通过努力,继续硕士、博士研究生学习,其中不乏有考入清华、复旦、交大等全国一流大学的。

二、学校为同学们的发展提供了哪些机会

学校致力于营造校园学术环境,努力提供优质教学服务,倡导优良学风,提高同学们的学习积极性和主动性,以更多地获取知识,更好地提高素养,更快地增长才干,成为社会的有用之才、国家的栋梁之才。

下面,我从几个方面介绍学校是如何畅通学生成才渠道的。

(一) 从学校定位出发,突出人才培养特色

上海师范大学的人才培养特色将体现在外语应用能力、人文和科学素养、基层

实践工作能力等三个方面。

1. 强化学生英语能力的培养。从去年开始，英语口语已作为全校公共必修课。为此学校拨出专款，聘请外籍教师来给同学上课。同时，通过英语角、高级英语培训、英语讲座、国际学生交流项目、用英语开设专业课等方式，强化学生的英语应用能力，特别是会话能力。英语口语水平将是上师大的一个亮点，这也是培养应用型宽口径人才的一个具体表现。

2. 强化学生综合人文素养、艺术素养、科学素养的培养。作为一种能力培养，作为文理相通的素质教育，上海师范大学有这方面的基础和优势。为此我们设置了40余个副修系列课程，让同学在主修专业课程的同时，修读你们感兴趣的一个系列的课程，例如文学鉴赏系列、化学与社会系列、经济管理系列、家政系列等，为同学们陶冶心灵、提高素养提供便利条件。

3. 强化应用型人才的实践环节。我们一方面拓展与企事业单位和政府部门的联系，通过各种渠道，广泛建立实习、实验、实训基地，增强学生实际动手能力的训练；一方面通过切实有效的实践活动，使学生更多地接触社会，参与社会实践，增强社会责任感，培养基层工作的能力。

（二）从学生需求出发，实现教学分类指导

面对社会对人才素质的要求，在教育规模迅速扩大的背景下，学校更注重学生的思想品德教育，树立良好学风，加强综合素质培养，更强调分类指导，明确培养目标，加快教学改革，使不同志向、不同追求的学生都能在学校得到理想的教育，明天都能在当今社会多样化的人才需求中找到合适自己的岗位。具体措施有：

1. 实行完全学分制管理。每个新生进校时，都有一本专业培养方案，了解本专业和相关专业的课程、教材、教学内容和时间安排，同学可以根据自己的情况安排学习计划，在3—6年内完成学习任务。从第一学期开始，你们就可以在网上选下一学期的课程，在导师的指导下，为自己设计一个成才的蓝图。

2. 提供丰富的课程资源。学校整合、挖掘课程资源，增加课程数量，提高课程质量，特别是通识课程的数量和质量，扩大选修课的比例，构建模块式课程组合，对学生选课进行分类指导。全校有各类课程1 500余门，其中不少是优质课程、名师课程。学校专门安排了校内外著名教授为本科生开设素质教育核心课程，让同学领略

名师风采。同时设置副修系列课程 40 余个，供同学们选修。

3. 压缩课程总量，为学生的个性化发展提供更多的空间。学校尽可能压缩学生课程量，腾出更多时间，鼓励学生独立开展或参加教师的社会调查和科研活动；鼓励学生参加高层次专家学者的学术报告会和座谈会；鼓励更多同学报考研究生，根据大家需要，组织考研辅导。增加计算机房、实验室、图书馆的开放时间，增加图书资料的数量，让学生多一点自主学习。

4. 对学有余力的学生，提供第二专业学习机会。为了使学生成为复合型人才，学有余力的学生可以利用业余时间，以完全学分制的形式修读另一专业，成绩合格者可获得学校颁发的毕业证书。目前，全校有近 4 000 人选修第二专业，不少毕业生以第二专业的文凭在社会上找到了理想的工作。此外，优秀的同学有机会在第一学年后申请转校或转专业学习，经过要求的审核和测试，有近 5%的学生可允许转学，而且转专业的学生可以积累前面所得的学分，只要完成新专业的主干课程和本科学分要求，即可获得新专业的毕业文凭。据不完全统计，截至目前今年我校有 27 名学生成功转入其他高校，其中 10 名进入复旦大学学习。

5. 拓展国际交流项目，为学生成才提供国际化通道。包括：学校鼓励各二级学院与国外层次相当的大学合作办学，建设有特色的新专业和改造传统专业；加大聘用外教的力度，用外语开设专业课；逐年增加与国外交换培养的学生数量，选拔交流生与学生奖学金、综合测评等制度挂钩；加强学生出国深造指导，积极创造条件为学生到国外短期实习提供机会，有计划地组织学生到国外进行寒暑假外语培训；对精英学生增加双语教学课程；各学院每学期至少给学生安排一次听外籍教师学术报告会或与留学生、外教举行联谊活动等。

6. 加强大学生就业市场的调研、预测和开拓。组合精干、敏锐的队伍来充分研究、预测当今和未来的人才市场的需求，根据专业、人才素养、知识结构、能力技能等方面的市场要求，及时调整专业设置、课程体系、教学内容和培养模式。同时，调遣精兵强将主动出击，为学生开辟各类就业渠道。

（三）从全面发展出发，搭建素质拓展舞台

学校注重学生德、智、体、美、能全面发展，特别重视培养学生的高尚品德和健康身心。学校在全面加强素质教育方面有着优良传统，如大学生文明修身、学生宿舍

管理(自强楼)、“三百行动”、“爱心学校”等等，为团中央、教育部、市教委以及社会认可。团中央已经确定我校为全国“大学生素质拓展”试点单位。

舞台之一：学生社团

大学生社团是大学生素质拓展的重要舞台。截至2004年4月，我校共有社团103个，其中校级社团23个、院级社团80个，覆盖文学、科学、体育运动、艺术等各门类。上海师范大学的万方青年交响乐团、行知少女合唱团和舞蹈团蜚声海内外。

舞台之二：课外实践

每年校团委都组织大学生开展志愿者服务、爱心学校、老区援助、挂职锻炼、环卫实践等形式的社会实践，培养团员学生的社会责任感和公德意识。

舞台之三：校园文化活动

学校每年举办科技学术节、艺术节、影视戏剧节、教育节、外语节、体育节等校园文化节，举办各类讲座、竞赛、晚会逾百场。还每年组织专题歌咏会、辩论赛、球类联赛等全校性文娱活动。为鼓励学生实践创新，学校每年组织评选学生优秀科研论文，扶植优秀科研项目，并挑选精品参加全国大学生“挑战杯”的比赛。过去的一年里，我校学生在全国和上海市的各项比赛中捷报频传，获得骄人成绩。共有300多人次在“全国大学生电子设计竞赛”、“全国大学生英语竞赛”、“全国大学生数学建模竞赛”、“全国大学英语写作大赛”、“国际大学生程序设计竞赛”、“中国大学生广告设计大赛”等60多项重大赛事中获奖。

舞台之四：参与校园事务管理

我校的BBS，作为大学生自己研制并开发的网络系统，已成为学生自我教育、自我管理、自我监督的平台。同学们在BBS上交流思想，交流感情，交流学习方法，交流各种信息。为加强学校管理层与广大同学的联系与沟通，BBS开通了“校长在线”和“部门在线”。去年5月，我校推出了聘请学生担任“校长(书记)事务助理”的举措，让学生参与学校的管理，两批学生校长(书记)助理已经走马上任。

(四) 从便利服务出发，提供学习生活保障

1. 勤工助学和助学贷款服务

由学生工作部(处)勤工助学管理中心负责为学生提供勤工助学的机会和岗位，新生只要参加中心的培训，获取上岗证后，就可以参加中心提供的各种岗位的工作。

主要工作有：家教、市场调查、软件开发、平面设计、报亭营业员等20多个种类。生活有困难的学生可以通过勤工助学活动，解决自己一部分的生活学习费用，也可以向银行申请助学贷款以完成学业。学校对特别困难的学生将给予一定形式的资助和学费减免。我们学校承诺，绝不会让一个困难学生因为困难而辍学，但同时，我们也希望大家要树立自强、自立的观念，通过自己的劳动，解决自己生活、学习上的困难。

2. 心理咨询服务

大学生心理问题已经成为一个人们普遍关注的问题。新生初到大学，不适应大学紧张的学习生活和生活环境，容易产生苦恼、焦虑和紧张的情绪，为了使同学能尽快走出心灵的沼泽，校学生工作部心理咨询中心将在10月份为每一位新生作心理健康量表的测量，建立新生的心理健康档案，有针对性地开展一些团体咨询，同时对一些需要心理援助的同学进行个别咨询。

3. 就业指导服务

学校设有就业指导中心，它的常规工作是及时发布就业信息，接受就业政策咨询，办理就业签约手续以及毕业生档案转移等具体工作。就业指导也是我们在新生入学教育的一项重要内容，希望新生在踏进大学的校园最初阶段，就能了解竞争日趋激烈的就业形势，从而化压力为动力，激发求知欲望，早作准备，练好内功，争取四年后以厚实的知识基础、优异的学习成绩、超群的能力和健康的心态，迎接就业的挑战。

4. 宿舍管理服务

近几年来学生住宿环境得到了很大的改善，奉贤校区已经达到学生宿舍4人间的环境，徐汇校区今年有3幢小高层学生公寓竣工，近800名同学的住宿条件得到改善，但徐汇校区由于受条件限制，仍有很多学生还只能住在8人间。我们为每幢学生宿舍配置了一台微波炉和两台洗衣机，为同学生活提供便利。每幢宿舍有一支学生自我管理、自我服务的楼管会队伍，为新生入宿提供向导服务，平时组织开展有利于同学身心健康的各项活动，协调楼内学生间的矛盾，协助辅导员处理楼内的突发事件，沟通学生与学校间的联系。

5. 就餐与交通服务

从1999年起，我校实行后勤社会化改革，从管理体制、机制上确保大学生的生活后勤保障。经过这几年的运作，后勤服务的质量有了很大提高，就餐环境、花色品种都有了质的飞跃。现在学校共有食堂 8 个，其中徐汇校区 5 个、奉贤校区 3 个，可同时容纳 6 500 多名师生就餐。由于奉贤校区离市区远，学校与公交公司联系，由公交公司为学生开辟了周五、周日往返学校的专车。

三、如何走好大学四年的路

同学们，你们有理由为自己跨进大学自豪。我们相信大家同样能够在大学学习生活中表现出色，成为德智体全面发展的优秀大学生。上师大为每个学生的成功、成才创造了一定条件，但我们不能保证每个人都能取得成功，成功与否，路在你们自己脚下！

如何走好大学生活的第一步？如何确立新的学习目标？如何顺利完成从中学生到大学生的角色转换？这是摆在你们面前的一个个新的课题，在此，作为你们的师长，对大家未来四年的大学生活，我提出以下几点要求：

立志成才——尽快完成角色转换，确立新的学习目标。进入大学，迎接大家的第一场考试是“角色转换”的考验。通过高考的筛选，每一个步入大学的学生，毫无疑问都是优秀的。今年我校提前批(师范类)文科最低投档线 445 分，理科最低投档线 427 分，师范类学生中有 30%是在一本分数线上；文科最高分 520 分，理科最高分 488 分。非师范类，即二本的文科最低投档线 442 分，理科最低投档线 430 分，25%的学生是在一本分数线上。广告、对外汉语、财务、英语、应用心理、会展六个专业最低分数线都在一本线上，文基班的最低分为 472 分，英语专业的最低分 471 分。江苏、安徽、河南等外省市学生的最低分数线也都在一本线上。不管你们是以什么成绩进入上海师范大学的，现在大家都处在同一个新的起跑线上，你们面临的将是强手之间的竞争。同学们，以前的辉煌只能属于过去，调整好心态是大学四年取得成功的首要环节。

作为一名大学新生，你们要确立起新的学习目标。在大学中要求得发展，要学会适应环境，大学与中学不同的是，你们不能再依赖他人，大家要尽快学会独立处理学习、生活、工作中遇到的问题，要充分相信自己的潜能，要自信地迈出大学自立的第一步。

大学阶段是你们一生中学习的黄金时期，这里有经验丰富的教师，有数以万计的藏书，有先进的教学设备仪器，有良好的学习氛围，你们要珍惜这样好的条件，在大学期间刻苦学习，除了学习专业知识外还要尽可能地涉猎和掌握更多的知识，为将来踏入社会打下扎实的基础。我们要合理、有效地使用安排时间，成为时间的主人。大学的时间表乍一看，有长长的四年，但扣除了吃饭、睡觉、娱乐等时间，真正用在学习上的时间至多只有一年半，每个人都知道浪费时间就是浪费生命，而在今天这个充满竞争、知识更新极快的时代，浪费时间就可能是浪费机会。每年毕业生离校前，总会有学生遗憾地说："四年，太快了，许多时间都让我浪费了，要是从头再来该多好啊！"同学们，你们现在就站在这个让人羡慕的起跑线上，为了自己在四年后没有遗憾，你们现在一定要珍惜时间！

学会学习——探寻大学学习的规律，攀登知识的高峰。当今世界知识每7—10年翻一番，近30年来，人类社会获得的知识要比过去两千年的总和还要多。面对浩如瀚海、与日俱增的知识，人才的竞争从一定意义上来讲也成了知识的竞争。

大学的学习生活和中学相比，学习方法、学习内容、教师授课方式等等都是全新的，大学教师不仅传授知识，更重要的是他们会传授给你们学习的方法，思考问题、解决问题的方法，他们会扩展你的学术视野和思维方式，会指导你完善知识结构。但大学老师不会管头管脚，面面俱到，不会逼着你学，一切都要靠大家主动，越主动，你的收获就会越大，而这种收获的意义也许远远不止于考试得高分。因此大学学习要多一点自觉、多一点主动、多一点自我约束，摒弃浮躁心态，真正学有所成。

当今飞速发展的高科技，为我们提供了大量的新信息和获取信息的手段。除了专业的学习之外，英语和计算机是现代高素质人才不可缺少的两大工具。前面已经讲到，学校已出台新措施，加强同学的英语能力，特别是口语能力。如果在座的各位，将来人人能够讲一口流利的英语，将能为你们未来的就业增加一份资本，你们将会更受社会各方的欢迎和青睐。

学会做人——做一个讲公德、诚实守信、心胸开阔的大学生。江泽民同志对当代大学生提出了要做到"七个有"，即"为了挑起振兴中华的重担，大学生应该有崇高的理想，有正确的人生观和世界观，有献身精神，有渊博的知识和真才实学，有脚踏实地的工作作风，有高度的纪律修养和高尚的道德风尚，有坚强的意志和强健的体魄"。我们要用"三个代表"重要思想统领我们的学习和工作，成为一代有理想、有抱负的大学生。

诚信是为人之本，也是现代人必需的素质之一，诚信是人际关系和谐的重要纽带之一。我们大学生讲诚信就要从考试不作弊、做学问不弄虚作假、为人处世踏踏实实等具体方面做起。我们要增强自己的责任感和公德意识，做一个遵纪守法的人。校纪校规面前人人平等，没有特殊。我们都是成年人了，都要对自己的行为负责，任何违反校纪校规、违反法律的行为，都将受到应有的处罚。

拓展素质——培养创造能力和实践能力，提高综合素质。大学不仅是一个知识的熔炉，也是一个让大学生们展现自我、提升能力的舞台。在这里，你们有机会参加各类学生社团，接触各类社会实践。多彩的校园活动可以丰富你们的大学生活，培养你们各方面的兴趣，锻炼各方面的能力，如语言能力、社交能力、组织能力、创新能力等，全面提高自己的综合素质。

诺贝尔得主美籍华人朱隶文教授说："美国的学生学习成绩不如中国学生，但他们有创新和冒险精神，所以往往能取得一些惊人的成就。"朱隶文教授的话道出了创新意识和人才脱颖而出的关系，所以在此我要特别强调创新意识和创新精神的培养，我们要激发大家创新的欲望和激情，要增强探索求知，不懈追求真理的强烈兴趣。去年共有 300 人次的学生在全国和本市 60 多项重大比赛中获奖，为此，学校隆重举办了类似"奥斯卡"奖的颁奖典礼，鼓励同学们不断创新和开拓。

磨练意志——做身心健康的现代人。在未来的竞争中需要我们拥有强健的体魄。同学们在大学里要刻苦锻炼身体，要磨练吃苦耐劳的意志品质，为将来事业的发展打下坚实的基础。

我们也要不断地提升自己的心理素质，特别要增强自己抗挫折的能力，既能享受成功的体验，也要有承受困难、失败、挫折的勇气和能力。生活暂时遇到困难的同学们，你们不要自卑，更不要有抬不起头来的感觉，困难并不可怕，可怕的是自己的放弃和退缩，我们要靠自己勤劳的双手改变目前生活的困难。同学们要培养乐观向上的心理品质，学校要倡导自立自强的风气，以迎接未来激烈的社会竞争，在此我衷心地期望大家都能成为生活的强者！

最后，我想引用江泽民同志在清华大学 90 周年校庆讲话中给全国大学生提出的五点殷切希望，与各位新同学共勉：

希望你们成为理想远大、热爱祖国的人；

希望你们成为追求真理、敢于创新的人；

希望你们成为德才兼备、全面发展的人；

希望你们成为视野开阔、胸怀宽广的人；

希望你们成为知行统一、脚踏实地的人。

再一次祝愿大家胸怀大志，拼博不息，在上海师范大学这个大舞台上充分展示你们的智慧和才华，创造出一段辉煌的大学人生，奠定未来发展的基石。

全球化背景下大学的国际合作和交流①

（2004 年 10 月）

金秋十月，丹桂飘香。在上海师范大学 50 周年校庆之际，中外大学校长齐聚申城，共谋教育发展和合作大计，作为此次论坛的承办单位，我们倍感荣幸。在此，我谨代表全校 4 万多名师生，对各位的到来，表示热烈的欢迎和诚挚的感谢！

当今世界，全球化进程在不断加快，推进了各国社会、经济和文化的紧密联系。多元文化的传播、融合和碰撞在影响着大学的培养目标、发展思路、改革方向、教育价值和教育品质。全球化背景下，如何加强大学的国际合作和交流，加快新知识、新理论、新思想、新技术的传播，增强学生的国际视野和对多元文化的适应性，这是大学领导者必须重视的问题。在此，我想与各位共同来探讨这个题目。

一、国际合作和交流：大学的理念和使命

教育是人类文明进步与繁荣的重要标志，是经济社会发展的重要的动力源泉。在人类不懈奋斗、竭力前行的历史进程中，教育承担了不可替代的使命和职能，发挥了越来越重要的作用。历史的脚步已经跨入了 21 世纪，科学技术迅猛发展，知识经济扑面而来，人类社会面临着深刻的变革。时代赋予教育和学校全新的使命和丰富的内涵，也提出了前所未有的挑战和变革的要求。

知识经济、信息化和新的技术革命，特别是以信息技术和生物技术为内涵的新技术革命推动了世界经济的全球化，为知识社会和知识经济带来了不可逆转的全球化进程，也使各国经济共处于一个以知识为基础、以开放竞争为特征的全球市场平台。同时，全球化进程又在反哺着知识经济，不断加速其发展。国家、区域、行业和

① 本文为俞立中在上海师范大学承办的国际大学校长论坛上的讲话。

企业之间的竞争，其核心不单纯是对自然资源、资本和廉价劳动力的争夺，而越来越表现为对知识资源、智力资源，最终为人才资源的竞争。教育作为人力资源开发的主要途径，是一个国家创新体系的重要组成部分，越来越成为提高现实生产力和国际竞争力的重要力量，以及应对经济全球化并分享其利益的重要手段。

经济全球化的特征之一，应当是促使国际交流合作朝着更广更深的方向扩展。2002年，联合国倡议在南非召开的“可持续发展问题世界首脑会议”，在通过的《执行计划》中指出：“经济发展、社会发展和环境保护融为一体”，是可持续发展的三个重要支柱。在第一次环发会议上只是提环境保护问题，现在提出了三个支柱。而“教育对促进可持续发展极为重要”，是可持续发展能力建设的关键领域和基础。同时也强调“全球化应具有充分的包容性和平等”。当前，不同国家和地区之间的经济贸易活动不断加强，人们之间相互依赖和影响的程度越来越大；人类社会发展所面临的问题，如贫困、环境、艾滋病、人口、教育问题等也日益全球化。这需要各国人民更加关注国际交流、合作与联系，以促进共同发展。而在这个过程中，教育发挥着基础性和先导性甚至是综合性的作用。可以说，全球化更加突出了教育的重要性，更加突出了大学国际合作和交流的重要性。在这个复杂多变和富有挑战性的时代，作为知识创新、知识传播的摇篮，大学更需加强国际交流与合作，加快新知识、新思想、新技术的传播，实现人类知识成果的共享，促进共同发展。这是大势所趋，也应该是大学发展的理念。

全球化对世界发展起到了巨大的推动作用，同样也会产生各种负面效应。如果说在上世纪人们对全球化的看法还是“仁者见仁、智者见智”。而今天，我们进入新世纪才刚刚过了四年的时间，世界上发生的种种严酷的事实，使得越来越多的国家和地区、越来越多的有识之士对这个问题形成了共识，即我们要特别关注社会发展的差异，关注各国不同的文化背景。在全球化的背景下，更要重视和理解文化的多元化。世界是丰富多彩的，每个民族都有自己的特色，不同文化间应相互尊重，相互欣赏，加强相互了解、学习借鉴，学会容忍和共处。这也是中国古代哲学所提倡的，“同则不济，和能生物”、“合而不同”说的就是这个道理。大学是培养人、培养未来社会人才的高等学府。大学有责任在多元文化环境中培养学生的国际视野和胸怀，引导学生在热爱本土传统文化的同时，学会去理解、欣赏、尊重不同的优秀文化，在学习借鉴中寻找人类的共同财富。从培养学生“做人”、“做事”的教育理念出发，大学的国际合作交流为我们的下一代提供了不同文化沟通和交流的环境，是人才培养的重要途径。

二、国际合作和交流：高等教育发展的需要

中国作为一个发展中国家，具有现代意义的大学刚刚走过百年的历史。一个多世纪以来，中国的高等教育从无到有、从小到大，为世界所瞩目。尤其是近五年来，中国高等教育更是实现了跨越式的发展。目前，全国普通高校在校生已达 1 000 多万人，高考招生录取率达到 50%，高等教育毛入学率达到了 13.2%。高等教育正在走进一个“大众化”时代。

但相对于发达国家，我国高等教育水平还存在很大差距，特别是与一流大学相比。中国高等教育在快速发展的同时，必须更多地关注学科发展、创新能力、师资质量、课程建设、教学理念、学校管理等内涵问题。面对中国加入 WTO 对教育服务的承诺，面对经济结构和产业结构调整对人才的要求，高等教育必须加快改革和发展步伐，尽快地缩短与世界一流大学的差距。加强国际合作和交流，是高等教育内涵发展的需要。世界各国的大学有着共同的人类文明渊源，又深深植根于各自所处的社会、经济、历史和文化土壤之中，形成各具特色的办学传统和风格。在办学过程中，各个大学形成了各自的优势学科和特色学科，拥现出一些优势科研领域。通过国际合作和交流，可以“取他人之长，补自己之短”，有效地推进教学、科研、管理工作。在中国高等教育迅猛发展的今天，我们在国际合作交流中特别需要学习国际著名大学的发展和管理理念。

首先，发展的战略眼光。成功的大学都有自身鲜明的办学理念和科学定位，注重个性，突出特色。指导自己达到预期的目标。中国的大学在发展中要充分做好宏观思考、战略规划，明确我们将要建成什么样的学校，以及如何达到这一目标。

其次，不断创新的发展理念。牛津、剑桥这些有着几百年历史的大学，经历历史的洗礼而不衰的秘诀就是不断反思自身的使命和组织结构，不断地认识，不断地创新。

其三，以人为本的发展理念。学生是学校的主体，学校的发展必须以学生为本。大学要致力于人的终身发展，在课程设置、教学模式方面重视发挥学生的能动性，帮

助学生学习知识的同时更重要的是学会学习，培养学生的创新能力、学习能力。

中国具有 5 000 年的文明史，改革开放以来又充满了发展活力。随着中国经济社会的飞跃发展，中国语言、文化、哲学、艺术、医学和现代科学技术也越来越得到世界的关注和重视。大学的国际合作和交流，是中国文化传播和创新的重要途径。在全球化的进程中，中国文化应该对世界文明和社会进步作出更多的贡献，这也是中国高等教育发展的要求。

三、大学合作与交流：上海师范大学的实践

上海是中国改革开放的前沿，历来得天下风气之先，对中国现代化建设具有重要的引导和示范作用。进入新世纪，上海瞄准国际大都市的发展目标，努力建设成为国际经济、金融、贸易、航运中心。作为地方重点大学，上海师范大学承担着为上海国际大都市建设培养各类专门人才、为上海社会经济发展服务的重要使命。

多年来，我校顺应高等教育国际化的历史趋势，与美国、英国、德国、法国、日本、韩国等 13 个国家的 92 所高校签订了合作交流协议，采取“出国访问进修”、“聘请外国专家”、“举办国际会议”、“合作办学”、“合作研究”、“发展留学生教育”等多种形式，积极开展国际合作和交流。近年来，我校派出 600 余名教师和管理人员出国学习进修；聘请了 100 余名外国专家，担任外语和专业课的教师；接待国外团组 700 多个，5 000 多人次，来校访问、讲学；招收留学生 7 000 余人，来自 20 多个国家；向 6 个国家的 12 所大学派出了交流学生 130 名；举办了 20 多个国际会议。这些举措已取得了显著成效，提高了学校的国际化程度，推进了学校各项事业的快速发展。

国际合作和交流加快了学校师资队伍和学科专业的建设。近年来，学校派出的进修教师在国外学习了新的课程、新的科研方法和技术、学校管理经验，既提高了个人能力与水平，也推动了我校办学理念、课程体系、科学研究、教学方法和管理方式现代化的进程。不少进修回国的教师开设了新的课程，获得了国家和省部级的科研项目，在国际学术刊物上发表了高水平的论文。我校艺术教师应邀到世界各国去演出、举办展览或参加各种文化交流活动，显示了艺术水准，荣获不少奖项。

学校聘请的外籍教师，承担着我校学生的英语、法语、日语等外语课的教学工作，极大地提高了学生的外语水平，尤其是口语水平，形成了我校与国际大都市相应

对的办学特色。外籍专业教师和研究人员对我校教育科研工作的发展也产生了很好的影响。英国学者 William 博士已受聘为我校的正式职工，成为我校天体物理研究中心的研究员。

国际交流合作也是促进新专业成长的极好途径。例如，旅游和会展在我国是新兴学科，而上海 2010 年世博会需要大量的国际化的旅游会展人才。针对这种情况，学校采取了“以国际交流合作促旅游专业发展”的战略，与美国夏威夷大学、普渡大学、内华达大学、乔治华盛顿大学，澳大利亚昆士兰大学，瑞士洛桑饭店管理学院，俄罗斯国际旅游学院、韩国庆喜大学、汉阳大学和昌兴大学以及一批国际专业组织建立了合作交流关系，邀请国外教师来校开课，派遣我校教师出国进修，开展合作研究，探索学科发展，互认课程学分，推进学生交流，联合举办国际会议等。2004 年，我校举办了“国际会展教育与培训研讨会”，世界三大旅游组织的 CEO 和主席、10 个国家和地区 70 多所旅游院校和组织的 130 多位专家学者参加，极大地促进了旅游学科的发展，扩大了我校及其旅游学科在国际同行中的影响。可以预计，我校旅游学院以及相关学科和专业一定会得到迅速的发展，成为上海、中国乃至亚太地区旅游人才培养和学科研究的重要基地。

国际合作办学推进了教学改革，丰富了学生培养模式。我校目前已有的 4 个国际合作办学项目。与美国犹他州的韦伯州立大学、犹他大学、盐湖社区学院合作的犹他科技学院，开办了经济学、旅游管理、涉外文秘三个专业，形成了新的联合培养模式。该学院的毕业生在外语应用能力和国际化视野方面整体上明显高于学校其他学生，大大提高了他们在上海国际大都市的就业竞争能力和继续到国外学习深造的机会。与法国帕斯卡尔大学合作的欧洲文化与商务学院培养一批了解当今法兰西文化和科技、能够使用法语交流的毕业生。机电学院与美国戴顿大学合作的“机械设计制造及其自动化专业”和与德国合作的“汽车检测与维修专业”，既弥补了我校工科师资、课程、教材方面的不足，也应对了上海的人才需求。学生能够学到最新的机械制造、自动化控制和汽车维修知识，能够在最新的设备仪器上进行操作训练、学习先进技术，能够在真实的国际制造和维修现场体验现代生产过程。他们毕业时将获得学历证书和不同等级的国际资格证书，这两张证书能够使他们在个人生涯发展中终身受益。

国际合作交流提高了学校的国际化程度。近几年来，我校的留学生规模不断扩大，连续几年逾千人。2003 年我校留学生规模名列全国高校 20 位，上海市高校第 5 位。今年注册的外国留学生人数已超过 1 200 人。与此同时，留学生的层次和专业结构也开始发生变化。除了学习汉语为，其他专业的外国留学生也日益增多，历史、文学和数学都有外国硕士生和博士生。

我们清楚地认识到，上海师范大学的国际化程度还很低，这与国际大都市的地位和发展要求不相符合。我们要积极发展留学生教育，积极引进国外优质教育资源，积极推进与国外大学的合作交流。我们欢迎国外的教授到上海来做研究、指导学生，利用“上海师范大学研究院”的机制，建立联合实验室或者工作室，开展国际合作科研。我们欢迎国际知名教授来我校讲学，通过设立重点学科的“国际讲座教席”，吸引更多的客座教授。我们真诚地欢迎各国高校到上海来与我们合作办学。我们也将走出国门，参与国际教育，特别在中国语言、中国文化、艺术、烹饪、旅游等方面，探索去海外合作办学。

各位来宾，各位朋友，你们都是国际交流与合作的实践者和探索者，你们也是上海师范大学创新发展的支持者和促进者。在此，我要特别感谢你们，感谢你们所在的院校，感谢所有曾经帮助过我们的各国专家和朋友。我也真诚地期望，在未来的岁月中，我们能够精诚合作，互惠互利，加强交流，促进发展。

在上海师范大学建校五十周年庆祝大会上的讲话

（2004 年 10 月）

在这秋风送爽、丹桂飘香的金秋时节，我们怀着无比喜悦的心情欢聚一堂，隆重举行上海师范大学建校五十周年庆祝大会。党和国家领导人及各级政府的贺辞、贺信，是对我们莫大的鼓励和鞭策。在此，请允许我代表全体师生员工，向出席庆祝大会的各位领导、各位校友，表示热烈的欢迎和衷心的感谢！感谢你们长期以来对学校建设和发展的关心与支持。同时，我也向全校师生员工致以最诚挚的节日祝贺！

上海师范大学创建于 1954 年，前身是上海师范专科学校。1956 年，学校扩建为上海第一、第二师范学院，1958 年，两院合并为上海师范学院，成为新中国成立后上海新建的规模最大的地方性院校。1972 年“文革”期间，学校与华东师大、上海体院、上海教育学院、上海半工半读师院合并。1978 年，上海师范学院恢复原建制，饱经沧桑的学校，走上了欣欣向荣、蓬勃发展的康庄大道。1984 年，学校改名为上海师范大学。20 世纪 90 年代中期以来，随着上海高等教育格局大调整，原上海技术师范学院、上海师范高等专科学校和上海行知艺术学校相继并入我校，组成新的上海师范大学。2003 年，上海旅游高等专科学校划归我校管理。

五十年来，师大人风雨兼程、红烛传薪，在历届校领导和广大师生的共同努力下，锐意进取、励精图治，不断实现跨越式发展，从单一的师范类专科学校，逐步发展成为一所以教师教育为特色、学科门类齐全、办学层次丰富、规模效益质量协调发展的综合性大学。

今天的上海师范大学已有本科专业 63 个，硕士点 65 个，一级学科博士点 1 个，二级学科博士点 14 个，涵盖了哲学、经济学、法学、教育学、文学、历史学、理学、工学、农学、管理学等十大学科专业门类；拥有中文、历史两个博士后流动站；各类在校生 4 万余人，其中全日制本专科生 23 000 人，研究生 2 200 人，成人教育学历生 15 000 人，留学生 1 200 余人；形成了本科教育、研究生教育、成人教育、留学生教育等多种层次和形式并存的人才培养体系。回首上海师范大学走过的五十年历程,我们有理由为我们所取得的成绩感到自豪。

五十年来,学校为国家、为社会培养了十余万名中小学教师和各类专业人才。上海的普教师资有70%是来自上海师大,他们中绝大多数已经成为中小学的骨干力量。在首届9名上海市教育功臣中就有我们的校友唐盛昌校长和刘京海校长;今年的上海市师德标兵童莹莹、张育青都是本校的毕业生。学校始终重视教学质量,把培养适应社会主义事业发展的合格人才放在学校工作的首位。在学生规模快速增长的同时,学校更加重视提高教学质量、提升学生综合素养,体现人才培养特色。根据上海国际化城市发展的人才素质要求,学校强调在学好专业知识基础上,增强学生的外语应用能力、科学与人文素质和实践动手能力的培育。通过调整专业设置、课程体系、教学内容,改革培养模式,强化文化修养和社会实践等措施,提高学生综合素质和就业竞争力。为了激发和培育大学生的创新精神和创新能力,学校专门设立了学生科研基金,每年举办学生科研作品评奖活动。近年来,在国内外大学生重大比赛中,我校学生频频获奖,仅2003年就获得市级以上各类比赛的奖项110多项。在就业竞争日趋激烈的今天,我校毕业生的就业率连续三年在全市地方类高校中名列前茅。

五十年来,我校学科建设突破了"师范"的局限,成功地实现了从师范大学到综合性大学的历史性跨越。我校的传统优势学科(如中国语言文学、历史学、教育学、计算数学、天体物理学)在国内高校排名居前,一些特色学科(如外语、旅游、广告、小教、美术、音乐、影视表演艺术等)在上海乃至全国都具有影响。面向社会需求的一大批应用学科(特别在生命科学、材料科学、信息科学、管理科学、商学和法学等领域)发展迅速,受到了学生的青睐。学校有9个上海市教委重点建设学科;中国语言文学是国家教育部文科基础学科人才培养和科学研究基地,也是上海市重点学科;古典文献专业为全国培养文献人才的四个基地之一。目前,学校设有人文与传播学院、外国语学院、教育科学学院、法政学院、商学院、对外汉语学院、女子文化学院、数理信息学院、生命与环境科学学院、旅游学院、体育学院、音乐学院、美术学院、谢晋影视表演艺术学院、机械与电子信息工程学院、建筑工程学院、犹他科技学院、欧洲文化与商务学院、继续教育学院等19个学院。通过学院重组和学科资源整合,新兴学科、交叉学科专业建设取得了丰硕的成果。

五十年来，学校坚持人才强校，努力营造吸引人才、聚集人才和激励人才的环境氛围，通过引进和培养两手并举，不断提升学校师资队伍的整体水平。学校现有教职工 3 000 余人，其中专任教师 1 300 人，具有高级职称的教师 780 人，青年教师大多具有研究生学历。近年来，学校引进了 118 名高层次人才，成为领军人物和学术骨干，大大增强了学校师资队伍的力量。学校实施人才培养工程，加大对青年教师的培养力度，鼓励在职攻读博士学位，资助出国学习进修，为青年学科带头人和学术骨干的脱颖而出营造政策环境。今天的上海师大，英才云集，新秀辈出，一支结构合理、高效精干、富有活力的师资队伍为实现上海师大的历史性腾飞提供了切实的保障。

五十年来，学校重视科学研究与人才培养的互动，努力提高教师的科研能力和水平，推动产学研结合，增强为社会经济发展服务的能力。学校已有 26 个研究所、32 个研究中心。上海市首批 6 个高校 E-研究院中的都市文化 E-研究院和计算科学 E-研究院是设在我校的。为了创造良好的科研环境、积聚储备科研精英、培育重大原创成果，学校成立了上海师范大学研究院。通过体制、机制的创新，推进学校的科研，提升学校的综合竞争力。我校的人文社科研究一直位居上海市高校前列，近三年来获得市级及以上项目 147 项，科研经费 2 731 万元。在 2003 年上海市教育规划立项课题中，上海师大获得 9 项，位居全市高校之首。近三年中学校共出版人文社科类专著 589 部，发表论文 2 829 篇，获得全国和省部级政府奖 47 项。今年我校又获得 15 项上海市哲学社会科学优秀成果奖和邓小平理论研究和宣传优秀成果奖。学校的自然科学研究发展态势喜人，近三年共获得市级以上科研项目 180 项，科研经费 8 445 万元。今年国家自然科学基金项目申报，我校有望取得重大突破，获得 11 个项目资助。植物功能基因研究、稀土纳米功能材料研究、绿色化学化工、水环境工程等研究项目进入了国家 973 或 863 等项目资助行列，云芝糖肽新药、油品储运监控管理系统、耐候光转换无滴浓膜等科研成果成功地实现了产业化。“耐候光转换无滴浓膜”获 2001 年度国家科技进步二等奖，上海市科技发明一等奖。学校参与的上海科技馆项目荣获 2003 年度国家科技进步二等奖。近三年共计发表论文 2 245 篇，其中 155 篇被 SCI、EI、ISTP 三大检索系统中收录；出版专著 111 部；鉴定成果 31 项；申请专利 30 项，授权专利 7 项，软件授权登记 3 项，各有一项专利成果分获上海市专利发明一等奖和二等奖。

五十年来，学校坚持物质文明建设和精神文明建设协调发展，相互促进，努力提高校园文明程度和师生素质。文明修身、学生自主管理BBS、学生校长（书记）事务助理体现了学生参与学校建设和管理的理念。学校依托综合性大学的学科优势和人才资源优势，在服务社会中求得支持和发展。“爱心学校”、“三百行动”、“五进社区”已成为精神文明建设的特色和品牌，在社会上产生了广泛而深刻的影响。多年来，学校以绿化美化校园为抓手，积极组织全体师生参与绿化建设，实现校园“土不见天、绿树成荫、花不间断、四季飘香”，荣获了“上海市花园单位”和“全国绿化400佳单位”称号。学校连续两届荣获上海市文明单位称号。在高等教育大发展的进程中，学校在没有国家大投入的情况下，不是消极等待，而是积极开拓进取，通过银行贷款，在杭州湾畔建起了奉贤新校区，满足了扩招的需要。2003年1月，教育部周济部长率领30多所部属高校的校长书记视察了奉贤校区，给予了充分肯定，认为上海师大“准确定位、办出特色、自力更生、艰苦奋斗”，走出了一条高等教育发展的新路子。

五十年来，学校对外交流活跃，先后与美国、加拿大、法国、英国、德国、日本、韩国、澳大利亚等国家的近100所大学建立了广泛的校际合作交流关系，其中有相当数量的国际名牌大学。学校和美国、法国、德国等国的办学机构建立了中外合作办学项目。近年来，学校每年都召开一系列的国际学术会议，有400多人次的教师和学生去境外访问讲学、学习进修、合作研究、参加国际会议，也有2 000多人次的境外学者、学生来访、讲学和交流。每年有80多位长、短期外籍专家参与学校的教学工作，1 000多名外国留学生在校学习。我校是国务院侨办批准的华文教育基地，国家汉办批准的国外留学生汉语水平（HSK）考试点。

五十年峥嵘岁月五十年春华秋实。上海师范大学五十年取得的辉煌成就，包含着几代上海师大人创业的艰辛和甘苦，承载着党和政府、社会各界、广大校友的关心和支持，凝聚着全体师生员工的智慧和心血。此时此刻，我们深深地怀念并感谢为上海师范大学成长和发展呕心沥血，无私奉献的老前辈！深深感谢长期关注和支持上海师范大学发展的各级领导、各界朋友和各位校友！深深感谢所有曾经和正在为母校的建设发展洒下辛勤汗水的离退休老同志和全体师生员工！

在庆祝学校建校五十年取得辉煌成就之时，我们清醒地看到学校在改革发展中所遇到的矛盾和问题，看到我们与兄弟院校相比还存在差距和不足。五十年校庆是一场庆典，更是新的五十年的出征仪式。我们要以坚定的信心、顽强的毅力、不懈的努力，抓住本世纪头20年高等教育发展的重要机遇期，铸造新的辉煌。我们要把五十年校庆作为学校发展的一个新契机，一个新起点。上海建设现代化国际大都市和国际经济、金融、贸易和航运中心之一的发展目标，对学校提出了更高要求，迫切需要高校为上海全面协调可持续发展提供强大智力支撑。这也为以依托上海、服务上海为己任的上海师大的改革发展提供了难得的机遇。

我们要坚持科学发展观，把学校发展放在全国全市的大局中去规划，积极探索一条具有上海师大特色的发展道路。学校制定了2004—2014年的发展规划，明确了学校发展的战略目标：切实增强综合实力，提高核心竞争力，把上海师大建设成以培养本科层次应用性人才为主、以人文和教育学科为优势、艺术教育和旅游管理为特色、若干学科具有国际国内竞争力、教学和科研并重、文理工科协调发展的开放性、综合性大学。

为了全面实现这一目标，我们要以发展为主题，以改革为动力，以稳定为基础；坚持以育人为中心，以教学为主体，以科研为先导；实现宏观调控、顶层设计、分类指导，加快学校的内涵发展。在学科与师资队伍建设、专业结构调整、学生综合素质和竞争能力培养、管理体制和机制改革等方面狠下功夫。学校将根据上海建设八个教育高地、一批学科中心的战略设想，充分发挥相关学科的优势，在“旅游、会展、酒店管理”、“教师教育”、“语言文学”、“艺术”等教育高地以及“哲学社会科学”等学科中心的建设中有所作为。特别要充分利用上海旅游专科学校和上海师资培训中心划归我校管理的优势，在旅游、会展、酒店管理和教师教育等方面要起到核心作用。

让我们坚定地团结在以胡锦涛同志为总书记的党中央周围，以“三个代表”重要思想为指导，全面贯彻落实党的十六大和十六届四中全会的精神，紧紧依靠广大师生员工，在各级领导、社会各界和广大校友的支持下，团结奋进，求真务实，开拓创新，为建设更加美好的上海师范大学而努力奋斗！

高校要确立依法治校理念[①]

（2004年11月）

高校的生存和发展需要良好的硬件，更需要优质的软件。管理就是高校的重要软件，而依法治校则是高校管理的核心。1998年8月29日第九届全国人民代表大会常务委员会第四次会议通过的《中华人民共和国高等教育法》，就是实施依法治校的重要举措。近年来，高校的管理水平有了一定提高，依法治校工作也取得了一定进展。但从总体上看，在高校的各项工作中，管理还是一个弱项，依法办学的理念还很薄弱，依法治校的水平还不高，这就影响了高校的正常运行和健康发展。因此，高校的一项重要任务就是牢固确立依法治校的理念，不断推进依法治校，以加快自身的发展。

适应形势变化，确立依法治校理念

党的十一届三中全会特别是党的十四大以来，随着改革开放的逐步深入，我国的社会形态发生了举世瞩目的巨大变化，计划经济体制逐渐被社会主义市场经济体制所取代，民主和法制建设稳步推进，文化教育事业突飞猛进，这使得高校在办学中所面临的内部情况和外部环境都发生了明显变化。这些变化要求高校必须确立依法治校的管理理念，使学校的管理合法、规范、有序。

1. 治国方略的变化，要求高校确立依法治校的理念。经过几十年的探索，党的十五大明确提出了依法治国的基本方略。《中共中央关于加强党的执政能力建设的决定》中指出："依法执政是新的历史条件下党执政的一个基本方式。"强调"全党同志特别是领导干部要牢固树立法制观念，坚持在宪法和法律范围内活动，……在法

① 本文摘自《解放日报》2004年11月10日。

制轨道上推动各项工作的开展”。这就意味着法律被置于至高无上的地位，权力受到法律的约束；意味着国家的政治、经济、文化和社会生活，都纳入法制的轨道；意味着各级国家机关及其工作人员在处理各种事务时，必须严格依法行政。随着政府职能的转变，学校的法律责任越来越重，高校管理已经不可能，也不应该简单地接受政府的行政指令来进行，而必须按照已经颁布的相关法律、法规的规定独立地进行。所以，要适应这种变化，学校必须改变过去那种按照政府行政指令实施管理的理念，确立依法治校的理念。

2. 管理体制的变化，要求高校确立依法治校的理念。从上世纪 70 年代末起，我国开始了以市场为取向的经济体制改革，最终确立了建立市场经济体制的目标。经济体制改革的深入，推动了教育体制的改革。在相应的体制变革中，高校与相关主体之间的关系也随之发生了很大变化，这种变化必然要求高校确立依法治校的理念。

首先，高校与政府的关系发生了变化。体制改革前，高校不是一个独立的办学主体，仅仅是政府的附属物，没有独立的财产，没有独立的利益，也不独立承担责任；政府可以通过行政指令来直接管理学校，决定学校的一切事务。体制改革后，高校摆脱了政府附属物的地位，成为独立的法人，并取得了办学的自主权，这种地位已为教育法律所确认；政府不能通过行政指令来直接管理学校的事务，只能依法对学校实施间接管理。在这样的背景下，学校应当按照法律、法规的规定来运行。

其次，高校与教师、职工、学生的关系发生了变化。体制改革前，教师、职工和学生不是完全独立的主体，他们与学校之间形成的社会关系仅仅是一种以命令服从为特征的行政管理关系，学校只需运用自己的行政权力就能管理好各类事务。体制改革后，教师、职工、学生成为独立的主体，他们与学校发生的社会关系既包括以平等协商为特征的民事关系，也包括行政管理关系。这就要求高校在管理过程中必须变过去惯用的行政手段为法律手段，用法律手段来调节、处理与教师、职工、学生的各种关系。

再次，高校与企业、组织、个人之间的关系发生了变化。高校在运作中，必然要和社会上各类企业、组织或个人发生直接或间接的关系。体制改革前，由于各种企业、组织和个人都没有独立的地位和利益，因此，学校与这些主体发生的各种关系，往往通过行政手段来加以协调。体制改革后，企业、组织、个人都成为独立主体，也有自己的利益，因此，学校与他们之间的关系必须用法律来建立和规范。

3. 自身运作的变化，要求高校确立依法治校的理念。近年来，高校的发展较快：一是规模扩大，学生数量一般都从几千人迅速发展到几万人；二是层次增加，在读学生中，既有全日制学生，也有夜大、非学历的学生；既包括专科生、本科生，也包括硕士生、博士生；三是事务增多，关系复杂，学校对内对外的管理事务越来越多，与各种主体建立的社会关系越来越复杂。因此，要把学校管理得井然有序，光靠一个或几个领导的智慧是绝对不可能的，只有借助法律和管理制度。

积极采取措施，加快依法治校进程

高校要实现依法治校，必须作长时期、多方面的艰苦努力。从现有情况看，我们可以从办学方向、制度建设、民主管理、民主监督以及干部法律素质等5个方面作一番努力，以加快依法治校的进程。

1. 牢固确立合法的办学方向。办学方向是高校生存和发展的灵魂，它充分体现在高校的根本任务上。《高等教育法》第五条规定："高校教育的任务是培养具有创新精神和实践能力的高级专门人才，发展科学技术文化，促进社会主义现代化建设。"因此，在任何情况下，作为高校的最高管理层都必须牢固确立合法的办学方向，明确高校的根本任务。目前，能否依法确立办学方向，已成为高校面临的重要问题。近年来，随着计划经济向市场经济的转变以及学校自身的快速发展，办学经费的来源发生了明显变化，国家拨款的部分已不足以维持学校的正常运行，不足的部分要由学校通过向社会提供教育、科技等多种服务以及从事某些经营活动来筹集。在这种情况下，高校必须花费大量精力开展社会服务，从事一定的经营活动，进行必要的市场运作，以获取学校发展的资金。但是，如果过多地考虑市场运作，忽视了大学本身的根本任务，就会偏离法律规定的办学方向和基本义务，依法治校也就丧失了坚实的基石。

2. 大力加强学校的制度建设。依法治校要求学校的管理必须靠制度，而不能靠领导个人意志。只有依照制度办事，才能有效约束管理者的权力，才能实现高校的科学管理。应当看到，在高校中，有一些领导喜欢按个人意愿发号施令，以个人意见代替制度管理；而一些师生员工又有意无意地把应由学校管理程序解决的问题简化为依靠领导"发话"。这两种倾向都忽视了制度在管理中的决定作用，这与依法治校的要求是相悖的，不利于学校的运作和发展。因此，制度建设的首要任务，就是要依法制定学校的管理制度。具体地说，高校应当依法制定和完善办学章程，并且以其为统领，在教学、科研、人事、学生、后勤等各个方面制定和完善相应的规章制度。同时，在制定管理制度时应注意体现以下要求：一是合法性，即所制定的各项制度必须符合法律、法规的要求；二是民主性，即在制定各项制度时必须充分听取和吸收各方面的意见；三是程序性，即在制定各项制度时必须经过起草、审议、表决、公布等程序；四是针对性，即所制定的各项制度必须针对所需要解决的具体问题和具体行为；五是可操作性，即所制定的各项制度必须具体可行。

3. 努力提高民主管理的成效。依法治校的核心是实行学校的民主管理。这是因为，依法治校强调依照法律和制度来管理学校事务，而法律和制度都是多数人意志的反映。因此，依法治校本身就是反对以个人或少数人的意志来管理学校，主张由多数人进行民主管理。而要实行民主管理，最重要的是建立、完善民主管理的组织形式和管理机制。首先，依法建立强有力的党委班子，充分发挥党委集体决策和民主决策的机制；其次，依法建立校务、学术和学位三个委员会，对学校重大事务特别是重要学术事项进行审议、提出意见，充分发挥专家、教授的决策咨询和学术管理的作用；第三，依法建立教职工代表大会，将学校的重大问题交付其讨论、审议甚至表决，听取其建议，充分发挥教职工民主管理的作用。在具体实施过程中，学校可以提供更多的渠道来听取更多师生员工的意见，诸如开辟校长在线、确定领导接待日、设置领导信箱等等，让更多的师生员工有民主参与的机会。

4. 着力加大民主监督的力度。高校的发展和具体运行，如果离开了有效的民主监督，法律和制度的执行就不能得到保障。因此，民主监督是依法治校的有力保障。民主监督的有效实施，能够促使高校各级干部严格依照法律和制度办事，能够防止一些干部的违法、违纪行为，也能够维护师生员工的合法权益。因此，着力加大民主监督的力度，应当成为推进高校依法治校的重要内容。强化学校的民主监督，可以在以下方面加以努力：一是加大各种监督机构的监督力度，即加强党委对于学校监督工作的领导，强化上级部门、纪检部门和审计部门的监督工作；充分发挥校务、学术、学位委员会和教代会的监督作用。二是开辟各种监督渠道，方便师生员工的监督，如开辟校园网、设立各种信箱、建立申诉机构和投诉机制等。三是完善校务公开制度，扩大校务公开范围，便于师生员工充分了解学校管理的各种信息，实施有效监督。四是建立各级干部向教代会报告工作制度以及教职工参与干部考评制度，使干部的管理活动置于群众的监督下。

5. 不断提升干部的法律素质。干部是高校管理的主要力量，他们在管理中能否严格按照法律和制度办事，关系到依法治校的实施状况。因此，高校干部的法律素质就显得尤为重要，成为依法治校的根本。这些素质包括以下几个方面：首先，具有很强的法治观念。一个干部能够自觉地按照法律和制度来管理学校事务，必须确立较强的法治观念，如法律至上观念、民权观念和平等观念，同时必须摒弃人治的观念，如权力至上观念、官本位观念和等级观念。其次，熟悉相关的法律和制度。一个干部能够依照法律和制度办事，就必须熟悉所处理事务相关的法律规定和学校的管理制度。最后，具备依法办事的能力。应当看到，高校管理的事务都有相应的法律和制度加以规范，实施管理的结果都会产生相应的法律后果，因此，管理本身就是运用法律和制度处理具体事务的过程。所以，高校干部必须学会运用法律和制度来处理管理中的具体事务。

目前，从总体上看，高校干部的法律素质还有待提高，部分干部学历高、职称高、职务高但法律素质低，这种状况不能适应依法治校的要求。提高高校干部的法律素质，可以从以下两方面入手：一是必须对现有高校干部进行严格的法律培训，使其确立法治观念，熟悉法律知识，增强依法办事的能力，从而适应所从事的管理工作；二是必须完善高校干部的选拔制度，将法律素质作为干部选拔的重要条件，使法律素质低的人员不再进入管理岗位。

近年来，我国高等教育事业发展迅猛。在满足国民对高等教育需求的同时，高校自身建设已到了一个关键阶段。依法治校是高校内涵式发展的灵魂。随着国家民主法制的健全，依法治校成为高校自觉的行为，我国的高等教育必将得到健康的发展。

在第二届“上海师大之星”颁奖典礼上的致辞

（2004 年 12 月）

今夜我们在这里欢聚，举行“2004 大学生综合素质奖‘上海师大之星’颁奖典礼”。众多的知名教授、学生代表和各界友人出席今天的颁奖典礼，表达了学校对大学生综合素质发展的高度关注和对大学生学习成长的高度重视。

在过去一年里，我校学生积极进取、敢于竞争、勇于开拓，在努力学习专业知识的同时，积极参与全国和上海市大学生的各类竞赛和素质拓展活动，取得了骄人的成绩，为全校同学、为上海师范大学赢得了声誉。据统计，同学们在“全国大学生数模竞赛”、“全国大学生英语竞赛”、“中国广告协会学院奖”、“全国数控技能大赛”、“全国高校音乐教育专业大学生基本功比赛”等 82 项重大赛事中有 307 人次获得各类奖项，充分显示了我校学生的综合素质和竞争力，也体现了学校人才培养的理念。

在这里，我谨代表学校对获奖的同学表示热烈的祝贺！并对这些优秀选手的指导老师们表示诚挚的谢意！

今晚的表彰是一次总结、一次展示、一次交流，但更是一种激励、一种追求、一种引领，是对获奖大学生的一次充分肯定，鼓励他们继续努力、勇攀高峰、再创辉煌；同时，是对广大同学的一次榜样示范，鞭策大家努力拼搏、参与竞争、奋发有为。

老师们、同学们，当一所大学创设这样的一个奖项时，她就公开表明她最珍视的价值；当她向每一位获奖者颁奖时，她就把这种追求传递给每一位学子。

人才培养是学校的核心工作。明年我们将迎来教育部对我校本科教学工作的评估，这对我校而言是一场大考，我们要努力交上一份优秀的答卷。我们说，提高一所大学的人才培养质量，不仅要靠老师们的精心施教，也依赖于同学们的竞争意识、创新精神和刻苦努力。借此机会，我想寄语广大同学努力提高自己学习的能力。

一要树立积极主动的学习态度；二要培养勤奋刻苦的学习毅力；三要掌握科学严谨的学习方法；四要追求锐意创新的学习精神。

老师们，同学们，新的一年又即将到来。让我们深入贯彻“三个代表”重要思想，落实科学发展观，以厚德博学而引领学风，在自强不息中追求卓越，全面推进素质教育，为建设更加美好的上海师范大学而努力奋斗！

提升内涵，实现上海师范大学跨越式发展①

（2004 年 12 月）

2000 年，上海师范大学召开了第五届教代会和第十届工代会，至今已整整四年。过去的四年是我国高等教育发展实现历史性跨越，改革取得突破性进展的四年。上海师大在没有得到国家重点投入的情况下，发扬艰苦奋斗的精神，抓住机遇，赢得了发展的先机。这四年，我们苦练内功，实现了从传统师范院校向有师范特色的综合性大学的转换；我们众志成城，经受了“非典”的考验；我们昂首阔步，走进了新的五十年征程。总之，四年来，在邓小平理论和“三个代表”重要思想指引下，在党的十六大、十六届四中全会精神鼓舞下，在学校党委的领导下，通过全校师生员工的共同努力，我校在教学、科研、学科建设、师资队伍建设、校园建设以及精神文明建设等方面取得了显著成绩，提升了学校内涵，增强了服务社会的能力，扩大了国内外合作与交流，形成了蓬勃发展、充满生机活力的大好局面。下面我代表校行政向代表们作 2001—2004 年工作报告，请代表们审议。

一、以艰苦奋斗为基点，全面推进奉贤校区开发和建设

进入新世纪后，我国高等教育面临前所未有的发展机遇。在新的机遇和挑战面前，学校没有消极等待，而是根据高等教育发展形势，毅然把开发和建设奉贤校区列入学校“十五”规划，作出全面推进奉贤校区开发和建设的决定，通过改革投融资体制，以艰苦奋斗的创业精神，在杭州湾畔建起了现代化的校园。

2000 年 9 月，奉贤校区扩建工程正式启动。随后的四年里，我校全面推进新一轮校区建设，沉睡多年的这片土地以前所未有的速度，焕发出新的勃勃生机。2001

① 本文为俞立中在上海师范大学第六届教代会暨第十一届工代会上的工作报告。

年，第三教学楼、第四教学楼群、综合实验楼、第12至14学生宿舍、金桂苑食堂先后竣工投入使用；行政办公楼、迎宾楼、体育馆辅馆、图文信息中心、第21至29学生宿舍相继开工；北区第一教学楼、第二教学楼、老图书馆、机电大楼、物理楼、大剧院等改造工程也先后启动，并分别于2002年、2003年竣工并投入使用。2004年，建工大楼开建，校区医院进行改造。到目前为止，校区占地总面积达到1 370亩，校舍建筑面积达到23万平方米，其中新增和改建的建筑面积达到21万平米。校区教室达到168间，座位12 700座，建有17个实验室，22个大中型计算机房，10个语音教室，68个多媒体电化教室。校区图书馆总面积达14 000平方米，藏书近40万册。还有2个标准田径场、2个足球场、10个篮球场、4个网球场以及室内体育馆、体操房、乒乓球馆、学生活动多功能厅、大剧院等。今年还开建了体育馆北馆和社团活动中心。四年来的大规模扩建和校区改造工程，使奉贤校区办学条件得到了极大改善，基本满足了现代化教学的需要。目前，校区学生总数超过10 000人，是1999年的将近5倍。全校88个本专科专业有50余个专业的学生都需要在奉贤校区学习一定年限，其中机电、建工学院全部学生，法政、生环等学院部分学生将在奉贤校区完成学业，标志着奉贤校区已成为学校本科教育的基地。

除了基础建设外，我校还加强了奉贤校区的水、电、网络建设与改造。2002年，学校与奉贤区有关部门合作进行了校区水网和电网的大改造。2003年4月从奉贤区南桥自来水厂引入了优质的黄浦江水进入校区，结束了师生长期饮用附近海域地下水的历史。与此同时，完成了徐汇、奉贤两校区光缆连接工程，开通了两校区53公里速率千兆的专用网络电缆，通过校园网与上海教科网连接并与INTERNET实现互联，为校区师生提供Email、FTP、学生论坛、个人网络空间、网络视频传播等服务，并以此为载体，开发了远程会议系统和远程教学系统、图书馆应用系统、校园一卡通系统、无纸化办公系统等，为校区建设与管理提供了技术保障。

四年来，在奉贤校区南区、北区的基本建设和学生公寓的建设中，累计投入资金为4.6亿元，大修投入9 787万元，设备投入6 913万元，共计投入6.27亿元。在没有得到政府投入情况下，学校依靠国家有关政策，大力争取政府支持下的银行贴息贷款，同时也在学生公寓的建设中积极吸纳社会资金的投入，走出了一条投融资体制改革新路。

在推进奉贤校区建设的同时，我们一直在努力探索多校区管理的模式。2001

年，校党委对奉贤校区管理体制进行改革，由原先的“条块结合，以块为主”转向“条块结合，以条为主”，校部机关延伸到校区办公并设专门副职负责校区工作。2003年，我校成立新的奉贤校区工作党委和奉贤校区管理委员会。新的两委会按照“以条为主，条块结合，贴近实际，强化管理”的指导方针，形成了一套具有特色的多校区管理运行机制，很好地履行了管理、协调、保障、服务、应急等职能。

随着更多的学院和单位延伸至奉贤校区，校党委作出《关于进一步加强奉贤校区管理的若干规定》，并推出一系列加强奉贤校区管理的制度。现在，校、院主要领导都定期到奉贤校区办公和夜间值班。各学院配备与学生比例相适应的管理队伍，机关确保在奉贤校区的管理力量，完善夜间应急工作系统，及时发现和处理有关问题。

两委会在指导、监督各部处、学院贯彻落实有关制度的基础上，细化了奉贤校区工作制度，先后制订了校区工作应急预案、学生园区社区化管理制度、校区辅导员联谊会制度、学生宿舍网格化分区管理制度、校区机关“午间无休”制度等，将行政管理、思政教育和党建工作有机结合在一起，形成了奉贤校区民主、高效、有序的管理态势，做到了行政管理有序、思政教育有效、党建工作有力。

校区办学规模的扩大给学生工作带来了一定的挑战，学校坚持以学生为本，不断探索与创新，先后出台了一系列的措施。一是以深化社区党建为抓手，全方位推进思想政治工作；二是以举办学术讲座为主体，多渠道营造校区学术氛围；三是以文体活动为载体，多角度丰富学生校园生活。

奉贤校区的建设与发展得到了各级领导的支持和社会各界的关注。四年来，教育部、上海市领导先后多次到奉贤校区视察，各级领导对我校奉贤校区建设科学的定位，自力更生、艰苦奋斗的精神以及跨越式发展的实现予以充分的肯定。奉贤校区建设与发展的成果已成为上海高校的一个亮点，吸引了大批参观者。

二、以提升内涵为目标，大力加强学科专业建设

学科专业建设是大学提升学术水平、增强综合竞争能力和社会服务能力的根本途径。四年来，我们坚持顶层设计、分类指导，以人才集聚、学科专业点发展、科研基地、科研项目和科研成果为抓手，着力于体制机制的创新，在学科建设方面取得显著

进展。主要举措和成效表现在：

（一）加强重点学科建设

遵循学科发展的规律，学校在人力、物力、财力上不断加大对重点建设学科的投入，特别向上海市重点学科和市教委重点学科倾斜，重点学科建设已见成效。

继应用语言学、学科教学论、物理化学 3 个市教委第三期重点学科建设完成后，2001 年 9 月，我校中国语言文学申报上海市重点学科获得成功，这是我校第一个一级学科的市重点学科。随后，计算数学、天体粒子物理、中国近代史和教育经济管理 4 个学科又被批准为上海市教委第四期重点学科。2002 年，这些重点学科的建设工作全面启动，并取得了很好的阶段成果。依托我校重点学科的“都市文化”和“计算科学”两个上海高校 E—研究院已全面启动，得到了上海市教委的重点资助；“都市文化研究中心”于近日被批准为教育部人文社会科学重点研究基地；依托天体粒子物理重点学科的“星系与宇宙学半解析研究上海市重点实验室”已获得上海市科委批准。

为了让更多的学科进入市级和市教委重点学科行列，学校于 2002 年 9 月启动了第三期校重点学科建设，共有 11 个学科入选。到目前为止，我校共有 1 个市级重点学科、9 个市教委重点学科和 16 个校级重点学科。

为了使重点学科的建设达到预期目标，学校制定了《重点学科建设实施方案》，并拨出专款，资助重点学科建设。四年中，学校投入市和市教委重点学科的经费达 644.5 万元，投入校重点学科的经费为 444 万元。另外，对院级重点学科每年给予 30％的配套经费。

（二）重视学科点发展

学校高度重视博士点、硕士点的建设和申报，学科点显著增长。2001 年，我校中国语言文学被批准为一级学科博士学位授权点，中国近代史和计算数学被批准为二级学科博士学位授权点，15 个学科被批准为硕士学位授权点。2003 年，中国哲学、课程与教学论、发展与教育心理学、世界史等 4 个学科被批准为二级学科博士学位授权点，13 个学科被批准为硕士学位授权点。2003 年 10 月，我校获准设立历史学博士后流动站。至此，我校拥有一级学科博士学位授权点 1 个、二级学科博士学位授权点 14 个、博士后流动站 2 个、硕士点 65 个。研究生教育涵盖了哲学、经济学、教育学、文学、历史学、理学、工学、管理学、法学等 9 个学科门类。

(三) 加快新专业设置

2001 年，我校有本科专业 40 个，到 2004 年，已增至 63 个，增幅达 57.5%。同时，现有专科专业 19 个。目前我校拥有专业数已经跃居全市高校第三，专业分布覆盖了教育部颁发的 11 个大类中的 10 个大类。新增的本科专业中，交叉型、应用型专业占了绝大多数，如财务管理、环境管理、法学、土木工程、人力资源管理、对外汉语、编辑出版学、食品科学与工程、广播电视编导、会展经济与管理等等。这些新增专业与社会经济建设紧密结合，将为上海的社会经济发展培养更多高素质、宽口径的应用型人才。

(四) 提高办学层次

学校在发展本专科教育的同时，特别关注研究生教育、留学生教育和成人教育的发展，不断提高办学层次。四年来，我校研究生招生规模以每年 30%的速度递增，其中 2004 年比上年递增了 57%。硕士、博士招生数分别由 2000 年的 232 人和 18 人，增加到 2004 年的 770 人和 73 人。在校研究生总数从 2000 年的 542 人增加到 2004 年的 2 200 人，在校攻读教育硕士的人数 2004 年达到了 274 人。从 2001 年到 2004 年，学校已授予 816 人硕士学位，76 人博士学位。研究生教学质量也在不断提高。2001 年上半年，在各个学科点的支持下，出版了我校第一部《研究生培养方案》。2002 年，又编撰了《研究生教育工作条例》。各学科点还十分注重研究生科研创新能力的培养。在 2003 届毕业生中，发表学术论文 850 余篇，参编、出版学术著作、教材等 170 部。

近年来，我校留学生教育得到了较大发展。2001 年留学生总人数为 872 人，2002 年为 1 217 人，2003 年为 947 人，2004 年达到 1 487 人，留学生规模跃居全国前 20 名、上海市高校第 5 名。留学生国别数逐渐扩大至 22 个。同时，留学生教育层次也有明显提高，形式趋于多样。在本科生、语言生的基础上又招收了硕士和博士研究生。2001 年，我校被国务院侨办批准为华文教育基地，2002 年国家汉办正式批准我校为国外留学生汉语水平(HSK)考试点。2003 年 3 月，我校被增补为上海市高校外国留学生教育研究的常务理事单位。2004 年 2 月，为进一步加强留学生教育，学校进行了资源整合重组，成立了对外汉语学院。

继续教育依托学校学科门类齐全、师资力量雄厚的综合优势，重视专业建设，规范教育管理，拓展教育市场，实现了跨越式发展。四年来，已形成夜大学、高等教育自学考试、长短期职业培训等多形式、多层次的继续教育体系，为学校赢得了良好声誉和可观的经济效益。至 2004 年，夜大学已拥有 29 个高中起点专科、10 个高中起点本科、31 个专科起点本科专业，办学规模在全市普通高校中跃居首位。在扩大专业覆盖面的同时完成了专业结构层次从专科为主向本科为主的调整，至今本科专业已占 72.5%。报考学生数和在校学生数连年创新高，目前在校生达 13 300 多人，生源质量也稳步上升。自学考试发展迅速，目前已有主考专业 6 个，在全市高校自考规模普遍滑坡的情况下，我校自考生数连续两年上升，得到市考试院和自考办的表扬。进修学院坚持“走向社会，贴近社会，服务社会”的办学方针，举办各类等级考试、资格考试和各类高复班等，先后被市有关部门批准为计算机应用能力考点、职称外语报名点、人才中介师职业资格考核和会计专业技术资格考试指定培训点。为了继承发扬陶行知教育精神，实践陶行知教育思想，进一步推进教育创新，最近，我校将行知艺术学院迁入徐汇校区，以更好地为上海艺术教育的发展，为提升上海市民的文化生活服务。

(五) 创新科研体制机制

学校重视科研创新能力建设，在体制和机制上给予保障。从 2003 年起，学校每年投入 1 千万元，用于科研基地建设。目前，稀土功能材料实验室已正式挂牌，并成为上海市稀土办的研发基地；植物资源与基因功能实验室、城市生态与环境修复实验室也已进入筹建阶段。2004 年 1 月，成立了上海师大研究院，以“提供最佳研究环境，储备集聚科研英才，繁荣学校学术研究，培育重大原创成果”为宗旨，实行“带课题进研究院，带成果出研究院”的原则，目前已有 21 位研究员和 5 个单位携课题入驻。

学校还修订出台了新的《科研奖励办法》，并制订了《创作与竞赛成果奖励办法》。这两个奖励办法较大幅度地提高了对优秀科研成果和精品创作的奖励力度，扩大了奖励范围，由原来的在职人员扩大到离退休人员、兼职教授和学生。仅 2003

年，学校就投入了 200 万元对重大科研项目和优秀科研成果实施奖励。

为培育科研梯队和科研后备队伍，学校为青年科研人员提供前期研究经费资助，为争取市级、国家级科研项目打下基础。2003 年，学校出资 100 万元资助青年教师研究，共有 74 位青年教师获得资助。

（六）增强科研竞争实力

四年来，我校共获得科研项目 957 项，其中国家级项目 63 项，省部级项目 245 项，其他项目（包括横向项目）649 项。项目数逐年提高，2001 年为 121 项，2002 年为 180 项，2003 年为 244 项，2004 年（截止到 11 月份）达到了 412 项。科研经费也呈逐年上升趋势，其中文、理科经费 2001 年分别为 637.2 万元和 2 049.1 万元；2002 年分别为 769.6 万元和 2 858.8 万元；2003 年分别为 1 303.4 万元和 3 284.7 万元，三年累计为 1.09 亿元。科研项目的层次也在不断提高，2001 年到 2004 年，我校共获得省部级以上文科项目 136 项，其中国家哲学社会科学基金项目和全国教育科学规划项目 34 项；省部级以上理工科项目 172 项，其中国家自然科学基金资助项目 44 项及“863”项目子课题、“973”前期研究项目和“973”项目子课题等国家重大研究项目多项。

我校广大科研人员面向上海经济建设主战场，积极投入应用开发项目的研究，其中有国家科技部项目、上海市重点新产品试制计划项目、上海“十五”规划重大研究课题项目、上海市优秀学科带头人计划资助项目、上海市科委应用性科技攻关项目等，大大增强了我校服务社会的能力。

据统计，2001 年至 2003 年共出版著作 676 部，其中文科 500 部，理工科 176 部；发表论文 3 964 篇，其中文科 2 166 篇，理工科 1 798 篇，170 篇学术论文被 SCI 等三大检索系统收录。获得市级以上重要奖项的科研成果有 55 项，其中“上海市科技馆重大工程建设与研究”、“耐候光转换无滴农膜的研制”获国家科技进步二等奖，“尖腹隐翅虫分类研究”获上海市科技进步三等奖，“云芝糖肽胶囊”在第五届中国发明展览会上荣获金奖，《侵华日军慰安妇制度略记》、《诗六义原始》分别获上海市第五届哲学社会科学优秀成果论文一等奖，“教育理论哲学基础的反思”获上海市教育科研成果著作一等奖。艺术创作也硕果累累，不少师生在各种美术大赛中获奖，由美术学院青年教师章晴方和她的学生创作的《红色蜗居》、《四季庭院》因充分体现全新的城市精神，与世博会主题相吻合而捐赠给世博会收藏。

2001年至2004年，我校申请知识产权专利43项，获得授权9项，获得软件登记5项。在连续两届上海工博会参展项目中，“磁悬浮样车”、“球型荧光灯”等引起广泛关注，纳米科研成果引人注目。2004年我校签订横向科研合同40项，合同经费370万元。

学校加强与科研院所的合作，增强学校科研能力。如数理信息学院与华东计算机研究所签订教学科研全方位合作协议；我校教师参与“神州三号无人飞船”部分研制工作获得成功。

三、以学生发展为根本，不断探索学生教育和成才新路

面对开放的人才市场和激烈的就业竞争，我们感到，教学质量是学校的生命线，人才培养特色是学校的竞争力。多年来，我校坚持以学生为本，围绕“高素质、宽口径、应用型”人才的培养目标，努力提高教学质量，积极探索人才培养新途径，为上海的基础教育和社会经济发展培养了一大批合格人才。

（一）全力提高教学质量

在办学规模快速扩大的情况下，学校采取了一系列有效措施，全面加强教学质量管理，构建完善的质量保证体系。

构建质量监督网络。四年来，我校实行教学视寻员听课制度和学生教学信息员反馈制度。由教学经验丰富、治学严谨、责任心强的教授和副教授担任教学视导员，随机跟班听课，巡视考场，调查了解课堂教学质量以及学风情况。由学生组成的教学信息员队伍则从学生渠道定期了解有关教学信息，充分听取学生对教学改革的意见和建议。

开展“教学质量月”活动。从2002年起，我校将每年的11月25日至12月25日定为“教学质量月”，至今已举办了三届。通过抓一两件实事，切实解决一两个实际问题。2003年起，还同时开展了“青年教师课堂教学竞赛”，使广大教师树立了质量为上、学生为本的意识，教学质量有明显提高。

加强课程与教材建设。自2001年到2003年，共有105项课程建设项目、85项教材建设项目被批准立项，投入经费达287.15万元，其中由市教委拨款202.8万元，

学校投入 84.35 万元。此外,学校还投入了 26 万元,建设了 13 门精品课程,并在此基础上,择优推荐参加上海市精品课程评选,有 4 门课程被列为上海市精品课程。

狠抓考纪考风。多年来,学校始终把考纪考风作为确保教学质量的重要环节。今年上半学期末,学校根据国家教育部关于刹住高校考试作弊歪风紧急通知精神,从完善制度、加强管理、加大舆论宣传等方面入手,多管齐下狠抓考风考纪,要求学生诚信考试,教师规范监考,家长共同配合,使学生作弊违纪处罚率有所下降。

提升现代教育技术水平。学校一方面加大对现代化教学设施的投入,多媒体教室从 2000 年的 50 个发展到目前的 153 个,已占教室总数的 41.5%;新建 2 个数字式语音实验室,新增 1 200 余台计算机;投入 400 万元用于图书馆的改造和建设;正式开通了远程教育系统;图书资料经费也从每年 300 万元增加到 500 万元,并将根据学校的经济条件继续有所加大。另一方面,着力提高教师运用现代教育技术的能力,提高教学效果;开发教学管理信息化系统,提高教学资源的利用率。

(二) 强化人才培养特色

根据上海国际化大都市对人才素质的要求,并充分考虑学生的发展与就业,学校加大改革力度,为学生自主学习、努力成才创造条件,使我校人才培养更具特色。

创新课程体系和教学内容。砍去一些不适合社会需求、学生反映大的课程;适当压缩必修课,增加选修课;压缩每门课的学时,增加课程量;优先推出社会紧缺专业和贴近社会需求的专业课程,重点推介优势学科、优势专业课程。全校现有各类课程 1 500 余门,设置副修系列课程 40 余个,选修课的比例有所扩大,初步构建了模块式课程组合,为学生自主学习创造了条件。

强化学生英语口语能力和科学人文素养。从 2003 年秋季开始,在大学四年英语教学不断线的基础上,又把英语口语作为全校公共必修课,并拨出专款,增聘外教,担任口语教学。为提高大学生文化品位、审美情趣和科学人文素养,学校在本科生中大规模开设文化素养课程和副修系列,由各学院优秀的教授、副教授主讲,并作为全校必修课。目前已开设人文科学、艺术教育、自然科学、社会科学 4 个系列 100 多门课程。

全面推行完全学分制。2002 年起,学分制从徐汇校区进一步推广到奉贤校区,到 2004 年已全部实行学分制。学分制改革牵一发而动全身,为此学校配套改革了一系列学籍管理制度,如制定了学位课程制度,改革了绩点制度,实行了全校性公共课教师挂牌上课、学生选课、教考分离制度等等。

强化应用型人才的实践环节。学校突出了非师范类实践性课程在教学中的地位，使本科的专业实践性课程占总课程的20%左右，专科的专业实践性课程占总课程的40%左右。同时加大实习经费的投入，建立和完善校内外实习基地，目前我校已有234个合作教学基地。

实行校内外专业流动。从2003年秋季起，学校允许不超过5%的学习成绩较好且对现就读专业兴趣不高的一年级学生在校内进行专业流动。申请校内专业流动的学生参加测试成绩合格后可转入新专业学习。2003年，有150名条件合格的学生参加了首次校内专业流动考试，62位同学如愿以偿。2004年又有170余位同学申请，58位同学获准到感兴趣的新专业学习。

为本科学生开设第二专业。至2004年，我校参加"第二本科"双学历学习的学生已累计达到7 138名，1 290名学生拿到了《上海市普通高校第二专业毕业证书》。2003年，我校又加入上海市西南片联合办学本科教学协作组，参加协作组的13所高校，为学生跨校修读第二专业开辟通道，2003年有299位学生、2004年有161位学生分别修读华师大、东华、华东政法、交大等院校的第二专业。

搭建平台，鼓励创新。学校设立了学生科研基金，鼓励和支持学生参加科研活动，并要求教师指导学生进行科研。四年中，共有281项课题申报，53项得到学校资助；收到学生论文143篇，89篇论文受到表彰和奖励。为表彰全面发展的优秀学生，已连续两年推出了"师大之星"评选活动。学校挑选精品参加全国大学生"挑战杯"比赛，获得1个一等奖。

大力推进毕业生就业指导工作。学校党政把毕业生就业指导工作作为"一把手工程"，全校上下通力协作，形成了校、院、系互动的工作机制。学校每年都举办多场招聘专场活动，全校教师甚至员工也纷纷为毕业生推荐工作岗位。为了建立健全毕业生就业指导工作长效机制，学校尝试将毕业生就业指导纳入教育教学体系。四年来，我校毕业生就业率一直保持在90%以上，高于全市平均水平。2003年和2004年是高校扩招后大学毕业生剧增的头两年，我校就业率依然保持较好的水平。

（三）拓展素质教育平台

近年来，学校在培养学生德、智、体、美全面发展，提高学生的综合素质方面，采取多种形式和途径。《中共中央国务院关于进一步加强和改进大学生思想政治教育的意见》下达后，我校认真学习文件精神，积极探索加强大学思想政治教育的措施，取得了一定成效。

营造健康向上的校园文化氛围。积极推进高雅艺术进校园。2002 年，推出了“青春大舞台”校园文化系列活动，做到了周周有演出，月月有高潮，四季有歌舞。在“50 周年校庆系列文艺演出”活动中，学校共组织了 50 余场高质量的专场。开展丰富多彩的校园文化活动，仅 2003 年，我校就举办了科技学术节、艺术节、影视戏剧节、教育节、外语节、体育节、彩虹校园、女生节等校园文化活动，并举办了近 300 场专题歌咏会、辩论赛、球赛等大型文娱活动，参与人数达 1 万多人次。校庆前后共举办了 150 多场讲座，参加人数 4 万余人次。

大学生社团也是拓展学生素质的重要舞台。我校现有学生社团 103 个，其中校级社团 23 个，院级社团 80 个，涉及学术、文艺、体育、实践四大类。

不断探索学生自我教育、自我管理、自我服务的新途径。组织大学生走进社区、服务社会，连续十年开办“爱心学校”。2003 年推出了“建百所爱心学校、作百场社区讲座、寻百位可爱之人”的“三百行动”；2004 年暑期又推出以“让知识与社区心贴心”为主旨，以“法律顾问进社区、科普教授进社区、心理专家进社区、爱心天使进社区、文体教练进社区”为内容的“五进社区”活动。

创新 BBS 学生自我管理形式，使 BBS 成为学生自我教育、自我管理的重要平台。同学们在 BBS 上交流思想、交流感情、交流学习方法、交流各种信息，也通过 BBS 与教师、学校领导交换意见。我校 BBS 的“三自”模式和管理，受到国家安全部、市公安局、市科教党委的充分肯定。2003 年 10 月，我校 BBS 又开通了上海高校首个“校长在线”，建立了学生与校长直接交流的平台。迄今为止，校领导回帖数已近 4 000 条。学校还开通了“部门在线”、“学院在线”，最近又推出“校长在线网络电台版”和“校长在线现场版”，使学校领导与学生有更多交流机会，不仅解决学生提出的问题，更沟通了思想。

为加强学校领导与广大同学的联系与沟通，培养优秀学生参与学校管理的能力，2003 年 5 月，学校聘请学生担任“校长（书记）事务助理”，在学生和学校管理层之间架起了沟通的桥梁。不少学院也设立了院长（书记）助理。

奉贤校区推出了学生自我管理新模式。自学生车管会成立以后，又相继成立了图书馆、食堂、校医院、运动场等 4 个大学生协管会；开展学生"走进系列"活动，组织学生走进后勤、食堂、管理部门体验生活，服务教工，由学生评选后勤服务明星。这一系列活动，不仅加深了学生与后勤部门的沟通和谅解，而且使学生在实践中增长了才干。

四、以人才强校为战略，加强队伍建设和科学管理

教师是学校的主体力量，是办好高等学校的关键。四年来，我校坚持人才强校，努力营造吸引人才、聚集人才和激励人才的氛围，引进和培养两手并举，不断提升学校师资队伍的整体水平。

（一）加大人才引进的力度

学校出台了一系列文件，调整人才引进政策，积极引进人才，构建合理的学科梯队。四年来，学校共引进和录用教师 438 人，其中具有正高职务者 59 名，副高职务者 52 名，有 81 名博士，他们相当一部分已成为学科带头人，对学校的教学和科研工作起到了积极的推动作用。生环学院、法政学院先后引进了一批学术骨干，成为教学、科研的中坚力量；天体物理联合研究中心引进了中科院天文台的多位重量级人才，形成了在国内具有领先地位的学术梯队。此外，我校还聘请了国内外著名专家、学者担任兼职教授，聘请他们来校讲学。如 2002 年聘任中国科学院院士程国栋为我校教授，并担任环境科学与环境过程研究中心主任。今年校庆，我校又聘任 4 位院士为特聘教授。四年来，共有 247 位国内外著名教授学者、中科院院士来校讲学、作报告，受到广大师生热烈欢迎，为学校增添了浓郁的学术氛围。

（二）加强对青年教师的培养

学校采取各种办法，鼓励青年教师学习进修，提高学历层次。四年来，攻读硕士、博士学位的教师共有 251 人，目前在读博士 77 人，在读硕士 81 人；选派了 118 名教师出国进修。教师的学历层次有了明显提高，现有 1 332 名教师中，具有硕士学历的占 40.7%，博士学历的占 10.9%。学校注重对中青年学科带头人的培养，形成了一支强有力的中青年学术骨干队伍。四年中，举办了两届优秀青年教师评选活动，42 名教师当选；举办了两届中青年学术骨干评选活动，36 名教师当选；今年 5 月又有 4 位教师当选

首届校青年学者。此外，还有 10 名教师推荐为市高校优秀青年教师后备人选。

(三) 加快人事分配制度改革

根据教育部《关于新时期加强高等学校师资队伍建设的意见》和《关于当前深化高等学校人事分配制度改革的若干意见》等文件精神，2002 年 1 月，我校全面实行人事分配制度改革，按照“转换机制、优化结构、减员增效、按岗聘任”的原则，建立起“按需设岗、公开招聘、平等竞争、择优聘任、严格考核、合同管理”的用人机制和岗位聘任制度，初步形成了有利优秀人才积聚和拔尖人才脱颖而出的机制，充分调动了广大教职工的积极性，大家以高度的责任感，把教书育人作为自己神圣的职责，创造性地开展教学、科研和管理工作。结合岗位聘任工作，我校还进行了专业技术职务聘任改革，从 2002 年 4 月起，学校全面实行职务聘任制，强化岗位意识，淡化身份管理、行政干预。四年中共聘任了正高级专业技术职务岗位 73 人，副高级专业技术职务岗位 169 人。同时，专门设立名额给 30 岁以下晋升副高、40 岁以下晋升正高的青年教师，通过打擂台的形式选拔优秀青年教师，共有 7 名青年教师通过这种形式，破格聘任到高级专业技术职务岗位上，其中正高 5 人，副高 2 人。

(四) 积极改革干部选拔任用制度

对学校机关干部实行岗位竞聘，加强科学管理。2002 年，在总结第一届竞聘工作经验的基础上，又进一步加强了竞争激励机制。在 2004 年机关管理岗位第三届竞聘中，学校首次举办公开答辩会，允许师生旁听。公开竞聘后，又一批年轻有为或有较深学术造诣的教师和学院管理干部进入到校部机关，机关 20 个正处级管理岗位中有 10 个重新作了调整。

2003 年，按照中央《党政领导干部选拔任用工作条例》精神，我校进一步建立健全了干部人事制度，主要包括干部选拔任用制度，干部推荐、考察、决策责任制度，干部年终考核制度，干部任期目标责任制度等，并继续开展对处级单位领导干部的经济责任审计工作。同时，逐步推进学院主要领导干部选拔的公开化、制度化。2003 年以来，在学院领导班子的调整中，我校尝试在全国范围内公开招聘学院院长，在全院范围内公开选拔院长。通过全员参与、民主推荐等程序，使一批适应发展要求、广大群众信任的干部走上了领导岗位。

近年来，我校还打破框框，扩大选人视野，拓宽用人渠道，在选拔、培养、使用、交流优秀青年干部方面作了许多新的尝试。通过各学院的推荐，我们分两批从第一线教师队伍中抽调了32位青年骨干教师到校机关挂职。通过“挂实职，有实权，办实事”，使他们在实践中经受锻炼，增长才干。目前，已有4位表现突出的青年教师走上了正、副处岗位。为使年轻干部拓宽眼界，更新视野，我们提出了要象培养优秀青年学术骨干一样培养青年管理干部。2003年开始我们输送年轻干部赴美国学习管理，目前已有3位处级干部学成归来。为了给青年后备干部创造更加广阔的锻炼舞台，学校于今年年初首次在全校公开选拔校长助理，两位校长助理正式上任，协助学校领导开展各项工作。

（五）重视管理的科学化、民主化

学校大力推进校务公开，积极促进依法治校和民主办学。2002年底通过了《上海师大校务公开工作的实施意见》，把教代会、学代会等作为校务公开的主要形式，健全了校务委员会、学术委员会、学位评定委员会的组织体制和工作机制，采用了行政例会、教职工大会、学生大会、离退休人员情况通报会、民主党派人士双月座谈会等多形式、多层次的民主渠道。现在，凡涉及学校发展的重大问题、与广大师生员工切身利益相关的问题，都是校务公开的内容，并力求做到政策公开、过程公开和结果公开。我校还成立了校务公开领导小组和校务公开监督小组，保障校务公开的组织领导和监督、协调。

四年来，学校大力加强机关作风建设，努力提高学校管理水平。2004年7月，校部机关第一届教代会暨第十一届工代会正式召开，这在本市高校尚属首次，标志着学校二级教代会已全面覆盖。此次教代会以转变机关作风为主题，机关各部处针对各自的薄弱环节，制订了加强和改进作风建设的具体措施，切实增强服务意识、责任意识和大局意识，努力把服务态度、服务质量、管理水平提升到新水平，树立“精干高效、求真务实、廉洁自律、纪律严明”的良好形象。

五、以事业发展为支撑，增强学校凝聚力和对外影响力

学校事业发展离不开广大师生员工和各级干部的共同努力，广大师生干部的切

身利益也时刻记挂在学校党政领导的心里。四年来，我们坚持以正确的理想信念教育人，以学校与个人事业的发展鼓舞人，以多为广大师生办实事好事温暖人，以干部示范和人格力量激励人，以创新精神拓展凝聚力工程。

(一) 以事业发展鼓舞人

四年来，学校事业实现了跨越式发展。通过两个校区的建设，上海行知艺术师范学校、上海旅游高等专科学校、上海师资培训中心的划归并入，不仅使我校的面积成倍扩大，而且使学科门类更加齐全，办学层次不断提高。我校已有徐汇、奉贤两大校区，已有各类学生 4 万余名。还承担了中小学教师的培训任务，四年中我校高师培训中心共培训各类师资 3 万余人。今年 2 月，师资培训中心合并后，我校师资培训工作实现了飞跃发展，仅 3—12 月就培训各区县教育局长、中学校长等各类师资 1 万余人。

我校的经济实力也有明显增长，固定资金由 2000 年的 2.64 亿元增加到目前的 11.17 亿元，增幅为 323%。教育经费收入由 2000 年的 2.66 亿元增加到 2003 年的 4.4 亿元，增幅为 65%。其中财政拨款由 2000 年的 1.37 亿元增加到 2003 年的 2.4 亿元，增幅为 75%，初步建立了稳定增长的多渠道筹措教育经费的机制。全校财务状况良好，为教育事业的发展、改善教职工的待遇奠定了良好的基础。我校校办企业面对激烈的市场竞争，不断开拓，积极为学校作出贡献。上海师大的快速发展激励了广大干部和教职工奋发进取的精神。

我校对外交流日益广泛，已与徐汇、奉贤等区建立了全方位合作关系，并与许多科研机构、企事业单位开始了多种形式的交流和协作，扩大了学校的影响，提高了服务社会的能力。

国际合作与交流是学校建设发展的一个重要方面。我校以发展为目标，积极引进国外优质教育资源，推动学校的改革和发展。四年来，国际交流规模不断扩大，留学生教育迅速发展，国际合作办学日趋成熟，对外文化交流积极活跃，与港澳台民间交流得到加强，国际合作交流已取得成效。至今年，已有 14 个国家的 111 所高校或机构与我校正式签订了合作交流协议，其中 2001 年以来新签订的校际合作交流协议就有 78 项，超过建校以来总数的 2 倍，仅 2004 年就新签约 23 项，续签约 6 项，实现了新的突破。同时，学校开始注重发展与世界一流大学的关系，日本早稻田大学、澳大利亚悉尼大学、英国纽卡斯尔大学、美国的乔治华盛顿大学等国际一流学校都成了我们的姐妹学校。四年来，学校共接待了来自31个国家的外宾约428批，3 646人次，其中2004年就有1 163人。其中包括莱索托副首相、芬兰Kokkolar市市长、美国、埃及、爱尔兰等国家驻沪总领事、大学校长等重要客人。四年来，我校还召开了21个国际会议，其中50周年校庆期间的中外大学校长论坛、人文学院连续三年主办的国际大都市文化比较研究国际学术会议、地域研究所召开的东亚地区合作研讨会、长江三角洲地区合作国际研讨会都产生了较大影响。2001年至今，公派出国访问、合作研究和参加各类学术会议的教师人数为1 106人；聘请长期外国专家73人，经学校立项批准来访的短期专家60人，各类讲座400余次。2002年起，学校启动了公派出国学生交流项目，到目前为止已成行的交换学生将近160人。在加强国际合作办学方面，目前已有4项正式取得办学许可证。此外，我校还利用艺术类学科特色，加强对外文化交流，积极向世界宣传中国文化，扩大学校影响。

（二）以办实事温暖人

多年来，学校坚持每年办十件实事，切实提高广大师生员工的教学、生活条件。这些实事工程包括改善教职工的工作和生活条件，改善学生的住宿和就餐条件，改善校园基础设施和校园环境，关心爱护师生的身体健康等。

四年来，学校投入资金，改善办学条件。教学及辅助用房从2000年的12.9万平方米增加到27.55万平方米，徐汇校区继文苑楼之后，又建造了教苑楼，修建了一大批教学设施。学生公寓（宿舍）从8.74万平方米，增加到20万平方米，生均住宿面积达到8.1平方米，高于教育部规定的6.5平方米标准。学生餐厅从1.09万平方米扩大到2.43万平方米，两个校区新建、改建食堂共9 000平方米，面积扩大了近一倍。在迎接校庆五十周年之际，我们实施新一轮大规模校园改造，实施精品校园工程。新增绿化面积2.77万平方米，其中徐汇校区3 750平方米，奉贤校区2.39万平方米。

这几年教职工人员经费有较大增长。从2000年的1.24亿元增长到2003年的2.56亿元，增幅为106%。

2001年，科技园职工住宅小区建成入住，改善了教师住房条件。2003年，东部音乐新村住宅楼动工建设，现已上网销售。2004年，经过反复论证和民主程序，职工购房补贴开始实施，学校每年在预算中列出3 000万元，用于职工购房补贴，今年已兑现 2 549 万元。

学校还关心教职工健康，去年“非典”时期建立的“三级预防责任制”已经进入常态管理。教职工的例行体检已从过去的两年一次改为每年一次，体检率保持在 85%左右，有效地发挥了预防和及时治疗的作用。学校还为全校教职工办理了医疗保险和意外保险。

后勤社会化改革以后，广大后勤职工的精神面貌发生了很大变化，增强了市场意识，树立了服务理念，努力为全校师生服务，积极开拓社会市场，为我校教学、科研等工作提供了有力的后勤保障。

（三）以战胜“非典”和校庆五十周年激励人

2003 年 4 月，面对突如其来的“非典”，学校党委充分发挥党组织的战斗堡垒作用和党员干部的先锋模范作用，广大干部和师生员工众志成城，临危不惧，体现了高度的责任感和团结合作精神，涌现了无数感人事例，尤其是战斗在第一线的干部教师、后勤人员以及学生干部，他们的无私无畏精神赢得了广大师生的敬佩。战胜“非典”，我们积累了一笔宝贵的精神财富和处理突发事件的经验，也得到国务院防治“非典”督查组、市委市政府和市教委的高度肯定。

2004 年是我校五十周年华诞，上海师大五十年风雨兼程，硕果累累，这是一代代师大人锐意进取、励精图治的结果。为了弘扬这种精神，我们以对内增强凝聚力，对外扩大影响力为目标，精心策划各项校庆活动。在活动期间，我们开出了校史陈列馆，举办了 150 多场学术报告，开展了五彩缤纷的校园文化生活，并举办了隆重的庆典仪式。通过这一系列活动，全校师生精神振奋，大家深切感受到，个人的发展与学校的发展是休戚相关的，个人的利益是与集体的利益密切联系的。只有学校发展了，才会有个人发展的空间；只有学校、部门发展了，个人才会得到更大的实惠。我们每一个人都是学校未来的缔造者，都有责任把学校的事业搞上去。

六、以科学发展为主题，精心规划学校美好未来

党的十六大提出全面建设小康社会的奋斗目标，对我们高等教育提出了更高的要求。面对上海新一轮发展，已经走过整整半个世纪的上海师大面临着如何抓住机

遇，融入科教兴市和高等教育事业发展的洪流；如何做强、做大、做活，实现自身的发展创新；如何在全市高校和全国同类高校的竞争中扎实奋进等一系列问题。面对挑战，我校全面规划，科学定位，深化改革，加快发展，力争在新世纪创造学校新的辉煌。

2001 年 5 月，经过广泛调查研究，正式形成了集中学校广大干部、教师意愿和智慧的《上海师范大学“十五”发展纲要》，《纲要》明确提出了我校的办学指导思想和目标，并强调必须实现三个转换，即由综合性的师范大学向有师范特色的综合性大学转换，由着重发展徐汇校区向全面发展奉贤校区和其他校区转换，由单一的投入和运行机制向多种投入和运行机制转换。《纲要》激励了广大干部和教职员工向新的目标攀登。在党的十六大精神的指导下，全校上下一心，不断更新观念，抓住机遇，艰苦奋斗，全面贯彻落实《纲要》，走出一条自我发展的新路，学校的各项事业都有了新的发展。

2003 年 2 月，学校行政领导班子进行了调整。在党委领导下，新班子经过调查研究，提出了《上海师范大学“十五”发展纲要实施要点》，强调要顶层设计，分类指导，提升内涵。2004 年 5 月，我校召开校发展与规划工作会议，进一步统一思想，明确目标。通过反复讨论和修改，《上海师范大学 2004—2014 年发展规划》正式形成。《规划》提出，我校未来十年的战略目标是：切实增强综合实力，提高核心竞争力，把学校建成以培养本科层次应用性人才为主、以人文和教育学科为优势、艺术教育和旅游管理为特色、若干学科具有国际国内竞争力、教学与科研并重、文理工多学科协调发展的开放性、综合性大学，以适应上海作为国际化大都市的需求，满足人民群众日益增长的接受高等教育的需求，并确定了应遵循的六大原则，即抓住机遇、加快发展的原则；求真务实、注重内涵的原则；更新理念、追求卓越的原则；顶层设计、扬长避短的原则；分类指导，各得其所的原则；以人为本，学生为重的原则。

《规划》还提出了未来十年的战略目标，就是以提升内涵、提高层次为主攻方向，在人才培养、科学研究、社会服务上取得新的突破。具体为：

在人才培养上，要深化教育教学改革，提高育人质量，形成人才培养特色。根据学校定位和应用性人才的特点，注重知识的宽泛性、职业的对应性、能力的实用性和素质的全面性。积极发展研究生教育，适度发展本科教育，逐步压缩专科教育，提高学校人才培养的层次。主动适应国内外需求，大力拓展留学生教育和继续教育的领域。到 2009 年，本专科学生达到 23 000 人，其中本科学生达到 21 000 人，本科专业增至 80 个左右。一级学科博士点增至 4—5 个，二级学科博士点增至 30 个左右，博士后流动站增至 5 个左右，硕士点发展到 90 个左右。研究生规模达到 3 500—4 000 人，其中博士生达到 400—500 人。长期留学生达到 700 人，继续教育类学生达到 25 000 人。到 2014 年，本专科学生维持在 23 000 人，其中本科学生为 22 000—23 000 人，本科专业增至 100 个左右。一级学科博士点增至 7—8 个，二级学科博士点增至 40 个左右，硕士点增至 120 个左右。研究生规模达到 5 000—5 500 人，其中博士 800—1 000 人。长期留学生达到 1 000 人，继续教育类学生达到 30 000 人。

在科学研究上，要进一步强化教师的科研意识，优化科研环境，营造学术氛围。注重顶层设计、全面规划，加大学科与专业结构调整和建设的力度，使学科的优势和特色更为显现。进一步夯实哲学社会科学研究的基础，逐步建立起具有特色和竞争优势、领域较宽的哲学社会科学学科体系，提高我校哲学社会科学研究的整体实力。建立适应国家和上海经济与社会发展需求、符合师范特色和综合性大学特点、具有我校特长的科技创新体系，不断提高科研水平，增强科技开发实力，使我校科技创新能力、科技人才培养进入上海高校前列。到 2009 年，年度科研总经费达到 7 000 万元。文科省部级以上重大项目和著作论文数处于全市高校前 4 位以内，理工科处于全市高校前 10 位以内。有若干学科进入国家重点学科或人文社会科学重点研究基地。到 2014 年，年度科研经费达到 1 亿元，文科国家级和省部级重大项目和著作论文数处于全市高校前 3 位以内，理工科处于全市高校前 8 位以内。

在社会服务上，要主动适应上海经济和社会发展的需要，围绕上海率先实现现代化的中心任务全力做好发展教育、服务上海的工作。积极开展对外交流与合作，与各级政府、国内外大学和企业界建立广泛联系。探索合作办学新机制。充分利用上海师资培训中心划归我校管理的优势和学校在基础教育领域的传统优势，整合优质资源，主动为上海与全国的基础教育事业服务。我们还要充分利用上海旅游高等专科学校的有形、无形资产，把旅游学院打造为国内一流的旅游人才的培养、培训中心。同时，努力拓展国际交流渠道，开展多种形式的国际交流与合作，进一步扩大留学生教育的领域，使我校成为国家留学生教育和对外汉语教育的重要基地。

我们将未来十年的发展分为两个阶段：第一阶段，2004—2009 年，以夯实基础、提升内涵为主；第二阶段，2010—2014 年，以增强实力、放大效应为主。为了实现目标，我们必须实现四个转换，一是在办学理念上，由办综合性师范大学的理念向办有师范特色的综合性大学的理念转换；二是在办学思路上，由被动适应型、小富即安型向主动介入型、开拓发展型转换；三是在办学模式上，由单一化、传统型、封闭性向多元化、应用型、开放性转换；四是在办学重心上，由注重外延和规模的拓展向注重内涵和质量的提升转换。

同志们，过去的四年，是我校实现跨越式发展的四年。学校的发展，是全体教职员工共同努力的结果。在此，我代表校党委、校行政向所有为上海师大的发展作出贡献的同志表示衷心的感谢。抚今追昔，我们近四年的发展，与历史的积累分不开的。没有过去打下的良好基础，就不可能有今天的成果。我们向五十年来为上海师大的发展作出贡献的老领导、老教师、老职工表示衷心的感谢和崇高的敬意。

四年来，学校各方面工作虽然取得明显进步，但是面对新的时代要求，对照上海和全国高校的发展态势，我校还存在一些明显弱势，主要表现为：

科研实力不强，学科发展不平衡。科研水平与学校规模很不相称，争取科研项目和进行科技开发的闯劲不足，主动性不强，研究成果等第不高。学科特色不鲜明，社会竞争力不强，在全国有地位的学科很少。

学生规模的迅速扩大，要求进一步提高学校的教学质量和教学管理水平，学校在学风和教风上的差距仍是明显的，人才培养特色也有待增强。

师资问题已成为我校发展的瓶颈，师资队伍在数量和质量上都存在不适应的问题。尤其是学术上有突破能力的教师不多，有影响的学科带头人、学术带头人不足，学术队伍后备力量不强，未形成合理的梯队结构，教师的总体学历层次有待进一步提高。

校院两级管理体制和机制存在缺陷，管理的现代化水平和干部、工作人员的管理理念和服务意识跟不上新世纪的要求。校和院、条和块、硬件与软件的关系尚未理顺，矛盾日益显露。

我校干部、教师面向经济、面向市场的观念不强，学校对外开放、对外合作不够广泛，对外辐射、对外服务的能力不强。

面对连年扩招和事业大发展的压力，校内资源呈现短缺状态，尤其是实验室、体育场馆和学生住宿等问题，成为学校进一步发展的又一瓶颈。办学资金匮乏，资金自筹能力较弱，资金来源渠道少且不稳定，基础设施老化和迫在眉睫的更新需求，以及很多急需的新项目的开工，使学校在资金上不堪重负。

这些问题阻碍了学校的进一步发展，对此我们必须有清醒的认识。明年，教育部将对我校本科教学进行评估，这是关系到我校前途和发展的大事。我们必须严阵以待，全力清除前进道路上的种种障碍和困难，争取更大发展。

同志们，回顾过去，我们欢欣鼓舞，豪情满怀；展望未来，我们任重道远，信心倍增。在我们步入新世纪时，党中央提出了全面建设小康社会的宏伟目标，上海实施“科教兴市”主战略，进入率先建设国际化大都市的关键时期，这为我们提出了新的更高的要求。我们已制定了《上海师范大学十年发展规划》，未来十年的发展是至关重要的。我们要以邓小平理论和“三个代表”重要思想为指导，牢固树立科学的发展观，主动适应社会经济发展及教育现代化建设的需要，与时俱进、开拓创新，求真务实、艰苦奋斗，进一步提高教学质量、科研水平和办学效益，促进学校的可持续发展，使我校成为上海人才培养、科研开发、社会服务和决策咨询的重要基地，争取在新的五十年里，创造更大辉煌。

开拓校园文化建设新途径，提升学生人文素质和文化品位①

（2005年）

21世纪，人类进入知识经济时代，中国高等教育也从精英教育向大众化转变。面对全球化的严峻挑战，加强和改进大学生的素质教育显得格外紧迫。

大学教育就是为了提高人的综合素质，包括思想道德素质、文化素质、业务素质和身心素质等方面，其中提升思想道德素质是学校教育的灵魂，提高文化素质是学校教育的基础，而培育科学精神和人文精神则是学校教育的内核。

因此，我们认为高校文化建设必须把推进素质教育贯穿始终，体现素质教育对人的全面发展和社会可持续发展的深远意义。

一、对素质教育的认识

1. 素质教育在于促进人的全面发展

以人为本的理念对于学生而言，就是尊重学生的个性发展，注重学生做人的教育，而不是单纯的知识和技术的灌输。用范多伦的话来讲，教育不仅仅要使人学会做事（to do），更重要的是要使人学会做人（to be）。爱因斯坦曾说过："用专业知识教育人是不够的，通过专业教育，学生可以成为一种有用的机器，但是现代大学的文化精神不能成为一个和谐发展的人，要使学生对价值有所理解并产生热烈的感情，那是最基本的。"

因此，以人为本为理念的素质教育更注重帮助学生树立正确的世界观、人生观

① 本文原载首都师范大学《高教研究》编辑部、《首都师大》校报编辑部编：《现代大学的文化精神》，首都师范大学出版社，2006年版。

和价值观；更注重向学生传授“为人”、“做人”所必备的人文、社会、自然科学知识；更注重开阔学生的国际视野和发展思路；更注重训练学生分析解决问题的做事能力；更注重培养学生与他人交往，与社会融合、与团队合作的做事能力；更注重养成学生的情感体验和良好个性。既教育学生学会做事，又教育学生学会做人，这才是理想的教育，是当代我国高等教育改革的重要方向。

2. 使素质教育贯穿于高校文化建设的全过程

大学文化以它潜在的、独具特色的方式熏陶、感染、影响着人的思想观念和行为方式。它强调科学素养和人文精神，引导行为准则、价值观念和道德规范，增强凝聚力和归属感，激发学习的主动性，促进教学、科研和管理的创新，并通过其辐射功能对社会文化产生影响。

因此，我们要以科学精神和人文素养为切入点全面推进素质教育。弘扬科学精神，就是要让大学生学习科学思维、科学知识、科学技能和科学方法，激发大学生探究主观世界和客观世界，感悟科学技术对社会发展的推动作用，从而树立崇尚科学、追求真理、勇于创新的理念。人文精神不是人文学科知识的教育，而是以知识体系为基础，通过重构教育目标、阐释教育内容、强化师生关系以及优化校园环境来解释和塑造人文精神的教育。人文精神注重人的发展和完善，强调对人的价值、生存意义和质量的关注，强调对他人、社会和人类进步事业的投入奉献，要求对人类生存的自然环境关心和改善，并对人类未来命运与追求进行负责的思考和探索。

3. 素质教育着眼于社会的可持续发展

伴随着全球化的进程，人才的国际竞争日益加剧。人才竞争不仅是知识水平和技术水平的竞争，更重要的是综合素质的竞争。高校推进素质教育，不仅为适应社会的变革，而且为应对国际竞争，是着眼于社会的可持续发展。素质教育并非仅仅是一种具体的教育模式，而是关系到人才培养目标和社会未来发展的教育思想。

社会主义市场经济的建立，改变了学生的就业模式，使得综合素质的地位日益凸现。另一方面，面对西方文化和价值观的渗透、我国经济体制转型中的负面效应对社会文化的冲击，能否保持文化的先进性，在某种意义上讲也取决于人的综合素质。在物质文明飞速发展的今天，如何更有效地应对精神文明的不同步发展，这已成为一项世界性的课题。因此，推进高校素质教育，既是培养高素质人才的必然选择，也是发展先进文化、保持社会可持续发展的需要。

二、校园文化工程凸显素质教育

从管理学的角度来看，文化建设是为了创造一个保证总体目标能够实现的精神、理念、制度、环境和氛围。同样，大学文化建设是保证学校健康发展的有目的、有计划的群体行为。我们认识到，学生素质是大学文化建设的重要出发点和落脚点，也是体现大学文化的关键所在。因此，大学生素质教育要成为学校上下的共同追求、共同理念、共同行动。在大学文化建设中，实现教书育人、管理育人、服务育人、环境育人。

1. 确立素质教育的基础性地位

大学阶段是学生综合素质发展的关键期，大学素质教育关系到大学生精神境界和智慧水平的提升程度。因此，必须确立素质教育在高校文化建设中的基础性地位，使之成为大学教育教学体系的内涵，成为学校发展的理念。学校要把素质教育融入到教学、科研和管理的方方面面，使学校各项工作成为素质教育的自然载体，全面规划，不断创新。

而在建设校园文化时必须充分考虑到学校的发展定位，因为发展定位是任何一所高校在竞争中区别于其他高校的标志，发展目标不明确，培养的学生就会失去特色，没有特色意味着没有区别，进而学校就会失去竞争力。我校地处上海，学校敏锐地意识到，上海作为一个建设中的国际化大都市，需要大批具有国际视野、有较强外语交际能力的人才。学校采取了一系列切实有效的措施，在长期坚持“英语四年不断线”的基础上，从 2003 年 9 月起，学校每年投入 200 万元专项经费，聘请一批来自美国、加拿大、澳大利亚和新加坡等国家的教师在全校三年级本科生中开设英语口语必修课，引导学生参与各项国际性学术文化活动，积极拓展国际合作办学和留学生教育，为学生接触世界提供多种渠道。

2. 发挥教师的主导作用，营造全员育人的文化氛围

首先，教师是学生的楷模，教师的综合素质影响着学生的素质发展。但教师也是社会人，同样受到社会文化的影响。因此，学校要特别重视师德教育，增强教师的社会责任感和育人使命感。我校先后制定了《上海师范大学教师师德规范》等文件，实施制度化管理，取得了较好的效果；每年举行新教师培训，把师德教育作为上岗培

训的重要内容之一；在各类评优表彰工作中，把具有良好的师德和教风作为首要条件；在教师晋升职务和年终考核时采取师德一票否决制，对不能履行教师职责或出现教学事故的，实行一票否决。

其次，教师在教学活动、学术活动和社会活动中对学生授业解惑起着关键作用。高校教师要积极开展科研，坚持终身学习，以开放的心态和理性的态度不断吸收、整合、创造反映时代特征的新知识、新思想和新观念。我校在进行科研奖励时，将教学科研项目、教学成果奖与科研项目、科研成果奖同等对待，同样纳入考核范畴，切实保证了科研和教学的协调发展，使学生不仅能学到最新的，而且还能学得有效。

第三，所有教师，包括任课教师、辅导员、教辅人员都要关注学生的综合素质的发展。我校已初步形成了全员育人的氛围，后勤职工也参与到这项行动中。我校奉贤校区 2003 年推出了“走近”活动，让学生深入食堂、浴室，体察后勤员工的辛苦；一些学院又开展了学生与食堂“结对子”活动，让学生固定与几个餐厅的服务窗口结成对子，互相沟通。后勤工作作为学校工作的一部分，也承担起教育人、培养人的责任。

3. 增强大学生的主体意识，着重提高五方面素质

素质教育要在知识传授的基础上，注重使其“内化”为人的品格，提高大学生的修养，成为大学生的自觉行为。因此，大学生的素质教育不能停留在上课、读书、听报告这个层面上，要增强学生的主体意识，激发学生的主动思维，促进学生的情感体验，引导学生自我设计、主动参与，在生活实践、社会调查、科学考察、科研活动和社团活动中自觉提高个人素质和能力。

① 提高思想觉悟，培养奉献精神。校园文化体现学校成员共同的价值追求，引导学生将个人的发展置于学校的总体目标之中。学生在潜移默化中受到启迪，重新审视自己的人生观和价值观。

我校以文明修身系列活动为抓手，不断引导学生加强自身修养。学校从 1995 年起，在全国高师院校中率先开展创建“十五”校园活动；1998 年，在大学生中开展了“文明修身行动”；2000 年，学校又决定把大学生文明修身活动列入教学计划，并开展了以清洁校园、关爱教育、诚信教育为主题的教育活动。实践证明，大学生文明修身活动是素质教育的一个重要抓手，对全面提高学生素质起了积极的作用。

学校还精心安排和组织志愿者活动，培养学生的社会责任感。从 1994 年开始，

至今创办了648所“爱心学校”，参加的大学生达11 464人次，受教育对象达59 537人，已经覆盖了上海全部区县，并辐射到了山东、福建、重庆、新疆等10个省市和自治区。2003年，学校开展了“建百所爱心学校、作百场社区讲座、寻百位可爱之人”的“三百行动”；2004年，开展了以“让知识与社区心贴心”为宗旨、遍布全市18个区县的“五进社区”活动。通过这些社会实践活动，大学生们了解了国情，体察了民情，增长了才干，提升了思想，增强了社会责任感。这些活动也因此成为上海师范大学社会实践的特色品牌项目，多次获得“上海市精神文明建设十佳好事”等奖励，受到了中宣部、教育部、团中央、团市委等单位的多次嘉奖。

② 提高文化素养，优化知识结构。校园文化的知识传授功能是课堂文化的有益补充和延伸，学生通过选取自己感兴趣的或者是互补的课程，大大拓宽了自己的视野，增长了知识。

为了改善学生的知识结构，拓宽学生发展的基础，学校对本科教育的体制进行了一系列改革：1988年，实行主辅修制；1993年，对比较优秀的学生开设了一本一专；1997年，推出了第二本科教育。从2002年起，学校允许2%的学生在校内专业流动，满足了部分学生个性发展的要求。2003年起，加入了上海高校西南片联合办学合作组织，每年有200多学生选修外校的专业。

从1997级开始，为了适应素质教育改革的形势，根据减少必修课、增加选修课、加强实践课的发展思路，在精简专业课学时的同时，学校在原有12个学分副修系列课的基础上，又增加4个学分素质教育课，并充分利用学科门类齐全、人文自然科学课程资源丰富的优势，开设了大量的文化素质教育课程和由校内知名教授开设的素质教育核心课程；2005年秋季开始，组织校内外名师大家开设综合素质系列讲座。这样，使学生跨学科、跨学院选修课总学分达到18分，学生自主改善知识结构的空间很大。

③ 提高实践能力，促进全面发展。校园文化提供学生展示、表现、发展自己的机会，提早锻炼，主动适应了社会对人才的能力要求。

为了提高学生的实践动手能力，学校努力探索新的实习模式。师范专业实行了“见习、实习、研习”三阶段教育实习新模式，从2002年起正式列入课程方案。该实习模式的运作效果得到了学生和实习学校的充分肯定，师范毕业生就业率连续三年超过95%，研究成果获得2005年上海市教学成果一等奖。非师范专业正在探索集“综合实践、技能培训、毕业实习、课题研究”于一体的实习模式。人文学院广告专业的学生从二年级起就参与社会实践，在校期间设计的广告经常出现在“国际广告”等国内著名刊物上，出现在上海地铁站、浦东机场等重要公共场所，他们一毕业就受到业内同行的赞许。

④ 提高审美情趣，加强自身修养。校园文化丰富了学生的课余生活，使得学生在感受美、欣赏美的同时，也相应提升了自身的艺术修养。

学校充分利用艺术学科门类齐全、实力较强的优势，在全校普及艺术教育。学校通过每年举办的艺术节、影视艺术节等活动展示艺术社团和个人的艺术才能，通过引进专业艺术剧团演出等措施，提高全校学生的审美情趣和审美能力。学校在市教委支持下组成了交响乐团、舞蹈团、合唱团，远赴西班牙、法国、埃及、韩国以及香港等国家和地区演出，同美国、日本、德国、意大利等国家的大学生艺术团合作演出，在国内几十个城市的高等学校巡回演出，所到之处，备受欢迎。

大学生社团是大学生素质拓展的重要实践舞台，也是大学生自我规划、实现梦想、体验成功的地方。学校共有社团 97 个，覆盖文学、科学、体育运动、艺术等各门类，数以千汁的学生参加各种社团；学校每年举办科技学术节、艺术节、影视戏剧节、教育节、外语节、体育节等 12 个校园文化节日活动，举办各类讲座、竞赛、晚会，组织专题歌咏会、辩论赛、球类联赛等全校性文娱活动，给每位同学发现自我、展现自我的机会，既丰富了学生的校园文化生活，又提高了学生的大型活动组织和策划能力。为鼓励学生实践创新，学校设奖每年组织评选学生优秀科研论文，扶植优秀科研项目，并挑选精品参加全国大学生“挑战杯”的比赛。

⑤ 提高心理素质，增进身心健康。校园文化帮助学生沟通感情，调适心情，使之更好地适应环境，从容面对可能到来的复杂生活。

学校成立了心理咨询与发展中心，形成了心理发展与咨询中心、辅导员、大学生心理协会三级心理健康教育网络，中心通过开设系列课程，组织专题讲座，开展宣传活动月主题活动等学生喜闻乐见的形式，普及大学生心理健康教育知识，提高大学生心理健康意识和心理自助水平，满足学生的不同需要。近年来，学校重点加强了奉贤校区心理咨询中心的建设，强化大学低年级学生的心理适应，专职咨询师首次全面负责奉贤校区学生的心理健康教育，填补了新校区心理健康教育的空白。

4. 努力创新大学文化，推进学生民主意识的进程

文化是与时俱进、不断超越的，深入推进大学的素质教育也需要文化创新。其中通过制度文化创新，推进决策、管理的民主化，增强学生的自主意识和民主意识，加强民主监督的力度，也是促进素质教育的有效手段。

学校在上海各高校率先推出了聘请学生担任“校长（书记）事务助理”的创新之举，让学生参与学校的管理工作；率先推出了“车管会”、“图管会”、“医管会”、“伙管会”、“体管会”、“教管会”、“宿管会”、“校园BBS引导队”八个学生民主管理委员会，为创建文明和谐健康校园，推进学校民主政治建设而努力，被同学们亲切地称为身边的“八大金刚”；在全国高校开创了以学生“自主开发、自主管理和自主教育”为特色的学生自主管理校园网的先例。

这些举措使学生在一种和谐的文化心态下主动关心学校，积极参与学校管理，增强了主人感、荣誉感和责任感，也提高了学生的综合素质。

5. 加大硬件设施投入力度，创建格调高雅的校园环境

校园物质文化的建设，主要是学校的自然条件和物质基础设施所折射的文化底蕴，包括合理的校园布局、完美的教学设施、齐备的文化设施和优美的校园环境等各方面综合形成的静态文化。优美的校园环境所体现的青春气息和文化氛围，对学生起着熏陶、暗示、感染作用，深刻地影响着学生的思想品质和行为。

我校每年都要制定“十件实事工程”，兴建、改建一批体育场馆，增设和完善体育器材和设备；建设校史陈列馆，通过资料记载和实物展示，生动形象地反映学校的办学历程；统筹规划校园景观，建设既有学校特色又有深厚文化内涵的雕塑，使学校的水、路、园等达到审美和教育功能的统一。

由于我校长期坚持学生的全面发展，学生综合素质高，在就业竞争日趋激烈的今天，我校毕业生受到用人单位的高度赞扬，就业率连续三年保持在90%以上，在全市地方类高校中名列前茅，并因此受到大批优秀高中毕业生的青睐。2002—2004年，我校文理科各批次的平均录取分数线均高于上海市控制资格线15分以上，最高的高出50分，有相当一部分学生的分数达到了一本线。

围绕中心抓党建，抓好党建促中心[①]

（2006 年 1 月）

这是我就任校长后第一次在大会上讲话，不是在其它会上，而是在学校党建研究年会上讲话，有非常特殊的意义。这次党建研究年会的主题是“围绕中心抓党建，抓好党建促中心”。今天和昨天老师们的发言讲得都非常好，无论是行政岗位还是在党务岗位上的同志，大家都有一个共识，这就是：党组织的坚强领导，党员的先锋模范作用，这是我们学校各项事业能够顺利完成的保证。今天我谈几点想法，与大家沟通交流，不作为具体的工作方案。这些想法也是近几天与校领导班子成员和一些老师交流中形成的。

一、明确定位，创新理念，推进党员和基层组织建设

大家的发言都谈到学校的定位应该是一所研究型大学。研究型大学要有一种怎样的精神？我认为是探索和创新。大学党建工作中，要特别强调思考问题，研究问题，敢于创新，增强工作的针对性和有效性。党中央强调加强党的建设，保持党员的先进性，发挥党组织的堡垒作用，根本的目的就是要通过党的先锋作用，带领全国人民建设现代化国家，建设小康社会。学校党建工作也要明确目标，就是“围绕中心抓党建，抓好党建促中心”。党员的先进性，党组织的核心堡垒作用要体现在推进学校事业发展上，要体现在推进人才培养、学科建设、为社会服务等方面。我认为党委在抓党建工作过程中目标明确，体现了针对性和有效性，富有特色。“围绕中心抓党建，抓好党建促中心”是今后学校党建的工作一个非常重要和有特色的指导理念。

---

① 本文为俞立中在 2006 年华东师范大学党建研究年会上的讲话，根据录音整理，标题为编者所加。

二、认清形势，抓住重点，推进学校各项事业发展

高校的三大基本任务是人才培养、科学研究、社会服务。华东师范大学的发展，必须统筹协调完成这三大任务。要完成三大任务，必须认清形势，认清学校事业发展所处的大背景。目前，第一个大背景是建设创新型国家。刚刚结束的全国科技大会，提出建设创新型国家的目标。这个目标不仅仅是科技工作的目标，而且是整个国家的发展战略。通过科技进步推进国家的发展，通过自主创新实现我们国家的现代化，这是一个国家战略。面对这一国家战略，高等学校怎样发挥作用，怎么承担责任，这是我们要思考的问题。第二个大背景是“十一五”规划。如何结合国家和上海“十一五”规划的发展目标，明确我们学校的发展目标和工作举措，这是我们必须认真思考和积极应对的。2006 年学校的工作有三个重要的抓手：

第一个抓手是本科教学工作水平评估。对此一定要有忧患意识。本科教学水平评估已经成为教育部对高校办学质量监控的常规性手段。迎接本科教学工作水平评估是一个非常艰巨的过程，也是一个非常重要的机遇。

第二个抓手是推进建设高水平研究型大学。我们学校从去年开始启动了“仿985 建设”的进程。“985 工程”就是要建设一批高水平研究型大学。建设高水平研究大学，这是我们的理想，这是我们的目标。今年是争取建设高水平研究型大学的关键年！全国科技大会期间，我遇到周济部长。周部长说：“你们任务很重，工作很艰巨。”我说：“我知道，我们会努力的，希望教育部给予我们更多的支持。”对进入 985 行列，我们翘首以盼，但是我想得更多的不是能不能进入 985 的问题（这是一个前提，是一个重要的门槛），更重要的是怎么建设一所高水平研究型大学，我们现在离一所高水平研究型大学还有多少差距？我们离一所研究型大学还有多少距离？差距就是压力，也是动力。2006 年必须围绕建设高水平研究型大学这个目标构建学科群、构建创新平台、构建学校发展的整体架构。

第三个抓手是学校布局结构的调整。学校已经从中山北路一个校区变成中山北路和闵行两个校区。2006 年学校的重心将移到闵行校区。对这样一种布局结构调整，老师们有怎样的想法？各级领导干部又是怎样的想法？这里面有一种非常复杂的感情，但布局结构调整是一个很好的机遇，至少在资源整合上是一个非常好的机遇。

三、对2006年学校工作的几点思考

面对建设创新型国家的大背景，面对“十一五”规划开局第一年，面对学校布局结构调整和重心转移的第一年，如何通过党建的成效来推进学校中心工作，推进学校事业的全面发展？需要大家认真地思考一些问题，今天我重点谈两个问题：

1. 关于创新型人才培养

学校正在推进迎接本科教学水平评估工作。本科教学水平评估不是简单地评估一所高校的教学水平，而是对学校的全面评估。全面评估的最重要的一点就是学校定位、办学理念、发展思路、办学特色等办学的基本问题。其中人才培养的理念很重要。关于人才培养，当前我们要特别重视几个问题：

第一，坚定人才培养的定位，凸现教师教育特色。

华东师范大学要培养创新型人才，这与我们建设高水平研究性大学的目标是相一致的。华东师大培养的人才有后劲，也就是学生有发展能力、有创新能力。多年来，我们一直讲要以学生发展为本，以教学质量为生命线，这些都是指导我校本科教学的非常重要的指导思想。多年来，我们也采取了很多措施推进本科教学和学生培养方面的改革，也包括学生管理。如成立学生发展联合服务中心，把与学生发展密切相关的就业、心理健康指导和勤工助学社会实践能力培养等环节有机结合，创新工作模式。

迎接本科教学水平评估是推进人才培养模式改革的重要契机，要抓住这一契机，树立培养创新型人才的理念，加快推进学校教育教学改革。华东师范大学在创新型人才培养上如何体现特色？首先是教师教育创新。很多年前，我们就在讨论“3＋2”、“4＋1”模式，这些想法应该马上推行，能不能把教育硕士培养和本科师范教育有机结合起来，为教育职业设计一个终身学习通道？能不能提出“终身学习的创新型教师”这样一个概念？创新型教师既要有很强的专业知识，也应该受到很好的职业培训，这个职业培训要延伸到他的工作岗位，延伸到他职业生涯的全过程。这样做，是教师职业发展的需要，是建设创新型国家的需要。只有这样做，才有特色出亮点。

第二，针对多校区的实际情况，努力加强教师和学生的紧密接触。

随着学校布局结构的调整，本科教学的重心将逐步移到闵行校区，但教师大部

分都还在中山北路校区。教师和学生的接触非常少，这个情况是现在全国高校普遍都存在的一个危机性问题。我们讲教书育人，如果学生没有机会和教师接触甚至学生在课外根本看不到老师的话，就失去了一个教书育人的重要载体，师生关系就会有危机。一定要高度重视这个问题，积极探索解决问题的新路。本科一年级二年级学生可否实行导师制？听说外语学院已经推出这种制度，能不能在学校全面推开？推算一下：一个老师能够带个八九个或十来个学生，保证每两个星期和学生沟通一次，了解一下学生的学习、生活、思想等方面的想法，指导他们的课程选择，给他们一些建议，让他们真切体会到老师就在身边。我们必须采取有效的措施促进教师和学生紧密接触，同时博士生、硕士生也都可以帮助导师指导本科生。有的学院还规定了“Office Time”(即办公时间)，这是个好办法。我们的老师特别是在闵行校区任课的老师一定要有一个明确的“Office Time”。这个办法可以和导师制相结合。

第三，充分利用网络技术，构建教师和学生之间的沟通平台。

数字化校园建设为教师和学生之间的网上沟通提供了很好的技术平台。要充分发挥这个平台的作用，加强教师与学生之间的沟通。任课教师的 Email 地址和全班学生的 Email 地址联系起来，教师一个群发就可以让所有的学生知道要做什么事情，学生有什么事情可以通过网络与老师沟通。总之，教学工作改革要充分地利用各种手段，加强学生和教师的接触，否则将给人才培养，特别是创新性人才培养带来极大的危机。这不是危言耸听！教师和学生接触太少，对学生的发展不利，这是显而易见的。从党的建设的角度讲，从全员育人的角度讲，从培养全面发展的人才的角度讲，都是一个危机性的问题。

总之，我们必须抓住本科教学水平评估这个契机，围绕创新性人才培养，切实推进教育教学的改革，完善质量监控体系，规范教学管理，保证教学质量。

2. 关于建设高水平研究型大学

第一，创新平台是高水平研究型大学的重要标志。

创新性人才培养是高水平研究型大学的一个重要标志，另一个重要标志就是具有特色的创新平台。高水平研究型大学必须重视创新平台建设，通过创新和特色增强在国内国际的竞争力。如何构架创新平台，必须有明确的建设目标。根据国家科技发展战略，学科群建设的结合点在哪里？科学研究的突破点在哪里？实现的途径是什么？用什么支撑创新平台？各个院系、各个学科都要认真思考这些问题。

在创新平台建设过程中，要特别重视转变思维方式。有些同志思考问题的习惯是：你给多少钱，我再来想做什么事情。我认为高校的发展、高校的建设，特别是高水平研究型大学的建设绝对不能基于这样的思维方式上。人是需要讲点精神的，要加快学校建设和学科发展一定要有良好的精神状态。高水平研究型大学的建设，需要我们有理想、有目标，在发展目标的引领下，积极思考、努力探索，争取支持和支撑条件。各院系都在制订“十一五”发展规划，希望各个院系、各个学科能够有新的面貌，首先在管理上创新，要有新理念。

第二，加强沟通交流是推进学校事业发展重要基础。

新一届学校领导班子，一定要加强和教师、科研人员之间的沟通，加强和学生之间的沟通，各级领导干部之间也要加强沟通、交流，这是事业发展的基础。就任前，教育部吴启迪副部长找我谈话，她说：与很多国外知名大学的校长见面交流，感受到他们有一个共性，也是最有特色的地方，就是这些知名大学的校长都非常善于沟通。一个校长，要能和政府沟通、能和社会沟通、能和企业沟通、能和领导班子成员沟通，能和教师、学生沟通，能够说服大家，能够采纳好的想法，这就是校长的水平。我非常同意吴启迪副部长的看法。如果领导班子不能和教师、学生沟通，不能和政府、社会、企业沟通，学校就会失去很多切身利益和发展机遇，就不能适应国家和社会的发展需要，不能代表教师和学生的根本利益，也就不能有效地调动各方面的积极性。我想，这一届的班子，应该是一个沟通的班子、一个倾听的班子、一个服务的班子。我希望通过我们的沟通、通过我们的倾听、通过我们的服务，共同建设一所充满希望和憧憬的美好的大学。

我也希望每个系、每个学院的领导，都要重视加强沟通，充分调动干部教师的积极性，以创新的精神，积极向上的面貌，推进改革，完善管理。也希望职能部门进一步加强服务力度，多到基层去做工作。大学不是政府，大学的老师都是非常有学历见识、有创新能力、有自己想法的，大学管理不能通过简单行政命令来执行，必须通过沟通和服务实现管理目标。

第三，提倡积极、创新、大气的学校文化是学校发展的迫切要求。

学校发展过程中，如何充分合理配置资源，用好用足资源，这是一个非常重要的问题，也是一个难题。许多时候，我们对资源的观念就是“为我所有”，首先思考的不是怎么把资源用好，怎么出成果，而是这个东西是我的还是你的。争资源时面红耳赤，拿到手后束之高阁。大学是知识分子集中的地方，是最有文化的地方，但是“为我所有”这种小农思想仍然根深蒂固。大学管理一定要突破“为我所有”的思想，树立“为我所用”的观念。各级领导首先要讲的是做出什么成果、作出什么贡献，而不是讲我要什么。学校的发展，有很多工作要做，有很多事情非常急迫。但是核心的问题是要形成一种积极、创新、大气的学校文化。有了这种文化氛围，大家的心情会很舒畅；有了这样的文化氛围，我们能引进好的人才，留住好的人才；有了这样的文化氛围，就一定能够有效推进学校各项事业的发展。

今天谈的这些，是对学校发展的一些思考，作为与各位沟通交流的内容。寒假将至，祝各位老师心情愉快！敬请各位利用假期时间好好休息调整，以新的更加饱满的精神为新的一年更艰巨的任务而努力奉献。

抓住机遇,勇于创新,积极推进高水平研究型大学的建设①

（2006 年 1 月）

今天的干部大会,一是本学期工作总结,二是提出下学期工作思路。希望院系和部门的同志们利用寒假期间认真考虑一下新学期的中心工作、主要抓手和举措。

在正式报告之前,我先讲一下会风问题。今天召开的是全校干部大会,而且是本学期最后一次会议。根据出席情况,可能将近一半的同志没有来。我不知道这些同志是否请假了,如果遇有教学任务或其他重要工作,应该请假。会议结束后请相关学院、相关部门的领导传达今天会议的精神,同时请各位把这个信息带回去。第一,学校的会议应该精简,尽量少会。第二,必要的会议相关人员必须出席,今天这样的会议都不参加,如何贯彻学校工作意图？这是一个非常重要、非常严肃的事情。第三,要准时到会,按时开会,为了等迟到的人,浪费了多少人的时间啊。我们应该要有一个好的会风,这是学校精神面貌的一个重要环节！今天是我第一次在全校干部会议上讲话,第一个就讲会风问题,希望引起各位领导的高度重视。

今天的报告分为两个部分。第一部分是对 2005—2006 年第一学期的工作作一个简要的总结。因为刚开过教代会,学校工作报告已经作了很全面的总结,我这里只概括一下主要的工作进展,很多具体事情就省略了,详细材料会后发送给大家。第二部分是结合教育部关于深入学习、全面贯彻全国科技工作大会精神的通知,谈一谈下学期乃至 2006 年的总体工作思路。我上任到现在两个星期,除了参加全国科技工作会议、教育部的直属高校咨询会议,剩下的时间都是在调研、听取各位领导班子成员、部分教师和职能部门负责人的想法。我希望能够通过一个阶段的调研,熟悉学校的情况,了解班子成员、各院系、各部门领导和老师们的想法,在此基础上

① 本文为俞立中在华东师范大学全校干部大会上的讲话,根据录音整理。

能够把一些好的想法提炼出来，形成下学期的工作要点，理清今后几年学校行政管理的思路。今天只能谈一些个人想法和思路，供大家讨论，欢迎大家提出意见。

2005—2006年第一学期，全校教职员工在校党委的领导下，在学校领导班子的带领下，按照科学发展观的要求，完成了学期工作计划，保持了学校的持续发展。下面我从五个方面进行总结。本学期，学校各项工作的成绩是显著的，发展是持续平稳的，这和大家的共同努力是分不开的。

跨入新的一年，如何进一步推进学校的各项工作？刚闭幕的全国科技大会，提出了建设创新型国家的战略目标，高校在创新型国家建设中应该承担怎样的历史责任，发挥怎样的作用？我们正在积极争取进入高水平研究型大学的行列，应该确立怎样的发展理念？我结合教育部的文件，谈一些个人的想法。

一、学习贯彻全国科技大会精神，顺应新形势，抓住新机遇，提出新思路，落实新举措，实现新跨越

全国科技大会提出了建设创新型国家的战略目标，这是党中央为顺应时代潮流，应对全球挑战，面向我国经济社会当前和长远发展需要做出的重大战略决策，也是落实科学发展观的一个重大战略举措，具有里程碑意义。加强自主创新，建设国力强盛、生机勃勃的创新型国家既需要广大科技人员的艰苦努力，需要全社会的广泛参与和大力支持，更离不开高校的人才支撑和知识贡献。高校教师要把自主创新转化为自觉行动，坚定信心、有所作为。教育部下发了《深入学习全面贯彻全国科学技术大会精神的通知》，提出了学习贯彻大会精神的六点意见。

第一，认真学习胡锦涛总书记、温家宝总理、陈至立国务委员的重要讲话，组织各种形式的研讨深刻领会大会的精神，全面理解自主创新的科学内涵，充分认识提高自主创新能力、创造自主创新型国家的重大意义和高等学校肩负的历史责任。

第二，认真学习和整体把握国家中长期科学技术发展规划纲要，围绕国家目标，精心组织、重点培育、积极争取和承担国家重大科技项目，同时按照科学发展观的要求和全国科技大会的精神，结合地区、部门、学校的实际再思考、再规划，制定落实规划纲要的具体措施。

第三，深化改革、推动自主创新，充分发挥高等学校在自主创新过程当中的基础

和骨干作用，多渠道地增加对高等学校的基础科学、前沿技术和社会公益性研究的投入，充分发挥高等学校的综合人才汇集的优势，进一步加强产权合作、与企业开展广度、深度的合作，为我国产业结构的调整、产业核心竞争力的提高做出贡献。

第四，在更高层次、更高水平上开展国际合作，积极扩大对外开放，加强国际科技的交流与合作，充分利用全球科技资源来提升自主创新的能力。就是鼓励高等学校与世界著名大学、科研机构和实力雄厚的企业合作，开展科学研究、人才培养、建设联合研发机构乃至战略的联合。

第五，调整学科结构，加强创新人才培养和创新团队建设，调整高校的专业设置，加强高校的学科建设，为现代化建设培养大批高素质创新人才，加快教育结构调整、加强素质教育、着力培养学生的创新精神和实践能力，造就出大批具有创新思维和创业精神的优秀人才。

第六，弘扬创新文化、培育创新精神，各级各类学校要大力弘扬以爱国主义为核心的民族精神、以改革创新为核心的时代精神，加强民族自信心和自豪感，增强不懈的努力、勇于攀登世界高峰的信心和勇气，在高等学校倡导敢于创新、敢于竞争、宽容失败的精神，反对学术浮躁和急功近利的不良作风。

教育部通知提出的六点要求对我们学校的工作具有很强的针对性和重要的指导意义，2006 年学校的各项工作必须紧紧围绕建设创新性国家的战略背景来思考和部署。广大党员干部必须把先进性教育的成果和焕发出来的精神状态融入到新学期的工作中去，在新学期，必须顺应新形势，抓住新机遇，提出新思路，落实新举措，实现新跨越。

二、明确定位，围绕建设高水平研究型大学的目标，抓住机遇，抓好大事，推进各项事业的全面发展

根据全国科技大会的精神，学校在“十一五”开局之年拟“围绕一条主线，抓好五件大事，把握四个抓手”。

围绕一条主线，就是围绕建设高水平研究型大学的奋斗目标。推进自主创新是高校的重要责任，建设创新型国家是高校发展的重大机遇。华东师范大学的目标定位是高水平的研究型大学，学校的工作应该围绕这个目标定位来展开。

围绕这一条主线，新学期有五件大事：

第一件大事，开好学校第十一次党代会。这次党代会除了按照正常的组织程序选举党委会，更重要的一点是要进一步集聚全校党员、干部、教师的智慧，统一认识、科学定位、落实规划，这次党代会对我们学校未来5—10年的发展，具有里程碑意义。

第二件大事，制定学校"十一五"规划。学校"十一五"规划的制定过程不仅是一个文本形成的过程，更重要的是统一思想、统一步调的过程，是对学校发展深化认识的过程。能否做好这个规划，关系到学校未来发展大计，即能否有一个清晰的思路指导各项工作，推进事业发展。

第三件大事，推进高水平研究型大学建设。为了这个理想，师大人已经付出了很大的努力。当前，要更多地思考我们为实现这一目标准备了什么。建设一所高水平研究型大学，应该怎么去做？如何体现学校的优势和特色？围绕国家创新体系建设，华东师范大学在哪些科学领域、国家目标上要争取重大突破，能够走在世界前列？在哪些领域和方向上集聚团队，实现知识创新和技术创新？如何推进人文社会科学的发展和创新？怎样建设创新平台以实现重点突破？怎样通过制度创新、体制机制的改革保证学校的持续发展？总之，我们准备好了吗？最近各个院系都在制订规划，我也和一些学院的领导沟通了一下，我认为我们的准备是还很不够的。

第四件大事，本科教学工作水平评估。也许我应该把它放在第一位。本科教学工作水平评估是对学校的定位、理念、特色、管理的全面检查，是进一步推动教育教学改革，规范教学管理，落实创新型人才培养的一个契机。坚持"以评促建、以评促改、以评促管、评建结合、以建为主"的原则，下学期要更广泛地发动全校师生员工，积极投入到评建工作，着力做好各方面的整改和准备。

第五件大事，校区布局结构调整。校区搬迁是一个伤筋动骨的大事，涉及到学校的方方面面，但也是学校拓展办学空间、优化资源配置、调整运行机制，推进各项制度建设和改革的一个很好的时机。我们要抓住这个有利时机。

三、转变观念，勇于创新，把握重点，落实举措，实现学校事业的新突破

2006年的五件大事是具体的，也是相互联系的。做好这五件大事，要把握四个抓手：

第一个抓手，围绕“十一五”规划推进改革。

2006年的这五件大事都与学校的定位、发展思路有着密切的关系，做好这五件大事都需要对学校事业发展有一个总体的规划。能否有一个体现我校办学特色和发展理念的规划，对于学校今后五年、甚至十年，都具有十分重要的指导意义。希望各职能部门、各院系的干部教师积极参与规划的讨论，思考学校发展面临的体制和机制的瓶颈问题，寻找对策，推进学校改革和建设。希望在党代会之前形成文稿，在校内广泛讨论，并征求校外专家的意见，大家群策群力，为我校的未来谱写更美好的蓝图。

第二个抓手，围绕“985”创新平台建设推进学科队伍建设。

新学期，学科队伍建设要更紧密围绕学校的目标定位，重点是要推进创新平台建设。创新平台建设，首先要解决观念问题。什么是创新型、研究型大学的思维方式和发展理念？国家中长期科技发展规划、上海的“十一五”规划已经确定。如何根据国家发展战略，制定学科建设规划，根据我校的优势和特点，选择一些领域、一些方向，重点突破，争取成为全国第一、世界领先，这是我们必须思考和研讨的重点。因此，首先要考虑如何选择突破点、如何实现突破、如何组建队伍，再考虑需要什么支撑、怎样得到支持。创新平台建设一定要采取这样一种思维模式：先确定目标，选好突破点，提出实施措施，根据目标和可行性再来讨论支持力度。

“211”建设我们是做出了一些成绩，但是若从创新型国家要求和研究型大学目标着眼，我们的成果是不理想的。在建设高水平研究型大学的目标定位下，华东师范大学就不能只以发表多少篇SCI论文、争取多少科研经费、获得多少国家的奖为目标。这些指标不是不要，但更重要是有什么重大的发现和发明，为国家解决了哪些重大问题，在创新人才培养上有何成效，这才是一所研究型大学在国家创新体系中应有的贡献。否则，即使有更多的SCI论文也不值得骄傲，有更多的科研经费会觉得更惭愧。

新学期，必须围绕创新平台建设推进学科建设的各项工作。第一，全国科技大会上明确提出进一步推进“985工程”和“211工程”，我们要围绕高水平的研究型大学的定位，在更高层次上推进“211工程”建设。第二，新一轮国家重点学科的申报建设，也有很多的具体工作，我们必须未雨绸缪，不能临时抱佛脚。第三，申请国家和教育部重点实验室、上海市重点实验室以及重点研究基地必须和创新平台以及重点学科建设结合起来。第四，国家大学科技园区的申报和建设，必须深化科技园区的内涵，必须有大的动作，一定要有学校核心的科技创新的技术能进入科技创新园区。同时围绕这些平台建设、学科建设构建队伍，培养和引进学科带头人，建设合理的梯队。

第三个抓手，围绕迎接本科教学评估提高人才培养质量。

今年 11 月 26—30 日，我校将接受教育部本科教学工作水平评估，本科教学水平评估是加强管理、推进发展的极好机会。迎接本科教学水平评估对学校各项工作具有很大的推动作用。我们要深切认识“以评促建、以评促改、以评促管，评建结合，以建为主”的指导思想，抓住机遇，树立科学的办学理念、树立培养创新型人才的理念，进一步推进教育教学改革，进一步规范本科教学管理。本科教学水平评估不仅是对本科教学进行评估，而是对学校整体（包括学校定位、办学理念、培养特色、管理水平以及硬件条件等方面）的综合评估。本科教学评估成功与否关键是广大师生员工是否积极参与，这是我在上海师大迎评工作中最深切的体会。把人心凝聚起来，激发师生“爱校、荣校、兴校”的精神，这是最重要的。做好迎接本科教学水平评估是推进教育教学改革的最好抓手来，希望同志们高度重视迎评工作。

在推进教育教学改革方面，我们要下决心抓一些亮点，要在原来的基础上总结经验、探索创新。“211 工程”建设项目有一个未来教师空间站，如何应用到教师职业培养中去，能否给本科生提供利用最新技术的机会。我们讨论了多年的“4＋2”模式、“3＋2”模式，如何在教师教育的实践中得以贯彻。迎接本科教学水平评估不能只是谈理念，要抓紧实践。我们的闵行校区还在建设过程中，本科教学的实验室条件还要加强建设。作为一所教育部重点大学，一所培养创新型人才的大学，千万要重视实验环节。如果需要的话，借钱也要建设。买实验设备可能不是大问题，问题是要创新实验室建设的思路，要建设综合性、研究型、创新性的实验课程体系。有了现代实验教学的理念，有了适应现代科学理念的实验课程体系，才能建设好实验室。否则买了实验仪器，新的实验课程开不出，就是极大的浪费，最大的失败。我们一定要建大实验室，不能按照一门课程或者一类课程去建设。四年前市教委曾组织我们参观东华大学的实验室，就是按照大平台的模式建设实验平台。纺织专业的实验，包含五、六个方面的实验都在一个大实验室做，一组一组的同学轮流做不同的实验，既节省资源，又有很好的科学氛围。

学校建设经费压力很大。一方面是建设需要大量的钱，钱太少了，另一方面是存在很多浪费现象，显得“钱太多了”。在发展过程中，如果理念没有变化，学校的建设将会非常困难，在目前的情况下会更困难。所以要利用本科教学评估这个机遇，认真梳理本科教育的各个环节，不仅要抓硬件建设，更要抓观念转变。

第四个抓手，围绕校区搬迁和学校重心转移推进制度建设。

学校布局结构调整的重大决策是党委在三年前就确定的，既定的原则不能动摇。校区搬迁过程中肯定会有很多思想问题，搬迁的过程是一个转变观念、统一思想的过程。怎样化被动为主动，就是要通过体制、机制和管理模式的改革，通过为教师学生做实事，保证搬迁过程平稳进行。校区搬迁不只是一个空间变化，而且将对管理体制机制带来深刻的影响。我在党建研讨会发言中提出：校区搬迁后，如何加强教师与学生之间的沟通？如果没有很好的模式，不仅影响教学，而且影响整个学校的文化氛围。所以我提请大家考虑对本科新生实行“导师制”。我觉得这项方案可以推行，我们教师有责任对学生付出关心。我们也可以在管理方面有所改进，外贸学院规定了“Office Time”，规定教师每周要有一段时间留在新校区。另外也要充分发挥网络的作用，任课教师通过网络与学生之间建立沟通的平台。我觉得在校区搬迁过程中，我们一定要本着改革、发展、管理的理念，通过这一次搬家，做好各项工作，推进学校的发展。

四、继承优良传统，弘扬人文精神，建设积极的、创新的、大气的学校文化

学校的发展需要营造一个良好的文化氛围。华东师范大学五十多年的历史积淀了深厚的人文精神。我们有很好的传统，即严谨的、为人师表的文化精神。在新的形势下，如何营造与社会主义市场经济体制相适应、与建设创新型国家的发展战略相适应的学校文化，是摆在我们面前的现实而紧迫的问题。我们应该认真思考一个问题，那就是：华东师大如何营造更加积极向上、更加创新、更加大气的文化环境。

人才是办学的根本。学校采取了各种各样的政策，致力于培养和引进高水平人才，发展和壮大师资队伍。但比激励政策更为重要的是培育积极的、创新的、大气的文化。我们现在缺乏这样的氛围。在新的形势下，必须努力营造这样的氛围。

第一是积极的文化。同样是构建一个创新的平台,是先有发展理念,有进取目标,再去考虑怎么争取资源,还是等着你给我资源,我再考虑来干什么,这是完全不同的两种思维方式和文化导向,对学校发展的影响也是有极大差别的。

第二是创新的文化。学校需要创新机制,创新文化环境。创新不仅是科研方面的创新,还包括人才培养、管理体制方面的创新。各级领导干部在管理中一定要有思路。随着形势的发展、目标定位的提高,我们一定要以新的思路来指导和推进工作,不能只是老一套。昨天合适的今天不一定合适,此处合适的彼处不一定合适,局部合适的全局不一定合适,怎么使不合适的变为合适的?靠的就是不断创新,也就是在理念、方法、制度上的不断创新。

第三是大气的文化。每个人的角色不同,看问题的角度不同。但是,在学校的发展过程中,要提倡站在学校发展的高度上考虑问题,站在上海、国家发展的高度考虑问题,甚至要站在世界发展的高度来思考问题。不要太小家子气。大学是知识分子集聚的地方,应该是最有文化的地方。但是我们现在小农思想还比较严重。例如在资源配置问题上,首先想到的不是如何充分用好资源,更好地让资源为教学科研服务,为发展服务,而是争资源为谁所有。争资源时面红耳赤,拿到资源后如何发挥作用却不重视了。现在有那么好的设备、那么好的开放实验室和平台,资源共享,充分发挥效益,何乐不为?创新平台应该是跨学科、跨学院的平台。如果首先思考的是这个平台属于谁,如果不能形成资源共享的机制和大气的文化氛围,创新平台就没有办法建设。只要充分发挥平台的作用,为国家和学校的创新发展作贡献,不仅是硬件是你的,成果也是你的,人才也是你的,政绩也是你的。努力营造华东师范大学积极、创新、大气的文化,这是我校发展过程中迫切需要解决的问题。只有广大教职员工和各级干部形成一种积极向上的精神状态、创新的理念、大气的胸怀,大家同心同德,才能把学校发展推上一个新的高度,才能建成一所高水平的研究型大学。

讲奉献,办实事,谋发展[①]

(2006 年 2 月)

我是一名教师,同时也是大学校长,在学校行政管理岗位上工作了十年。在中国高等教育迫切需要深入改革、加快内涵发展的时候担当起校长之职,我感受到责任重大。上海师大是我担任大学校长的第一站,现在华东师大任校长。我的体会是,办好一所大学,一定要以科学发展观为引领,以全校师生员工的信任为基础;当好一名校长,必须要讲奉献,办实事,谋发展。下面我从四个方面向大家汇报我的感想。

第一,牢固树立科学发展观,规范管理建全制度

我就任校长之时,正值学校外延和规模拓展已基本成型,办学注意力开始向内涵和质量提升转变。这些年里,我们认真落实科学发展观,实实在在地抓学校内涵发展,加快推进学科和师资队伍建设、提高教学质量、加强科研和社会服务能力建设。我体会到,改革是积极推进学校内涵建设的根本动力,而制度是学校发展和长效管理的保证。制度的科学内涵决定了学校的管理水平和学校发展的内在功力。

我在各种场合反复强调要依法治校,强调要完善制度,建全按制度办事,用制度管人的机制,强调学校要增强宏观调控能力,干部要提高执政能力,并不断针对学校的薄弱环节着力进行制度建设。

通过大家的努力,学校在行政管理方面的制度,如财务管理制度、教师聘任制度、外事工作制度、资产管理制度、校务公开制度都不断得到了进一步的完善,干部严格执行制度的情况也有了明显的改善。为保障校园安全和稳定,出台了《上海师范大学处置突发公共事件应急预案》;加强对中外合作办学的管理,推行了《中外合作办学项目实施细则》,将全成本核算概念引入中外合作办学项目;成立了资产管理

① 本文为俞立中在上海市科教党委廉政大会上的发言。

办公室，完成了对全校教学和行政用房的调查统计，提出了合理配置和调整教学用房的方案；完成了全校范围内的经营性用房和经济普查工作；加强了对基建、设备购置、房屋修缮等大额经济投入的事前、事中及事后监控。强化预算管理，推行零基预算，实行预算刚性管理，提高学校资金使用效益；认真落实贯彻市规范教育收费工作会议以及教育部委[2005]10 号文精神，及时清理收费项目，使学校的各项收费做到有法可依，有章可循。

2005 年，结合上海师大本科教学工作水平评估，学校进一步梳理了全校的各类规章制度，使学校的工作走向制度化、规范化。据统计，2005 年全校参与制度梳理的机关部、处、直属单位有 33 个，梳理和修订的制度共计 683 个。

第二，牢固树立执政为民观，廉洁奉公率先垂范

立党为公、执政为民，是党对我们干部的最基本的要求。作为一所学校的行政一把手，也是党风廉政建设第一责任人，我的思想作风，会影响班子的精神状态，也影响到学校的发展态势。因此，我始终在廉洁自律方面对自己高标准、严要求，努力承担起党风廉政建设“第一责任人”的责任。

落实这一责任，我的体会是一方面高度重视，另一方面率先垂范，二者不可缺一。

高度重视党风廉政建设，就必须把反腐倡廉工作纳入学校全局工作中一起思考。高校师生思想活跃，民主意识强。领导班子的党风廉政建设特别为群众所关注，关系到学校工作大局。因此，我在抓学校各项工作中特别强调依法治校，特别注重干部思想作风建设。在部署学校各项任务的同时，提出党风廉政的责任要求，针对各种可能发生的问题，进行有针对性的提醒、警示。对工作中出现违纪苗子或群众中有反映存在作风问题的干部，凡是我分管的部门和责任对象，都亲自找他们谈话，对干部进行诫勉教育。运用学校纪委调查研究的数据，针对学校实际情况和群众的反映，要求干部在修建工程、人员录用等一些群众敏感的问题上要主动避嫌，不打招呼，不介入，并要求纪委把这些规定和一些群众关注的问题明确建立“低压线”，作为处级领导干部保持廉洁的明文规定。

率先垂范，廉洁自律是推进党风廉政建设的关键之一。廉洁从政不是谁强迫做的，而是要自觉自愿把它内化为自身的基本道德准则和行为习惯。到上海师大上任后，我经常到纪委监察处与纪检监察干部沟通，了解党中央和国家的有关纪律规定和政策，了解党员干部执行廉洁自律的情况。作为校长，收到赠送的礼品，参加各种

咨询、评审的机会很多。我在这方面始终严格遵守礼品上缴的党纪规定，将在外事交往、校际交往中收到的贵重赠品如数交到纪委，将收到的与校长职务有关的咨询、评审等费用上交纪委。

第三，牢固树立为人民服务观，乐于奉献甘于“吃亏”

作为领导干部，必须要有为人民服务的观念。在我看来，领导干部要有一个好的心态，要甘于“吃亏”，乐于奉献。多想想国家和人民的要求，少想想自己的贡献，便会满足、感恩，不贪、不妒，才能心平如镜。

大凡在校长岗位上工作过的都会有时间不够用的感觉。我在上海师大经历了五十周年校庆和本科教学工作水平评估。在那些日子里，全校师生都在争分夺秒，校长的工作更是夜以继日。本科教学评估期间，我因颈动脉硬化而造成大脑一过性缺血，讲话发生困难，在评估专家实地考察之时，校长是第一责任人，有很多工作必须去做。为了不耽误工作，我一早到校医院吊针治疗，实在走不开就在办公室里一边吊针一边工作，坚持在一线指挥安排，履行了一把手的责任。

我总觉得，管理应当建立在信任的基础上。只有被信任才可获得认同，只有争取信任，才能有效推动。我认为，联系群众的方法是多种多样的，但根本是要心里装着群众，做任何事要想着群众。所以我经常告诫自己，也常常提醒大家：要树立管理就是服务的理念，要淡化名利，要联系群众，要谦虚谨慎。几年来，在承担领导职责的同时，我化了较多的时间下到基层办公室、教室、实验室、工作室，与师生员工交朋友，坦诚地与同志们沟通，广泛地听取大家的意见，注意从教师中吸取智慧和力量，鼓励专家学者对学校发展献计献策。大多数情况下，我都是走进教师、干部办公室、工作室，与他们谈话沟通。每逢寒暑假、节假日我都要去看望坚持工作的教职工；利用值班，到图书馆、教室检查学生晚自修情况，随机了解教学、管理和服务的情况，倾听群众的呼声，尽力为他们排忧解难。

第四，牢固树立以生为本理念，走近学生倾听心声

几年来，在承担领导职责的同时，我始终牢记自己是一名教师。为人师表，培育新人是我的使命；和学生在一起，是校长的义务。

现在的大学生虽然独立能力参差不齐，但他们的独立意识都比较强，对于校长往往会产生一种陌生感和不信任感，追根溯源是一种距离感在作祟。一直以来我为消除这种距离感做着种种努力。我认为，学校做所有事情的本质就是为学生成才创

造条件,学校应以学生为本,缺少学生的支持,学校的任何发展蓝图都是空谈。2003年,一位学生给我写了一封信,提出了设立校长事务学生助理的建议,我感到这个建议很好,既有利于校领导与学生的沟通,也为学生提供了锻炼的舞台。经我提议,领导班子一致同意,设立校长(书记)事务学生助理。实践证明,这一做法十分有效。

到上海师大上任最初的两次"遭遇"让我记忆犹新。一次在奉贤校区看篮球比赛,我站在人群中间,自始至终只有一位学生和我打招呼,知道我是校长。另有一次是在"校长见面会"上,因为说好自愿参加,左等右等只有两三位学生前来。对我而言,学生不认识我是自己的一种悲哀,与自己的学生行同陌路是一件痛苦的事情。

在学生助理的建议下,学校推出了校长讨论信箱、BBS校长在线、大大小小不定期举行的"学生与校长面对面"等举措和活动,所有活动都传递着以生为本的理念,目的与效果也显而易见:走近学生,倾听学生的内心,和学生之间建立诚信。

上海师大的行政楼紧挨着学校外宾楼,用餐条件相对好些。而这些年来,只要我没有应酬,我宁可多走些路去食堂吃饭。有人问我为什么,其实理由也很简单,第一,方便,第二,增加和学生接触机会,第三,亲身了解食堂基本情况。最关键的是可以和学生站在同一个平台上观察问题。

自从BBS上开设"校长在线"板块以后,学生们可以在网上自由发表自己对学校问题的意见和建议。针对学生多次提到的有关学校食堂的问题,比如饭菜的口味、价格、师傅的态度等,就是因为经常光顾食堂,所以对此有比较感性的认识、理性的思考,可以和后勤部门协商给予学生一个满意的答复。

经常有人问我及上任以来最得意的是什么,我都会回答"没有。"我不求表面的政绩,也最不齿于政绩工程这种提法,行政、管理工作本身就是一种奉献。令我欣慰的是:我的一些关于落实科学发展观的办学理念得到了学校广大干部老师和学生的认可,这是我最乐意看到的结果。也许今天一些理念还很难实现,但只要我们坚持以科学发展观为引领,以取得师生信任为基础,坚持实践,乐于奉献,中国的高等教育事业一定会不断更上一层楼。

建立教师教育创新体系[①]

（2006 年 3 月）

新世纪召开的第一次全国科技大会，吹响了建设创新型国家的号角。走中国特色自主创新道路，建设创新型国家成为国家战略。科技创新，关键在人才。培养大批具有创新精神和创新能力的优秀人才是建设创新型国家的战略举措，而创新人才培养则必须从基础教育着手。因此，推进教师教育改革与创新，培养适应创新型国家建设目标的基础教育教师队伍是中国未来科技和教育事业发展的重要基础，对于建设创新型国家具有基础性和战略性的作用。

50 多年来，我国教师教育体系在实践中不断探索、不断创新。传统的师范教育体系逐步走向开放的教师教育体系。但是，适应建设创新型国家发展战略，教师教育创新的任务仍十分艰巨。当前，特别需要重视发挥制度在教师教育创新中的基础作用，重视发挥高水平师范大学在教师教育创新中的骨干作用，全面推进教师教育模式的改革和完善。

一、发挥制度建设在教师教育创新中的基础作用

1999 年第三次全国教育工作会议后，中国的教师教育逐步走向开放，并实现了跨越式的发展。终身化、开放化成为 21 世纪中国教师教育改革的主要方向。然而，建立完善的教师教育制度是实现教师教育开放化、终身化的根本保障。

在教师教育制度中，完善教师资格制度是保证教师质量和水平的关键。完善教师资格制度，首先要严把教师入口关。在规范教师学历资格要求的基础上，重视对教师综合素质的要求，特别要重视道德素质、心理品质和学习能力，提高教师职业的

① 本文原载《光明日报》2006 年 3 月 23 日，第十一版。

门槛。其次要探索完善教师资格再认证制度。教师资格再认证不仅是阶段性的政策，而应该成为法律制度，从根本上激发教师终身学习的动力，以适应建设创新型国家发展目标的需要。

与教师资格制度密切相关的是教育机构的标准。教师教育体系的开放化必然要求建立严格的教育机构标准。如同不是所有优秀的运动员都适合当教练，也不是所有优秀的高学历者都适合担当教师。教师教育是一门科学，教师教育的特殊性决定了对教师教育机构必须有严格的标准。一流的大学更有条件成为一流的教师教育机构，但高水平研究型大学与高水平的教师教育机构不是一个概念。如果没有严格的教师教育机构标准，教师资格的认定与再认定制度的实施就没有保障。

与教师资格制度密切相关的还有教师教育的课程标准。教师教育体系的开放化必然要求建立严格的课程标准。教师教育创新如果离开了教育内容的创新，其他各种标准和要求难免流于形式。必须顺应世界教师教育发展趋势和教师教育创新的要求，推进教师教育内容创新，建立完善教师教育课程标准。

二、发挥高水平师范大学在教师教育创新中的骨干作用

新中国成立初期确立的师范教育体系，培养了大批合格的人民教师，在中国教育事业特别是基础教育的发展中发挥了主力军的作用。近年来，随着传统的师范教育体系向开放的教师教育体系的转变，师范大学的建设和发展面临着新的机遇和挑战，其地位和作用也在发生变化。师范大学向具有教师教育特色的综合性大学发展，使教师培养有了一个基础和应用学科综合的大环境；高水平师范大学向研究型大学的发展，使教师教育建立在一个更活跃的创新平台上。这些变化不仅有利于引领教师教育的改革和创新，有利于师范大学在中国教师教育体系中继续发挥着骨干和中坚作用，也有利于凸现教师教育领先的综合性研究型大学在教师教育创新方面的优势和特色。因而，高水平师范大学应该成为中国教师教育创新的研究基地和实验中心，承担起引领中国教师教育改革发展方向的神圣使命。

高水平师范大学推进教师教育创新需要重视多学科集成优势。教师教育是一个庞大的系统工程。华东师范大学教师教育特色和文理学科综合优势，为推进教师教育模式创新奠定了坚实的基础。1998 年学校开始推进教师教育职前培养与在职

培训一体化，致力于为教师的终身发展提供全过程的支持。在此基础上，学校加快学科结构调整，推进体制和机制创新，努力构建在知识创新基础上的教师教育创新平台，逐步实现以教育、人文、科学、技术等多学科领域共同支撑的教师教育创新体系。为推进教师教育创新实践，华东师大成立了教育教育改革推进委员会，由校长担任委员会主任，协调统领教师教育创新工程，重视推进理论研究与实践环节结合。学校发挥教育、心理、信息技术的综合优势，建设现代教育技术培训中心、教师教育未来空间站等教师教育创新平台。这些创新平台不仅对师范生实行全员职前培训，而且对包括教育硕士在内的教师在职教育全面开放。教师教育模式逐步从单纯的学科知识与教育学知识简单混合，转变为将学科知识与教育学知识置于共同的教学时间与空间之中分段实施的混合模式。

教师教育创新需要推进高水平大学之间集成优势。全国教师教育网络联盟的建立创造了一种崭新的集成模式。在此基础上，如何建设面向高水平大学、面向教育市场、面向国际的，开放的、竞争性的教师教育集成创新平台，推进教师教育在更高层次上跨越式发展，应该成为教师教育体制和模式创新的努力方向。

推进教师教育创新需要制度环境。教师教育改革将对未来的人才培养产生深远的影响，因此教师教育改革需要远见和勇气，也需要科学和审慎。教师教育创新需要创新理论的引领，更需要将理论创新转化为实践创新。营造鼓励创新、支持创新的制度环境，是推动高水平师范大学开展教师教育模式创新的重要外部条件。在教师教育领域，赋予高水平师范大学更多的自主权，给予更宽松的政策环境，是推进教师教育创新的必然要求。在知识创新平台建设上，给予高水平师范大学更多的机会和投入，强化教师教育的知识创新环境，对未来教师职业的终身发展具有重要的战略意义。

三、推进教师教育创新必须解决的几个关键问题

教师教育的创新，不仅是学历提升的问题，也不仅是技术手段更新的问题。推进教师教育的创新，需要教育价值理念、教育模式以及教育的内容、手段等各个方面的不断创新。

首先要创新教师教育的价值理念。就是要从知识创新的角度，重塑教师教育的

使命与价值。二十世纪下半叶，教育成为不同国家共同聚焦的领域，教师教育因其关乎普通教育的质量备受关注，各种功利主义的观念引导着教师教育的发展，结果是教师教育的内在价值逐渐被人们遗忘，教育的理想也日渐淹没在工具实用主义漩涡之中。从根本上说，教育活动是以作为人的主观认知结果的知识的保存、传播与创新为依托，构成了现代人类生活和个体生命历程不可或缺的组成部分。教师教育的目标就是要为即将和已经成为教育者的教师提供理解客观世界和生命的价值、意义的知识与阐释这些知识的能力，为下一代在认识、理解、阐释客观世界和自身生命的价值与意义上提供指导。这是教师教育的最高和终极的使命与责任，也正是在这个意义上，教师教育更应该强调坚持“以人为本”、“以学生发展为本”的价值理念，强调培养“发展能力”、“创新能力”。

其次要创新教师教育的模式。在国家制度层面上，改革与完善教师资格证书制度、建立教师教育机构资格认证和课程认证制度，完善教师教育的质量保障机制，是推进教师教育模式创新的重要保障。同时加强对不同的从事教师教育的机构分类指导，一方面要鼓励和规范综合性大学、非师范类高校参与到教师教育体系中来；另一方面要鼓励高水平师范大学在保持教师教育特色的基础上，向综合性、研究型大学发展，并逐步成为引领教师教育创新、提高教师创新能力、更新教师知识结构、培养高层次骨干教师为主的国家教师教育基地；鼓励地方师范院校不断提升学科水平和人才培养质量，更好发挥在地方教师教育中的主体作用。作为教育机构，特别是作为高水平师范大学，要适应创新型国家建设目标的要求，积极构建致力于促进教师终身发展的多样化、多层次、全系列的开放型的教师教育体系。针对不同对象的需求，提供不同的模块式教育资源，采用多样化的学习模式，实现本科、硕士、博士研究生多层次的教育服务。根据国家的需求，提供适应高教、中教、小教、幼教、特教、职教、成教等职业要求的从入职教育到职后培训的全方位的教育项目。

第三要创新教师教育的内容和实践。教师教育的创新必须落实到具体的课程、教材、师资、教学方法、技术手段和实践环节的改革。构建适应教师终身发展的教师教育课程体系，要从教师职业发展的需求出发，注重理念、素质、能力、知识的综合培养，以提高未来和在职教师的使命感、创造力，完善教师的能力和知识结构。教师教育课程体系应该是丰富多彩的、有高度选择性的、循序渐进的、充分考虑实践环节的、满足不同阶段教师职业发展需求的模块式课程体系。与之相适应，要高度关注具有时代感、针对性、实用性和创新空间的教材体系和素材库的建设；强调发展性的实践环节，包括课堂模拟、组织实践、教学技术训练、学校实习等各个方面，给学生以更多的接触实践和参加实际锻炼的机会，提高学生的实际工作能力。为改变教师教育过程中学科知识与教育学知识脱节、教师教育知识与实践的脱节，要完善教育专业教师、学科专业教师、中小学特级教师及其他优秀教育工作者相结合的教师教育队伍。在重视把人类最具普遍价值及最具前沿的学科知识与教育学知识的最新进展融合在教师教育过程中的同时，致力于教育内容创新和教育手段创新的有机结合，积极推进教师教育方法和技术手段的创新。近年来，华东师大尝试以专家领衔的工作室形式开展教育、教学问题的自主探索与合作研究，加强大学与中小学的合作，把教学活动的具体问题作为教师教育教学与研究的对象，推动了教师教育理论和实践相结合，也为教师教育内容和手段创新开辟了新路。

建设创新型国家，人才是关键，教育是基础。师范大学作为教师教育的骨干和中坚力量，对于中国教育与科技事业的发展和创新人才培养战略，有着举足轻重的作用。从这个意义上讲，重点建设好若干所高水平研究型师范大学，对于推进教师教育创新、实现创新型国家建设目标具有战略意义。

关于《华东师范大学 2006—2010 年事业发展规划纲要》(讨论稿)的说明

(2006 年 5 月)

受学校党委的委托，现在我向大会作关于《华东师范大学 2006—2010 年事业发展规划纲要》(讨论稿)的说明。请各位代表审议，并提出意见。

一、规划编制的背景和过程

“十五”时期，全校师生员工同心同德，艰苦奋斗，推进“十五”、“211 工程”建设，推进闵行校区建设，狠抓学科和队伍建设，狠抓人才培养质量，学校整体办学实力得到明显提高，为学校各项事业的发展奠定了坚实基础。

未来五年是我国加强自主创新、全面建设小康社会的关键时期；也是上海举办世界博览会、推进国际化进程、建设学习型城市的关键时期。在新形势下，华东师范大学面临着重大的发展机遇，要求我们重新审视学校的定位和目标，以新的理念、新的思路、新的举措，积极推进学校的跨越式发展。

在校党委的统一领导下，学校于 2005 年 12 月 1 日正式启动了“十一五”规划编制工作。紧紧围绕国家发展战略，全面推进内涵建设，全面提升办学水平，为建设创新型国家和上海建设国际化大都市做出更大贡献，这是学校制定“十一五”规划的立足点。各级组织和广大干部教师充分重视并积极参与“十一五”规划编制工作。规划编制工作领导小组多次召开学习讨论会，开拓思路，提高认识。各院系认真组织编制本单位的规划草案。秘书组深入开展调查研究，在寒假期间加班工作，草拟了学校“十一五”规划的初稿。初稿形成后，经过党委常委会、校长办公会、党政联席会、校务委员会、校学术委员会、校学位评定委员会、教代会主席团会议、党委中心组学习会、行政工作例会等多次讨论，还以多种方式在全校范围征求意见，组织论证。

文本前后经过十次大的修改，形成“十一五”规划(讨论稿)，提交本次党代会讨论。

“十一五”规划编制的过程是广泛发动、广泛参与、广开言路、集思广益的过程，是统一思想、明确目标、凝聚人心、凝聚智慧的过程。

二、规划文本的结构和体例

规划文本的结构和体例是经过比较借鉴后确定的。全文除前言外，共三个部分，九个方面：

第一部分，指导思想和发展目标。明确了学校中长期发展目标和“十一五”期间的发展目标。

第二部分，主要任务。包括教师教育、学科建设、人才培养、教师队伍、科学研究、国际交流、制度建设等七个方面，分别提出了未来五年发展的基本思路和主要指标。

第三部分，保障措施。从党的组织保证、办学经费筹措、服务体系和学校文化建设着眼，提出了基本思路和主要举措。

需要说明的是，事业发展规划纲要是一份纲要性的文本，旨在明确学校定位和发展目标，提出未来五年发展的主要任务和建设思路。在此基础上还将制定规划纲要的实施计划，采取具体措施，落实各项任务。

三、指导思想和发展目标

规划纲要提出了“十一五”发展的指导思想：以邓小平理论和“三个代表”重要思想为指导，全面贯彻落实科学发展观，坚持党的教育方针，以培养创新型人才、提升创新能力为中心，推进学校国际化进程，推进学科交叉融合，汇聚英才，集聚资源，创造精品，走出一条具有华东师范大学特色的跨越式发展道路。概括起来是“一个中心”(培养创新型人才、提升创新能力)、“两个推进”(国际化进程、学科交叉融合)、“三大战略”(英才战略、集聚战略、精品战略)。

规划纲要修订了学校中长期发展目标，明确提出了要把学校建设成“世界知名的高水平研究型大学”，这是“985工程”的建设目标，体现了广大师生员工和校友们的共同心愿和追求，也是基于学校发展的现实定位。

规划纲要也阐述了“十一五”的发展目标，即：优势学科领先地位得到巩固，交叉新兴学科建设取得重大突破，高水平协调发展的学科体系基本形成；办学特色进一步凸显，引领中国教师教育发展的作用显著增强；人才培养、科学研究、社会服务的能级显著提升，国际知名度显著提高，为建成世界知名的高水平研究型大学奠定坚实基础。

中长期目标和近期目标相结合，是基于学校发展战略步骤的考虑。我们有建设世界知名的高水平大学的宏伟目标，但也应该清醒地看到，学校现状与世界知名的高水平大学还有很大的距离。“十一五”期间要为建成世界知名的高水平研究型大学奠定坚实基础，必须走跨越式发展的道路；而要实现跨越式发展，必须要有新理念、新思路、新举措。规划纲要提出的“三大战略”聚焦到一点，就是名牌战略。通过聚焦重点，凸显特色，确立华东师范大学在国家教育发展战略中不可替代的地位。而实施名牌战略，还要高度关注世界名校发展的趋势和潮流：国际化进程和学科交叉融合。这是指导思想和发展目标的内涵和逻辑关系，也是落实“十一五”各项任务的总体思路。

四、主要任务和举措

校党委提出：要围绕学校发展目标，坚持以改革促发展、以创新求发展的原则，坚持以质量求发展、以特色求发展的原则，坚持重点突破、协调发展的原则，努力建成学科和人才高地，凸显学校办学优势和特色。根据上述原则，规划纲要提出了“十一五”时期学校发展的主要任务和基本思路。这里，我着重对七个方面任务的主要思考、改革重点、新的举措作简要说明。从“九五”、“十五”延续下来的发展思路、工作任务和政策措施在文本中已有表述，就不再作解说。

（一）引领教师教育发展

规划纲要刻意把“引领教师教育发展”摆在突出的位置，这是经过深思熟虑的。特色是学校的竞争力，体现了学校地位的不可替代性。在建设高水平大学过程中，学校越是向综合性发展，越要凸显自身的特色，两者是相辅相成、相互促进的。教师教育一直是我校的传统和优势,引领教师教育发展是教育部对华东师范大学未来发展最关注的问题,也是创新型国家建设对人才培养的迫切需要。

"十一五"时期,我们必须牢固树立服务国家教育发展战略的思想,积极创新教师教育理论和实践,着力做好以下几方面的工作:(1)以课程与课程体系、教材与教学资源库、教师队伍、实践内容与实践基地建设为抓手,全面实施职前培养、入职教育和在职培训一体化,构建有中国特色的教师教育新体系;(2)争取政策支持,吸引有志于教师职业的优秀学生,通过教师教育改革与创新,培养具有创新能力、双语教学能力的通才型教师,使学校成为未来骨干教师和"金牌教师"的培养培训基地;(3)集聚全校教育科学的研究力量,在引领中国教师教育发展过程中做出更大的贡献,成为真正意义上的国家级教师教育研究和咨询基地,更好地发挥国家教师教育改革思想库和智囊团的作用。

(二)促进学科交叉融合

学科结构和学科水平是体现学校特色和综合实力的重要指标。"十一五"时期,学校将以"211工程"等重大学科建设项目为抓手,在继续发挥基础学科优势、加强重点学科和优势学科群建设的基础上,面向国家和地方的战略发展目标,聚焦学术前沿和高新科技领域,重点推进三方面的工作:(1)充分认识到学科交叉融合对人才培养、学科发展、科研突破的重要意义,采取各种有效的方法,积极推进学科交叉融合,这是实现学科建设重大突破的关键;(2)充分发挥优势学科的辐射作用,整合学科资源,推进新兴学科、交叉学科、应用学科的发展,争取更多的博士点,完善学科结构布局;(3)根据学校定位,在学科建设上实行分类指导,鼓励外向型的竞争,支持创新进取,争取更多的国家和上海市重点学科。

(三)培养创新型人才

人才培养是学校最重要的任务。"十一五"时期,学校根据高水平研究型大学的建设目标,在人才培养结构上作了适度调整,即稳步发展本科生和硕士研究生教育,重点发展博士研究生和专业学位研究生教育,大力发展留学生教育;为适应上海建设学习型城市的需要,规划纲要中也明确提出了学校要大力发展继续教育。

为适应建设创新型国家的战略需要,规划纲要强调了坚持以学生的发展为本,加大人才培养模式的改革力度，培养创新型人才。在本科教学上，提出了实现完全学分制的目标，给学生更多的选择权，促进学生个性化发展，培养一批精英人才。在研究生教育上，将作为教育部试点，改革研究生培养机制。

规划纲要提出了一些推进改革的举措，包括：(1) 实施“课程建设工程”，完成通识教育、专业教育、教师教育三大课程板块构成的课程体系，年本科课程达到 6 000 门次；(2) 优化课程结构，形成若干品牌专业、品牌课程；(3) 实施“教学保障建设工程”，全面推行本科生导师制，建成教学互动网络平台，建立完整的本科教学质量标准和教学规范，建设高效的教学管理系统和教学辅助系统，形成本科教学质量全过程监控体系；(4) 建立和完善实践教育体系，实现实验课程与实验室一体化建设，完善实验室开放机制，大力开拓第二课堂，为全体学生提供专业化的社会实践机会；(5) 积极开展产学研合作，推进研究生创新实践基地建设，支持大学生和研究生开展创业实践，增强学生的自主创新、创业、创造能力；(6) 建立健全激励机制、竞争机制、合作机制和督导机制，全面推进研究生“助教、助研、助管”工作；(7) 发挥多学科优势，实施“研究生综合素质培养计划”。

(四) 造就高水平教师队伍

“大学之大，在于大师”。“十一五”时期，学校要进一步完善人才引进和培养的体制和机制，着力营造浓厚的学术氛围，加大引进和支持力度，吸引和汇聚高层次、创造型人才。规划纲要在强调集聚领军人才的同时，也提出了提升教师队伍整体水平的思路和举措：(1) 明确了优化教师队伍整体结构的建设目标，以适应学校定位；(2) 实行分类指导，创造发展机会，以促进教师发展为目标，根据教师发展层次、学科特点和岗位需要，完善教师考核评价体系，发挥每一个教师的积极性；(3) 重视青年教师的培养，实施各类人才培养计划，加大海外培训的力度，增强青年教师的创新激情和能力。

规划纲要还特别强调了职业精神和师德建设，这同样是建设高水平教师队伍的重要环节。在任何时候，教师总是承载着更高的道德期望；在任何时候，教师的发展都是学校和学生发展的基础，教师都应该努力成为道德楷模和学术精英。

(五) 创造高质量科研成果

科学研究是高校的重要任务。高水平大学必须体现在科研创新能力，体现在有重大影响的原创性研究成果。规划纲要提出了“十一五”时期学校科研经费、科研成果、成果转化、研发基地等指标的发展目标，强调了科研创新能力的建设，即以科研管理体制与运行机制改革为动力，以优秀科学家为核心，建设好科研创新团队、创新平台与研究基地，产学研基地。

规划纲要特别强调：(1) 要瞄准国家和地方发展战略，尤其要瞄准国家中长期科技发展规划的优先和重点发展领域，瞄准构建和谐社会的重大理论和实践问题，主动出击，抢抓机遇；(2) 加强学科交叉融合，整合研究力量，重点建设一批高水平创新平台与基地，增强知识与技术创新能力，出一批在国内外具有重大影响的科学研究成果；(3) 加强产学研结合，加强成果转化，重点建设多方联动的产学研基地，推进高新技术产业化，推进创意产业发展；(4) 创建积极和谐的科研环境，在体制、机制、文化建设上下功夫，创造条件让从事基础研究的教师静下心来潜心钻研，力争出一批原创性成果，激励从事应用研究的教师走出校门，积极服务经济和社会主战场，出一批重大应用性成果。

(六) 推进国际化进程

“国际化”是高水平研究型大学发展的国际趋势。“十一五”规划把“国际化”作为一项重要目标，是建设高水平研究型大学的战略需要。推进学校的国际化进程，是科学研究的需要，也是人才培养的需要；是教师队伍建设的需要，也是提高学校管理水平的需要。“国际化”是学校发展的一项全局性的战略举措。

推进国际化的基本思路是：开阔国际视野，引进优质资源，拓展合作领域，提升合作层次、增强交流能力，扩大国际影响。主要举措：(1) 加强与世界知名的高水平大学的交流合作，建设好国际教育基地；(2) 集聚学校资源，拓宽发展思路，建设有国际影响力的汉语国际推广教育基地，成为国家汉语国际推广的重镇；(3) 充分利用孔子学院、组团交流、教师出访，加大宣传力度，扩大学校影响，吸纳更多的留学生来校学习进修，扩大留学生规模；(4) 鼓励教师积极争取国家基金和国际资助，充分利用学科建设和基地建设经费，支持更多的教师去海外合作研究、发表成果、沟通交流，吸引更多的高水平外国专家学者来校讲学和合作研究；(5) 利用国际合作关系，有计划地组织青年教师和管理人员去国外学习进修，开阔视野，提高科研、教学、管理能力；(6) 通过国际合作项目，为学生赴海外学习和实践创造更多的机会和更好的条件。

（七）推进制度建设

“十一五”时期学校发展的空间更加广阔，面临的任务也更加艰巨。各项工作必须坚持“以改革促发展”，为学校事业的发展提供有效的制度保障。学校制度建设的基本思路是：“健全民主决策制度，提高科学决策能力；改革管理体制机制，提高行政运行效率，建立健全与高水平大学发展相适应的学校制度”。这一思路贯穿决策、管理和执行等各个层面，贯穿学校行政、教学、科研、后勤、产业等各个方面。目标是为了充分调动各方面的积极因素，实现人力、物力、财力的合理配置，实现有形资产和无形资产的有效利用。必须看到，我们不仅在思想观念上，而且在体制机制上，还存在诸多与学校发展目标不相适应的问题。必须健全民主决策制度，集思广益，群策群力。必须以更加积极的态度探索学校管理规律，提高管理效率和服务水平，提高依法治校的水平。

为了落实上述七项主要任务，学校将继续实施“科技创新计划”、“哲学社会科学繁荣计划”，已经着手制定“教师教育创新计划”、“汉语国际推广行动计划”，同时酝酿制定“创新型人才培养计划”、“教师队伍发展计划”。

五、保 障 措 施

如何为实现“十一五”发展目标和主要任务提供强有力的保障，规划提出的基本思路是：“加强和改进党的领导，动员和团结全校师生员工共同奋斗；提高学校经费筹措能力，推进公共服务体系建设，增强学校发展的支撑力；培育创新型学校文化，推进精神文明建设，为建设高水平研究型大学提供强有力的保障。”

（一）加强和改进党的领导是关键

学校中长期发展目标和“十一五”具体目标的实现，需要全校师生员工特别是全党同志坚持不懈地努力。加强和改进党的领导，增强党组织的战斗力和凝聚力不是一句空话。规划提出了贯彻“六个坚持”，文字不长但至关重要。

（二）提高经济筹措能力和公共服务支撑能力是条件

学校的发展意味着必须为社会作出更大的贡献，也意味着需要更大的资源投入。“十一五”时期学校发展面临着巨大的经费压力,需要我们以更加积极主动的姿态,广开思路,提高学校集资筹资能力,争取政府、社会、校友的支持;需要我们发扬艰苦奋斗、勤俭节约的精神,降低办学成本,建设资源节约型、环境友好性的校园;需要我们增强对学校资源的有效经营和管理,向资源要效益,向管理要效益,向服务要效益,保障学校建设资金的落实,提高广大教职工的收入水平。

规划纲要对“十一五”学校公共服务体系建设提出了更高的要求,特别是在一校两校区的格局下要切实为教学科研和管理提供更好的条件保障,切实增强公共服务支撑能力。

(三) 培育积极的、创新的、大气的学校文化是基础

孟宪承校长说过:“大学的理想,实在就含孕着人们关于文化和社会的最高理想。”学校的建设和发展,需要每一个师生员工提高服务国家和地方发展战略的意识,大家都把眼光向着前方;需要把学校的发展目标与每一个师生员工的个体发展紧密结合起来,培育荣辱与共的团队精神,大家劲往一处使;需要营造自由、宽容、和谐、活泼的文化氛围,大家都感到心情舒畅。这样的环境、这样的文化氛围,才能产生巨大的创造力和推动力。

同志们,“十一五”规划是学校发展的纲领性文件,是学校制定政策、配置资源和落实具体工作的重要依据。“十一五”规划力图阐明学校发展的战略意图和工作重点,力图充分体现全校师生员工的共同愿望。但是,制定规划的工作也受到一些局限,学校将根据本次大会讨论的意见,进一步修改完善。此基础上,还将制定规划纲要的实施计划,修订完善院系发展规划,落实规划纲要提出的主要任务。

同志们,学校的发展既面临重大机遇,也面临新的挑战。我们经历过许多艰难,也成就过辉煌业绩。让我们在学校党委的坚强领导下,团结全校师生员工,锐意进取,开拓创新,扎实工作,为实现“十一五”发展目标而努力奋斗!

突破与创新：华东师大人文社会科学发展之路①

（2006年7月）

华东师范大学是新中国成立后组建的第一所教育部直属师范大学。五十五年来，凭借深厚的人文学术底蕴，华东师范大学积极探索，保持了人文社会科学强劲的发展势头，为我国社会、经济、教育、文化事业的发展作出了重要的贡献，成为全国人文社会科学研究的重镇之一。

一、文化积累与服务社会：基础研究和应用研究的分类指导

我国高校历来有注重基础研究的传统。华东师大素以教育学科和传统文科见长，有老校长孟宪承、刘佛年教授为代表的一批国内著名教育学家，有施蛰存、陈旭麓、冯契等文史哲学术泰斗为代表的著名学者，为我校人文学科的发展奠定了深厚的学术基础。如何在人文社会科学的新一轮发展中，提升基础研究的水平，增强文科对社会发展的贡献率？我们根据学校在人文学科方面的学术积淀和人才优势，充分发挥学术潜力，推出精品力作，把提升文科基础研究学术水平的切入点定位在研究成果的"文化积累"上。

华东师大人文社会科学基础研究的"文化积累"工程，已经催生了《中国教育通史》、《中国教育哲学史》、《教育原理》、《金文大字典》、《中国新文学社团流派丛书》、《近代中国社会的新陈代谢》、《非洲通史》、《中国历史通论》、《智慧的探索》、《哲学大辞典》等一系列以教育和人文学科基础理论为核心的、具有重要文化积累价值的研究成果，得到了学界的高度关注和好评。上述列举的成果出版后，均荣获了教育部或上海市的人文社会科学优秀成果一等奖或特等奖。2004年全部出齐的《古文字诂

① 本文为俞立中2006年7月4日在教育部人文社会科学科研工作会议上的讲话。

林》共12册，逾1 000万字，是上海的标志性文化工程之一。这是一项采用数字化研究手段对出土古文字加以开发研究的成果，解决了出土古文字数字化过程中的瓶颈性难题，并在此基础上产出了如《〈说文解字〉全文检索》等一系列填补国内外空白的研究成果。

改革开放以来，我国社会、政治、经济、文化等方面的快速发展，向人文社会科学工作者提出了一系列新的重大的应用课题，文科科研走向社会成为一种历史的必然。对此，华东师大紧紧抓住这个机遇，倡导传统学科的研究人员打开视角、转变观念、关注应用，新兴学科的研究更加贴近社会现实、拓展横向课题、参与决策咨询，开创文科科研"走向社会、服务社会"的新局面。

在学校的大力倡导下，华东师大的文科科研优势充分地为社会所用，为政府决策所用，发挥了高校对社会、经济、文化发展的智库作用。其中，我校赵修义教授的"社会主义市场经济的伦理辩护问题"研究荣获了"五个一工程奖"；叶澜教授在传统的教育学基础上开创了"新基础教育"理论，并在全国建立起一大批实验推广基地；钟启泉教授从比较教育学跨进中小学课程改革领域并成为专家，提出的研究报告《国家基础教育课程改革纲要》荣获了教育部的优秀成果奖；陈吉余教授从保护生态环境的角度在上海正式建造浦东国际机场前，提出了浦东国际机场东移的建议，为市领导所采纳，此举为工程节省投资达3.6亿元。鉴于华东师大在基础研究和应用研究方面的综合实力，我校文、史、哲、艺术、设计方面的专家团队应邀参与了2010年世博会主题馆和中国馆的方案设计。

二、强强合作与优势互补：创新与社科院全面合作模式

华东师大和上海社科院都是人文社会科学的研究重镇。双方是科研的竞争对手，但具有互补的优势，如：社科院以贴近社会，贴近政府，应用学科研究能力强为主要优势，而高校的优势则是基础学科强，人文学科实力雄厚。因此，我们积极推进华东师大人文社会学科与上海社科院的全面合作，实现资源共享、优势互补，取得双赢。在上海市委、市政府的支持下，我们正通过这样深度的、全面的、实质性的合作，创造一种人文社会科学领域高校与社科院"竞争＋合作"的崭新模式。

如今，华东师大与上海社科院的全面合作已取得了初步成效。例如，华东师大

承担了教育部第三批重大攻关项目《以马克思主义为指导的具有中国特色、中国风格、中国气派的哲学社会科学学科体系和教材体系研究》。作为课题组负责人之一，我们邀请上海社科院参与项目合作研究，得到了积极的响应。上海社科院组织了一个多学科的研究团队，与我校专家学者共同开展研究工作，增强了研究的力度和深度。又如，我校的城市研究中心与上海社科院同样进行了深度合作，成功地共同主办了“21世纪中国城市的转型与发展”的国际学术研讨会。

在华东师大与上海社科院的全面合作中，我们更多地是看中社科院应用学科和决策咨询方面的科研资源，而上海社科院则更多地看中我们在人才培养上的优势。上海社科院与我校建立了联合培养研究生的新模式。上海社科院的研究生在入学第一年，住在华东师大学生公寓，在华东师大选听各门公共课，感受大学的学术氛围，弥补了因社科院无校园、无学生公寓而研究生难以感受校园文化和学术氛围的不足。华东师大的研究生积极参与了上海社科院的研究项目，参加社科院组织的国际学术活动。

进入新世纪以来，我校根据人文社会科学的发展，在科研体制、机制上进行了积极的探索。为了避免急功近利，鼓励资深教授潜心研究，出学术精品，我校推出了“终身教授制”，设立了“原创成果奖”。为了加强人文社会科学的国际交流，引入高水平的学术讲座，我校开设了“大夏讲坛”，重点资助，形成品牌。通过这些改革，我们已经取得了一些成效。通过这次大会，我们有机会学到了兄弟院校的改革经验。我们会把教育部领导的讲话精神带回去，指导我们的工作，开创华东师大人文社会科学研究的新局面。

大学教师的职责[①]

（2006 年 9 月）

一名大学教师的职责是什么？凡是可以称得上是一所大学，也就是概念上的 university，必须有三个功能——教学、科研、社会服务，这是大学的三个基本功能。如果一所大学只搞教学，那充其量是一个 college，而不是一个 university。华东师范大学不仅是一个 university，而且是一个 research university，所以对我们这样一所学校的教师来说，我们的职责是教学、科研、管理、社会服务。这是我们每一个教师必须承担的义务和责任，这不是额外的，而是无条件的。国外教师的聘任合同里非常清楚的写明教师必须承担教学工作，必须从事科研，必须参与管理，必须服务社会。这都是一个教师的责任，是不需要讨论的问题。

作为我们华东师范大学的教师，从你们踏上这个岗位的第一步起，就必须非常清楚：教学是我们神圣的义务，科研是我们神圣的义务，参与管理义不容辞，必须要为社会服务。我们每个教师从踏上这个岗位起，就必须牢记在心里，做一名合格的教师，要在这些方面都得到发展，都要踏踏实实地去做，而且必须做好。这是我跟大家沟通的第一个方面。不知道在座的各位，在我没有说到这个话题之前，对这个问题有没有思考过。也许有的教师曾经认为到了学校之后好好教学就可以了，也许有的教师以为自己以科研为主，只要多发几篇文章就完成任务了。我认为这样的想法都是不全面的。作为大学教师，教学是我们最基本的工作，科研是我们学术发展的一个基本要求。如果科研搞不好，学术发展就会受到限制，教学很好可以评上副教授，但是绝对评不上教授，因为大学教授是一个体现学术水平的专业技术职称，必须有一定的学术水平。学校的管理靠谁？我在很多场合强调，千万不要以为学校是校长的学校或是学校领导的学校，学校是我们在座各位的学校。学校的发展靠广大教

① 本文为俞立中在华东师范大学第十七期青年教师培训班开学典礼上的讲话节选，根据录音整理。

师、员工们的共同努力，而这共同努力除了教学科研外，还包括我们对学校管理的参与，对学校事务的参与。参与越深，这所学校的氛围越好。光靠学校的几个领导在管理学校，这个学校是永远管理不好的。学校不是一个官僚机构，而是一个民主的办学实体，所以我们每位教师都要参与学校管理，比如学校各个岗位的管理者，包括处长、院长、系主任、教研组长等等，都是参与学校管理的一份子，不是来当官的，包括我这个校长，也只是参与学校管理。可能我的责任更大一些，但我绝对不是一个官。学校和政府机关是不一样的，这点请同志们记住。学校的社会辐射和影响力是靠我们每一位教师。我们的教师一定要积极的参与到社会服务当中去。非常希望我们的教师频频在电视上亮相，频频出现在报纸上，频频参与各种社会活动，频频参与国家高层次的决策讨论。学校只有为社会服务，才能不断辐射她的影响，才能完成推进社会改革发展的责任。

第二个方面，青年教师一定要树立远大理想，规划人生，不断进取。刚才陈玉琨老师讲的一句话非常好："老师的职业是一个充满理想，充满创造力的一个职业。"教师这个职业确实跟其它职业不一样，我非常喜欢当老师。世界上没有一个职业像老师这样充满了激情，充满了爱心，充满了创造力，富有想象力。教师这个职业有很大的自由度，所以可以做得很好，可以做得一般，甚至做得很差。我了解到有些刚进校的青年教师没有一个长远发展目标，只是将教师看成一般的工作岗位。有些人首先想怎么赚钱，怎样将自己的生活搞好，结果五年过去了，一事无成，最后甚至在学校里待不下去了。所以对青年教师来讲，一定要树立远大的理想，要对得起教师这份富有理想的、有创造力的职业。只有树立远大理想，才能有动力，有目标，去规划自己的人生，才能不懈努力，为实现自己的目标去勤奋工作。刚才杜公卓书记也强调了，处理眼前利益与长远利益的关系时，要更多的考虑长远利益。就是在发达国家，刚刚工作的青年教师，有多少人有自己的房子，有自己的汽车？作为教师这样一个崇高的职业，我们要树立一个崇高的理想。我不是说我们不考虑经济收入，可能我们要更多的考虑如何发展自己。现在的政策，包括国家的政策、学校的政策，都是支持先进的，只要做得好，做出成绩来，必定会得到更多的回报，得到更多的报酬，满足你们的生活需求，而决不是靠牺牲长远利益和自己的发展，换来目前比较好的生活。希望青年教师记住这一点，树立理想，为长远的发展不懈努力。无论是教学科研岗位、管理岗位还是辅导员岗位，我们都要有一个理想，需要规划人生。我看我们这次进校的教师还有一些是硕士，我有一句话请各位老师思考一下，“大学教师需要是终身学习型的”。我建议一些是硕士或学士学位的老师，考虑一下如何向更高的学位努力。学校为你们创造了最好的条件，我想在外面任何一个岗位，没有一个老板会允许你在工作岗位上，花大量时间去读学位。但是学校提供了很好的条件，并且有经费支持，将来还可以争取国家留学基金，到国外去学习。80 年代有一个留学高潮，现在又是一个留学高潮，国家要选派一批优秀的青年教师到国外进修学习，特别在我们国家需要的高新技术领域，机会很多。我希望青年教师从教第一天起，就多考虑未来如何发展，怎么选定自己的方向，怎么去提高自己，不懈进取，踏踏实实地去做。我刚才讲的都是一个长远的考虑，不是希望我们青年教师一年、两年、三年、四年就能实现的，这是需要五年、十年才能实现的。这是我跟青年教师沟通的第二个方面，要树立理想，不懈进取。

第三个方面，就教学科研，我的一些想法，或者是我的心得体会，跟大家沟通一下。

首先，关于教学方面。我认为，作为教师第一就是要有正确的教育观或理念，以学生为本。我觉得以学生为本很容易说，但是能不能真正做到，这里面是有差距的。作好一个教师一定要有一个以学生为本的理念，要有高度的责任感，要投入自己的精力。我经常去听青年教师的课，我觉得青年教师上课差别很大，当然这里面有知识结构的问题，有教学技能的问题，但首先是教学理念的问题，是教学态度的问题。是不是以学生为本，是不是把自己的精力投入进去，我觉得未必。一些教师上课想的是怎么把这两个小时填满，甚至有的教师对着 PPT 一张张地念。这样的教师起什么作用？学生自己看不懂吗？都能看懂。教师要把一门课上好，必须考虑学生，要做好充分的准备，怎么去讲，怎么能把知识要点讲好，怎么调动学生学习的积极性。所以在教学上要有正确的理念，坚持以学生为本、教书育人，有高度的责任感。第二就是要注重规范。教学有很多严格的规范。本科教学工作水平评估首先要检查教学规范，从教学大纲的制定到备课的教案，到教学方法，最后的复习考试等等，都有一个严格的规范。在座各位可能在学校工作过一段时间，或者学生时期帮老师做过这方面的工作，但是有些规范做得不是非常好。特别是近年来大规模扩招后，一些学校疏于管理，青年教师千万不要把一些不规范的做法当成是常理。青年教师从教第一步起就要严格按照教学规范来做，这一点在国外大学是非常严格的。我在美国的一所大学做过一个学期的访问教授，教两门课。原以为访问教授要求可以松一点，但完全不是。还没去，学校就要我的教学大纲、整个课程设计，都要打印给他们，打印了几十页，然后给他们寄过去备案。然后就按这个大纲考核，包括整个课程教学、教学进度、学生考核，最后考试打分。尽管我是访问学者，整个环节一点都不含糊，因为我是拿他们工资的，必须要按照他们的规范做。而回过头来看看我们的管理，很多还是不够规范的。所以青年教师要非常清楚这一点，教学一定要做到规范，我们一定要有一个正确的判断。第三就是要创新。我觉得国内的教学跟一些发达国家的教学，最大差别就是教学的互动上。教师和学生的互动，这个环节差距非常大。我问过一些出国留学的学生：你们认为在美国、英国、中国香港等的大学学习跟我们的最大差别在哪里？绝大多数的回答是“上课方式不一样”。我们这里上课一般是“满堂灌”，而国外的教师上课手段和方式非常丰富。青年教师是最有创造力的，如果你们想把教学工作做好的话，希望你们在教学内容、教学手段和方法上多创新，不是仅仅做 PPT。

其次，关于科研方面。博士、博士后应该是最有创造力的。老教授可能更了解学科发展，能给你指一个方向，但真正要创新，就要靠你们自己，千万不要迷信权威。我也是博士生导师，也带学生，我给学生最重要的一句话就是：“走你们自己的路，不要相信我。”如果都听我的，你们做得再好也超不过我这个水平。你们要做前沿的、一流的研究，就必须走自己的路。所以我请同志们学习，学习，再学习！在了解学科前沿的基础上，走自己的路。希望各位老师能够加强学科交叉，勇于创新。新兴的学科需要学科交叉，无论是在理念上、思路上、方法上。今年 4 月我访问了法国四个高师，5 月份访问了美国几所大学，强烈感受到各个学校在学科交叉方面花的大功夫。法国高师一个中心实验室建设甚至达到了这个程度，就是在实验室内一部分属于物理系，一部分属于化学系，一部分属于生物系，你搞不清楚到底在搞哪一个学科。作为青年教师，你们要成功的话，要考虑学科发展的趋势，努力在学科交叉点上有所创新。这是我给大家提的建议。青年教师要主动争取各种机会。我们有这么好的学习条件，要争取出国留学，争取提高学位，争取国际交流与合作。近年来很多国外的教授来我校讲学访问，利用机会跟他们接触，不仅提高了语言水平，而且可以得到很多新的思路和想法。我很坦率地告诉大家，当了校长以后我很少有时间系统地看文献。但是我还在搞科研，还在带研究生。我最大的信息来源就是跟这些教授接触，和学生接触。在谈话交流过程中，可以了解很多学科前沿的东西、发展的方向，包括听他们的学术报告，这是我现在主要的信息来源。我觉得我们一定要利用在这样一所高水平的、国际交流频繁的高校的机会，多听一些讲座和报告，要抓住这些机会提高我们的水平，寻找自己研究的方向。

第三是关于管理方面。首先一定要明确，管理是我们的职责，不是份外的事情。我觉得一个教师多参与学校的管理，可以更多地了解学校的宏观发展思路。第二是希望各位老师一定要关心学生。老师对学生的影响除了教学之外，更多的是你的人格魅力。学生的发展需要我们老师一个个闪亮的榜样来带动。特别是在座的辅导员老师，我自己也当过辅导员，我真正感到辅导员的工作是非常不容易的。我说的不容易不是辅导员在主持日常工作的不容易，而是跟学生交朋友，成为学生的知心朋友，这是非常非常不容易的。作为一个辅导员，如果学生碰到困难，碰到想不通的事情，第一个想到的不是你，那你就是一个失败的辅导员。所以我希望老师一定要关心学生，要真正和学生成为朋友。特别是两个校区办学，我们的本科生大多数在闵行，而我们的老师大多数还是在中山北路校区，学生和教师之间课堂外的接触可能更加少了。

最后是社会服务方面，我刚才实际已经讲了。我很希望我们各位老师能积极参与各种社会活动。

今天讲了很多内容，基本没有超过时间。最后送给大家一句话：爱校，爱岗，爱学生。这是我们华东师范大学教师最基本的素质要求。只有爱这个学校才会为这个学校的发展不断努力，只有爱自己的岗位才能不断增长前进的动力，只有爱学生才能当个好老师。

努力建设世界知名的高水平大学[①]

（2006 年 9 月）

日前，教育部和上海市决定在“十一五”期间重点共建华东师范大学，我们华东师大人近年来追求的目标终于实现了！

但是华东师大所追求的，并不仅仅是重点共建和争取跨入世界知名高水平大学的行列。成为教育部和上海市重点共建的高校是一次机会，不是目标。在争取进入国家教育部和上海市重点共建高校行列的过程中，我们多次向教育部领导汇报，华东师大早在 20 世纪 50 年代就是 16 所全国重点高校之一，是全国 33 所第一批设立研究生院的高校之一，是国家“211 工程”重点建设的高校。多次向教育部领导汇报华东师大的发展和成就，无非是为了证明华东师大是我国高等教育的重镇，是一所重要的大学。国家教育部和上海市重点共建华东师大，给我们带来了非常好的发展机会，这也是学校发展的重大战略机遇。但是，我们能否抓住这个机遇，这是今天在座各位必须认真思考的问题。大家都是学校的骨干，是学术队伍和管理队伍这两支队伍的骨干，学校将来能否成为中国高等教育的一面旗帜，能否成为世界知名的高水平大学，在座各位责任重大！

争取教育部和上海市重点共建是一个艰难的过程。在座各位老师、上届校领导、党委以及各位老师都付出了很大的努力，苦苦追求，坚持不懈，终于在今天得到教育部的认可，进入省部重点共建高校行列。如若我们不抓住或者把握好这次机会，不能在省部重点共建过程中实现自己的诺言，那么对于华东师大来说，将失去更多。希望大家坚定信心，努力争取早日实现建设世界知名高水平大学的战略目标。

进入省部重点共建高校行列难，要建设成为世界知名的高水平大学更难！目

① 本文为俞立中在华东师范大学全校干部和骨干教师大会上的讲话，根据录音整理，标题为编者所加。

前，如何凝结全校上下的智慧并调动大家的干劲，如何沿着建设世界知名高水平大学的发展目标，实现华东师大突破性、跨越式的发展，是我们面临的关键性问题。省部重点共建对我们而言是一次发展的机会，教育部和上海市将向我校投入 6 亿元专项建设经费，但最主要的并非是这 6 亿元专项建设经费，而是教育部对我校的认可，对我校创建世界知名高水平大学的认可。所以，大家要珍惜这次机会，在建设世界知名高水平大学的过程中，不要去想资金，也不要去想如何多争取一点，能够拿到多少份额。我们要思考的是：我们想要做什么？过去我们曾说：即使没有钱，只要让我们进入省部重点共建高校行列，我们一样能够干好！现在我们就要有这种精神。希望同志们从这一点思考需要得到的支持，假设现在没有经费，我们要做什么？我们准备怎么建设？如果我们只想着争取经费，我们将难以建设成为世界知名的高水平大学！

坦率地讲，虽然我们在“九五”、“十五”“211 工程”的建设过程中取得了成绩，但是成绩并不表明我们在管理和理念上达到了完美，事实上我个人认为还有很大差距。我们“十五”“211 工程”所取得的成果并不与经费的投入紧密相关，一定意义上很多标志性的成果和经费的投入实际上是没有关系的，即使没有“211”建设经费的投入，同样也能做出具有标志性的成绩。因此，在“十一五”“211 工程”和省部重点共建过程中，我们千万不能再走老路，僵化地以旧观念去建设世界知名的高水平大学。

就如何抓住省部重点共建的机遇，努力把华东师大早日建设成为世界知名的高水平大学，我想和同志们共同探讨三个方面的问题：

一、观念为先，以正确的指导思想引领平台和基地建设

我们应该以怎样的精神面貌和思想观念来建设“985”平台和基地？这需要重点把握三方面内容：

第一是立足学校全局和竞争优势，广泛发动，顶层设计。建设平台和基地时，不能站在学院、学科、系、个人或者团队的角度思考问题，而要站在学校的大局来思考怎样凸显华东师大特色和竞争优势，以及思考搭建怎样的平台和基地才能实现目标？在这一前提下，我们一定要广泛发动群众，站在大局的角度考虑问题。最后实现顶层设计，它并非指由学校的顶层领导来设计，而是指站在学校的最高利益、最大目标上来进行顶层设计。请大家认真思考这一问题，不要仅仅考虑如何做好本单位

的工作，而应该站在更大的平台和更高的视野上思考，提出建设思路。

第二是着眼国家目标和学科前沿，凝聚力量，综合集成。刚才张济顺书记强调，建设“985”平台和基地，必须紧紧围绕国家的目标，紧紧瞄准学科发展的前沿，有所为，有所不为。我们首先要认真学习国家和上海市的中长期发展规划及科技规划，要在这一前提下，考虑我校“985”平台和基地建设的着眼点，思考如何把我校的优势和各方面的力量凝聚起来，综合集成。“凝聚力量，综合集成”的最终目标就是解决重大的科学问题和产出重要的科学研究成果，这实际上就是一所省部重点共建高校必须为国家做的事情。

第三是坚持可持续发展战略，长远发展，持续创新。如果省部重点共建的 6 亿元专项资金在五年后用完，项目结束，一切结束，那么省部重点共建可以说是失败的。但是，如果省部重点共建的项目、平台和基地能源源不断地推动学科的创新和学校的发展，使华东师大能够持续发展，那么就是成功的建设！所以，在思考建设“985”平台和基地时，一定要立足于长远的发展和持续的创新，从这个理念上推动省部重点共建和“211 工程”的建设。

二、改革推动，创新学校建设与学科发展的体制和机制

省部重点共建的目标是要建成一批一流的高水平大学，而我们提出的是“世界知名的高水平大学”，所以落脚点是高水平、世界知名的大学，这是学校发展的根本目标。在建设世界知名的高水平大学的过程中，我们强调的是平台和基地的建设，但从根本上说，它们的建设体现了学校的体制和机制的创新。这个平台或基地是怎样的？它能否引领学校成为一流的高水平大学？其中的根本问题是体制和机制问题，涉及到学校的管理和发展的体制、机制的问题，也涉及到学科发展的体制和机制问题。华东师大在过去的 55 年发展道路中，从一所师范大学成为了今天的综合性研究型大学，现在又把目标确定为“建设一所世界知名的高水平大学”。在整个发展过程中，体制和机制上需要不断的创新与改革，以使其适合学校发展的每一个台阶。那么，现在的体制和机制是否适应呢？我和我们班子以及在座很多同志们都觉得不适应。在现有模式和体制下，大家都感到科研创新的平台和现有院系体制之间的摩擦冲突是无处不在、无时不在的。就现在来说，光学实验室和物理系的体制和关系

是最成功的，这归功于王祖赓先生和他们这支团队的大气的文化。但其他很多院系或基地的建设过程却并非那么顺利。所以，我认为省部重点共建为我们提供了在整个学校的管理和建设问题上作出大的创新的一个机会。未来五年是学校一个重大的革命和改革的过程，如果能够探索出适应教学科研体制和机制的道路，那么它对于学校作为一所高水平大学未来的发展是具有可持续性、长远和历史意义的！我多次谈到发达国家高校的所谓科研和教学矩阵型关系，在座各位都去过国外的大学，都比较了解一流大学在教学科研上矩阵状的机制，但是，为什么这种模式却不适应国内的大部分大学呢？希望大家都能思考这个问题，是人事分配制度问题？是思想观念问题？是文化问题？还是学校的管理问题？抑或是个人的问题？我希望大家在考虑"985"平台和基地建设时，多花精力探索学校的管理模式、体制和机制的改革。在这方面，我想谈三点想法：

1. 探索学科交叉融合的体制和机制。通过怎样的体制和机制才能加快学科的交叉和融合、打破现有的院系布局，现在的院系设置是按照学科进行的，我们必须跨出院系，实现交叉融合。

2. 创新管理体制和运行机制。如何创新管理体制和运行机制，积极探索开创高水平研究型大学的道路？这里，我特别要宣布，学校日前成立了国际教育中心(Global Education Centre)，这是学校的一个管理机构，是在现有的教务处、研究生院、继续教育学院的基础上成立的第四个类似的管理机构，其任务是统筹、协调、规划、管理全校的国际交流，这也是顺应我们第二个"推进"——推进国际化进程成立的。在课程建设上，建设若干课程模块，甚至 10 多个课程模块，以适应对外国留学生的教育。向海外拓展是我们学校的发展战略，也是我们必须走出的一步。因此我们必须在管理体制上创新。这项工作原来是由国际交流处具体负责的，但目前除了和法国高师集团合作的联合研究生院之外，纽约大学已经正式在我校设立了纽约大学海外分校，维吉尼亚大学也已经明确要在我校设立维吉尼亚大学中心，康奈尔大学、宾西法尼亚大学和日内瓦大学也都有这种意向，国际交流处已经无法再胜任这么繁重的工作了。一些学校将留学生教育作为产业来思考，华东师大更应该用国际交流的理念推进国际教育。留学生教育并非形式上的国际化，它不仅是学校创收的渠道，更重要的是我们走向世界的窗口和战略途径。学校一定要在这一战略上抢占制高点，提出理念，走跨越式发展道路。因此，学校必须在管理体制、运行机制上进行创新，以适应世界知名的高水平大学的发展目标。

3. 强化高水平大学的文化建设。如果一所高水平大学拥有的只是短浅的眼光，仅在校内的学科之间比来比去，谈何世界知名？谈何高水平大学？这是我们学校必须重视的创新和改革环节！记得我在第一次全校教师干部大会上讲过，华东师大要建设一个创新的、积极的、大气的文化。我相信这样的文化就是一所高水平大学的文化，我们想的是国家大事，看的是世界大事情，做的是高水平的事情，而不是小家子气的事情。我希望在改革的过程就是一个文化建设的过程，这才是一所真正的高水平大学能够支撑和依托的文化氛围。

三、注重效益，充分发挥建设项目的牵动和集聚效应

无论平台建设还是基地建设，它们都不是一个科研项目，也不是一项科研攻关，而是学校的基础建设、队伍建设、体制建设的综合体。建设平台和基地的过程，是在为整个学校的发展奠定基础，这个基础将要支撑学校未来的发展，并体现学校的优势、特色和水平。平台和基地建设的过程，是建设一支高水平的研究队伍和教师队伍的过程，这支队伍的目标是要达到国际一流，这个过程是在建设一种新的体制和机制，使其适应学校的长远发展。所以，决不能把平台和基地建设作为一个科研项目来进行。在此，我要强调做好五方面的工作：

（一）综合规划“985”、“211”和上海市重点学科建设项目

现在学校面临的发展机会很多，也已经有了资金的支持，但现在缺的是思想，缺的是创新的理念。只要我们有一流的想法、建议和科研的提案，就不愁没有资金。国家“985”建设和“十一五”“211 工程”建设即将启动，上海市重点学科也已经启动。在所有的项目中，上海重点学科的项目是最大的，它的建设基点是二级学科，对理科的二级学科的支持达到 1 000 万元，对文科的二级学科的支持为 400 万元，这个支持度相对要比“985 工程”和“211 工程”都大，如何在这三者之间协调好和综合规划好？我们提出了“点面结合、层次明晰、立体交叉、错位发展”的思想，要根据不同学科的发展理念，把三者很好的结合起来。上海市重点学科的着眼点是二级学科，若一些重要的二级学科有冲上海市重点学科的能力和目标，学校就会尽力把这些学科推出

去参与竞争。“211工程”建设更多的是“面”的优化，其中包括了图书馆资源、信息化和学科平台的建设，相对来讲，这个平台是比较小的。而“985工程”是“重点突破”，我说过“985”的平台和基地必须在学科交叉的背景下建设，这个观点可能稍显极端，将来可能并非如此，但是今天我仍要强调这一点。学科交叉可以是大学科的交叉，也可以是二级学科之间的交叉，但是其必须在学科交叉的平台上进行，它的服务对象必须是大局，而不是局部。所以，必须认真考虑如何在这三者之间利用好机会和各种资源，希望各个院系、研究基地和团队在考虑“985”的建设过程中统筹思考。

（二）面向国家目标和发展需求，精心选择学科和研究方向

我非常希望教授们多进行沟通，物理、化学、生物、地理、文科、理科、统计等学科的教授们自己“串联”，产生碰撞和迸发出新的思路，“串联”出一个个平台来。我曾和统计系的汪荣明教授谈到，统计是一种手段，可以和金融、生物、信息学“串联”。搞“串联”不是为了分经费，而是为了充分发挥自身学科优势，所谓的发动群众就是这样。当然，学校也会在学校的层面上考虑一些问题，比如教育部文件中明确要求华东师大在省部重点共建过程中“注重发展教师教育，为基础教育服务，体现华东师大的作用”。学校必须要考虑这个平台的建设，应该如何搭建教师教育的创新平台？如何在数、理、化、生、地、语、数、外的基础上搭建教师教育创新平台？将来的体制、机制是怎样的？如何为创新基础教育的发展服务？希望大家都认真思考。我们的目标是有限的，但是动员范围是广泛的。

（三）强调高层次人才的培养和学术团队的建设

高层次人才的培养和学术团队的建设经费在整个“985”建设中占有举足轻重的比重，如果不引进一流的人才，在现有的水平上要有一个大的飞跃是不可能的。现在不少院系在拼命地引进、选拔人才，而有一些院系沾沾自喜，坐看其它院系不断引进高层次人才、不断发展自己的学科，自己却丧失了机会。希望同志们清楚这一点：没有一流的团队，不在现有基础上加大附加值，就很难再在吸引人才方面取得更大的突破。

（四）强化平台和基地的科研产出

“985”建设中考核平台的直接成效是看能否争取到国家的重大项目，包括国家

提出的中长期目标、“973”项目、“863”项目以及其他的重点项目、国家自然科学和社科基金的重点重大项目、国家和上海市的重大奖项、高水平的论文和成果、创造发明等。在整个学校发展规划、建设“985”平台和基地过程中，我们必须提出这种思想，即通过建设我们能够走到哪一步？当然，这种思想未必百分百正确，但是，我们的目标必须非常明确。如果现在要建设“985”平台和基地，本身却又没有信心拿国家的重大项目，那么这个“985”还未建设就已经失败了，目标不清，谈何建设！这一点是牵动和集聚效应中必须考虑的。

（五）设计科学的管理制度

学校在整个“985”建设过程中，必须科学地构思平台和基地建设，必须建立一个完整的认知程序和对项目的管理制度。我希望各位老师和管理部门尽快地考虑这些问题，总结经验教训，为今后的“985”建设设计一个完善的程序和管理体制。

同志们，目前我们面临的任务很紧迫。除了“985”平台和基地建设之外，11月份还要进行本科教学的正式评估，但是教育部希望我们在10月中旬拿出“985”建设的平台方案，任务非常紧迫。希望有想法的同志们在国庆长假期间花点功夫，拿出思路。这些思路将是学校未来“985”建设的基本提纲。今天是一次动员大会，发令枪声已经响起，希望各个院系的领导、各个基地的领导以及各位教授们散会后及时行动起来！

进入省部重点共建高校行列，是全校广大师生员工经过长时间的努力争取到的，能否切实把握好这个机会对于华东师大来说非常重要，我们现在的起步更是非常关键，希望大家理解作为领导的焦虑心情，在理解的基础上做出努力，争取早日实现学校的奋斗目标！

传承与创新：教师教育发展的思考①

（2006 年 12 月）

我就华东师范大学对新世纪教师教育改革的一些宏观思考和行动计划，与各位同仁作个简要的交流。

一、华东师范大学的发展与教师教育特色的传承

华东师范大学成立于 1951 年，是新中国为“培养百万人民教师”而组建的第一所综合性师范大学。建校以来，学校坚持教师教育特色，坚持高水平发展，在国内外享有盛誉，一直是国家重点建设的高校。随着中国高等教育事业的跨越式发展，华东师范大学不仅在办学条件和办学规模上有了根本性的改变，而且在学科专业结构、人才培养层次、科研创新能力等各方面都发生了巨大变化。学校现有 61 个本科专业，涵盖了哲学、经济学、法学、教育学、文学、历史学、理学、工学、管理学等 9 大学科门类；可授予博士学位的学科有 116 个，可授予硕士学位的学科有 170 个；注册学生 4 万多人，其中全日制本科生 13 000 多人、研究生 9 000 多人、留学生 2 200 多人；教职员 4 000 多人，其中专任教师 1 800 人；设有 100 多个研究所和研究中心，包括 2 个国家重点实验室，1 个国家野外科学观测研究站，6 个教育部和上海市重点实验室，6 个教育部人文社会科学重点研究基地，已发展成为一所以教师教育为特色的综合性研究型大学。

在中国教师教育体系已经开放的背景下，华东师范大学的发展面临着新的机遇和挑战，但学校在国家教育发展战略中的基本地位没有动摇，引领教师教育发展的责任没有改变。在华东师范大学发展进程中，教师教育始终是学校的特色和竞争优

① 本文为俞立中在东亚教师教育国际研讨会上的演讲。

势。建校以来，学校一直把教育学科建设放在重中之重的地位，不断提升教育学科优势，现已拥有4个国家重点学科和2个教育部人文社会科学重点研究基地，构建了高水平的教育科学研究体系；学校文理基础学科的优势一直在支撑着教师教育的发展，通过教学与科研的结合，增强了学生的创新意识和创新能力，强化了学生实践能力的培养，体现了学校"强化基础，注重个性"的人才培养传统。华东师范大学在中国教师教育和基础教育改革发展中发挥了引领和示范作用。

教育理论创新的策源地。学校教育名家汇集，产生了一批对我国教育理论研究产生重大影响的研究成果。刘佛年老校长主编了新中国第一部《教育学》著作和《教育新理论丛书》；瞿葆奎教授主编的26卷本《教育学文集》和《教育科学分支学科丛书》开辟了系统梳理和研究中国教育学科体系的先河；张瑞璠教授的4卷本《中国教育哲学史》首次系统研究了中国教育哲学的发展历程；叶澜教授的"新基础教育"研究和实践，开创了基础教育改革的新方向，在基础教育界产生广泛而深远的影响；陈玉琨教授的《教育评价的理论与技术》是国内出版的第一本教育评价专著，开辟了教育评价的理论研究与实践推广的新领域；杨治良教授以内隐学习为主要方向的认知心理学研究在国内居于领先地位。我校诸多的教育学专家在教育评价、教育政策、理解教育等研究领域都做出了开创性贡献。《大学语文》等教材是全国教师教育领域重要的学科和专业课程资源；学校主办或承办的《华东师范大学学报(教育科学版)》、《全球教育展望》等近20种全国中文核心期刊，是教育科学研究的风向标。

教师教育改革的先行者。学校始终走在中国教师教育改革的前列，如在中国高校中率先成立教育科学学院，率先举办教科班，率先提出"教师教育"概念；率先开展职前培养和在职培训一体化的教师教育改革实践；率先建立现代教育技术培训中心，对师范生实施现代教育技能的全员培训；率先建成了"未来教师空间站"，为教师培养提供了具有前瞻性的网络环境和信息技术平台。学校坚持面向基础教育，开展教育研究与实践，如霍益萍教授在研究性学习的理论研究与实验推广上做出了突出的贡献；"发展性学校教育质量保障体系远程支持系统研究"在100多所示范性实验学校中推广应用。我校教师主持了教育部《基础教育课程改革纲要(试行)》与新一轮高中课程改革方案的研制工作；主持或负责科学、数学、语文、化学、体育、综合实践活动、地理、历史等多个学科课程标准的制定及新教材的编写与审定；在上海市一期、二期中小学课程改革的研究与教材编写、教师培训工作中发挥了核心作用。

教育决策咨询的思想库。学校坚持服务国家和地方教育发展战略，积极参与教育决策咨询研究。叶澜教授是教育部素质教育调研课题的首席专家之一，提供了多份咨询报告，2006 年受邀出席由温家宝总理主持的基础教育改革座谈会；钟启泉教授牵头制定了全国教师教育课程标准、教师专业标准；祝智庭教授提供了教育部现代远程教育标准化项目的指导性意见等。学校每年举办的“教育政策分析高级研讨会”等高层次学术会议，为国家教育决策提供了重要的依据。

优秀教师的培育基地。学校为基础教育培养输送了数以万计的高素质教师，毕业生遍及全国各地，是华东地区基础教育的中坚力量，许多示范性中学的校长和名牌教师毕业于我校。学校培养了大批具有教育硕士学位的教师，遍及 25 个省、市、自治区，覆盖了中学教育全部学科。教育部中学校长培训中心设在华东师范大学，是唯一的培训中学校长的国家级基地，已培训各地重点中学校长（包括港澳台地区）近 1 万名。学校与云南、新疆、内蒙古、西藏、青海等西部边疆地区的师范院校建立了战略联盟，推广教育理论研究成果与教师教育改革经验。通过教育资源的网络共享，开展了面向西部地区的教师培养与培训者培训工作，区域性推进中西部地区基础教育改革与教师教育发展。

教育科学的国际交流平台。学校与世界 100 多所大学和著名教育机构建立了合作交流关系，积极推进教师教育国际化，著名教育家胡森、布卢姆、加德纳、斯通等先后来我校讲学，深入开展比较教育研究。与美国宾夕法尼亚大学联合培养高级教育行政管理博士。联合国教科文组织已在学校建立“亚太地区教育创新为发展服务计划联系中心”，设立了教师教育教席。

二、推进教师教育改革的若干问题

同日本东京学艺大学一样，华东师范大学在引领本国的教师教育中发挥了示范性的作用与影响。在当今知识经济时代，曾经有优良传统的师范大学如何在教师教育的改革发展中继续发挥领头羊作用？我感到“传承与创新”是未来发展的重要理念。

发挥制度建设的基础作用。在教师教育制度中，完善教师资格制度是保证教师质量和水平的关键。完善教师资格制度，首先要严把教师入口关。在规范教师学历资格要求的基础上，重视对教师综合素质的要求，特别要重视道德素质、心理品质和学习能力，提高教师职业的门槛。其次要探索完善教师资格再认证制度。教师资格再认证不仅是阶段性的政策，而应该成为法律制度，从根本上激发教师终身学习的动力，以适应知识经济时代的要求。

教师教育是一门科学，教师教育的特殊性决定了对教师教育机构必须有严格的标准。一流的大学更有条件成为一流的教师教育机构，但高水平研究型大学与高水平的教师教育机构不是一个概念。如果没有严格的教师教育机构标准，教师资格的认定与再认定制度的实施就没有保障。

与教师资格制度密切相关的还有教师教育的课程标准。教师教育体系的开放化必然要求建立严格的课程标准。教师教育创新如果离开了教育内容的创新，其他各种标准和要求难免流于形式。必须顺应世界教师教育发展趋势和教师教育创新的要求，推进教师教育内容创新，建立完善教师教育课程标准。

创新教师教育的价值理念。教师教育的创新，不仅是学历提升的问题，也不仅是技术手段更新的问题。推进教师教育的创新，需要教育价值理念、教育模式以及教育的内容、手段等各个方面的不断创新。

从知识创新的角度，重塑教师教育的使命与价值。20世纪下半叶，教育成为不同国家共同聚焦的领域，教师教育因其关乎普通教育的质量备受关注，各种功利主义的观念引导着教师教育的发展，结果是教师教育的内在价值逐渐被人们遗忘，教育的理想也日渐淹没在工具实用主义漩涡之中。从根本上说，教育活动是以作为人的主观认知结果的知识的保存、传播与创新为依托，构成了现代人类生活和个体生命历程不可或缺的组成部分。教师教育的目标就是要为即将和已经成为教育者的教师提供理解客观世界和生命的价值、意义的知识与阐释这些知识的能力，为下一代在认识、理解、阐释客观世界和自身生命的价值与意义上提供指导。这是教师教育的最高和终极的使命与责任，也正是在这个意义上，教师教育更应该强调坚持“以人为本”、“以学生发展为本”的价值理念，强调培养“发展能力”、“创新能力”。

创新教师教育的模式。在国家制度层面上，改革与完善教师资格证书制度、建立教师教育机构资格认证和课程认证制度，完善教师教育的质量保障机制，是推进教师教育模式创新的重要保障。同时加强对不同的从事教师教育的机构分类指导，一方面要鼓励和规范综合性大学、非师范类高校参与到教师教育体系中来；另一方面要鼓励高水平师范大学在保持教师教育特色的基础上，向综合性、研究型大学发展，成为引领教师教育创新、提高教师创新能力、更新教师知识结构、培养高层次骨干教师为主的国家教师教育基地；鼓励地方师范院校不断提升学科水平和人才培养质量，更好发挥在地方教师教育中的主体作用。作为教育机构，特别是作为高水平师范大学，要适应知识经济时代要求，积极构建致力于促进教师终身发展的多样化、多层次、开放型的教师教育体系。针对不同对象的需求，提供不同的模块式教育资源，采用多样化的学习模式，实现本科、硕士、博士研究生多层次的教育服务。根据国家的需求，提供适应高教、中教、小教、幼教、特教、职教、成教等职业要求的从入职教育到职后培训的全方位的教育项目。

创新教师教育的内容和实践。教师教育的创新必须落实到具体的课程、教材、师资、教学方法、技术手段和实践环节的改革。构建适应教师终身发展的教师教育课程体系，要从教师职业发展的需求出发，注重理念、素质、能力、知识的综合培养，提高未来和在职教师的使命感、创造力，完善教师的能力和知识结构。教师教育课程体系应该是丰富多彩的、有高度选择性的、循序渐进的、充分考虑实践环节的、满足不同阶段教师职业发展需求的模块式课程体系。与之相适应，要高度关注具有时代感、针对性、实用性和创新空间的教材体系和素材库建设；强调发展性的实践环节，包括课堂模拟、组织实践、教学技术训练、学校实习等各个方面，给学生更多的接触实践和参加实际锻炼的机会，提高学生的实际工作能力。要优化教师教育队伍，改变教师教育过程中学科知识与教育学知识脱节、教师教育知识与实践的脱节，重视把人类最具普遍价值及最具前沿的学科知识与教育学知识的最新进展融合在教师教育过程中，并致力于教育内容创新和教育手段创新的有机结合，积极推进教师教育方法和技术的创新。

发挥高水平师范大学的骨干作用。随着传统的师范教育体系向开放的教师教育体系的转变，师范大学的建设和发展面临着新的机遇和挑战，其地位和作用也在发生变化。师范大学向具有教师教育特色的综合性大学发展，使教师培养有了一个基础和应用学科综合的大环境；高水平师范大学向研究型大学的发展，使教师教育建立在一个更活跃的创新平台上。这些变化不仅有利于引领教师教育的改革和创新，有利于师范大学在中国教师教育体系中继续发挥着骨干和中坚作用，也有利于凸现教师教育领先的综合性研究型大学在教师教育创新方面的优势和特色。因而，高水平师范大学应该成为中国教师教育创新的研究基地和实验中心，承担起引领中国教师教育改革发展方向的神圣使命。

高水平师范大学推进教师教育创新需要重视多学科集成优势。教师教育是一个庞大的系统工程。师范大学的教师教育特色和文理学科综合优势，为推进教师教育模式创新奠定了坚实的基础。在知识经济时代，师范大学要加快学科结构调整，推进体制和机制创新，构建在知识创新基础上的教师教育创新平台，逐步实现以教育、人文、科学、技术等多学科领域共同支撑的教师教育创新体系。教师教育创新也需要推进高水平大学之间集成优势。中国的教师教育网络联盟构建了一种崭新的集成模式。在此基础上，建设面向教育市场、面向国际的，开放的、竞争性的教师教育集成创新平台，推进教师教育在更高层次上跨越式发展，应该成为教师教育体制和模式创新的努力方向。

三、华东师范大学教师教育创新计划

今年，学校制定了《华东师范大学教师教育创新计划》，进一步推进教师教育改革，以适应基础教育发展需要，更好地服务国家教育发展战略，发挥华东师范大学在教师教育改革发展中的引领和示范作用。创新计划的主要考虑如下：

构建职前培养和在职培训一体化的教师教育课程体系。为适应教师职业终身发展的需要，学校全面推进职前教育与在职培训一体化的教师教育模式。以课程体系建设、教材与教学资源库建设、教师教育队伍建设、实践环节建设为主要抓手，着力构建教师教育创新平台。重点是构建适应教师终身发展的教师教育课程体系，从教师职业发展的实际需求出发，注重理念、素质、能力、知识的综合培养，提高未来和在职教师的使命感、创造力，完善教师的能力和知识结构。

教师教育课程体系建设的基本原则。(1) 三个紧密结合：专业发展与教师教育的紧密结合；教育理论学习与教学实践的紧密结合；启迪教育智慧与培育教育价值观的紧密结合。(2) 充分考虑教师专业发展的连续性和阶段性，以课程模块为基本组合，各模块可以包含本科、研究生及研究生后的课程，注重不同阶段课程的知识衔接、循序渐进和实践需要。(3) 更多的选修课程，让学生根据个人兴趣和基础，有较多的课程选择机会，拓展综合素质和能力。

教师教育课程的基本构架。以中学教师培养为例，包括七个学习领域：(1) 儿童发展与学习：学生发展、中学生认知与学习；(2) 中学教育基础领域：教育哲学、课程设计与评价、学校教育发展、班级管理；(3) 中学学科教育与活动指导：中学学科课程标准与教材研究、中学学科教学设计、中学综合实践活动；(4) 心理健康与道德教育：中学生心理辅导、中学生品德发展与道德教育；(5) 教育研究与专业发展：教育研究方法、教师专业发展；(6) 教师职业技能：教师语言技能、书写技能、现代教育技术应用技能；(7) 教育实践：教育实习、教育见习、教育研习。职前教师教育特别要加强实践教学环节：教育实践课程要求师范生到中小学进行四年不断线的学习与观摩，熟悉中小学教学改革的情况，积极投身课堂教学实践；每位师范生至少要有6—8次微格教学的训练；在修读课程的基础上，要求每位师范生至少参加一项学科专业方面的课题研究，至少参加一项中小学教改项目的研究，至少撰写一篇教学改革方面的研究论文。

探索教师培养的多元化模式。我校根据自身的优势，积极探索教师培养的多元化模式，创新教师教育体系。树立“服务国家基础教育需要，满足区域社会经济发展需求”的观念，针对不同教育对象的需求，提供不同的模块式教育资源，构建致力于促进教师终身发展的多样化、多层次、开放型的教师教育体系。

规范教师入职教育和入职标准。严格教师入门资格，规范教师入职教育。任何专业的学生必须在师范大学修满教师教育的规定学分，考试合格，方能从教育行政部门获得教师资格证书，达到入职的基本要求。学校在教师教育课程建设的同时，积极探索教师资格培训的质量控制，发挥示范与引领作用。

完善本科学历的教师教育模式。学校正在逐步实现本科教育的完全学分制，师范生的课程体系由通识教育、专业教育、教师教育三大课程板块组成。(1) 通识教育课程板块，包括公共必修课、人文艺术、社会科学和自然科学四个课程模块，约占学分总数的25%；(2) 专业教育课程板块，涵盖了专业基础课程、专业课程、专业拓展课程等三个层面，约占学分总数的50%；(3) 教师教育课程板块，涉及到儿童发展与学习、中学教育基础、中学学科教育与活动指导、心理健康与道德教育、教育研究与专业发展、教师职业技能、教育实践等七个学习领域，约占学分总数的25%。在本科学习期间，师范生必须修满规定的总学分数；修满每一课程板块规定的学分数；修满每一课程模块规定的学分数。从学分结构比例考虑，是为“3+1”模式。非师范生在修读本专业课程时，可以以副修等形式修读教师教育课程。一般从第三学年开始修读教师教育课程，培养规格与要求同师范生。学生修满规定的学分，考试成绩合格，也可获得教师资格证书，到中学任教。这是“4＋X”模式。

探索研究生学历的教师教育模式。(1) 4 年本科＋1 年教育实践＋2 年教育硕士的培养模式。选拔一批优秀本科毕业生，免试直升研究生，同时与中学或区县教育局签约，进入中学当老师，一年中学教育实践后回学校继续完成教育硕士学业。(2) 4 年本科＋2 年教育硕士的培养模式。学校鼓励本科毕业生在从教两年后报考教育硕士，通过实施教师在职培训，与中学建立长期联系，有计划地合作培养硕士学历的教师。对有志于终身从事教师职业、志愿到农村学校任教的优秀青年教师，拟优先考虑免试就读教育硕士。

构建在职教师终身发展的教育模式。为教师终身发展提供全方位的支持，建设教师培养与培训的网络学习平台，将教师专业发展从职前培养一直延伸到教师职业发展的各个阶段。第一阶段：入职 5 年内的新教师，重点设置课堂教学实务类的课程，帮助新教师尽快熟悉课堂、掌握并能够熟练运用教学的基本规律和基本技能。第二阶段：任教 5—10 年的有经验的教师，重点设置旨在提升教师综合素养、教育理念和专业伦理方面的课程，帮助其通过职业的枯燥期和困惑期。第三阶段：任教在 10 年以上的老教师，重点是设置富有挑战的学科专业、教育学科的综合性课程，帮助其重新焕发参与教育教学的活力和总结教学经验。

建设教师教育创新的保障体系。作为华东师范大学的办学特色，教师教育创新体系建设已列入我校 985 创新平台项目。为保证教师教育改革方案的实施，学校从发展大局出发，在各方面给予充分保障。

(1) 加大“课程与教学研究所”和“基础教育改革与发展研究所”教育部人文社会科学重点研究基地的辐射和引领作用，在教师教育创新平台上加强学科教育教学资源和研究力量的整合。

(2) 建立教师教育工作室制度，以专家领衔的工作室形式开展教育、教学问题的自主探索与合作研究；以教学研究与实验体系为平台，建立若干个以学科、课程为依托的教师教育教学、研究与实验创新团队，加强学科间的沟通联系。

(3) 提升教师教育队伍的综合素质与实践能力。建立理论与实践相结合的培训机制；聘任部分中学特级教师作为大学兼职教授，参与教师教育课程教学、教育硕士培养；选派青年教师和优秀博士生到区县教育局、基层学校挂职，增强对基础教育实践的理解，加强与教育管理部门和中小学的联系。

（4）建立和完善以教师教育数据建设为主体的社会发展与教育发展数据库，为教师教育发展的持续研究和追踪研究提供数据支持。

（5）加快教师教育网络联盟建设的步伐，建设区域性优质教育资源共享的信息平台，构建人网、天网、地网相融通的教师教育专业发展远程支持系统。探索基于项目的研修与基于课程的研修等新型远程教师教育模式，把学校网络教育学院建设成为教师教育的远程教学中心、研究中心，成为利用远程教育为基础教育服务的多功能教师学习与资源中心。

（6）设立教师教育课程建设基金。建设若干具有通用价值的教师教育精品课程与教材，建设一批教育观念新、示范性强、实践效果好、影响面大、具有推广价值的教师教育课程、教材与教学课件。逐步建立集文本、光盘和网络等多种媒体于一体的教师教育资源库，实现教师教育课程、课件等各类资源、信息的整合与共享，为教师教育课程创新研究提供信息、技术支持。

加强教师教育的国际合作交流。依托联合国教科文组织“亚洲教育革新与发展服务计划联系中心”、“教师教育教席”等国际合作平台，本着“全球视野，本土行动”和“本土思考，全球行动”的理念，推动国际间合作与对话，促进教师专业发展和专业学习。

（1）开展教师教育国际合作研究与对话。联合与我校签约的国际教育组织、教育机构与一流大学教育学院共同组成项目团队。通过广泛的国际合作，拓展教师教育领域的人才培养、项目协作、资源共享的空间，多元引进国际先进的教师教育培养、管理体系。通过共同制定研究与教学发展规划、举办国际学术会议、接收国内外访问学者、建立图书资料和信息网络的分享机制等措施，提升我国教师教育研究与相关高级人才的培养水平，构建国际化和自主创新相结合的教师教育研究和学术交流、人才培养和培训的高地。

（2）开展教师教育培养与培训的国际合作与推广。加强与联合国教科文组织、世界一流大学和学术机构交流与合作，积极扩大联合培养高层次人才规模，参与国际科技计划与国际学术组织，引入国际教师培训项目，使学校成为培养发展中国家教师及教师教育工作者的重要基地。做好教师队伍参与国际教师教育的能力建设，在教师专业发展领域和整个教师教育发展中形成开阔的国际视野，培养能承担教育援外任务的教育顾问和专家。

（3）加强与国际知名大学教育研究机构的合作，开展跨国教师教育理论与政策研究的合作，着力打造国际一流的教师教育理论与政策研究重镇，建设有世界影响的教育资源共享平台。积极开展创新研究，在总结世界教师教育发展的共同经验的基础上，形成具有国际视野的教师教育理念的明确表述和实施方案。

2006年初，中国召开了全国科技工作大会，政府提出了建设创新型国家的战略目标。建设创新型国家，人才是关键，教育是基础。华东师范大学作为教师教育的骨干和中坚力量，应当勇敢地承担起中国教师教育改革先行者的责任。我们衷心希望加强与兄弟学校的合作交流，增进同行间的沟通和相互学习，共同推进教师教育发展，迎接新世纪的挑战。

制度创新,科学设岗,广纳人才①

（2007 年 1 月）

创办国内领先、国际知名的一流师范大学,必须拥有一支能不断创新并适应时代要求的高素质、高水平教师队伍。面临着知识经济的机遇和挑战,我校认真贯彻科教兴国战略,坚持办学以人才为本、以教师为主体的原则,合理配置教学和科学研究人才资源,优化教师队伍结构,强化竞争激励机制,保障教师合法权益,充分调动广大教师的积极性和创造性,为把我校建设成为拥有若干一流学科、多学科协调发展、引领中国教师教育发展的世界知名的高水平研究型大学提供人才队伍保障。

一、推进体制机制创新,优化队伍建设环境

队伍建设与自主创新能力的提高必须有可靠的基础条件来保证,制度保障对自主创新能力的培育和提升起着基础性、导向性和长期性的作用。为此,学校积极探索并建立科学、开放、可行的师资管理体系,加强师资管理的制度建设,使教师管理工作制度化、科学化和规范化。

(一) 创新人才的选拔培养机制

在创新团队的培育与建设工程中,改革人员的组织方式,建立以研究组为基本单位、若干研究组构成平台的组织形式。平台负责人聘任研究组负责人,其他研究人员双向选择,自由组合,定期聘任,目标管理。打破影响人员按任务自由组合的壁垒,保证人才资源流畅地向产生成果和效益的团队聚集,推动人才资源的重组,促进有特色的大型研究群体的建立。加大非全时研究人员的比例,保持研究团队的弹

① 本文原载《中国高校师资研究》2007 年第 1 期。

性。创新团队吸纳来自各方的精英，形成集体智慧和共同意愿，凝聚创造合力，打造知识航母，易于充分发挥各方的潜能。

（二）创新人才的评价考核机制

自主创新是一个漫长的过程，有其固有的内在规律，需要宽松的环境。因此，改革考核办法要从重点考核个人转变到以考核个人为基础重点考核团队：对创新团队带头人的考核，更注重用团队整体业绩质量和发展前景加以评价，也就是注重考核其核心作用的发挥；对团队其他成员的考核，则更注重于聘期考核及其对团队整体业绩的贡献度大小。同时，要从重点考核量转变到以考核量为基础重点考核质，鼓励教师参与团队和创新平台的建设，鼓励集中优势力量，服务国家重大工程和重点项目，出大成果。

（三）创新人才的薪酬激励机制

我校在队伍建设政策上着力体现激励机制，对高层次、高素质、高水平的骨干教师实行政策倾斜，使他们科研资助优先、评先评奖优先；在生活待遇上，加大分配制度改革力度，体现劳动复杂程度的差别，合理拉开差距。2001 年，我校开始进行分配制度改革，建立分配激励机制，打破平均主义，优劳优酬，多劳多得，拉开分配档次，向重点实验室和研究基地及重点学科倾斜，向教学科研管理骨干倾斜，鼓励和引导教学科研人员多出成果、多作贡献，借以转变机制，稳定骨干队伍。在学校的指导和调控下，学院（系或部门）有人事分配自主权。按照我校的基本教育规模和承担的科研任务，分校、院（系）两级设置教学科研管理骨干岗位。校设岗位由学校实施聘任，考核及津贴管理由校、院（系或部门）共同负责，以学校为主；院设岗位的聘任、考核及津贴管理，在学校的指导和督查下，由学院（系或部门）负责实施，对岗位津贴实行二级考核和二级分配的办法。通过这一方案，我们既充分考虑了不同学科的特点、教育的规律，又考虑到在加强教师竞争意识、发展意识的同时，注意尊重知识分子的尊严和个性，引导学科团队的合作。另一方面，对高层次人才（即在学校教学、科研、行政等承担主要责任、具有较大学术影响的学者及学科带头人）实行特殊津贴，让这些高层次人才摆脱简单量化评估的打扰，创造宽松的学术环境，使他们能潜心于原创性的、具有长远规划的研究。分配制度的改革，让做事的人和做大事的人，在利益上得到公正的评价。

(四) 创新团队的自主管理机制

建立以绩效产出为主要依据的分配激励机制，挖掘创新潜力，推动创新创业。学校赋予新引进的团队独立的科研管理、人事聘用、薪酬分配、经费使用、行政管理等方面的自主权，逐步建立起创新团队学术带头人和骨干成员协议津贴制度，使他们彻底摆脱年度短期业绩考核带来的种种困扰，集中精力潜心于创新研究。

二、科学设岗，优化人才队伍结构

在科学发展观和人才观的指导下，2001 年我校开始进行教师职务聘任制改革，在定编、定岗、定责的基础上，按照相关程序进行聘任。经过几年的实践和不断的微调，我校在设岗招聘方面形成了一套比较成熟的机制，取得了较好的效果。

教师职务岗位设置是聘任制度的基础，岗位设置是否合理直接关系到学校各类资源的配置是否合理，关系到教师职务聘任制的成败。因此，我校把科学的岗位设置作为实行聘任制的首要工作，依据上级有关部门确定的人员编制、职务结构比例，按照总量控制、事职相符、突出重点、动态平衡的原则，根据学校学科建设与教育教学科研任务的需要，设置教师职务岗位，并明确岗位职责。

(一) 岗位设置的基本原则

1. 按需设岗与优化高效原则。学校以学科发展、教师队伍建设和教学科研任务为依据，本着优化高效的原则设置各级职务岗位，做到因事设岗、按岗聘任、事职相符、人事相宜。

2. 保证重点与兼顾一般原则。岗位设置时重点保证国家重点学科、国家重点实验室、重点发展学科、交叉科学、新兴学科、博士点学科、有重大科研项目学科等所需要的职务岗位限额。同时对于一般学科按教学科研任务和学校发展的实际需要设置相应岗位。

3. 相对稳定与灵活兼顾原则。岗位设置保持相对稳定，特别是高级职务岗位必须严格控制，同时，对于一级博士点授权单位或二级博士点学科、国家或教育部重点实验室及文科基地、获得重点科研项目的课题组，可适当增加高级职务岗位数。

4. 动态调整与逐步到位原则。为了处理好专业技术队伍现状与长远发展的关系，岗位设置坚持从实际出发，实事求是，根据学科的发展和学校目标规划进行动态调整，积极推进，稳妥过渡，逐步到位。同时，在设置岗位时留有余地，以保证学科发展和优秀人才引进的需要。

（二）教师职务结构比例动态管理制度

教师高级职务结构比例占学校教学科研队伍总量的 60%，教授职位与副教授职位的比例为 1∶1.5。学校根据各院系教学科研任务总量和学科的层次水平每年下达各院系可设立的各层次教师职务岗位数量。

学校根据教学科研工作需要，设置一定比例的非全职教师岗位，主要用于兼职教师、教学助理、科研助理等。

（三）岗位分类管理制度

教师岗位主要为教学科研岗位，同时设一定的专任教学岗位和专任科研岗位。教学科研岗位教师承担教学和科研双重任务；专任教学岗位和专任科研岗位的教师分别以教学、科研为主。其中教学科研系列是一流大学教师队伍的核心力量，要聘任学术水平高、教学效果好的教师进入，其首要职责是人才培养，每年至少承担两门课，同时结合学科建设的要求主持高水平的科学研究。三个职务系列有不同的岗位职责、不同的招聘和晋升标准。

（四）设立终身教授岗位，稳定骨干队伍

为了稳定学校重要学术骨干，加强教师队伍整体建设，进一步推进教师职务聘任制改革，根据学校的实际情况，我校 2002 年在全国率先建立了“终身教授职务”制度。终身教授职务的聘任遵循公开、公平、择优的原则，一经聘任，聘期可以直至退休，在职务聘期内，学校无正当理由，不得解聘。受聘教授必须是治学态度严谨、职业道德素质高、在本研究领域有相当的学术造诣、在本学科的发展和研究中作出了突出贡献的学术带头人，在国内外具有较高声望和影响。推出终身教授聘任制度，旨在推动重大原创性科学研究的开展，建设一支稳定的学术骨干队伍。终身教授可

以不受学校教学、科研工作等定期考核的约束,可以全身心地长期投入所关注的重大基础性、原创性的科研课题的研究,有利于产生一批对国民经济和社会发展具有重大意义的创新性科研成果。终身教授制度也是教师职务岗位聘任的一部分,是教师职务岗位管理的新探索,其本质属性是岗位而不是身份,同样有明确的聘任条件和岗位职责。目前,已先后聘任了 90 位教授为华东师大终身教授。

通过科学合理的设置岗位,按岗竞聘和实施职务结构比例控制,强化了教师的岗位意识、竞争意识和履职意识,促使广大教师努力进取,将实现个人奋斗目标与学校事业发展相结合,优化了教师队伍结构,促进了人才资源的优化配置。

三、面向社会广纳贤才,构筑自主创新人才高地

实行教师职务聘任制打破了高校选人、用人的局限,拓宽了选才渠道。而全面推行公开招聘制度,建立起校外人员通过平等竞争进入高校的通道,设立特聘教授岗位,吸引了一大批具有国际视野、活跃在学术前沿的高水平人才。

(一) 实施“紫江学者计划”,公开招聘高层次优秀人才

为进一步吸引国内外一流的学术人才,学校利用企业对教育的投资,按照教育部“长江学者计划”的同等力度,于 1999 年 7 月就开始实施了“紫江学者计划”。学校通过一系列严格的论证程序,结合学科发展规划,围绕重点学科建设,定期公布“紫江特聘教授”岗位(包括教育、人文学科),向国内外公开招聘,吸引海内外高层次优秀人才加盟我校。目前我校先后聘任了 17 人为我校“紫江特聘教授”,为他们创造良好的教学、科研与生活环境,极大地促进了我校学科建设与发展。同时,聘任形式不仅限于全职聘任,对海外的知名学者实行讲座教授制度,不拘一格吸纳拔尖人才。

(二) 职务聘任与人才引进相结合,公开招聘学术骨干

我校利用实施聘任制的契机,把教师职务聘任和人才引进结合起来,预留一定的教师高级职务岗位用于引进学术骨干,使职务聘任成为学校选才的平台。为进一步加强学校师资队伍建设,实施“按需设岗、公开招聘、以岗择人、择优聘任、全面考核、聘约管理”的专业技术职务聘任制,2006 年 9 月至 12 月,我校面向海内外公开招

聘教授、副教授岗位近200个，招聘信息发布后，在校内外反响很大。学校希望通过“公开招聘”和“内部晋升”合一，主动将高等学校教师队伍的管理从封闭式转为开放式，从人才管理转变为人才资源开发，有利于适应人才流动的客观要求，逐步建立和加强高校人事制度中的竞争机制和淘汰机制。

（三）全面实施“五大工程”，培育和提升队伍自主创新能力

自主创新能力的提高必须有创新基础条件来保证，建设高水平的创新条件平台是取得重大创新、提升自主创新能力的重要前提。为此，学校优化资源配置，统筹规划国家、地方和学校组织实施的各种人才计划，紧紧围绕领军人才队伍建设、高层次人才队伍建设、优秀青年教师专业发展、创新团队的培育与建设以及高层次大学管理人才队伍建设等“五大工程”，努力在政策、经费、设备和人力等资源方面进行整合，形成体系，形成合力，不断优化教师自主创新环境。

1. 领军人才队伍建设工程

学校全面启动“院士工程”，并积极采取自己培养和引进并举的办法，发挥原有院士在学科建设与发展中的作用，积极培养申报本校优秀人才进入院士队伍，同时继续以柔性引进的形式加大引进院士的力度。学校高度重视、积极做好教育部实施的“长江学者计划”工作，支持已入选“长江学者”计划的长江特聘教授和讲座教授履行岗位职责，更好地发挥他们的作用。并在此基础上继续争取入选“长江学者”计划，充分发挥专家的作用，主动出击，反复遴选特聘教授人选。学校积极培养中青年学科带头人，努力创造有利条件，重点培养有发展潜力的、突出的青年拔尖人才，把他们推向全国，让他们在国家级的人才竞争中以自身的实力立住脚跟，努力争取优秀青年教师获得“国家杰出青年基金”，入选“新世纪百千万人才工程国家级人选”、上海市领军人才（地方队）等国家和地方领军人才计划。

2. 高层次人才队伍建设工程

积极培育和努力争取优秀教师入选教育部“新世纪优秀人才计划”，以及上海市“优秀青年教师后备人才计划”、“曙光计划”、“青年科技启明星计划”、“浦江学者计划”等国家和地方各类高层次人才培育计划。在总结和完善前期紫江学者实施选拔、考核管理经验基础上，继续实施“紫江学者”计划，促进我校学科建设与发展。为促进学科建设，优化师资队伍结构，壮大骨干教师队伍，继续实施优秀人才引进计

划，根据学科建设需要，每年引进一定数量的中青年学术带头人和学术骨干，逐步完善师资队伍结构，形成合理的人才梯队。继续推行“终身教授”计划，设立“终身教授”岗位，留住优秀人才，稳定骨干教师队伍。

3. 优秀青年教师培养工程

针对今后的长期发展，学校着力于挑选一批青年后备人才培养以作为梯队。从社会上引进一批业务能力精良的青年教师队伍，作为新鲜血液的补充。为此，学校积极推进“学校优秀青年后备人才培养计划”，为鼓励、选拔、培养优秀青年人才，并为申报国家和省部级人才计划提供后备人才，为优秀人才的脱颖而出创造良好环境。在全校范围内选拔具有博士学位、年龄在35周岁以下、在科学研究中已取得优秀成果的青年教师予以重点培养，以创新性项目启动经费等方式予以资助，扶持青年教师早出成果、出好成果。同时，为进入各层次人才培养计划的教师提供配套经费。实施“博士后人才培养计划”，把博士后队伍建设作为学校师资队伍建设的重要环节，拨出专项基金支持博士后培养工作，提高博士后的生活和工作待遇，吸引更多博士生进入博士后流动站。同时，加强与海外著名大学的广泛联系与学术交流，推进“优秀青年教师海外研修计划”，选拔培养优秀后备人才，为优秀青年教师的健康、快速成长提供海外进修条件，促进师资队伍的可持续发展。为吸引优秀毕业生加盟我校，进一步改善教师队伍结构，实施“新教师录用与培育计划”，提高教师队伍的学历结构，改善教师队伍的学缘结构，提高新录用毕业生的待遇，提供科研启动经费。

4. 创新团队培育与建设工程

结合学校学科建设目标和我校的现有队伍基础，我校继续打造创新团队，形成具有凝聚力和战斗力的创新团队。近年来，我校为了促进哲学社会人文科学的研究与繁荣，积极推进“繁荣计划”和创新团队计划，先后组建了知识分子与思想史、文艺民俗学、海外中国学、公共管理学科暨MPA教育4个校级哲学社会科学创新团队，以及国际关系与地区发展研究、学前与特殊儿童发展与教育研究中心等2个校级哲学社会人文科学研究基地，共同打造哲学社会人文科学研究品牌，聚集了一大批优秀的哲学社会科学研究人才。在自然科学研究领域，我校立足国际科技前沿，组建跨学科、优势互补的创新团队，为参与国家科技御新体系的建设奠定了良好的队伍基础。目前，学校已有2个创新团队入选教育部“创新团队发展计划”，1个创新团队正在申报教育部“创新团队发展计划”，1个创新团队正在申报教育部与国家外国专家局“高等学校学科创新引智计划”。学校将依照队伍的知识构成和年龄构成，继续推进创新团队的培育与建设工程。

5. 高层次管理人才培育与引进工程

高层次管理人才队伍的建设，是学校人才队伍建设的核心。为此，学校实施了高层次管理人才培育与引进工程。该工程包括两大计划，一是高层次管理人才培育计划，每年选择优秀中青年干部或后备干部，到中央和地方党校、国家机关、国内一流大学、海外名校等相关机构，进行培训、研修或挂职锻炼，以提高管理队伍的理论水平与管理实践能力；二是落实高层次管理人才引进计划，学校每年设计一定的管理岗位，包括平台/创新基地的管理岗位、相关学院院长、系主任、研究所所长、机关部处室等，面向海内外公开招聘优秀高级管理人才，以充实现有管理力量，改善管理队伍结构。

经过几年的建设，我校人才队伍的自主创新能力得到了大幅度提高，逐渐建立和形成促进人才资源合理配置与开发利用和有利于优秀人才脱颖而出、快速成长的机制，使专任教师队伍规模得到适度增长，整体质量明显提高，从而形成师德高尚、结构合理、学风严谨、团结创新、锐意进取的高水准学术团队。

集思广益，共谋青年教师发展大计[①]

（2007年4月）

召开全校青年教师大会，这是第一次。机会难得，我想关于青年教师的发展谈三点想法。

一、关于青年教师大会的召开

去年5月，我校第十一次党代会确立了学校中长期发展目标，通过了学校“十一五”事业发展规划纲要，9月实现了教育部与上海市重点共建华东师大，学校跨入“985工程”建设行列，赢得了更大的发展空间，广大教师特别是青年教师赢得了更多的发展机会。进入“985工程”，对师资队伍提出了更高的要求。高水平大学首先是、最重要的是高水平的师资队伍。造大楼不容易，但比之更艰难的是造就大师，是锻造一支高水平的青年教师队伍。回顾学校的历史，我们的前辈中，有许多享誉海内外的大师级人物，他们奠定了华东师大过去五十多年的崇高地位。进入“985工程”建设行列，我们必须清醒地认识到：“985”不只是经费投入的增加，“985”意味着建设更高的平台，意味着需要锻造更高水平的师资队伍。不同层次的大学对教师队伍的要求、对管理队伍的要求肯定是不同。目前的师资队伍状况，尤其是青年教师队伍，与我们建设高水平大学的要求还有不小的差距。去年的职称评定中，已经暴露出这方面的问题。学校在申报杰出青年基金、长江学者等人才计划中，也明显感到优秀青年人才的紧缺。这个问题在课堂教学上同样反映出来了。我们感到一种危机感、紧迫感。相信各个院系的领导、学科带头人都感到了这个压力。我希望每个教师尤其是每一个青年教师都应该感到有压力。21世纪的竞争是人才的竞争。青年教师

① 本文为俞立中在华东师范大学青年教师大会上的讲话。

是学校事业可持续发展的根本所在，如果我们不能建设一支高素质的青年教师队伍，学校的中长期发展目标的实现就是一句空话。促进青年教师的发展是学校当前的紧迫任务。

过去一年多里，我和很多教师交谈过。从中我深切感受到人与人之间需要加强沟通交流，特别是与青年教师群体的沟通。青年教师是最需要关心的，不仅因为这个群体有许多实际困难，也因为青年意味着还有更多的未来空间，有更多选择性。我们要倾听青年教师的声音，也要让青年教师了解学校管理层的忧虑、困难、思考和决心，使青年同志看到“事业有平台，发展有空间，成长有环境”，看到更大程度上实现人生价值的可能性。另一方面，我也感到青年教师对学校和个人事业发展的关系、眼前利益和长远目标的关系存在一些认识问题，与学校发展对青年的要求有不小的差距。不少青年教师感到压力很大，无论是工作还是生活。我想，这里面有很多问题需要我们相互理解，取得共识。学校是青年教师事业发展的舞台，学校的地位和声誉是建立在广大教师成就的基础上，反过来又成就了每位教师的个人事业。我们一定要认清目标，明确责任，把握途径。没有明确的发展目标，没有竞争意识和紧迫感，就必然会入伍。青年是耕耘播种的季节，青年是最需要努力的。青年责无旁贷要多努力多担当，需要奋斗，需要奉献，需要把自己的工作与学校的事业紧密结合，搞好教学，搞好科研，以贡献获得回报，以成绩赢得认可。我们选择了教师这个职业，就要有教师的职业精神，就要有教师的理想，就要有远大的人生目标。

我提出开这样一次会议，就是要创造一个机会与各位青年教师谈谈心，谈谈学校对青年教师的期待，也听听青年教师对学校工作的建议。张书记特别指出，学校不仅要有理念，而且要有具体的措施，引导、鼓励、支持、帮助青年教师的成长，激励青年教师脱颖而出。为此，人事处在调研的基础上起草了“关于促进青年教师发展的若干意见”。大会后，希望各单位认真组织大家讨论，认真听取意见建议，集思广益，共谋青年教师的发展大计。我也期待以这次大会为契机，更好地营造积极沟通，共谋发展的文化氛围。

二、关于青年教师队伍建设的责任

青年教师的发展决定着学校的未来和发展，是学校可持续发展的决定性因素。

在今后几年，我们必须加大改革力度，健全制度，创新机制，拓展途径、营造氛围，创造“引得进、上得去、干得好、留得住、流得出”的环境，为青年教师的成长创造各种机会，促进青年教师更快更好地发展，为学校建设世界知名高水平大学培养、集聚优秀的人才队伍。

青年教师发展和青年教师队伍建设是一项全校性工作，学校各级组织应从本单位实际出发，科学规划，广开资源，加强管理，共同为青年教师的成长创造条件。所以，今天这个大会也是一次工作会议。参加会议的不仅有青年教师，还有各级党政领导、人事干部、各职能部门和直属单位负责人、学科带头人等。“若干意见”明确了党、团、工、青、妇组织的职责，提出了学校和院系加强青年教师队伍建设、促进青年教师发展的主要职责，也指出了青年教师对自身发展的责任。这里，我特别强调一下学校和院系需要做好的几方面的工作：

健全制度，拓展青年教师发展途径。青年意味着更多选择的可能性，必须从学校、学科发展的需要出发，加以引导。学校“十一五”规划把促进青年教师的发展摆在重要位置，把培养和引进学科带头人和尖子人才仍作为人才强校战略的重要举措。如何把这些思想真正体现在工作中，如何把计划落到实处，需要制度的保证，制度建设是基础性的工作。各单位要结合本单位的实际情况，规划师资队伍，制定青年教师发展计划。青年教师发展问题应该成为检验各院系、各学科工作的重要指标。教学工作有评估，科研工作有考核，青年教师队伍建设同样应该有健全的考核制度。

人才浪费是最大的浪费，也是最大的罪过。青年教师的培养工作要从选拔和录用做起，选拔一个青年教师担负适当的岗位职责，是人才之福，也是学校之福。人尽其才，功德无量。否则，不仅贻误了工作，也贻误了教师的发展。各个部门在选拔人才的时候一定要以学校的发展为出发点，全面深入考察候选人的情况，尽量避免师生亲情、个人关系等因素，尤其要注重人品和发展潜力的考察。录用工作责任要落实到人，推荐人要负有责任，对结果要有评价考核。学校和院系对新教师的选拔和录用情况要进行监督，工作失误要追究责任。真正推行“公开招聘、竞争上岗、合约管理”的用人机制。

除了完善新教师选聘制度以外，青年教师上岗培训、教学科研管理工作的指导等方面都需要有一套健全的办法。在职务评聘中，坚持择优选拔、公平竞争的原则，反对论资排辈，为优秀青年教师脱颖而出提供制度保障。在干部任用中，坚持选拔思想政治素质和业务水平高的青年教师，不拘一格选拔德才兼备的青年人才，让他们在管理岗位上锻炼成长。

青年教师的发展需要“扶一把”。拓展培训是促进教师发展的基本手段。新老搭配的培训方式是值得继承的，应该进一步推广完善新教师责任导师制。新教师的热情和老教师的经验，两者互补不仅对新教师发展有利，对老教师也会有所裨益。高校教学、科研工作有其特殊性，青年教师需要接受指导，以便尽快熟悉工作规律，顺利进入工作角色。我们要改革现有教师上岗培训方式，将报告讲座、课程教学、实践评议等方法与责任导师制有机地结合起来，从选拔录用时起就根据选用目的来规划每个受聘青年教师的培养和发展。对责任导师而言，要承担起青年教师培养和发展的责任。根据规划目标，定期对青年教师和责任导师的执行情况进行检查，检查情况将定期公布，作为青年教师和责任导师的考核内容之一。

从今年起，学校将组织新教师集中脱产培训，目的是为了让新教师尽快地熟悉学校，接受教学、科研和管理能力方面的培训，迅速完成角色转变。学校初步计划每年暑假集中安排不少于两周时间组织新教师进行集中的学习、研讨。学校也将筹划成立一个由校领导、相关部门、专家教授组成的教师发展委员会，深入探索青年教师的培养和发展问题，更合理地组织培训课程和教学内容，进一步完善培训方法，努力提高新教师培训质量，使青年教师更快地适应大学教师的职业要求。

创新机制，激发青年教师成长的潜能。青年教师的发展需要“压担子”。只有调动青年教师的积极性和主动性，激发教学、科研的热情，鼓励创新，才能推动青年教师的发展，实现整个师资队伍的可持续发展。

一方面，要积极构建青年教师成长进步的激励机制，兼顾教学、科研和管理服务，兼顾数量和质量，建立科学的激励机制和竞争机制。对优秀青年教师实行破格晋职、晋级制度，在办学资源分配上向教学、科研和技术创新骨干予以倾斜。因此，完善有利于学术创新的考核评估体系是亟待解决的问题。学校将考虑特设岗位，通过公开、平等、公正的竞争机制，鼓励、支持优秀青年教师脱颖而出，破格竞聘上岗。通过竞聘上岗机制可以激励优秀青年教师力求上进，科研创新。这不仅有利于促进青年教师的成展，也有利于学校教学水平和科研创新水平的提高。

另一方面，积极支持新进教师启动科研工作，促进学术交流。学校将继续为具有博士学位、在教学科研岗位工作的青年教师提供科研启动经费。从进校两到三年的教师中间，学校每两年选拔一批具有博士学位、有较高的学术水平和较大发展潜力的优秀青年教师，作为国家和省部级各类人才奖励计划的后备人才，以创新性项目启动经费等方式予以资助。学校将组织入选学校优秀青年教师后备人才计划的青年教师积极申报"上海市高校选拔培养优秀青年教师科研基金"。

营造氛围，积极为青年教师成才创造条件。人文环境是影响个体发展的重要因素。青年教师发展尤其需要和谐的人文环境。我们要努力为青年教师创造更多的公平的发展机会，构筑一个促进青年教师发展的精神乐园。

学校将广开渠道，积极争取各类经费支持青年教师个人发展。学校积极争取国家留学基金委员会的政策与经费支持，加强与海外著名大学的广泛联系与学术交流，努力争取申报富布赖特等多种国外研究基金和国家留学基金。通过海外基金资助、国家留学基金资助、国家留学基金与学校经费配套资助、国外知名大学（校际交流学校）资助、学校自筹经费等多种渠道，选拔培养优秀后备人才。

必须加强学校与院系的统筹协调，合理安排青年教师的教学与科研工作，积极为青年教师在职进修创造条件，优先推荐在职攻读博士学位的青年教师申报国家建设高水平大学公派研究生项目等。学校鼓励院系自主设置鼓励、支持、促进青年教师发展的项目和资助计划，各院系必须从各自实际情况出发，制定切实可行的青年教师发展政策和措施。今后院系必须在新教师进校的最初五年内，为每位新教师在国内外高水平大学进行不少于三个月的研修提供支持。

青年教师除了面临事业发展的压力外，也面临着巨大的生活压力，学校也在想办法尽可能减轻青年教师的生活负担，帮助青年教师解决实际生活困难。

三、关于促进青年教师发展的具体举措

近几年来，学校每年都新聘一二百教师，绝大部分是青年教师，其中一小部分已是事业有成（well established），大部分还处在事业的起步阶段。对前一部分教师，如何能尽快成为世界级、国家级的优秀人才，后者如何发展成为有创新能力的合格的教师、科学家、管理者。我们要有具体措施：

（一）支持和鼓励青年教师申报国家和省部级各类人才计划。对入选国家杰出

青年科学基金、“长江学者奖励计划”和“新世纪优秀人才支持计划”的青年教师，给予相应的科研经费配套支持。

（二）支持和帮助青年教师争取入选上海市各类人才计划（项目）。对于入选上海市领军人才（地方队）计划、上海市“曙光计划”、上海市“青年科技启明星计划”的青年教师，给予相应的科研经费配套支持。

（三）鼓励青年教师申报各级精品课程建设项目，鼓励和支持青年教师投身课程教材建设，组织开展学校精品课程建设、学校精品教材建设专项基金和学校教材出版基金等项目，资助精品课程建设和优秀教材出版，重点资助公共基础课和专业主干课教材，学校优势学科、新兴学科和边缘学科教材，实验、实践性课程教材以及双语教材的建设。

（四）选拔、推荐青年教师尤其是在基础教学中有特殊贡献的青年教师申报各类教学奖，进一步完善学校优秀教学奖和教学成果奖等奖励计划，鼓励和支持青年教师参与学科建设和教学改革，革新教学内容，变革教育教学方式方法，提高教学质量与效率。

（五）继续推进和完善新教师录用与培育计划、新教师“1＋1”导师制培养计划和新教师“融入师大，学为人师”研修计划等多种针对新教师的人才培养计划。学校积极筹措经费支持新进教师启动科研工作。充分发挥导师在指导青年教师发展中的作用，为导师开展培养工作提供必要的条件和支持。学校每年组织实施新教师“融入师大，学为人师”研修计划，集中脱产培训，帮助青年教师迅速完成角色转变，奠定专业发展基础。

（六）为推进学科建设和青年教师队伍建设，树立敬业爱生、教书育人、勇于创新、奋发有为的青年教师形象，学校每年在在校工作两年以上（含两年）、45 岁以下的青年教师中间组织评选学校杰出新人奖。

（七）全面落实“优秀青年教师海外研修计划”。积极争取国家留学基金委员会的政策与经费支持，加强与海外著名大学的广泛联系与学术交流，努力争取申报富布赖特等多种国外研究基金和国家留学基金，通过海外基金资助、国家留学基金资助、国家留学基金与学校经费配套资助、国外知名大学（校际交流学校）资助、学校自筹经费等多种渠道，选拔培养优秀后备人才，为优秀青年教师的健康、快速成长提供海外进修条件。对入选青年教师海外研修计划的教师，在学校批准的海外研修期内，学校全额发放国家工资（岗位工资和薪级工资）、上海市职岗津贴、学校基本津贴和公积金补贴等。学校组织专门的外语培训，帮助青年教师在国家公派留学人员的全国外语水平考试（WSK）中取得优异成绩。

（八）稳步推进学校优秀青年教师后备人才计划。每两年选拔一批具有博士学位、有较高的学术水平和较大发展潜力的优秀青年教师，作为国家和省部级各类人才奖励计划的后备人才，以创新性项目启动经费等方式予以资助。学校组织、推荐入选学校优秀青年教师后备人才计划的青年教师积极申报“上海市高校选拔培养优秀青年教师科研基金”。

（九）继续推进博士后人才培养计划。把博士后队伍建设作为学校师资队伍建设的重要环节，拨出专项基金支持博士后培养工作，提高博士后的生活和工作待遇，吸引更多博士生进入博士后流动站。

（十）进一步加大优秀青年拔尖人才的引进力度。继续完善人才引进配套制度，面向海内外择优录取具有博士学位，特别是有博士后工作经历的年轻教师。

（十一）通过指导、帮助青年教师申报国家和省部级教学和研究课题、奖励计划，在专业技术职务评聘过程中，根据重点学科、重点实验室建设以及科技创新平台（基地）建设的需要，设立学校特设岗位，鼓励、支持优秀青年教师脱颖而出，竞聘上岗。

（十二）积极创造条件，帮助青年教师改善工作、生活条件。2002 年 7 月 1 日以后进校的青年教师，学校连续五年发放租房补助，每月补助金额不变。

（十三）积极创造条件，为女青年教师的健康成长提供帮助。校工会专门设立女青年教师成才资助金，资助分家庭服务补贴、教学科研成果奖励以及生育和哺育生活补贴。

各位老师，在促进青年教师的发展工作的进程中还会有很多问题和困难，学校不可能一下子把这些困难都解决，有些问题也是学校无能为力的，也需要大家理解和谅解。华东师大有尊师重道的好传统，有提携后进的好风尚，这是我们学校所以江山辈有新人出的根本原因所在。这几年来，学校一直以高层次人才队伍和创新团队建设为先导，以培养教师创新精神和创新能力为重点，以改革创新教师工作机制为动力，为形成一支师德高尚、业务精湛、结构合理的高水平师资队伍而不懈努力。青年教师也要相信学校，信任组织，把自己的发展与学校的发展结合起来，为学校建设高水平大学出谋划策。

青年教师的发展是学校事业发展过程中常有常新的问题，旧的问题解决了，新的矛盾又会出现，需要我们坚持不懈地关注这个问题，在某种意义上，这次会议只是一个开始。希望各级领导干部和广大青年教师，共同关注、思考这个问题，齐心协力，为青年教师的发展出谋划策，为青年教师的发展铺路架桥，为青年教师的发展尽心尽力，为华东师范大学的未来倾注我们的热情和智慧！

群策群力，开拓创新，加快高水平大学建设步伐[①]

（2007 年 4 月）

我代表学校向第六届教职工代表大会和第十二次工代会作行政工作报告。请各位代表审议，并请列席代表提出意见。

一、五届教代会以来的工作回顾

我校第五届教职工代表大会和第十二次工代会是 2000 年 12 月召开的。六年多来，在教育部和上海市的关心和指导下，在学校党委领导下，全校师生员工群策群力，艰苦奋斗，走过了不平凡的历程。我们成功举办了五十周年校庆，营造了爱校、荣校的文化氛围；顺利完成了“十五”“211 工程”项目建设，学科与师资队伍建设取得突破性进展；积极深化教育教学改革，创新人才培养机制，提升人才培养质量，本科教学工作水平评估取得了优异成绩；大力推进闵行校区建设，拓展了办学空间，极大改善了办学条件，基本形成了“一校两区”的办学格局；成功跨入“985 工程”高校行列，进一步明确了发展目标和战略举措，为建设世界知名的高水平大学奠定了基础。

（一）学科结构逐步优化

学校坚持服务国家和地方经济社会发展，不断优化传统学科、积极发展新兴交叉学科、大力加强应用学科，积极推动学科群、学科平台的建设，学科结构有了明显改善。国家重点学科、上海市重点学科数量有所增加，博士、硕士学位授予点大幅增加，专业学位授予点、本科专业也有所增加。在 2004 年公布的全国一级学科评估排名中，我校有 9 个一级学科整体水平进入前十位，其中教育学、系统科学、心理学、地

① 本文为俞立中在华东师范大学第六届教代会暨第十二次工代会上的行政工作报告。

理学、科学技术史等 5 个一级学科排名全国前四位。

通过学科资源整合，发挥学科群优势，在重点实验室和重点研究基地的建设方面取得了突出成绩。教育部、上海市重点实验室和工程中心由 3 个增加到 10 个，新增天童森林生态系统国家野外科学观察研究站。“光谱学与波谱学教育部重点实验室”在教育部组织的验收评估中被评为优秀，在高校信息领域重点实验室第一名，“精密光谱科学与技术”已被批准为新建国家重点实验室。“纳光电与先进装备教育部工程研究中心”和“上海分子治疗与新药创制工程技术研究中心”先后获批准立项，填补了学校在工程研究中心建设方面的空白。依托学校的“上海市磁共振成像技术公共研发平台”和“上海市细胞信号网络研究技术平台”获准建设。中国现代城市研究中心被批准为教育部第五批人文社会科学重点研究基地，教育部人文社会科学重点研究基地由 5 个增加到 6 个。基础教育发展与改革研究所在教育部重点研究基地第一轮建设评估中获得优秀。

(二) 队伍结构更趋合理

学校采取多种有效措施吸引、培养和稳定高层次优秀人才。目前已拥有两院院士 12 人(含双聘院士)，长江学者 7 人，入选教育部“创新团队计划”团队 3 个，国家基金委杰出青年基金获得者 9 人，新世纪百千万人才工程国家级人选 5 人。

学校坚持按需设岗，公开招聘，择优聘任，合约管理，进一步深化教师专业技术职务聘任制度改革。2006 年，学校具有副高级以上专业技术职务的教职工 1 297 人，比 2001 年增加了 27.53 个百分点；具有正高级专业职称的教职工 440 人，比 2001 年增加了 47.65 个百分点。学校通过实施优秀后备人才培养计划，全面提升教师队伍的学历水平，目前具有硕士学位以上的教职工有 1 572 人，比 2001 年增加了 649 人。其中具有博士学位的教职工有 765 人，比 2001 年增加了 443 人。

此外，学校还在全国高校中率先实施“终身教授”制，稳定了骨干教师队伍，聘任终身教授 96 名。推进了华东师范大学“紫江学者”计划，设置了 17 个“紫江特聘教授”岗位、34 个“紫江讲座教授”岗位，吸引了 180 多名高层次人才加盟学校。采取“团队引进”的方式，扶植组建了 7 个富有活力的创新团队。

(三) 创新能力明显增强

学校注重科研创新平台和创新团队建设，推进学科交叉融合，不断提升学校的自主创新和集成创新能力，提高科研活动的品质。承担重大科研项目的能力大幅提升，国家 973 项目、863 项目、国家自然科学基金重点项目、国家社科基金项目以及教育部、上海市的重大项目的数量显著增加。科研经费大幅增长，2006 年课题拨入经费总计达 14 385 万元，是 2001 年的 2.67 倍。

六年来，学校取得一系列重大科研成果：何积丰教授的研究成果“设计严格安全软件的完备验算系统”获 2002 年度国家自然科学二等奖；马龙生教授的“光学频率合成与传递技术研究”以及主持研究的“光场时—频域精密控制的研究”分别入围教育部“2004 年度中国高等学校十大科技进展”和 2006 年度国家自然科学二等奖。获得上海市科技进步一等奖 3 项成果，获教育部人文社科优秀成果一等奖 5 项，上海市哲学社会科学学术贡献奖 2 项，特等奖 1 项。此外学校还承担了国家和地方的许多重大研究课题和攻关项目，有几十项成果获得教育部和上海市的重大表彰。

(四) 人才培养质量提升

学校不断推进人才培养改革，探索新模式、新机制，在学生数量持续稳步增长的同时，不断提升人才培养质量。

六年来，全日制本科生招生规模基本保持稳定。学校坚持“强化基础、注重个性”的人才培养传统，不断深化“基本要求＋需求选择”人才培养模式的内涵建设，优化课程结构，实施分层次教学，全面提高学生外语、计算机等基本素质，重视学生实践创新能力的培养，通过鼓励学生参与各种竞赛，承办科研项目，提高学生实践创新能力，初步形成构建了以研究性教学与实践能力培养为核心的创新人才培养体系。我校在“挑战杯”和全国大学生电子设计、数学建模、程序设计、广告艺术、英语等各类竞赛屡创佳绩。这些年来，我校生源质量持续保持较高水平，本科生就业率始终保持在 96％以上。

六年来，学校研究生招生规模大幅增加。从 2001 年的 3 031 人激增至 2006 年的 7 730 人。学校积极推进研究生教育创新工程。建立了研究生科研基金，举办研究生学术论坛，增强研究生创新能力。六年来，我校共有 6 篇论文入选全国百篇优秀博士论文，5 篇获得全国百篇优秀博士论文提名，24 篇论文入选上海市优秀博士论文，10 篇论文入选上海市优秀硕士论文。2006 年，我校研究生的科研成果对学校 SCI 的贡献率达 50％以上，文科研究生成果的贡献率也接近 50％。

(五) 办学条件极大改善

根据上海市高校布局结构调整的战略部署,2003 年底闵行校区建设工程奠基动工。目前共计建筑面积 35 万平方米,已有 13 个院系 8 700 名本科生在闵行校区学习生活。2006 年 8 月,学校机关主体迁往闵行校区,"一校两区"的格局基本形成。同时,在中山北路校区建成了理科大楼、田家炳教育书院和大学生活动中心等教学、科研和学生活动用房。六年来,学校占地面积从 784 347 平方米增加到 2 095 828 平方米,校舍面积从 520 996 平方米增加到 885 353 平方米。

与此同时,学校稳步推进公共服务体系建设。固定资产总值由 2001 年的 5.7 亿元增至 2006 年的 19.7 亿元,翻了近两番。教学科研仪器设备总值从 1.6 亿元增至 4.2 亿元,建成了"物质结构与分析综合实验平台",改造了一批公共基础实验室和计算中心。大力推进实验室管理体制改革,按类别成立生命科学、化学、物理、电子和计算机工程 5 个校级实验中心,将体育、教育、心理等专业性较强的实验室,整合成为院(系)教学科研并用的综合试验平台,已基本形成理工并重、文理兼容、教师教育特色鲜明的实验教学平台框架。学校不断加大对图书馆的投入,在闵行校区中心新建现代化图书馆。馆藏图书由 330 万册增至 366 万册,并拥有大型电子数据库 56 个,已形成多类型、多语种、多载体的文献保障体系。数字化校园建设成绩显著,全面推行校园一卡通,启动办公自动化系统,建成综合信息服务的公共数据库,推进与公共数据库系统信息共享。

(六) 国际交流成绩显著

坚持贯彻"搭建国际交流与合作平台,为学科建设与师资队伍建设服务"的原则,国际教育交流与汉语国际推广成绩卓著。六年来,教师、学生出国交流访学的数量不断增加,聘请的长短期外国专家以及名誉教授、顾问教授和客座教授的数量有大幅度增加,在我校举办或承办的国际会议的数量不断增加、层次和影响力不断提高。长期留学生人数从 2001 年的 737 人增加到了 2006 年的 1 919 人。六年里,学校又与 61 所国外大学建立了校际交流合作关系。与法国巴黎高师等四所高师联合培养博士研究生、与美国宾夕法尼亚大学联合培养教育博士、美国纽约大学在我校成功设立上海中心等合作项目标志着我校与世界著名大学的交流取得重大突破。

2002 年组建成立了对外汉语学院，设立全国唯一的对外汉语教学网站。学校积极服务汉语国际推广战略，在美国纽约、芝加哥、爱荷华等地分别合作建立了孔子学院，与美国旧金山大学合办的对外汉语教学中心已经开始运作。

（七）财务运行状况平稳

随着学校事业的发展和经济财务管理制度的不断完善，财务收支结构也发生了相应的变化和调整：2001 年学校决算收入为 59 883 万元，决算支出为 55 613 万元；2006 年学校决算收入为 114 899 万元，决算支出为 107 495 万元，决算收入与支出同比 2001 年分别增加 91.87％和 93.29％。2001 年学校资产总量为 111 542.83 万元；2006 年学校资产总量增加到 336 472.55 万元，学校资产总量同比 2001 年翻了近两番。

（八）依法治校步伐加快

学校重视加快民主办学、依法治校的进程。五届教代会以来，切实发挥教代会作用，认真落实教代会各项职权。教代会提案到件件有督办、件件有落实、件件有答复。重视发挥校务委员会和学术委员会的咨询评议职能。实行学生参与学校管理的“学生参议制”等。

学校在上海高校中率先制定并施行《关于加强校务公开的若干意见》，推行校务公开，推广行政流程公开制度和各类办事公开制度。学校重视发挥法律咨询小组的作用，制定《法律咨询小组章程》，开展法律咨询，提供法律保障，推进依法治校。2006 年，以迎接本科教学工作水平评估为契机，全面梳理了学校行政规章制度，推进了管理制度化规范化。

学校积极采取措施切实维护和发展教职工的政治民主权利、精神文化合法权益以及经济生活合法权益。六年来，教职工的工资、津贴和福利待遇普遍有所提高。学校还积极支持校工会改善和提高教职工的福利，到目前为止，为教职工设立 10 项基金，基金总额已达 1 400 万元，基金覆盖师德建设、医疗保障、人身意外保险、帮困等方面。

各位代表：

学校取得的成绩是有目共睹的。六年多来，师大人以百折不挠的精神，以坚韧不拔的意志，以继往开来的勇气，团结奋斗、开拓创新，担当起国家和人民赋予的重担，担当起社会和历史赋予的使命，做出了应有的贡献。在此，我谨代表学校，向各位代表，向全体教职员工表示衷心的感谢！也借此机会，向所有关心、支持和帮助华东师范大学的领导、校友和各界人士表示最衷心的感谢！

各位代表：

2006年9月，华东师范大学正式跨入了“985工程”重点建设高校的行列，标志着学校事业发展进入了一个新的历史阶段。面对建设世界知名的高水平大学的宏伟目标，学校仍然面临着巨大挑战，存在着诸多困难和矛盾，其中最严峻的挑战和最突出的矛盾是：

第一，办学质量和水平与高水平大学的要求存在明显差距

高水平大学要有高水平的师资队伍。目前师资队伍整体水平还不能满足建设高水平大学的需要。高层次人才，尤其是能带领学科跻身于国际一流或先进行列的高水平领军人物还非常缺乏。后备力量明显不足，学校如何采取有效措施，通过政策引导，促进更多的青年脱颖而出，任务相当艰巨。

高水平大学要培养高质量的人才。面对建设创新型国家的需要，面对人才市场需求的变化，教育教学的改革明显滞后，学校如何转变教育观念，改革教学模式，调整专业设置，完善课程体系，充实教育教学内容，增强学生的创新意识和实践能力，还有许多工作要做。

高水平大学要创造高水平的科研成果。总的来说，我们的创新活力还不足，创新意识和创新能力还不强，我们的科研体制还不适应基于学科交叉的重大科研攻关，我们的考核办法还不适应基于长期学术积累的原创性研究。学校如何通过体制机制改革，争取承担更多重大科研项目，取得更多重大原创成果，要求非常紧迫。

高水平大学要有高水平服务社会的能力。目前我们服务社会的主动性积极性还很不够，缺乏以整体合力，形成学校服务社会的优势强项。学校如何通过资源整合、政策导向、文化建设，充分发挥教师教育的整体优势，为国家和地方教育事业发展服务，如何运作好国家大学科技园区，为国家和地方社会经济发展服务，道路仍很艰难。

第二，管理效益和水平与高水平大学的要求存在明显差距

高水平大学需要建立高效的管理体制。随着办学规模的扩大和各项事业的发展，如何协调行政权力和学术权力的关系，如何协调院系架构与学科平台建设之间

的关系，已经成为推进学校事业发展过程中急需解决的矛盾。

高水平大学需要建立合理的资源配置机制。学校发展过程中资源紧缺与资源浪费的现象长期严重并存，与节约型校园的要求相距甚远。在一校两区格局形成过程中，如何建立合理有效的资源配置机制，开源节流，规范管理，为学校可持续发展提供物质保障，已经成为影响学校可持续发展的重要因素。

高水平大学需要建立多元的经费筹措渠道。随着学校基建项目的逐步推进，闵行校区建设资金的投入增加，银行贷款扩大，贷款利息支出增加，一校两区运行成本迅猛增长，财务状况压力增大。与此同时，随着“985 工程”建设的推进，学校必须进一步加大学科和队伍建设投入力度，学校资金供需矛盾突出。但是，资金筹措渠道和方式并没有大的改变，学校财务状况开始发生质的变化。

第三，办学特色和优势与高水平大学的要求存在明显差距

高水平大学要有显著的办学特色。我校一直以引领教师教育发展为己任，但是，作为全国重点师范大学，与国家推进中西部和农村基础教育发展战略需要相比，我们的工作还有明显差距。作为地处上海的全国重点大学，与上海建设国际化大都市对基础教育发展提出的要求相比，我们的工作还有明显差距。学校制订了教师教育创新推进计划，但整合各方资源的力度不够，推进实施的步伐也不快。此外，如何贯彻落实师范生免费教育这一重大战略举措，任务相当艰巨。

高水平大学要有较多的优势学科。近年来，我校的传统优势学科的地位正受到日益严峻的挑战，部分学科的领先优势不同程度地被削弱。新兴学科有所发展，但真正能雄踞学科高峰的为数极少。推进学科交叉融合不仅存在体制机制上的障碍，而且存在比较严重的思想观念的障碍。如果不能打破思想上的樊篱，打破学科之间的壁垒，就不可能建设高水平的创新平台和基地，就不可能构建优势学科，也就必然阻碍建设高水平大学的进程。

高水平大学要有积极大气创新的大学文化特色。学校管理上的问题首先是文化建设上的问题。

二、今后几年的工作思路

回顾过去，成绩是显著的；正视现实，挑战是严峻的；面向未来，任务是艰巨的。

2006年召开的学校第十一次党代会，通过了学校“十一五”发展规划，确定了学校的中长期发展目标和发展战略。今后几年，学校的一切工作，必须服务于“把华东师范大学建设成为拥有若干一流学科、多学科协调发展、引领中国教师教育发展的世界知名的高水平研究型大学”这一宏伟目标；必须始终坚持“以邓小平理论和‘三个代表’重要思想为指导，全面贯彻落实科学发展观，坚持党的教育方针，以提升创新能力、培养创新型人才为中心，推进学科交叉融合，推进学校国际化进程，汇聚英才，集聚资源，创造精品，走有华东师范大学特色的跨越式发展道路”。必须始终坚持以“985工程”建设为主线，全心全意依靠全体师生员工，充分调动各方面积极因素，坚定信心，群策群力，开拓创新，加快建设高水平大学的步伐。

（一）坚持办学特色，引领教师教育发展

服务国家发展战略，引领教师教育发展，是华东师范大学的特色和优势。在建设高水平大学的过程中，必须坚定不移地坚持办学特色。重点做好师范生免费教育，深入实施《教师教育创新计划》，构建有中国特色的教师教育创新体系。

2007年开始，六所部属师范大学实行师范生免费教育，这是国家推进中西部基础教育发展的战略举措，学校要进一步凸显办学特色，发挥高水平大学的优势，优化资源配置，在学科建设、人才队伍建设和师资队伍力量配备、课程建设、教学科研条件保障等方面为教师教育改革发展提供切实保障。必须进一步加大教师教育教学改革力度，调整教师教育课程结构，更新教学内容，充分吸取学科发展前沿最新成果和教育实践的新鲜经验，注重教育实践，强化实践教学环节，加强师范生师德教育，形成教师养成的良好氛围。建立师范生教学质量保障体系，为基础教育培养和输送更多的优秀教师，努力把学校建设成为培养造就高素质教师队伍和教育家队伍的重要基地。

积极承担国家、上海市基础教育和教师教育发展的任务，深入推进与有关高校和地方政府在基础教育领域的合作。落实对上海基础教育发展服务的十四条举措，整合并发掘国际、国内和学校自身的教师教育资源，全面实施职前培养、入职教育和在职培训一体化的培养模式，创造性地构建有中国特色的教师教育创新体系。

加大对教师教育理论研究与改革实践的支持力度，进一步凸显和发挥教育学科群与多学科综合性大学的集成优势，打造国际知名国内一流的教师教育创新基地，

为全国职业教育、农村教育发展提供高水平的实践指导，为国家、上海市教师教育和基础教育改革发展提供有力的理论支持和智力支撑。

（二）加强队伍建设，提高核心竞争力

师资队伍是大学发展最重要的资源，是决定一所大学核心竞争力的关键所在。高水平大学的首要标志就是高水平的师资队伍。加强师德建设，创造发展机会，集聚领军人才，稳定骨干教师，培养后备力量，造就一支师德高尚、结构合理、创新力强、充满活力、适应学校事业发展需要的高水平的教师队伍，是学校发展的最重要的基础。

队伍建设要坚持以人为本。最重要的就是要为每一位教师创造发展机会，拓展发展空间机会。因此也需要加强分类指导。要进一步加大领军人才队伍的建设力度，这是决定学科建设能否走在前沿的最重要的因素。要加强优秀创新团队的建设和青年学术骨干队伍建设。坚持不懈地推进实施领军人才队伍建设、高层次人才队伍建设、优秀青年教师培养、创新团队的培育与建设以及高层次大学管理人才队伍建设，在一些重要的学科领域形成一批具有国际影响的领军人物和创新团队。

队伍建设要着眼长远。青年教师的发展决定着学校的未来和发展，是学校可持续发展的决定性因素。在今后几年，我们必须加大改革力度，健全制度，创新机制，拓展途径、营造氛围，创造“引得进、上得去、干得好、留得住、流得出”的环境，为青年教师创造良好的工作条件，促进青年教师更快更好地发展，为学校建设世界知名高水平大学培养、集聚优秀的人才队伍。学校将积极争取国家和上海市各类人才培育计划，大力实施“学校优秀青年后备人才培养计划”、博士后人才培养计划”、“优秀青年教师海外研修计划”和“新教师录用与培育计划”等，使优秀青年人才脱颖而出成长为学科发展的骨干，切实担负起学校建设世界知名高水平大学的历史任务。

队伍建设要开阔视野。必须正视现有队伍状况与高水平大学建设要求存在较大差距这一现实，要放眼世界吸引人才，要有“纳天下英才”为我所用的胸怀，抓住当前人才市场的机遇，不拘一格吸引一流人才参与华东师大的学科建设。要拓宽思路培养人才，既要积极为教师提供各种发展的机会，积极创造条件，送出去学习，走出去交流，也要积极请进来指导，在积极的交流互动中，拓宽教师的视野，提高教学科研水平。

队伍建设要有长效机制。必须进一步完善教师岗位聘任制度，完善教师专业技术职务评聘制度，强化岗位聘任、合同管理、聘期考评，建立起富有活力和竞争力的教师聘任和晋升制度，建立起与个人绩效、教研成果和学科发展目标相挂钩的薪酬分配体系，建立固定编制与流动编制结合，创新团队内外结合，国内与国际人才流动互补的人才体制，建立公平、科学和合理的竞争机制，为教师专业发展创造一个有吸引力的工作和生活环境。

（三）推进学科交叉融合，构建创新平台和基地

学科建设对大学发展最具整合性与影响力，是大学提升创新能力和广大师生谋求专业发展的基础。学校将坚持"推进学科交叉融合"这一战略举措，以"985 工程"建设为契机，积极探索现代大学的管理体制和运行机制，积极探索学科交叉融合的体制和机制，加强对"985 工程"创新平台与基地建设的组织协调，着力推进科技创新平台和社科创新基地的建设，发挥平台与基地对相关学科的带动效应，构建多学科高水平、协调发展的学科创新体系，进一步提升自主创新能力，促进平台和基地建设取得新突破，增强学校的竞争力。

必须坚持以国家目标为导向。学校将以"985 工程"和"211 工程"建设项目为主要抓手，在继续发挥综合性大学优势、集中资源加强重点学科和优势学科群建设的基础上，强化教育学科的群体优势；以原始创新为目标，加强文理基础学科群建设；以重点突破、建立研究方向上的优势为目标，发展社会学科、资源环境学科和高新技术与工程学科；瞄准国际学术前沿和高新科技发展，凝练创新方向，促进学科交叉，力争在生命科学、信息科学、材料科学、城市科学、国际问题、艺术传播学科领域有重要突破。

进一步推进重点学科建设。加快推进国家重点学科的建设，争取有更多的学科进入国家和上海市重点学科行列，促进教育学科群、人文学科群、理学学科群和资源环境学科群和工学学科群等协调发展，建设高水平的哲学社会科学创新基地和科技创新平台，汇聚一批高水平创新人才和学科领军人物，争创一批具有国际水平的原创性研究成果，不断提高学科水平和竞争力

大力发展新兴交叉学科。要在现有学科基础上，坚持"交叉、相融、互补"的原则，通过"211 工程"和"985 工程"重点建设，建立"开放、融合、竞争"的运作模式，采

取建设跨学科的研究中心或研究院等措施，为应用文科、高新技术学科、新兴边缘学科提供更大的发展空间，并在资金、人员等方面给予政策上的支持，培育一批具有国际领先水平和时代特色的新的学科生长点，力争在资源环境、精密谱学、生物医药、软件科学、纳米科技、绿色化学等前沿领域实现异军突起，形成优势。

积极拓展学科学位授权点。目前，我校的一级学科博士学位授权点主要集中在教育学和理学门类。今年几年，要切实转变观念、集中相关学科力量，重点把当前的二级学科优势发展为一级学科群优势，争取新增5个以上一级学科博士学位授权点，全面拓展学科发展空间。同时，加强专业学位建设，完善学科结构布局，实行分类指导，推进多学科高水平协调发展。

(四) 推进国际交流合作，提高学校综合实力和影响力

国际化程度是衡量高水平大学的重要指标。“推进国际化进程”是“十一五”时期学校发展的重要战略举措，必须把国际合作交流与学校的学科建设、队伍建设、人才培养和校园文化建设紧密结合起来，创造条件，推动师生更广泛地参与国际学术交流合作，促进中外教师学生的共同发展。

将国际合作研究与高层次人才培养结合起来，通过发展一批高层次的合作办学、科学研究和人才培养项目，培养和锻炼一批具有国际视野和国际竞争力的人才队伍，集聚一批稳定的优秀国际合作群体，力争参加国家和上海市开展的重大国际合作项目，产生一批在国际上有较大学术影响的研究成果。在办好中法联合研究生院等国际交流合作重点项目，推动与国际知名大学或企业联合建立研究院或实验室。

大力支持教学科研人员、管理人员和学生参与国际学术交流。增加青年教师参与国际交流的机会，特别要重视通过海外基金资助、国家留学基金资助、国家留学基金与学校经费配套资助、国外知名大学（校际交流学校）资助、学校自筹经费等多种渠道，选拔培养优秀后备人才。加快研究生教育的国际化进程，加大对外合作办学力度，争取建立华东师范大学海外分校，在更多的学科领域开展与国外院校的联合招生、联合培养工作，大胆引进国外优质的教育资源和先进的教材。

主动服务国家汉语国际推广战略，办好示范性孔子学院，建设汉语国际推广研究和师资培养基地，开发适合国外教学的跨文化对外汉语课程体系，努力把学校建成汉语国际推广重镇，不断扩大学校的影响，提升学校的综合实力和国际声誉。

进一步加强留学生工作，健全留学生教育管理体制和机制，扩大留学生教育规模，提高留学生就学层次。要积极促进留学生与本国学生的交流，增进相互了解，促进共同发展。

（五）坚持以人为本，推进教育改革

创新人才培养是高水平大学建设的根本任务。必须坚持质量第一的原则，加快教育教学改革，注重提高学生的学习能力、实践能力和创新能力，全面提升办学质量和水平。

发扬“强化基础、注重个性”的人才培养传统，进一步完善“基本要求＋需求选择”的多元化、个性化人才培养模式，推进本科教育教学改革。本科生教学要全面贯彻落实“教育部关于高等学校质量与教学改革工程的意见”的要求，在巩固2006年本科教学工作水平评估成果的基础上，落实整改措施，完善质量监控体系，加强科学管理，建立长效机制，把本科生教育工作的重点集中到提高质量上来。实施并逐步完善完全学分制，全面推广本科生导师制，改革本科课堂教学方式，提高师生互动品质，引导学生主动深入学习，激发学生的好奇心，鼓励学生进行科学研究，加强实践环节教学，实施面向全员的本科生实践创新计划，增加本科生跨国跨校交流学习的机会，使学生在多视角、国际化的学习平台中得到锻炼和提高，不断完善创新人才培养体系。以通识教育、专业教育和教师教育三大板块的课程建设为核心，加强精品课程与特色专业建设，实验教学示范中心与公共实验教学平台建设，重大教改项目与主讲教师队伍的建设，加强对青年教师教学技能的培养与培训，全面提高青年教师的课堂教学水平。加快“课程中心”建设，丰富教育教学资源，充分利用现代教育技术提高教学水平与质量。

坚持“注重创新、提升品质”的要求，加强研究生教育，提高研究生培养质量。大力推进研究生培养机制改革，确立以研究生教育为主导，以本科教育为基础，构建研究型大学的思路，以此来规划研究型大学及研究型大学中研究生教育的未来发展。通过改进选拔录取方式、坚持分轨培养和分类指导，继续完善导师规范、提高导师素质和水平，不断提高研究生的生源质量和培养质量。按照“面向世界前沿，坚持国际标准，建设优势学科，创造一流成果，改善管理机制，确保培养质量”的原则和“注重创新、提升品质”的要求，加强研究生创新实践基地建设，支持研究生开展创业实践，实施研究生综合素质培养计划，建立起有利于提高研究生全面素质的研究生教育体系及相应的运行机制，培养一批具有创新能力和实践能力的高水平拔尖人才。

坚持“控制规模，调整结构，提升层次，提高质量”的方针，发展网络教育和继续教育，增强服务社会能力，提高办学活力。

(六) 深化科研体制改革，提高自主创新能力

今后一段时期，我们要按照高水平大学建设的目标要求，紧紧抓住国家和上海重大战略机遇，以市场需求为动力，深化科研体制改革，加强“985工程”科技创新平台和人文社会科学创新基地建设，增强学校知识与技术创新能力。

必须围绕国家战略需求。积极调整科研发展方向，充分发掘学校潜在的符合国家、上海战略需求和世界科技前沿的资源优势，抢占先机，积极参与国家和上海知识创新工程，主动争取国家和上海市重大科研项目、重点奖项，促使教学、科研与国家及上海的经济社会文化发展需要的密切结合，在科研自主创新和集成创新方面实现重大突破。

必须直面经济主战场。逐步建立和完善学校在创办高科技企业中的投入与撤出机制，进一步扩大和完善科技成果产业化的渠道，以利于高新技术成果转化和产业的再投入。加快华东师范大学国家大学科技园建设，积极探索科技成果转化、孵化和产业化的有效机制，努力使华东师范大学成为高新技术创新的重要基地、辐射源和孵化基地。切实做好“三区联动”(校区—园区—社区)工作，提高对地方经济文化发展的贡献度。

深化科研管理体制与运行机制改革。以“基地(平台)、项目、人才(团队)、成果、机制”的联动与整合为工作中心，继续实行科研实绩奖励制度，大力实施哲学社会科学繁荣计划和科技创新计划，催生一批在国内外具有重大影响的原创性科研成果。

(七) 改革资源配置方式，提高办学支撑能力

财经状况是学校健康稳定持续发展的重要基础。必须坚持“开源节流，勤俭办学，提高办学经济效益”的方针，积极深化改革，改革资源配置方式，提高资源使用效益，提高办学效益，建设节约型校园。

资源配置方面。要坚持总体规划，加强宏观调控，注重资源共享。房产资源配置很不平衡，造成了短缺与浪费并存；仪器设备和设施配置分散、重复，利用率低的现象比比皆是。迫切需要创新优化资源使用、配置和管理机制，强化绩效管理。特别要重视建立健全资源共享机制，实现国有资产从无偿占有向有偿使用转变。

财务管理方面。要实行相对集中的财务管理体制，实现从核算型向以预决算为主的管理型转变，经费使用从膨胀扩张型向以成本核算为主的效益型转变，充分发挥财务杠杆的宏观调控作用，提高防范财务风险的能力，不断完善和健全与社会主义市场经济体制和创建世界知名高水平大学的要求相适应的学校财务管理体制。

产业发展方面。继续推进校办企业改制，推进学校资产经营有限公司的运营，建立以资本为纽带，“产权清晰、权责明确、校企分开、管理科学”的现代企业制度，使校办企业成为承担有限责任、自主经营、自负盈亏、照章纳税的市场主体，并对国有资产承担保值增值责任。在企业转制过程中，要依法保护学校合法权益，有效规避校办企业经营风险。

资金筹措方面。一方面要从被动的等、靠向主动的争取转变，另一方面要积极多渠道筹措经费，既要积极争取国家和地方政府的支持，也要争取企业和社会的支持，特别要重视以服务求支持，以合作促发展。加快整合各方力量，构建教育服务平台，强化教育的社会服务功能，提高对创新型国家和上海学习型城市建设的服务水平。争取建立华东师范大学发展基金，加大多渠道筹措办学经费的力度。

（八）推进民主办学，构建和谐校园

大学是知识和文化的殿堂，华东师大英才荟萃，五十多年的办学历史，不仅形成了学科专业特色和优势，也建成了富有灵气的校园景色，更积淀了深厚的文化底蕴。面向未来，更好地建设我们共同的家园，需要全心全意依靠教职工，不断地推进学校的文化建设。

推进校务公开。尊重并拓展师生的知情权、参与权、表达权和监督权，这是建设和谐校园的重要内容。必须进一步深化校务公开的内容，拓展校务公开的渠道，各职能部门、各院系都要明确必须公开的事项、公开的途径和方式。

推进依法治校。依法治校是办学民主的重要保障，必须建立和完善决策咨询制度，重视发挥专家教授在学校民主管理中的作用，增加广大师生参与学校管理的途

径。必须进一步规范决策制度、规范办事程序，完善各项规章制度，提高决策的执行力，提高管理效率。

提倡学术自由。营造崇尚知识、尊重人才、鼓励探索、宽容失败、促进创新的学术氛围。深入发掘学校文化底蕴，弘扬“求实创造、为人师表”的校训精神，培育相互协作、荣辱与共的团队精神，培育敢为人先、追求卓越的创新精神，努力建设积极、创新、大气的学校文化。

注重人文关怀。切实解决广大师生关心热点问题，切实做好资助贫困家庭学生工作，保证资助金得到有效使用。着力推进招生就业工作的改革与发展，努力为毕业生就业提供良好的就业指导和服务。进一步改善和提升体育运动场地建设与服务水平。切实加强和改进“一校两区”管理水平和服务质量，为教学科研和师生生活提高便捷周到的服务。努力创造条件，提高教职工福利待遇和收入水平。

各位代表、各位同志，我们的校训碑上镌刻着“求实创造，为人师表”八个大字。师大人以勤奋、踏实获得各界好评，也以执着追求理想、勇于担当责任赢得社会赞誉。这种品质成就了我们的光荣历史，也是激励我们奋勇向前的力量。建设高水平大学任重道远，让我们群策群力、开拓创新，为把华东师范大学建设成为世界知名的高水平大学而努力奋斗！

做一名德、功、谊兼备的公共事业管理者①

（2007年5月）

各位来宾，老师们、同学们：

首先，我要衷心感谢同学们的热情邀请，收到你们的邀请信，我很高兴。作为校长，出席学生的毕业典礼，是义不容辞的责任，能够和大家一起分享收获的喜悦，是一件十分快乐的事。同时，诚挚祝贺同学们完成学业，获得毕业证书。这是你们自己汗水的结晶，也是老师心血的凝聚，还包含着默默支持你们深造的家人的奉献。我建议：同学们一起把掌声献给老师，献给家人，也以掌声鼓励自己！

如果我没有记错的话，公共管理硕士教育是1924年第一次在美国问世的，它致力于为公共部门，特别是为政府机关和非盈利机构培养领导者、管理者和政策分析者。作为承载着社会发展和公共利益的应用型学科，公共管理在快速发展的社会环境中发挥着越来越重要的作用。公共管理硕士教育在中国起步较晚，但发展很快，同学们的肩上承担着光荣而艰巨的历史重担。今天，借此机会，我谈点感受，作为毕业赠言，与大家共勉。

一是“德”字。公共管理事业，是事关大众民生、事关政府形象、事关国家稳定和谐发展的事业。对于一个公共管理人才来说，需要的不仅仅是高水平的专业素养，也需要高标准的道德要求。作为国家公共管理事业的从业人员，无论你们担当的是人民政府公务员，还是公共管理办事员或是公共政策分析员的何种角色，你们的工作都直接与国家和政府的形象密切相关。简单地说，从事公共管理事业意味着承担更多的道德期待。希望你们在实际工作中始终把人民群众的利益放在第一位，把老百姓的冷暖放在心上，做群众的表率和楷模，做一个高尚的人，做一个大写的人。

---

① 本文为俞立中在华东师范大学2007届公共管理硕士（MPA）毕业典礼上的致辞，标题为编者所加。

二是“功”字。古人垂范，立德而后立功。随着社会主义市场经济体制的逐渐完善，有序、规范、高效的公共管理体制和手段不仅成为一种趋势，更成为一种必需。建设创新型国家，构建和谐社会需要高水平的公共管理事业的从业人员；建设现代化国际大都市需要高水平的公共管理事业的从业人员；举办成功、精彩、难忘的世界博览会需要高水平的公共管理事业的从业人员。各位同学欣逢盛世，有着广阔的施展才干的舞台，衷心希望同学们珍惜机会，抓住机遇，勇于创新，扎实工作，努力成为公共管理领域的杰出人才，为社会作出更大的贡献。我衷心期待着你们的好消息！华东师大为每一位校友的成功骄傲，为每一位校友的成就喝彩！

三是“谊”字。“情谊”的“谊”，“友谊”的“谊”。与在座各位同学相伴三年的师大校园，留下了大家对于丽娃河畔的美好回忆。母校将全力支持你们未来事业的发展，也希望各位同学能够常怀对母校的关爱，常回母校看看，继续关心和支持母校事业的发展。华东师大要建设成为一所世界知名的高水平研究型大学，任重道远，我们殷切希望各位毕业生能够为母校的发展献计献策，让母校的事业与你们的事业一样蒸蒸日上，为建设和谐社会作出我们应有的贡献。

希望同学们牢记“求实创造，为人师表”的校训。华东师大的毕业生，应该深刻理解、格外尊崇“师”、“范”二字的精神与意义，在工作岗位上不断加强学习，增强知识底蕴，丰富实践经验，做出优异成绩，创造人生价值！

爱在华师大[①]

（2007 年 6 月）

亲爱的同学们：

今天，我们在这里举行的 2007 届本科生毕业典礼，对每一位同学来说，这都是一个特殊的日子。我衷心地祝贺大家圆满完成学习，我诚挚地感谢同学们，丽娃河因为你们的到来而充满激情，华东师大也因为你们所倾注的热忱而更加辉煌，当你们即将离开母校的时候，我相信：夏雨岛、荷花池、银杏林都将永远记载着你们在这里创造的火热的生活！

临别赠言，说些什么呢？作为在华东师大学习工作三十年的老毕业生，我想起了“爱在华东师大”这句话。今天，作为学兄、老师和校长，我想对大家说的就是一个“爱”字。

希望同学们“爱人”。这是一个充满竞争的时代，也是一个崇尚合作的时代。希望同学们常怀一颗感恩的心，对父母的养育、师长的培育、朋友的关心以及社会的帮助怀着一颗感恩的心，能宽容和谅解，能赞美和欣赏，能合作和互助。只有这样，才能赢得尊重、赢得机会，才能获得快乐和幸福！

希望同学们“爱岗”。你们中有的将继续深造，有的将就业工作。无论是否达到自己的理想，一个岗位就是一份责任，都要努力担当。希望你们勇敢担负起事业、家庭和社会托付的责任。深造的，要学习好；就业的，要工作好。用出色的表现报答社会，用优异的成绩成就事业。归根到底，对岗位的责任就是对自己的责任，敬业爱岗就是爱自己。

希望同学们“爱好”。“爱好”是一种兴趣、一份好奇。离开校园，面对滚滚社会潮流，需要适应、需要顺应，也需要坚持。坚持学子的本色，保持对知识和学问、对真

① 本文为俞立中在华东师范大学 2007 届本专科生毕业典礼上的讲话，标题为编者所加。

理和智慧的执着。“爱好”也可以理解为“追求美好的”，希望同学们做一个有理想、有追求、正直的、大写的人。

首任校长孟宪承先生说过“大学的精神实在就含孕着关于人类和社会的最高理想”，在我看来，“求实创造、为人师表”的校训就包含着一种“大爱”精神，希望同学们拥有“爱人”的情怀，“爱岗”的意识，“爱好”的追求，学堪为人师，行当为世范，秉承“求实”的精神，坚持不懈地“创造”，努力开创属于你们的新天地。

同学们，从今天开始，你们已成为华东师大的校友。不论你走到哪里，请记着在华东师大的这段日子；不论你的未来成就如何，华东师大永远是我们共同的家园，欢迎同学们常回家看看！

形成共识，重点突破，推进“985工程”建设[①]

（2007年8月）

围绕张济顺书记报告的题目，我想讲三点问题：第一，形成共识，把握机遇。我们需要统一哪些思想？形成哪些共识？第二，重点突破，整体提升。重点突破什么问题，怎么去思考这些问题？第三，改革创新，加快发展。在哪些方面作创新，去改革？怎么促进发展，改革创新？

一、形成共识，把握机遇

华东师范大学面临一个难得的发展机遇。“985”建设给我们带来了很多期待，很多希望。我先讲讲“985”给我们带来的机遇。“985”工程给我们带来了6个亿的资金，这将逐步到位，根据教育部和上海的共识，明年二期验收时，华东师大将同时验收。现在教育部在考虑“985”的三期建设，华东师范大学也在考虑的范围之中。我在北京参加由国务委员陈至立召开的关于六所师范大学免费师范生教育的会议时，周济部长明确提出了，由于六所师范大学在我国师范教育改革中的重要作用，所以对于北京师范大学和华东师范大学——已经进入“985”的两所学校，在“985”的三期建设中还要给两所学校增加教师教育改革的经费，大概是5 000万；而另外四所非“985”学校，仅作为“985”平台建设高校。这意味着我们学校得到了一大笔资助资金，这样的支持力度在华东师大的发展过程中是从来没有的。这两年的建设数量，远远地超过了我们学校过去十年内在学科、平台、整体建设等各个方面所得到的。学校在“211”二期建设中，我们得到教育部和上海市的资金总共只有8 500万。

资金的投入只是发展机遇很小的一个方面，更重要的机遇则是来自于国家政

① 本文为俞立中在华东师范大学党委全委扩大会议上的讲话，根据录音整理，标题为编者所加。

策。“985”建设是我国最高层次的高等教育发展的一条“线”，我们要紧紧抓住这个发展的“线”。很多政策都是围绕“985”建设这条线展开的。习近平书记到上海上任，走访了上海的高校，走访哪些高校呢？教委同志建议“985”高校。可见，“985”的影响远远不止资金的资助，“985”建设带给学校的是更长远的效益。另外，“985”建设增长了学校内部的人气。多年来学校各级领导和老师对学校的发展做出了努力，因为机遇没有出现，给大家带来了很多感情上、情绪上的问题。学校进“985”之后，不仅增加了学校的人气，也使学校教师对学校未来增强了信心。这人气以及信心是“985”建设带给我们的，确实很重要。

同时，“985”工程带来了挑战。昨天张书记讲了很多学校在“985”建设目标下面临的问题，归根结底一句话“心气很高”。华东师范大学文化中有很重的“贵族”成分。华东师范大学有深厚的文化底蕴，我为什么会说心气很高呢？我们一直认为华东师大是很高层次的学校。从 1959 年起，华东师大就是全国 16 所重点大学之一。建校初期学校有一大批全国著名的学者。所以，这样一种“贵族血脉”在大家的“心气”里。所以我说大家“心气很高”。但是，这是否代表了学校的水平、学校的理想、学校的竞争力？未必。在昨天的报告里，我们从文化、学科、队伍建设等方面，对学校进“985”的目标和目前的状况做了分析。我觉得我们所有的老师、领导一定要有这种忧患意识，一种压力感。喜悦我们共享，压力我们共同分担。华东师范大学进“985”至现在已经将近一年的时间，我们策划进入“985”，建设“985”已经有三年的时间。以前我们没有进“985”，学校的建设靠学校自己的能力投入，是很困难的。但是现在我们名正言顺进入“985”，我们有了充足的资金，去年对我们投入 6 000 万，今年计划投入 4.2 个亿。“985”的平台建设可以大展拳脚，只要在计划之内的经费我们都可以放心使用，我们要加快“985”建设，把我们多年的期待转化为行动。利用“985”的支持尽快把学校的学科、队伍，整体提高到新的层面。但是我们觉得，由于种种原因，我们“985”建设的进展是不尽人意的，不平衡的。不平衡表现在各个院系平台建设的进度不一，有些院系的建设思路仍然不是很清晰，认识仍然不是很统一。明年“985”的二期就要验收了，我们不能再等了。以下的数据可以反映我们的忧患：学校下达的指标将近 1 亿，但到目前为止我们实际支出了 2 400 万，还未报帐的有 1 000 多万，还剩 6 300 多万的资金我们没能好好利用，而马上又有 4.2 亿的资金到位。我们设备资金运用情况如下：“985”计划预购设备 2.34 亿，而到目前已经论证的是

3 896 万(还未购)，已订购的 2 908 万。少数的平台还未启动，认证和定购的过程所耗时间长，大家应尽快认证并订购。这些数据反映出我们在“985”建设过程中还存在着思想准备上的问题，策划和规划上的问题，这些问题与我们建设目标和强烈的愿望是不相适应的。除了看到发展的机遇，我们应更多地看到忧患，看到困难，看到挑战。

关于“985”建设背景下的文化建设问题，希望各部门领导都能站在文化的高度来看待学校发展中存在的问题，思考学校未来的发展。华东师范大学 56 年的积淀给我们留下了宝贵的文化遗产！留给了我们引以为傲的文化优势！但是我们也应看到我们文化中的缺欠——文化反思。我们应该反思文化遗产为学校的发展带来了哪些积极的因素，又有哪些缺陷！昨天在小组讨论会议上，提出了我的一些想法，我觉得，如果国家处于稳定的阶段，学校处在发展的稳定时期，华东师范大学的文化底蕴、文化内涵以及人文精神，是一种有气派的、优雅的文化。但今天，我们面临市场经济，面临市场竞争，处在社会转型的时期，变革的时期，在这样的背景下，我们文化的缺陷是很突出的。在社会快速发展的情况下，每一所学校面临的社会变革和挑战都可谓“如狼似虎”。我们需要文化底蕴，但也要争取学校的资源，争取社会的地位，争取发展的机遇，就要“如狼”、“似虎”。我刚到学校工作时，陆炳炎书记说：“我们华师大为了争取资助，称华师大很穷、很困难，恳请教育部给予支持。”那时是“绵羊的文化”。而今天在一流大学的竞争中是不同情弱者的，在学校的竞争下没有“救济”。如果我们没有争取的雄心壮志，没有竞争的气魄，我们什么都得不到。所以，我们应对我们的文化进行反思，华东师大踏踏实实做研究的氛围，是我们的文化优势，我们要发扬，对于消极的因素也要积极反思，克服文化缺陷。

二、重点突破，整体提升

“重点突破”是张书记报告中革新的部分。我们在讨论中还没有真正认识，深度共识“重点突破”的涵义。我认为“重点突破，整体提升”就是一个“纲举目张”的概念。学校的发展一定要抓住主要矛盾，只有抓住主要矛盾才能够“纲举目张”。抓主要矛盾，一定要抓住矛盾的主要方面，只有抓住矛盾的主要方面我们才能够破解难题，迎刃而解。我们抓主要矛盾，一定要抓矛盾的转化，要把我们消极的因素转化为积极的因素。毛主席的《矛盾论》中关于矛盾问题的辨证思想一定要树立在学校各级领导和教师心目中。只有在重点方面的突破，我们才能够整体的提升。无论在学校发展理念，在资源配置方面，这样的指导思想和理论观念是非常重要的。就如何抓主要矛盾，如何抓矛盾的主要方面，如何转化矛盾方面我提四条意见：

第一，坚持内涵发展。坚持内涵发展，关键是牢牢树立起走内涵发展的思想观念。在张书记的报告中已经讲得非常清楚了，坚持内涵发展的基本概念，就是提升学校的核心竞争力。学校核心竞争力的提升，要依靠人才培养的质量和特色、科研的水平提高、学科和队伍的影响力和制高点。当然也会涉及到学校管理、文化和理念上的问题。我们学校的核心竞争力要从哪些方面去提升？从哪个方面寻求突破？除了上述这些方面之外，落实到学校的层面上，就是要做好人才的培养。在科研上，不是要不要做科研的问题，而是如何做高水平科研、如何创新、如何推动社会、服务社会的问题。抓科研建设的核心，并不是科研数量的问题，不是铺开多少个学科点、引进多少教师的问题，而是要抓高水平的学科，抓学科制高点，要抓高水平的学科队伍，打造有国际影响力的教师队伍。

坚定地走内涵发展的道路，学校要做的事情太多了。今天我们仍然存在有外延发展的想法，仍然有人提出要建什么专业、什么学院、什么基地。不能说有些机构我们都不需要了，该做的事情我们还是要去做。但是学校从上到下，特别是在管理层中，坚持走内涵发展道路的理念要牢牢抓住。资源配置、资源的使用要牢牢地围绕内涵，我们的管理无论是直接管科研建设或是从事学生工作，我们的着眼点、抓手和落脚点必须在内涵建设上。这是学校的根本竞争力。否则，我们再有 5 000 个 5 亿，也成不了一流的大学；我们再有 20 个学院，我们也成不了一个高水平的大学。真正衡量高水平的大学的标准，就在于人才培养的特色和质量、在于学科制高点、在于有世界影响的学术大师和科学家。这是学校的核心竞争力，是高水平大学的根本内涵。在重点突破这个问题上，我们要坚持内涵发展。

第二，要突出质量和特色。这其中存在另一个辩证的关系。我们仍然要发展各个专业——我们现在有 63 个专业，我们要关注科研的项目和经费的增长。但现在更要关注的是质量和特色。学校的核心竞争力，不在于一个简单的数量增长，而是水平的提高。去年党代会张书记的报告中，特别提到了三大战略，请大家再关注一下这三大战略的含义，英才战略、集聚战略、精品战略。这些战略面向的都是世界高水平的知名大学，这是我们的目标。高水平的大学要培养精英，高水平的大学要集聚高水平人才，高水平的大学要出高水平的成果。评国家重点学科，需要填的表格是要列举十篇具有代表性的论文，代表该学科最高水平的论文，而并不是看有多少篇论文。数量仅仅说明规模，说明不了学科的水平。

因此，华东师范大学要成为一所高水平的国际知名大学，更要关注质量，关注特色。这两者相辅相成，高质量的东西就是我们的特色。比如说，我们能培养高质量的教师，那么培养教师就是我们学校的特色。如果学校的某一个学科，比如光学申请到了今年的国家重点实验室、国家重点学科，精密光谱学就是我们的学校特色。我们原来传统的“一教一地”是学校的特色，也是因为它的高水平。当然，我们过去的高水平不能代表今天的高水平，更不能代表明天的高水平。要在高水平的发展道路上，不断凸现我们的特色。所以我们要更关注我们的质量和特色，这个特色要体现在我们的办学特色、学科特色、人才培养上。而所有特色的内涵，就是我们华东师范大学的文化。在这种文化的熏陶下，我们培养出什么样的人才，发展了哪些学科；在这种文化熏陶下，我们的哪些学科成为了世界瞩目的学科，这才形成了我们学校的办学特色。

第三，转变思想观念。要抓住矛盾的主要方面，最重要的就是要能转变思想观念。我并不是说我们在座的各位在思想上有什么问题，但我们在思想建设上，必须要根据时代特色，根据学校的目标、定位，根据我们的机遇和挑战的变化，不断去调整和转变我们的思想观念。而不能固执于自己原先的想法。因此，对于学校的重点突破来说，很重要的就是要能转变思想观念。

在昨天会上讨论时，我重点强调了学校“985”建设的想法。“985”的重点为何要放在平台建设上？这和我们“985”的建设目标紧密相关。“985”要建设若干世界一流大学，建设一批世界知名的高水平大学。“985”建设不是扶贫建设，并不是要解决学校发展过程中的那一些具体的困难，而是要通过重点投入，要使学校办学水平有根本性提高。根本性提高体现在什么方面？就是体现在若干领域和若干产业上有重大突破，能够形成有影响力的、世界一流的学科。因此“985”建设必须突出重点，实际上我们学校建设10个重点平台，已经是重点不突出了，反映了我们思想中妥协的方面，也反映了我们文化背景中的一种缺陷。我们建设“985”只有两年的时间，能够多几个平台，也就多几个选择。

学校的“985”建设要重点突破，整体提升。整体提升也要抓重点环节、主要矛盾，也就是人才队伍。在建设“985”过程中，在学校和平台的层面上，共有3个亿的资金用于人才队伍建设。这其中包括了引进学科带头人、引进高层次人才，也包括培养青年教师，要为我们教师的发展提供各种机遇。明年就要迎来“985”验收，人才是否进得来，我们的教师又是否送得出去，我们的这些人才项目能不能按照计划执行。“985”经费的使用需要大家提供好的想法、好的项目。大家通常都非常积极地争取资源，但是却没有思考如何更好地运用资源。

如何将资金运用到学校的发展上，运用到建设上。各个部门在要资源的时候，要先有资源运用的计划。要争取让资源在运用的过程中发挥最大的效益。如果运用不好，就成了最大的浪费。这是对人民的犯罪。学校的资源仍然紧缺，资金紧缺，房子也紧缺。各级领导和老师要有这样的想法，如果资源在我的手中运用得不好，那就要有一种羞耻感。

第四，提高执行力。学校形成了这些想法和共识，关键在于执行。要有坚定不移的执行力，把各项工作推动下去。在如何认识重点突破、全面提升的辩证关系时，我们的认识深度还有问题。我们如何能够在共识的基础上，提高执行力。围绕学校的发展目标和理念，坚定不移地在政策制定、研究发展规划，在具体操作每一件具体事情的过程中，能够通过执行力来实现这样一种目标。我们要形成一种执行的文化，要能够站在学校大局的角度上，来推进和落实各项工作。

三、改革创新，加快发展

我们需要有大的投入、高的标准，但我们一定要通过改革创新，用具体个性的措施来实现这个目标。从学校的部署、到院系的层面，都要落实改革创新，推进加快学校的发展。

第一，人才培养模式的创新。这是体现学校特色的重要方面，是学校最重要的基础工作。免费师范生教育的政策给人才培养带来了良好的机遇。温家宝总理说自己对免费师范生教育的改革，可以说是紧紧不放，每一个方面都非常关注。国家各级政府非常关注免费师范教育，我也逐渐理解到这项措施的战略和长远意义。我们国家并不缺少教师，我们缺少优秀的教师，能够成为教育家的教师。将来中国的基础教育的发展的一支重要力量，就要依靠免费师范生教育中培养的学生。在培养这批学生的过程中，如何突破以往的模式，如何将他们培养成有先进教育理念的，能够安心于教育事业的优秀教师和教育家。就要看我们的人才培养的改革是不是能够跟上要求。华东师大要求得到大发展空间，要求得到国家的重视，用邓小平的一句话来说，就是“两手抓，两手都要硬”，一手抓学校发展的目标，这个目标必须要由我们华东师大人自己来确定，是根据我们的理想、能力来制定的目标。但另一手，我们要关注国家发展的重点，关注教育部关心的问题，因为我们是国家事业的一部分，是高等教育的一部分。国家对我们学校最关心的就是培养优秀教师、教育家，引领教师教育。我们这一手也要牢牢地抓住，也要抓硬。我们所有的院系，特别是和教师教育相关的院系，我们的教育学院、学特学院，以及我们各个学院的教师教育学科的老师，一定要以一种高度的责任感来从事这项工作。一定要让最优秀的教师来为我们这批未来的教育家上课。能够按照国务院、教育部的要求做好了这项工作，那么就为将来华东师大的未来发展提供了良好的空间，减少了很多的阻力。两手抓，两手都要硬，就是我们学校的辩证法，就是我们的发展理念。以免费师范生教育为抓手，全面提高我校本科生和研究生的人才培养水平。学校各项教育改革和教育理念的着眼点，是如何培养一个合格的人，然后才是培养一个合格的专业人才。

第二，在学科的发展上，要抓住学科交叉融合的体制机制创新。现有的体制机制可能并不利于学科的交叉和融合，因为我们的各个院系、职能部门，在制定政策和考虑工作时，没有充分考虑学科的交叉融合。现实需要我们通过体制机制创新创造有利于学科交叉融合的环境，如果我们能够在学科交叉的领域当中找到学术增长点，就能够和国际领先大学站到同一个起跑点上来竞争，比传统学科上的竞争更为有效、容易和快速。

第三，在师资队伍、管理干部队伍建设的体制机制创新。在人才引进、年轻教师培养、为教师提供发展机会的问题上，学校已经做了大量的体制和机制的改革，但还仍然不够。我们还没有形成一些规范，缺少可依据的操作规范，还停留在个案操作的层面上。如何在人才引进、人才培养的机制上去开拓去思考去发展，形成良性的循环，这是我们今后加强内涵发展的重要方面。对于管理干部队伍建设，同样也是两手抓，两手都要硬。学校的发展和管理，是通过学生管理和行政管理来实现的，在目前的体制下，学校的行政管理仍然是非常重要的。行政管理需要靠一批专职行政干部来实现，我们要在管理干部的选拔、竞争、培养、考核、激励、退出等种种环节上建立行之有效的管理办法，将干部的遴选建立在一个更大的平台、更宽的层面上考察，为大家提供机会。

第四，资源配置的体制改革。即如何提高资源配置效益？如何开源节流，开拓经济来源，减少浪费？在这些问题上，也需要体制上的创新和发展。

华东师范大学面临一次难得的发展机遇，如何把握好这次机遇，是我们这届领导班子的责任，是我们全体师大人的责任。把握好机遇，给我们的后辈留下宝贵的资源。我们要有这样的责任感。我们要紧密团结，群策群力，华东师范大学一定会有一个更美好的未来。我们的目标一定会实现！

播撒智慧种子，服务民族与社会发展[①]

（2007年8月）

华东师范大学出版社创建50周年了！走过风雨历程的50年，她不仅成为全国大学出版社的名列前茅的佼佼者，在全国出版行业也算得上富有朝气的领跑者，这是值得骄傲和自豪的，也是应该回顾和总结的。

“书籍是人类进步的阶梯”，高尔基的这句话对我们许多人来说，不仅是一个道理，也是一种人生体验。一本书，传播的思想可能影响一个人、一个群体的人生历程，甚至在一代人的心中留下深刻的印记。一本好书，传播先进文化，启迪人生智慧，造福人类社会，功德无量。大学出版社是学校传播知识文明的重要窗口，弘扬学术精神、追求创造智慧应该成为大学出版社矢志不渝的信念。“华东师范大学出版社，给您一个智慧的人生”，这句广告语明确了华东师范大学出版社的发展定位，宣示了她的崇高使命，体现了她对社会的庄严承诺，也有助于塑造品牌形象。“给您一个智慧的人生”，伴随着华东师范大学出版社逐步发展壮大。

大学出版社是高教与出版业的结合体。依托高校，面向社会，凸显特色，是大学出版社发展的重要基础。长期以来，华东师范大学出版社坚持“以教育为本，走大教育之路”，紧紧依托综合性研究型大学的学科资源，特别是依托华东师大在教师教育领域的重要地位和广泛影响，积极拓展与学术界、教育界的联系，建立了丰富的选题资源和高水平的作者资源，实现了学校教学科研工作与出版传播工作的良性互动，成为师生了解学界动态、出版研究成果、服务社会各界的重要渠道。

大学出版社也是高校最接近市场的领域之一。多年来，学校积极支持出版社推进改革，在人事管理、经济管理等方面逐步建立健全了一套有效的管理制度和运行机制。出版社干部员工解放思想转变观念，积极适应新形势，坚持以改革促发展，探

---

① 本文为俞立中在华东师范大学出版社创建50周年的致辞。

索建立了一套灵活的运作机制和市场化运作手段，将一批批优秀研究成果推向社会、推向市场，获得了经济效益和社会效益的双丰收。

作为在华东师大学习工作了近30年的学者，我和许多师大人一样，对学校出版社的图书，有一份格外的亲近感；对出版社员工的奉献，怀着深深的感激之情。担任学校领导工作，更促使我对出版社的工作多一份关注。在我看来，华东师范大学出版社50年的发展历程凝聚着几代出版人的心血，也凝聚着众多校内外专家学者的关爱，以及无数读者的信赖。出版社50年走过的历程，也是学校发展的一个缩影——在经历了一段风雨之后，迎来了更加晴朗的天空。

也要看到，华东师范大学出版社的发展任重道远。随着经济、教育、科技、文化等各项事业的发展，人们的学习和生活方式已经产生并还在产生着深刻的变化，人们对文化知识的需求更加迫切，传播文化知识的载体更加多元。华东师范大学出版社需要与时俱进，谋求更大的发展。学校正积极推进出版社的改制工作，为出版社的发展提供更有利的条件，创造更大的空间，推进出版社在充满生机的竞争中发展得更快、更高、更强。我也坚信，曾经创造骄人业绩的华东师大出版人，也一定会创造更加辉煌的未来。华东师范大学出版社一定会在学校建设世界知名的高水平研究型大学的进程中发挥更加积极的作用，在播撒智慧、传承文明、为推进和谐社会建设中作出新的更大的贡献！

志存高远，求实创造，陶冶品性，做德才兼备的教师[①]

（2007年9月）

今天是一个特殊的日子，共和国迎来了第23个教师节，华东师范大学迎来了你们这一批具有开创意义的师范生新同学。同学们经过十多年的努力学习，怀揣着做一名人民教师、投身教育事业的理想，来到上海，来到有着培养人民教师光荣传统的华东师范大学。在这里，我代表学校，向在座的近千名新同学表示最热烈的欢迎！教育事业是人类最崇高的事业，教师是太阳下最光辉的职业。你们选择了这项伟大光荣的事业，向大家表示崇高的敬意！借此机会，我也代表学校向全校教师们致以节日的问候！

胡锦涛同志在8月31日召开的"全国优秀教师代表座谈会"上强调，"中国的未来发展，中华民族的伟大复兴，归根结底靠人才，人才培养的基础在教育"；"推动教育事业又好又快发展，培养高素质人才，教师是关键"；要"让全社会广泛了解教师工作的重要性和特殊性，让教师成为社会上最受尊敬的职业，让尊师重教蔚然成风"。在今年两会上，温家宝总理在政府工作报告中提出了"在教育部直属师范大学实行师范生免费教育"。实施这项免费教育制度，就是要进一步形成尊师重教的浓厚氛围，让教育成为全社会最受尊重的事业；就是要培养造就大批优秀教师和教育家；就是要鼓励更多的优秀青年终身做教育工作者。同学们可能都注意到，昨天温家宝总理又专程来到北京师范大学，看望刚刚入学的免费师范生，并与学生和老师们进行座谈。温家宝总理特别强调："师范院校肩负培养和提高国民素质的重大责任。国家兴衰在于教育，教育好坏在于教师。从这点来说，师范教育可以兴邦。我们重视师范教育，就是重视国家和民族的前途，因为师范教育造就的是教师，是与国家和民

① 本文为俞立中在华东师范大学2007年首届免费师范生开学典礼上的讲话。

族的前途紧密相连的。只有真正同国家和民族命运紧密相连的师范教育，才是真正的师范教育。”华东师范大学从总理的这番讲话中更感受到了沉甸甸的责任，在座的未来教师们也一定能感受到这份责任、这份光荣、这份激励。

今天，我们在这里为同学们举行隆重的开学典礼，见证你们光荣骄傲的新起点，开启你们将永远怀念的大学生活。我相信，你们的选择是正确的！

华东师范大学是新中国为“培养百万人民教师”创办的第一所社会主义师范大学，是教育部直属的全国重点大学，也是国家“211 工程”和“985 工程”重点建设高校。作为一所享誉海内外的著名高等学府，华东师范大学有着深厚的人文底蕴和卓越的学术声誉，培育了数以十万计优秀的中华儿女，尤其是一批批支撑了中国教育发展的优秀教师。在 56 年的办学历程中，华东师范大学始终以教师教育为办学特色和竞争优势，为国家培养、输送了一大批优秀教师。建校伊始，学校即以“师范教育是社会主义文化事业建设的基础”为指针，在社会主义师范教育改造过程中发挥了排头兵作用，逐步形成了学科专业的科学研究与教育学理论实践研究相结合的优秀传统。改革开放后，学校加大了教师教育改革力度，建立全国第一个教育科学学院，率先开展职前培养与在职培训的一体化的教师教育改革。2006 年，学校成立了教师教育改革推进委员会，全面推进教师教育改革创新，加强优秀教师培养，并在“985 工程”建设中设立了“教师教育理论与实践创新基地”，重点支持教师教育理论研究与实践创新。学校有信心、有决心、有能力把同学们培养成为优秀的教师和未来教育家。

古往今来，人们把教师比作蜡烛，比作春蚕，比作人梯，比作园丁，比作人类灵魂的工程师，比作人类文明的传承者。没有其他任何一种职业，能在人的身上留下这么深刻的烙印；没有其他任何一种职业，能对人的灵魂产生这么大的触动；没有其他任何一种职业，能对人类未来产生这么深远的影响。同学们都是从小学、中学过来的，应该都能体会到一名优秀教师对自己人生的影响。正因为教师这份职业的神圣伟大，才对师范生的培养提出了更高要求。温家宝总理强调：“做师范生要懂得两点：一是要有爱心。老师要爱学生，学生要尊重老师，同学之间要互爱。二是要有知识。知识是无止境的，知识可以改变人生，可以为每个人创造美好的未来。如果大家在师范大学里把这两条都学到了，融在了血液里，并推向整个社会，我们的民族、我们的国家就会更好。”他还说：“师范大学的学生一是要‘兼善天下’。二是师范大学造就的应是堪称人师的教育家，要学为人师，行为世范。教育，不仅要言教，还要身教；不仅要立己，还要立人。为此，师范教育必须贯彻教学和科研相结合，学知识、教书、做人相结合。”

为了把大家培养造就成优秀的教师和未来教育家，学校的老师们做了大量的准备工作，将提供给同学们最优质的教学资源，努力帮助大家实现人生理想。学校调整和完善了培养计划，构建了由通识教育、专业教育和教师教育三大板块组成的课程体系，并且选派高水平教师为同学们开课。为加强课程学习的指导，学校将为同学们确定学科教育专业导师，同时还将从中小学聘任一批兼职教授和兼职导师，直接指导同学们的专业实践与发展。为加强同学们在教育教学实践方面的训练，深入体验和实践教师职业角色，学校将把互为衔接的专题见习、课题研习和教育实习循序渐进地贯穿在你们四年的专业学习中，给你们营造一个开展中小学教育教学实践的良好的校内外教学环境。

在今天的开学典礼上，我们还举行了孟宪承书院揭牌仪式，这是专门为同学们组建的住宿制书院，目的就是要在加强课程学习的基础上，实现课堂内外各类教育活动的有机结合，探索并实践四年一贯、循序渐进的职业养成教育模式，为同学们在“综合素质、个人形象、专业情谊、事业追求”等方面职业素养的全面提升提供支持。

为未来两个月的时间里，学校还将邀请基础教育界知名校长、特级教师来和你们分享如何成为一名优秀教师的成长经验；组织你们到中小学参观，感受上海基础教育改革的新气象、新发展；组织开展丰富多彩的课外活动，让你们充分感受大学校园文化的精彩。学校还将逐步在校园网上开辟教育电影在线观赏、丽娃论坛交流平台和课程学习互动平台，为你们课外学习提供网络资源支持。希望通过参加这些活动，你们能够尽快适应大学生活，尽快进入专业学习，为四年的学习生活打下一个坚实的基础。

同学们，祖国的教育事业期待着一大批优秀教师和教育家，你们肩负著国家和民族未来的希望。国家为你们学习成才提供了极大的支持，学校为你们未来发展做好了各种准备，成功与否，路在自己脚下。为此，我也想给你们提出几点希望：

第一，牢记重托，不辱使命。希望你们时刻牢记国家和人民的殷切期望，树立高度的社会责任感和使命感，坚定理想信念，把实现自身价值与服务祖国教育事业紧密结合起来，奉献自己的智慧与才干。就如温总理讲的，“外面的世界五光十色，诱惑确实很大。但同学们必须要坚守心里的道德底线，必须有正确的人生观、世界观，把自己的一切献给社会、献给人民、献给祖国。只要怀着极大的社会责任感去学习、工作，我们的生活就会是多彩的，我们的精神就会是高尚的”。

第二，志存高远，立志成才。大学时代是人生中最重要的成长期，决定一个人的心胸与视野。同学们是未来的教师，教师职业的特点决定了人们对教师有着更高的道德期望。我认为，一个优秀的教师是用心灵在培育学生，用人格在影响学生。同学们在未来四年的大学生活里，要更加注重道德修养，陶冶品性，学会做人，不断增强具有时代特征的人格魅力，把自己培养成为一名受学生爱戴的教师。知识经济时代，需要教师有更宽广的知识积累，有不断吸取知识的学习能力，有勇于探索创新的科学与人文精神面。同学们在未来四年的大学生活里，要更加注重培养兴趣，勇于创新，学会学习，学会做事，脚踏实地学好知识和技能。

第三，积极进取，全面发展。希望同学们把握未来四年的时间，充分利用学校提供的各种优越条件和机会，努力学习，积极进取，加强锻炼，全面发展。养成求真务实和严谨自律的治学态度，养成“勤奋踏实，严谨自觉”的优良学风，发扬“求实创造，为人师表”的校训精神，在学习中感受快乐，在进取中健康成长。同学们要特别要加强组织能力、沟通能力、团队工作能力、心理调节能力的培养，学会与他人共事。

同学们，你们不仅肩负着党和国家的殷切期望，你们也肩负着华东师范大学的未来，希望你们志存高远，求实创造，陶冶品性，努力成为优秀教师和未来教育家，为祖国教育事业的发展，为创新型国家和和谐社会的构建，也为华东师大创建世界知名高水平大学的宏伟蓝图，贡献出自己的智慧和力量！

规范管理，开源节流，注重绩效，为建设高水平大学提供强有力的支撑①

（2007年9月）

2006年，华东师范大学正式进入“985工程”国家重点建设高校行列，开启了一个新的发展阶段。今天，在建设世界知名高水平大学的关键时刻，学校召开这样规模的经济工作会议，具有十分重要的意义。根据教育部、财政部《关于“十一五”期间进一步加强高等学校财务管理工作的若干意见》(教财〔2007〕1号)和教育部直属高校工作司《关于认真做好高校管理工作的通知》(教直司函〔2007〕9号)的文件精神，经过党委常委会研究，确定这次会议的主题为：“规范管理，开源节流，注重绩效，为建设高水平大学提供强有力的支撑”。希望通过这个会议，在全校上下进一步统一思想，认清形势，理清思路，推进改革，健全制度，加强管理，为后续发展奠定坚实的基础。为此，学校成立了经济工作会议筹备小组，开展了一系列调查研究，形成了会议报告和有关文件的征求意见稿。首先，我代表学校向会议作报告，主要包括以下三方面的内容：一、学校目前的经济状况；二、学校经济工作面临的主要困难和矛盾；三、学校经济工作的基本思路和举措。

一、学校目前的经济状况

近年来，全校师生员工群策群力，艰苦奋斗，走过了不平凡的历程，各项事业取得长足的发展，学校资产总量大幅增长，办学条件极大改善，成绩是有目共睹的。同时，学校经济状况也面临新的困难和问题，必须引起高度重视。

① 本文为俞立中在华东师范大学经济工作会议上的报告。

（一）2006年学校财务决算情况分析

从2006年学校财务决算来看，经常经费收支首次超过10亿元，经费总量增大。尽管财务运行状况基本平稳，但存在自筹收入压力增大、公用支出增长较快等问题。

学校收入有所增长，但自筹收入压力增大。2006年学校收入114 899万元，比2005年增加14 607万元，增长14.65%，其中，各类拨款收入54 385万元（含基建财政拨款553万元），比去年增加11 643万元（其中：中央教育经费拨款增加980万元，地方教育经费拨款增加3 540万元，科研经费拨款增加6 949万元），占总收入的47.33%；学校自筹收入60 514万元，比去年增加2 964万元，占总收入的52.67%。

这一组数据中，拨款收入增加的来源主要是“985工程”建设项目的启动、工改薪资调整等，自筹收入增加的来源主要是部分土地置换资金的到位。

学校各项支出均有增长，公用支出增长较快。2006年学校支出107 495万元，比2005年增加6 662万元，增长6.64%，其中，基建财政拨款支出553万元，拨出经费806万元，事业支出91 979万元，经营支出14万元，对附属单位补助支出560万元，结转自筹基建13 583万元。与2005年相比支出增加6 662万元，主要是事业支出增加2 601万元，结转自筹基建增加4 602万元。

按事业支出结构分析，事业支出——基本支出85 502万元中，教学支出47 827万元，占55.9%；科研支出13 323万元，占15.6%；业务辅助支出4 339万元，占5.1%；行政管理支出7 296万元，占8.5%；后勤支出4 661万元，占5.4%；学生事务支出4 963万元，占5.8%；离退休人员保障支出2 105万元，占2.5%；其他支出988万元，占1.2%。当年增长率最大的是教学支出，增加4 770万元，增长率为11.08%。

按事业支出内容分析，事业支出91 979万元中，人员支出25 670万元，占事业支出27.91%；公用支出53 527万元，占事业支出58.19%；对个人和家庭的补助支出12 782万元，占事业支出13.90%。人员经费增长主要是工资和社会保障缴费支出，增加1 906万元；公用经费支出中增长较快的是银行贷款利息和水电费支出，利息支出达到2 065万元，水电费（净支出）达到3 560万元；对个人和家庭的补助支出比上年度略有增加。

经费总量增大，财务运行情况比较平稳。2006年学校财务经常费收支决算首次超过10亿元，并且收入增长率大于支出增长率，当年收支相抵，账面结余7 404万元，其中主要是年末尚未支付的工改增资拨款 1 486 万元、研究生机制改革 686 万元、新增科研项目结余 3 265 万元、“985 工程”等教育经费专项结余 1 862 元等。2006 年学校财务收支规模上了新台阶，财务决算情况优于年度财务预算计划，财务运行情况比较平稳。

从上述财务决算数据上看，学校财经状况尚为平稳。但是，如果深入分析这些财务数据，就可以看出一些问题。如 2006 年财务决算结余的 7 404 万元，剔除专项拨款的结余资金后，2006 年收支顺差就会变成逆差，实际当年超支 105 万元。因此学校财务状况的一些隐性问题应引起警惕，不能麻痹。

(二) 2006 年学校资产情况分析

从 2006 年学校资产情况来看，年末资产总额达到 336 473 万元，资产总量大幅增加，办学条件极大改善，同时运行经费大幅增加，资金供需矛盾依然突出。

学校资产总量大幅增加，办学条件得到极大改善。根据上海市高校布局结构调整的战略部署，2003 年底我校闵行校区建设工程奠基动工。同时，在中山北路校区建成了理科大楼、田家炳教育书院和大学生活动中心等教学、科研和学生活动用房。2003 至今，学校的土地面积增加了 315.55%，拓展了学校的办学空间；房屋面积增加了 89.8%，教室增加了 17.29%，基本满足了这几年因扩招等教育事业发展的需求；固定资产增加了 140.48%，这几年的增加数为前几十年累计数的 1.4 倍，体现了学校硬件设施的巨大改善。固定资产中的仪器设备价值增加了 78.79%，台、件、套数增加了 70.99%；而大型精密仪器价值则增加了 116.67%，台、件、套数增加了 90.72%。学校 2006 年末资产总额为 336 473 万元，比 2005 年就增加 88 135 万元 增长 35.49%。净资产状况为 251 573 万元，比 2005 年增加 52 831 万元，增长 26.58%。

基建投资、运行成本、负债总额的增张幅度大。学校基建投资继续扩大。由于闵行校区建筑面积增加、征地费提高、基础设施投资增加和建筑节能环保等因素，闵行新校区 1 820 亩的建设项目的建设面积从 43.2 万平方米调整到 52.7 万平方米，建设资金从 231 000 万元调整到 253 000 万元，再加上 250 亩建设项目的建设预算，闵行校区计划建设总面积从原计划 54 万平方米，调整到 64.6 万平米，计划总投资从 259 600 万元(含征地款 52 700 万元)，调整到 291 000 万元。截至 2006 年末，闵行校区建设累计支出 170 394 万元，其中：征地款支出 51 975 万元，1 800 亩项目土建支出 68 279 万元（含设备、家具配套支出 10 635 万元），基础设施建设支出 24 820 万元；250 亩项目土建支出 21 067 万元，室外配套项目支出 4 253 万元。

2006 年基建财政拨款支出 553 万元，结转自筹基建 13 583 万元，合计 14 136 万元。在闵行校区建设资金中，截至 2006 年末，学校累计银行贷款 55 000 万元，周转资金垫支 20 000 万元。

学校运行成本有较大幅度的增长。2006 年学校水电费支出比上年增长 29.17%，达到 3 560 万元，2007 年预算已安排了 4 500 万元；2006 年学校物业管理费支出比上年增长 45%，达到 928 万元。预计 2007 年仅闵行校区运行的直接费用将达 3 802 万元，其中，闵行校区工作津贴 700 万元，水电费支出 1 500 万元，物业管理支出 435 万元，学生公寓支出 422 万元，校园环境管理支出 226 万元，食堂补贴 21 万元，班车补贴 82 万元，未核定项目费用 416 万元等。

学校负债总额继续增加。闵行新校区建设资金支付高峰比基本建设高峰相对滞后，到 2006 年支付高峰已逐渐到来，2006 年末学校贷款额为 55 000 万元，比 2005 年增加了 23 600 万元，到 2007 年末预计贷款总量将到 80 000 万元。由于银行贷款利率不断上调，学校支付贷款利息的压力将进一步加大。

2006 年末资产总额为 336 473 万元，比 2005 年增加 88 135 万元，增长 35.49%。负债总额为 84 900 万元，比 2005 年增加 35 303 万元，增长 71.18%。净资产状况为 251 573 万元，比 2005 年增加 52 831 万元，增长 26.58%。

从 2006 年年末财务状况指标分析，由于闵行校区基建资金主要来源于银行贷款和上海市政府投入的配套资金，学校可动用的自有资金极少，以现有财力，学校根本无法用自有资金来归还贷款，学校未来建设和事业发展将面临严峻的考验。

学校经费内债数继续上升，办学资金供需矛盾将更加突出。截至 2006 年末，学校经费内债数（即经费预算指标和项目经费的结余数）达 32 501 万元，主要是校内结算中心 11 966 万元，各类业务经费 7 010 万元，校内项目 7 234 万元（主要是“繁荣计划”、“创新计划”、科研已结题项目等），以及学校尚未下达的预算 3 848 万元等。

随着学校经费内债数的不断增长和内债支付时间的不确定性，将会对财务运行造成冲击，进一步加大学校的经济压力，财务风险将不断集聚，办学资金供需矛盾将更加突出。

二、学校经济工作的主要困难和问题

随着学校事业的发展，经济活动日益复杂，财力需求急剧增加，经费供求矛盾日趋突出，财经管理基础较为薄弱、资产使用效益未充分发挥等问题已经凸显，突出的矛盾体现在四个方面：

（一）办学成本急剧增长，迫切需要提高办学经济效益

近几年，随着学校各方面条件的明显改善，办学空间迅速增大，办学成本随之急剧增长。2007 年的预算支出比 2006 年明显增加，主要包括：

第一，一校两区运行成本明显增加。2007 年预算安排后勤保障支出 11 200 万元，比 2006 年增长 47%。主要是两校区的能源支出、工作津贴、物业管理、班车、食堂、校园环境及日常维修等支出明显增加。

第二，建设贷款利息明显增加。随着闵行校区建设的不断深入，项目完成后资金结算进入高峰期。目前，学校实际银行贷款已达 70 000 万元，年度利息支出约 4 400 万元，对学校经济带来沉重的负担。

第三，人员支出明显增加。2007 年人员支出的安排为 41 923 万元，占全年预算支出的 38.6%，比 2006 年增长约 12%。增加的主要内容是教职工的增资、社会统筹保险和公积金的提高、离退休人员的养老金增加部分。扣除国家拨款后，学校自行承担的净支出约 1 600 万元。

上述三项经费增加的总额达到 10 408 万元。随着办学成本的急增，如何提高办学效益已经成为学校工作面临的重要课题。努力开源节流，提高资源使用效益和办学效益，是当务之急。

（二）经费短缺矛盾突出，迫切需要拓展经费筹措渠道

高水平大学建设过程中，学校必须不断推进学科建设、队伍建设，拓展与国内外各方面交流与合作，提高人才培养质量，提高科研水平，增强服务社会的能力，推进各项事业的发展。继续加大对教学科研的投入力度，是建设高水平大学的基础保障。

在基建和修建方面，2007 年学校基本建设预算支出 61 973 万元，还启动了专家楼、留学生公寓等改造项目。

在学科队伍建设方面，“985 工程”项目建设经费支出 31 495 万元，还将继续实施“繁荣计划”和“创新计划”。

在人才培养方面，本科生、研究生的助学经费在已有的基础上还要有较大的增幅，此外还有其他一些项目需要增加投入。

“985 工程”的覆盖面还是有限的，学校在面上的投入仍需平衡，这些投入是事业全面发展所必需的。但目前学校资金筹措的渠道、来源、方式和数量并没有大的变化，新的经济增长点也未显现。因而，学校资金的供需矛盾日渐突出，压力巨大。建立多元的经费筹措渠道是当务之急。

(三) 资源效益很不均衡，迫切需要健全资源配置机制

经过 56 年的建设发展，特别是最近几年的跨越式发展，学校的物质资源基础得到了极大的加强。校区面积已有 3 100 多亩，投入使用的各类用房面积已达 90 多万平方米，科研教学仪器设备总值 57 000 万元，建成各类基础实验室 40 个，其中，市级实验示范中心 3 个，校级实验中心 10 个，基本形成了理工并重、文理兼容、富有特色的实验教学平台。馆藏图书 366 万册，大型电子数据库 56 个，数字化校园建设成绩显著，办公自动化系统日趋完善。各类教室 502 个，约 25 000 座。可谓家大业大。但是，资源问题对学校发展的影响仍然至关重要。

第一，资源需求问题。虽然闵行新校区的建成极大地改善了学校的办学条件，但是随着新兴交叉学科专业的涌现，高层次人才的引进，国际合作交流的拓展，服务国家和地方基础教育、教师教育、职业教育等任务的加重，不断提出对办学资源的新需求，资源相对紧缺的制约因素依然存在。

第二，资源效益问题。由于宏观调控管理机制不完善，资产配置不尽合理、资产重置闲置、资产处置的不规范等，导致资源效益不高、浪费现象严重存在。今年上半年开展的全校资产清查工作和学校内审中，已经发现了很多问题。如：我校现有单价 10 万元以上仪器设备 731 台，价值 2.6 亿元，但不少仪器设备的共享程度不高，20%的仪器设备使用效率不高。又如：房屋空置、重复装修，浪费水电情况等等，建设节约型校园的任务十分艰巨。

第三,资源流失问题。由于管理缺陷,造成公私不分,学校房屋资源被侵占、仪器设备被个人或外单位无偿占用、单位用房私自出租、学校无形资产被滥用等等,这些情况仍然存在。

(四) 思想观念尚不适应,迫切需要更新观念完善制度

学校财经状况是保持事业稳定健康发展的重要基础,开源节流,勤俭办学,提高办学的经济效益是我们必须坚持的方针。但观念的滞后和制度的缺陷已严重影响到事业的发展。

思想观念上的不适应主要表现在:第一,全局、大局观念不强。在为本单位、本部门争取资源和利益的过程中,着眼于全局大局、兼顾利益相关者,这方面的意识普遍比较缺乏,这是造成资源重置闲置、资源无法共享的重要原因,也是影响学科平台建设的重要原因之一。第二,厉行节约、减少浪费的观念不强。不断改善办学条件,这是学校事业发展的需要,也是每个师生发展的正当要求。但是"家"大业大了,大手大脚的风气有所抬头,对浪费现象熟视无睹、麻木不仁的情况屡见不鲜。第三,办学成本效益观念不强。重视争资源、重视争投入,忽视产出、忽视效益,或者只重视本单位的效益,而忽视学校的整体办学效益,似乎学校的投入总是"免费的午餐"。总的来说,在办学过程中,我们重视教育教学规律,但对办学的经济规律认识重视很不够,缺乏研究,认识还很肤浅。这是中国教育界存在的共性问题,也是值得我们认真思考深入研究的问题。

思想观念上的不适应,直接的结果是制度不完善、执行力不强。主要表现在:第一,财经咨询、决策制度还不够完善。高校财经管理是一门科学,如何发挥专家的作用,这一点做得还很不够。第二,财经工作责任、评价、监督体系还不够完善。职权不明、责任不清、监督不力的情况不同程度地存在着,各级、各部门和有关人员职责、评价考核指标和监督办法,还需要进一步健全完善。第三,管理制度还不能适应发展的形势。这些年来,学校逐步建立健全了一系列的规章制度,是有成效的。但是面对不断变化的情况,面对许多新问题,管理上职责不清、缺乏协调、拖延扯皮、随意处置等现象,直接影响了管理效率。第四,制度的实施和决策的执行力比较有限。不可否认,制度规定或者具体的决策行为存在脱离实际的情况,但更多的是管理过程中缺乏沟通协调,造成制度实施和决策执行不力,有令不行、有禁不止的现象并不

鲜见。

采取有效措施，切实转变观念，推进创新制度，是加强学校经济工作的当务之急和关键所在。

三、学校经济工作的基本思路和举措

今年年初，教育部在部署高校工作时，明确提出：2007 年是高校管理年，要以抓“管理、质量、特色”作为工作的主题。学校经济工作事关学校健康、稳定、持续发展的全局。我们必须从思想上高度重视，认清形势，明确方向，积极推进改革，完善体制机制，落实管理举措，为建设高水平大学提供强有力的支撑。

(一) 认清形势、提高认识

认清经济形势，切实提高对财经工作重要性的认识。学校实现教育部和上海市重点共建、跨入“985 工程”建设行列之后，国家和上海市的投入和支持力度有所增加，在这种情况下，一些同志产生了盲目乐观的想法，觉得“有钱了”、“出头了”。闵行校区建设启用后，建筑面积大幅增加，大家普遍认为房产资源不会再是什么紧缺资源了。总的来说，比较普遍的想法是不用再过苦日子、紧日子了。不能说这些想法没有一定道理。问题在于看问题的角度和方法。从建设高水平大学的要求看，更高的奋斗目标意味着更大的财力、物力、人力资源的投入，需要健康稳定的经济支撑。就目前的高校投入体制来说，就意味着学校必须筹措更多的资金。前面分析的情况，足以让我们得出一个结论，学校的财经状况并不容乐观。

学校的主要任务是人才培养和科学研究。财经管理工作是教学科研的保障，通常我们是把财经工作看作是围绕“圆心”转的“周边”，我们紧盯着“圆心”的时候往往忽视了“周边”，似乎只要有了“圆心”，“周边”就自然而然地形成。在市场经济体制下，学校发展的全局越来越依赖于我们如何谋划这个“周边”，一定意义上，没有“周边”，也就没有“圆心”，如果这个“周边”出现“断链”现象，那么，“圆心”也就不成样子了。在我们奋力奔向“高水平大学”目标的过程中，必须把经济工作摆在事关学校发展的全局、学校的未来发展的大局上来看待，必须把经济工作摆在全校师生员工的整体利益和发展要求的高度上来看待。一句话，加强财经工作是涉及学校发展的全局性、整体性、前瞻性的重大课题。

树立正确观念,提高对财经管理工作科学性的认识。面对新形势新任务,面对学校财经工作的实际情况,我们要认真学习研究财经管理的规律,树立与社会主义市场经济体制相适应的、与高水平大学要求相适应的财经管理观念。结合学校当前的财经现状和工作实际,各级领导干部要特别重视树立以下几个观念:

第一,依法治校观念。高校的财经工作必须自觉纳入法制轨道,严格依法开展各项财经工作。依法治校观念,落实到财经管理工作中,就是要在学校的财经工作过程中,严格贯彻落实国家和地方的各项财经规章制度,自觉与一切违法、违规、违纪行为作斗争;要从学校的实际出发,加强财经制度建设,建立健全一套有效地财经管理制度,规范学校的财经行为。大学的财经管理是一门科学,单纯依靠经验、直觉是不行的,甚至是很危险的。从根本上说,要依靠制度,才能切实维护学校良好的财经工作秩序,发展学校和师生员工的合法利益。

第二,民主管理观念。大学管理是大学实践的重要环节,民主精神不仅要体现在学术活动中,而是要体现在学校管理的各个方面。财经工作既然是全局性整体性的工作,是与教职工整体利益紧密联系的,就必须充分尊重教职工的知情权、参与权、监督权。学校的经济形势和财经管理要通过适当的方式让教职工有更多的了解,院系的经费使用更要增强透明度,自觉强化群众的有效监督。要着力建立和健全学校财经工作的组织体系,不能单纯依靠领导,尤其不能单纯依靠几个领导。要使更多的人关心学校的财经运行状况,积极开拓办学的经费渠道,争取集聚更多办学资源,形成更有效的资源配置机制,切实提高办学效益。

第三,全局大局观念。树立全局观念,强化大局意识,这是优化学校资源配置,加强财经管理的思想基础,也是构建和谐校园的思想基础。不讲全局、大局,学校资源永远是紧缺的,盖再多的房总是缺一间,贷更多的款也会缺一块。强调全局观念,就是要树立全校一盘棋的意识,克服“小而全”的思想,要强化“为我所用”,淡化“为我所有”。必须坚持学校资源的总体规划,加强宏观调控,强化资源共享,优化资源配置,尽量减少重复建设和资源闲置,努力提高资源利用效益。

第四,成本效益观念。成本和效益是影响企业生存和发展的根本因素,也是高等学校财经管理的基本理念之一。中国的教育总是讲投入不足,这在宏观上讲是事实,在具体到某些方面,比如某些学校、某些单位、某些学科就未必如此。许多人认为大学里的很多事情只能进行定性的描述，定量统计和准确的计算是很困难的，甚至是不可能的，因此办学效益往往成为一个抽象的概念。其直接的后果是大学财经管理上的粗放。现实中有这样的情况：争资源投入汗流浃背，花钱财物资铺张浪费，用仪器设备兴趣索然，对资源效益漠不关心。高等教育发展到今天，我们应该经常思考：如何用最少的投入，换取最大的教育科研产出？在占有资源的同时，如何落实发挥资源最大效益的措施？现有的资源是否已发挥了其应有的价值作用？没有成本和效益的观念，就学校目前的经济能力，要保障建设高水平大学的需要是难上加难。

第五，预算管理观念。预算是学校事业计划的货币表现，预算管理是财务管理的基本手段。预算编制的科学性，是衡量管理水平的重要尺度。“计划赶不上变化”，因此不少单位和部门在编制预算时存在随意性，认为多报点预算不吃亏，不够了可以再调整。预算的随意性实际上是工作缺乏预见性、前瞻性的一种表现。预算执行的随意性实际上是制度不严、管理松懈的一种表现。发挥预算在财经管理特别是在资源配置中的主导作用，必须强化预算管理和控制，维护预算的权威和严肃性，严格执行预算。部门预算的突破与调整，学校总体预算的突破调整，预算外项目必须经过严格的科学论证和决策程序才能实施。学校一切活动必须严格受到预算约束，这是学校良性发展的关键性制度保障。从长远看，学校的良性运行和发展就是最大的效益。

（二）健全制度、规范管理

认清形势，提高认识是推进改革的前提，没有思想上的共识，改革的推进就会步履维艰。同时，再好的思想如果不落实到行动上只是一句空话，再好的原则如果没有制度的保障也难免流于形式。健全制度、规范管理是加强财经工作的关键。根据财政部教育部的有关规定，结合学校发展的实际需要，学校财经管理应该实行“统一领导，分级管理”，努力实现“权责明确、行为规范、管理严格、监督到位、运行有效、服务优质”。

完善财经决策制度。为确保重大经济活动决策的科学化、制度化，学校将采取有力措施，进一步健全完善财经决策制度：第一，调整充实财经领导小组。由学校主要领导、相关领导和职能部门负责人组成，统一领导和协调学校财经工作，提高学校对财经工作的统筹调控能力。第二,设立财经工作专家咨询委员会。由学校聘任校内外具有较高经济学术造诣、较强管理能力的专家组成,对学校重大财经问题进行论证、提供决策咨询意见。第三,实行重大财经问题集体决策制度。严格执行"三重一大"制度,重大经济决策、重大投资项目、重大资源使用处置以及大额资金使用,必须经校财经领导小组研究、校长办公会或党委常委会讨论决定,方可实施。

健全分级管理制度。明确各级负责人的职责权限,建立严格财经工作秩序,是提高财务管理水平和经济决策水平的重要基础。实行分级管理,关键是要建立健全学校各级负责人经济责任制,将各级负责人在经济工作中行使的权利和应承担的经济责任相结合,使相关负责人在经济工作中既按规定行使权利,又按规定履行责任,做到权责统一。

按照管理层次,学校将进一步完善各级行政负责人的经济责任制,构建多层次的经济责任体系,将财经工作的任务和责任层层分解落实到校内各部门、各单位直至个人。学校明确一位副校长分管学校财经工作,协助校长全面领导学校的财经工作,直接对校长负责。财务处负责学校财务管理,国有资产管理处负责国有资产管理,监察处、审计处负责对财经管理工作的监督。在此基础上,明确各个二级单位的经济责任制。

健全财经管理监督体系。在规范预算管理的基础上,重视加强预算执行监督检查工作。建立预算执行监督机构,通过财务、国资、审计、纪检、监察各部门的相互配合,各负其责,建立有效的财务监督体系。学校将进一步完善对二级单位实行会计委派制度,加强对二级单位的财务监督。充分发挥监察处、审计处在内部财经管理中的监督作用,特别要加强审计监督环节,将审计监督结果作为评价财务管理状况的主要指标,共同维护学校正常的经济秩序。要发挥工会、教代会在财务监督中的积极作用。按照经济责任制的要求,完善履行经济责任的绩效评估和考核体系,对因管理不善、控制不严造成经济损失的有关人员依法追究相应责任。

探索创新资源使用配置的新机制。转变观念、加强教育是前提,创新机制、完善制度是保证。学校将着重探索建立注重绩效、节约资源的运行机制。尽快建立目标、任务、绩效与资源享用相结合的分配公示制度,建立国有资产使用和处置行为的管理制度,探索建立资源有偿使用的成本分担制度和资源合理配置与开放共享制度。

（三）落实举措，开源节流

“徒法不足以自行。”什么样的制度是好的制度？好的制度不只是一个美好的愿望，还应该是能够得到落实，并取得好的效果的制度。在“想到”和“得到”之间，其中的关键是做到。加强财经管理工作，提高办学效益，必须下大功夫落实举措。

加强资源的统筹安排。学校将按照资产管理与预算管理、资产管理与财务管理相结合、实物管理与价值管理相结合的原则，建立新型的资产管理体系。为加强对资产管理的统筹管理，学校已经成立了国有资产管理处，其主要职能是统筹管理学校的国有资产，提高国有资产的使用效率，确保国有资产的保值和增值。

房产是学校重要的办学资源。随着搬迁闵行校区工作的逐步完成，如何盘活并充分用好中山北路校区资源，建设可持续发展的校园，是大家都关心的问题。大的原则已经确定，即资源调整采取“一次规划，分步实施”的原则，用三年的时间盘活中山北路校区的资源。到目前为止，有关部门作了大量的工作，下一步将更加艰巨。在闵行校区楼群大规模投入使用后，我们发现中山北路校区的用房仍旧非常紧张，有些是用于解决不搬迁或未搬迁单位的用房困难，有些是用于新增长点对房屋空间的需求。问题的关键在于，我们对房产资源的使用仍然严重缺乏成本观念，离实现“有偿使用”还有很长一段距离。

仪器设备和设施是重要的办学资源。我们必须加强仪器设备和设施的统筹安排，先进的仪器不能及时得到充分的利用，这是一种极大的浪费。最近，生命科学学院的一个团队，研究工作需要一个实验室，经过了解，上海其他单位有可以利用的实验室，我们就不添置了，这就减少一大笔经费建设实验室，我们只是增加一笔经费解决交通问题。不是所有的东西都放在自家的小院子就是最好的。我们迫切需要创新和优化资源使用、配置和管理机制，强化绩效管理。特别要重视建立健全资源共享机制，实现国有资产从无偿占有向有偿使用转变。

教室资源也有这个问题，增加了那么多教室，现在教室资源还是紧张。我们有校管的教室、有院系管的教室；有本科生、研究生使用的，也有开展培训使用的。许多时候，我们还是觉得只有把房间钥匙拽在自己手里才有权使用。教室除了功能必须适应不同内容不同形式的教学需要之外，管理权应该可以统一，起码是可以协调共享的。

总之，加强财经管理工作，必须花大力气推进资源的统筹协调。加强资源统筹是提高资源利用率、降低办学成本、提高办学效益的一个重要环节。

推进学校经营性资产的管理。在大学筹资渠道多样化的情况下，学校的经营性资产管理和保值增值的任务更加突出。目前我校兴办的企业科技含量还不够高，生产加工和商贸型企业占很大比例，发展过程中存在着一些问题。可以说我们的校办企业大多数还没有真正下海，而是站在岸边看海，与市场经济条件下严格意义的企业还有较大差距。根据教育部部署，学校将积极推进产业规范化建设工作。学校已经成立了资产经营有限公司，负责学校各类经营性资产的管理和经营，确保国有资产的保值增值。学校将以推进资产经营有限公司的运营为抓手，建立以资本为纽带，"产权清晰、权责明确、校企分开、管理科学"的现代企业制度，使校办企业成为承担有限责任、自主经营、自负盈亏、照章纳税的市场主体，并对国有资产承担保值增值责任。学校 31 家全资企业清产核资报告已呈报教育部和国资委，批复后进行协议转让。第一批改制 10 家企业，其余 21 家企业的改制工作将先后启动。对外投资的 12 家公司制企业的股权将转移给资产经营公司，争取年内完成产业规范化建设工作。

拓展资金筹措渠道。随着学校教育事业的不断深入发展，学校的财力状况与事业发展需求之间的矛盾也逐渐显现。多渠道筹措教育经费已是一种必然。要从被动的等、靠向主动的争取转变，一方面，要积极争取国家和地方政府的支持，另一方面，更要以积极的姿态，争取社会各界的支持。学校已成立对外联络与发展规划处，负责华东师范大学教育发展基金会(筹)和校友会的日常工作，搭建与社会各界的交流、互动平台。学校将投入更多的人力资源，积极争取社会各界对学校教育事业发展的更大支持。学校要坚持以合作促发展，以服务求支持，整合力量，构建教育服务平台，强化教育的社会服务功能，提高对创新型国家和上海学习型城市建设的服务水平。要努力把中山北路校区建设成为服务上海乃至全国教育发展需要的重要基地，特别是在继续教育、职业教育等方面争取有大的发展，加快拓展专业学位研究生培养的渠道和规模。要发挥地处上海的优势，大力发展国际教育，建成国际合作交流的重要基地。

建设节约型校园。建设节约型校园是落实科学发展观、建设和谐校园、促进学校各项事业全面协调可持续发展的客观要求。这不仅是学校财经管理工作的重要内容，也是大学校园文化建设的重要组成部分。厉行节约、反对浪费、开源节流、提高效率，是学校当前一项重要任务。

首先，要通过各种有效途径，营造“勤俭节约光荣、奢侈浪费可耻”的文化舆论氛围。实事求是地说，在校园里，奢侈浪费的现象比比皆是。希望各级组织和宣传思想教育工作部门，有针对性地加强对节约型校园的舆论宣传工作。

节约型校园建设需要有制度保障。学校推出了“建设节约型校园实施意见”，提出了一些具体举措。当然还需要通过大家的讨论进一步深化，从深层次研究存在的问题。节约型校园建设工作要从大处着眼，从细节入手，对存在的奢侈浪费现象，要找出管理环节上的“真空”和“漏洞”，制定针对性强、切实有效的办法和措施，还要落实工作责任。当前的重点工作是：努力探索“一校两区”的科学管理模式，加强两校区间的有效联动，降低运行成本；深入推进物业管理制度，提高对房产、仪器设备的科学管理水平，积极探索降低房产、设备维修成本的途径和方法；科学利用能源，探索新的节能措施，努力降低能耗。

重视财经管理工作研究。大学什么都研究，最薄弱的还是对自己的研究。学校管理要上台阶，必须重视对自身问题的研究。随着事业的发展，办学空间的拓展，以及办学规模增长和层次的提高，我们对教学科研工作的重视已达到了新的水平，相对来说，如何推进管理的改革与创新，显得比较薄弱。如何加强财经管理工作，是一项重大而紧迫的课题。学校召开这次会议，表明我们在思想上已经初步认识到这个问题的重要性和紧迫性。但是，如何推进工作，还需要作深入细致的研究。通过这次会议，各单位各部门要认真讨论研究如何加强和改进管理工作。学校也要组织必要的力量，有针对性地开展调查，研究问题，提出对策，推进改革，提高管理水平。

同志们，进入“985 工程”重点建设高校行列，是学校发展的重大机遇。目标很明确，也很宏伟。如何实现理想，有赖于大家的共同努力。如果没有全校上下的协同努力，就不可能有学校良性有效的运行。所以，这次经济工作会议应该开成一个研讨会、咨询会，大家共同为学校的经济工作贡献良策，切实为建设高水平大学提供强有力的支撑。

解放思想，改革创新，与时俱进，积极推进世界知名的高水平大学建设①

（2008年1月）

今天上午我参加市里举办的李岚清同志的专题讲座《篆刻与突围》，并接受了李岚清同志给学校的赠书。李岚清同志先后在全国70多所高校作了报告，所以接受赠书的时候，我邀请他有机会到华东师大来谈谈音乐、说说篆刻、讲讲人生。

李岚清同志在讲座中以"突围"为主题，畅谈中国改革开放三十年来的伟大历史进程，其中讲到许多鲜为人知却产生深远影响的重要历史时刻。在今天看来很普通的变革，但在当时的思想、制度环境中，确实是重大的突破。在当时的中国，因为有了邓小平这样一位处于特殊地位、充满智慧的人，才实现了很多历史性的突破。一方面推动了全党思想认识上达成一致，另一方面在体制机制上也获得了充分的保障，许多重要的改革举措得以逐步实现。我们可以从中清醒地看到：改革开放的成果来之不易，改革开放的精神成为了时代的主流，需要我们将这种精神不断传承下去。

今天我的发言也将围绕"突围"这个主题，也就是要着力突破我们给自己设下的"围城"和障碍，从而走出一条改革、创新的发展之路。我主要讲以下三点：

一、建设高水平大学，需要对学校当前的建设有一个基本的判断

华东师大从2006年进入"985工程"重点建设高校行列以来，在队伍建设、学科建设、人才培养、国际合作等方面取得了长足的进步，发展速度迅猛。当前，学校的

① 本文为俞立中在2008年度华东师范大学党建研究年会上的讲话，根据录音整理。

发展需要投入的支持，更需要精神的支持。特别是在进入“985 工程”之后，精神推动比经费推动的作用将更为显著。我们的领导干部要清醒地认识到这一点。当然，我们在进入“985 工程”之后还存在很多问题，特别是我们在很多问题的认识上还跟不上建设进程，准备显得不足。不过，从 2006 年年底第一笔建设经费到位至今，总体来说，6 个亿的建设经费用到了实处，起到了实效，华东师范大学的综合实力特别是科研力量获得了根本性的提升。这是一个基本的判断。

我们引进了一大批优秀教师和团队，派出了大批青年教师出国学习研修，在各个学科领域构建了全新的科研平台。比如我们派出全体大学外语教学部的老师去国外进行 5 周左右的培训，这对其五年甚至十年之后的学术生涯发展意义重大。改革开放之初，我国选拔培养了大批优秀青年人，如今这批人对当前国家科技、教育的发展起到了很大的推动作用。1977 年 8 月邓小平召开科教座谈会，果敢决定，要求克服各种困难立即恢复高考招生。恢复高考之后的 77 级、78 级学生，在接受高等教育之后，成为国家建设的骨干力量，发挥着重要的作用。如果没有这样一批人，我们今天的建设事业也就不可能取得如此辉煌的成就。

因此，有些做法绝对不能急功近利。因为一个人的发展本身有个过程，这个过程就需要五六年，甚至更长的时间才能发挥作用。我们希望两年能够出成效，但真正的成效不是在今天，而是在未来。我们一定要鼓起信心，要更加激发起向前的动力。这个精神动力更大于经费动力，绝对不能动摇。与此同时，我们也不能否认存在的问题，在分析问题的时候要分析透彻，才能不断改进、不断提高。

二、建设高水平大学，需要进一步解放思想、改革创新、与时俱进

学校发展到今天，容易解决的问题都解决了，剩下的往往都是改革发展进程中的难点，要想有所突破就更加困难。摆在我们学校各级党组织面前的问题是如何迎难而上，进一步解放思想、改革创新、与时俱进。

解放思想，形成共识。有老师和我谈到，“很多问题源于理念上的不一致”，正是因为这些思想认识上的不一致才产生了很多障碍和困难。所谓“取得共识”，就是要改变在改革发展进程中所存在的思想上的不适应、体制上的不适应。这些“不适应”

源于几种可能：首先是"'屁股'指挥'脑袋'"的问题。一些部门往往仅从本单位出发思考问题和处理问题，而不是站在学校发展大局、社会发展大局之上，从而在思想认识上跟不上时代发展的形势。

李岚清同志在报告中提到了合资企业的问题。改革开放初期，中国还不存在"合资企业"，外商进入中国只有依靠单纯投资的方式。当时，美国通用汽车公司提出希望能够在中国创办合资企业，双方共同承担风险、共享成果。邓小平同志作出批示："可以合资"。但是在创建过程中，合资企业却要面临国有企业完全不存在的问题，不仅缺乏建设需要的煤炭等物质资源，更缺少办厂所急需的劳动人才，这些都需要相关主管部门调配名额、层层审批。这在当时国有企业一统天下的体制之下根本不可能完成。有关部门同志就回答："我们没有办法，国家没有相关的规定。"这种办事作风和工作态度完全跟不上党中央改革开放的思路。

反观我们学校的工作，我们要建设世界知名的高水平大学，思想上有没有走到这一步？还是仅仅停留在认为"只要进了'985 工程'，就是可以分到更多钱，生活得更加美满"的状态？进入"985 工程"，是我们给自己提出了更高的要求，设置了更高的奋斗目标。如果我们把自己的定位放低一点，我们可以轻松很多。但是我们把自己定位在"世界知名的高水平大学"上，就要为了这个奋斗目标努力做好各项工作。既然我们选择了这样的一条道路，既然我们愿意在自己这一代人身上承担起这样的追求，就必然要具备更坚定的决心、磨练更坚强的毅力、付出更多的努力，来完成更艰巨的任务、实现更远大的目标。如果全校上下不能够形成共识，那么"985 工程"建设就会成为一句空话。因此，从学校领导到每一位老师都需要不断给自己加压，才能进一步形成我们的共识。

分类指导，重点支持。一个学校的发展，特别是一所综合性大学的发展，必然会在学校里形成各种类型的学科。我们力争把给一个学科都建设好、发展好，但是建设的途径、方法以及支持的力度、角度，应该是有所不同的。

所谓"分类指导"，就是要让每一个学科都找到适合自己发展的路去走。举例而言，邓小平同志搞特区建设时选择了南方的深圳进行试点，实际上并没有在资金上给予很大的支持，重要的是给予了特区发展在政策上的强有力支持，使其能够走出一条中国特色的发展之路。而我们学校的发展、各个院系的发展也需要这样的分类指导，集中资金重点支持与学校定位紧密相关的学科，这样才能形成华东师范大学的特色和竞争优势，这就叫作“重点支持”。“985 工程”和“211 工程”的资金都是重点学科、重点平台的建设经费。通过导向，这些学科就形成了学校中最有竞争优势的学科。学校的整体优势就要在这些学科上体现出来。拿到重点建设经费的学院压力更大，因为学校要靠这些优势学科来支撑，如果支撑不起来就是任务没有完成。不过，重点建设的学科也不是一成不变的，是在竞争中发展起来的。一方面重点学科如果建设得不好就有可能成为一般学科，而没有成为重点学科的也可以通过自身努力而建设成为新的重点学科，这就是学院领导需要思考的问题。根据国家发展形势，确定自己学科发展的方向和目标，从而争取得到重点学科建设的资金支持。

例如，国家现在需要创意产业人才，我们学校有一些很好的应用学科，例如设计类学科，这些学科就可以从另外的层面上为学校的建设作出贡献，比如有学生在各类国际、国内比赛中获奖，积极参与上海世博会的建设等。设计学院、艺术学院、传播学院等可以根据学校定位目标设计自身发展道路，争取学校给予有针对性的政策支持。在这个问题上，学校领导很愿意与院系探讨发展的理念，支持院系改革的愿望。但是归根结底，通过这一种改革，通过解放思想，使我们的学科建设得更好，更有社会影响力，更有学术地位，更好地体现学校发展的目标。

着力突围，改革创新。当前，我们在发展过程中碰到了许多问题，如果要进一步发展，就要有勇气去突破这些障碍。进入“985 工程”之后，我们往往想得更多的是如何静下心来做点事，力争对学校的发展有所推动，但同时也变得有点保守，求稳怕乱。往往由于这样一种心态，对一些重大的改革就缺乏必要的信心和决心。但是，要发展就必须要突围，必须要改革。如果没有这样的决心，稳是稳不出“快速发展”的。正如在改革开放的初期，面对十分困难的经济条件和不确定的政治因素，如果不是国家下定决心、看准方向、大胆改革，我们就不可能有改革开放三十年的突出成就。在这个问题上，我们各级领导一定要有“突围”的精神，一定要有锐意改革的精神。改革关键是要看准方向，努力推进改革。

面对学校的发展态势，我们要认真推进以下几个环节上的改革举措。首先是力争突破人事分配制度上的瓶颈，使人事分配制度更加适应建设高水平大学的建设目标。要引进高水平的科研人才，组建高水平的科研团队，为学校整体科研水平的提高提供有力支撑。第二是要力争突破教学科研体制的长期矛盾。我们传统的院系管理体制对人才培养发挥了支撑作用,但是一旦把学校的科研任务、特别是把面向国家的重大科研项目提到议事日程上,传统的管理体制就不能够适应调动大规模科研力量的要求。我们组建了国家重点实验室和基地,组建了教育部和上海市的重点实验室,这些又和我们传统的院系管理体制发生冲突。必须站在发展的角度去思考,在矛盾和摩擦中解决这些问题。

我们今年获得了2个亿的建设资金,以后还会有更多的资金投入,如果一直停留在作坊式的科研模式上,华东师范大学就很难提高整体科研实力。当前,在资源配置上,我们已经提出通过有偿使用来盘活资源,使资源获得更加有效的使用;在管理模式上,我们也还有很多瓶颈问题需要突破。学校在未来发展过程中,如果在体制和机制上没有突破,学校就根本不能达到应有的效益。我们党员同志一定要团结一致来面对这些困境,直面这些体制上的瓶颈,突破管理模式上的矛盾。相信我们一定有能力来突破这些障碍。

三、建设高水平大学,需要充分发挥党组织堡垒作用和党员干部的先锋模范带头作用

中国现有体制的重要特色就是,我们任何的事业都是在党的领导下来实施。正是在中国共产党的领导之下,我们才取得了改革开放30年的伟大成就,而且我们越走越有信心。最近我和美国杜克大学商学院院长的交流中谈到,在中国改革开放的历程中——从改革开放初期到世界粮食危机,从东南亚金融风暴到今天,西方国家对于中国的主流判断都是中国过不了这些“关”。但事实证明,西方对中国的估计都是错误的。中国共产党推动中国社会向前发展,中国从原来经济落后的人口大国,一跃走上了富裕的发展道路,取得了改革开放的巨大成就。可见,我们不一定要按照西方的模式去做,我们完全可以探索适合自己的道路。如果我们很早就按照西方的模式去发展,那么中国可能就不是今天改革开放的形势。

从这一角度出发,学校的改革发展,关键在于如何更好地依靠我们各级党组织的堡垒作用,如何发挥每一个共产党员的先锋模范作用。因此,我们要统一思想,形成共识,力争突围。要带动全校师生员工共同面对困难,面向未来。我们学校有一个宝贵传统——“围绕中心抓党建,抓好党建促中心”,通过加强党的建设带动学校

事业的发展，带动各项中心工作的开展。

我们每一年召开党建会议，目的在于认清形势，统一思想，集聚智慧，共同推动学校发展。建设高水平大学任重道远，让我们进一步解放思想、改革创新、与时俱进，为把华东师范大学建设成为世界知名的高水平大学而努力奋斗！

致师范生：教师是责任、爱心与求知者的化身①

（2008年4月）

2007年，作为实行师范生免费教育的六所部属师范大学之一，我们一直在思考、探索的一个核心问题是：怎样把培养优秀教师的政策目标落到实处，为造就教育家奠定坚实的基础。为此，我们全面优化了师范生培养方案，在完善课程体系、提升教学质量的同时，通过设立住宿制的孟宪承书院，探索实践师范生养成教育模式。目前看来，这些工作已经取得了初步的成效，首批免费师范生也开始努力实现着他们的人生目标——成为一名优秀教师！

进入2008年，我们对这一问题的思考有了进一步的深入：我们要培养造就的是什么样的优秀教师和教育家？为此，我们择优选拔的师范生应该具备的最核心的素质是什么？

从温家宝总理的讲话中，我们体会到：他心目中的优秀教师，应该是有崇高的社会责任感和道德使命感，充满爱心，有深厚的文化素养、渊博的科学知识的教师。也就是说，一个对国家、民族和社会有着高度的责任感，一个热爱教育事业、充满爱心和渴求知识的人，才有可能在国家政策的支持和学校的培养造就下，成为一名优秀的教师，才有可能通过长期从教、终身从教成长为一名教育家。

用一句话来讲，教师，应该是责任、爱心和求知者的化身！

首先，把关乎国家、民族兴衰的教育作为终身的事业，甘愿为此奉献自己的智慧、才能和青春，就是每个教师的责任。这里没有什么大道理，也不需要遮遮掩掩。社会也希望看到，正是那些对国家、民族和社会有着强烈责任感并热爱教育事业的优秀青年，愿意报考师范专业，毕业后投身到教育事业中，长期从教甚至终身从教。

其次，温总理讲过，“无论是做教师，还是做人，都应该有一颗同情心、一颗爱心。

① 本文原载《中国青年报》2008年4月25日。

同情和爱心是道德的基础”。教师的爱心，既是激励学生成长、学习的催化剂，更是一颗种子，把同样的爱心播撒、扎根在每个学生的心中。同样，只有充满爱心的人，才会懂得教师存在的价值，乐于做教师并享受教师生活的乐趣。

再次，教师也是一个求知者。教师既要掌握广博的文理基础知识和扎实的学科专业知识，还要掌握系统的教育专业知识。同时，还要在学习中逐步养成各种能力，包括最基本的教学能力，如备课、上课、评课和评价学生、班级管理、教学研究等能力。而对于师范生来说最关键的，正如总理所讲：“一般大学的学生学习重点在于知识本身的研究，为学问而学；而师范大学的学生学习还包括知识关系的研究，为教育而学。”实际上，就是要“为今后所教学生而学”。

当然，我们更要牢牢记住总理的这句话：“师范大学造就的应是堪称人师的教育家，要学为人师，行为世范。因此，对师范生的道德要求就更高。教育，不仅要言教，还要身教；不仅要立己，还要立人。”

服务国家战略，以高度的责任感推进“211工程”三期建设①

（2008年5月）

5月5日，教育部召开了“211工程”三期建设项目规划编制及论证工作视频会议，正式启动了“211工程”三期重点学科的申报和建设工作。此次申报工作时间紧，任务重、要求高，各院系要予以充分重视。如何推进这项工作，我提三点要求。

一、从学校发展大局出发，明确“211工程”三期建设的整体思路

教育部部长周济在视频会议上指出，“211工程”三期建设必须站立在新的历史起点上，继往开来，承前启后，再学习、再思考、再规划。“211工程”大学都需要在新的历史起点上进一步思考两个问题，即：建设什么样的大学？怎样建设成为这样的大学？我校在规划和制定“211工程”三期建设总体方案的过程中，要根据周济部长的讲话精神，对学校的“十一五”发展规划和中长期发展目标进行再学习、再思考和再规划。这种学习、思考和规划，不能仅仅立足于现状做完善性、修补性工作，而必须具有创新精神和开拓锐气，开阔视野，拓展思路，从学校发展大局出发，站在新的历史起点和高度，全面思考我校学科发展的格局。在规划和布局我校学科发展的过程中，要重点把握以下三个关键要素：

第一，进一步凸显教师教育办学特色。教师教育是华东师范大学最显著的办学特点和竞争优势，我们要坚持不懈地通过“211工程”的建设，促使学校在教师教育领域中更有具话语权、更具有竞争力、更能体现华东师范大学的办学特色。

---

① 本文为俞立中在2008年华东师范大学第四次行政例会上的讲话。

第二，进一步加强文理基础学科的竞争优势。除教师教育办学特色外，华东师范大学最强的竞争优势在于文理基础学科的综合实力。在2004年教育部的学科评估中，我校多数文理基础学科名列全国高校同类学科的前20位，显示出学校在文理基础学科上的竞争优势。但是我们也应注意到，近年来学校在文理基础学科的发展速度上，与一些“985”高校还存在差距。在“211工程”三期建设过程中，我们应该进一步加强文理基础学科的整体实力，根据学科发展趋势和国家发展需求，进一步凝练学科方向，努力提升学校的核心竞争力。

第三，进一步实现新兴交叉学科的重点突破。我校自“211工程”一期建设伊始，就有意识地根据国民经济和社会发展的需求，规划新兴交叉学科的发展。经过近十年的发展，我校在生命科学与技术、信息科学和技术、材料科学与技术、生态学等领域，有效抓住一些新兴领域的科学方向，实现了重点突破，取得了显著的进展，成为我校学科发展的亮点。在“211”三期建设中，各院系应该继续加强不同学科学术力量的整合力度，主动寻找与国家发展密切相关的新兴学科生长点，同时重点加强我校30个国家和上海市重点学科(二级学科国家重点学科18个、上海市重点学科12个)之间的交叉融合，更好地为国家经济社会发展服务，为繁荣我国哲学社会科学服务。

周济部长在视频会议上再三强调，高校学科发展布局应具有前瞻性，要准确把握学科发展的方向，要主动关注国家社会经济发展的需求，要努力增强引领国家科技发展的意识。我们要从大局出发，抓好重点学科建设、人才培养和队伍建设、公共服务体系建设三个方面的规划，而重点学科建设更是“211工程”三期建设的重中之重。

在人才培养和队伍建设方面，学校拟把主要精力集中在重点学科、重点发展领域以及和国外一流大学有长期合作的学科项目上，大力支持研究生海外访学，重点支持青年教师赴海外合作科研，加强高水平学术领军人才队伍的培养和引进力度，多渠道提升师资水平。在公共服务体系建设方面，学校拟将主要集中在网络建设和信息资源建设与共享上。

二、从国家发展战略出发，积极认真地组织重点学科的申报工作

根据“211工程”三期建设中关于重点学科申报与评选要求，此次重点学科的申报，除要求学科本身要具备较强的学术科研优势外，更强调学科建设要服务国家发

展战略需求，强调理工类学科要着力对接国家中长期科技发展目标，人文社会科学要为解决国家社会经济发展过程中面临的重大社会问题提供学术支撑。因此，我校在此次重点学科的申报中，务必要站在国家发展的战略角度来提高所申报学科的竞争优势。

第一，集思广益。要集中广大教师的智慧，尤其要依靠专家学者，广泛发动各个院系出谋划策。要善于总结“211 工程”一期、二期建设以及“985 工程”建设过程中的经验教训，作为我校在“211 工程”三期重点学科申报工作的重要参考。在考虑重点学科申报时，一定要根据学科发展趋势、国家发展需求、自身学术竞争力，群策群力，凝练学科方向，明确建设目标，并清晰地提出为达到这些目标必须投入的具体建设项目和资金需求。

第二，加强顶层设计。广大教师要以主人翁的态度，根据新的形势和需要，审视学校发展规划、学科布局、特色竞争优势等内容。在学科申报过程中要始终坚持顶层设计，充分发挥校学术委员会的作用，统筹考虑“985 工程”等建设项目，合理推荐重点建设学科。

第三，坚持重点学科选拔的指导精神。周济部长在视频会议上指出，在重点学科的选拔过程中，各高校要体现以下指导精神：一是传统优势学科要做大、做强、做出特色。各高校的传统优势学科都应该选择国外一流高校和学科作为参照系，在“211 工程”建设中不断增强本学科的国际竞争实力，凸现办学特色。二是新兴学科要尽早规划布局，具有前瞻性。高校应以超前的眼界审视新兴学科的发展，根据学校的基础和可能，在一些新兴学科领域中发展能在未来若干年内成为对国家发展具有重要贡献的研究方向，实现可持续发展。三是要特别强调学科交叉，寻找到新的学科生长点，通过若干年努力，实现异军突起。

三、以高度的责任感，把握时间节点，做好重点学科申报工作

“211 工程”三期重点学科的选拔要求高，时间紧，任务重，难度大。但是，对我们来说，这是一个难得的机遇，是一个新的发展起点。通过此次申报和建设工作，我们可以检验自身是否具有勇于开拓创新的胆略，是否具有瞄准学科前沿的眼光，是否能从学校发展的战略高度，推进学校各项事业的发展。各单位要集中智慧，在短短

一个月时间内，尽力做好“211工程”三期重点学科的申报工作，使各院系提出的申报意向与校学术委员会讨论的顶层设计相匹配，在规定时间内写好申请书，提请专家委员会评议、提出修改意见，再作进一步修订。希望各单位领导、各位老师站在学校发展全局的高度，重视申报工作，整合全校科研力量，共同努力，通过“211工程”三期建设，推进华东师范大学建设世界知名的高水平研究型大学的进程。

感受·融入·热爱①

（2008年9月）

今天，我们在这里举行2008级新生入学教育。我再一次诚挚地祝贺你们步入大学的殿堂，成为华东师范大学这个大家庭的新成员！

今天，你们是大学生了。我们拥有一个共同的名字“华东师大人”。“师范”（Normal）这个词，代表着一种规范、标尺，意味着智慧才华，也代表着海纳百川的胸怀、行为世范的责任和追求真理的信念。我相信，你们的选择是正确的！

30年前，我和大家一样，是华东师大的新生。所不同的是年龄比你们大了许多，是从北大荒广袤的农田直接跨进华东师大的校门。尽管相隔30年，但我想彼此间的心情应该还是有许多是相似相近的：既充满着喜悦和憧憬，也面临许多茫然和陌生。学校的现状和未来发展的方向、如何融入新的学习环境、如何充分利用学校已经架设的各种资源和管道更好地学习和生活等问题，都希望有所了解。我想，作为校长，我有责任也有义务为大家答疑解惑，帮助大家尽快熟悉大学学校环境，消除陌生感；也希望借此机会，与同学们沟通交流。我希望，今天的入学教育第一课，成为我们彼此信任、共同努力的起点，成为同学们融入华师、热爱华师的起点，也成为你们求知探索、拼搏奋斗的新起点。

下面，我想围绕“感受华东师大”、“融入华东师大”、“热爱华东师大”这三个方面，跟同学们一起聊聊我们共同的家园“华东师范大学”，谈谈如何开始大学的学习生活，如何更好地在华东师大成长成才。

一、感受深厚底蕴，增进成才信念

华东师大是一所享誉海内外的著名高等学府，是值得我们为之骄傲和自豪的家

① 本文为俞立中在2008年华东师范大学本科生新生入学教育报告会上的讲话，标题为编者所加。

园。学校有花园式的迷人精致，素有“花园学府”的美誉；学校更有悠久的历史传统、厚重的学术底蕴、齐备的学科结构、雄厚的师资力量和科研实力，已经为国家培养了数以十万计的优秀人才。

历史悠久，声誉卓著。华东师大的前身是私立大夏大学与光华大学。大夏大学创立于1924年，是从厦门大学脱离出来的部分教师和学生在上海发起建立的。光华大学是1925年从美国教会学校圣约翰大学(原址在华东政法大学长宁校区)脱离出来而创建的。马君武、王伯群、欧元怀、张寿镛等知名人士曾先后出任大夏大学、光华大学校长，郭沫若、田汉、胡适、徐志摩、叶圣陶、陶行知、吕思勉、姚雪垠、潘光旦、施蛰存、钱钟书等一大批学术大师和文化名人先后在两校任教。大夏、光华两校培养了姚依林、乔石、尉健行、荣毅仁、汪道涵、周而复等一大批著名政治活动家、实业家和文化大家。

1951年10月16日，中央人民政府教育部宣布以大夏大学、光华大学的文理科为基础，并入复旦大学、同济大学等院校的部分系科，组建成立了华东师大，由共和国老一辈教育家、时任华东教育部部长的孟宪承出任首任校长。半个多世纪来，华东师大取得了辉煌的成就。其中有几个重要的历史节点，记载了华东师大的光辉历程：

1959年5月，学校被中共中央指定为全国16所重点高校之一；1978年2月，再次被确认为全国重点大学；1986年4月，被国务院批准成为首批设立研究生院的33所高等学校之一；1996年4月，被列入国家“211工程”重点建设大学行列；2002年12月，根据上海市高校布局结构调整的战略部署，启动了占地面积2 070多亩的闵行校区规划建设工作，2006年8月，学校机关和院系主体搬迁到闵行校区，形成了“一校两区、联动发展”的办学格局；2006年9月，教育部和上海市重点共建华东师大，学校跻身国家“985工程”高校行列，迈出了建设世界知名高水平大学的坚实步伐。

学科齐全，实力雄厚。经过几代人的不懈努力，华东师大已成为一所涵盖9大学科门类的综合性大学。目前，学校设有19个全日制学院，涵括47个系，设有65个本科专业，其中汉语言文学、历史学、数学、地理学、心理学、物理学6个专业是国家文理科基础学科人才培养和科学研究基地；软件学院是全国师范大学中唯一的示范性软件人才培养基地；对外汉语学院是国家八大对外汉语教学基地之一。此外，继续教育学院、网络教育学院是学校实施成人教育和网络教育的专门机构。设在我校的教育部中学校长培训中心是全国省级重点中学校长培训和港澳台地区校长高级研修的唯一国家级基地。目前,学校正在积极筹建职业学校校长培训中心,争取建设成为全国职业学校校长培训和研修的国家级基地。

华东师大是一所综合性研究型的大学。学校坚持本科教育和研究生教育并重、教学和科研并重的办学思路。学校现有 14 个一级学科博士点,120 个二级学科博士点,177 个二级学科硕士学位授权点,6 个专业硕士学位授权点,14 个博士后科研流动站。在教育部 2005 年的全国一级学科评估排名中,华东师大参加评估的 17 个一级学科有 9 个整体水平进入全国高校前十名,教育学、心理学、自然地理学、系统科学、科学技术史等 5 个一级学科排名全国前四位。《大学》杂志和 21 世纪人才报等机构联合发布推出的 2007 年中国高校社会科学贡献力排行榜中,我们学校以获得 11 项国家重大社会科学奖励的成果,位居 2007 年高校社会科学贡献力排行榜第 6 位。

华东师大是一个具有鲜明办学特色的大学。学校文理基础学科整体优势十分突出,教师教育办学特色十分鲜明。教育科学、河口海岸科学、认知科学、高可信软件与芯片设计、光子操控与精密谱学等在国际上有重要影响,在国内不可替代;人文社会科学、国际关系研究、基础数学、绿色化学、新药创制、新型材料研发、生态环境研究等在国内具有重要地位。在 2007 年教育部公布的新一轮国家重点学科评估中,我校的教育学、地理学是一级学科国家重点学科,光学、基础数学、中国古代文学、生态学、基础心理学是二级学科国家重点学科,学校的二级学科国家重点学科总数达 18 个。中国哲学、运动人体科学、世界史、动物学和系统分析与集成是国家重点培育学科。光学、基础数学、计算机软件与理论、人文地理学、微电子学与固体电子学、物理化学、汉语言文字学、世界史、职业技术教育学、中国古代文学、中国近现代史、中国哲学等 12 个学科入选上海市重点学科(第二期)建设计划。

学校注重服务国家发展战略,创建了华东师范大学国家大学科技园,拥有一批国家和教育部的重点研究基地,包括 2 个国家重点实验室,1 个国家野外科学观测研究站,7 个教育部和上海市重点实验室,3 个教育部和上海市工程技术研究中心,6 个教育部人文社会科学重点研究基地,以及 150 余个研究所和一批跨学科的研究、实验、计算及测试中心。

近年来,学校以领军人才为核心,加强学科交叉,取得了一大批骄人的科研成果。如精密光谱科学与技术国家重点实验室马龙生教授的研究成果两次刊登在

《Science》杂志，并入选教育部2004年度中国高等学校十大科技进展，获上海市科技进步一等奖和国家自然科学二等奖。2005年马龙生教授还应邀出席了诺贝尔奖颁奖典礼。软件学院院长何积丰教授主持研发了我国第一个具有完全自主知识产权的软硬件协同设计开发平台，获得国家自然科学二等奖，并在2005年当选上海市计算机软件领域首位中国科学院院士。河口海岸学国家重点实验室张经教授以其为国际公认的科研成果，于2007年年底当选为中国科学院院士。

名师荟萃，英才辈出。清华大学前校长梅贻琦先生曾说过："所谓大学者，非谓有大楼之谓也，有大师之谓也。"华东师大的辉煌，很大程度上是源于拥有一批又一批赫赫有名的学者大师。一大批教育学家、心理学家、文学家、外国语言文学家、翻译家、哲学家、社会学家、经济学家、音乐家、生物学家、化学家、数学家、地理学家、物理学家、博物馆学专家等学术大师，开风气之先河，创建学科，著书立说、乐育桃李。

今天的华东师大，依然是精英荟萃、名家云集，呈现出"三世同堂、风流竞比"的良好局面。目前，学校有各类学生4万多名，其中有全日制学生23 000多名；教职工4 000多名，其中专任教师1 900多人，教授和其他高级职称教师1 000余人。学校拥有13名中国科学院和中国工程院院士、9名国务院学科评议组成员、8名长江学者、19名百千万人才工程国家级人选、2名国家级教学名师、10名国家杰出青年基金获得者，80名紫江学者和105位终身教授，以及一大批遐迩闻名的专家学者、学科带头人和崭露头角的青年学术新秀。在今年首次发布的《2007年中国杰出社会科学家研究报告》中，遴选出了全国505名顶级社会科学学者，华东师大有12人入选(陈彪如、陈大康、冯契、冯绍雷、刘君德、钱谷融、童世骏、杨国荣、杨治良、叶澜、袁运开、钟启泉)，位居全国高校和科研机构第8位。正是一批又一批学者大师躬耕讲台，育人不辍，推进着学校教育教学质量的稳步提高。

兼容并蓄，开放办学。国际化是学校发展的一项重要战略。学校与100多所世界著名大学和研究机构建立了合作交流关系，聘请了180多名国际知名教授为学校的名誉教授或顾问教授，每年有一大批海外著名学者来校访问和讲学。著名科学史家李约瑟、哲学家哈贝马斯、法国议长梅尔瓦兹、加拿大总督让娜·索维、澳大利亚前总理惠特拉姆等曾先后到学校访问。学校与法国巴黎高师为首的高师集团(ENS)合作，成立了中法联合研究生院，每年从校内外选拔近20名位研究生赴法国攻读博士学位；今年6月，学校又深化了与法国高师集团的合作，成立中法联合研究院，展开跨国科研课题的攻关；与美国宾夕法尼亚大学联合培养高级教育行政管理博士，至今已招收四批次 28 名博士生；同时还与瑞士日内瓦国际关系高级研究院合作培养多边国际事务高级人才。美国纽约大学、弗吉尼亚大学、法国里昂商学院（EM Lyon）在华东师大设立了海外校区，推进国际教育，共享教学资源。我校也是中国最重要的对外汉语教学和中国文化国际推广重镇之一，设立有全国唯一和全球最大最具实力的对外汉语远程教学网站，并在美国纽约、芝加哥、爱荷华、阿肯色和意大利都灵等地设立孔子学院。学校丰富的国际教育经验、美丽的校园环境和国际化的文化氛围吸引了世界各地的学生，每年有来自 70 多个国家超过 3 000 名留学生来我校学习。

桃李芬芳，才俊竞涌。曾任大夏大学校长的欧元怀先生说过：一所大学的教育成功与否，完全取决于我们的毕业校友服务于国家社会的贡献。华东师大的荣耀，在于所培育数以十万计、在各行各业独领风骚的校友。学校的一大批校友成为了基础教育界的领军人物和骨干力量，成为名师、名校长。华东师大校友中也涌现了许许多多政治家、教育家、院士、企业家和作家等等。现中共中央政治局委员李源潮、中共中央政策研究室主任王沪宁、上海市市长韩正、上海市人大常委会主任刘云耕、人事部副部长何宪、中共中央统战部副部长楼志豪，上海市市委副书记殷一璀、上海市副市长胡延照，中国科学院院士薛永祺、宋大祥、中国工程院院士刘伯里等等都曾是丽娃学子。学校深厚的人文底蕴和浓厚的学术研究氛围，培养出了沙叶新、戴厚英、赵丽宏、格非、陈丹燕等一批著名作家，华东师大的新生代作家群也开始崭露头脚，形成了在全国高校中独一无二的“华东师大作家群”现象。

当今商界风云人物中，华东师大涌现出了分众传媒董事局主席江南春、香港世海国际有限公司董事长洪波、上海兆基实业有限公司董事长李国平等商业精英和商界领袖，形成了著名的“华东师大儒商群”现象。此外，美国国立卫生研究院研究员、中科院海外评审专家鲁白，世界“聪明鼠之父”钱卓，全美 ESL（英语作为第二语言教学）教师大奖的唯一华人获得者何国卿等，也都是华东师大培养的学生。

饮水思源，回报母校。校友们怀着对母校的炽热之情，关注母校，关心母校。譬如许多政界的知名校友们，虽然公务繁忙，但仍常在百忙之中返校看望母校师生，为母校发展提供帮助和指导。今年暑假，上海市人大常委会主任刘云耕校友、上海市委副书记殷一璀校友都分别以校友的身份回到母校看望师生。不少商界的知名校友也反哺母校，支持母校教育事业。2005年10月，分众传媒总裁兼首席执行官江南春校友向母校捐赠100万元，设立分众帮困助学基金。香港世海国际有限公司董事长洪波校友设立“中融”奖（助）学金，每年捐助10万元，用于资助品学兼优、家庭贫困的本科生和研究生。上海兆基实业有限公司董事长李国平校友从1998年起在母校设立“富城—淑卿”助学金，每年出资10万元，从未间断，从2006年起，兆基实业有限公司将每年的资助金额增加到30万，成为我校社会资助中持续时间最长、资助人数最多的助学金。2008年1月，江苏可一出版物发行集团毛文凤、钱晓征校友夫妇向学校捐赠价值100万的珍贵图书。校友是华东师大改革、建设的潜在动力和巨大资源，是学校发展必须依托的强大力量。

二、融入学校发展，创造成才条件

2006年，华东师范大学正式跻身国家“985工程”建设，那么，进入“985”给学校带来怎样的发展机遇？通过两年多的建设与发展，我们深切感到，“985工程”带给我们的不仅仅是增加资金投入，更重要的是国家的政策和发展的机遇，是学校声誉的提升和师生精神面貌的变化。我想借这个机会，向同学们介绍一下华东师大的发展目标、人才培养目标、培养理念和校园文化，同时，也和大家谈谈学校为同学们的成长成才提供了哪些条件和机会。

发展目标。学校中长期发展目标是：把华东师大建设成为拥有若干一流学科、多学科协调发展、引领中国教师教育发展的世界知名的高水平研究型大学。

学校未来五年的发展思路是：坚持“一个中心”——以培养创新人才和提升创新能力为中心；“两个推进”——推进学科交叉融合，推进学校国际化的进程；“三项战略”——汇聚英才、集聚资源、创造精品。

培养理念。学校的人才培养理念是：以学生发展为本，完善“基本要求＋需求选择”的人才培养模式，坚持“强化基础，注重个性”的人才培养传统，强调“增强创新能力、实践能力和创业精神”，培养具有全球视野、社会责任感和终身学习能力的创新型人才。学校致力于营造良好的校园氛围，提供优质的教育教学服务，全面推进本科教学改革和实现完全学分制，给学生更多的选择机会，为学生的个性化成长提供保障。为此，学校实施了“课程建设工程”、“教学保障建设工程”，实行了实验课程与实验基地一体化建设，不断推进“优秀生培养模式改革”。近三年来，我校的本科毕业生和研究生的就业率均在97%以上。每年有三分之一以上的本科毕业生会继续攻读研究生。鉴于我校目前直升研究生人数比例已经达到16%，学校希望立志攻研的学生比例继续增加。这样的思考与学校的定位是一致的，同学们一定要早早作好准备。

校园文化。自大夏大学以来，我们这所学校已经走过了84年的历程，有着深厚的人文积淀。形成了“求实创造、为人师表”的校训精神，“求是、求新、求活、求真”的治学传统，营造了崇尚知识、尊重人才、鼓励探索、宽容失败、自主创新的良好学术氛围。近年来，学校努力建设“积极的、创新的、大气的”大学文化，广大学生热情参与，校园文化生活更加多姿多彩，充满着青春活力，充盈着浓厚的文化气息。

这是一个学术氛围浓厚的校园。学校设立“大夏”大学生科研基金，实施面向全体本科生的“科研训练计划”；举办“大夏论坛”、“华夏学子讲坛”、“走近终身教授”系列报告会、“华夏风云讲坛”等精品学术讲座。为拓宽学生的国际视野，学校每年向学生提供数量充足、高质量的跨国（跨校）交流学习和实习机会，相当一部分学生在校期间获得跨国（跨校）学习经历。为鼓励学生实践创新，学校每年组织评选学生优秀科研论文奖，扶植优秀科研项目，并挑选精品参加全国大学生“挑战杯”的比赛。2001年以来，我校在全国或省市级以上各类专业竞赛和学科竞赛中，先后获得近300个奖项，如全国高校数学建模竞赛华东地区特等奖、全国大学生电子设计竞赛一等奖、全国大学生英语知识竞赛与辩论赛特等奖和一等奖等；参加微软“创新杯”全球DV作品竞赛，进入全球前四名，是全国唯一获奖单位；在2007年11月举办的第十届“挑战杯”全国大学生学术科技竞赛中，我校再次捧得“优胜杯”，不仅成为全国唯一一所捧杯的师范类院校，更是上海高校唯一一所连续六届进入前十名、在参加的八届竞赛中6次捧杯的高校。近年来，我校研究生的科研成果对学校SCI的贡献率达到50%以上，文科研究生成果的贡献率接近50%，研究生已成为学校科研队伍中一支不可或缺的生力军。

这是一个充满青春活力的校园。作为国家大学生文化素质教育基地，学校有包括文学、体育运动、艺术等门类的百余个学生社团。各具特色的学生社团成为华东师大校园文化的一道亮丽的风景线。华东师大的艺术团代表学校参加过国内外各类大型演出，自2003年以来共获得国际级奖项2个，国家级各类奖项8个，在2006

年荣获第四届世界合唱奥林匹克比赛金奖，合唱团成为混声青年组唯一获金奖的中国合唱队伍。学校的各类学生志愿者服务十分活跃。在 2007 年世界夏季特奥会上，我校有近 3 000 名学生参与到开幕式演出和各项志愿者服务工作之中。2008 年北京奥运会，我校的拉拉队和多名学生参与服务工作。今年暑假，我校组织了 4 支由本科生和研究生组成的志愿者队伍，奔赴都江堰等四川灾区开展服务活动。此外，各院系的学生组织也纷纷开展多种类型的志愿者服务，如赴民工子弟学校开展义务家教、到社区开展义工活动等。学校每年举办诸如学术节、艺术节、影视戏剧节、体育节等校园文化节，举办各类讲座、竞赛、晚会逾百场。每年举办“华夏之光”校园文化艺术节、研究生文化节、校园十大歌手等传统品牌活动，组织专题歌咏会、辩论赛、球类联赛等全校性文娱活动。

这是一个以学生为本的校园。学校努力为学生的学习和生活创造良好的条件，建立全面、周到的服务保障体系。通过数字化校园建设，学校推出了校园一卡通，就是现在同学们人手一张的校园卡。这是由学校统一发放的非接触式 IC 卡，集校内消费、图书借阅、手续办理和人员信息载体等功能于一体，不仅提升了校园信息化程度，也大大方便了学生学习和生活。闵行校区启用后，同学们的学习生活条件得到了极大的改善，公共服务体系也得到了完善。学校为学生的图书查询、借还和阅读提供了现代化、人性化的服务；每幢学生宿舍都配置了微波炉和洗衣机，为同学生活提供便利。每幢宿舍有一支学生自我管理，自我服务的楼管会队伍。

勤工助学是我校学生解决经济困难的主要渠道，也是学生参与社会实践的重要途径。学校一方面大力开辟校内勤工助学岗位，积极创建校内勤工助学基地，另一方面大力开展大学生家教、社区服务等活动，将学生社区服务活动与勤工助学有效结合起来。仅今年上半年，学校就向在校学生提供了家教岗位 5 241 份、校外企事业单位兼职岗位 1 908 个以及校内数百个勤助岗位，学生收入估算总额在 1 200 万元以上。同时，为帮助困难学生解决学费问题，学校帮助办理国家助学贷款，确保符合条件的困难学生都能申请到国家助学贷款，以及设立以慈善爱心屋为主体的物资帮困新模式，及时缓解学生经济困难。学校建立了心理咨询中心，为每位在校学生提供免费的个别心理咨询服务，开展心理卫生讲座和心理训练等项目，开展心理测试后的辅导活动，宣传心理卫生知识，帮助学生更好地适应大学生活。学校就业指导中心通过多种途径采取有力措施，努力帮助同学们创造更多的就业机会。从 2003 年起，学校建立了学生参议制，定期听取学生的意见和建议，鼓励同学们自我教育，自我管理，自我监督的平台。在参与管理学校事务的同时，同学们的民主意识、权利意识、主人翁意识不断得到增强。

三、热爱华东师大，实现成才梦想

从今天起，华东师大就是我们共同的家园，希望同学们热爱自己的家，珍惜前辈学人为这个大家庭留下的荣耀与辉煌，并以自己的不懈努力，让这份荣耀与辉煌不断发扬光大。热爱这所学校，首先要珍惜大学时代的学习机会，努力学习，全面发展，立志成才。同学们，你们有理由为自己跨进大学而自豪，我们相信大家同样能够在大学学习生活中表现出色。为此，我希望同学们在今后的学习和工作中努力践行三句话：

第一句是：在思想上要志存高远，在行动上要脚踏实地。志存高远是个人成才成功的先决条件。一个学生的发展之路能走多远，能走多好，关键看他是否有远大的理想，有理想才有动力。理想和奋斗目标确立下来后，就要通过日常的点滴奋斗足迹，一步一个脚印地朝着目标前进，“一屋不扫，何以扫天下。”这是同学们应该记住的警世之言。

第二句是：在学习上要勤奋努力，在思维上要求实创新。十多年的学习，同学们走进了华东师大这所全国重点大学，我相信同学们在学习上都是十分勤奋努力的，希望大家今后继续保持这种良好的品质。这里我想强调的是与我们校训精神——“求实创造”相符的一点，就是希望同学们在今后的学习中，不仅勤奋努力，而且要敢思考、多思考，在看问题的角度上、在思想方法的选择上要多多创新，只有这样，才能在学业上有大的突破，在今后的发展中有大的作为。

第三句是：在为人上要争当表率，在处世上要团结协作。“为人师表”是学校的校训之一，它激励着同学们在今后的学习和生活中注重陶冶品性、修养身心，在为人和为学上要争当社会表率和行业标杆。同时，也希望同学们在处世上要加强团结意识，注重团队合作。处在21世纪的人类社会，各行各业的分工朝着精细化的方向不断发展，单个个体或一个单位能独立完成某一件事的概率越来越小。因此，希望你们在今后的学习和生活中注重培养自己的团队意识，学会关心集体、关心别人，成为有道德、有修养、善合作的人！

关于深化校际合作交流的思考与探索①

（2008年9月）

非常荣幸能受邀参加“第二届海峡两岸大学校长论坛”，与两岸的大学校长们就“大学的办学理念与社会责任”和“两岸大学的交流与合作”等问题展开交流探讨。刚才听了前面几位校长的发言，我深受启发。下面，我就华东师范大学近年来在开展校际合作交流、推进办学国际化进程方面，谈点我们的思考与探索。

华东师范大学创建于1951年，是中国大陆为“培养百万人民教师”而组建的一所综合性研究型大学。其前身之一大夏大学，与厦门大学有着极深的渊源。建校57年来，学校充分发挥文理基础学科和教育学科的综合优势，坚持教师教育办学特色，坚持高水平发展，一直是中国大陆重点建设的高校，在海内外享有盛誉。随着中国大陆高等教育事业的跨越式发展，华东师范大学在办学条件和办学规模上有了根本性改变，文理基础学科的学术科研水平大幅提升，应用型学科不断得到拓展，目前拥有20个国家重点实验室，教育部、上海市重点实验室和工程中心，以及教育部人文社会科学重点研究基地；教师教育办学特色进一步凸显，今天的华东师范大学，已经成为中国大陆教育理论创新的策源地、教师教育改革的先行者、教育决策咨询的思想库、优秀教师的培育基地和教育科学的国际交流平台，在中国大陆教师教育和基础教育改革发展中发挥了引领和示范作用。

为了适应国家经济建设和社会发展需要，紧跟世界高等教育发展潮流，2006年，华东师范大学在第十一个“五年发展计划”中，提出了建设“拥有若干一流学科、多学科协调发展、引领中国教师教育发展的世界知名的高水平研究型大学”这一中长期发展目标。为了实现这一目标，学校坚持“一个中心、两个推进、三项战略”，即：以培养创新型人才和提升创新能力为中心，以推进学科交叉融合和推进办学国际化进程

① 本文为俞立中在第二届海峡两岸大学校长论坛上的发言。

作为两大抓手，努力汇聚四海英才，集聚办学资源，创造精品成果，走有华东师范大学特色的发展道路。

高等教育国际化是当今世界的潮流，也是经济全球化的必然要求。为深化学校与国内外大学的合作交流，华东师范大学积极探索，以新观念、新形式不断加强对外交流，努力打造校际合作平台，积极深化与巩固校际友好合作互动机制，大力推进与海内外高校深层次、多领域、全方位的交流与合作，在合作和多样中实现共享，在参与和互补中实现双赢。

第一，拓宽合作渠道，提升合作层次，推进学校国际化进程。

华东师范大学的发展现状与发展目标决定了学校必须以全球的视野来审视自身的存在，必须以世界的目光来审视自身的发展，必须从全球化的角度来规划未来的发展。华东师范大学创建世界知名高水平研究型大学的过程，从某种意义上看，就是加快推进国际化办学的发展进程。通过国际化进程这一抓手，整体提升学校的人才培养质量和学术科研水平。

当前，华东师范大学推进国际化的基本思路是：开阔国际视野，引进优质资源，拓展合作领域，提升合作层次、增强交流能力，扩大国际影响。为此，学校采取了一系列举措：

一是加强与世界高水平大学的交流合作，建设国际教育园区。目前，华东师范大学已经与100多所世界一流的大学和研究机构建立了合作交流关系，与法国巴黎高师为首的高师集团(ENS)合作，成立了中法联合研究生院和中法联合研究院，联合培养各类专业博士，共同开展跨国课题攻关。美国纽约大学、弗吉尼亚大学、法国里昂商学院及美国国际教育交流协会相继在我校设立上海中心(上海校区)或上海办事处，并相继派出在籍学生到我校留学，开创了建设若干所国外名校和机构在中国大陆一所学校建立定点机构的国际合作新模式，既为国外学生深入学习中国文化、了解中国社会发展提供良好的环境，也为学校本科生和研究生带来国外大学的高水平课程。

二是集聚学校资源，建设有国际影响力的汉语国际推广教育重镇。华东师范大学是教育部国家对外汉语教学基地和国务院侨办华文教学基地，学校自2005年开始，先后承办了美国纽约孔子学院、芝加哥孔子学院、爱荷华孔子学院和中阿肯色大学孔子学院，与意大利都灵大学联合建立的都灵孔子学院也已经获得国家汉办同意，定于今年10月正式宣告成立。

三是扩大留学生规模，提高留学生教育层次。近年来，华东师范大学每年都有近千名师生出国访学或参加各类会议。学校充分利用各种机会在海外进行宣传，招揽海外人才来校学习，积极优化外国留学生的层次结构，加强中外学生的沟通交流。学校雄厚的师资力量、丰富的国际教育经验、美丽的校园环境和国际化的氛围吸引了世界各国学生。在校外国留学生规模不断扩大、层次持续提升。每年有3 000多名外国留学生在华东师范大学留学深造，其中，本科和硕士留学生的数量增长显著，近年来每年都以30%以上的速度递增。

四是鼓励教师积极争取国家基金和国际资助，支持教师从事海外合作。2007年，学校出台了《关于促进青年教师发展的若干意见》，广开渠道，积极争取国家留学基金委员会的政策与经费支持，加强与海外著名大学的广泛联系与学术交流，努力争取申报富布赖特等多种国外研究基金和国家留学基金，并从"985工程"建设经费中筹措出660万元专项经费资助青年教师出国研修。通过海外基金资助、国家留学基金资助、国家留学基金与学校经费配套资助、国外知名大学（校际交流学校）资助等形式，要求每位青年教师都要出国研修。仅今年上半年，就有23人获得国家留学基金全额资助，30位青年教师获得学校与国家留学基金委配套资助出国研修。

五是吸纳高水平外国专家学者，为学生赴海外学习创造条件。华东师范大学聘请了100多名国际知名教授为学校的名誉教授或顾问教授，每年有一大批海外著名学者来华东师大访问讲学。长期在我校任教的外籍专家有40多人，短期来访的外国专家有300多人。2007年，有50名本科生获得"美国迪斯尼课程与实习项目"，101名研究生获得国家留学基金的全额资助赴美国、欧盟、日本、澳大利亚等20余个国家的60余所知名大学和科研机构学习深造。设立"博士研究生海外研修、国内访学和参加国际会议"专项基金，资助60位优秀博士、硕士研究生出访。

六是充分利用教育科学国际交流平台，加强教师教育国际合作与对话。在对外交流与合作过程中，华东师范大学充分发挥教育学科的优势，依托联合国教科文组织"亚洲教育革新与发展服务计划联系中心"、"教师教育教席"等合作平台，本着"全球视野，本土行动"和"本土思考，全球行动"的理念，开展多种形式的教师教育国际合作。与美国宾夕法尼亚大学联合培养高级教育行政管理博士。联合国教科文组织已在华东师范大学建立"亚太地区教育创新为发展服务计划联系中心"，并设立了中国大陆唯一的教师教育教席。目前，华东师范大学已承担联合国教科文组织国际重大项目“亚太地区教师应用信息技术研究与培训”、联合国教科文组织国际教育局项目“国际教育改革与课程变革比较研究：中国案例”、亚太经济合作组织研究课题“亚太地区教师专业标准比较研究与开发”等多个国际项目。学校还以国际合作项目为契机，加强与国际知名大学教育研究机构的合作，开展跨国教师教育理论与政策研究的合作，着力打造国际一流的教师教育理论与政策研究重镇，建设有世界影响的教育资源共享平台。

第二，搭设交流平台，建立长效机制，促进与台湾高校的教育文化交流与合作。

近年来，华东师范大学积极利用学校的资源优势，致力于开展与台湾高校的合作活动，初步构建起了多层次、宽领域的交流格局，在带动学校人才培养和学术科研工作的同时，为促进中国大陆与台湾教育文化交流发挥了应有的作用。

一是以教育学科为依托，拓展与台湾地区高校的合作渠道。近年来，华东师范大学依托教育学科，相继邀请台湾基础教育领域、台湾高等教育和研究生教育领域、台湾民办私立教育领域、台湾社区教育领域等组团来访，开展关于教育改革与发展的专题研讨、组织参访活动。同时，积极邀请台湾知名大学校长和地方教育主管部门领导来访，商讨开展合作可能性，如今年 3 月，台北市教育局局长吴清基先生率领“台北市优质学校教育学术参访团”成功访问我校，双方在诸多领域达成了不少合作共识。通过加强与台湾高层次人员的交流与往来，华东师范大学在台湾教育界形成了一定的知名度，初步建立起了良好的人脉关系，有效地打开了交流渠道。

二是以建立稳定校际关系为基础，形成对台交流的长效机制。随着对台交流局面逐步打开，华东师范大学不失时机地加强与台湾高校的联系，积极开展合作项目，以此建立稳定的校际关系，并逐步形成与台湾高校开展交流合作的长效机制。目前，学校已经与台湾师范大学、高雄师范大学、台北市立教育大学，新竹教育大学、花莲教育大学建立了校际合作交流关系。此外，台湾政治大学、台湾淡江大学、台湾东吴大学、台湾中山大学等高校也相继与华东师范大学展开了具体项目的合作。

三是以招收和培养台湾学生为重要形式，不断拓展对台交流的广度和深度。目前，华东师范大学已招收在读台湾籍学生 35 人，其中本科生 14 人、硕士生 8 人、博士生 13 人。这些学生在华东师范大学学习认真刻苦，优异成绩。2007 年，学校共有 25 名台湾籍学生获得了教育部专门为台湾学生设立的奖学金。此外，为让台湾籍学生充分了解大陆的人文与社会风情，有效增进和加深了两岸同胞的友好情谊，华东师范大学每年还专门为台湾籍学生组织2次大型外出学习考察活动。

第三，依托优势学科，实现优势互补，拓展与兄弟高校间的交流与合作领域。

近年来，本着“优势互补、资源共享、互惠互利、共同发展”的理念，华东师范大学不断拓展与兄弟院校间的各种合作关系，着力搭建国内大学校际合作发展平台，实现共同发展和互补共赢，为进一步推动中国大陆高等教育发展作出新了的贡献。

一是积极参与上海西南片高校联合办学。上海西南片高校联合办学是在上海市教育委员会的领导和支持下，为实行资源共享、优势互补，优化办学条件，拓宽办学途径而进行的探索与实践。华东师范大学作为第一批联合体成员，始终坚持“沟通合作”和“友好竞争”的原则，在跨校辅修第二专业、辅修专业学士学位、跨校选修课程、校际教师互聘、校际合作科研与设备共享等多方面与联合体成员进行全方位合作，充分发挥了优质教育资源的潜力，拓展了校际合作办学的空间，促进了高校之间学术交流的丰富繁荣和学科交叉的有效融合。

二是共享校际优质教学资源，加强国内交换生培养力度。2006年，华东师范大学与中国政法大学签订了“本科交换生培养”合作项目，接收和选派学生到对方的优势学科或专业学习。2007年6月，与上海交通大学达成了交换培养的合作协议，首次选派了40位学生在该校学习。2008年，与山东大学、中山大学的交换生培养合作也步入了新的阶段。截至今年秋季学期，全校共有217名本科学生参加了国内跨校交流活动，同时华东师范大学也接收兄弟院校派出的交换生136名。

三是面向中西部地区，积极与地区高校结成对口支援合作伙伴。近年来，华东师范大学已先后与新疆师范大学、西藏民族学院、云南师范大学、贵阳学院和内蒙古师范大学等西部高校签订了对口支援合作协议。在对口支援工作中，华东师范大学依托优势学科的人才队伍优势，积极发挥高水平师范大学在国家教师教育创新体系的理论研究与实践工作中的引领作用。在人才培养上，与受援学校共建人才培养创新基地，推进优质教师教育资源网络共享。在学科专业建设上，与受援学校互聘兼职教授，共建优势专业硕士、博士点，共同建立研究基地。在科学研究上，与受援学校联合申报重点科研课题，共同开展科技攻关。在学校管理上，互相交流管理经验，沟通学校各项改革的重大措施，互派管理人员到对方学校挂职锻炼。

合作未有穷期，合作创造双赢。华东师范大学认为，搭建各种形式的校际合作发展平台，创新多样化的校际合作交流形式，深化和巩固校际友好合作互动机制，有利于大学探索出一条符合时代发展要求、适应世界高等教育发展潮流、适合本校发展实际的现代大学发展之路。华东师范大学期待着与包括海峡两岸大学在内的海内外高等教育机构建立起密切的校际合作交流关系，实现互利双赢，携手共创美好的未来。

我对研究生的四点希望①

（2008 年 9 月）

我们在这里举行 2008 级研究生新生的入学教育。我再一次向你们表示诚挚的欢迎和热烈的祝贺。在完成了本科或硕士的学业之后，你们有能力更上一层，这本身就是一个进步。作为华东师大的硕士、博士，我希望大家首先要努力体认“师范”一词。“师范”（Normal），代表着一种规范、标尺，意味着智慧才华，也代表着海纳百川的胸怀、行为世范的责任和追求真理的信念。我相信，你们的选择是正确的，也希望你们坚定自己的选择。

今年，学校招收了 582 名博士生（包括 34 名外籍博士生、3 名港澳台博士生），2 381 名硕士生（包括 72 名外籍硕士生、6 名港澳台硕士生）。在座的有些同学可能已在华东师范大学学习生活了三年、四年甚至七年了，有些则是第一次跨入华东师范大学的校门。但有一点是一样的，今天我们都站在一个新的起点，需要开始认识或者重新认识我们周围的新人群、新环境，需要加深对大学的理解，熟悉学校的现状，认识学校未来的发展方向，促使自己更快更好地融入新的学习生活环境。我想，作为校长，我有责任也有义务为大家答疑解惑，帮助大家尽快熟悉大学学校环境，消除陌生感；也希望借此机会，与同学们沟通交流。我希望，今天的入学教育第一课，成为我们彼此信任、共同努力的起点，成为同学们融入华师、热爱华师的起点，也成为你们求知探索、拼搏奋斗的新起点。

我借着今天这个机会，提四点希望，与大家共勉：

第一，坚守人生目标，明确研究路向。我相信，同学们都是怀着一定的理想和抱负，选择在华东师大学习深造的，希望能进一步充实自己，实现自身的价值，为社会多做贡献。研究生与本科生的主要区别，就是不仅要上课、读书，更要围绕实际的课

① 本文为俞立中在 2008 年华东师范大学新生入学教育报告会上的讲话节选，标题为编者所加。

题,开展科学研究工作。“千里之行,始于足下。”我们应该在入学之初就要开始酝酿并尽快明确自己努力的方向和研究的取向。只有这样,才能在课程选择和能力培养上增强自觉性,设计和实施好自己的培养方案,从而顺利、出色地完成学业。

第二,坚守科学精神,恪守做人品行。同学们都知道,科学研究来不得半点虚假,我们要以科学的态度对待科学研究,用真实的数据描述科学现象,用正确的逻辑思维总结科学规律,用实事求是的态度对待科学结果。坚守严复所说的“成见必不可据,饰词必不可用,不敢丝毫主张,不得稍行武断,必勤必耐,必公必虚”的科学精神,把维护科学的尊严作为自己义不容辞的责任。无论做人还是做学问都要诚信为本,恪守科学道德和学术规范,在学术上,更在人格上不断完善自我,成长为一名德才兼备的优秀人才。

第三,坚守求索之心,敢于创新突破。胡锦涛总书记在今年 6 月 23 日召开的两院院士大会上提出“自主创新能力已经成为国家核心竞争力的决定性因素”。培养和提高创新能力是研究生学习阶段的首要任务。希望同学们在从事学术研究中,扩展研究视野,大胆假设,敢于怀疑,锤炼基本功,敢于发现,坚持创新,敢于突破,努力使自己成为一个有学术智慧和学术成就的人。

第四,坚持刻苦勤勉,促进全面发展。不得不承认,在座的有些同学今后不一定会走上学术科研的道路,但是无论是学术研究还是从事其他工作,只要有一颗刻苦努力、积极向上的心,具备全面而丰富的知识结构,具备良好的创新精神和实践能力,就可以应对任何工作挑战。当今复杂多元的社会需要的是一专多才的复合型人才,你们不仅要在自己的专业上做到精深,还应广泛涉猎其他领域的知识,加强自身的综合素质修养,成为学有专长、全面发展的人才!

在山西师范大学五十周年校庆上的致辞

（2008年9月）

借着山西师范大学为庆祝五十华诞而举办的“中外大学校长论坛”这个机会，我想结合华东师范大学的办学实践，就教师教育创新与师范院校发展的问题，谈点我们的思考和探索，与大家交流。

一、教师教育特色与师范大学的历史使命

胡锦涛总书记在2007年8月召开的全国教师代表座谈会上指出：“推动教育事业又好又快发展，培养高素质人才，教师是关键。没有高水平的教师队伍，就没有高质量的教育。”“要高度重视教师培养和培训，加大对师范教育支持力度，积极推进教师教育创新，提高教师整体素质和业务水平。”可见，充分发挥师范大学在教师教育发展中的中坚作用，积极推进教师教育创新，培养能够肩负国家与民族未来发展使命的创新型教师，是培养创新人才的根本保证，也是师范大学义不容辞的使命和责任。

20世纪80年代以来，随着教师教育体系的逐步开放，中国的师范大学在学科、专业、人才培养结构等方面逐步扩张，已经不再是传统意义上的师资专门培训机构，而是普遍发展成为了以基础学科为主体的多科性大学。在高等教育飞速发展的大环境中，不少师范大学长期在学术性和师范性这两个看似矛盾的发展方向上徘徊犹豫，丧失了不少发展机遇。同时，师范大学在教师教育方面的传统优势和主导地位，也随着综合性大学持续参与教师教育发展而日益受到冲击。

众所周知，一流大学的显著标志之一，就是要具有鲜明的办学特色。中国高等教育的持续健康发展，需要大学之间形成不同的办学模式和多样化的办学方向。我们认为，无论如何发展，教师教育始终应该是师范大学的办学特色和竞争优势。师

范大学应该坚持“不求面面俱到、但求办出特色”和“欲求学校地位提升，必须主动服务国家战略”的发展思路，通过培养和造就优秀教师和教育家，为自身的全面发展提供最大可能的支持，争取到更多的国家和社会发展资源。

从华东师范大学的发展情况看，建校 57 年来，学校一直把教育学科建设放在重要位置，教师教育始终是学校的特色和竞争优势，现已拥有 4 个教育类的国家重点学科和 2 个专门探究教育理论与实践的教育部人文社会科学重点研究基地，构建了“985 工程”“教师教育理论与实践”创新基地，形成了高水平的教育科学研究体系。今天的华东师范大学，已经成为中国教育理论创新的策源地、教师教育改革的先行者、教育决策咨询的思想库、优秀教师的培育基地和教育科学的国际交流平台，在中国教师教育和基础教育改革发展中发挥着引领和示范作用。华东师大在坚持强化教师教育特色的同时，学校的学科建设、科学研究、师资队伍水平等方面取得了长足发展，综合办学实力不断提升。目前，学校拥有 13 位两院院士，9 位长江学者以及 1 200 多位教授和其他高级职称教师；拥有 2 个一级学科国家重点学科，5 个二级学科国家重点学科，5 个国家重点培育学科，以及 12 个上海市重点学科；拥有 20 个国家重点实验室、教育部重点实验室和工程中心、教育部人文社会科学重点研究基地，以及 140 余个研究所和一批跨学科的研究中心，科研实力雄厚。

由此，我们得出了两点启示：第一，关于“学术性”与“师范性”这个曾经困扰着不少师范大学发展、看似矛盾的问题，其实是一个假命题，学术性和师范性是相辅相成、相互促进和相互统一的，是师范大学综合实力与办学特色两个方面的体现；第二，师范大学在坚持和弘扬教师教育核心价值的同时，加强学科建设，提升科研水平，提高师资队伍水平，拓展国际交流合作既是促进师范大学教育教育发展的必要条件，又是师范大学提高竞争力和社会影响的根本条件。第三，推进教师教育创新，培养大批优秀教师和教育家，服务国家和地方的教育发展，是国家最希望师范大学承担的任务，也是师范大学的使命和责任，更是师范大学发展的题中应有之义。

二、华东师范大学教师教育创新的实践探索

2006 年初，华东师范大学立足现实、着眼长远，提出了把引领中国教师教育发展作为学校中长期奋斗目标之一。为了传承并继续发扬教师教育办学特色，我们又着

手制定实施了《华东师范大学教师教育创新计划》，大力推进教师教育创新，以适应基础教育发展需要，更好地服务国家教育发展战略。在实施教师教育创新的过程中，我们坚持了以下三个基本思路：

第一，把推进教师教育创新作为学校服务国家教育改革与发展的首要任务。

文理基础学科和教育、心理学科是国内大多数师范大学的特色和竞争优势，华东师范大学也不例外。我们认为，发挥教育理论创新对教育改革实践的引领作用，是华东师范大学理应担当的责任。一方面，学校充分利用教育学科群的团队优势，加大教师教育理论创新力度。从华东师范大学的发展历程看，学校历来有重视教师教育理论创新的传统。建校以来，学校教育名家汇集，产生了一批对我国教育理论研究产生重大影响的研究成果，在中国不同历史发展阶段，始终处于国家教师教育理论探索的前沿领域，开中国教师教育理论研究风气之先。如：刘佛年老校长主编了新中国第一部《教育学》著作和《教育新理论丛书》；瞿葆奎教授主编的26卷本《教育学文集》和《教育科学分支学科丛书》开辟了系统梳理和研究中国教育学科体系的先河；张瑞璠教授的4卷本《中国教育哲学史》首次系统研究了中国教育哲学的发展历程；陈玉琨教授的《教育评价的理论与技术》是国内出版的第一本教育评价专著，开辟了教育评价的理论研究与实践推广的新领域；杨治良教授以内隐学习为主要方向的认知心理学研究在国内居于领先地位。《大学语文》等教材是全国教师教育领域重要的学科和专业课程资源；学校主办或承办的《华东师范大学学报(教育科学版)》、《全球教育展望》等近20种全国中文核心期刊，是教育科学研究的风向标。

另一方面，学校充分整合基础教育资源和学科专家优势，推进教师教育实践创新。我们认为，师范大学应该率先创造性地运用最新教育理论创新成果，注重教育实践中成功经验的提炼，注重教育理论向实践的转化，引领基础教育改革实践。改革开放以来，华东师范大学在教育理论创新与实践创新双向促进方面，取得了一系列备受海内外教育界瞩目的标志性成果。如：叶澜教授主持的“新基础教育”研究，钟启泉教授主持的“国家基础教育课程改革纲要研究”和研制的我国第一个《教师教育课程标准》，陈玉琨教授主持的“发展性学校教育质量保障体系远程支持系统研究”，丁钢教授领衔的“教师教育与教育创新”项目和建成的“未来教师空间站”，霍益萍教授领衔的中国科协“2049行动计划和创新人才培养项目”课题组以及熊川武教授创立并践行的“理解教育”理论等流派，面向基层，面向中小学教学第一线，以前沿的理论创新成果在基础教育改革实践中发挥着示范和辐射作用。

第二,把健全教师教育机构、推进教师教育一体化作为学校推进教师教育改革与发展的重要保障。

师范大学作为以教师教育为办学特色的教育机构,应重视发展教育学科,不断健全教师教育教学和科研机构,推进教师职前培养、入职教育和在职培训一体化,形成多层次、多形式、全方位、全覆盖的教师教育体系。以华东师范大学为例,早在1980年,学校就组建成立了全国高校中第一个教育科学学院。此后,教育管理学院、学前教育与特殊教育学院、体育与健康学院、公共管理学院、网络教育学院、继续教育学院等教师教育机构相继建立。此外,全国唯一的中学校长培训国家级基地——华东师范大学教育部中学校长培训中心,以及华东教育管理干部培训中心、全国高师师资培训中心、教育部职业学校校长培训中心等教师教育机构,为学校主动服务基层、服务西部教育提供了强大的组织机构支撑、智力资源支撑和社会资源支撑。

在坚持教师教育"本土视野"的同时,华东师范大学还积极开展"国际行动",先后与法国巴黎高师集团、美国宾夕法尼亚大学、美国纽约大学、加拿大多伦多大学、德国柏林大学、意大利都灵大学等名校开展紧密的实质性合作,成立了中法联合研究生院、中法联合研究院和五所海外孔子学院,努力培养具有全球视野的基础教育师资队伍。

第三,把创新教师教育培养模式,作为学校培养高水平教师人才的必由之路。

2007年,中央开始在教育部直属师范大学中实行师范生免费教育,这为师范大学融入国家发展战略、深化教师教育理论创新和实践探索,提供了一个更为广阔的政策平台和不可多得的发展机遇。学校紧紧围绕培养造就优秀教师和教育家的培养目标,创新课程体系、强化实践教学、实施养成教育,把师范生培养的实践创新与建设"高水平大学"的目标紧密结合起来,推出了一系列举措。

一是立足培养目标,明确培养规格。师范生免费教育政策的核心是通过免除师范生在读期间的费用,选拔乐教适教的优秀青年,培养造就一批优秀教师和教育家。学校根据这一目标,明确了师范生的培养规格,在学科知识、综合素养、职业信念和教学技能等方面提出了更高的要求。

二是创新课程体系,加大建设力度。在充分研究了教师职业特点、整合人才培养的学术取向、专业取向和实践取向的基础上,我们构建了由通识教育、专业教育和教师教育三个板块构成的课程体系，努力培养专业宽、基础实、能力强、素质高的教师人才。其中，通识教育在加强通识教育必修课程的基础上，重新规划通识教育选修课程，设置了数学统计类和文化传承类、语言和人文与艺术、社会科学、自然科学等模块。专业教育课程则依托学科基础平台课程，夯实学生在大学科领域的基础和视野；在此基础上，开展了专业核心课程的认定和建设工作，确保师范生获得本专业关键知识领域的学习；教师教育课程由教育与心理基础类、教育研究与拓展类、教育实践与技能类、学科教育类四个模块组成。

三是强化实践教学，培养教师技能。学校为师范生专门设计和实施了“教育见习、研习和实习”三习一体化的实践教学体系，按照全程渗透、分层推进的原则贯穿在师范生四年的教育教学过程中。

为做好三习的落实工作，学校整合校内外优质教学资源，搭建良好的实践教育平台：一是设立面向校内和实习基地学校实习指导教师的“基础教育与教育实习研究项目”，实习学生也积极参与到这些项目的研究与实践过程中，取得了一批优秀成果。二是从长期在基础教育学校管理、教学工作岗位上校长、特级教师中聘任了首批 8 位基础教育特聘教授。三是通过院系推荐、学校审核，聘任了首批 99 位兼职导师。他们都是来自实习基地学校的富有第一线教学经验的优秀教师。

四是探索书院模式，实施养成教育。华东师范大学以共和国老一辈教育家、首任校长孟宪承的名字命名，由著名教育学家叶澜教授领衔，组建住宿制书院，强化教师职业养成，并以此为依托，加大师范生培养的品牌建设。我们将职业养成教育目标融入课外教育活动之中，整体实施四年综合素养提升计划，开展丰富多彩的养成教育实践活动，从而强化师范生的职业信念与理想，提升师范生的综合素养与能力。

实施科教兴国主战略和建设创新型国家，教育是基础，人才是关键，师范大学是中坚力量。我们认为，凸显教师教育办学特色，推进教师教育创新，服务国家发展战略是师范大学义不容辞的历史使命，只有大力培养和造就一大批优秀教师和教育家，推进中国教育的全面发展，师范大学才能为自身的持续发展赢得机会，才能为国家和民族的长远发展贡献更大的力量！

关于高校创新人才培养的实践及思考

（2008年10月）

大学的使命是传承、创新与推广知识，推进科学研究与技术开发，服务国家、民族和社会的发展。在我国建设创新型国家的关键时期，高校作为知识传播和知识创新的重要场所，作为建设创新型国家的人力资源库和创新成果积聚地，应该责无旁贷地要肩负起创新人才培养的神圣使命。人才培养是建设创新型国家最根本、最活跃的因素，而创新型人才，就是我们这个社会中“新知识的创造者、新技术的发明者、新学科的创始者，或者是新路径的引领者”。

华东师大作为教育部直属的全国重点大学和国家“985工程”重点建设高校，学校明确地提出了建设世界知名高水平大学的奋斗目标，人才培养工作迎来了前所未有的发展机遇和重大挑战。近年来，积极探索创新人才培养的体制机制，加大创新人才培养体系改革。我们认为，高水平研究型大学的根本任务之一，就是要造就一大批具有创新思维、创新意识、创新精神和创新能力的高素质人才，就是要培养一大批适应经济社会发展所需的专门人才和拔尖创新人才。在创新人才培养的实践中，我们有四点认识和体会。

第一，创新课程体系是创新人才培养的基石。

创新型人才发展的基础在于个性的和谐、全面、自由发展。为了培养创新型人才，世界各国大学都在力求建立一个内容广泛的课程体系，实现普通教育与专业教育的平衡。构建一个结构合理、内容丰富、重点突出、切实可行的课程体系，是培养创新人才的基础性工作。这里，我想结合我们自己对课程改革的基本认识，结合学校的实际情况和办学特色，谈谈如何构建和完善专业教育、通识教育和教师教育三大课程模块。

一是完善专业教育课程。近代以来，由于知识自身以几何倍数的速度不断进行自我扩张和再生产，在爆炸性的知识生产面前，人类不得不进行学术分工和学科分化，这种变化直接影响了高校的人才培养方式。与中世纪的大学相比，现代大学人才培养方式不再是以传统的经典阅读为依托，而是以系列学科课程为载体，教师被要求在某一特定的知识领域开展教学与研究，学生被限定在某一特定的学科领域进行专业化学习。这种专业化的课程学习适应了近代以来追求效率、崇尚效益的工业社会，使得大学教育能够有效满足个体发展和社会对人才要求。

由于专业知识本身更新和发展速度十分迅速，因此，高校必须顺应时代，加大专业教育课程的改革力度，构建一个动态完善的专业课程结构。以华东师大为例，我们着手根据每个学科的专业特点，构建形成了一个由学科基础平台课程和专业课程为主干的专业教育课程。在专业课程模块中又探索构建形成了专业核心类课程、专业拓展类课程和专业实践类课程三个块面，并且重点加大了专业拓展类课程和专业实践类课程的改革力度，让学生尽可能多地了解到本专业的前沿理论和实践成果，借此树立坚定的专业信念，养成良好的专业精神。

二是加大通识教育课程改革力度。学科专业的条块分化在适应追求效率的现代教育的同时，形成了严密的学科专业壁垒，一定程度上限制了人才的创造力。从培养创新人才培养的角度考虑，有必要将通识教育课程确定为大学教育的基石。从这个意义上讲，大学不应仅仅是学院、系科的简单组合，大学需要开辟通识教育课程，注重学生知识上的博雅。在培养目标上，促使学生在理解、创造外部世界与内心世界的人生历程中，将知识、道德、精神的普遍准则，逐渐转变为一种内在的追求；在教育对象上，促使学生成为一个完整的人和合格的公民；在教学内容上，将人文、社会和自然科学融为一体。

基于以上认识，华东师大近年来大力实施通识教育课程改革，形成了通识必修课程和通识选修课程两大模块，并着力加大通识选修课程的建设力度，建立了由数学统计与文化传承，语言、人文与艺术，以及社会科学与自然科学三部分组成通识选修课程。在 2007 年首批建设的文学、历史学、社会科学、经济学、地球科学和生命科学 6 个学科的通识教育系列讲座中，学校选派知名教授和学者亲自开讲，大大拓展了学生的知识面，开拓了他们的学术视野。

三是系统改造教师教育课程。华东师大作为以"引领中国教师教育发展"为己任的重点师范大学，教师教育始终是学校的办学特色和竞争优势。2007 年，中央在教育部直属 6 所师范大学实施免费师范生教育政策试点。华东师大抓住机遇，以培养未来教师和教育家为目标，对教师教育课程的结构和内容进行了系统改造，充分考虑中小学教学内容和教学方法改革的需要，引导师范生把大学学习与中学教育教学实践紧密结合起来，把掌握教学内容与运用教学方法、教学手段当作大学学习的重要经历。初步构建形成了由教育与心理基础类课程、教育研究与拓展类课程、教育实践与技能类课程，以及学科教育类课程四大板块所组成的全新教师教育课程体系。

第二，高水平师资队伍是创新人才培养的重要保证。

法国教育社会学家埃米尔·涂尔干指出，教育的成功取决于教师，教育的不成功也取决于教师。世界各国著名大学的共同经验证明，高素质的师资队伍既是决定一所大学的核心竞争力，也是培养创新型人才的关键所在。

高水平的师资队伍是培养高素质创新型人才最重要的保证。高校只有加强教师队伍建设，提高教师队伍的整体水平，才能培养学生的创新精神和创新能力。为此，华东师大近年来着力打造一支高素质、创新型的教师队伍。

一是实施高层次人才队伍工程。世界一流的大学，之所以能取得举世瞩目的办学成就，虽说离不开他们成熟的人才培养机制和成功机制，但更离不开一代又一代学识渊博、不断创新的教师队伍。

为了建立一支优秀的教师队伍，华东师大除积极引进和申报“两院”院士、长江学者、国家杰出青年基金和国家级教学名师等高层次人才外，还根据学校实际实施了两项人才聘用制度。设立“紫江学者计划”。1999 年，华东师大与紫江集团签约，设立 1 亿元“紫江教育发展基金”，面向海内外招聘国家重点学科、国家重点实验室，以及准备重点建设和发展的学科的学术人才，每年给予紫江学者特殊津贴和房贴，并在其家属工作安排、子女入学等问题上给予极大支持。在全国率先建立“终身教授制度”。20 世纪 90 年代以来，高校在教师履职考核上的短期行为现象日益严重，使得在校的高层次人才无法沉下心来开展教学科研工作。为了有效缓解这一问题，华东师大于 2002 年在全国率先实施“终身教授制度”，终身教授除享受国家有关工资福利外，每年还享受终身教授特殊津贴。退休时，根据他们的实际聘任期限，一次性增发补充养老金，终身教授一经聘任，中间不再考核。学校还把“终身教授制度”与高层次人才队伍建设紧密结合起来，规定，在校的“两院院士”、长江学者和紫江学者特聘教授，工作满一年后就可以直接聘任终身教授。“终身教授制度”的实施，应该说有效地稳定了一批骨干教师队伍，为他们全情投入课堂教学、开展学术前沿研究，解除了不少后顾之忧。

二是实施青年人才录用与培训工程。当前，世界各国高校普遍重视培养新进青年教师，暂且不谈中外大学之间关于青年教师人才的激烈竞争，仅仅就我国高校之间关于青年人才的竞争，就已经到了白热化的程度，不少高校之间的人才竞争梯队，已经下移到了“70 后”甚至“80 后”。华东师大十分重视青年教师的引进和录用工作。为了优化教师队伍的学缘结构，华东师大在录用青年教师时规定：对于本校应届毕业生，无论成绩多好，能力多强，原则上毕业时都要离开学校。毕业生只能先去其他学校或者部门奋斗数年，达到一定水平，再与其他应聘者一起到学校应聘。为了让青年教师尽快成长起来，尽快承担起人才培养和科学研究的重任，高校纷纷通过各种经费资助，选派优秀研究生和青年教师到世界知名大学或一流学科专业学习研修。华东师大明确提出：新录用的教师在 5 年内必须争取到国外一流大学合作研究或进修一年，并在“十一五”期间，从“985”建设经费中筹措出 660 万元专项经费资助青年教师出国研修。学校还创造各种条件，帮助青年教师入选各类人才培育计划，为进入各层次人才培养计划的教师提供配套经费。

第三，创新体制机制是创新人才培养的有力支撑。

在 1 000 多年的高等教育变革历程中，大学成功地保留了其最初的核心制度与结构，成为现代社会的文明象征。然而直到今天，大学仍然面临着许多现实的困难：一方面，大学难以再有纯学术时代的那种庄严性和神圣性；另一方面，大学作为日益复杂的社会的子系统，无可避免地要在行政制度的支配下维持日常运转。在这种时代背景下，加快体制机制创新，营造有利于教师和学生发挥创新潜力的制度环境，对大学发展而言十分重要。华东师大主要在以下三个方面进行了探索和努力。

一是探索实施校院（系）两级管理体制。当前，国家十分强调处理好大学“两条线”的关系：一个是行政条线的管理，也就是经营的手段；一个是学术条线的创新，即通过学术的发展来推进学校发展。大学是不同于企业和政府机构，要办好大学，就不可避免地要探索实现行政权力和学术权力相同一的方式方法。回顾历史，在很多大学建设之初，所有系主任都是由学科带头人担任，往往邀请一位学术带头人就可以组建一个院系。例如当初浙江大学的李春芬先生，就是竺可桢教授从美国邀请回来组建该校地理系的，又如华东师大著名经济学者陈彪如先生，既是系主任又是学术带头人。可见，学术和行政的一致营造了一个学科的文化、一个院系的文化，这种文化十分有利于创新人才的培养。

华东师大以“经营学校”的理念为指导，探索加强校院（系）两级管理体制改革，根据不同院系的发展情况和学科专业特点，区别对待。以学校对软件学院的试点改革为例。两年前，我们对软件学院实行了全成本核算制度。所谓的全成本核算，指的是学校把人、财、物三方面权力和责任下移给学院。在财政上，学校把软件学院的学费以及横向、纵向课题经费单列，由软件学院自筹自用。而软件学院则要自己承担本院教师的工资和奖金、房租、水电等费用的开支；在人事方面，学校把软件学院的人事聘用权下移，由学院根据学科专业和人才培养需求，独立开展人事聘用，但学校通过“985”经费支持学院引进高层次人才、选送优秀青年教师赴海外进行各类研修交流，支持学院通过设立“院聘制度”（即：在教师职称晋升中，学院教授委员会认定一位教师已经达到教授或副教授水平，但学校无法解决晋升名额时，学院可根据教授委员会的评定结果，给予他教授或副教授的有关待遇）留住优秀人才。在办学硬件上，学校为软件学院提供了充足的校舍房屋，并通过“985”资金支持学院购置先进的科研实验仪器设备。短短两年多的体制改革，软件学院迸发了蓬勃的发展生机和活力：学院教师由原本的30多人，发展到了目前的100多人，而且所引进的教师都是国内外高水平大学毕业的优秀博士、有丰富教学科研经验的教授，或者是已经在软件研发领域享有很高知名度的高水平学者；新增了一个教育部重点实验室和一个上海市工程技术研究中心；每年获得1 000多万的科研经费，财政开支实现基本平衡且略有盈余；更加重要是，学院的国内外影响力和认可度持续攀升，在严峻的就业形势下，学院的毕业生却在人才市场上出现供不应求的现象。学院的人才培养质量进入了螺旋式上升的良性发展阶段。

我们在院系管理体制改革的过程中体会到：把更多的权责下移到院系，有利于进一步集聚资源、整合学术力量，通过民主手段真正凝聚教师队伍的力量，参与到学术管理和行政运作之中，从而在直接负责人才培养的院系层面，营造有利于创新人才培养的环境氛围。

二是建立课程教学的激励和约束机制。为鼓励和促进优秀教师将更多的精力投入到课堂教学中，华东师大建立了“国家—地方—学校”三级激励机制：选拔优秀任课教师申报国家级教学名师和上海市教学名师，目前已有2位国家级教学名师，

12 位上海市教学名师；在校级层面设立了优秀任课教师奖、实践创新优秀指导教师奖、优秀本科生导师奖、优秀教学改革研究论文奖等各类教学奖励基金，每年奖励 200 多位在教学岗位上出色工作的教师。此外，学校还加大教学质量监控力度，坚持校领导听课制度，试卷抽查、毕业论文盲检、考场巡视等工作；设立教学质量监控办公室，建立教学质量管理长效机制；推行“华东师范大学本科教学年度公报”等制度，多种途径及时公布学校教学质量方面的信息，督促各院系加强和改进创新人才培养力度。

三是营造积极向上、大气和谐的校园文化。美国卡内基促进教学基金会在《学院：美国本科生教育的经验》的报告中指出：“大学本科教育与学生在校园内度过的光阴和他们所参与活动的质量有直接关系。”大学文化精神是大学生命力的根本体现，为了培养创新型人才，世界主要大学都强调学术自由，营造健康向上的校园文化环境。

培养和造就创新型人才，不仅和大学的学术水平、培养模式相关，同时也和大学校园文化紧密相关。关于大学文化建设问题，我想以华东师大为例，作一个介绍。如何有效激励学生自由、大胆、有效地开展创新性探索和研究？我们认为，除了制度的激励机制和硬件的设备支持外，更重要的是要营造一种积极向上、大气和谐的大学校园文化，提供一个相对宽松的学术环境和氛围，内在地激发学生的积极性、主动性和创造性，营造追求科学、崇尚真理和对国家负责的大学使命和大学精神文化氛围。

华东师大所要培育的与高水平大学相匹配的大学精神，这种大学精神就是：胸怀远大、志存高远的精神气度；勇攀高峰、追求卓越的信心理想；兼容并蓄、海纳百川的开放心胸；学术为本、崇尚创新的价值追求；以人为本、团结和谐的文化氛围。关键词有四个，就是：积极、创新、大气、和谐。我们认为，只有构建了这样的一种大学文化氛围，高校人才队伍的创新潜能和活力才能得到进一步的激发，高校的科技创新才能拥有茁壮成长的肥沃土壤。

第四，实践训练和国际化培养是创新人才培养的重要途径。

实践教学是大学培养创新人才的关键环节。本质上讲，实践教学是以学生动手、动脑的体验与实践为主的活动。构建以学生为中心、以满足创新型人才培养需要为目标的实践创新体系。让学生根据自身需要和进度，制订灵活的实践计划，合理调节实践活动进度，这种做法更有利于激发学生的创新意识、创新精神，培养学生的实践创新能力，而且作用更为直接，效果更为明显。

华东师大在实践教学改革中，努力构建由课程教学、实习实训、科研创新、毕业论文、社会实践所组成的分层次、多模块的实践教学体系。同时，鼓励大学生参与科研项目、走进重点实验室，并走出课堂、走向社会，参与科研实践和合作学习，发展自身分析、评价和综合的知识与技能。为此，学校1992年就开始设立大学生科研基金，推动学生参与各种科研、竞赛活动，提高学生实践创新能力。依托大学生科研基金，全面实施面向全体大学生的课外创新性实验计划，为每个学生配备1名有研究课题的副教授以上的教师作为指导教师，并实行滚动进入、定期分流机制，强化学生科研实践能力的培养，鼓励他们跟随导师进入实验室或课题组，接触先进的实验仪器，让本科生在与研究生和导师的游学中，分享学术体验，激活研究兴趣，培养创新能力。此外，还依托学校的国家和教育部重点实验室、教育部人文社会科学重点研究基地，建立了7个“大学生实践创新基地”，鼓励学生以个人或团队的形式开展项目驱动的自主研究；依托与地方政府的紧密联系，与有关政府部门联合建立“大学生实习与创业基地”，在暑假期间为学生提供政府部门的实习岗位。

国际化办学是高素质创新型人才培养不可或缺的手段。通过广泛地参与国际化培养和学术交流合作，及时了解国外最新学术动态和学科发展趋势，不断提高学术成果的国际化水平。只有在坚持开放办学的过程中，才能使学生真正具有国际化的视野。作为国际化战略下创新人才培养的一项重要举措，华东师大实施“优秀学生国际实习项目”和“优秀学生跨国文化与学术交流项目”，通过交流培养、海外实习和短期访学等途径，让学生在多视野、国际化的平台上得到训练和提高，促进了本校教学改革与建设水平的提升。同时，鼓励院系利用与国（境）外大学已有的合作基础，拓展交流项目，为学生搭建常态性的实践交流平台。目前已经与美国、英国、德国、法国、日本、韩国等国家和我国香港地区的多所大学，以及中国政法大学、上海交通大学、山东大学等国内知名高校开展了各种形式的交流生项目。今年又与厦门大学、中山大学、武汉大学等高校达成了交流生互换项目，接收和选派学生到对方的优势学科或专业进行学习，促进校际优质教学资源共享，促使学生在本科学习期间感受不同大学的文化氛围，激发学生的创新因子。

近年来，华东师大还加大了海外优质教育资源的引进力度。美国纽约大学、弗吉尼亚大学，法国里昂商学院等世界著名教育机构先后在学校设立他们的海外校区，并将他们的精品课程带到华东师大，让我们的学生有机会在自己的学校里享受到国际化教育。此外，学校鼓励学生自主向国际著名大学申请国际交流项目，鼓励、资助学生参加有国际影响力的学术会议。

当然，由于我国教育行政部门和大学目前仍以学习、借鉴发达国家的高等教育经验为主，在学生合作培养与交流上，仍以吸纳西方文化、学术、价值观和向发达国家派遣留学人员为主，在主动展示自身文化、价值观的魅力和吸纳外国学者与学生上还不够自信。

随着中国在世界上的崛起，我国对国际经济、政治、文化格局影响的逐渐加大，我国优秀学生与外国学生在思想和观念上的碰撞将会日益激烈，这必将更加有利于激发我们学生的创新潜能。但是这种结果不是等来的，我们从现在就必须全面行动起来，尽可能多地创造机会让更多的优秀学生走出国门，向世界充分展示中国社会、政治、文化价值观的魅力，展示中国大学的实力，展示中国学生的独特创造力。

关于人才选拔与人才培养的三点想法①

（2008年10月）

今天非常高兴，中国教育报给我们创造了这个机会，让大学校长和中学的校长们，能够坐在一起，大家一起探讨如何才能更好地培养创新人才。借着这个机会，我想围绕自主招生与人才培养问题，谈三点想法，跟大家一起交流。

一、人的发展是有阶段性的，要考虑不同阶段培养模式的连接

对于教育事业来说，人的发展至少有两个方面的重要特征：一方面，人的发展具有阶段性特征。人的身心发展是一个由低级到高级、由简单到复杂、由量变到质变的发展过程，由于质变，使得学生在不同时期表现出与其他时期不同的特点，于是人的一生才会有婴儿、幼儿、少年、青年，到中年、老年这些明显的阶段划分。人的发展是有阶段性，在这些人生阶段中，每个时期都有相对固有的成长特性，一个人从小学到中学，从中学到大学，从大学到社会人，发展阶段不同，特点就不同，不同的阶段，人才的培养要根据不同特点有对性地实施教育。因此，中学和大学人才培养的方式方法一定是不一样的，必须根据不同阶段学生的成长特点，以及所要掌握的知识、能力和素质，采取不同的方式方法加以培养。另一方面，人的发展又具有连续性特征，人的一生需要不断学习、终身学习，但是后一阶段的学习必定是以前一阶段为基础，每一阶段的学习又是紧密联系、不可分割的。

正是因为人的发展存在着这样两个特征，因此，加强中学与大学的校长们之间的沟通交流，共同探讨创新人才的培养机制，才显得必要和迫切。如果我们都能认真研究中学和大学这两个阶段的学生成长的不同特点，用科学合理的理念指导办学

① 本文为俞立中在中国教育报论坛上的发言，标题为编者所加。

实践，并且一起努力，打通中学和大学两个子系统，让科学的人才培养理念在学生从中学跨入大学的过程中，实现“无缝对接”，那么这对于创新人才培养，将会起到十分关键的作用。可以说这一点我们是有所体会的。比如我们利用全国中学校长到华东师大教育部中学校长培训中心学习研修的机会，从2006年开始，我每次都要与来我校学习的每一期全国中学校长们，就人才培养、学科建设等问题举行了座谈会，就中学与大学如何携手改进人才培养模式、培养各类创新人才等问题，进行对话。每一期的思想碰撞，都让我觉得收获很大，很受启发。

二、高考对人才选拔的意义和局限

目前，中学和大学在人才培养上存着明显的脱节与割裂现象，造成这种现象的根源之一，在于现行的人才选拔体制存在明显的缺陷。

应该说，高考作为全国性的人才选拔考试，高考的历史地位和社会意义是毋庸置疑的。但是，随着社会发展的多元化，对人才个性化、多样化的需求成为了大趋势，高考中以一纸试卷划定人才优劣的标准化制度，越来越受到人们的质疑。因此，摆在决策者面前的，高考已经不是改不改革的问题，而是如何改革、改到什么程度才能既适应社会需求又符合现有资源条件的问题。

那么，高考改革的方向在哪里？我认为，左右高考改革风向标的因素至少应该有三个：一是高考改革要有利于高校更好地选拔优秀人才；二是要有利于扩大高校的自主权，释放高校办学的积极性和能动性；三是要有利于中学开展素质教育，实现中学素质教育与大学人才选拔标准的融合与统一。

从目前改革的进展情况看，我觉得我们国家已经基本上正确地锁定了高考改革的大方向，那就是实施春夏两次高考，增加学生接受选拔的机会，缓解“一考定终身”的弊端。2008年，教育部赋予了全国68所高水平大学自主招生的权力，但是与每一所学校当年招生的总数相比，自主招生的名额都还显得很少。以华东师大为例，学校2008年全年的本科生招生名额为3 500人，其中免费师范生1 400人，但是有自主招生权的仅100名免费师范生。

在座的中学校长都知道，要实现党中央国务院对师范生免费教育政策的要求和期待，关键是要从中学中选拔一大批适教、善教、乐教的青年人才，加以精心培养。

教师是一个培养人的职业,只有真心乐于育人、善于育人、适合育人的人才,才能成为一位优秀的教师和教育家,出色的政治家并不一定能成为出色的教育家;同样,高中生源中智力超常、善于应考的学生也并不一定最适合从教。然而,一个人适不适合教育、善不善于与人沟通、对教师岗位是否情有独钟,这是不能通过一张试卷以及试卷上的分数所看出的。从这个意义上说,我们非常希望教育决策部门能够在适当的时候,在一些高水平师范大学中扩大师范生自主招生的名额,最终实现所有免费师范生都能通过自主招生选拔出来。我们也十分期待能够与广大中学建立起密切的关系,希望将来中学校长们能够把自己学校中最适合从事教育事业的优秀生源推荐到华东师大来深造,我们一定尽全力把他们培养成为优秀的教师,然后将他们再送到生源所在地的中学甚至是他们的中学母校去从教。我觉得这无论是对中学、对华东师大,还是对国家教育事业的发展,都是十分有效的做法。

三、完善高校创新人才培养的模式

大学培养创新人才,必须要根据大学生在青年阶段的成长发展特点进行针对性的培养。这里我只谈三点比较有感触的想法。

一是要探索多样化的人才培养途径。随着社会价值的多元化,人才的成长路径也呈现多样化趋向。因此,对于大学而言,应该针对不同的人才,提供多样化的成长道路。

(1) 通才加专长的培养。在传统的综合性大学和一些比较有名的理工科大学中,他们将单学科教育和多学科教育、跨学科教育有机整合,通过通才加专长的方式,在人才培养的过程中彻底打破学科壁垒,开展多边性综合教学。这种人才培养方式为大学生打下了宽厚、广博的知识基础,使他们可以在本学科领域内外进行拓展,或者将来攻读更深层次的专门学科。华东师大自建校以来,坚持"强化基础,注重个性"人才培养模式,将"基本理论、基本知识、基本技能"训练贯穿在学校的学脉之中,同时充分发挥学生个性。在这种培养方式下,华东师大涌现出了以沙叶新、格非等为代表的"作家群",以江南春为代表的"儒商群",以陈吉余等两院院士为代表的科学家群,以及以国内著名高校领导为代表的优秀管理人才。(2) 联合培养。这种联合培养包括校企之间的产学研合作培养、国际间高校的联合培养和国内兄弟院校之间的联合培养。如华东师大与以巴黎高师为首的法国高师集团(ENS)合作,成立了中法联合研究生院,开展高层次人才培养的长期合作。自2002年至今已经培养五届100多位各专业的双博士;在国内与中国政法大学、上海交大、山东大学等国内知名高校开展了各种形式的交流生项目,通过这种形式,促使学生在本科学习期间感受不同大学的文化氛围,激发学生的创新因子。(3) 国际化培养。很多高校都十分注意通过与海外高水平大学、科研机构和跨国公司开展合作,实施“优秀学生国际实习项目”和“优秀学生跨国文化与学术交流项目”,通过多种途径,让学生在多视野、国际化的平台上得到训练和提高。如我们学校提出,要在“十一五”期间使出国实习或交流的本科生占到总数的20%,我们觉得,让学生在本科阶段有一段出国学习或实习的经历,对于他们今后的发展是十分重要的,同时,创建国际教育园区也是我们国际化培养的重要举措之一。美国纽约大学、弗吉尼亚大学、法国里昂商学院及美国国际教育交流协会相继在我校设立了海外校区、中心或办事处,这种国际合作新模式,为华东师大培养创新人才提供了近距离高质量的课程资源。

二是要加快建立通识教育课程体系。从传统上看,大学人才培养模式有两大基本类型:德国的专才教育模式和美国的通才教育模式。在专才教育模式中,本科的培养目标是专业性很强的科技人才;在通才教育模式中,本科的培养目标是前专业性质或者专业入门性质的教育,着重数学、自然科学、人文科学以及科学技术基础的教育。以麻省理工大学(MIT)为例,MIT要求每位本科生都必须修完人文、艺术与社会科学领域中的8门课程,通过这些措施提高学生的综合素质,增强他们的社会适应能力。

从大的改革方向看,由于我们原本实施的前苏联式人才培养模式,中学阶段就开始进行文理分科,从大学一年级就强化专业学习,相互忽视通识课程,这种做法弊端不少,有必要根据国情,部分吸收和借鉴国外的通才教育培养模式,加快构建一套相对完整的通识教育课程体系,拓宽学生的知识面。华东师大近年来大力实施通识教育课程改革,形成了通识必修课程和通识选修课程两大模块,并着力加大通识选修课程的建设力度,建立了由数学统计与文化传承,语言、人文与艺术,以及社会科学与自然科学三部分组成通识选修课程。在2007年首批建设的文学、历史学、社会科学、经济学、地球科学和生命科学6个学科的通识教育系列讲座中,学校选派知名教授和学者亲自开讲,大大拓展了学生的知识面,开拓了他们的学术视野。

三是要营造有利于人才成长的校园文化氛围。美国斯坦福大学的校训是“The wind of freedom blows”,翻译成中文就是“让自由之风吹拂”。我觉得这句散文诗式的校训,就是对创新的校园文化氛围最好的概括。正是这股自由之风,吹出了一大批诺贝尔奖获得者和享誉世界的杰出人物,吹出了一所世界顶尖的著名高等学府。大学文化精神是大学生命力的根本体现,培养和造就创新型人才,不仅和大学的学术水平、培养模式相关,同时和大学校园文化紧密相关。如何有效激励学生自由、大胆、有效地开展创新性探索和研究?我认为,除了制度的激励机制和硬件的设备支持外,更重要的是要营造一种积极向上、大气和谐的大学校园文化,提供一个相对宽松的学术环境和氛围,内在地激发学生的积极性、主动性和创造性,营造追求科学、崇尚真理和对国家负责的大学使命和大学精神文化氛围。

我认为,一所高水平大学必须形成与之相匹配的大学精神,这种大学精神应该要有五个元素:胸怀远大、志存高远的精神气度;勇攀高峰、追求卓越的信心理想;兼容并蓄、海纳百川的开放心胸;学术为本、崇尚创新的价值追求;以人为本、团结和谐的文化氛围。我们认为,只有构建了这样的一种大学文化氛围,高校才能形成有利于创新人才成长的文化环境。

总的来讲,中国从基础教育到高等教育,目前还是比较注重基本理论、基本知识和基本技能的培养,注重理论知识的系统性,但在如何激发学生的创造性,激发学生异想天开的能力等方面,还是远远不够。同时,家长往往对中国的高等教育寄予很大的期待,认为只有经过高校培养才算唯一的教育,其实人的一生教育,并非高校独自完成,基础教育和高等教育密切合作,对培养学生的创新能力非常重要,所以,中国教育报等组织中学校长和大学校长坐在一起,畅谈学生创新能力的培养,具有非常重要的意义。

关于高校教师队伍建设的若干思考①

（2008 年 11 月）

众所周知，师资队伍是高校发展的根本所在，一所高水平大学必然拥有一支高水平的教师队伍。师资是衡量大学水平的最重要的指标和要素。在今天的研讨会上，我想结合华东师范大学的探索，就高校教师队伍建设问题，谈四点思考和体会。

一、实施人才计划，加大教师队伍建设的力度

纵观当前世界各国的高校，哈佛大学在顶尖领军人才方面应该是首屈一指，40 位教师和 38 位学生获得过诺贝尔奖，以及包括 7 位美国总统在内的众多有着全球影响力的校友，让这所学校可以傲视全世界的大学。哈佛之所以能取得这样显赫的成就，离不开他们成熟的人才培养机制和成功机制，更离不开一代又一代学识渊博、不断创新的教师队伍。哈佛第 23 任校长科南特说过："大学的荣誉不在于它的校舍和人数，而在于一代又一代教师的质量。一所学校要站得住，教师一定要出类拔萃。"同样，牛津大学、剑桥大学等世界一流大学被世人敬仰的原因，也并不是因为它们的历史悠久，而是因为它们的教师队伍是世界一流的，因此培养出来的学生是一流的，所产出的科研成果也是一流的。

近年来，从国家和地方对人才培养的支持力度正在不断加大。比如，教育部设立"长江学者"、"新世纪百千万人才工程"、"国家杰出青年基金"等人才计划，目前正在筹划设立"国家特聘教授"、"长江学者首席教授"等顶级人才计划。实践证明，这些做法对于高校拔尖人才的脱颖而出，起到了激励和促进作用。

---

① 本文为俞立中在高等教育学会师资、薪酬管理研究分会暨中国教育系统职业年金专题研讨会上的演讲。

然而，我们还是不得不面对我国高校人才队伍建设存在的一些严峻现实：一是高层次人才的数量远远不能满足高校作为国家科研创新生力军的发展需要。相比于高等教育较为发达的欧美国家，我国高校高水平领军人才的数量仍然大大偏少，且主要集中在“985工程”高校和部分“211工程”高校。二是高层次人才队伍中的顶尖人才还比较匮乏。从整体上看，我国高校还缺乏一大批学贯中西的拔尖创新人才，而且高层次人才队伍的国际化程度还比较低。三是高层次人才的科研创新潜力还有待进一步激发。由于种种原因，我国高校高层次人才队伍的科研创新能力、高新技术成果转化能力还不强，我们所期待的研究成果，即“人文社会科学研究要出传世之作，理工类研究要出具有里程碑意义的创新成果”，这种具有重大原创性和开拓性的成果相对缺乏。

有鉴于创新型人才队伍对高校发展的重要意义，目前国内许多高校都在下大力气建设高水平的教师队伍，出台各种人才计划来吸引和留住优秀教师，激发教师的创新潜能。

实施领军人才队伍工程。目前中国主要高校尤其是39所国家“985工程”重点建设高校，大家都在广揽学术领军人才，包括申报和引进“两院”院士，争取教育部“长江学者”奖励计划、“国家杰出青年基金”、“新世纪百千万人才工程国家级人选”、地方领军人才工程等项目的支持，创造各种条件，重点培养有潜力的、突出的中青年拔尖人才。

实施高层次人才队伍工程。以华东师大为例，学校的做法是实施了“紫江学者计划”。1999年，华东师大与紫江集团签约，设立1亿元“紫江教育发展基金”，面向海内外招聘国家重点学科、国家重点实验室，以及准备重点建设和发展的学科的学术人才，给予紫江学者特殊津贴和房贴，并在其家属工作安排、子女入学等问题上给予极大支持。

实施青年人才培训工程。当前，世界各国高校普遍重视培养新进青年教师。高校纷纷通过各种经费资助，选派优秀研究生和青年教师到世界知名大学或一流学科专业学习研修。华东师大明确提出：要求新录用的教师在5年内必须争取到国外一流大学合作研究或进修一年，并筹措了600多万元专项经费资助青年教师出国研修。华东师大还创造各种条件，帮助青年教师入选各类人才培育计划，为进入各层次人才培养计划的教师提供配套经费。

二、改革用人制度，建设充满活力的教师梯队

世界一流的大学之所以能在科研创新上长盛不衰，关键的一点，是他们建立了一套比较科学合理的用人制度，已经形成了一个名家辈出、百花齐放、并且能够根据自身发展需要自主更新、充满活力的教师梯队结构。我认为，我国的高校要构建这样一个充满活力的教师梯队体系，至少需要在四个方面继续努力。

通过制度设计，优化学缘结构。一所大学或科研机构能否保持多元的话语体系，形成多样的学术性格，很大程度上取决于学缘结构是否合理，教师聘用上的“近亲繁殖”，必会导致“一言堂”和“学霸”的产生。因此，世界顶级大学，都十分注意优化学缘结构。比如哈佛大学规定：对于本校应届毕业生，无论成绩多好，能力多强，毕业时都要离开学校。毕业生只能先去其他学校或者部门奋斗数年，达到一定水平，再与其他应聘者一起到哈佛大学应聘，在选聘过程中没有亲疏远近的分别，只看重真才实学。

目前国内的“985”高校，大都借鉴了这种录用原则。华东师大的部分院系，早在多年前就开始采用这种做法，并且收到了很好的效果。2007 年，华东师大全面实施了这种做法。虽然与其他兄弟院校一样，在实际操作中遇到不少困难和阻力，但我觉得，在中国这样一个比较注重人情关系、比较注重师徒情分的国度里，有必要坚决实施这种录用规则，只有这样才能保证学术争鸣与学术创新。

引进和用好中青年学术骨干。在创新理念转化为创新成果的过程中，中青年学术科研骨干担当着重要角色。因高校也非常重视引进和培养学术骨干。华东师大坚持引进和培养并举，以发展新兴交叉学科和应用学科、建设学科群和学科平台作为契机，面向海内外招聘了一批学科建设急需的学术带头人，针对他们实施优惠政策，给予较优厚的待遇。学校还通过特别评审渠道，破格晋升了一批富有创新活力的青年教授。

创新人才聘用机制。国外的很多大学，对教师聘用与升迁问题，一直坚持“非升即走”原则。如哈佛大学编内的讲师，聘期为 5—8 年，期满不能升级者，便不再录用。而遴选与聘任教师最重要的标准是创新性学术贡献。

应该说，我国高校在教师聘用机制改革方面的进展，是比较缓慢的，与国外“非

升即走”的录用原则还有相当大的距离。华东师大规定，对刚参加工作同时又具有很强科研能力的青年拔尖人才，可直接进入交叉学科研究平台，从事三年专职研究；对学术造诣深的退休教师，设立返聘岗位，为他们提供经费和条件支撑。

建立“终身教授制度”。20世纪90年代以来，我国高校科研的短视现象日益严重，表现在科研成果很多，但具有传世价值、里程碑意义的成果却很少。造成这种急功近利的科研作风的主要原因，是高校在教师履职考核上的短期行为，使高层次人才无法沉下心来开展中长期的重大研究项目。为了有效解决这一问题，华东师大在2002年在全国率先实施“终身教授制度”，终身教授除享受国家有关工资福利外，每年还享受终身教授特殊津贴。退休时，根据他们的实际聘任期限，一次性增发补充养老金，终身教授一经聘任，中间不再考核。学校还把“终身教授制度”与高层次人才队伍建设紧密结合起来，规定在校的“两院院士”、长江学者和紫江学者特聘教授，工作满一年后就可以直接聘任终身教授。“终身教授制度”的实施，应该说有效地稳定了华东师大的骨干教师队伍，也为教师开展前沿性、原创性的学术创新，解除了不少后顾之忧。

推进学术休假制度。在国外，学术休假已是许多高校通行的一种制度。学术休假期间，教师们往往选择到国内外进行科研交流或外出实地调研，更新自身知识、开阔学术视野，这对于教师个人发展和原创性成果的产生，非常有帮助。华东师大也已将学术休假制度提上议事日程。

三、创新科研组织管理，形成良好的科研环境

大学要建设高水平的教师队伍，既需要国家和地方政策的支持，也需要自身形成良性的制度环境，特别是要创新科研组织形式和运行机制，努力为教师科研事业的发展提供良好的舞台。

创建新型科研组织。建立跨学科的科研组织，催生重大原创性成果，是世界许多著名大学科研发展的一条重要思路。

高校科研的传统优势是院系教师的自由探索，科研工作的成效取决于科研人员本身的素质。由于院系的行政分割，在很多情况下不利于学科交叉和合作，不利于解决国家重大需求问题，不利于产生具有重大影响的科研成果。随着高校作为国家

创新体系的生力军地位的不断加强，高校科研逐步从单一学科发展到多学科合作，从自由探索发展到重视社会经济发展重大问题需求的研究，从单兵作战发展到多学科大兵团作战。在这种情况下，科研组织形式对于科研工作的顺利开展，作用越来越大。不适合的科研组织形式在很大程度上会制约高校创新性研究的开展。

人文社会科学的学术界向来有“文史哲不分家”的说法，而文史哲向来就是华东师大的传统强势学科。在2005年教育部学位与研究生教育发展中心的一级学科评估中，华东师大的文学、历史、哲学都名列全国同类学科的前10名。为了有效整合这些传统基础学科的强势学术力量，华东师大以学校已故著名历史学家吕思勉的名字命名，成立了“思勉人文高等研究院”，吸引校内外的著名学者进入研究院，开展联合课题攻关，争取产出一批在国内外文史哲领域具有重要影响力的经典学术成果。同时，华东师大积极发展新兴应用学科，组建了“交叉学科高等研究院”等跨学科学术科研平台。研究院实行院务委员会领导下的院长负责制，院务委员会成员包括国家、教育部和上海市重点研究实验室、研究基地的负责人主任，以及相关院系的主任，对研究院的重大事项行使决策权。

建设创新团队。今天，国家经济和社会发展亟需攻克的重大科研课题，往往牵涉到不同学科，需要学科交叉和不同专业力量一起配合完成。加快推进创新团队建设，已经成为我国科技教育界的共识。因此，国家有关部门制定各种政策发展创新团队。比如说，国家自然科学基金委2000年就设立了创新研究群体科学基金；中国科学院2003年开展了“创新团队支持计划”；教育部2004年出台了“长江学者和创新团队发展计划”创新团队支持办法，支持高校开展集体科研攻关。

在新的学术科研大趋势和政策导向下，高校都在下大力气引进和培育创新团队。华东师大积极从海外成建制引进创新团队，并为创新团队开展创新性学术研究提供各种便利条件。具体做法是改革人员组织方式，以PI领衔的研究团队为基本单位，若干研究团队构成平台的组织形式。学校与平台负责人签约，平台负责人聘任PI，PI以双向自由选择的方式组织团队。学校聘任，目标管理。所引进的创新团队，每5年为一个建设周期，人事关系挂靠学科所属的院系，内部的运行机制则按照团队负责人的思路进行相对独立的运作，创新团队的研究人员实行与院系一般的教学科研人员不同的薪酬制度，而且这种薪酬制度在学校与团队负责人签订的合同中，就明确规定下来。这种做法保证了人才资源流畅地向产生创新成果和效益的团队聚集。近年来，华东师大从美国、澳大利亚、新加坡等国以“团队引进”的方式，已经组建和扶植了脑—行为—认知科学团队、分子医药团队、生物医学团队等 7 个富有活力创新团队，并在生物医学、神经科学、脑功能基因组学、分子医药学、新材料研发等新兴学科领域取得了一批的原创性成果。

这里，我想举最近新引进的分子医药团队为作为例子，向大家做个简要介绍。华东师大分子医药团队的负责人刘明耀教授，拥有细胞生物学领域一流的科研和学术水平。他获得过美国马里兰大学细胞生物学博士学位，先后在约翰·霍普金斯大学医学院和加州理工学院做博士后研究，是美国德克萨斯农工大学的终身教授，主持了美国 NIH 和国防部(DOD)科研项目 13 项，总经费达近千万美元。刘明耀教授的研究领域，正是华东师大近年来所瞄准并努力发展的新兴应用学科领域之一。为了引进刘明耀教授团队，学校领导多次到美国拜访刘教授，也多次邀请刘教授回国讲学，向他和他的团队讲述了学校的发展思路和目标，并根据刘明耀团队的要求，专门为他们建设了一个总面积达 1 500 多平方米的实验室，从海外购进先进的实验仪器设备。经过半年多的努力，学校的诚意终于打动了刘教授。回国后，刘教授根据分子医学的学科发展需要，从美国的 Baylor College of Medicine、University of Florida、Boston University 等美国一流科研机构引进了 7 位教授和 4 位紫江学者，于 2007 年成立华东师大生命医学研究所，组成了 7 个课题组、3 个中心和 1 个技术平台，围绕人类重大疾病，重点发展与临床结合的基础性和应用性研究。

分子医学团队组建一年来，承担了上海市科委重点平台建设 1 项，主持 1 项国家重大基础研究发展计划子课题研究，并作为研究骨干力量参与了 1 项国家 973 计划，获得 6 项国家自然科学基金，2 项上海浦江人才计划项目，总科研经费已近 2 000 万元。在国外高水平学术刊物上发表 8 篇论文，申请了 4 项国家发明专利。短短一年，成效已经十分显著。

探索科研管理新模式。科研管理对于高校科研创新而言，既有服务功能，也有导向作用。华东师大在多年实践中摸索了“人才—学科—基地—项目”捆绑式建设的模式，其核心是：围绕学科前沿和国家重大需求，发挥学校学科优势，集聚研究队伍，把学科发展、人才团队、研究基地和重大项目“捆绑式”建设，并实施管理。

华东师大在实施“捆绑式管理”的过程中，集中各种资源扶持重点学科和研究领域，除经费外，还在科研项目的争取、研究生名额和实验室空间的分配、编制数、国际合作交流的机会等方面给予全面优惠。通过“捆绑式管理”的引导和服务，初步形成了一支实力相对雄厚、结构相对合理、富有创新能力和协作精神的学科梯队。

四、营造大气和谐的大学文化，激发教师的创新潜能

培养和造就创新型人才队伍、建设高水平的教师队伍，不仅和大学的学术水平、培养模式相关，同时和大学校园文化紧密相关。大学文化精神是大学生命力的根本体现，大学文化作为一种形而上的价值观念和行为规范，当被内化为学者的学术良心和道德规范以后，就会产生意想不到的激励效果，鼓励学者探求知识、追求真理。

华东师大在2006年提出了学校中长期的发展目标，即：把华东师范大学建设成为拥有若干一流学科、多学科协调发展、引领中国教师教育发展的世界知名的高水平研究型大学。如何有效激励广大教授学者在学校发展大方向的引领下，自由、大胆、有效地开展创新性探索和研究？我们认为，除了制度的激励机制和硬件的设备支持外，更重要的是要营造一种积极向上、大气和谐的大学校园文化，提供一个相对宽松的学术环境和氛围，提供相对便利的工作和生活条件，让外在的制度规约和条件控制转化为教师的自我调节和自我控制，从而内在地激发教师队伍的积极性、主动性和创造性，自觉地以开展高水平、创新型科学研究为己任。华东师大所要培育的与高水平大学相匹配的大学精神，这种大学精神就是：胸怀远大、志存高远的精神气度；勇攀高峰、追求卓越的信心理想；兼容并蓄、海纳百川的开放心胸；学术为本、崇尚创新的价值追求；以人为本、团结和谐的文化氛围。关键词有四个，就是：积极、创新、大气、和谐。我们认为，只有构建了这样的一种大学文化氛围，高校人才队伍的创新潜能和活力才能得到进一步的激发，高校的科技创新才能拥有茁壮成长的肥沃土壤。

贯彻落实科学发展观，推进教师教育改革与创新①

（2008 年 11 月）

21 世纪初是我国经济与社会发展的重要战略机遇期，深入学习实践科学发展观，对于全面实施科教兴国战略与人才强国战略有着重大而深远的意义。教育要发展，关键在教师。树立和落实科学发展观，推进教师教育改草与创新，促进教师专业水平的提升是当前我国教育发展的重要内容，也是全面提升教育质量与促进教育均衡发展的重要途径。

作为全国重点师范大学，华东师范大学始终坚持把教师教育摆在优先发展的战略地位，把培养能够肩负国家与民族未来发展使命的优秀教师看作是学校的根本使命，积极发挥教育学科与文理基础学科的综合优势，把握教师教育理论创新与基础教育改革实践的最新趋势，推进教师教育改革和实践创新。为进一步发挥对全国教师教育改革发展的引领、示范作用，2006 年 3 月，学校成立教师教育改革推进委员会，历时半年制订发布了《华东师范大学教师教育创新计划》，并成立教师教育课程建设委员会，把教师教育改革创新率先落实在教师教育课程建设和师范生培养模式的完善上，探索一条集理论与实践创新、内容与机制创新于一体的教师教育改革的新路子。

一、理念引导教师教育改革

1. 教师教育课程设置亟待改革

上世纪 90 年代以来，基于终身教育理念的教师专业发展理论方兴未艾，在反思与探究中小学教学实践中促进教师的专业发展成为世界教师教育改革的主流。教师教育课程是促进中小学教师专业发展最为重要的资源和纽带，对于教师教育改革

① 本文原载《教师教育课程建设的理论与实践》2008 年第 11 期。

创新有着基础性与先导性的意义。很长一段时间里，师范教育在课程设置上是简单的学科专业课程加教师教育课程的混合结构，重学科知识本位，偏理论，轻应用，脱离基础教育一线的实际需要。以教育学、心理学、教材教法和教育实习等必修课程为主的教师教育课程对教师专业发展的支撑不够。教师教育课程体系未能真正建立，仍然存在以教师为中心的传统和以教师所教授的学科知识为中心的倾向，不能很好地结合中小学真实教学环境，不同程度地脱离实际、脱离学生需要、脱离教育科学发展的前沿。进入 21 世纪后，这一培养模式已愈发不能适应教师专业发展的要求，教师教育课程与教学内容已愈发不能适应全面实施素质教育和基础教育新课程改革的要求。

2. 明确教师教育课程建设的理念与思路

为推进教师教育课程改革与建设，学校于 2006 年 4 月成立了由教师教育研究与学科教学领域的专家学者组成的教师教育课程建设委员会。在深入总结教师专业发展理论研究与教师教育改革实践的基础上，提出了教师教育课程建设的核心理念：1. 教师专业发展是一个呈螺旋式上升的循序渐进的发展过程，大学应系统考虑与规划足以支撑教师专业发展的课程；2. 教师专业发展是一个立足于中小学教学实践的知识与能力的建构过程，大学应为处于教师专业发展初期的师范生提供更多中小学教学实践的知识；3. 大学应尊重处于专业发展初期的师范生对教师教育课程的自主选择和自我建构，并在教师教育课程建设中提供系统的支撑。

基于教师教育课程建设的核心理念，教师教育课程建设委员会在课程规划与建设思路上明确提出了三点意见：一是要把国家对教育改革的要求转变为学校教师教育的培养目标，进一步明确自身发展的方向与路径，努力实现传统师范教育向现代教师教育的转变；二是要把自然科学、人文社会科学与教育科学的研究成果转变为教师教育的课程和教学内容，在理念、模式、方法、途径、手段等方面实现创新；三是把教师教育理论认识转变为教师专业发展的实践，把教师专业发展的具体要求转化为教师教育改革的具体实践。

二、整体规划建设教师教育课程体系

1. 构建教师教育课程体系

基于教师教育课程建设理念与思路，通过系统研究教师专业发展阶段特征、教师教育课程建设国际经验，学校明确将教育理论视野的拓宽、教学实践技能的强化整合在为教师专业发展提供支持这一核心目标上。面向未来教师的培养，以整合学术取向、专业取向与实践取向为依托，构建由通识教育、专业教育和教师教育三大板块组成的课程体系。教师教育课程建设委员会曾先后多次召开课程建设方案的专家论证会，重点拟定教师教育课程的建设草案，不断规范和完善课程结构、课程名称和每门课程的建设目标。2006 年，学校公布了由教育与心理基础类课程、教育研究与拓展类课程、教育实践与技能类课程和学科教育类课程等四个模块组成的教师教育课程建设方案。大幅度地增加了面向师范生自主选修的教育研究与拓展类课程，增加了与教育实习形成衔接的教育见习、教育研习，拓展了教材教法课程的建设与选修范围。2006 年 10 月、2007 年 4 月又先后两次对这一方案进行了补充和完善。

在 2007 年的两会上，国家明确了在教育部直属六所师范大学实行师范生免费教育。这为教师教育课程改革与建设提供一个更好的契机和更大的平台。学校认真贯彻落实师范生免费教育政策精神，根据国务院办公厅转发《教育部直属师范大学师范生免费教育实施办法(试行)》的要求，进一步完善了师范生培养方案。在明确培养优秀教师和未来教育家的目标的基础上，继续加大教师教育课程的建设力度，配备高水平师资力量，加强教学条件建设，强化师范生实践教学环节，并实施养成教育。

2. 集聚优质教育资源，打造教师教育课程模块

在课程建设过程中，学校充分依靠教育学科群雄厚的师资力量，包括教育科学学院、教育管理学院、学前教育与特殊教育学院、心理与认知学院和各院系学科教学论的教学与研究队伍，把每门课程的建设目标与要求都落到实处。为了充分体现课程自身的特点，采取了灵活的建设机制与办法：

一是对教育学、心理学两门传统课程进行重点改造。在更名为教育学基础、心理学基础的前提下，分别由教育学系和心理学系的主任牵头，按照团队协作、分工负责的原则，改变传统上以教育学科逻辑为主的教学内容和灌输式的教学方法，注重将教育学、心理学的基本理论渗透在对教育教学实践具体问题的剖析之中，注重培养学生分析教育基本问题的视野和能力。

二是对教育实践与技能类课程进行充实和完善。技能类课程包括“教师口语”和“信息化教学设计与实践”，其中“信息化教学设计与实践”以微格教学训练为主线，以学生信息化教案设计为载体，进行学科教学设计的课堂实施和课后反思实践。

实践类课程在传统的“教育实习”课程基础上，整合校内外实践教学资源和条件，重点构建“见习、研习和实习一体化”的实践教学体系，把互为衔接的专题见习、课题研习和教育实习，循序渐进地贯穿在师范生四年的专业学习中，为师范生营造一个优质的开展中小学教育教学实践的校内外教学环境。教育实践与技能类课程建设强调师范生基本教学技能的训练，通过亲身感受、体验和直接从事教育教学实践活动，阶段性地提升师范生的专业素养。

三是对新增的教育研究与拓展类课程和学科教育类课程，采取立项建设、公开答辩、选课认定的办法。其中，教育研究与拓展类课程面向全校教师进行招标建设，每年5月发布课程建设指导计划，强调课程建设的短课时、小班化、团队化，要求课程教学内容与方法要做到：理论少而精，反映教育研究的最新成果与进展；注重引导性，紧密结合中小学的教育教学实践；注重案例教学，有具体的教学指导，配有辅读材料思路。教师教育课程建设委员会的专家审阅每门课程的申请材料，召开课程建设立项答辩会，要求每门课程的申请人就建设目标、教学内容、教学方法等进行陈述和答辩，通过投票决定是否可以进入选课阶段。一旦确定进入学校选课系统，全体师范生都可以自主选修这些课程。为促进学生在教育理论与实践知识方面的均衡发展，教育研究与拓展类课程同样采取模块化的策略，分为教育历史与理论、课程与教学、教师发展、学生发展和德育与管理5个模块，每个模块的课程数量保持大致的均衡，而且要求学生至少在4个模块中选修课程。最后，该门课程是否立项建设也由选课人数来决定。

教师教育课程建设委员会还对课程建设提出了具体要求：一是要注重理论与实践的紧密结合，把教育学、心理学、学科教育的基础理论与最新进展和中小学教育教学改革的具体实践融入到课程教学内容之中，注重课程教学与中小学课堂教学的衔接；二是要改变以讲授为主的教学方法，灵活运用小组讨论、案例教学等方法，注重提升学生的自主学习能力和运用各种教学方法的能力；三是要有意识地在课程教学过程中培养学生的专业信念和实践能力，引导师范生不断完善自我，培养优秀教师应该具备的素质和能力。

三、加快教师教育改革的实践

2006年以来，依托我校学科综合优势而推进的教师教育课程建设方案已经具体实施在 2006 级、2007 级、2008 级师范生的培养实践中。通过三年的建设,教师教育课程群已呈现出来:2006 年 5 月至今,完成了基础教育学、基础心理学两门传统课程的改造;先后分四批立项建设了 68 门教育研究与拓展类课程,首批建设了 31 门学科教育类课程;初步构建了教育见习、研习和实习一体化的实践教学体系。

此外,为有效开展师范生的教育见习、研习和实习等实践教学活动,学校从上海知名中小学的特级校长、特级教师中遴选了 8 位具有现代教育理念和丰富实践经验的一线教师,聘为学校首批基础教育特聘教授;从实习基地学校的优秀指导教师中选聘了首批 99 位兼职导师,负责安排和直接指导师范生的教育见习、研习和实习。同时,学校设立了面向校内外实习指导教师的"基础教育与教育实习研究项目",实习学生也积极参与到这些项目的研究与实践过程中,取得了一批优秀成果。在教师教育课程建设的基础上,开展了教育研究与拓展类课程的教材编写,并组织专家编辑出版了《明天的教师——师范生必读》,为师范生熟悉教师职业、了解中小学校和开展教育见习、研习和实习提供指导和帮助。

分析三年来教师教育课程选课情况和学生评教结果,发现学生选修这些课程的积极性非常高,而且很多师范生都对课程教学的质量表示满意,评教成绩达到优良标准的任课教师占到了 70%以上。教师教育课程改革方案也得到了教育主管部门、专家学者、兄弟院校、各类媒体的高度关注和积极响应。

回顾近年来的发展,我们深切感到:教师教育改革一定要主动服务国家战略发展的需要,高水平师范大学必须站在国家的高度思考自身作为,以引领中国教师教育的改革;教师教育改革要符合未来教师成长的客观规律,面向基础教育的现实和未来,形成聚全校之力推进改革的态势,集综合学科的研究优势改革传统教师教育模式中的弊端;教师教育改革应该面向世界,以国际视野审视思考学校的教师教育改革,在互动和对话中不断总结和梳理改革经验,并影响世界的教师教育发展。

锐意改革，创建一流本科教育[①]

（2008年12月）

今年6月，我校召开了第三次本科教学工作会议，确立了建设“一流本科教育”的奋斗目标。近年来，我校本科教学工作以全面提高教学质量为重点，以“巩固评建工作成果，深化教学改革，积极构建与创新型国家战略相适应的、与建设高水平研究型大学相一致的、充满生机活力的本科创新人才培养体系”为主线，稳步推进学分制改革，全面实施本科教学质量工程，鼓励支持本科生科研训练和国际国内交流，完善教学质量监控体系，探索以院系为主体的教学管理机制，本科教学建设与改革进展顺利。广大教师兢兢业业，坚守本科教学岗位，主动开展教学研究，认真指导学生科研创新。学校的教学委员会委员和督导老师们，怀着对教育事业高度负责的精神，贡献自己的经验和智慧，为本科教学工作献计献策。

在大家的共同努力下，2008年我校各项本科教育教学工作取得了新的进展。从今天的获奖老师那里，我们体会到了三种精神：

一是满腔热忱、始终如一的执着精神。很多教授即使学术科研任务再重、社会工作再忙，也坚持不懈站在本科课堂讲台上为学生传道授业。

二是锐意改革、常教常新的创新精神。教师们在教学过程中，持续探索改革课堂组织形式，更新课程内容，改进教学方法，部分创新性成果在国内高校中产生了积极的影响。

三是精诚合作、协同攻关的团队精神。许多学科课程的建设，都紧紧依靠团队力量，整合课程资源和师资力量，最终建设成为了精品课程和示范课程。

人才培养是与科学研究、服务社会并列的现代大学三大功能之一，更是大学之所以存在的根本理由。教学工作理所当然地应该是高校的中心工作，本科教学是每

① 本文为俞立中在华东师范大学2008年度教学表彰与质量工程建设会上的讲话，标题为编者所加。

一所高校的立校之本。在新一轮办学竞争中，国内高校尤其是高水平大学都十分重视本科教学，把本科人才培养作为攸关学校未来发展的核心要素之一。因此，加强内涵建设、全面提高教学质量，是摆在我们面前的紧迫课题。我们一定要进一步统一思想，增强做好本科教学工作的责任感和使命感。

我对今后一段时期学校的本科教学工作提出几点意见：

第一，以精英理念为指导，明确人才培养目标。要确立精英教育理念，培养学生具有以民族振兴为己任的情怀、强烈的社会责任感、宽厚的知识修养、专深的科研素质、卓越的组织才能、出众的社会活动能力，以及放眼全球的宽广视野。

第二，以课程改革为抓手，创新人才培养机制。加强培养模式及课程设计的创新，紧随时代步伐，紧跟学术科研发展前沿，把素质教育、创新教育理念，和以学生为主体、教师为主导的思想，贯穿在各个教学环节中。要整合学校教学资源，搭建通识教育平台，提升学生整体素质。

第三，以科研实训为依托，培养学生综合素质。要充分利用发挥学校作为综合性大学的师资、教学和科研的资源，营造不同学科交叉融合的氛围，鼓励学生跨学科选修课程；要培养大学生严谨的科学态度，鼓励大学生创业创新；要进一步完善学生科研奖励制度，提高大学生科学研究能力、创新能力和实践动手能力；要强化外语教学，开展全英语课程建设和教学试点工作，提高学生的外语素养；要创造各种机会，鼓励支持学生跨国跨校研修学习，开拓学生的国际视野。

第四，以教师教育为重点，完善师范生培养体系。要以师范生免费教育试点和师范生自主招生试点为契机，进一步完善师范生培养方案，加大教师教育课程建设力度，加快教学内容的更新和教学方法的改革，建设一支稳定、高质量的教师教育师资队伍；要强化实践教学环节，组建师范生教学技能训练与实验研究中心；要创设积极的学习氛围，建立良性循环的激励机制，提高师范生的学习愿望和动力，努力为优秀师范生提供更多的优质学习资源和国际国内访学机会。

近年来，在教育部和财政部“质量工程”计划的大力支持下，在广大教师的共同努力下，学校以本科教学评估为契机，采取一系列举措大力推进本科教学改革，取得了显著成效。但是，面对“985 工程”建设的高标准、面对“十一五”规划中关于人才培养的高目标，我们必须倍加努力，以更加饱满的热情投入到本科教学工作中，争取早日实现建设“一流本科教育”的发展目标。

探索继续教育的新趋势、新需求、新内涵[①]

（2008年12月）

各位老师、同志们：

今天我们召开学校继续教育工作会议，这是一次十分重要并具有时代意义的会议。本次会议有两个重要背景：一是华东师大成为“985工程”重点建设高校后，我们需要认真思考学校继续教育工作相应的定位和发展；二是面对构建学习型社会和终身教育体系的国家目标，我们必须明确华东师大的责任和义务。华东师范大学作为国家重点大学，在学习型社会与终身教育体系的构建中应该如何定位和发展，需要我们积极探索。因此，这次会议不仅将推动学校继续教育事业的发展，而且对整个学校的建设都具有非常重要的意义。

参加今天会议的是学校从事继续教育工作的骨干力量，包括各个院系的领导和老师。刚才庄辉明副校长代表学校很好地总结我校继续教育工作的成绩，分析了问题和困难，同时也提出了今后发展的思路和措施。会上我们也发布了《关于进一步推进继续教育工作发展的若干意见（征求意见稿）》，明确了学校继续教育工作的指导思想和建设规范。继续教育学院和网络教育学院的发言，从不同侧面分析了学校继续教育的现状和问题，交流了他们的发展思路和举措。特别是市教委副主任李骏修同志，为学校继续教育的可持续发展提出了许多宝贵的意见，具有重要的指导意义。我也相借此机会谈几点对继续教育工作的思考，供大家交流讨论。

我认为，这次工作会议也是贯彻落实科学发展观的一次会议。思考学校继续教育工作的定位和发展，就是思考华东师范大学如何为国家构建学习型社会及终身教育体系服务的问题。庄校长在报告中提到了学校继续教育发展中的一些问题和困难。我认为这些问题和困难存在的主要原因就是对继续教育工作认识的问题。在

① 本文为俞立中在华东师范大学继续教育工作会议上的讲话，标题为编者所加。

相当长的一段时期里，我们一些领导和老师把继续教育的概念异化了，把继续教育工作理解为办班创收。在此种理念指导下的继续教育工作不但很难健康发展，而且会产生一系列诸如办学规范、办学质量、师资队伍等问题。如果我们立足构建学习型社会和终身教育体系的国家利益来考虑继续教育的发展，那必然会有完全不同的效果。这里，我再强调三点。

第一，明确定位，推进学校继续教育事业健康发展。人才培养、科学研究和社会服务是大学的主要任务。继续教育是学校事业的重要组成部分，既是人才培养又是社会服务。曾有人提出，高水平大学不应该做成人教育等继续教育项目，这些项目应该由普通高校来完成。我不同意这种看法，无论是重点高校还是普通高校，其所拥有的教学资源都是国家的资源、社会的资源，优质的教学资源更应该承担起为国家发展服务的责任。以上海为例，社会发展需要大量的高素质人力资源，而在职人员也有着不断提升自身知识能力和综合素养的需求，学习成为一个人职业生涯中必不可少的组成部分。大学有责任为人的终身发展服务，完全有义务为有继续学习需求的人群服务，这是高校义不容辞的责任。庄校长的报告中对学校继续教育工作的发展提出了三个“相适应”。首先，要和建设高水平大学的目标相适应。其次，要与引领中国教师教育发展的追求相适应。很多年前，华东师范大学就提出了职前和在职教育一体化的教师教育理念，其中相当部分都要通过继续教育来实现。第三，要与建设学习型社会与终身教育体系的大局相适应。我们应该在三个“相适应”的基础上来定位学校继续教育发展，规范继续教育行为、开拓继续教育事业。这样，学校继续教育事业必将有一个光辉灿烂的前景，就如继续教育学院和网络学院提出的那样——“成为全国一流的继续教育学院和网络教育学院”。这样，学校继续教育也会成为继续教育领域的一面旗帜，成为学校的一个品牌，进一步增加学校服务社会的能力。

第二，开拓创新，优化学校继续教育服务体系。学校在50多年的继续教育历程中积累了很多经验。但是，学校在发展、社会在进步，今天的继续教育面临了很多新的课题和新的需求，不能停留在原来的思想认识水平上。我们必须不断开拓创新，进一步加强继续教育结构体系的建设，这也是学校继续教育工作在今后相当长一段时间内需要不断思考和应对的问题。

首先，特色建设。学校最有优势和竞争力的资源就是教师教育资源，国家和地方对我们学校最大的期待也是在教师教育方面的社会贡献和作用。我们应该把教师教育作为继续教育的主要特色。这是构建职前和在职教育一体化教师教育体系的需要，同时也是对教师教育学科、师资、课程建设的有益探索。教师教育应成为学校继续教育发展的核心环节，在继续教育发展的战略选择中应该充分考虑。

其次，结构建设。要准确把握继续教育的服务对象，这包括政府、企事业单位对人力资源的需求、社会个体对提升自身素质的需求，在这样的情况下，我们的继续教育一定要注重学历和非学历教育两方面共同发展。随着经济的发展和社会的进步，我们可能面临更多的、不同的非学历教育或培训需求，这就提出了继续教育的结构设计问题。继续教育发展要放在提供政府和企事业单位购买服务的立足点上，继续教育要积极争取政府和企事业的单位的购买，不断提供可以满足他们需求的教育产品。政府和企事业单位都具有巨大的继续教育服务需求，继续教育的发展过程中要时刻关注这些需求。同时继续教育也要面向社会公众，不断提供公众需要的教育资源。所以，我们一定要不断创新继续教育服务的结构，走出传统的成人教育领域，不断拓展、合理构建，从而形成新形势下的继续教育构架，更好地为政府、企事业单位和社会个体服务。

最后，内涵建设。继续教育和全日制教育一样，我们必须从关注外延拓展转到重视内涵建设上来。继续教育的项目和市场固然重要，但如果不加强内涵建设，就不能可持续发展，那是一种不负责任的发展，会进一步影响到一所大学的品牌。继续教育必须做好内涵建设，我想强调几个方面。一是课程建设。建立适应在职人群需求的课程体系，必须推进灵活的学习体制和机制建设，正如今天我们所提出的学分制一样，继续教育要像国外很多开放大学一样，建立以课程而不是专业为主体的教育体系，同时建设完备的课程体系，为开放性的学习环境和学分制的学习形式服务。我们要依托华东师范大学的学科体系、雄厚的教育教学资源来构建课程体系。二是课程标准设置。针对在职学生提高理论素养和实践能力的需求来设计继续教育的课程标准，并在标准的基础上推进课程和教材建设。三是师资队伍建设。规范并培养一批适合从事继续教育的师资力量，所有从事继续教育的教师都必需符合学校资格认证的要求，学校要对教师资格进行认证，以合同的方式对兼职教师实行聘用，使从事继续教育的兼职教师有归属感，并切实对学校品牌负起责任。在共享学校全日制教育资源的基础上建立一支专业化的继续教育师资队伍，不断推进学校继续教育的品牌建设。四是教学模式改革。不断改革和探索继续教育的多样化教学模式,刚才两个学院的院长在交流中已经围绕这个命题谈了很多探索和思考,在这里我就不展开了。五是质量监控体系建设。继续教育需要有一套完备的质量监控和管理体系去保证继续教育的持续发展。六是管理队伍建设。专业高效的继续教育管理队伍,不仅要面对教育教学问题,同时也要准确把握教育和培训市场。建设专业高效的继续教育管理队伍在促进继续教育持续发展和提升继续教育竞争力方面都具有十分重要的意义。

第三,规范办学,建立适应市场机制的继续教育管理模式。打造华东师范大学继续教育品牌,我们必须不断关注继续教育质量,强调继续教育特色,提升继续教育服务,而规范办学就是这些的基础保障。以规范办学为保障,在满足继续教育社会效益前提下取得继续教育的经济效益。坚决摒弃继续教育发展过程中为片面追求经济效益的短视行为,进一步规范继续教育的招生宣传、学生培养等各个环节,不断创建继续教育品牌,体现继续教育的社会价值。根据社会发展需求和学校竞争力,瞄准政府、企事业单位和社会个体的需求,积极开拓,如网络学院刚才所提出的进社区、进农村、进家庭"三进"等发展模式,拓展继续教育市场、形成继续教育产品。紧跟时代需求并充分考虑学校基础,不断建立和完善适应市场机制的继续教育管理模式,确保学校继续教育的社会效益和经济效益的实现。

同志们,继续教育的课题是一个既老又新的课题,这就要求我们不断探索继续教育发展的新趋势、新需求、新内涵。我们衷心希望华东师范大学的继续教育在上海市教委的领导下,在大家的共同努力下越办越好,真正形成华东师范大学的一个品牌,成为学校在建设知名高水平大学过程中的重要支撑。

以人为本，科学发展，为建设世界知名的高水平大学努力奋斗①

（2008年12月）

我校第六届教职工代表大会第一次会议是在2007年4月19日召开的。一年多来，全校师生深入学习实践科学发展观，坚持以人为本，全面实施学校“十一五”发展规划。一年多来，学校大力推进依法治校、民主管理，关切师生实际利益，继续改善办学条件，提高资源配置效益，在建设世界知名的高水平大学征途中，迈出了坚实有力的步伐。

根据教代会主席团的建议，行政工作报告内容分为三个部分。第一部分，学校“十一五”事业发展规划的实施情况；第二部分，管理服务和保障体系的建设情况；第三部分，与师生员工切身利益相关实事的落实情况。

一、推进学校“十一五”事业发展规划的实施

（一）主要成效

一年多来，学校坚持以“985工程”项目建设为抓手，以提升创新能力、培养创新型人才为中心，推进学科交叉融合，推进学校国际化进程，汇聚英才、集聚资源、创造精品，全面落实“十一五”事业发展规划，取得了显著成效。

1. 加大教师教育改革力度，提升服务基础教育的能力

学校以实施师范生免费教育为契机，加大教师教育改革的力度，努力构建具有中国特色、华东师大特点的教师教育创新体系，引领中国教师教育发展，服务国家教育发展战略。

① 本文为俞立中在华东师范大学第六届教职工代表大会第二次会议上的行政工作报告。

自2007年起，我校招收了两届共2 400余名免费师范生。学校以培养乐教、适教、善教的优秀教师和未来教育家为目标，大力推进了师范生培养模式的改革，构建由通识教育、专业教育和教师教育三大板块组成的课程体系，形成“见习、研习和实习”三习一体化的实践教学体系，实施以孟宪承书院为载体的养成教育。学校积极探索了免费师范生招生改革，圆满完成首次师范生自主选拔录取工作；完善了师范生实践教学平台，推行双导师制，聘任一批基础教育特聘教授和兼职导师。今年4月教育部在我校召开师范生免费教育现场工作会，充分肯定了我校师范生免费教育的实践探索。

学校参与制订国家中长期教育改革和发展规划纲要，积极承担上海市中长期教育改革和发展规划纲要制订工作。加强与联合国教科文组织的联系，参与非洲师资力量培训。为加大教师教育创新成果的实践推广，服务地方教育发展，学校深化了与上海普陀、闵行等9个区县以及江苏扬州、浙江宁波等若干省市的全面教育合作；学校叶澜教授主持的“新基础教育”研究、钟启泉教授主持的“国家基础教育课程改革纲要研究”和研制的我国第一个《教师教育课程标准》、霍益萍教授领衔的中国科协“2049行动计划和创新人才培养项目”课题组等，以前沿的理论创新成果在基础教育改革实践中发挥着示范和辐射作用；在服务上海基础教育发展的实践中，我们提出并实施了上海市骨干教师学历学位提升计划，农村教师的教育硕士培养计划和骨干教师培训班；在市教委的支持下，成立上海市学前教育与特殊教育师资培训中心，培训师资2 000余人次。在对口支援工作中，加大了与新疆师大、西藏民族学院、贵阳学院等中西部地区高校的对口支援工作力度；积极参与教育部《2008年中小学教师国家级培训计划》，对口支援云南省农村中小学骨干教师培训；主动融入上海与都江堰的对口支援体系，援助都江堰教育重建；成功举办都江堰中小学骨干教师高级研修班，组建“欢乐大篷车”流动幼儿园志愿服务队，服务灾区基础教育。

2. 加强重点学科建设，推进学科交叉融合

根据学校“十一五”事业发展规划纲要目标，学校坚持服务国家和地方经济社会发展战略，不断优化传统学科，大力发展新兴交叉学科和应用学科，推动学科协调发展。

在新一轮国家重点学科评选中，教育学与地理学入选一级学科国家重点学科(涵盖13个二级学科)，二级学科国家重点学科增至18个，新增了5个国家重点培育

学科，国家重点学科的覆盖面从教育、地理、生物等扩展到中文、数学、物理等学科。在上海市重点学科二期建设项目遴选中，我校有 12 个学科入选，数量位居上海市高校第二位，物理化学、计算机软件与理论、微电子学与固体电子学等学科的入选，标志了新兴交叉学科领域发展有了新的突破。

学校通过整合学科资源，突破传统学科界限，发挥学科集群优势，推动学科交叉融合。在教育学科群、人文学科群、资源环境学科群等传统优势学科集群的基础上，随着“985 工程”创新平台和基地建设的稳步推进，精密光谱学、微电子学、软件科学、纳米科学、生物医学、绿色化学、认知科学、环境生态、俄罗斯与大国关系研究、国际冷战史研究、古文字信息化等新兴与前沿学科领域的建设力度在加大，取得了成效，形成了影响。

为促进心理学科及其相关学科的快速发展，学校组建了心理与认知科学学院。为了加强金融、保险、精算和统计学科间的融合，增强我校金融学科特色和竞争力，学校组建了金融与统计学院。为探索人文学科研究的机制创新，促进人文学科的交叉融合，学校成立了思勉人文高等研究院，主动适应人文学科发展的需要。

3. 引进与培养并重，优化师资队伍结构

学校实施积极措施，引进高层次人才，培养优秀学科带头人，培育学术梯队，师资队伍结构不断优化。

在领军人才方面，2007 年张经教授当选为中国科学院院士，实现学校连续两届院士评选榜上有名；成功引进麻生明院士、褚君浩院士；聘请了张亚平院士担任生命科学学院院长；新增“长江学者”1 人，全职引进张树义等 4 名国家杰出青年基金获得者。

学校注重创新团队的建设，引进了以刘明耀教授为负责人的生物医学团队，建立生命医学研究所；引进以周永迪教授为负责人的认知科学团队，壮大“脑—行为—认知科学”科技创新平台的研究队伍；引进以刘建宁教授为负责人的分子医药团队，建立分子治疗与新药创制上海工程技术研究中心。以张经教授为带头人的创新群体入选 2007 年度“国家自然科学基金委创新群体”。

学校吸引了纽约大学、犹他大学、德克萨斯农工大学、北京大学等国内外著名高校 30 多位知名学者全职加盟。一年多来，学校新增“新世纪百千万人才工程”国家级人选 4 人、22 人入选“新世纪优秀人才支持计划”，有 5 名教师入选“上海市优秀学科带头人"，3 人入选上海市"东方学者"。在首次发布的《2007 年中国杰出社会科学家研究报告》中，我校有 12 人入选，位居全国高校和科研机构第 8 位。

2007 年，学校召开了全校青年教师大会，颁布《关于促进青年教师发展的若干意见》，更加关注青年教师的培养与发展，加大青年教师入职培训和扶持力度，提高青年教师的生活待遇。一年多来，有 150 人获得国家留学基金委和学校的资助，赴国外高水平大学留学深造；全校有 1 808 人次出国研修讲学与合作交流。在青年教师中，有 6 人入选"上海市曙光计划"，10 人入选"上海市科技启明星计划"，26 人入选"浦江人才计划"。

人事聘用制度改革顺利推进，基本完成全校教职工《聘用合同》和《岗位责任书》签订工作。在聘用的 3 000 多名教师中，专业技术岗位 2 939 人，占已聘岗位总量的 72.3%。

4. 深化培养机制改革，提高人才培养质量

在本科生培养方面，加快推进完全学分制建设，采取有效措施，丰富课程资源，增加开设门数，年本科课程超过 5 000 门次。学校召开第三次本科教学工作会议，提出"争创一流本科教育"目标。新增国家级精品课程 7 门、国家级双语教学示范课程 3 门，国家级特色专业 10 个，国家级人才培养模式示范区 2 个，国家理科基地 1 个，国家级教学名师 2 人，国家级教学团队 2 个、国家级大学生创新性实验计划项目 20 项等。一年多来，学校资助本科生科研项目 599 项，资助总额超过 100 万元，共有 829 人次获得 1 358 个创新学分。投入 1 000 万元成立上海市第一家以创意产业为主要资助方向的创业基金。进一步推进学生交流项目，一年多来，有 650 名本科生赴美国、欧盟、日本等海外高校及国内名校学习交流。在国际大学生程序设计竞赛等各类重大比赛中屡屡获奖。创造了连续 6 次捧得"挑战杯"、"优胜杯"的佳绩。学校荣获特奥会志愿服务"优秀组织单位"。慈善爱心屋被评为 2007 年"上海市慈善之星"。

在研究生培养方面，学校于 2007 年全面启动研究生培养机制改革，基本落实了以科研为主导的导师负责制；基本建立了全覆盖、分层次的研究生奖助体系；基本改进了优秀人才的选拔办法，压缩学术型硕士研究生招生规模，扩大专业学位研究生招生。在 2008 年博士招生中试行博士研究生招生资源配置方案，做到人才选拔的硕博比例、文理比例、学科结构比例基本协调。研究生的科研创新能力凸显，对学校

的科研贡献率超过50%，涌现了一批问鼎世界顶级刊物的科研成果。2004级博士生武愕在《Science》上发表了关于单光子“延迟—选择”的研究成果，被美国同行认为是“一项里程碑性的工作”；赖玉平博士关于控制革兰氏阳性菌感应抗菌肽的三原素感应系统的成果，被国际权威评为微生物领域2007年上半年的突出研究成果。学校研究生心理专业援助队荣获全国总工会2008年“抗震救灾，重建家园‘工人先锋号’”称号。林凌博士2007、2008年踏上南极、北极进行科学考察与研究，出色地完成了科考任务，为学校争得了荣誉。

学生就业率继续位居上海市高校前列，2007届研究生和本科生的就业率分别超过98%和97%；截至今年8月底，2008届的研究生和本科生就业率分别达到96%和95%。

5. 加强基地与平台建设，提升自主创新能力

学校高度重视科研创新平台和创新团队建设，不断提升自主创新和集成创新能力，提高科研活动的品质。

科研项目和科研经费稳步增长。2007年到校科研经费总计17 804万元，比2006年增长了23.8%；2008年到校科研经费预期突破21 000万元。2007年以来，人文社会科学方面，共获得国家级科研项目55项，获得省部级科研项目150项；自然科学方面，共获得“973”课题4项、“863”课题15项，国家自然科学基金126项，入选科技部支撑计划2项。麻生明院士获得“973”首席项目，项目资助经费2 500万；学校首次获得1项国家自然科学基金立项资助创新群项目，新增1项教育部“111”引智工程项目。

重点实验室和工程研究中心建设升格。“精密光谱科学与技术”国家重点实验室正式升格为国家重点实验室。极化材料与器件教育部重点实验室、软硬件协同设计技术与应用教育部工程研究中心、上海市高可信计算重点实验室和上海市分子治疗与新药创制工程技术研究中心获准建设。

标志性成果明显增多。一年多来，有17篇论文发表在*Nature*、*Science*、*Journal of Geophysical Research-Earth Surface*等世界顶尖学术刊物上。朱瑞良教授主持的“苔类植物的分类和地理分布研究”项目，揭示了苔类植物主要群类的生物多样性，得到了国际同行的高度评价，该成果荣获教育部2007年度高等学校科学技术奖自然科学一等奖，朱瑞良教授也获得国家杰出青年科学基金支持。脑功能研究所发

现了对大脑记忆进行选择性抹除的方法,为治疗创伤后恐惧应激综合征提供了理论依据。

科研成果转化能力继续增强。军工保密资质审查获得通过。学校与普陀区合作创建华东师范大学国家大学科技园;新增3个产学研中心;与宝山、崇明的区校合作取得实质性进展。与10余家企业建立了产学研联盟,成功开发蓝莓系列产品,提高了学校科技成果转化能力;"偏卤菊酯类化合物及相关技术"签订了技术实施许可合同,合同金额达2 000万元。

6. 推进国际化办学进程,增强国际影响力

学校坚持"开阔国际视野、引进优质资源,拓展合作领域、提升合作层次,增强交流能力,扩大国际影响"的原则,加快推进国际化进程。

国际教育园区基本形成。在与法国高师集团(ENS)合作的中法联合研究生院的基础上,成立了中法联合研究院,为联合培养博士生提供了更坚实的研究平台。与美国康奈尔大学合作共建"华东师范大学—康奈尔大学跨文化研究中心"。纽约大学、里昂商学院、美国国际教育交流协会等相继在学校设立上海中心(上海校区)或上海办事处,大规模派出在读学生来我校留学,也为我校学生选修国外名校的课程提供了更多的机遇,开创了国外名校在中国大陆建立定点机构的国际合作新模式。

扩大留学生招生规模。有70多个国家3 000多名外国留学生来校深造,本科和硕士留学生的数量以30%以上的速度递增。学校已聘请100多名国际知名教授为学校的名誉教授或顾问教授,每年有40多位外籍专家长期在我校任教,300多位国外知名学者来校讲学。学校连续两年成功举办国际文化节,增进中外师生的交流,丰富校园文化生活。

开展汉语国际推广。学校继在纽约、芝加哥之后,又成立了爱荷华孔子学院、中阿肯色大学孔子学院和都灵孔子学院。纽约孔子学院和芝加哥孔子学院入选2007年国家汉办表彰的全球20所先进孔子学院,2008年芝加哥孔子学院再度入选全球20所先进孔子学院。

各位代表、同志们,过去一年多来,学校围绕"985工程"建设,全面实施"十一五"事业发展规划,成绩来之不易。一年多来,全体师大人在各自的岗位上恪尽责守、无私奉献、勇于开拓,涌现出了许多感人事迹,体现了新时期师大人的精神风貌。在这

里，请允许我代表学校，向辛勤耕耘在教学、科研、管理第一线的全体教职工，表示最崇高的敬意和最诚挚的感谢！

同时，我们也清醒地认识到，在新形势下学校还面临着许多新的挑战和风险，存在诸多问题和不足，主要表现在五个方面：

在思想观念方面，对建设世界知名的高水平大学还没有形成深度共识，表现在：小富即安，缺乏进取精神；故步自封，缺乏创新精神；因循守旧，缺乏改革精神；单打独斗，缺乏团队精神；文人相轻，缺乏协作精神。

在教师队伍建设方面，整体水平与国内的高水平大学相比还有差距，长江学者、国家杰出青年数量偏少，活跃在国际科技前沿的拔尖创新人才和高水平创新团队不够多。教师队伍的学历结构和学缘结构不尽合理，国内外有影响的中青年教师数量不足，与国内高水平大学差距明显。高层次人才引进的紧迫感还不强，院系间很不平衡。

在人才培养方面，对教育教学改革的关注度和精力投入远远不够，教学模式陈旧，不利于创新人才培养。对学生创新精神和创业意识的培育尚有缺陷，部分学生的学术追求明显不足，刻苦钻研、勇于创新的动力不够，学生读研比例偏低。

在学科发展方面，学校学科专业结构还不适应国家社会经济发展的需求，有待于进一步调整。重点学科的数量仍偏少，服务国家与地方发展的意识和能力不强，即使是最具办学特色和优势的教师教育，服务国家教育发展战略的能力依然有待提高。

在国际化方面，与一流大学相距甚远；接受学历教育的留学生比例不高，能够直接参与国际对话、国际合作、国际教育的教师数量很有限，从海外引进高水平学术人才的数量仍然不够。

（二）工作思路

以建设世界知名的高水平大学为目标，解放思想、开拓创新、积极进取、落实措施，全面推进学校的发展。

1. 着力营造积极创新、大气和谐的校园文化

要创造各种条件，努力让兼容并蓄的开放胸怀和崇尚创新的价值追求成为教学科研中的主流文化，努力让开拓创新、永不止步的拼搏精神成为全校教师团结奋进、

推进高水平大学建设的强大精神动力。要鼓励教师自由、大胆、有效地开展创新性探索和研究；要营造提供相对宽松的学术环境和氛围，实施新的人事聘用制度，改革不尽合理的考核评价体系，激发教师的积极性、主动性和创造性，争取文科多出传世之作，理工科多出具有里程碑意义的科研成果。要从制度设计上建立更加合理的体制机制，鼓励干部积极沟通、敢于负责、勇于创新，大胆革除积弊，提高管理水平。

2. 着力提升教师队伍整体水平

大学之大在于大师，高水平的师资队伍是学校发展的根本。教师队伍建设必须坚持以人为本，激发每一位教师的发展动力和潜力。这就是说，要实行分类指导，创造发展机会，优化教师队伍结构。其一，要集聚领军人才，聚焦国家和地方的战略需求，有针对性地吸引和培养一批具有世界一流水平的学术大师和学科带头人。其二，要培养和吸引一大批具有创新能力和发展潜力的中青年骨干。其三，要重点支持一批高水平的创新团队和学术群体，带动人才队伍整体素质的提高。归根结底，教师队伍建设必须围绕提升人才培养质量、提高自主创新能力这两大目标；必须推进制度创新，构建有利于创新人才培养和高层次人才聚集的制度环境；必须从改革基层学术组织结构入手，创新学科与科研组织管理模式，促进创新团队建设。

3. 着力提升人才培养质量

必须坚持以创新型人才培养为核心，深化教育教学改革，全面实施大学生科研训练计划，扩大本科生跨国跨校交流，构建以素质和能力为目标导向的人才培养体系。营造良好的学术氛围，深入推进研究生培养机制改革，建立研究生培养质量的长效保障机制，进一步完善以科学研究为主导的导师负责制和资助制，采取措施大力提升博士生生源质量，激发研究生的科研创新潜能。

在探索构建有中国特色的教师教育创新体系过程中，深化师范生免费教育改革实践。整合发掘国际、国内和学校自身的教师教育资源，集聚和培育更多的教师教育专家，拓展教师教育服务领域，提升学校服务国家和地方教师教育改革与创新的能力。积极创办教育部职业学校校长培训中心，打造教师继续教育国家基地、国家级教师教育研究咨询基地和国家级基础教育改革示范基地。规范发展网络教育和继续教育，为上海构建学习型城市和个人终身学习提供服务。

4. 着力提高学科整体水平

以“985 工程”三期和“211 工程”三期建设为抓手，聚焦国家和地方发展的战略需求，进一步调整和优化学科布局结构，构建多学科高水平协调发展的学科体系。坚持和巩固优势学科，形成若干有国际影响的学科集群，一批具有国际竞争力的学科方向。特别需要强调的是，在教育科学、人文社会科学领域，必须面向社会发展趋势，面向国家战略需求，凝练新的学科方向，集聚优秀人才，催生一批新的学科生长点，扩大我校在教育科学、人文社会科学领域的优势。要扶持一批社会急需、有发展潜力的应用学科，主动服务社会发展需求，以贡献求发展，不断完善高水平协调发展的学科体系。

5. 着力扩大国际影响力

必须放宽眼界，虚心学习借鉴国际先进的办学理念、管理模式和评估体系，开拓办学视野，鼓励院系和学科积极开展和参与国际交流与合作，提升国际交流与合作的能力，吸引更多的国际一流专家学者来校讲学、合作研究、共同指导研究生。加大投入，以各种方式增加青年教师出国研修、参与国际合作的机会；为学生参加跨国研修实习创造更多的机会，培养能参与国际竞争的复合型人才，造就具有国际视野的创新型人才。

加强国际交流合作的软硬件环境建设，创新国际教育园区的发展模式，发动全校教师资源，加快国际教育的课程体系建设，完善国际教育的课程平台和服务平台，为留学生教育事业发展打下扎实的基础。增进中外师生的交流，营造多元化、国际化的校园文化氛围。推进海外孔子学院的建设与发展，广纳海内外人才，建设国际汉语师资研修基地，成为海外本土汉语教师的培训中心，努力把学校建设成为汉语和中国文化国际推广的重镇。在拓展国际联系与国际交流合作过程中，塑造学校的学术形象，提升学校的国际知名度。

二、加强管理服务和保障体系的建设

（一）主要成效

一年多来，随着闵行校区建设工程的推进，"一校两区"格局基本形成；学校重视落实依法治校、民主办学的理念，健全完善管理制度和服务保障体系，改善资源配置和使用效益。

1. 推进基建和搬迁工作，保障教学科研正常运行

有序推进闵行校区建设项目。2007 年以来，物理信息楼、学生活动中心、体育中

心、19—22号楼本科生公寓、教师之家（宾馆）等9个工程项目交付使用。资环生化楼群、9—11号楼本科生公寓、传播艺术楼、闵行校区动物实验室4个工程项目已经开工建设。光学重点实验室、华东师范大学国家大学科技园核心功能楼完成可行性论证，列入2009年度基建计划。

顺利完成2007年校区搬迁工作。信息科学技术学院等16个院系的办公系统、部分实验设备、图书资料，以及9个机关部门办公主体从中山北路校区搬迁到闵行校区，调整了中文系、历史系、商学院等19个院系的学生宿舍，极大改善了师生员工的工作和生活条件，"一校两区"的教学科研与生活秩序正常运转。

2. 完善财经管理制度，规范经济产业管理

2007年，学校召开了经济工作会议，全面分析了学校经济状况，以及面临的主要困难和矛盾，明确提出"规范管理，开源节流，注重绩效，为建设高水平大学提供强有力的支撑"的工作思路，并落实了一系列举措。

学校财务运行规模扩大。2007年决算收入为165 572万元，决算支出为129 141万元，总支出占总收入的78%。决算收入与决算支出同比2006年分别增加44.8%和20.76%。2007年学校资产总量为405 127万元，资产总量比2006年增长了20.4%。根据教育部要求，加大专项资金清理力度，目前已清理完成专项资金723万元。改革财务管理体制和运行机制，努力适应国库支付的经费下拨方式。

学校积极推进产业规范管理，编制产业规范化建设自查报告，完成校全资企业的清产核资任务。校全资企业的净资产协议划转工作年内将基本完成。实施出版社改制工作，逐步规范产业管理。

3. 加大资源盘整力度，健全服务保障体系

一年多来，学校大力推进校区资源盘整，重点落实部分基地和中心的用房盘整需求，基本完成了中山北路校区资源盘整工作，完成了学校资产清查工作。

2007年以来，学校投入8 000多万元构建实验教学平台，其中校级实验教学平台11个，院级实验教学平台9个。构建形成"仪器共享平台"，促进了全校实验设备的集聚与共享。根据学校教学科研需要，新增单价800元以上的仪器设备18 196件，价值23 400多万元；新增单价800元以上的家具15 310件，价值25 000多万元，各类仪器设备总值已达76 000万元。

4. 制定学校章程，推进依法治校

组建章程制定工作小组，完成《华东师范大学章程》草案，广泛征求全校师生的意见和建议，使章程制定过程成为广大师生参与学校制度建设的重要实践，成为学校推进依法治校的重要里程碑。认真做好第六届教代会第一次会议的提案落实和反馈工作。颁布《岗位设置管理实施办法》等文件，实施了人事分配制度改革。完善书记信箱、校长信箱、校园网讨论组等各种途径和渠道，认真听取师生员工的意见、建议，认真对待每一起举报投诉，迅速调查，正确处理，及时反馈、及时公布。利用校内各种媒介，综合发布学校各类政务信息，切实推进校务公开和政务公开。

5. 健全民主决策制度，拓展师生参与渠道

学校充分发挥教职工代表大会、书记例会、行政例会、民主党派双月座谈会、专家咨询会等平台，就涉及学校发展的重大决策，广泛征询各方面的意见和建议。逐步完善教职工代表大会制度，认真及时做好代表提案及提案的督办和反馈工作。充分发挥校务委员会、学术委员会、学位评定委员会以及教学委员会的职能，推进民主办学。设立院长、系主任交流办学经验和思路的平台，加强院系负责人之间的沟通研讨。创新学生校园参议制形式，设立“新生参议会”、“师生共进午餐”和“学生新闻发布会”等形式，加强学校领导与学生面对面交流，让学生更直接地参与学校民主管理。

一年多来，学校在提升办学支撑能力、保障高水平大学建设顺利推进方面，取得了显著成绩。但是，在健全高效的服务保障体系方面，学校依然面临巨大挑战，主要表现在三个方面：

一是办学成本急剧增长，资金短缺矛盾突出。随着“一校两区”办学格局的形成，校区运行成本急剧增加，目前，学校的银行贷款已达 8 亿元，年度利息支出近 4 000 万元。2007 年学校财政专项资金占财政拨款的比重为 37.5%，学校可自主安排的经费不足。

二是资源配置机制尚不健全，成本效益观念亟待深化。随着学校事业的发展，对办学资源不断提出新的更大的需求；与此同时，成本和效益观念比较淡薄，特别是“重拥有、轻使用”的问题比较突出，加上资产配置和管理规范还不健全，宏观调控乏力，资源重置、闲置、使用效益不高等浪费现象还很严重，建设节约型校园的任务十分艰巨。

三是管理机制滞后，管理效率不高。随着学校事业的发展，管理职能日益复杂化，"大学校、小院系"的管理体制已难以适应学校发展的需求，难以解决面临的管理难题。面对当前学校发展的艰巨任务，有些干部缺乏大局观，责任心不强，缺乏沟通，造成责任不到位、管理脱节；有些干部工作作风不够踏实，追求表面过程，不能大胆负责解决难题；有些干部不勤于调研、不善于思考，管理粗放，缺乏精细的服务。尽管这些问题只是存在于一部分同志身上，但对学校的发展和科学管理影响很大。需要在管理体制、责任追究、干部考核等问题上大胆探索，提高管理效率和服务水平。

（二）工作思路

在推进高水平大学建设过程中，如果我们不能在管理体制、机制和方法上不断创新和突破，就很难形成后发优势，实现跨越发展。如果我们不能健全合理的资源配置，提高资源使用效益，就不能集聚优势资源，推进学校事业取得重大突破。在今后若干年里，学校必须着力从以下四个方面进行努力：

1. 多渠道拓展办学资源

学校发展要多渠道筹措资金。一方面要积极争取国家和地方政府的支持，另一方面要以各种形式争取社会各界的支持。学校在2007年成立对外联络与发展规划处，负责华东师大教育发展基金会和校友会的日常工作，争取广大校友和社会各界对学校教育事业发展的更大支持。校友会的工作不只是学校层面的工作，各院系都要积极主动，争取各界校友各方面的支持，拓宽学校与社会的联系。

积极构建教育服务平台，规范发展网络教育和继续教育，强化教育服务社会功能，提高为学习型社会和市民终身学习服务的水平，努力把学校建设成为服务上海乃至全国教育发展的重要基地，特别是在教师在职教育、职业培训、市民综合素质提升、社区教育等方面争取有大的发展。要加快拓展专业学位研究生培养的渠道和规模。

2. 完善财经管理制度

财经工作要从"核算型"向"管理型"转变，增强预算管理，努力提高资金使用效益。要坚持实施重大财经问题集体决策制度，进一步完善各级行政负责人的经济责任制，将各级负责人在经济工作中的权责统一起来。要构建多层次的经济责任体系，将财经工作的任务和责任层层分解落实到各部门、各单位直至个人。办学经费使用要从膨胀扩张型向成本效益型转变。要建立有效的财务监督体系，进一步完善对二级单位实行会计委派制度，加强对二级单位的财务监督。要改进财务管理手段，强化财务监督，确保各项收入及时入账。要积极发挥工会、教代会在财务监督中的重要作用，确保财经管理制度的透明化。

3. 创新资源配置新机制

加强对房产、科研仪器设备、教室等国有资产的统筹安排，提高国有资产的使用效率，确保国有资产保值增值，国有资产要从无偿占用向有偿使用转变。要建立透明的分配公示制度，建立国有资产使用和处置行为的管理制度，探索建立资源有偿使用的成本分担制度和资源合理配置与开放共享制度。

4. 推进教授治学民主管理

本次教代会将审议学校章程。学校章程的制定和实施，为推进学校管理提供了一个很好的契机。必须在学校章程的基本原则、基本规范之下，进一步规范决策制度、规范办事程序，完善各类规章制度，提高决策执行力。要积极完善教授治学、民主管理，明确教授治学的内涵，提高师德意识和治学能力，增强广大教职工“爱校荣校”的集体荣誉感和历史责任感，使大家在思想上“想主人事”，在行动上“尽主人责”。要积极拓展师生参与学校民主管理的途径，推进管理重心下移，强化院系在大学管理中的地位与作用；加强学校与师生的沟通，提高学校管理层的反应能力。加强机关干部队伍建设，增强岗位意识和责任意识，提升校部机关人员在分析问题、解决问题、处理问题上的能力，尽到管理职责，做好服务工作。

三、落实与师生员工切身利益相关的实事

（一）主要成效

学校坚持以人为本，注重人文关怀，从实际出发，创造条件，积极争取和帮助解决教职工福利待遇、居住条件、校园环境、子女入学、学生帮困助学等广大师生关心的最切身、最现实的利益问题。

1. 拓展资金渠道，提高教职工福利待遇

实施岗位津贴调整方案。2007 年，根据实际情况，学校对岗位津贴进行了调整，

在完善激励机制的基础上，使每位教职工在不同程度上受益。

积极争取教职工交通补贴。2007 年底，上海市人事局、财政局联合下发了《关于调整本市机关事业单位职工上下班交通费补贴标准的通知》。学校与上海市其他部属高校联合向上海市政府争取相关支持，同时学校也积极筹措资金，制定相关发放标准。根据文件精神，学校将对全校在编在岗教职员工（乘坐学校公务车上下班的人员除外）实施每人每月 440 元的交通补贴标准，执行时间自 2007 年 1 月 1 日起算。上海市资金到位后，学校将即刻启动车贴发放工作。

积极做好教职工房贴发放。2007 年以来，学校向 2 166 名教职工发放购房补贴款 6 971.64 万元，基本完成了 2007 年 8 月底以前退休人员住房补贴的发放工作。

提高退休教职工的福利待遇。根据上海市人力资源与社会保障局有关文件精神，为年满 70 周岁、具有副高以上职称的老一辈高级知识分子发放特殊补贴，针对 785 位符合条件的退休教职工，每月增加超过 70 万元的特殊补贴，其中最高补贴 1 800 元/月，最低补贴 600 元/月。积极开展退休人员住房补贴的发放工作。

多渠道构建教职工疾病医疗保险。2007 年以来，学校加强教职工重大疾病互助基金等各项基金的管理，扩大基金受益面。同时，出资为每位教职工购买人身意外险。目前已开设的 10 项基金和 2 项保险总额超过 1 000 万元，初步形成了立体多维的保障网络。此外，工会还增加了教职工疗休养的经费投入，最高补贴额度达到 1 600 元。

2. 加大工作力度，改善师生的工作生活条件

2007 年，学校拨款近 50 万元完成中江路小区流沙沉降治理工程，有效解决了小区路面倾斜开裂的问题，排除了隐患。2008 年暑期，学校对中山北路校区第四宿舍进行了整体改造，并在共青路铺设了泄洪渠，基本解决了暴雨情况下的排水问题。

针对师大一村居民反映的物业管理问题，学校责成相关部门认真调查研究，根据相关法律法规，制定具体解决方案。目前，已解决了丽娃小区华申百花厅排烟污染环境问题，在师大一村先锋路口设置了公共指示牌和其他区域的路牌，做好了道路、摊位等区域的划线工作，完成了东楼、中楼前简易自行车棚的建设，撤离了食品加工场。同时，清理违章用电，消除安全隐患，整顿公有住房等工作正在积极进行中。

学校积极改善校园治安环境。学校教职工拥有的自备车已逾千辆，校内公车、

各类学生车辆及外来车辆数量庞大，中山北路校区交通问题严重。为此，学校积极争取普陀区政府的支持，治理乱设摊问题，改善校门口车辆的通行状况。学校还增加校内巡逻车，加大了保卫力度，一年多来案件发生率有所下降。

尽力为教职工子女入学提供便利。2008 年暑期，学校投入 180 万元对附属幼儿园进行整体装修，幼儿园办学条件得到明显改善；学校充分考虑教职工子女入学问题，大力推进附小建设，调整教育系和幼儿园原有用房，腾出 878 平方米共 14 间房间作为附小扩招用房，尽力为教职工解除后顾之忧。

3. 注重人文关怀，健全学生帮困助学体系

2007 年以来，全校有 1 658 名学生申领到国家助学贷款，涉及贷款金额 2 919.61 万元；3 720 人获得国家级和市级各类奖助学金、2 250 人获得社会奖助学金。学校积极应对物价上扬，向学生发放临时性伙食补贴 82.64 万元。学校安排校内勤工助学岗位 1 500 个，发放勤工助学学生工资 808.24 万元，安排家教岗位 21 525 个，学生收入估算达 6 149 万元，企事业单位兼职岗位 5 496 个，学生收入约 301 万元。学校发放学生困难补助 414.75 万元，发放慈善爱心物资 253.25 万元；荣获“上海市高校毕业生‘三支一扶’计划先进集体”称号。学校积极与中国人寿保险公司进行沟通，联合推出全国首个学生勤工助学保险项目。

今年，我国突遇特大冰雪灾害和地震灾害，学校更是投入了大量财力物力，积极应对，做好做实帮困工作。针对冰雪灾害，学校发放厚棉被、棉衣、热水袋等 1 300 余套（件），受助学生 395 人，向 463 位学生发放临时特殊困难补助共计 16.44 万元。汶川大地震后，学校向来自地震灾区的 217 名学生发放困补金等 8 万余元。

2007 年，学校在中山北路校区辟出了专门的宿舍区，供新校区学生参加毕业论文实验和毕业实习居住。2008 年 11 月，学校成立闵行校区教师活动中心，积极为教职工创造有益身心健康和沟通交流的条件。两个校区的体育馆均实行每周三下午向全体教职工免费开放的措施。

一年多来，学校针对师生普遍关切的工作、学习和生活问题作了积极的努力。但是我们也清醒地认识到，学校的有关工作还存在着不足之处和薄弱环节，面临着不少矛盾和困难，主要表现在四个方面：

一是资金的短缺问题日益凸显。随着办学规模的日益扩大，如何利用有限的资金满足师生日益增长的需求是学校面临的巨大挑战。

二是历史遗留问题比较突出。在师大一村的整治过程中，暴露了许多历史遗漏问题。一些问题有待进一步理清思路，分析缘由，以便寻求更加有效的解决方案。

三是部分体制机制存在瓶颈。师生日常反映的问题，暴露出学校与师生间的沟通渠道、校务公开的力度和反馈机制还有待健全，在部分规章制度上存有缺失，在管理监督上还有缺位。

四是服务意识还相对薄弱。一些部门的主动服务意识、大局意识、责任意识有待加强，部门间的沟通合作还有待提高，部分资源得不到有效利用和充分共享。

（二）工作思路

在今后的工作中，我们要坚持把改善师生学习工作条件、健全公共服务保障机制作为一项至关重要的任务来抓，努力贴近广大师生的意愿，千方百计为广大师生办实事。2009 年，学校将正式启动“实事工程”，促使各职能部门形成重实际、办实事、求实效的工作作风，健全管理制度，提高行政效率。

1. *落实教职工车贴和房贴*

落实上海市财政局的文件精神，结合学校实际，制定我校教职工上下班交通费补贴办法，保证与上海其他部属高校同步发放教职工交通补贴。

解决好教职工住房补贴。经过反复讨论研究，学校制定了住房补贴新办法，提高教职工的房贴标准，尽可能缩短青年教师的房贴兑现时限，让广大教职员工安居乐业。本次教代会学校提出了两套教职工房贴方案，请代表讨论审议，确定符合学校实际、顺应多数教职工意见的新房贴发放办法。

2. *改善师生居住环境*

继续推进师大一村物业管理工作，进一步明确师大一村物业管理职责。重点做好公共部位的物业服务和学校公房的管理工作，积极与师大一村业主委员会和当地政府部门加强沟通，组织相关部门讨论研究师大一村等公房管理体制，提出切实可行的管理方案。学校将进一步推进中山北路校区学生宿舍的改造，重点做好第六宿舍的翻新改造。

3. *加大校园整治力度*

进一步加强学校前后门口的机动车辆管理，确保校内拥有通行证的公私车辆的畅通，从硬件设施上创造必要的管理条件，与普陀区政府部门加强沟通，配合执法部门做好清理路边摊位工作；根据中山北路校区校门的现行客观条件，提出切实可行的整改方案，逐步建立长效机制；要集中力量做好校园治安工作，加大宣传防盗力度，增强师生的防盗意识；主动与师生做好沟通，倾听广大师生的心声，对于力所能及的事要抓紧落实；完善监督机制，加大督办力度。建立有效的反馈机制，做到多种渠道，逐步跟进地反馈。

4. 做好帮困助学工作

进一步拓宽帮困助学的渠道，积极发挥校友会的作用，寻求政府企事业单位的深度合作，为学生争取更多的勤助岗位，谋求更丰富的奖助学金项目。进一步做好现有奖助学金的发放工作，规范评选制度，建立监督机制。进一步发挥辅导员队伍的作用，及时准确了解学生的学习生活情况。进一步鼓励学生参与各项勤工助学工作，帮助他们牢固树立“自力更生、自强不息”的信念。

5. 建立“实事工程”项目预算

2009 年起，学校将在每年的预算中设立 100 万元资金的“实事工程”项目，解决师生员工关心的重点难点问题，为校园环境建设办实事，创实效。

华东师范大学正处在黄金发展期和战略机遇期，我们这一代人承担着光荣而艰巨的历史使命，就是要把华东师范大学建设成为世界知名的高水平大学。目标宏伟，任重道远。过去一年多来，全校教职工为之付出了艰苦的努力，取得的成效是有目共睹的。但是，我们也不能回避困难、矛盾和问题。只要我们坚持信心，锐意进取，团结奋斗，就一定能够战胜前进道路上的各种困难。

今年是改革开放 30 周年。华东师范大学在改革开放的大潮中，积极迎接挑战，勇敢克服困难，不断取得成就。今天，我们有“985 工程”的支撑，更是充满信心，只要我们坚持以人为本，科学发展，群策群力，不懈努力，建设世界知名高水平大学的奋斗目标，就一定能够实现！

探讨21世纪高校教育信息化的发展①

（2009年4月）

中国有句古话："工欲善其事，必先利其器。"今天可以说信息技术的发展已经改变了现代人的工作方式、学习方式和生活方式。在教育领域，教育信息化已成为教育发展全局中的关键环节，对构建现代国民教育体系，形成全民学习、终身学习的学习型社会产生了重要的推动作用。高校自身信息化建设的不断深入和教育信息化大环境的逐步优化，对高校发展产生了深远的影响，促进了高校管理机制、人才培养模式、科研模式等全方位的变革。

华东师大是教育部直属全国重点大学，也是国家"211工程"和"985工程"重点建设的高校。上世纪90年代，学校就启动了"数字化校园"建设，国家"211工程"和"985工程"为学校信息化建设的发展带来了新的机遇，学校信息化建设也随之从基本的软硬件条件建设阶段转移到了提高水平，提高质量的阶段。学校对信息化建设的投入不断增加，建立健全了信息化建设的组织机构和二级管理体制，建设了高可用、可扩展、开放的数字化校园基础设施，搭建了公共数据库平台，实现了校园内各种信息系统的互通互连和数据共享，为学校的管理提供高效、共享的平台。在管理信息化日趋成熟后，学校信息化建设的重点开始从管理信息化聚焦到教学信息化、科研信息化。

10年前，我分管过学校信息化建设，亲历了校园一卡通系统、公共数据库等信息化建设的重要阶段，与数字化校园感情深厚，也十分支持华东师大数字化校园下一步的发展。未来的五年，我们要继续建设和完善数字化教学与学习平台和学术创新平台；建立统一的信息服务平台；节能降耗，提升效率，实现硬件集成、数据集成、业

① 本文为俞立中在全国高等教学会信息化分会常务理事会会议暨上海高校信息化研讨会上的致辞。

务集成和服务集成,数字化校园的主要功能和性能指标要达到国内一流高校的先进水平,实现学校信息化的可持续发展。我们还将举全校之力,以数字化手段开放学校的部分优质资源,为上海乃至全国构建学习型社会贡献力量。

信息化建设对提升现代大学核心竞争力有着不可或缺的支撑作用,教育信息化程度已经成为新时期衡量大学发展水平的重要指标。随着信息技术的不断进步和现代大学理念的不断超越,高等教育信息化的内涵还将不断充实和更新。华东师大愿意与各兄弟院校共同探讨 21 世纪高校教育信息化的发展,探索高等教育信息化的可持续性发展机制,为我国创建世界一流大学和高水平大学而共同努力。

让更多优秀的青年教师脱颖而出①

（2009 年 5 月）

我们在这里召开青年教师海外研修工作座谈会，共同探讨青年教师的发展问题。我想起二十多年前，当时国家能提供的教育资源还十分紧缺，为了争取一个出国深造的机会，往往是很多人竞争一个名额。今天，青年教师争取海外研修机会，仍需面对竞争，但这个竞争对象不是别人，是自己。学校提出的青年教师海外研修计划，凡符合派出条件的青年教师都能获得海外研修机会。我们希望尽可能将青年教师派往国外高水平大学，在著名教授的指导下进行一段时间的研修。这是学校推进国际化进程的重要环节。

建设世界知名的高水平大学，学校提出了“一个中心、两个推进、三大战略”的发展思路。其中，“培养创新型人才、提升创新能力”是学校的中心任务；“推进学科交叉融合”和“推进学校国际化进程”是战略路径。学校坚持把“国际化”作为战略路径，重视吸引海外高层次人才，加大国际合作交流的扶持力度，就是要把学校发展放在国际高等教育的大环境中进行思考、规划和推进。

青年教师是学校各项事业的重要后备力量，在华东师大建设高水平大学的发展进程中承担着重要的历史使命。加强青年教师队伍建设，特别是开展青年教师海外研修，不仅可以帮助青年教师尽快提高教学水平和科研能力，让更多的优秀青年人才脱颖而出，而且能为学校发展奠定坚实的人才基础，进一步扩大学校在国际高等教育领域的知名度和发展空间。为此，我想谈三点意见。

一、青年教师海外研修的意义重大

首先，这是青年教师拓宽学术视野、活跃学术思维、体验治学精神的重要途径。

① 本文为俞立中在青年教师海外研修工作座谈会上的讲话，根据录音整理，标题为编者所加。

通过海外研修计划，青年教师可以有一年的时间在办学历史悠久、学术声誉卓著、国际化程度高的世界知名大学研修，直接体验高水平大学的学术氛围和办学理念，切身感受知名教授的学术思想和治学精神，贴近观察海外高校的教学、科研及其管理。海外研修有助于青年教师对高水平大学的教学、科研和管理的深度认识，在思想观念上提升对大学内涵的理解。

其次，海外研修有助于青年教师提高教学和科研能力。在教学理念、教学方法、科学精神、学术规范等方面，我们和国外著名大学相比还存在较大的差距，有很多值得借鉴的地方。青年教师可以通过海外研修，直接体验课堂教学，参与前沿课题研究，也可能选修一些新兴学科的核心课程。在实践体验中反思教学理念、严肃治学态度、养成学术规范，全方位提升科研和教学能力。这对克服急功近利的学术倾向尤为重要。

其三，海外研修有助于青年教师进入国际学术圈子。青年教师利用一年的研修时间，可以通过导师的联系和推荐，与本研究领域的知名教授建立起广泛的联系，有机会接触前沿领域的核心团队，及时了解各种重要的学术信息，从而形成良性互动的研究网络。这对青年教师未来的学术发展具有十分重要的意义。

其四，海外研修有助于青年教师提升外语应用能力。外语是实践性很强的工具，青年教师在海外学习和生活，必须自觉应用外语进行沟通、交流，在实践中提升自己的外语应用能力。语言能力对青年教师今后开展双语教学、参与国际合作交流、发表科研成果显然是必不可少的，这也是学校国际化进程的重要基础。

二、放大青年教师海外研修的效应

青年教师在海外进修的时间是一年，但其产生的效益应该是长远的。我希望青年教师要有意识地放大海外研修的效应。

一是保持与国外导师的联系，加强与合作者的信息沟通，使业已建立的学术联系保持长期的效益。除了使用电子邮件等形式加强沟通联系以外，还可以邀请海外导师、科研合作者到华东师大来访问、讲学，让海外学界精英更多地了解学校，建立长期的合作交流。在此基础上，学校鼓励青年教师与海外大学建立各类科研合作项目和人才培养项目。

二是要切实发挥海外研修计划的辐射效应,把获得的前沿信息和研修成果传递到本院系和本学科。青年教师回国以后,要把海外研修经验和成果介绍给周围的同事和学生,带动各项科学研究和教学改革,形成更加国际化的工作和学习氛围。

三是要切实发挥海外研修计划的实际效果,把海外研修获得的认识和成果贯彻到教学、科研、管理的实践之中,不仅要促进自身的学术发展,推进教学改革、科研实践,还要为学校的教学改革、科技发展和管理工作提供各种建议。

三、不断完善海外研修计划

为了有效促进青年教师的快速成长,学校多方筹措资金,积极整合校内外资源,采取各种措施,进一步完善海外研修计划。学校将根据实际需要,进一步扩大对海外研修计划的支持力度。一是逐步将海外研修计划将扩大到工程技术队伍。没有高水平的工程技术人员,实验仪器设备等教学科研资源的使用效益就很难得到充分的发挥。建立一支高水平、高素质的工程技术队伍有助于高水平研究成果的产生。二是海外研修计划还要扩大到管理干部队伍,以有助于促进学校管理水平的提升。

学校坚持将青年教师派往高水平大学,与世界著名教授进行科研合作。今后要牢牢紧扣学校发展目标,充分借助海归教授和海外校友资源,利用学校和许多著名大学建立的战略合作伙伴关系,加大青年教师海外研修的工作力度和实际成效。在派出前要加大培训力度,使青年教师更快适应海外环境。在研修期限方面,要根据实际情况采取更加灵活的规定。要设置更加明确和规范的研修目标,进行有效的追踪和考核。总之,学校将从教师队伍建设的现状出发,科学规划,广开资源,加强管理,不断完善各项政策和措施,共同为青年教师的成长成才创造更加优越的条件。

祝愿大家“所有梦想都开花”①

（2009 年 6 月）

自 1951 年建校以来，再上溯至 1924 年的大夏、1925 年的光华，已有数以十万计的优秀知识分子走出了这个学术圣殿，投身于复兴民族、发展社会、建设祖国的伟大洪流。今天，我们欢聚在这里，共同见证一个庄严的时刻——又一批优秀的知识分子，以“华东师范大学”的名义走出校门，走向世界。作为校长，我感到无比欣慰、无上荣耀。

同学们，你们和学校共同经历的这段日子，正是华东师范大学事业蓬勃发展的重要时期。你们人生中的美好青春时光，是与学校“985 工程”建设、闵行校区发展、学校声誉的持续提升紧紧联系在一起的。因此，在祝贺你们的同时，我更想代表学校感谢每一位毕业生，是你们无悔的选择成就了我们之间真挚的情谊。华东师范大学的历史上，将永远记载着你们的成长足迹，珍藏着你们的美好情感！

每当学生毕业离校之际，作为校长，应该代表学校祝福同学们，给同学们提些希望。在我看来，这不仅是一种仪式，更是一种心灵的沟通。先哲荀子有言：“赠人以言，重于金石珠玉。”我不敢说自己的赠言是金石良言，但作为校长，我与大家分享的一定是发自内心的真情实感。我想，同学们的未来应该是如诗如歌，于是想到了三句歌词，借以表达我对大家的祝愿和期望。

第一句话，希望大家“少年壮志不言愁”。人生的路，不会是平坦笔直的，不免起伏、曲折，不免艰辛、烦恼。数载寒窗苦，毕业了，找到工作是一种担当，还没找到工作的有一份焦躁，继续深造的还要经受一番历练。未来的确还有许多不确定性。但是，这种不确定性也孕育着更多的机会和可能。而从可能到实然的过程，个人的心气和努力发挥着重要作用。青春年少，当有雄心壮志。心有多大，世界就有多大。

① 本文为俞立中在 2009 届华东师范大学毕业典礼上的讲话，标题为编者所加。

这里，我想起梁漱溟先生的一句话，“吾曹不出，如苍生何”，作为受过高等教育的青年知识分子，我们应该对民族、国家和社会有所担当，应当有舍我其谁的勇气和世情关怀，应当有强烈的历史使命感和深厚的人文情怀。这个大时代注定了我们这代人，甚至是几代人必须比别人更加艰苦、更加努力。希望同学们在未来的人生路上，弘扬华东师大的“大爱”精神，以天下为己任，把民族复兴的责任担在肩上，把社会发展的期待担在肩上，把自己的青春和智慧奉献给祖国的伟大事业。

第二句话，祝愿大家“所有梦想都开花”。青春年少，我们有许多梦想。因为有梦，所以美好；因为有太多的梦，所以容易失望、容易受伤。我们这代共和国的同龄人，年轻的时候，唱着“让我们荡起双桨”，我们的“小船儿推开波浪”，“迎面吹来凉爽的风”。几十年过去了，生活并不像丽娃河水那么平静，那样的波澜不兴。就说过去的一年吧，我们刚走过了汶川地震的废墟，携手奥运“你和我”，迎面而来的是金融海啸。今天的世界太多变幻，我们不免感到徘徊，感到孤单。但是同学们更应该看到“每天的夕阳也会有变化”！希望年青的朋友们，如歌中所唱的，“用心凝望不害怕”，相信“一直有双隐形的翅膀”，带我飞，给我希望，风越大，飞得越高、飞得越远。在任何时候，让梦恒久比天长，留一个愿望让自己想象，愿同学们“所有梦想都开花”。

第三句话，请大家永远怀着一颗“感恩的心”。即使在高等教育大众化的今天，大学生、研究生依然是这个社会的精英。过去的岁月里，同学们是这个竞争社会的成功者。十多载的求学之路，从稚嫩到成熟，从脆弱到坚强，个人的艰辛付出是勿庸置疑的，但一路走来，有多少人在扶持和支撑着你们啊！同学们，你们的成就凝聚着家长和师长的辛勤奉献。我请大家，以最热烈的掌声向父母和家人表示感谢！我请大家，以最热烈的掌声向导师、向全校教职工表示感谢！我请大家，以最热烈的掌声向你的同窗好友表示感谢！

过去的时光，同学们走在校园的林荫道上，有大树遮着，有父母、师长护着，相伴的是同桌的你。走出校门，路更宽了，选择的路径也更多了，我们会发现“外面的世界很精彩”；走出校门，路上少了一些大树的遮挡，有时也会觉得“外面的世界很无奈”。同学们，多元的世界意味着多元的机会，也意味着多元的挑战。希望同学们保持积极乐观的心态，始终怀着一颗感恩的心，感谢社会，感谢生活，感谢你身边的人。感恩的心是幸福的心，感恩的心是快乐的心。

著名作家赵丽宏校友写下这样的诗句：“哪怕所有的记忆都消失，母校的目光依然会追随我的人生，哪怕所有的星光都黯淡，丽娃河的波光依然会映照我的灵魂……”同学们，让我们永远珍惜这段美好的记忆，祝你们永远保持一颗激越澎湃的青年的心！勇敢地、快乐地去开创更加美好的未来！

做一名富有时代精神的教师①

（2009年6月）

当麦哲伦以环球航行证明地球是圆的时候，人类为之感到震惊；当美国人托马斯·弗里德曼告诉我们世界是平的时候，人类为之感到震撼。在不同的时代，从不同的视角提出的近乎完全不同的认识，都给同时代的人带来了思想的洗礼，都是这个时代宝贵的精神财富。所以，什么样的教师是好教师，相信在不同时代会得出不尽相同的答案，但做一名富有时代精神的教师，一定是这个时代真正需要的教师，也就是这个时代最好的教师。

不断更新自己的学科知识，着力于提升自己的学术素养。

今天的中小学教师大多是毕业于相关学科专业，也许不会怀疑自己应对中小学教学的学科知识和能力。但事实往往不是如此。且不说在知识经济时代，知识更新的速度在不断加快。我们还越来越意识到，每一代人对学科的感知在发生巨大的变化。如果教师没有不断更新学科知识的愿望和能力，就难免使得自己与学生的学科立场不一致，这会极大地阻碍教与学的有效沟通。当教师把知识和能力的更新作为教师专业发展的自觉追求之时，学科知识就升华为学术素养了，而学术素养便会随着教师专业的发展而提升。

以英语教学为例，也许近十多年来教科书上的英语词汇和语法变化不大，但学生学习英语的目的、感觉和基础则有了很大的变化。如果教师仍然沿用自己当年学英语的标准来要求今天的学生，恐怕要被学生笑话了。当英语教师不断地充实自己，能够接触到最新的英美文化发展及其研究成果，此时的英语就不再停留在知识的层面，而是成为教师的学术素养了，随着教师对语言应用、语言环境的深入了解，对英语电影、英语歌曲的熟悉喜爱而得到更新与提升。于是，教师与学生对待英语

① 本文原载《少先队活动》2009年第6期。

学习的感觉也就一致起来了。

不断更新自己的教学理念,着力于提升自己的教育素养。

要做一位好教师,只有学科知识是远远不够的,还需要教师根据学生的实际情况,把学科知识演绎起来。教学的本质,是以“教师的教”帮助“学生的学”,这就要求教师能够走进真实的学生群体,认识学生真实的学习状态。在这个日新月异的信息化时代,教师要走进真实的学生群还真不是一件容易的事。我们的学生时代和今天的时代学生相差太大,不但生活环境有了很大的差异,就连很多价值观念都发生了颠覆性的变化,这就要求我们的教师要能够辨别哪些差异与变化是时代进步的产物,哪些差异与变化是需要教师予以疏导与引领的。更重要的是,教师要不断更新自己的教学理念,不能简单地把自己学生时代的教育观和价值观强加给今天的学生,而必须以今天学生的实际情况作为教育教学的起点。

要让教学富有时代精神,就要求“教师的教”能够贴近“学生的学”。为此,不但要求教师要了解真实的学生生活状态,了解学生实实在在的学习状态,还要求教师自己保持良好的学习心态,能够在工作与生活中不断阅读和学习,既让自己的专业知识和生活知识得到更新,更重要的是让自己在学习过程中,体验到学生在学习过程中的酸甜苦辣,从而为学生的学习提供富有针对性的帮助,也只有这样才能够真正发挥“教师的教”对“学生的学”的指导意义。当教师自己不学习时,既不能保证自己的专业知识和生活知识跟上时代的变化,更不能保证“教师的教”能够富有针对性地帮助“学生的学”。

不断优化自己的生活方式,着力于提升自己的人格素养。

教育是一个人影响人的事业,教师是一种以心换心的职业。在教育教学中,教师不仅仅是知识的传授者,更是学生人生成长的生活导师。教师对学生学科知识的传授,是一个直接而又外显的过程,是一个讲究方法与策略的过程;但教师对学生人生成长的生活指导,却是一个间接而又内隐的过程。虽然教师也可以告诉学生学习是需要投入,但与其告诉或者说服学生,还不如通过教师自己对教学的投入来影响学生。同样的道理,当教师在教育教学过程中表现出对学生的真爱时,学生就会自然而然地形成对教师的真爱,就由此推延到对他人、对社会、对国家的爱;当教师表现出对自己教学工作的高度责任心时,学生就会自然而然地形成对学习的责任心,并由此形成对他人、对社会、对国家的责任态度。

教师要让学生把自己当作人生成长的生活导师，那就意味着教师的生活品位与人格素养要高于学生，要让学生觉得受教师的影响是一种进步的表现，而不是一种生活的倒退，这就要求教师的生活，能够跟得上时代的变化。具有良好生活品位与较高人格素养的教师，不但能够在生活态度与世界观上影响学生，还有助于学生学科知识的学习，“亲其师而信其道”。因此，教师也要不断地优化自己的生活方式，让自己的生活充满时代气息，这是教师的亲和力之所在，也是教育教学工作对教师提出的要求。

联合国教科文组织在 1996 年出版的《学习：财富蕴藏其中》中提出了四个“教育支柱”，即著名的“四个学会”：学会求知、学会做事、学会生存和学会共处，这反映了当前国际社会对学校教育提出的要求，也反映了国际社会对 21 世纪世界公民具有的基本素养的一种认识。虽然这是对学生的要求，但也从一个侧面反映出了 21 世纪这个新时代对教师的要求。要想培养出学会求知、学会做事、学会生存和学会共处的学生，那就必然要求教师能够在学术素养、教育素养和人格素养上与时俱进，从而给予学生更为全面的渗透与影响。

服务国家战略，推进教师教育区域合作与联动①

（2009年8月）

进入21世纪，我国教育事业的改革与发展迎来一个关键的机遇期。科教兴国、人才强国战略的实施，以科学发展观为指导的社会主义和谐社会的构建，经济发展模式与社会结构的历史性转型，都要求教育做出适应性、超前性的变革。

目前，《国家中长期教育改革和发展规划纲要》（讨论稿）正在听取社会各界和专家的意见。《纲要》（讨论稿）指出，人力资源是国家竞争力的核心，教育是人力资源开发的根本途径。要把我国建设人力资源强国，关键是提高人力资源的质量，要紧紧依靠教育最大限度地开发人力资源。

作为教育改革发展的重要基石，要顺利完成建设人力资源强国这一新任务，必须加大教师教育的改革力度，满足基础教育教师队伍建设的数量与质量需求，并能够持续提升1 000多万的在职中小学教师的专业素养。特别是不同区域教师教育改革发展，面临的问题与挑战可能大不相同，但是都必须立足区域经济社会发展对人才的要求，培养适应并能够提升区域基础教育发展水平的优秀教师。

结合对《国家中长期教育改革和发展规划纲要》（讨论稿）的理解，我想谈谈我们对当前教师教育改革与发展的一些看法，同时也介绍一下华东师范大学的一些做法与体会。

一、立足建设人力资源强国，推进区域教师教育优质资源的共建与共享

近十多年来，在适应基础教育教师队伍建设要求和完善教师教育自身体系与制

① 本文为俞立中在全国师范教育年会上的演讲。

度建设过程中，我国教师教育体系正在从独立封闭向开放多元、规范有序的现代教师教育体系转变，传统的培养培训相分离的体制也逐步走向一体化，教师的培养也从一次性的终结式教育向专业发展的终身化转变，单一的传统师范教育课程体系正在逐步过渡为开放的现代教师教育课程体系和教学内容，现代教育技术更是广泛应用于教师教育的方方面面。

我国经济社会未来若干年的发展目标与方向，决定了未来若干年的教育改革与创新必须立足于最大可能地提升国民教育的整体水平，把人力资源优势转化为巨大的生产力和创造力，从而为实现现代化奠定坚实的人才基础。这一教育战略目标与社会变革要求，也必然首先反映为对教师教育的要求。集中表现在，为实现教育公平、促进教育均衡发展，进一步加大对中西部教师教育改革的支持，整体提升其教师教育质量与水平。

根据《纲要》(讨论稿)提出的“统筹城乡教育协调发展向农村倾斜，统筹区域教育协调发展向中西部地区倾斜，统筹区域内学校协调发展向薄弱学校倾斜，统筹不同群体教育协调发展向弱势群体倾斜，保证教育公平政策的有效实施”。由此可见，提升中西部地区、农村地区教育改革发展水平，实现各区域教育均衡发展，将是中长期教育改革发展的重点。而中西部地区、农村地区教育发展最大的瓶颈是教师教育教学水平相对不高，优质教育资源相对匮乏，城乡之间优秀师资与优质教育资源的不均衡尤其突出。

要解决这一问题，必须积极推进教师教育的优质资源的共享，特别是在区域内实现教师教育优质资源的共建与共享。

历经半个多世纪的改革与发展，我国教师教育逐步形成了以师范大学为龙头的相对成熟的教师教育培养与培训制度与模式。历史的经验告诉我们，在推进教师教育开放化改革的历程中，要保持并发扬传统教师教育的优势，不但要保留一大批具有悠久历史的独立设置的师范院校，而且要进一步确立部属师范大学在国家教师教育体系中的核心地位，确立省、市、自治区师范大学在区域教师教育体系中的核心地位，采取相应的政策引导和经费扶持，逐步将部属师范大学建设成为国家级教师教育基地，将省市、自治区师范大学建设成为区域性教师教育基地。

在此基础上，充分发挥师范大学在教师培养与培训方面的资源优势，以部属师范大学和省级师范大学为龙头，整合各层次、各类型教师培养与培训机构的资源，分别建设国家级、省级一体化的教师教育发展联盟；

在机制上，以国家教师教育标准体系建设为依托，分别建立国家级、省级教师培养与培训协作平台，彻底打破培养与培训仍然相互割裂的局面，将单纯的培养、培训任务分工，转变为基于整体规划教师专业发展目标的协作式分工，实现课程、师资、实践教学、网络教育资源的共建和共享；

在教师教育序列上，在省级教师教育发展联盟中逐步形成由职前培养序列、入职教育序列、职后培训序列构成的一体化的课程、教学体系；

在学位层次上，在师范大学逐步形成教育博士、教育硕士和以相应学科学士学位为主的学士学位构成的培养体系，其他教师培养机构和教师培训机构以课程、实践与研究资源提供者的身份参与其中；

在机构类型上，除传统的教师培养与培训机构外，积极建设并吸纳教师培养培训机构与中小学合作建立的教师专业发展学校、校本研修基地学校等新型教师培养与培训机构。

同时，也要积极推进以地、市为主的教师教育机构布局结构调整。加快推进裁撤中等师范学校的进程，调整师范学院、师范专科学校的办学方向，致力于为小学、初中教师提供专科、本科教师培养与培训的课程计划。特别要提出的是，对面向农村地区、尤其是山区与边远地区培养教师的师范院校，要进行重点建设，继续保持面向当地中小学定向培养与培训师资的格局，以保证师资供需的平衡。

二、立足区域教育改革发展需要，明确师范院校办学目标与方向，形成办学特色

我国 1950 年代建立起来的以独立设置的师范院校为主体的封闭定向的师范教育体系，很好地适应了计划经济时代的需求。构成这一体系的师范大学、学院和师范专科学校、师范学校三级教师教育机构，主要任务就是为基础教育各级学校培养、输送合格教师。进入 1990 年代后，教师教育体系逐步走向开放化，建立一个面向 21 世纪的灵活开放、规范有序的教师教育体系，完善现代教师教育制度，成为我国教师教育近 20 年来改革发展的目标与方向。

但是，即便有一大批师范院校在高等教育结构调整中通过合并、升格等途径成

为综合大学的一部分或转型为非师范类院校，但师范院校无疑仍是教师教育的主力军。据教育部师范司统计，到2006年，师范院校的本专科师范毕业生仍然占到全国师范毕业生总数的65%。因此，可以说，在今后相当长一段时期内，我国教师教育仍将以师范院校为主体，逐步建立起的灵活开放的教师教育体系，也必将呈现出以少数一流师范大学为龙头，以众多师范院校为主体，其它类型高校广泛参与的复合型结构。

在教师教育改革的这一大趋势下，不同层次、不同区域、不同类型的师范院校何去何从，将决定着未来若干年中国教师教育发展方向，也势必将影响未来若干年不同区域经济社会发展和基础教育教师队伍建设的质量与水平。

《纲要》(讨论稿)提出要“把分区规划、分类指导、分步实施作为教育改革发展的推进策略”，为区域教师教育改革发展指明了方向。因此，既要打造国家、区域教师教育发展联盟，也要在国家、区域内和区域之间逐步形成稳定的错位竞争、优势互补的新型教师教育梯级结构。

首先，不同层次、类型的师范院校要明确各自的办学方向。实际上，无论是部属师范大学，还是省属师范大学、师范学院、师范专科学校，在近30年的改革发展过程中，已经伴随着学科、专业结构的逐步扩展，呈现出以基础学科为主体的多学科共同发展的格局。但是，毫无疑问，教师教育必将始终是师范院校办学的一个主要目标，只是不同层次、类型的师范院校，对于各自的办学定位和培养教师的层次、类型都应有明确的定位。

当前国家重点支持若干所师范大学的建设，各省(区、市)重点建设好一至两所师范大学，旨在提高其教学科研水平，增强其综合办学实力，从而切实提高教师教育质量，在教师教育改革发展和服务基础教育教师队伍建设中发挥骨干和示范作用。省属师范大学、师范学院的发展建设，在充分发挥教师教育的特色与优势的同时，积极尝试不断增强其综合办学实力。在保持师范院校总量规模相对稳定的基础上，国家也鼓励和支持具备条件的综合性高校大力举办教师教育，充分利用学科优势、人才优势和多学科综合的优势，为中小学培养培训高素质专业化教师。

其次，各师范院校必须办出特色。面对开放的教师教育发展形势，师范院校必须清醒地看到，要在教师教育占得一席之地并长期保持优势地位，必须与时俱进，不断开拓创新，将创建一流的教师教育、培养一流的教师始终作为师范院校办学的主要目标。《纲要》(讨论稿)也明确提出，要“促进高等学校办出特色”，为此要“建立高等学校分类体系及分类标准，引导高等学校合理确定培养目标和服务面向”，“鼓励各级、各类、各区域高等学校及其学科专业争创一流”。

师范院校的特色就是教师教育，教师教育同样要形成特色。师范院校必须确立明确的、先进的教师教育理念，敢于在教师培养模式、课程与教学、实践创新等环节加大改革力度，经过长期的积淀和总结，才能逐步形成鲜明的特色。经过长期办学形成特色的师范院校比比皆是，在此就不一一列举了。

三、服务上海，面向全国，推动教师教育区域合作：华东师范大学的探索与实践

多年来，华东师范大学确定了立足上海、面向全国，服务国家战略的服务面向定位，在全方位服务上海基础教育教师队伍建设的同时，发挥资源优势，与全国各地的师范院校建立广泛的合作发展关系，推进教师教育的跨区域联动与合作。

服务上海，打造上海基础教育联盟。华东师大以附属中学和实验学校建设为基础，积极与上海的多个区县开展了基础教育的全面合作，努力在上海的基础教育事业发展中更好地发挥核心和龙头作用。到目前为止，我校已先后与虹口、普陀、闵行、浦东新区、金山、南汇、松江、宝山以及崇明县签订了教育方面的区校全面合作协议。在加强区校教育合作方面，华东师大以共建附属学校为切入点，输出优质教育资源，寻求一条拓展优质教育资源的新途径，在区域内形成优质教育资源的“辐射圈”，带动和影响更多的学校不断提升办学层次和办学质量。迄今为止，我校积极探索多元的附属学校办学体制，先后与区县合作共建了 11 所附属学校。这些附属学校积极依托华东师大的学科资源和师资资源，把握时代发展的脉搏，以学生的发展为本，不断深化教育教学改革，在学校管理、学生培养、课程建设、教师专业发展、教学方法等方面开展了卓有成效的校本科研，焕发出基础教育的创新活力，在上海乃至全国的基础教育领域发挥着实验性、示范性的作用。

推动教师教育的跨区域联动，服务西部教师教育改革发展。华东师范大学积极加强与中西部地方政府和师范大学的合作，深化对口支持工作，服务西部开发和中部崛起战略，推进中西部地区、农村地区基础教育与教师教育的改革发展。为此，

2006年9月学校制订了《华东师范大学服务西部和农村地区教育实施方案》，进一步加强与云南、新疆、内蒙、西藏、青海等省区高等教育的对口支援合作，集聚学校教师教育资源优势，针对西部和农村地区基础教育的薄弱环节，强化战略联盟，落实推进计划，服务西部和农村地区的教师教育，服务社会主义新农村的建设。在加强对口支援新疆师范大学、西藏民族学院工作的基础上，在沪滇全面合作中又结盟云南师范大学。2007年初，学校主动承担了与贵州省贵阳学院的对口支援合作，2月11日正式签署对口支援合作协议，确定两校对口支援工作五年规划，标志着学校对口支援工作从指令性向主动性的转变。7月2日，学校在与内蒙古师范大学长期友好交往的基础上，签署合作框架协议，正式建立对口支援合作关系。此外，华东师大还先后与临沂师范学院（山东）等东、中部师范院校建立了合作关系。

搭建教师教育研究工作网络。在“985工程”“教师教育理论与实践创新基地”建设过程中，依托各类研究平台，华东师范大学在全国师范大学之间搭建起了一个庞大的教师教育研究网络。2007年以来，全国教师教育数据库建设调研工作网络，联合了西北师范大学、广西师范大学、哈尔滨师范大学、华中师范大学、南京师范大学、山东师范大学、四川师范大学、天津师范大学等单位的教师教育研究力量，成立了项目全国调研工作委员会，为建设中国教师教育政策研究数据库开展广泛深入的合作。教师教育课程标准研究项目则联合了浙江大学、东北师范大学、华中师范大学、西南大学、华南师范大学、上海师范大学、福建师范大学、宁波大学、云南师范大学、浙江师范大学、辽宁师范大学、杭州师范大学、浙江台州学院等综合大学、师范院校的教育学院的研究力量，组建了阵容强大的联合研究组。

建设区域性教师教育网络联盟。依托全国教师教育网络联盟搭建的全国性资源合作平台，华东师大积极尝试构建一流的教师教育终身学习网络平台，增强教师教育的辐射能力，特别加强对农村和边远地区教师发展的服务功能。2005年，华东地区六省一市的教育界领导形成了“关于建设华东地区教师教育网络联盟的共同宣言”，建立华东区域教师教育的网络优势互补、资源共享的联盟，充分利用各地的已有教师教育网站，以精简、可行的方式实现双边及多边的教师教育需求互通、资源共享。2007年，在发挥我校在教师教育体系中的龙头作用和徐州地区教师教育机构的骨干作用，本着诚信合作、高效务实的原则，经过与市教育局高教处及徐州各区县教师教育培训机构协商，确定在徐州地区组建区域网联，建立覆盖徐州地区包括新沂、铜山、沛县、丰县、邳州、贾旺、徐州市电大、睢宁等八个县市全部在内的合作联合体，并设置区域网联办公室，作为常设机构。这是自 2003 年 9 月教育部启动实施全国教师教育网络联盟计划以来，建立的一个具有实质性意义的区域性网联组织，为推进区域性教师网联体系建设，迈出了可喜的一步。

校长培训工作积极服务中西部。2007 年，教育部中学校长培训中心把服务西部教育、服务基础教育改革作为工作的重要内容和目标，在培训计划上向西部倾斜、自筹资金为西部“送培下乡”、中心教师全面参与西部校长培训工作、支持教育部的西部校长培训项目、全面推进学校的改进与提高。招生计划重点安排西部名额，向西部和农村地区倾斜，2007 年中学校长培训中心培训了西部校长 137 人，占到常规班的 42.8%。2007 年秋季，中心自己补贴，专门为云南普洱举办了一期校长研修班，20 人参加了培训，其他班次计划外培训西部学员 15 人。2007 年，教育部中学校长培训中心与宁夏银川达成协议，以“送培下乡”的形式举办“教育部中学校长培训中心唐氏基金宁夏校长高级研修班”，利用每周周末两天，连续 10 周中心派专家对银川的校长和骨干教师进行培训，培训之后推动连续两年的学校改进，目前项目在顺利进行中，每次听讲的学员都达到 600 多人，并且已经选定了 30 所相对比较薄弱的初中学校，派出了四批专家到学校进行分析诊断与指导。

坚持改革，不断创新，建设高水平大学[①]

（2009 年 9 月）

金秋九月，正值收获季节，我们迎来了我国第 25 个教师节。今年教师节又适逢新中国成立 60 周年，在这喜庆的节日气氛中，我谨代表学校领导和全体同学们，向全校教职员工致以节日的祝福。

此时，我想起清华大学老校长梅贻琦先生说过的一句话："大学者，非大楼之谓也，乃大师之谓也。"可见，教师在大学精神的培育和传承上，在大学的繁荣兴盛上起着无可替代的重要作用。在过去的一年中，我校围绕"985 工程"建设的主线，在培养创新人才、增强创新能力、发展学科队伍、服务社会经济、建设大学文化等方面取得很大进展。这些成果的取得，深深凝聚着广大老师的辛勤努力和汗水。

在华东师范大学事业发展中，广大教师表现出积极的创新精神和高昂的工作热情，结出了累累硕果。今天我们高兴地看到——叶澜教授被评为全国模范教师，解超教授被评为全国优秀教师、全国高校优秀思想政治教育工作者；耿文秀教授获得上海市五一劳动奖章，陈扬浸教授被评为上海市模范教师，马龙生教授被评为第二届"上海市职工科技创新标兵"；束炯、刘志基、张春柏 3 位教授获得第五届上海市教学名师奖；陈果良教授被评为上海市教育系统先进工作者，余玉花教授被评为上海市高校优秀思想政治理论课教师，崔海英老师被评为上海市高校优秀辅导员；郑忆石等 12 人获得 2009 年上海市育才奖，等等。

今天，我们又表彰了一批过去一年来在各自工作岗位上有突出表现的教师代表。他们师德高尚，恪尽职守，默默奉献，为学校整体实力的推进和教育事业的发展做出了卓越贡献。在这里，我们不仅要与他们一同感受光荣、分享喜悦，更要以他们为榜样，共同承担起教书育人、创造未来的重任。我想谈三点想法，和所有老师

① 本文为俞立中在华东师范大学第二十五届教师节庆祝大会暨先进表彰大会上的致辞。

共勉：

一、建设高水平大学，需要有高水平的教师队伍。师资队伍是高校发展的根本所在，是学科建设的重中之重。近年来，我校积极实施领军人才队伍工程，包括申报和引进“两院”院士，争取教育部“长江学者”奖励计划、“国家杰出青年基金”等项目支持，全力从海内外引进优秀的学科带头人；积极实施高层次人才队伍工程，以发展新兴交叉学科和应用学科、建设学科群和学科平台作为契机，引进和培育优秀人才和创新团队；还积极实施青年人才培训工程。我们希望通过各项制度创新，建设充满活力的教师梯队，真正形成有国际竞争力的教师队伍，实现我们的奋斗目标。

二、建设高水平的教师队伍，需要富有爱心的优秀教师。孟子说，“爱人者，人恒爱之”。能够真正获得学生爱戴的老师，除了需要有扎实的学术能力，更重要的是要有崇高的人格魅力，要真正爱生如子、甘为人梯，把自己的学术追求融化在课堂教学、学术引领之中。教育发展，教师是关键；教师素质，师德、师魂最重要。学校正在积极推进一流本科教育建设，积极实施研究生培养机制改革，需要我们每一位教师付出更多的爱、更多的心血。

三、成为优秀教师，需要恪尽职守、坚守理想的精神和情怀。作为教师，一方面要恪尽职守。希望每位教师能够站在学术的前沿，着眼于学科发展的未来，并牢牢把握学校实施“985 工程”三期建设规划和新一轮“211 工程”建设规划的发展机遇，结合自身科研和教学实际工作，创造更多的科研成果。另一方面要坚守理想。理想因学而坚，事业因学而成，只要我们不断保持积极乐观的人生态度，同心同德，开拓创新，就一定能够迎来个人和学校事业的共同发展！

抓住新机遇，实现新发展，学校更要依靠在座的各位、依靠华东师范大学的全体教职员工。只要我们坚守理想、坚持改革、勇于创新，把华东师范大学建设成世界知名高水平大学的目标一定能够实现！

在2009年新生入学典礼上的致辞

（2009年9月）

开学典礼是同学们人生的里程碑。在这个难忘的日子里，让我们记住自己的责任和使命。华东师范大学是一所享誉海内外的著名高等学府，是国家“985工程”、“211工程”重点建设的高校。同学们要以我们的前辈、师长为榜样，尽快融入华东师大，弘扬华东师大“求实创造，为人师表”的校训精神。今天，有三句话想送给同学们：

第一句话，大爱无疆。

沪上高校流行一句话，“爱在华师大”。华东师大的文化传统，充满着温馨的气息和美好的色彩。“为人师表”的校训，孕育着师大人的“大爱”情怀。温家宝总理前几天在北京三十五中学调研，对学生说了这样一段话：“没有爱，就没有教育，没有道德，也就没有一切。老师要懂得爱，同学们也要懂得爱，整个世界充满爱，我们这个世界才能更美好。”希望同学们牢记温总理的话，继承学校的文化传统，走出“小我”，学会尊重，学会赞美，学会担当，热爱学校，热爱生活，热爱祖国，服务社会，服务人民，服务世界。

第二句话，学会学习。

就升学考试而言，同学们都是成功者。能够考上华东师大，步入“985”高校的殿堂，证明了你的学习能力。但这只能证明你的过去。希望同学们好好规划好自己未来的四年或三年，甚至更长久。只有明确方向，才有不竭动力。大学的学习不仅是课堂教学，还融入在探索研究、团队活动、社会实践之中。希望同学们把学习当作一种生活方式，当作一种人生态度，学会做人，学会做事，学会合作共事，追求学问，追求真理，崇尚科学，勇于创新，全身心地体验大学、享受学习的过程。

第三句话，健康第一。

年轻是你们最大的资本，而因为年轻所以未必能体会健康的重要。健康的体魄是成就事业的基础，是幸福生活的基础。身体健康是个人的福气，是家庭的幸运，也是对社会的贡献。每年军训，我们都担心有同学身体吃不消。今天大家站在这里，我们也担心有同学受不了。实在地说，如果我们的青年一代没有强健的体魄，这个民族的未来必然面临巨大的危机。“野蛮其体魄”应该成为学校教育的重要内容，应该成为每个学生的自觉行动。青春之美首先是健康之美，希望同学们坚持锻炼，强身健体。

推进教师教育创新，提升教师专业水平[①]

（2009 年 9 月）

21 世纪初是我国经济与社会发展的重要战略机遇期，深入学习实践科学发展观，对于全面实施科教兴国战略与人才强国战略有着重大而深远的意义。教育要发展，关键在教师。树立和落实科学发展观，推进教师教育改革与创新，促进教师专业水平的提升是当前我国教育发展的重要内容，也是全面提升教育质量与促进教育均衡发展的重要途径。华东师范大学始终坚持把教师教育摆在优先发展的战略地位，把培养能够肩负国家与民族未来发展使命的优秀教师看作是学校的根本使命，积极发挥教育学科与文理基础学科的综合优势，把握教师教育理论创新与基础教育改革实践的最新趋势，推进教师教育改革和实践创新。为进一步发挥对全国教师教育改革发展的引领、示范作用，2006 年，学校成立教师教育改革推进委员会和教师教育课程建设委员会，把教师教育改革创新率先落实在教师教育课程建设和师范生培养模式的完善上，探索一条集理论与实践创新、内容与机制创新于一体的教师教育改革的新路子。

一、理念引导教师教育改革

上世纪 90 年代以来，基于终身教育理念的教师专业发展理论方兴未艾，在反思与探究中小学教学实践中促进教师的专业发展成为世界教师教育改革的主流。教师教育课程是促进中小学教师专业发展最为重要的资源和纽带，对于教师教育改革创新有着基础性与先导性的意义。

必须承认，在很长一段时间里，教师教育在课程设置上是简单的学科专业课程

① 本文原载《中国高等教育》2009 年第 9 期。

加教师教育课程的混合结构；教育学和心理学的教学重学科知识本位，偏理论，轻应用，脱离基础教育一线的实际需要，以教育学、心理学、教材教法和教育实习等必修课程为主的教师教育课程对教师专业发展的支撑不够；教师培养在教育教学上仍然延续以教师为中心的传统和以教师所教授的学科知识为中心的倾向，不能很好地结合中小学真实教学环境。师范教育不同程度地脱离教学实际、脱离学生需要、脱离教育科学发展的前沿，真正面向基础教育第一线的教师教育课程体系未能真正建立。进入 21 世纪后，这一培养模式已愈发不能适应教师专业发展的要求，教师教育课程与教学内容已愈发不能适应全面实施素质教育和基础教育新课程改革的要求。

为推进教师教育课程改革与建设，学校成立了由教师教育研究与学科教学领域的专家学者组成的教师教育课程建设委员会。在深入总结教师专业发展理论研究与教师教育改革实践的基础上，提出了教师教育课程建设的核心理念：(1) 教师专业发展是一个呈螺旋式上升的循序渐进的发展过程，大学应系统考虑与规划足以支撑教师专业发展的课程；(2) 教师专业发展是一个立足于中小学教学实践的知识与能力的建构过程，大学应为处于教师专业发展初期的师范生提供更多中小学教学实践的知识；(3) 大学应尊重处于专业发展初期的师范生对教师教育课程的自主选择和自我建构，并在教师教育课程建设中提供系统的支撑。

基于教师教育课程建设的核心理念，教师教育课程建设委员会在课程规划与建设思路上明确提出了三点意见：一是要把国家对教育改革的要求转变为学校教师教育的培养目标，进一步明确自身发展的方向与路径，努力实现传统师范教育向现代教师教育的转变；二是要把自然科学、人文社会科学与教育科学的研究成果转变为教师教育的课程和教学内容，在理念、模式、方法、途径、手段等方面实现创新；三是把教师教育理论认识转变为教师专业发展的实践，把教师专业发展的具体要求转化为教师教育改革的具体实践。

二、整体规划建设教师教育课程体系

构建教师教育课程体系。基于教师教育课程建设理念与思路，通过系统研究教师专业发展阶段特征、教师教育课程建设国际经验，学校明确将教育理论视野的拓宽、教学实践技能的强化整合在为教师专业发展提供支持这一核心目标上。面向未来教师的培养，以整合学术取向、专业取向与实践取向为依托，构建由通识教育、专业教育和教师教育三大板块组成的课程体系。教师教育课程建设委员会曾先后多次召开课程建设方案的专家论证会，重点拟定教师教育课程的建设草案，不断规范和完善课程结构、课程名称和每门课程的建设目标.确定了由教育与心理基础类课程、教育研究与拓展类课程、教育实践与技能类课程和学科教育类课程等四个模块组成的教师教育课程建设方案，大幅度地增加了面向师范生自主选修的教育研究与拓展类课程，增加了与教育实习形成衔接的教育见习、教育研习，拓展了教材教法课程的建设与选修范围。

集聚优质教育资源，打造教师教育课程模块。在课程建设过程中，学校充分依靠教育学科群雄厚的师资力量，包括教育科学学院、教育管理学院、学前教育与特殊教育学院、心理与认知学院和各院系学科教学论的教学与研究队伍，把每门课程的建设目标与要求都落到实处。为了充分体现课程自身的特点，采取了灵活的建设机制与办法：

一是对教育学、心理学两门传统课程进行重点改造，将两门课分别更名为教育学基础、心理学基础，由教育学系和心理学系的主任牵头，按照团队协作、分工负责的原则，改变传统上以教育学科逻辑为主的教学内容和灌输式的教学方法，注重将教育学、心理学的基本理论渗透在对教育教学实践具体问题的剖析之中，注重培养学生分析教育基本问题的视野和能力。

二是对教育实践与技能类课程进行充实和完善。技能类课程包括“教师口语”和“信息化教学设计与实践”，其中“信息化教学设计与实践”以微格教学训练为主线，以学生信息化教案设计为载体，进行学科教学设计的课堂实施和课后反思实践。实践类课程在传统的“教育实习”课程基础上，整合校内外实践教学资源和条件，重点构建“见习、研习和实习一体化”的实践教学体系，把互为衔接的专题见习、课题研习和教育实习，循序渐进地贯穿在师范生四年的专业学习中，为师范生营造一个优质的开展中小学教育教学实践的校内外教学环境。教育实践与技能类课程建设强调师范生基本教学技能的训练，通过亲身感受、体验和直接从事教育教学实践活动，阶段性地提升师范生的专业素养。

三是对新增的教育研究与拓展类课程和学科教育类课程，采取立项建设、公开答辩、选课认定的办法。其中，教育研究与拓展类课程面向全校教师进行招标建设，每年5月发布课程建设指导计划，强调课程建设的短课时、小班化、团队化，要求课程教学内容与方法要做到：理论少而精，反映教育研究的最新成果与进展；注重引导性，紧密结合中小学的教育教学实践；注重案例教学，有具体的教学指导，配有辅读材料思路。教师教育课程建设委员会的专家审阅每门课程的申请材料，召开课程建设立项答辩会，要求每门课程的申请人就建设目标、教学内容、教学方法等进行陈述和答辩，通过投票决定是否可以进入选课阶段。一旦确定进入学校选课系统，全体师范生都可以自主选修这些课程。为促进学生在教育理论与实践知识方面的均衡发展，教育研究与拓展类课程同样采取模块化的策略，分为教育历史与理论、课程与教学、教师发展、学生发展和德育与管理五个模块，每个模块的课程数量保持大致的均衡，而且要求学生至少在四个模块中选修课程。最后，该门课程是否立项建设也由选课人数来决定。

教师教育课程建设委员会还对课程建设提出了具体要求：一是要注重理论与实践的紧密结合，把教育学、心理学、学科教育的基础理论与最新进展和中小学教育教学改革的具体实践融入到课程教学内容之中，注重课程教学与中小学课堂教学的衔接；二是要改变以讲授为主的教学方法，灵活运用小组讨论、案例教学等方法，注重提升学生的自主学习能力和运用各种教学方法的能力；三是要有意识地在课程教学过程中培养学生的专业信念和实践能力，引导师范生不断完善自我，培养优秀教师应该具备的素质和能力。

三、加快教师教育改革的实践

教师教育课程建设方案已在2006级、2007级、2008级师范生的培养实践中实施，通过三年的建设，完成了基础教育学、基础心理学两门传统课程的改造；先后分四批立项建设了68门教育研究与拓展类课程，首批建设了31门学科教育类课程；初步构建了教育见习、研习和实习一体化的实践教学体系。

为有效开展师范生的教育见习、研习和实习等实践教学活动，学校从上海知名中小学的特级校长、特级教师中遴选了8位具有现代教育理念和丰富实践经验的一线教师，聘为学校首批基础教育特聘教授；从实习基地学校的优秀指导教师中选聘了99位首批兼职导师，负责安排和直接指导师范生的教育见习、研习和实习。同时，学校设立了面向校内外实习指导教师的“基础教育与教育实习研究项目”，实习学生也积极参与到这些项目的研究与实践过程中，取得了一批优秀成果。在教师教育课程建设的基础上，开展了教育研究与拓展类课程的教材编写，并组织专家编辑出版了《明天的教师—师范生必读》，为师范生熟悉教师职业、了解中小学校和开展教育见习、研习和实习提供指导和帮助。同时，学校为师范生积极拓展国际交流渠道，学校已经出台了有关制度，选拔优秀师范生进行不少于一个学期的海外交流。

以三年来教师教育课程选课情况和学生评教结果看，学生选修这些课程的积极性非常高，而且很多师范生都对课程教学的质量表示满意，评教成绩达到优良标准的任课教师占到了70%以上。教师教育课程改革方案也得到了教育主管部门、专家学者、兄弟院校、各类媒体的高度关注和积极响应。

改革的实践使我们深切感到，教师教育改革一定要主动服务国家战略发展的需要，高水平师范大学必须站在国家战略的高度思考自身作为，以引领中国教师教育的改革；教师教育改革要符合未来教师成长的客观规律，面向基础教育的现实和未来，形成聚全校之力推进改革的态势，集综合学科的研究优势改革传统教师教育模式中的弊端；教师教育改革应该面向世界，以国际视野审视思考学校的教师教育改革，在互动和对话中不断总结和梳理改革经验，并影响世界的教师教育发展。

打造区域教师培训共同体，推进跨区域合作联盟建设与发展

（2009 年 10 月）

进入 21 世纪以来，在适应基础教育教师队伍建设要求和完善教师教育自身体系与制度建设过程中，我国教师教育体系正在从独立封闭向开放多元、规范有序的现代教师教育体系转变，传统的培养培训相分离的体制也逐步走向一体化，教师的培养也从一次性的终结式教育向专业发展的终身化转变，单一的传统师范教育课程体系正在转变为开放的现代教师教育课程体系和教学内容，一个服务教师专业终身发展的多层级、一体化的现代教师教育系统正在逐步成型。

20 世纪 80 年代以来，华东师范大学始终把培训中小学校长和骨干教师作为重要任务。90 年代，在并入上海教育学院、上海第二教育学院的基础上，华东师大在全国率先开展了教师教育一体化改革，把教师在职培训工作纳入整个教师教育系列。进入新世纪以来，华东师范大学确定了立足上海、面向全国、服务国家教育发展战略的教师教育发展定位，立足于为教师提供专业化、终身化的培养与培训的支持，全方位服务上海基础教育教师队伍建设，打造教师培训的区域共同体，同时，充分发挥资源优势，与全国各地师范院校建立广泛的合作发展关系，推进教师教育的跨区域合作联盟的建设与发展。

一、立足上海，全方位服务基础教育，打造区域教师培训共同体

2006 年 9 月，教育部与上海市重点共建华东师范大学，学校立足服务上海教育改革发展要求，充分发挥校内多学科综合优势改革创新教师教育，积极承担上海市基础教育教师队伍建设任务，着力打造区域教师培训共同体。

（一）服务区县教师队伍建设，打造上海基础教育发展联盟

华东师大以附属中学和实验学校建设为基础，积极与上海的多个区县开展了基础教育的全面合作，努力在上海的基础教育事业发展中更好地发挥核心和龙头作用。到目前为止，我校已先后与虹口、普陀、闵行、浦东新区、金山、南汇、松江、宝山以及崇明县达成了教育方面的区校全面合作协议。

在加强区校教育合作方面，华东师大以共建附属学校为切入点，输出优质教育资源，寻求一条拓展优质教育资源的新途径，在区域内形成优质教育资源的"辐射圈"，带动和影响更多的学校不断加强教师队伍建设质量，提升办学层次和办学质量。迄今为止，我校积极探索多元的附属学校办学体制，先后与区县合作共建了 11 所附属学校。这些附属学校积极依托华东师大的学科资源和师资资源，把握时代发展的脉搏，以学生的发展为本，不断深化教育教学改革，在学校管理、学生培养、课程建设、教师专业发展、教学方法等方面开展了卓有成效的校本科研，焕发出基础教育的创新活力，在上海乃至全国的基础教育领域发挥着实验性、示范性的作用。

（二）承担各层次教师培训任务，形成立体化教师培训体系

改革研究生培养模式，培养高层次优秀教师。为吸引最优秀的人才进入上海市中小学校，从源头上提高教育硕士的质量，学校经过广泛调研和论证，提出并实施了"4＋1＋2"培养模式，即 4 年本科教育＋1 年中学教育实践＋2 年硕士培养。2006 年试点的 20 位同学，有 15 位被上海市重点中学聘为正式在编教师，5 位被聘为实践型教师，均已到用人学校承担完整的教师教学任务，并定期返校向导师介绍实践情况或听专题讲座，学校每季度组织专家组到所在中学听课，并和所在实践学校教研组长、校长和学生进行座谈，分析学生的教学和培养现状，并提出下一步培养计划和要求。2007 年试点工作也已正式启动，免试直升研究生报名踊跃，学校将试点名额调整为 25 名，分布在语文、英语、数学和物理四个主要学科，现正在和用人学校进行双向选择过程中。

探索不同层次骨干教师培养新模式。为进一步强化对上海市中青年骨干教师的培养，经与市教委广泛协商和论证，决定从 2007 年起进行试点，每年由区县教育局和学校推荐若干名中青年骨干教师进入硕士以上学历（学位）层次培养，为此学校设立了：主要向高级教师以下职称的骨干教师和农村教师的教育硕士培养计划；主

要面向具有高级教师及以上职称的骨干教师或校长的教育硕士培养计划。其中，各教育硕士计划的主要专业方向均有脱产、半脱产或双休日上课等多种学习形式，并增加教学沙龙、考察和交流等活动，供教师自由选择。每年定期开设高级教师及以上职称、国民教育序列本科毕业的骨干教师攻读硕士学位培训班，与教育硕士培养相衔接：先进行部分教育硕士课程学习，所修学分记入正式学分，同时进行教育硕士入学考试全国联考科目的培训，凡在三年之内考取教育硕士，所修学分均予以承认，修满学分者在录取两年后即可进行硕士论文答辩。

实施上海市双名工程培养对象学历提升计划。为了实施“十一五”期间人才培养战略，进一步提升上海市基础教育教师的学历（学位）层次，强化对中青年骨干教师的培养，学校将与上海市教育委员会从 2007 年起共同实施上海市双名工程后备人才学历（学位）提升计划。学校计划承担：从 2008 年起，3 年内将上海市双名工程人才全部培养为具有硕士以上学位（学历）的高层次学科带头人，每年计划培养 300 名教育硕士，3 年合计培养约 1 000 名教育硕士；从 2008 年起，将双名工程人才队伍中具有硕士以上学历（学位）的顶层学科带头人培养为教育博士，计划每年培养 30 名，3 年合计培养约 100 名。

积极开展学前教育全员急症救治培训工作。2007 年 10 月，学校成立了“上海市托幼机构工作人员儿童急症救助基本技能培训”即“护苗计划”工作小组，以协调项目合作各方的工作具体实施。已通过各区县幼教科和教育学院，构建起覆盖全市的“护苗计划”实施体系，为各区县“护苗计划”工作的实施提供服务平台，也使培训的相关信息能快速地上通下达，以提高培训的质量。自 2007 年 7 月至今，共培训了 1 400 余名“护苗计划”培训师，完成了 A 类和 B 类培训，并通过了培训方式的学习，获得培训师的资格。2008 年 2 月起，由区县教师进修学院负责，对其余三万名左右人员进行 A 类培训。此外，学校还承担了“托幼机构安全工作”专题培训工作，于 2007 年 5 月 11、12 日，对全市 1 200 多名园长（含幼教干部）进行了集中培训。

（三）面向农村基础教育，培训农村中小学骨干教师

为在网上建设一个“华东师范大学”，学校大力发展网络教师教育。经过 10 多年的发展，网络教育学院形成四大类五个项目的标志性内容，分别突出农村、海岛、基地、教研员四个关键词。其中最关键的是承担了上海市农村骨干教师培训工作，

做到了教师教育远程研修进农村。学校对上海市新农村教师学科专业发展培训项目给予了高度的重视，将其列为华东师范大学服务上海基础教育工作的14件大事之一。校长俞立中亲自挂帅，组建了项目领导小组，调动所有相关力量全力支持该项目的开展。为了保证农村骨干教师培训的课程建设质量，项目工作组采取了一系列新的举措：(1) 明确课程建设的质量要求与管理规范；(2) 进行过程性质量管理；(3) 课程内容力求贴近课改精神，提供将理念转换为实践行为的思路、方法和范例；(4) 教学形式坚持做到形式与内容匹配。目前，各学科课程建设进度按既定计划良性运作过程中，5个学科共建设99门网络课程，先后培训1 000多名农村骨干教师。

此外，应上海郊区教育局提升农村学校教育质量的要求，我校近年来增加了组织了若干帮助本市部分农村学校改进办学质量的项目。像闵行区的景东小学、友爱中学，宝山区的罗南中学、罗店中心小学等等都在实施中。

(四) 承担上海市教研员培训任务，打造专家型教研员队伍

作为在全国率先实施的“教研员专业能力提升工程”，华东师范大学主动承担了上海市教研员培训任务，目标是让每一个教研员都能成为专业的课程领导者，而不仅仅是学科教学指导者，培养一支与推进素质教育要求相适应的专家型教研员队伍，同时为全国即将展开的对10万多名专职教研员的大规模培训探路。华东师范大学承担的上海市教研员研修班历时半年，通过理论学习、案例分析、互动研修和网络远程交流等活动来拓展教研员的知识视野和专业引领能力，通过培训使教研员不但能胜任而且能更优质地做好本学科的教学、研究、指导、服务工作，为上海二期课改提供强有力的专业支持与服务。对于地区教育发展而言，教研员是集培训、教育教学、科研和信息技术于一身的一专多能的教师，是既有理论又能进行教育教学创新实践的学习型研究型教师。把教研员的功夫练到家，从某种意义上说，是把教师队伍提升到更佳水平的必然。

二、面向全国，推进优质资源共享，建设跨区域教师教育合作联盟

(一) 打造精品，提升服务意识，建设国家骨干教师培训基地

1998年，为加强学校服务上海和全国教师培训工作，学校成立了继续教育学院。

11年来，继续教育学院充分发挥学校的教师教育综合优势，不断提升管理质量和服务质量，通过拓宽办学渠道、建设专业课程、更新管理手段等方面的开拓创新，努力探索高校继续教育的新增长点，在基础教育新课程骨干国家级研修、各省市高层次骨干教师培训等方面发挥了积极的作用，成为国家骨干教师培训的重要基地。

2000年起，学院每年承担国家教育部下达的"中小学骨干教师国家级培训"、"基础教育新课程骨干培训者国家级培训"、"高中新课程骨干培训者国家级培训"等培训任务，成为全国中小学骨干教师国家级培训的重要基地之一。截止2009年7月，继续教育学院先后为全国27个省市的6 000余名省(市)级骨干教师或骨干培训者开展了国家级培训；全国绝大多数省(自治区、市)约20 000多名各类骨干教师参加了继续教育学院的各类培训，其中送教上门培训约3 000多人次。此外，继续教育学院还先后参与了上海市对口培训云南骨干教师项目和上海市对口支援都江堰培训项目。

经过多年国家级和省市级骨干教师、干部培训实践，继续教育学院总结形成了一套成熟的培训项目(课程)和灵活多样、度身定制的培训模式：

菜单式培训：根据委托单位，地方教育行政部门和学校的需求，我们提供培训课程菜单，由委托方选择后根据委托方要求签约。

导师制培训：采用一对一，一个团队对多个单位和多个团队对一个单位的办法来开展培训。

研究型培训：如我院与上海南汇区教育局合作的课题《中小学干部与教师培训体系构建》研究成果被评为市第九届教科研优秀成果二等奖。

共同体模式：为了突破资源及地域瓶颈，我们联合上海重点学校与外省学校，组成共同体，用协议形式，力求信息共享、资源共用、相互帮助、共同发展。我们的目标是：利用区域性、差异化，与同行共探规范，在差别中互补优势。

建立校本培训基地：针对本市的教师培训，我们主要是应学校之邀，就一个或几个专题建立基地，以专家诊断、联合研究、定期讲座等形式开展培训并跟踪研究、总结规律。目前，该类基地，仅上海就有10个。

此外，继续教育学院还积极探索与山东青岛、江苏南京等地开展教师培训方面的合作，逐步尝试形成跨省市校本培训共同体、跨省市教师培训组织合作等新型教师培训模式。

（二）建设区域性教师教育网络联盟，打造优质高效的网上培训平台

学校积极探索建设以网络教育学院为实施主体的教师专业发展远程支持系统，为此建设了教师培养与培训的网络学习平台，将教师专业发展从职前培养一直延伸到教师职业发展的各个阶段。结合教师不同阶段的职业发展要求，采取课程、研究项目的实物资源与网络资源同步开发与学习的办法，提供以与中小学合作开展的校本培训为主体的针对性的追踪培训计划与课程，确保教师职业素养与能力的不断提升。

同时，依托全国教师教育网络联盟搭建的全国性资源合作平台，华东师大积极尝试构建一流的教师教育终身学习网络平台，增强教师教育的辐射能力，特别加强对农村和边远地区教师发展的服务功能。2005 年，华东地区六省一市的教育界领导形成了“关于建设华东地区教师教育网络联盟的共同宣言”，建立华东区域教师教育的网络优势互补、资源共享的联盟，充分利用各地的已有教师教育网站，以精简、可行的方式实现双边及多边的教师教育需求互通、资源共享。2007 年，在发挥我校在教师教育体系中的龙头作用和徐州地区教师教育机构的骨干作用，本着诚信合作、高效务实的原则，经过与市教育局高教处及徐州各区县教师教育培训机构协商，确定在徐州地区组建区域网联，建立覆盖徐州地区包括新沂、铜山、沛县、丰县、邳州、贾旺、徐州市电大、睢宁等八个县市全部在内的合作联合体，并设置区域网联办公室，作为常设机构。这是自 2003 年 9 月教育部启动实施全国教师教育网络联盟计划以来，建立的一个具有实质性意义的区域性网联组织，为推进区域性教师网联体系建设，迈出了可喜的一步。

在开展网络化教师培训工作的实践发展中，探索基于项目的研修与基于课程的研修等新型远程教师教育模式，逐步形成了四大类五个项目的标志性培训任务，分别突出农村、海岛、基地、教研员四个关键词。第一，教师教育远程研修进农村（上海新农村项目，明德小学校长和骨干教师培训项目）；第二，教师教育远程研修进海岛（舟山蓉浦学院合作的教师教育培训）；第三，与沈阳教育学院合作，在沈阳建立远程研修基地，充分发挥华东师范大学师资、课程，网络技术平台的优势，同时发挥沈阳教育学院优秀助学者的优势，为沈阳所有初高中教师进行培训；第四，上海、余姚、安徽、天津等地教研员培训，通过与华东师范大学课程所合作，对直接影响中国教育发

展的教研员队伍进行高端培训，对促进教育改革和教师教育专业发展具有深远影响。

(三) 推动教师教育的跨区域联动，服务西部教师教育改革发展

华东师范大学积极加强与中西部地方政府和师范大学的合作，深化对口支持工作，服务西部开发和中部崛起战略，推进中西部地区、农村地区基础教育与教师教育的改革发展。为此，2006 年 9 月学校制订了《华东师范大学服务西部和农村地区教育实施方案》，进一步加强与云南、新疆、内蒙、西藏、青海等省区高等教育的对口支援合作，集聚学校教师教育资源优势，针对西部和农村地区基础教育的薄弱环节，强化战略联盟，落实推进计划，服务西部和农村地区的教师教育，服务社会主义新农村的建设。在加强对口支援新疆师范大学、西藏民族学院工作的基础上，在沪滇全面合作中又结盟云南师范大学。2007 年初，学校积极与贵州省贵阳学院联系商讨开展对口支援合作，确定两校对口支援工作五年规划，标志着学校对口支援工作从指令性向主动性的转变。学校在与内蒙古师范大学长期友好交往的基础上，签署合作框架协议，正式建立对口支援合作关系。此外，华东师大还先后与临沂师范学院(山东)等东、中部师范院校建立了合作关系。

(四) 积极拓展发展空间，打造全国性中学校长培训网络

教育部中学校长培训中心继续立足为我国基础教育培训全国省级重点中学校长及各类教育管理干部，被誉为基础教育的“黄埔军校”、“中学校长的精神家园”，为推进实施素质教育、促进基础教育发展作出了突出贡献，在全国(包括港澳台地区)基础教育界建立了良好声誉。

2007 年以来，教育部中学校长培训中心把服务西部教育、服务基础教育改革作为工作的重要内容和目标，在培训计划上向西部倾斜、自筹资金为西部“送培下乡”、中心教师全面参与西部校长培训工作、支持教育部的西部校长培训项目、全面推进学校的改进与提高。招生计划重点安排西部名额，向西部和农村地区倾斜，2007 年教育部计划培训了西部校长 137 人，占到常规班的 42.8%(本年度专题课改班没有西部省份，包括课改班占 26.2%)。2007 年秋季中心补贴专门为云南普洱举办了一期校长研修班，20 人参加了培训，其他班次计划外培训西部学员 15 人。2007 年，教育

部中学校长培训中心与宁夏银川达成协议，以“送培下乡”的形式举办“教育部中学校长培训中心唐氏基金宁夏校长高级研修班”，并且已经选定了 30 所相对比较薄弱的初中学校，派出了四批专家到学校进行分析诊断与指导。

此外，中心还积极探索培训与学校改进相结合的新模式。以中心主任陈玉琨教授为代表的中心专家团队，运用十几年科研攻关取得的成果，积极推动“发展性质量保障联盟”，面向农村、面向西部、面向义务教育，探索推进学校改进与发展的新路子，目前已经建立了数百所学校的联盟，大大推进了一批学校的发展。2007 年，继续推进“中山学校优质化工程”，实施 30 所农村学校（主要是初中）的群体改进；在上海南汇推动实施学校整体改进计划，在宁夏银川实施学校优质化工程（推动义务教育初中薄弱学校发展），以中心的区域推进的学校发展模式逐步形成，相信这将极大推动政府、专家与学校结合的基础教育发展模式。

重建信息时代的中学地理教育①

（2009 年 10 月）

《地理教学》走过了 50 年，成绩斐然。在庆贺创刊 50 周年之际，我们可能应该更多地考虑下一个 50 年该怎么做，特别是在当今时代背景下，《地理教学》杂志应该如何更好地引领我国中学地理教育教学的改革和发展。作为一份地理教育类刊物，它必须和中学地理教学实践紧密结合，与中学地理教师的发展需求紧密结合。

最近，我有机会与张超教授（华东师范大学终身教授）探讨了关于中学地理教育的改革与发展。实际上这些年来我一直在思考中学地理教育到底应该怎么发展、怎样改革。我不是中学地理教育的专家，只是个关心地理教育的地理工作者。但是我有个强烈的感觉，我们应该跳出传统框架来审视中学地理教育教学的改革和发展。我想讲一些不成熟的、可能有些挑战性的话题，希望引起大家讨论、批评。目的是为了使我们中学地理教育的改革能够更适应中学阶段地理教育的定位和目标，使我们的课程体系和教学方法更适应信息时代的发展。我再次声明，我的想法是不成熟的，也可能是理想主义的。我今天讲话的核心是：重建信息时代的中学地理教育。

为什么会提出这个想法？去年，我作为教育部组织的中国大学校长代表团成员，参加了密西根—中国大学领导论坛，在美国密西根大学学习了一个月。实际上这是一个 workshop，让中国的大学校长、书记更多了解美国的高等教育体制和大学管理。密西根大学的校长、教务长、院长、教授等讲了很多关于美国大学在教学、科研、管理方面的理念和改革。我在学习期间曾问了校长一个问题：你们在学校重大决策上有没有过失误或偏差。校长稍微想了几秒钟，说："有的，我们有一个重大的决策错误就是取消了地理系。现在看来这个决策是错的。随着信息科学的发展，地

① 本文为俞立中在《地理教学》创刊 50 周年纪念研讨会上的讲话。

理信息系统、遥感、全球定位系统等信息技术的应用给地理学带来了新的认识、新的发现、新的内涵，使地理科学产生了革命性的变化。今天的地理科学已经不完全是原来意义上的地理学，社会对地理科学人才的需求已经显现出来，但要重新恢复一个地理系就比较困难了。”她的一番话引发了我很多思考。地理科学之所以被重新认识，一方面是全球变化、人口、资源、环境与可持续发展等问题的需求，一方面是3S技术发展的支撑。地理学的应用领域及其被社会关注的程度要求把我们地理科学的发展和信息时代的发展紧密地联系起来。我和张超老师的讨论也是基于这个角度在思考问题。今天我想谈四点想法供我们在座各位前辈们批评和讨论。

一、中学地理教育的困境和机遇

第一个想法就是中学地理教育的困境和机遇。刚才陈澄老师谈到了高考与地理教学的关联度的问题。中学地理与高考的关联度，曾经有一段时间没有了，现在是有的，但是关联度不高。目前在中学教育中，高考指挥棒对学生、家长、老师还是有重要的牵引作用，因此学生对于地理的学习兴趣、精力投入和探求积极性肯定受到影响的。

从另外一个方面来讲，公民的基本地理素养（包括地理学的理念、知识、技能）的缺失已经到了很严重的程度。我和一些大学生，甚至不少文化层次很高的人在一起谈论的时候往往会产生一种感觉，我很怀疑这些人在中学期间是否学过地理。今天我们都在学习科学发展观，一个核心思想就是“以人为本，可持续发展”。如果我们从地理学的视角去想一想，实际上科学发展观的很多内涵就是我们地理科学要阐述的理念，包括人地关系论、环境要素的相互影响和相互作用、区域的综合性和差异性等等。所以，当今天我们在教育广大干部，教育全国人民以科学发展观来指导国家和区域的发展理念和行动时，不由得感慨万分。如果人们在中学阶段对地理科学的基本理念和知识能有所领会，还需要到了工作岗位、领导岗位上再花那么多的力气来理解这些基本道理吗？我说这个话，绝不是毫无根据的瞎想。其实，公民的基本地理科学理念、知识、能力缺失的表现还很多。今天，有很多人根本就不会看地图。在当今信息时代，网络上有很多有用的地理信息，有很多便捷方法可以查询地理空间信息，如 Google earth 等。我在美国看到很多人在开车出门前会十分熟练地在网上搜索目的地、选择路径、打出行车地图。但是,我们仍有不少人没有习惯也看不懂地图,更不要说从网络上去搜索一些基本地理信息。很多人头脑中没有空间概念,不会利用地物进行空间定位,缺失区域、区位、空间关系的概念。为什么会出现这个现象?我想,应该回过头来拷问一下我们中学的地理教学。

正在进行的新课改,强调实现以老师为主体向以学生为主体的教学理念的转变,特别强调学生的自主学习、探究学习、合作学习。在这样的导向下,中学地理教学碰上了一个很好的机遇。因为地理教学与高考的关联度不高,因为地理教学能获取的教学资源(包括网络信息资源)很丰富,因为中学教学的软硬件设施(特别在上海)已经有了很大的提升,使地理教育能够在新课改中成为一个突破点和切入点。而相对而言,数学、语文、外语等学科与高考的关联度太大,牵一发动全身,改革力度太大,学生、家长会有顾虑。我们能不能以地理作为突破点,加大教育教学的改革,而这个改革是和中学地理教育的目标、定位紧密联系在一起的。

二、中学地理教育的目标定位

我的第二个想法,就是中学地理教育的目标和定位。实际上,地理教育的目标定位在课程标准里可能都已经有了。这里我想跳开课标,谈谈我个人的想法。中学地理教育不是对接大学地理教育,不是为大学的地理专业学习做准备的,而是学生素质教育的一个不可缺失的组成部分,是中学阶段的公民素养教育。这一点应该是非常明确的,中学地理教育的着眼点是人的全面发展。地理科学的理念、知识、技能素养对于人的发展和潜能的发挥是很重要的。

中学开设的课程很多,但除了地理科学外,其他学科的教学内容没有一个是以人类生存空间为主体对象的。我在和一些专家的讨论中强烈地感觉到,中学地理的课程内容不能成为大学地理专业课程的浓缩,一定要摆脱大学地理专业的学科架构束缚。跳出这个框框,使中学地理教育更能体现时代特征,使中学地理教育成为启发和培养学生观察能力、想象能力、探究能力、自主学习能力的重要平台,激发学生的兴趣和求知欲。要站在学生发展的角度,站在公民基本素养教育的角度确定一些最基本的理念。

三、重建信息时代的中学地理教育

首先，要探索基于网络和GIS的中学地理教育。能否把中学地理课堂设到电脑机房里去？网络上可以找到很多很多地理教育的素材，地理信息系统和虚拟现实技术为互动的地理教学提供了极其有效并富有想象力的平台。我现在还记得我们上大学时，金祖孟老师为了讲清《地球概论》中的一些空间关系，自制了很多教具，包括那把著名的"天文伞"。今天已经大不一样了，我们完全可以通过计算机来模拟演示。信息时代的公民如果不具备运用计算机和网络查询知识、学习知识、发现问题、解决问题的理念和能力，将会失去很多机会，甚至难以适应未来竞争和发展的环境。最近，我与几位来自边远地区的新生交谈，同学们提到了对华东师大新环境的某些不适应，其中一点就是在计算机和网络操作及应用上出现的困难。信息时代的大学管理越来越多地依赖于计算机和网络，如发通知、交作业等等都会在网上完成，这让部分新生感到十分的困窘。由于在高中阶段有些学生把全部精力都用在应试上了，造成了其他方面知识和能力的缺失。

基于网络和GIS的中学地理教育，可以把地理教学和提升网络与GIS应用能力有机结合在一起，把地理教学和促进学生自主学习、探究学习紧密联系在一起，把地理教学和启发学生的想象力、归纳总结能力有效结合在一起。这给实施教学以很大的想象空间。我想举个例子，在讲中国人口分布的时候，我们肯定会提到"胡焕庸线"，来表述中国东、西部人口分布差异。在课堂上，这个论断可以是教师直接灌输给学生。但是，如果让学生通过自己的数据分析来得出这个结论，或者提出其他不同的人口分布区域差异的模式，又会起到怎样的效果呢？为什么要强调我国人口分布的东、西部差异，而不是东、中、西部的差异，也不是南、北的差异？传统的教学模式往往是没有让学生思考就告知学生结论，而新课改就是指向自主学习，引导学生学会如何思考。运用GIS平台实施教学，我们就可以让学生在人口数据库的基础上，用各种空间统计方法来分析我国人口分布的特征。除了东、西部差异，还存在怎样的规律？南、北有何差异？不同流域有何差异？这就是启发学生自己去学习，自己去探究，这样可能会引发更多的思考。例如：从人口分布又可与我国城市体系的布局做比较，与我国不同地区经济发展指标做比较，继而思考我国的人口分布、城镇体系、经济发展与自然环境区域分异的相互联系。这是表述地理学综合性、差异性思想的知识获取和技能训练的有效载体，也是一个很好的国情教育，更是体现了科学发展观的理念。

我想，如果实行这样的一种地理教育，让学生从网络和地理信息系统平台上去寻找数据资料，然后在数据资料基础上利用一些简单的空间分析方法，得出一些通过他们自己想象、分析、思考和探究得到结论，这对于学生未来的发展是很有意义的。这样的地理教学在信息获取、思维引导和能力训练上明显区别于传统地理教学方法，成为富有魅力的地理教学的一个立足点。摆脱应试教育的习惯传统，让学生充分发挥自己的想象力和自主分析能力，在探究中寻找结论，这是创新人才培养的重要环节。最近我经常在学习思考温家宝总理在北京35中学的讲话。我认为中国创新人才的培养绝对不应该在大学阶段才考虑的，而是整个基础教育、整个教育体系必须考虑的。现在的问题主要是出在基础教育，当然大学教育也有问题。学生到大学时思维习惯已经基本定型了，到大学再来扭转学生的思维方式是很困难的。我在想，我们地理学科能不能勇敢地担当这样一个角色，通过中学地理教育的改革，来推动我国基础教育的教学改革。

我想提出的另一个想法是，基于“田野调查”的中学地理教育，这里的“田野”是指野外、博物馆、科技馆、图书馆、社区等各种社会资源。能不能把我们的中学地理课堂更多地搬到社会搬到野外去？这种教育方式在发达国家的学校教育中已经是很普遍了。从我们学生状况来看，我觉得这是一个更需要强调的方式。地理学是一门可以充分利用各种社会资源，让学生在野外或社会调查中来学习的科学。田野调查可以增强学生的观察能力、实践动手能力，解决问题的能力，丰富中学地理教学改革的内涵。

第三个想法就是理念、知识、能力的整合教育。在推进中学地理教育改革过程中，我们要特别强调中学教育是学生发展的一个重要阶段。根据学生发展的阶段性特征，把掌握基本理念、获取基本知识和训练基本能力作为一个整体来考虑。地理教育过程应该贯穿着“发现问题—提出问题—分析问题—解决问题”这条线。

中学阶段的地理教育是学生素质成长的一个组成部分，不是要求学生掌握地理学的学科体系，因此必须冲破学科体系的束缚。那么，中学地理教育要求学生掌握哪些基本理念、基本知识、基本技能呢？这是需要我们认真思考、研究的。我想到这么几点：

“人地关系”理念。我们通过中学地理的这门课程，要让学生确立起对人与自然系统相互作用和相互依存关系的认识，树立可持续发展的理念。

区域和区域分异的概念。综合性和差异性是地理学的基本思想，体现在对国家和区域的环境结构、区域特点与可持续发展战略的认识。中学地理教育应培养学生对综合性和差异性的分析归纳能力，理解区域整体性和分异规律及机理。我很想举个例子，提出关于空间分异和空间格局的观念和知识缺失的问题。上世纪90年代，我们承担了苏州河底泥污染的研究。前人曾经做过相关工作，但只是在几个河段中取了底泥样品、做了化学分析，就得出了苏州河底泥的污染状况。这些结论能说是科学依据吗？这就是没有空间分异和空间格局概念的一个案例。我们做这个项目时，根据苏州河不同河段特征，有选择地打了100多个孔，分析了苏州河底泥污染的空间格局、分布规律及其机理，为污染底泥的治理提供了重要的科学依据。这个项目成果得到了大家的认可，获得了上海市科技进步二等奖。地理工作者的思维，就是重视空间格局、空间分异规律。我们思考问题会从空间这个角度来考虑，但很多人不是。

自然和社会观察能力。培养学生对自然系统和社会系统的观察能力，可以成为中学地理教育的重要内容，包括学习各种观察方法、测试方法、调查方法。通过课堂内外的实践，积累经验，提升素养和能力。

学习地理知识和空间分析的能力。刚才我已经讲到，从网络上检索、查询、综合、分析地理信息资料。这些都是可以通过基于网络和GIS的中学地理教育，培养学生的学习能力。

地理思维的训练。中学地理教育的改革，可以结合地理教学，加强学生在想象能力、假设能力、演绎和归纳能力方面的训练。与美国教育相比，中国教育的弱点在什么地方？我们缺的不是综合分析能力，也不是演绎和推理的能力，最大的不足是想象力，反思、假设的能力。地理教学内容涉及面广、综合性强，宏观和微观结合，跨自然、人文、社会科学，又面向人类生存发展的很多重大问题，可以有很多的想象空间。

当然中学地理也是爱国主义教育的重要载体，更是地球村公民教育的平台。

四、中学地理教育改革的条件建设

关于中学地理教育改革的条件建设，归纳起来需要有三方面的考虑：

一是地理教材建设和地理教育资源建设。如果没有这方面的建设，那么前面这些设想都是没有基底。

二是“面向问题”的中学地理教育的课件平台的开发。这方面，目前华东师范大学地理系正在做这方面的工作，如果没有这个平台，我们所讲的都是空话。

三是对地理教师的培养、培训问题。这不仅针对现有的地理教师，更是对未来地理教师的培养问题。地理教师能否能够适应和引领中学地理教育改革，这是关键。当然，我们建立的相关平台应该是“傻瓜机”式的平台，能让所有从事地理教育的教师都能够参与进来。

今天我能有机会与这么多地理教育界的前辈、新秀们一起探讨中学地理教育的问题，感到很荣幸，很希望一吐为快。我的发言可能有些理想主义，但我认为前面提出的思考是一个方向。我们能否有这份勇气，我们地理学科能否有这个勇气，在中学教育改革的过程中，率先走出一条自己的路，我觉得是值得探究的。华东师范大学资源与环境科学学院应该在中学地理教育改革中起到强劲的支撑作用，《地理教学》杂志更应该起到很好的引领作用，共同促进中学地理教育改革与发展。

校友是学校事业的重要推动力和宝贵资源

（2009年11月）

自20世纪80年代以来，为适应教育改革与发展的需要，国内一些高校先后恢复或建立了校友会。但总体而言，中国大学真正关注校友会工作的起步比较晚，对校友的重视程度还不够。华东师大的校友工作跟国内著名的高校相比，也存在同样的情况。

学校发展需要社会各界的支持。校友是学校事业的重要推动力和宝贵资源，在推进学校建设与发展中发挥着重要作用。华东师大有数以十万计的校友。如果能够把历届校友通过各种形式紧密地集聚在母校的旗帜下，那么他们对母校的归属感将促使他们更加关心并支持母校的发展。

我曾多次对新生讲过：同学们从进入学校第一天起，就打上了华东师大的烙印，是华东师大这个名字把我们连接在一起了。校友对母校的感情是发自内心深处的纯朴情结，是难以割舍的情结。学缘关系使校友对母校有着自然的认同感，也就衍生出人们常说的那种“校兴我荣”的母校意识。感恩母校就是校友为学校发展无私奉献的不竭原动力。校友对母校的关心和支持是永恒延续的。只要学校在，一代代校友的力量就会连绵不断地“繁衍”下去。

校友是传承学校文化的社会群体，彰显弘扬了华东师大的文化精神。我们的校友遍及全球，都在各自的岗位上干得很出色，形成了社会认同的华东师大人的风格——勤恳踏实、积极进取、责任心强。这种风格，让人能感觉到：一看就知道你就是华东师大毕业的。校友们身上所带有的这种精神气质就是学校文化熏陶的结果，折射出了校训“求实创造、为人师表”的精神内涵。一方面，校友是学校的名片，社会通过他们了解到一所学校的精神文化内涵。另一方面，校友的精神气质，又能深深感染在校就读的“准”校友们。一所学校所独特的文化精神气质就这样渐渐蔓延开去，并通过一届届校友传承下去。

我们应该意识到，校友走上工作岗位后的表现如何，其实是对学校人才培养的检验。从校友身上，我们既可以看到几十年来学校在人才培养方面的成绩，同时也有助于我们反思在人才培养上不足。一所大学是否优秀，关键在于人才培养的质量，看校友对社会的贡献，看社会对校友的认可度。大学最根本的任务是培养人才，考核学校，其实就是考核校友。学校在人才培养上的成就能通过校友的成功得到肯定，这对在校师生来说是一种鼓励，校友的成功更加深了其对母校的认同，这是一种双赢的过程。

正是基于上述考虑，学校越来越认识到校友工作是学校发展的重要组成部分，是学校事业的社会延续。我们要更加重视校友工作。

首先是需要把基础性工作做实。第一步就是要完善校友联系网络，尽可能联系到更多的校友。如果能实现校友资源的信息与查询系统的自动化管理，则更加有利于把校友们集聚起来。第二步是通过各种途径，让校友们了解学校发展，能及时得到学校信息，让他们感受到学校十分关注并重视他们的发展。有很多可能的途径，比如通过网络和校报发布学校新闻和校友信息、电子信箱群发问候信息和新年贺卡、组织校友返校、参加各地校友会活动、举办校友音乐会等。在沟通方式上还要找到更多的适合的、有效的途径。

更高层次的基础性工作则是要加强感情沟通，使校友们对学校有更深的感情。大学生活是人生发展最重要的、最关键的阶段之一。对于这段学习经历，每个人可能因为体验的不同而有不同的感受。如果这种对母校的情感长期得不到关注，就可能渐渐淡化。当前的校友会工作就是要注重焕发起校友对母校的深厚感情。这是更难做的一项工作，要以润物细无声的方式，赋予各种沟通、交流活动以母校的人文关怀，从而唤醒、培养、激发起这种对母校的深厚感情。

一句话，加强校友会工作首先是做好基础性工作，而不是功利性的活动。只有在深厚感情的基础上，才会有越来越多的校友更加关注学校的发展，并通过各种机会以各种方式回报母校。需要特别强调的是，校友支持母校发展的能力有大有小，贡献不在大小，只要有这份心。校友对母校的贡献，是个自然的过程，而不是去刻意追求的。校友对母校的回报，可以是捐赠，可以是资源，也可以是智慧的支持。作为校友，自己经历过华东师大的教育，对学校更加了解，对学校的发展能提出更好的建议。所以母校更看重的应当是校友对母校的一份心意。

在开展校友工作方面，我们今天的着眼点，不是两年三年，五年十年，而是五十年、一百年以后的事。尽管着眼点在将来，但是打基础要靠现在。如果现在不积累，那么将是学校的一大失误。在这项工作中，我的着眼点也许是在五十年以后，不过如果现在做好了，那么以后的发展会更有根基。

除了上面说的，加强校友工作还需要强调以下几个方面：

第一是全校师生都要树立这样的理念：校友工作是学校工作的组成部分，校友工作不只是校友会办公室几位工作人员的事，而是全体师生员工大家的事。

第二是校友会硬件设施的建设。世界一流大学都有很好的校友会设施，为校友聚会提供便利的活动场所。我们的校友会也应当有很好的场所，方便校友回母校聚会、开展活动。学校在资源盘整工作完成后，校友会将获得更多的支持，如打造一个能体现学校文化历史、存留校友怀旧记忆的、提供购买各种学校纪念品的会所。从校友会的长远发展来看，学校要考虑硬件配套，同时也希望校友在硬件建设方面给予支持。

第三是校友文化建设。校友回到母校，谈的话题不外乎是母校的人、地、事这三个方面。在这三个方面，我们都要考虑如何加强人文环境建设。比如说，母校的“人”主要是旧时的老师、同窗，如何留下人的痕迹？母校的“地”是指校园的意象——标志性建筑、人文自然景观等等。永远流淌的丽娃河文化如何得到更好的保护？文史楼等标志性建筑如何得到更好的文化体现？让校友们能够如愿地重温过去的时光，感悟人生、唤起灵感、激发感情，这很值得我们重视。母校的“事”已成为过去，不复存在，是无形的，如何把这些无形的东西有形化？《丽娃河畔》丛书的出版就是一种保存。深圳校友准备出一本校友的专辑，云南校友也准备出。我希望这方面的书能成系列地出版，同时校史馆应当是校友文化建设的重要之处。校史馆将来不是纯展览的，而是互动性的，让每个学生都能留下痕迹。比如，每个人都能有自己学生时代的照片和签名，通过计算机系统可以查阅自己的信息等等，不过这需要长远的建设。档案馆已经有这个意识了。在校友文化建设上能够留下痕迹的还有通过校友捐赠、认养学校的树木等。校友文化建设工作需要学校上上下下一起努力，体健学院、中文系等院系就做得比较好。

尽管校友工作在近些年来有了很大的发展，但是我还想强调校友工作本身是学校的一项很重要的、系统性的、建设性的工作。

校友工作是一项系统工程，需要根据学校自身特色精心策划，建立长效机制。要建设这样一个人文环境：校友们能经常想到母校，回来看看，找到自己想去的地方、想聚会的地方、希望看到的那人、那地、那事。因此在开展校友工作中要构建一种和谐的互动关系，在校友为母校发展做力所能及的贡献的同时，我们要尽力为校友提供及时优质的服务，以满足校友的需求。只有当学校对校友更关注、校友对学校更认同时，校友工作才能达到最高境界，那就是校友在任何场合都会自豪地说"我是华东师大毕业的"，而且更多的校友想说这一句话。当这种局面形成时，就说明学校的校友工作是做到家了。当然要达到这一境界，还有很多工作要做，比如加快学校的内涵建设，进一步提升学校的地位和声誉等，值得校友们自豪地这样说。

我觉得理想的校友工作是校友更多关心学校发展，经常想到支持学校发展，校友与母校之间建立更加长效的联络。

仅靠校友会几位工作人员的力量开展校友工作是很有限的，只有全校师生行动起来，校友工作才能有长远的发展。校友对母校的感情具体而言一方面是对就读过院系的师生感情，另一方面是毕业后与就读过院系的事业联系。学校对校友工作的重视，有利于调动全校师生的积极性，以更好地开展校友工作。我们需要加强两方面的工作。

学生在校期间，就要培养学生对学校的热爱之情。今天我们要善待学生，这也是在培养未来热爱学校的校友。为此教师在教书育人方面、院系及职能部门在管理上都要承担起各自的使命与责任。

学生毕业以后，院系领导、老师、学生都要共同关注校友、联络校友。通过本院系自己的联络，成为校友与学校之间的纽带，使之感受到母校的温暖就在身边。

唯有如此，校友的工作才能开展得更加丰富多彩。比如教育部中学校长培训中就很有号召力，今年 20 周年庆典活动，全国各地就来了五六百位校长。目前，各单位在校友工作方面的重视程度还不平衡。如果每个院系、每个部门都能认真开展校友活动，那么我们的校友工作将会有更加快速而深入的发展。

推进国际化战略是建设高水平大学的必由之路①

（2009年11月）

在华东师范大学的历史上，以“推进国际化进程”为题召开工作会议，据我所知这是第一次。这次会议不是我们通常说的外事工作会议，会议的主题是“深入贯彻落实科学发展观，加快推进学校国际化进程，努力建设世界知名高水平大学”。这是一次动员会，需要明确目标；这是一次讨论会，需要理清思路；这是一次工作会，需要落实举措。目的就是要总结过去几年学校推进国际化进程的经验，查找存在的主要问题和困难，形成切实可行的对策措施，争取在若干重点难点问题上有所突破，推进学校国际化进程再上一个新的台阶。

这次会议是在学校发展的关键时期召开的一次重要的会议。从学校发展的宏观背景看，在经济全球化的推动下，高等教育国际化已经是当今世界的潮流，高等教育的国际竞争力已经成为许多国家参与全球竞争、实现国家发展目标的重要战略。在“985工程”建设中，“国际化”已经成为衡量大学办学水平的重要指标。金融海啸以来的一年间，中国已经切实感受到自身正在成为一个越来越具有国际影响力的国家。2010年的上海世博会以及后世博时代必将给上海高等教育的发展带来巨大的机遇和挑战。我们应该感知到正在发生的和将要发生的一系列变化所带来的需求，站在服务国家发展战略高度，站在推进高等教育从“大国”向“强国”发展的战略高度，思考华东师范大学未来的发展。

从学校自身的情况来看，2006年学校第十一次党代会上通过的“十一五”发展规划，明确把“推进学校国际化进程”作为一项战略举措。三年多过去了。在全校教师的共同努力下，我们在推进国际化进程方面取得了前所未有的成就。学校搭建了各种形式的校际合作发展平台，创新多样化的校际合作交流形式，深化和巩固校际友

① 本文为俞立中在2009年华东师范大学推进国际化进程二作会议上的讲话。

好合作互动机制，在国际化方面迈出了坚实的步伐，大大提高了学校的国际品牌和国际影响力，这是值得自豪和骄傲。但是，无论是与学校的发展目标相比较，还是与其他高水平大学相比较，我们还存在着不小的差距。学校正在制定中长期发展规划，需要我们对学校的发展目标有更清晰的认识，需要我们对发展战略有明确的思路，需要我们对发展举措有更具体的部署和落实。

推进学校国际化进程面临的任务很多，因此必须着力抓住主要矛盾，首先解决主要问题，把握好工作的节奏和进度。第一，师资队伍建设不适应国际化发展要求，具有世界视野的人才比较缺乏，特别是缺少一批具有国际影响力的学术大师和教育名家。第二，人才培养不适应国际化人才需求，如何拓展学生国际视野和增强学生跨文化交流能力，任务艰巨。留学生中学历生比例偏低，集中反映了我们在师资力量、学科发展、专业设置等方面的问题。第三，科学研究水平不适应高水平大学建设要求，特别是高层次、影响大的精品合作项目总体不足。第四，学校管理和服务水平不适应高水平大学建设的要求，我们还非常缺乏从国际视野来审视我们管理服务工作的能力，体制和机制建设与高水平大学相距甚远。因此，学校在调研的基础上，提出了《华东师范大学推进国际化进程若干意见》（讨论稿），就是希望藉此明确目标，理清思路，重点突破，落实举措，推进发展。

同志们，“推进学校国际化进程”是学校的历史定位、发展目标所决定的。因此，“推进学校国际化进程”绝不只是局部的工作，不只是某个部门的工作，而是全局性的工作，是战略性的举措。如果说我们在推进学校国际化进程中有这样那样的差距的话，而最大的差距则是：我们还没有把国际化作为推进各项工作的基本视角和基本指标，我们还没有形成一个整体性的推进国际化进程的有效的体制和机制。推进学校国际化进程，不只是国际交流的迎来送往，不只是学术会议的讨论商榷，也不只是国际学生的进进出出。推进学校国际化进程：一是要把握世界高等教育发展的基本规律，学习和借鉴世界一流大学的办学经验，在国际高等教育发展的平台上思考我们的办学理念、目标定位、发展举措、管理服务；二是要把握全球化背景下的人才素养要求，推进培养模式、教学方法、课程体系与内容的改革，通过国际合作与交流，培养具有国际视野，适应在多元文化环境下学习、工作的国际化人才；三是要有开放的心态，吸引世界优秀人才，通过送出去、请进来，以多样化的参与模式，建设具有国际竞争力的师资队伍，高水平地推进学科建设，提高教学和科研质量；四是要建设吸引各类海外留学生（包括学历生、交流生、进修生）的国际化教学环境，有效提升留学生的比例，还要有教育走出国门的胸怀和胆魄，提升在国际高等教育舞台上的话语权和影响力，服务建设教育强国的国家战略。在此意义上，国际化是我们建设世界知名的高水平大学的必由之路。

希望通过这次会议，能在推进学校国际化进程方面形成共识，出新举措、开新风气。我们要以更加积极开放的心态，大胆突破原有范式，探索国际交流合作新形式，探索国际化的办学机制、管理模式和文化氛围；以更加扎实的执行力，夯实国际合作交流平台，充分利用国际优质教育资源，推动学校国际化向纵深发展。各院系各学科都要结合实际，把推进国际化作为战略来考虑，各部门也要把推进国际化作为工作的基本视角之一。大家共同努力，推进学校的国际化进程。

最后我想用一句话来说明本次会议的重要意义：全球化的时代，没有学校的国际化，就不可能建成世界知名的高水平大学。

共同推进特殊教育事业的发展①

（2009年11月）

在今天这个场合，我特别想对上海市教委的领导说一声谢谢。真的很感谢教委领导，感谢你们对华东师大的信任，赋予我们重任；感谢你们对学校的全力支持，共建上海市特殊教育资源中心，使华东师大能更贴近市教委的领导，更好地发挥我们的学科优势为上海市特殊教育发展服务。这是我们梦寐以求的愿望。

华东师范大学是国家"985工程"重点建设的高校，正在努力建设成为拥有若干一流学科，多学科协调发展，引领中国教师教育发展的世界知名的高水平研究型大学。华东师大的"985"建设是在上海市的全力支持下实现的，我们始终不能忘记要以自身的学科优势服务上海的社会经济发展，特别是教育发展。

早在1987年，华东师范大学就设立了特殊教育专业，1997年成立了中国大陆第一个特殊教育系，形成了本科、硕士、博士的人才培养体系，拥有在国内领先的师资队伍和学科优势，具有广泛的国际合作，是中国特殊教育人才培养和科学研究的重镇。学校高度重视特殊教育与心理学、医学、康复学、社会学、言语听觉科学、信息科学、认知科学、语言学、社会政策等相关学科的整合，体现多学科综合交叉的优势，形成了若干个研究团队，建立了特殊儿童认知、心理测量与特殊儿童评估、综合康复和多感官、言语与语言矫治、人工耳蜗术后康复教育、音乐治疗、游戏治疗等实验室。研究团队与国内外大学、研究机构、医院以及残联、民政、妇联、教育等政府部门保持着良好的合作关系，了解特殊教育和残疾人事业的需求，积极推进科研、教学和社会服务相结合，开展了各种的理论研究和实践探索，积累了大量的信息资源，为上海市特殊教育资源中心的建设奠定了很好的基础。

上海市特殊教育资源中心的建立是上海市特殊教育事业发展中的重大创举，将

---

① 本文为俞立中在上海市特殊教育资源中心成立仪式上的致辞，标题为编者所加。

有助于完善特殊教育支持体系，整合特殊教育优质资源，集中研究特殊教育发展问题。这个中心将为上海市特殊教育事业提供有效的专业支持，促进本市特殊教育与普通教育的均衡发展，提升特殊教育尤其是特殊学生随班就读的质量，更好地满足特殊儿童及其家长对优质教育的需求。

上海市特殊教育资源中心不仅是我校为上海市特殊教育事业和残疾人事业服务的重要平台，也是上海市特殊教育及相关学科的发展的重要平台，更是上海市特殊教育和残疾人事业国际合作和交流的重要平台。我们一定会在上海市教委的领导下，努力建设好这个资源中心，充分发挥开放、集聚的体制优势，集聚全校、全市乃至全国的专业人才和资源，为上海市的特殊教育和残疾人事业服务，并在服务中持续提升上海市特殊教育的创新能力和水平。

上海市特殊教育资源中心设在华东师范大学，我们有责任给予中心全方位的支持和支撑，确保中心的持续发展，不辜负市教委领导的期望；上海市特殊教育资源中心是上海市特殊教育的一个开放性平台，衷心希望全市的特殊教育专家、学者、老师们共同用好这个平台，一起推进特殊教育事业的发展。让我们共同努力，为促进特殊儿童和残疾人的社会融合，贡献我们的智慧和力量。

坚定信心,深化改革,加快推进世界知名高水平大学建设进程①

(2009 年 12 月)

我代表学校向第六届教职工代表大会第三次会议作行政工作报告,请各位代表审议,并请列席代表提出意见。

2008 年 12 月华东师范大学召开了六届二次教代会。自上次教代会以来的一年,正是学校师生员工深入学习实践科学发展观,继续解放思想,坚定信心,振奋精神,积极应对挑战,深化改革,破解难题的一年。围绕学校“985 工程”建设目标,我们坚持以培养创新型人才、提升创新能力为中心,推进学科交叉融合,推进学校国际化进程,积极实施英才战略、集聚战略、精品战略,创新体制机制,努力营造积极创新、大气和谐的文化氛围,推动学校各项事业又好又快地发展。

根据教代会主席团的建议,结合学校的实际工作,行政工作报告分两个部分。第一部分,推进学校“985 工程”二期的建设情况;第二部分,与师生切身利益密切相关实事的落实情况。

一、深化改革,共谋发展,推进学校“985 工程”二期建设

华东师大的“985 工程”建设是在 2006 年末正式启动的。在立项之初,学校就把着眼点放在长远的、可持续发展的基础性建设上,以构建高水平的师资队伍为重点,以高水平的创新平台和创新基地为主要载体,积极探索人才培养、科学研究、国际合作、社会服务、资源管理的体制和机制创新,进一步凸现华东师大的特色优势。回顾总结“985 工程”二期建设成效,主要体现在以下几方面。

① 本文为俞立中在华东师范大学第六届教代会第三次会议上的行政工作报告。

（一）主要成效

1. 推进教师教育改革，服务国家教育发展战略

学校在建设一流的教育学科群和教师教育体系的进程中，秉承传统，开拓创新，加强了教师教育特色和优势。

积极参与教育政策制定。我校一批专家参与制定国家中长期教育改革和发展规划纲要，积极承担《上海市中长期教育改革和发展规划纲要》（华东师大版）制定工作，为实现上海教育现代化提供科学纲领和行动指南，受到了市领导和各界的充分肯定。在“985工程”建设经费的支持下，建立了“中国教师教育政策研究数据库”，为我国教师教育政策的制定和实施提供重要依据。学校响应政府决策咨询的现实需要，研制了“中国教师教育标准”和“中国校长专业标准”，提交国家教育行政部门作为决策参考依据。

潜心基础教育改革的研究与实践。叶澜教授主持的“新基础教育”研究，经过15年的研究探索，成果丰硕。今年5月召开了成型性研究成果发布暨现场研讨会，标志着中国第一个本土“生命·实践”教育学派的形成，对中国教育科学发展有着标志性意义。我校一大批有志于推进我国基础教育改革的专家教授坚持深入基础教育第一线，以理论创新带动基础教育的改革实践，发挥了示范和辐射作用。钟启泉教授研究团队完成的“国家基础教育课程改革纲要”对全国基础教育新一轮课程改革有着重要的指导作用。霍益萍教授研究团队与中国科协合作，针对青少年科技创新人才培养问题，探索了科教合作培训科学教师的新模式，促进了普通高中科学教育改革，共培训教师3万多人，覆盖了28个省区的140多所学校。在“985工程”项目的支持下，霍益萍教授团队还在11个省区96所不同类型的普通高中调研基础上，完成了“普通高中转型研究”，提交的普通高中改革与发展政策建议报告，受到了教育部的高度重视。熊川武教授研究团队长期坚持“理解教育”探索研究，在此理论基础上提出“自然分材教学”模式，使一批实验学校较快发展，一跃成为当地先进学校。

完善公费师范生培养模式。今年招收了第三届公费师范生，目前在校公费师范生共3 500余名。学校坚持以培养优秀教师和未来教育家为目标，大力推进师范生培养模式改革。继续加强孟宪承书院建设，建立了教师教育为特色的孟宪承教育图书馆；继续推行双导师制，发挥基础教育特聘教授和兼职导师的作用。实施师范生

卓越人才培养计划，首批30名国家公费师范生于今年暑期赴美国哥伦比亚大学教师学院进行了为时四周的学习体验。

加强与基础教育界沟通合作。以教育部中学校长培训中心成立20周年为契机，全面系统总结了中心的办学经验。举办了“走向教育家”全国中学校长论坛，拓展了学校与全国基础教育界的沟通联系。在中学校长培训项目中，坚持了大学校长与中学校长座谈交流的环节，听取对华东师大教师教育改革和服务基础教育方面的意见和建议，促进相互了解和共识，增强了服务基础教育的意识和能力。举办“上海市托幼机构工作人员儿童急症救助基本技能培训”，共培训1 400余名“护苗计划”培训师。今年，上海市教委在我校设立了上海市特殊教育资源中心，并得到中残联的支持，实现了体制上的重大突破。该中心是全国首家集咨询、研究、评估、服务于一体的跨学科、多功能的从事特殊教育研究与服务的专业机构，对我国特殊教育事业发展有着深远意义。

深入推进区域性教育合作。2008年底召开继续教育工作会议，进一步明确了继续教育服务于学习型社会建设与终身教育发展的方向，强调了在规范管理的基础上推进继续教育的健康发展，扩大网络教育的社会影响。学校与闵行区政府、紫竹科技园区签署了《全面合作框架协议》，在教育、科技、社区共建等方面强化服务地方和社区发展；与杨浦区签订了教育全面合作协议。学校加大了与新疆师大、云南师大、贵阳学院等西部高校的对口支援力度，主动参与上海市对口培训云南骨干教师项目和对口支援都江堰培训项目。

2. 推进学科交叉融合，增强学科综合竞争力

通过“985工程”创新平台和创新基地的建设，增强了学科竞争能力，促进了学科交叉融合，并带动整体学科水平的提升，逐步形成若干在国内不可替代，在国际具有影响的学科领域。

2009年，我校有陈锡喜、周青、张卫平等12位教授被聘为国务院学位委员会第六届学科评议组成员，受聘人数较前几届有明显增加。新增认知神经科学、言语与听觉科学2个二级学科博士学位授权点；新增教育博士、翻译硕士2个专业学位点；新增理论经济学、政治学、电子科学与技术和公共管理4个博士后流动站。

学科整体水平有明显提升，出现一批国内一流学科及国际上有重要影响的学科或方向。在今年初教育部学位中心公布的全国一级学科评估排名中，我校教育学、

地理学、系统科学等7个一级学科发展水平位列前十，若干学科领域在国际学界有重要影响。

根据国际核心期刊评估体系ESI（ISI Essential Science Indicators）的最新统计结果，按近十年来在国际核心期刊发表论文的总数排序，我校位居中国大陆高校前28位，按篇均被引频次排序，我校位居第14位。化学、工程学科的论文发表和引用排名进入全球同类学科的前1%。

为促进学科交叉融合，这两年里学校组建了金融与统计学院、心理与认知科学学院、社会发展学院，成立了思勉高等研究院、科学与技术跨学科高等研究院等，在体制和机制创新方面进行了积极探索。

3. 服务创新型国家建设，持续提升科研创新能力

作为一所研究型大学，学校的科研经费稳步增长，科研创新能力持续提升，科研成果显著增加。

科研经费稳步增长。2009年，我校共获得86项国家自然科学基金的资助，比2008年增加了19项，周傲英、吴鹏获得国家自然科学基金委杰出青年基金；获得22项国家社科基金项目，1项全国教育科学国家社科项目，1项教育部哲学社会科学重大攻关项目，13项教育部人文社会科学重点研究基地重大项目，1项上海市社科重大项目，到校课题经费总数预期2.2亿元。

科研创新能力持续提升。“言语听觉科学教育部重点实验室”通过可行性论证，成为我校第一个文理交叉型的省部级重点实验室。依托我校的“教育部科技创新与社会发展战略中心”通过论证，我校成为具有教育部战略研究中心的全国9所高校之一。2009年，上海市委宣传部和上海市政府发展研究中心首次设立上海市社科创新基地和工作室，我校“长三角区域一体化”和“社会主义核心价值体系”2个研究团队分别入选，成为全市9家入选高校和研究机构之一，入选数位居全市第二。科研创新能力的提升，也体现在学校承担国家重大项目的能力上。黄民生教授牵头承担了国家重大专项“水体污染控制与治理”课题“城市黑臭河道外源阻断、工程修复与原位多级生态净化关键技术研究与示范”。何积丰院士、赖宗声教授、石艳玲教授分别承担了国家重大专项“核心电子器件、高端通用芯片及基础软件产品”的3个子课题“汽车电子系统可靠性分析和验证方法研究”、“嵌入式多模多频收发器关键IP硬核研究：45 nm器件模型及可靠性研究”和“45 nm成套产品工艺及IP：45 nm器件

模型及可靠性研究”。围绕临港新城建设上海市重大工程需求，2009 年我校主持了市科委临港新城（海洋科技）科技支撑重大专项项目“临港新城低碳城市实践区建设指标体系与建设导则研究”和“临港新城环湖绿带生态优化关键技术研究与示范”。

科研成果显著增加。自然科学方面，2009 年，我校科研人员申请国家发明专利 145 项，发明专利授权 47 项；在一级学科顶级刊物上发表科技学术论文 23 篇；刘明耀教授课题组关于中草药藤黄可抑制肿瘤生长的论文发表在国际权威杂志《癌症研究》上，先后被中央电视台、俄罗斯国际文传电讯社等国内外媒体报道。围绕崇明生态岛建设，曾刚教授领衔的团队，联合上海市环科院等单位对“崇明生态岛综合评价指标体系研究”进行了攻关，构建了由 5 大领域、15 个主题、24 个核心控制指标构成的崇明生态岛建设指标体系，为编制市政府白皮书《崇明生态岛建设纲要》、申报“国家可持续发展崇明岛实验区”等做出了重要贡献。人文社会科学方面，我校 17 项成果获得全国高校第五届人文社会科学优秀成果奖，其中一等奖 3 项，获奖数和一等奖数均位居全国前十。在“全国高校社科文库”首批入选书目中，我校有 6 部书稿入围。学校还组织了首次人文社科原创奖评审和颁奖，创新人文社科学术评价机制，在学术界引起热烈反响。

4. 构建创新人才高地，逐步优化教师队伍结构

“985 工程”二期建设中，学校通过引进与培养，优化师资队伍的结构，在领军人才、创新团队、优秀青年教师队伍建设方面都取得了显著成效。

在高层次人才队伍建设方面，我校通过中组部的“千人计划”从美国著名大学引进了郑伟安、刘明耀、张增辉、象伟宁、倪维明、邵军等 6 名教授；新入选“长江学者”4 人，总数增至 12 人；新增国家杰出青年科学基金获得者 2 人、全职引进 1 人，总数增至 15 人。张树义教授领衔的创新团队以“中国华东地区野生动物携带重要流行病的研究与监测”项目成功入选“长江学者和创新团队发展计划”。

在青年教师培养方面，学校加快实施“青年英才培育计划”和“晨晖青年教师发展资助计划”。2009 年，我校有 67 名青年教师获得国家留学基金委资助赴国外高水平大学留学深造，22 人入选“新世纪优秀人才支持计划”，4 人入选“上海市领军人才”，2 人入选“上海市优秀学科带头人”，1 人入选上海市“东方学者”，6 人入选“上海市科技启明星计划”，21 人入选“浦江人才计划”；其中文科入选浦江人才计划项目和上海市晨光计划项目的人数分别为 14 人和 4 人，达到历年之最。

5. 完善人才培养体系,加强学生创新能力

创新型人才培养是学校的中心任务。通过"985 工程"二期建设,学校在培养模式改革、课程与教材发展、优秀教学团队建设、实践教育和创新能力培养、国际游学和跨文化教育等方面进行了新的探索,取得了可喜成绩。

围绕建设"一流本科教育"的目标,2009 年我校在本科课程建设与教学改革方面取得新成效。年开课门次达 5 275 门;新增国家级精品课程 7 门,总数达到 18 门;新增上海市级精品课程 6 门,总数达到 53 门;国家级双语教学示范课程达到 4 门;3 门课程入选上海市示范性全英文课程。教师教育实验教学中心入选国家级实验教学示范中心。哲学、学前教育专业入选第四批国家级特色专业建设点。刘志基、张春柏、束炯 3 位教授获得第五届上海市教学名师奖;《实验心理学》教学团队获国家级优秀教学团队,《实验心理学》、《大学语文》教学团队获上海市优秀教学团队。形成国家、上海市、学校三级"大学生创新实验计划"。2009 年,全校共有 2 082 名本科生参加了 492 项课题研究,新增国家级课题 50 项、市级课题 60 项,总资助经费 187 万元。学校积极与国内外高校开展合作交流,为本科生赴国内外大学交流学习提供更多的机会,2009 年有 202 名本科生去国内知名高校交流,有 350 名赴境外高校进行学习。

学校以国家重点发展领域为导向,跨学科招收推免生,重点支持前沿技术和基础科学领域;推进研究生结构调整与培养模式改革,增加专业学位研究生数量,适当压缩学术型研究生规模。2009 年共有 139 名研究生获得国家留学基金委资助。学生参与 UCLA 研究生交流互访项目,赴英国、日本实习或学术交流。承办全国研究生教育学暑期学校,举办全国首届河口海岸学博士研究生学术论坛。我校陆智萍博士的论文获得法国高师集团博士论文评价系统中最高评价等级"TRES HONORABLE"(非常优秀);5 篇博士论文获全国百篇优秀博士论文提名。

在今年的"挑战杯"全国大学生课外学术科技作品竞赛中,我校以总分 370 分名列全国第三、上海第一,取得历史最佳成绩。学校通过"学生参议会"、"师生午餐会"和"学生新闻发布会"等途径,加强与学生的沟通交流,鼓励学生参与学校管理,推进和谐校园的构建。2009 年,获教育部高校校园文化建设优秀成果一等奖;被教育部、国家语委授予第二批"国家级语言文字规范化示范校"称号;荣获"上海青年志愿者最佳组织奖"称号。

学校积极拓展渠道,全力做好 2009 届毕业生就业工作,研究生的就业落实率达

到95.50%，本科生达到93.31%，毕业生就业率继续位居上海市高校前列。

6. 推进国际化进程，建设世界知名的高水平大学

推进国际化战略是建设高水平大学的必由之路。今年11月，学校召开了以“深入贯彻落实科学发展观，加快推进学校国际化进程，努力建设世界知名高水平大学”为主题的推进国际化进程工作会议。这次会议认真总结了学校推进国际化进程的经验、问题和困难，提出了《华东师范大学推进国际化进程的若干意见》。

国际合作层次显著提升。学校稳步推进与法国巴黎高师集团的合作，2009年续签了新协议，将从本科四年级选拔联合培养的学生，培养年限由原来的2年延长至3年，并共同组建中法联合研究院。学校积极与纽约大学、浦东新区合作筹建上海纽约大学，探索国际合作建设高水平大学的新模式。学校与美国康乃尔大学合作，创建了以“双边建制的实质性国际合作”为特点的“比较人文研究中心”。学校实施与美国五校联合培养博士生项目，2009年，来自美国密歇根州立大学、华盛顿大学、德拉华大学的9名博士生作为首批交流生来我校学习。

国际交流数量明显增加。2009年，我校与日本奈良教育大学、法国南特大学、德国美因茨大学、澳大利亚天主教大学、美国密西根州立大学、华盛顿大学等等40所海外大学和研究机构签署了学术交流、学生交流及联合培养等实质性的合作协议。

国际教育规模迅速扩大。2009年在校留学人员总数为3 600人，比去年增长13%；其中学历生622人，比去年增长12%。在校留学人员的国别从去年的78个国家增至87个国家。接待了来自美、意、德、日、韩等国家22个短期留学生项目近600人。为了满足我校留学生教育的发展需求，学校成立了留学生基础部。新增加了与俄勒冈大学合作的海外孔子学院，使我校海外孔子学院达到6所。

各位代表：学校进入“985”工程建设以来，广大教职员工围绕建设世界知名的高水平大学这一宏伟目标，团结奋进、开拓创新，为学校各项事业快速发展作出了重要贡献。在此，我谨代表学校向各位代表、向为学校发展付出辛勤劳动的全体教职员工表示最衷心的感谢和最崇高的敬意！

与此同时，我们也清醒地认识到，学校进入“985工程”建设行列，目标更高远，任务也更艰巨。我们离世界知名高水平大学的建设目标还有很大的距离，学校工作还存在着诸多的不相适应。其中最重要的是：

1. 师资队伍的整体水平

两个矛盾依然十分突出：一是可以带动相关研究领域达到国际水准和国内先进行列的领军人才还十分缺乏，在国际国内具有重要影响的创新团队为数不多；二是青年教师队伍的整体水平与高水平大学的发展要求存在较大差距，在学界有影响的杰出青年的数量还相当有限。由此导致学校在国内外有重要影响力的学科、承接国家重大科研项目的能力、争取国家重大奖项的原创性成果远远不足以支撑一所世界知名的高水平大学的学术地位。师资队伍的整体水平、发展动力和提升机制，已成为推进高水平大学建设的关键问题。

2. 人才培养的理念和成效

人才培养质量是衡量一所大学发展水平的重要标志。如何提高人才培养质量，迫切需要解放思想，在招生、培养的各个环节，全面推进教育改革。第一，高质量的生源是高水平教学的主要基础，面对日益激烈的招生竞争形势，如何拓展招生途径，吸引高水平的生源报考华东师大。第二，如何推进培养模式的改革，特别是如何真正体现以学生为本，激发学生发展的内动力，如何推进科研成果转化为教学内容，如何加强教学实践环节，更好地适应创新型人才培养的需要。第三，如何增强院系教学改革的主动性，使教师成为真正的办学主体，提高院系参与国际化战略的积极性，特别是增强留学生学历教育能力和扩大留学生规模等等。

3. 管理体制与运行机制

两方面的问题尤为突出：一是教学、科研机构在学术管理中的作用有待增强。高水平大学是一个高水平学科、高水平教学科研组织的有机体，在人才培养、科学研究、学科队伍建设等各个方面，都需要更好地发挥学术组织的作用。二是行政管理服务的水平有待提高。机构职能及其协调性、执行力，以及管理的规范化、服务的精细化都不能适应学校发展的需要。

（二）今后的工作思路

实践证明，学校第十一次党代会确立的发展目标、发展战略是正确的。今后一个时期，我们要继续坚持以“985 工程”建设为主线，坚持“一个中心”、“两个推进”、“三大战略”的发展思路，深化学校内涵建设，努力提升创新型人才培养能力、更好地发挥教师在学校发展中的主体地位，全力推进学校各项事业蓬勃发展。几个月来，广大干部教师积极参与讨论制订中长期改革与发展规划，形成了较为广泛的共识。这些将在《关于学校中长期改革发展规划》起草工作报告中加以阐述。我着重就近期的工作提出几点意见，供大家讨论：

1. 坚持人才是第一资源，持续推进人才强校战略

必须以高层次人才队伍和创新团队建设为抓手，以提升师资队伍的创新能力为核心，以师资队伍结构的优化为主要任务，通过各类人才计划的实施，实现师资队伍的可持续发展。结合一流学科建设，培养和引进一批具有国际水准的战略科学家和学科、学术领军人才，培养造就一批世界一流的科学家及创新团队，构筑人才高地。

必须加大青年人才队伍建设力度，实现师资队伍的可持续发展。继续大力推进“青年英才培育计划”和“晨晖青年教师发展资助计划”，院系和科研机构必须制定和落实每一位青年教师的发展规划，结合国家和地方的各类青年人才培养计划，不断在青年人才培养的体制机制上进行创新。加强国外智力引进和国际合作，提高师资队伍国际化水平。

必须重视管理人才队伍建设，提高服务和管理水平。建设一支高素质的管理人才队伍，提升学校机关的管理水平和服务质量，提升院系干部的战略思维和组织协调能力。建设一支技术过硬、素质优良、服务专业、稳定可靠的技术支撑队伍，提高工程技术支撑体系的整体水平，提高资源的管理和使用效率。不断完善以能力和业绩为导向的人才评价机制。营造“人尽其才、才尽其能”的文化，建立以公开、平等、竞争、择优为导向，有利于优秀人才脱颖而出、充分施展才能的选人用人机制。

2. 坚持推进学科交叉融合，建设优势学科集群

必须大胆突破原有机制体制的束缚，探索新的管理模式，开展管理特区试点，在人才招聘、人事管理、经费使用、工作考核等方面更好地发挥教授委员会和学术委员会的作用，为建设优势特色学科集群提供制度空间。

必须打破传统体制下所形成的学科壁垒，以服务创新型人才培养、适应国家经济社会发展为导向，促进学科间的交叉融合，催生新的学科分支，打造具备国际竞争实力的特色学科集群。通过积极的竞争机制，着力提升教育学科、资源环境学科、人文学科等优势特色学科群的综合实力，增强光学、信息科学、生物医学、生态学、绿色化学等新兴学科的发展活力，实现新材料、新能源、区域研究、基于数学计算的复杂系统或复杂问题研究等交叉前沿学科的重点突破。我们希望通过规划纲要及其实

施计划的制定，鼓励更多的学科或学科群争取国际一流、国内先进，从而进一步明确学校的学科结构布局和一流学科的突破点。

3. 坚持推进国际化进程，提升学校国际竞争力

推进学校国际化进程是学校的历史定位、发展目标所决定的，是建设世界知名的高水平大学的必由之路。推进国际化，就是要把握高等教育发展的基本规律，学习和借鉴世界一流大学的成功办学经验，以全球的视野来审视、规划我们的发展目标、发展举措，以全球的视野思考、推进学校的学科建设、队伍建设、人才培养和管理服务等各项工作。

必须以更加积极开放的心态，大胆突破原有范式，探索国际合作新形式，探索国际化的办学机制、管理模式和文化氛围；以更加扎实的执行力，夯实国际合作交流平台，充分利用国际优质教育资源，推动学校国际化向纵深发展。必须积极开拓高水平的交流项目，实现中外合作办学突破；提高本科生培养的国际化程度，培养具有国际视野的人才；提高研究生教育的国际化程度，造就高水平国际化人才；构建国际合作研究平台，促进高水平合作研究。依托千人计划，引进一批海外知名学者；完善“紫江学者计划”，设立海外知名学者讲习教授岗位；实施“英才培育计划”，引进海外知名大学优秀青年人才；以国际教育中心为主要依托，提高对国外住校机构的服务水平；加强我校国际汉语教育，中国文化教育的国际影响和地位，积极开拓华东师范大学的海外教学基地或海外校区。

二、以人为本，促进和谐，切实解决师生关心的实际问题

在深入学习实践科学发展观的过程中，学校坚持以人为本，努力解决师生最关心、最直接、最现实的利益问题，积极化解矛盾，解决历史遗留问题，最大限度地化解不和谐因素，构建和谐校园。

(一) 主要成效

1. 积极争取政府支持，推进校园和周边环境治理

着力改善学校周边环境。结合迎世博的契机，学校主动寻求普陀区政府的帮助，开展专项整治工作。完成了中山北路、金沙江路沿街店面的整修，拓宽了原二附

中主干道。加强前后门口的机动车辆管理，实施道路人车分流，确保行人安全和交通畅通。在枣阳路改造期间，学校还积极与师大一村、二村居委会沟通，为老弱病残人员的出行提供方便。

大力推进师大一村整治工作。多年来，师大一村存在违章搭建多、外来人员多、治安案件多、无证养狗多、垃圾蚊蝇多等顽症，问题积重难返，群众反映强烈。为此，学校积极争取政府支持，配合普陀区和长风街道开展师大一村整治工作，拆除了群众反映强烈的两个占路牛奶棚，整顿了学校公房集体违章搭建的行为，达成了收回上海永昌企业发展有限公司在一村“菜场用房”的协议，解决了师大一村 1—225 号范围内占路、占绿、占用公共自行车棚违章搭建和院内违章搭建破墙开门出租、经营等突出问题。

2. 切实注重人文关怀，改善学习工作和生活条件

改善公寓宿舍生活设施。2009 年，学校拨款 100 万元，用于安装中江路青年教师公寓空调、购置学生宿舍活动室家具，增设中山北路校区学生宿舍开水箱。学校拨款 950 余万元，维修改造了中山北路校区第六、十一、十二宿舍。拨款 180 余万元，完成了中山北路校区河东浴室、丽娃浴室的煤锅炉及逸夫楼的油锅炉的节能减排改造。

改善校区交通设施条件。在闵行校区新建 2 座候车厅。增开两校区间通勤的早班车。参照市政府对 70 岁以上老人提供乘车免费服务的规定，向往返两校区办理事务或参加活动的 70 岁以上离退休教职工实行班车免费服务。

改善教室和图书馆等服务设施。在两校区图书馆设置了电子显示屏。逐步翻新、整修陈旧的多媒体设备，制订了《多媒体教室使用管理规定》，从教学任务安排、设备使用提示、培训到检修、报修、检查监督等全过程明确责任和流程。寻求与浙工大合作，增加网络带宽，提高网络运行速度。

积极解决教职工就医问题。争取市医保部门的支持，完成了闵行校区校医院医保联网，解决了教职工在闵行校区的就医难问题。根据离退休教职工的特殊需求，校医院对持有本市医院开具的有效注射单，并已在开具注射单的医院接受过静脉注射的离退休教职工提供静脉注射服务。

3. 积极改善教师福利，加大帮困助学力度

着力解决教职工房贴。2009 年 1 月，学校向 4 210 人，发放了 24 467.11 万元住房补贴，优先考虑退休人员和新参加工作的青年教师。在教育部相关经费尚未到位

的情况下，筹措资金，先行垫付房贴缺口 3 000 余万元。

积极落实教职工交通补贴。学校落实上海市财政局的文件精神，结合实际情况，制定了我校教职工上下班交通费补贴办法，对全校在编在岗教职员工（乘坐学校公务车上下班的人员除外）实施每人每月 440 元的交通补贴标准。学校在上海市下拨资金有限的情况下，积极筹措资金，完成了自 2007 年 1 月 1 日以来的教职工交通补贴发放工作，仅 2009 年一年的教职工交通补贴中，学校自筹经费部分就占到了 45.29%，总计 840 余万元。

实施教职工午餐补贴。学校在对部分教职工代表进行调研的基础上，制订了《教职工午餐补贴发放办法》。自 2009 年 9 月 1 日起，学校每年投入近 520 万元，向在编和校级人事代理人员中的在岗教职工发放午餐补贴，补贴标准为每人每天 5 元。11 月，全校教职工的午餐补贴均已到位。

切实加强教职工重大疾病互助保障。2009 年，学校投入 400 余万元，新增《在职教职工特种重病互助保障计划》，进一步扩大了教职工疾病医疗保险的保障渠道。此外，学校还增加了教职工休息休养工作的经费投放，参加休养的教职工人数较往年有较大幅度的增长。

加大帮困助学力度。2009 年，勤工助学补贴发放金额 329.6 万元，惠及 10 300 人次；困难补助及帮困医疗补助发放金额 155.5 万元，惠及 5 181 人次。爱心屋建设项目荣获“中华慈善突出贡献（项目）奖”。

4. 积极稳妥安排财务收支，不断改善办学条件

财务运行总体平稳。2008 年实现总收入 155 614 万元，总支出 171 125 万元（含基建 26 906 万元）。2009 年学校收入预算安排 147 783 万元，比上年增长 11.1%，支出预算安排 147 781 万元，比上年增长 11.1%。截止到 2008 年底，新校区建设总投入资金 24.23 亿元（含国拨资金 3 000 万元），其中银行贷款 8 亿元，学校资金垫付 4.36 亿元，各类资金收入 8.86 亿元，自筹资金 3.01 亿元。

基建工作进展顺利。闵行校区 9—11 号本科生公寓建成交付使用；资环生化楼群结构封顶，开始专业单项安装及粉刷工作；传播艺术楼结构封顶，预计明年 6 月交付使用；完成了闵行校区动物房建设，即将验收移交；完成交付生物系玻璃温室工程 376 平方米建设等。

网络建设得到加强。2008 年以来，学校完成新校区中心机房从理科北楼到图书馆中心机房的切换；完成中山北路校区网络中心机房的强、弱电改造；完成了两校区CWDM万兆的升级与改造等。实现了闵行校区公共教学、活动区域的无线覆盖，并在两校区部分区域实现免费无线上网。为全校在职中级职称以上人员开通可在线维护个人中英文简介页。

教研设备建设进一步加强。2009年，学校设备资源工作重心由“建设管理”向“资源管理”转变。投资300多万元，完成高性能计算平台一期建设任务。进口等离子质谱仪、核磁共振仪等大型仪器629台件，总价值约6 700万元。建设大学英语学习平台，可供1 000名学生在线学习和考试。

一年来，学校针对师生员工关心的热点、难点问题做了大量切实有效的工作，但与师生的要求还有一定差距。客观上，仍有部分资源短缺问题、历史遗留问题和政策遗留问题困扰着我们。主观上，我们的工作中也存在着一些不足和薄弱环节，主要表现在四个方面：

1. 调研制度尚不健全

一些管理和服务部门还维持着“坐等师生反映情况”的被动局面。这种被动局面既不利于倾听师生心声，也不利于师生了解部门的工作实况。面对师生维权意识逐渐增强的现状，各部门缺乏一套健全的调研制度，没有形成“深入师生员工，研究实际问题，促进‘事要解决’”的积极氛围。

2. 政策观念比较淡薄

个别干部的政策观念比较淡薄，对政策的界定一知半解，对政策的变化不够敏感。对于哪些该干，哪些不该干，哪些应该着力干的思路还不够清晰。片面性、简单化、绝对化地执行政策的情况仍屡有发生。对于政策不明的情况，缺乏主动向上级部门请示报告的意识。

3. 超前意识相对滞后

超前思考、超前谋划、主动服务的意识还比较淡薄。工作理念上，缺乏破除落伍观念、冲破思维定势的魄力；工作态度上缺乏先师生所想，帮师生所求，急师生所需的意识。工作方式上，缺乏灵活、高效、创新的生机与活力。

4. 沟通渠道不够畅通

部门之间的沟通渠道有待改善，沟通力度也有待加强。管理和服务盲点依然存在，一些师生反映的问题超出了单个部门的职责范围，引发了部门之间的推诿、拖延和搁置。不同部门之间互通信息、共谋对策的机制有待完善，资源使用效率有待提高。

(二) 今后的工作思路

一流的大学，不仅仅要有一流的学术，也需要有一流的管理和服务。今后，我们要进一步强化责任、狠抓落实，增强服务意识，解师生之难，帮师生之困，排师生之忧。

1. 创新机制，提升管理效率和服务水平

进一步突破现有的体制机制障碍。推进制度创新，协调好各方面的利益关系。完善民主管理制度，健全师生参议机制，推进校务公开，拓宽参与途径，加强师生互动，让广大师生员工“想主人事、说主人话、尽主人责”。

进一步完善教代会提案处理机制。努力将惯例上升到制度层面，实现提案审查、处理、反馈、监督的规范化。通过建立网络互动平台，向教职工公开提案处理情况；通过邀请人大、政协代表讲授提案拟写方法，增强提案的针对性；把教职工的知情权、参与权、表达权、监督权落到实处，发挥依法治校的重要作用。

进一步深化凝聚力工程。积极响应上海市“与世博同行”的口号，通过向每一位教职员工提供一张世博会门票，丰富广大教职工的业余文化生活。通过增加疗休养补贴额度，提升教职工参与疗休养活动的积极性。通过学习相关政策，明确政策界限，力求为广大师生争取更大的政策空间，努力为教职工房贴发放工作寻找更多的政策依据。

2. 改进方法，提高解决疑难问题的能力

在今后的工作中，要敢于直面问题，切实解决重部署轻检查、重形式轻效果的现象，坚决克服具体工作中害怕困难不愿落实、回避矛盾不敢落实、缺少办法不善落实的状况。

着力健全调研机制。增强主动服务的意识，将工作思路从事后补救向事前预防、从不告不理向设身处地转变。深入开展调研工作，认真倾听广大师生员工的心声，掌握实际情况，做好解决问题的“预习”功课。认真听取师大一村业主委员会的意见和建议，推进师大一村综合治理工作。在妥善解决拆违难题的同时，实施二次供水工程和公房改造工程，进一步提高物业管理水平。

着力开创科学方法。通过总结和分析导致无法落实的矛盾症结，抓住工作落实中的主要矛盾和关键问题。通过重点突破，确保各项任务落到实处、见到实效。进一步分析校园治安中存在的问题，对症下药，降低校园盗窃案件发生率。进一步推进校友会工作，扩大社会影响力，争取更多的社会支持。积极为学生争取更多的勤助岗位，谋求更丰富的奖助学金项目。进一步发挥思政队伍的作用，鼓励学生参与勤工助学，帮助学生解决生活难题，提高学生的实践能力。

3. 加强沟通，推进各项工作有效落实

在今后的工作中，要加强目标管理，抓好责任分解，落实具体责任人，明确工作要求和完成时限，强化工作制度的严肃性和规范性，促进管理服务人员提高责任心和紧迫性，有序推进各项工作落实。

继续推进“实事工程”项目。强化监督机制，巩固师大一村、二村以及中山北路校区周边整治的阶段性成果。推进节约型校园建设，加大技术节能和管理节能的工作力度，节约能源开支。推进学校后勤社会化改革，出台深化后勤社会化的改革方案，进一步提高后勤服务质量和工作效率，提供师生员工满意的服务。

继续加强学校与政府、部门与部门之间的沟通。结合迎世博契机，增强与普陀区政府的合作，做好枣阳路改造工程。加强各部门间的沟通，确保师生员工反映的各个问题都有落脚点。建立全过程跟踪反馈工作制度，加大督促检查工作力度，边落实边反馈，以反馈促落实，以落实助反馈。

各位代表、同志们：过去一年是我们抢抓机遇、深化改革，聚精会神搞建设、一心一意谋发展，各项事业取得长足进展的一年；也是全校师生和衷共济、团结奋斗，向建设世界知名高水平大学目标迈出坚实步伐的一年。所有的成绩都饱含着全体教职工的心血和汗水，凝聚着全体教职工的智慧和力量。但我们依然要清醒地看到，学校在前进过程中仍存在着许多现实的困难和问题，建设世界知名的高水平大学是我们的历史选择，实现这个目标绝不可能轻而易举、一蹴而就，而必然是一个苦其心智、劳其筋骨的过程。中国的高等教育在适应世界经济政治格局巨大变化的进程中面临着重大的机遇和挑战，一幅宏伟的蓝图已经展现在面前，只要我们要坚定信心，团结合作，深化改革，奋力进取，就一定能跨越一切障碍，战胜一切困难，建设世界知名高水平大学的奋斗目标，就一定能够实现！

本土化师资培养和教材建设是国际汉语教育事业发展的重要基础[①]

（2009 年 12 月）

本次孔子学院大会是第四届了。2004 年第一所孔子学院诞生，5 年间，孔子学院已成为世界上著名的教育品牌。这表明，在全球化的进程中，在中国与世界的经贸、科技、教育、文化等各个领域的合作交流不断发展的过程中，国际汉语教育的需求越来越迫切。

在国际汉语教育领域，华东师范大学一直非常积极。目前，我们在欧美合作共建了 6 所孔子学院（实际上希望与我们合作的机构远远超过这个数字）。国家汉办在我校设立了国际汉语教学网站、国际汉语教师研修基地。在国家汉办的指导和支持下，华东师大的国际汉语教育事业得到了较快的发展。

在多年的实践中，我们深切体会到：在推进国际汉语教育事业发展的过程中，孔子学院的地位是基础性的也是战略性；办好孔子学院，本土化师资的培养是基础性的也是战略性的；师资的培养和汉语教材建设是相辅相成不可或缺的。

一、本土化汉语师资是国际汉语教育事业发展的基础

近年来，华东师范大学倾力培养了上千名的海外汉语教学师资。在国家汉办的大力扶持下，2008 年 12 月成立了国际汉语教师研修基地，学校在办学条件相当困难的情况下，挤出上万平方米的大楼用于国际汉语教师研修基地建设。我们深切感受到：全球化进程中的中国与世界需要国际汉语教育，要让国际汉语教育事业发扬光大，需要成千上万的本土化师资。无论从中国对世界的需要还是世界对中国的需

① 本文为俞立中在孔子学院大会上的发言。

要，加大对国际汉语教育的投入都是必要的，这是一个中国的世界责任，也是中国高校对于国家和世界的责任。

必须看到，尽管国际汉语教育发展很快，但高素质的本土化汉语师资严重缺乏。我们认为，推进国际汉语教师的本土化对于提高国际汉语教育水平和教学质量是基础性的，也是战略性的。适应国际汉语教育发展的需要，华东师大在实践探索中形成了"复合型、国际化、实践性"的人才培养思路。我们为纽约华美协进社孔子学院的未来汉语教师进修项目提供了各方面的支持，与越南等国建立了汉语国际教育硕士专业学位的 1+1 培养模式。这些探索的过程体现了我们服务国际汉语教育的信心和决心，我们希望为国际汉语教育的可持续发展贡献我们的力量。

二、本土化师资培养必须借重于现代教育技术

我们可以英语作为参照系来理解国际汉语教育。从工业革命直至信息革命，英语在全球的普及经历了几百年的历史，带来的全球经济发展和文化交流，促使了英语的普遍应用。国际汉语教育的发展与英语在全球的普及有所不同，首先在于，国际汉语教育更多地是经济全球化和中国改革开放事业发展提出的客观需要，是需求导向。其次在于，今天的世界，已经是一个信息化的时代，信息技术的发展推进了教学技术、教学方法乃至教学理念的深刻变革。这种变革也深刻影响着国际汉语教育，给国际汉语教育的快速发展提供了机遇。某种意义上，跨国界的汉语教育更应该借重于现代教育技术。华东师范大学的本土化师资培养也在顺应这种时代潮流，积极打造多层次、立体化的汉语教师培养体系。我们同华美协进社孔子学院通力合作，建立起了 360 度汉语教师学习网，通过聚集网络汉语教学资源，方便教师在教学过程中的资源获取及共享。

三、加强教材建设是服务国际汉语教育的重要内容

信息化推动了教育形式的多样化。一本好的教材，对于国际汉语教育的意义比以往更加重要。教材是教育内容的重要载体。这方面，英语教育为我们提供了很好的范例。在中国高校，最畅销的书要算优秀的英语教材。教材是语言的载体，也是

文化载体。在服务国际汉语教育事业的过程中，如何根据国别差异，总结凝练与不同社会、教育、文化背景相适应的国际汉语教育教材，是摆在我们面前的重要而紧迫的任务。目前国际汉语教育中，教材编写人员的触角很难达到世界各地，难以从本土着手。因此在诸多的国际汉语教材中，通用性教材多、本土化教材缺乏。这一问题已经成为孔子学院建设的一个瓶颈。我们希望汇聚国内外各界的力量，从不同国别的实际需求出发，为各地区量身定制汉语教材。目前，华东师大正在与越南河内国家大学、奥地利亚墨那什大学、德国汉语教师协会合作编写国别汉语教材。同时，和意大利都灵孔子学院紧密合作，力图作为意大利中小学本土化汉语教材编写的基地，编写出与当地经贸、文化、旅游等紧密相连的优秀教材来。

各位代表，中国和世界的发展为国际汉语教育提供了前所未有的条件。华东师范大学积极致力于推进国际化进程，我们努力把学校的发展与国家的事业紧密结合，我们努力把学校的发展与世界高等教育发展的趋势紧密结合。华东师范大学积极致力于为孔子学院的汉语教师培养与教材建设提供全方位的支持，努力为让世界听懂中国的语言，让世界了解中国的文化，为构建和谐世界作出我们应有的贡献。

在学校新一轮大发展中推进党建工作①

（2010 年 1 月）

华东师大中长期发展规划经过半年的讨论、思考和研究，即将进入校务委员会最后的讨论和审议，并于下学期正式推出，学校新一轮发展也将正式启动。张济顺书记及其他老师的发言也很好地阐明了“在新一轮的大发展过程中，如何加强学校党建工作”这一主题，结合大家所讲的内容，我讲两点自己的想法，也希望能对大家有一定的帮助。

一、深刻理解学校新一轮大发展

在制定学校中长期发展规划中，我们仔细思考学校发展的背景，学校发展所处的大背景就是机遇。

一是“大时代”。华东师范大学的发展处在一个大时代，随着我国社会经济的发展，国家在世界的影响也发生了深刻的变化，中国高等教育在世界的影响也在发生一种变化。国家教育中长期发展规划的目标是从一个教育大国成为教育强国。所以华东师范大学在未来发展过程中一定要看到这样一个机遇，就是中国高等教育从数量向质量和地位的转化，这个转化需要在全球背景下来考虑。面对这样一个大背景，要开阔视野，要站在全球的视野去思考学校的发展。这也一个大时代赋予我们的机遇和勇气，中国高等教育要有这样一种勇气，要在较短的时间内赶上世界高水平高等教育发展步伐，要在世界高等教育舞台中拥有适当和重要的角色。今天我们也需要思考和谋划，思考二三十年以前中国经济在世界经济中的作用和地位，思考二三十年以后中国的高等教育可能在世界高等教育中的作用和地位。

① 本文为俞立中在 2010 年党建研究年会上的讲话，根据录音整理，标题为编者所加。

二是"大挑战"。学校在中长期发展规划中明确提出,到 2020 年左右要把华东师范大学建设成拥有若干世界一流学科,引领中国教师教育的世界知名高水平研究型大学,为到本世纪中叶建设成为世界一流大学奠定基础,这是学校发展的决心和发展目标。在张济顺书记的报告中,学校从论文引用量角度,位于世界高等教育的 400 多位,去年的《泰晤士报》从学术论文角度对亚洲大学进行排名,学校位于 140 多位,在中国大陆高校中位于 21 位,从学校的实际情况来看,我们距世界知名高水平大学的目标还很远。1996 年,我刚到学校管理岗位,学校召开科研工作大会,提出:"在五年中学校所有科研指标翻一番,并要努力成为一所研究型大学",从当时学校状况来看,这是一种很不切合实际的提法,但我们下决心确定这样一个目标,促使自身不断努力,最终只用三年的时间就实现翻一番的目标。当时提出理工科发展的三个推进方向,信息科学、生物技术和新材料。我们也深刻感觉到华东师范大学和政府对话过程中力量薄弱,学校在全国高校发展中的优势和强势学科就是教育学和地理学,但作为曾经是中国前 16 位的高等学校,这样一种竞争力是远远不够的,所以当时提出学校科研发展要瞄准国家和上海市的发展战略。IT、生物技术和新材料当时都是很重要的发展战略,当时就是在这样的前提和背景下,组建队伍,组建平台。如果回顾学校十三年以前发展情况,我们今天在学科平台、领衔专家团队方面,在 IT、生命科学、新材料等学科发展领域都取得了很大的发展和突破,已经形成了一批在国际层面和国家层面具有一定影响力的学科领域。这也说明,一所学校如果不能给自己足够的空间去挑战未来;不敢制定具有挑战性目标,就不能赶上时代的发展步伐。所以我们提出学校发展目标,就是要激励全校师生员工,围绕这样一个目标去努力奋斗,去迎接挑战,来最终实现发展目标,这也是非常艰难的过程,对学校领导、院系领导、教师和学生来讲也将是一个艰苦卓绝的过程,但最后的结果一定会是美好的。实现这样的目标,对每一个人来讲都会是幸福的,因为在这样一个大时代中,每一个人都成就了一项大事业,对学校和国家发展都具有重大的意义。

三是"大视野"。学校面对着发展的机遇和挑战,我们要以大视野去思考学校的发展。去年召开华东师范大学推进国际化进程工作会议,以推进学校国际化为主题召开全校性工作会议,这在中国高校中也许是第一次。把国际化作为学校发展的主要战略路径之一,是学校发展的一种理念;了解在全球化背景下高等教育发展情况,是一种大的视野。在学校发展目标和发展规划中,必须以一种全球的视野来考虑我们的教学改革、科研发展、人才培养和管理体制机制改革等事宜。这种视野也决定了学校未来的发展，这样的思想在学校中长期发展规划中也得到了充分的体现。一所有活力的学校，必须是有理想、有胸怀，能海纳百川，迎接挑战，同时也要不断设定目标，挑战未来。这样的学校才是有活力和有前途的学校。华东师范大学新一轮的发展就是在这样一种理想、胸怀和激励下开展的。所以在思考学校新一轮的发展中我们要面对大时代、迎接新挑战、拓展大视野。

二、深入思考在新一轮大发展中学校的党建工作

在学校发展的重要转折期时，党组织的核心作用和每一位共产党员先锋性作用体现得更为紧迫和关键，在思考新一轮大发展过程中，如何更好体现基层党组织核心作用和发挥党员先锋模范作用，推动改革和发展非常重要，这同时也是发展的坚实保障。

一是形成共识。要形成和学校发展目标高度一致的发展观和人才观。要在建设与高水平大学相适应的高水平人才队伍和高水平师资队伍方面形成共识。结合学校目前状况，要发展成为高水平大学，学校人才队伍建设还需要有质的提升。在这些方面，还存在着一些观念和认识上的差异，在小组讨论中，我讲过青年教师发展问题，学校青年教师面临很多困难，面临系列压力，党组织要关心这些方面，要用人才观和发展观的视角去关心他们的发展和成长。关心每一个人，要更多地关心他们的未来和发展，也只有不断地推动学校发展才能更好地实现个人的发展。如果中国的改革开放，不是依靠发展来解决所遇到的各种问题和矛盾，中国就不可能发展到目前的水平。要解决所遇到的矛盾和困难，一定要依靠发展，青年教师的发展也是同样的道理，只有不断努力，成为符合学校高水平所需人才，提升自身水平和实力，才可以解决自身发展所面临的问题和困难。党组织和党员要以实际行动，促使大家在发展过程中形成这样的共识，使大家团结凝聚于这样一种共识，并围绕共同的目标去努力奋斗。

二是营造氛围。要营造一种奋进和谐的氛围。要在个人利益和整体利益发生冲突时围绕整体利益来实现自己的发展目标，要通过我们的工作来凝聚人心、振奋精神、营造氛围。大学是开展高等教育和培养高层次人才的学术机构。大学的和谐

和需要解决的矛盾和社区的和谐及需要解决的矛盾是不一样的，如果大家没有压力，没有目标，没有奋斗的激情和斗志，那么学校就不会成为符合国家发展需求的大学。所以基层党组织和每一位党员要努力营造一种奋进和谐的氛围，来努力推动学校不断发展。

三是推进改革。改革是实现学校快速发展的动力，要改革不适应高水平大学建设的体制和机制，要以改革的勇气和魄力去面对挑战，破解难题，实现学校快速发展。党组织和党员要在改革的浪潮中充分发挥先锋模范作用，推动学校在教育教学、科研体制机制、资源管理使用、人事制度等方面的改革，要努力改变不适应学校发展的方面，实现我们一致的发展目标。

答人人网上学生问[①]

（2010 年 4 月）

今天在食堂午餐时，三位法语系同学向我反映了交费一万元的问题。现在，国际交流中心的老师已经作了明确的答复，也算是我对三位同学的回复吧。（当时忘了留下同学们的手机号！）

这里，我想再向同学们强调几句，学校的任何合理收费都必须以文件为准，而且必须在公布报名公告的同时，告知大家，说明缘由。建议你们遇到这类问题，可以打个电话问问教务处、国际交流中心。这些年来，学校努力开拓国际交流合作的渠道，争取为同学们提供更多机会，在大学期间有一段海外学习的经历，拓展国际视野，增强竞争力。各个相关部门和老师们都做得非常努力，学校也投入了很多资金，这一切都是为了学生的发展。我真的不希望看到，为了一个不确定的疑问，就这么非议自己的学校。请个别同学考虑一下，为什么不可以在说这些气话之前，先心平气和地弄清实事真相呢？我之所以要说这些话，是因为同学们今后都要走上社会，应该懂得如何处理各种问题。我觉得，这也是我的责任。

今后，学校还会进一步扩大海外交流的规模，使更多学生有这样的机会。学校也要进一步推进成本分担的机制，使更多的机会成为可能。但所有的运作必须有更大的透明度，使同学们在知情的情况下作选择。也请同学们给予更多的理解和支持。毕竟，学校所有的考虑是为了同学们的长远利益。我也希望和大家有更多的交流机会！

我理解同学们的心情。有疑问，完全应该提出，用讨论组这个形式也完全可以。关键是如何有礼有节地表述自己的问题，因为你的目的是为了搞清问题、解决问题，而不是为了发泄自己的情绪。同学们今后要走上工作岗位，要走上社会，要面对各

---

① 标题为编者所加。

种各样的人群，会碰到各种各样的问题。你们仔细想一下，如何能更好地思考问题、处理问题、解决问题。这是关系到每个人今后立足社会、成功发展的很重要的环节。简单一点讲，就是要学会沟通、学会相处、学会处理解决问题的能力。就这件事而言，我提出以下几点想法，供你们参考：

1. 如果关于收费问题是学校决定的，问一下有没有公告、有没有文件。老师说了要收钱，就可以收钱了吗？如果没有这种自我保护意识，将来走上社会不就容易轻信上当吗？当然，这类问题在学校里是很容易搞清的，但到了社会就不那么容易了。

2. 有疑问，可以问啊！如果系里不清楚，可以问院里。既然有人告诉说是学校的决定，那可以问管学生国际交流的教务处、国际交流处啊！再不行，可以问校长办公室啊！这就是学习解决问题的办法，要有针对性地处理各种问题。同学们到了国外，将来到了工作岗位也会碰到问题，应该找哪个部门、找哪个人，思路要清楚啊。

3. 有问题，就提出问题，不要带着自己的情绪。特别在事实还不清楚的情况下，先问清情况，不要顺着自己的思路去想问题。我记得曾经有位校友说过这个话，老板可不喜欢只会发牢骚的员工，发牢骚的结果，就是被炒鱿鱼。希望以后你们走上工作岗位千万不要做这样的傻事。学校不是这样的地方，老师也是有胸怀的，但学生如果没有这种意识，往往会言不达意。我在食堂碰到的三位女生就很好，她们很有礼貌，也很心平气和地问了一些问题，让我了解了这件事情，了解了同学们的疑问。我问了学校的相关部门，学校根本就没有做过这个决定，这不就明白了嘛！

4. 人和人之间要有起码的信任。我看了有些同学的话语，其实就是表达了对学校的不信任。我不知道学校做了哪些事情，这么伤害了他？其实学校是一个个具体的人组成的。如果有哪位工作人员，或哪位领导处理事情不当，也不能代表学校；就像某个同学的不当，完全不能代表华东师大的学生。我觉得，我们应该相信学校的老师和领导是真正为学生着想的，这是学校的主流。如果失去了这种基本信任，就失去了正确思考问题的基点。我也坚信同学们都是热爱这所学校，热爱老师们的。这就是我们有这个缘分的出发点和基点。我曾说过，校长有什么做得不对，大家可以批评校长，但我容不得因此而说学校怎么怎么不好。为什么？学校是大家的，学校是每一个师大人的荣耀，我们都要爱护她！

有感而发，说几句心里话。学校是育人的地方，我应该把这些想法提供给大家，希望同学们能看到这份用心。

哈哈！我愿意和同学们多沟通交往。我们都是从血气方刚的青年时代过来的，能理解年轻的冲动。希望大家在学习生活中不断积累经验，提升自己的综合素养。我衷心希望华东师大的学生在社会上更具竞争力。

建设世界高水平大学要有世界高水平的师资队伍[①]

（2010 年 4 月）

《国家中长期教育改革和发展规划纲要（2010—2020 年）》（公开征求意见稿）提出要“加快创建世界一流大学和高水平大学的步伐”。这既是对实施“211 工程”和“985 工程”的经验总结，也是对我国高等教育的未来发展提出的要求。

实施“211 工程”和“985 工程”以来，我们对世界一流大学和高水平大学的认识逐步深化。高水平大学要有一流的原创性重大科研成果，要减少行政干预，营造自由的科研与学术环境，要培养引进高端人才。大学非大楼之谓，乃大师之谓的观念日益深入人心。与此同时，对高水平大学建设中存在的困难、弊端，教育界、学术界乃至社会多有诟病，作为大学校长，身在其中，对不少观点颇有同感。面向未来，需要客观、全面地认识我国高等教育体制的优势以及存在的问题，积极借鉴国外有益经验，探讨科学有效的推进我国高等教育体制改革的操作性思路与策略，走出一条有中国特色的建设世界高水平大学的道路。

华东师范大学作为“985 工程”建设高校，在制定学校改革发展中长期规划纲要的过程中，深刻认识到集聚具有世界水准的人才队伍是加快建设世界知名高水平大学的关键。

一、必须重视科学总结，认真遵循学术大师的产生规律

建设世界知名的高水平大学，需要在学科领域有世界公认的学术大师。近一百多年，世界高等教育的发展过程中，国内外大学中能够被认为学术大师的人物，都在学术上取得了对经济社会发展、科学研究和人类生活产生世界性重大影响的顶尖的

① 本文原载《文汇报》2010 年 4 月。

原创性成果，他们尊重科学的学术精神，强烈的社会责任感、正直而富有使命感以及高尚的人品，使得他们在大学里成为学生的良师益友和楷模，成为大学获得社会支持、赢得社会声誉的重要源泉。人们对学术大师的认知，不仅要看到他们所取得的世界一流的科研成果，还应当充分认识他们的科学精神和高尚人品。不可否认，学术大师有各自的个性甚至有各自的缺陷。其中一些人也许会特立独行而不合群，也许会直言不讳而被误解为不听话，也许会因为自信而可能自负。而一所高水平大学之所以能够产生学术大师，就在于它构建了既有规范但又崇尚探索、既关注成功又包容失败的大学制度，既有价值观上的坚持又有对多元差异的宽容的大学文化。

学术大师所研究的对象，无论是自然科学技术的还是人文社会科学的，研究对象越具有世界性，研究成果就越可能产生世界影响力，从事研究的大学教师就越可能成为学术大师。即使是对本土对象的研究，要使其成果在对国内做出重大贡献的同时也能产生世界性影响，就需要研究者具有国际视野，使本土对象的选择具有世界典型性，需要以世界相应学术领域的共同语言，推动对本土对象的研究成果产生超国界的重大影响力，只有成为世界相应学术领域的主导话语，研究成果才能成为世界顶尖的。学术大师的研究，既有对经济社会发展、科学研究和人类生活产生直接重大影响或现实重大贡献的，也有对经济社会发展和人类生活具有间接重大影响或预期重大贡献的。对于后者，他们也许筹款不易而研究经费拮据。而一所高水平大学之所以能够产生学术大师，就在于它构建了既引导教师选择超越国界的科研方向又关注本土研究、既直面现实贡献又着眼和支持长远突破的大学制度与追求显性贡献却摈弃功利的大学文化。

二、必须坚持以制度创新为牵引，整体提升师资队伍水平

建设高水平大学，不仅应能够吸引国外学术大师，而且应能够产生本土的学术大师。在暂时缺少学术大师的情况下，需要从国内外尤其重点从国外引进学术大师或高端人才。但是，如果教师队伍不能整体上达到高水平，不仅难以引进高端人才，而且引进的人才也难以充分发挥作用而易于流失或被同化，最终无法建成世界高水平大学。因此，建设世界高水平大学，必须整体提升教师队伍的水平。

一是坚持师德建设与业务能力提高相结合，以师德建设为重。学校提出要完善

师德教育体系，倡导良好学术道德和学术风气，制定教师师德考核办法，将师德表现作为教师考核和聘任的重要内容。当教师具有强烈的爱国精神、不懈的进取精神、服务人类的奉献精神时，他们就一定会保持内在的坚持奋斗的长久动力；当教师崇尚科研创新、坚守学术道德时，他们就一定会鄙视学术造假，坚持原创；当教师敬业爱生时，他们就一定会发挥智慧，努力培养品学兼优的人才。在业务能力提高上，坚持科研能力提高与教学能力提高相结合，以科研推进教学。高水平大学必须坚持育人为本，必须努力为国家和社会培养出一大批拔尖创新人才。要建立所有的教师尤其学术大师和教授都应当承担适量本科教学任务的制度，以领先的科研成果实现教学内容的前沿性、科学性和实践性。

二是坚持引进与培育并重，以引进推进培育。高水平大学建设必须是面向世界的，依托开放加速提升，在提升中扩大开放。高水平大学，应当对全球高端人才有非常的吸引力。因此，学校提出高水平教师队伍建设必须走国际化的道路，提高教师队伍的国际化程度和国际竞争力。加快推行教师岗位的全球公开招聘，从全球引进高端人才，不但要建立一支相对稳定的高水平海外兼职教授队伍，而且要吸引一流的外籍全职专任教师。然而，同样重要的是从现在起就要大力培育中青年教师，使他们在若干年后成为本土的学术大师和高端人才，形成人才辈出的氛围和机制。因此，要以现有高端人才和引进的学术大师为核心，带动中青年优秀教师的发展，形成高水平的学术创新团队。为促进中青年教师脱颖而出，应大力支持中青年教师参与国际合作研究，参加高水平国际会议，增强教师在国际学术界的能见度。要建立有效机制，鼓励和支持中青年人才制定实施教学、科研能力自我发展计划，形成中青年教师成长、发展的内生动力。

三、必须加大办学自主权，拓展大学发展的特色个性

20 世纪末以来，我国高等教育发展迅速，政府推动的成效是非常明显。这不仅使我国进入了高等教育大国，而且使得包括华东师范大学在内的绝大多数高校教师队伍素质明显提高、办学条件迅速改善、经费大幅度增加、服务经济社会发展的贡献日益加大。

展望 2020 年，为了进一步促进我国高等教育向以内涵发展为主转变，提高质

量，加快创建世界一流大学和高水平大学的步伐，政府对高校尤其对“985”大学发展的推进作用，需要与时俱进，有新的理念。其中最重要的一条，就是要转变政府管理职能，加大高校的办学自主权，体现大学的特色个性。

可以通过深入调研并参照国外大学管理体制，从国情出发确定在未来一段时期内不能下放给高校的职权。在此前提下，不仅要实现《规划纲要》第 39 条规定的“六个自主”，而且要实现第 36 条规定的如“自主招生”等其他职权或权利等都应逐步地全部下放给高校，从整体上实现高校办学自主。这样，才能在较大程度上实现温总理所提出的，“一所好的大学，在于有自己独特的灵魂，这就是独立的思考、自由的表达。千人一面、千篇一律，不可能出世界一流大学。大学必须有办学自主权。”

在此基础上，政府通过体制机制的改革，有效地支持高校的人才队伍发展。建设高水平的师资队伍，需要深化科研体制、教学制度和人事制度改革，建立科学的人才评价机制、竞争机制和激励机制；需要制订不同岗位不同学科领域的人才评价标准，实行综合素质评价与特殊才能评价相结合、近期绩效与长期绩效相结合等。而上述改革能否推进，与政府对高校的评价、科研管理、经费管理、外事管理制度等改革直接相关，还涉及到引进高端人才必须解决的如科研经费、住房、子女就读、薪酬等后顾之忧。这些都需要国家在《规划纲要》修订以及制定实施办法时需要高度重视并予以规定的。

简言之，高水平大学就是拥有高水平师资、能够产生原创性研究成果，培养创新性人才的大学。建设高水平大学，必须尊重人才发展规律，推进大学制度建设和文化建设，努力集聚世界水准的师资。

全球化视野下的思想创新和文化传承[①]

（2010年5月）

今天我们在华东师大美丽的闵行校区，迎来了“华东师范大学·上海社科院第六届青年学术论坛”。首先，我谨代表华东师范大学，对上海社科院的老师和同学们表示热烈的欢迎！

一年一度的“青年学术论坛”是华东师大和上海社科院深化合作的结晶，已成为院校广大研究生互相学习与交流的平台。本届论坛以“全球化视野下的思想创新和文化传承”为主题，说明我们的论坛组织者，已经深刻地意识到在全球化的背景之下，认识和了解多元文化的必要性，以及文化传承和思想创新赋予一代青年的责任。全球化使人们的联系更加紧密，然而各种文化之间的差异和冲突同样引发了新的紧张局面，人们可以通过交流来展示自己，了解他人，缓解紧张局面。同时通过博采众长，传承文化、创新思想。

今年正值上海举办世博会，世博会不仅是世界各地思想与文化交流的一次盛会，更是人类文明的一次精彩对话。今年也是联合国的“国际文化和睦年”。可见，人们正在不断地通过多种途径和方式，加强文化间的对话、增进了解、促进相互繁荣。

今天，我高兴地看到，有众多的研究生积极参加本次论坛，本届论坛共收到投稿论文189篇，为历年最高；我深切地感受到，由研究生会组织的论坛，可以紧扣时代的脉搏，启发青年学子关注现实社会，博学笃志，切问近思；我衷心地希望大家通过本次论坛的交流，结识更多的朋友，开阔视野、拓展思路、收获多多；也希望研究生会今后继续组织开展高层次的学术科技活动、社会实践活动和其他丰富多彩的校园文

① 本文为俞立中在华东师范大学·上海社会科学院第六届青年学术论坛开幕式上的致辞，标题为编者所加。

化活动，吸引广大的研究生参加，推动学术科技活动深入开展，引导研究生实践成才。

最后，预祝本届青年学术论坛的成功！希望上海社科院与华东师大的青年论坛越办越好，双方继续加强交流，共同促进科研水平和研究能力的不断提高。

在教育部直属师范院校外事工作会议上的致辞

（2010年6月）

2010年教育部直属师范院校外事工作会议今天在华东师范大学隆重召开，这是部属师范院系外事工作者交流沟通、共享经验的好机会，在此，我谨代表华东师范大学，对各位领导、各位同仁的到来表示最热烈的欢迎！

在经济全球化的推动下，高等教育国际化已经成为不可逆转的世界潮流，提升高等教育的国际竞争力已经成为许多国家参与全球竞争、实现国家发展目标的重要战略。随着改革开放30年多来的经济持续高速发展，中国的国际影响力和国际地位已经对高等教育提出了新的要求和目标。我们需要以更广阔的视野，审视高等教育的改革与发展；需要以更开放的心态，培养具有全球视野和竞争力的创新型人才；需要以更有效的合作，催生具有里程碑意义的原创性成果；需要以更积极的态度，整体提升中国高等教育的国际影响力。

华东师范大学深刻意识到高等教育国际化带来机遇和挑战。我们选择了推进国际化进程，作为学校发展的重要战略路径。这些年来，全校上下形成共识，共同努力，取得了成效。学校搭建了各种形式的国际合作平台，积极创新国际合作交流形式，深化和巩固了国际合作的互动机制，在国际化方面迈出了坚实的步伐，大大提高了学校的国际品牌和国际影响力。我校与法国高师集团合作的研究生联合培养项目取得了丰硕成果，培养了大批高质量人才，在中法联合研究生院的基础上又成立了中法联合研究院，推进更深层次的科研合作。美国纽约大学、弗吉尼亚大学、科罗拉多州立大学、法国里昂商学院、加拿大圭尔夫大学、美国国际教育交流协会、美国海(域)外文化体验协会等高校和教育服务机构先后在我校设立海外校区、海外教学中心等实体机构，我校的国际教育园区已初具规模。我们充分发挥国际汉语教育的学科优势，依托国家汉办设在我校的“国际汉语教师研修基地”，积极推进各国本土汉语教师的培养培训。学校还积极推进和非洲大学的合作交流，实施非洲教师教育项目。近年来,学校每年招收 3 000 多名留学生,接受各种层次教育,留学生的国别已达 87 个。学校每年有 500 多人次的教师赴海外讲学交流。

2009 年底,我校召开“推进国际化进程工作会议”,在这次会上我们提出了:以更加积极开放的心态,大胆突破原有范式,探索国际交流合作新形式,探索国际化的办学机制、管理模式和文化氛围;以更加扎实的执行力,夯实国际合作交流平台,充分利用国际优质教育资源,推动学校国际化向纵深发展。在这次会上,通过了华东师范大学推进国际化进程行动计划,推出了 12 方面的具体措施,例如:争取使 25% 的本科生在学期间有海外游学经历;要求每位青年教师在入职 5 年内至少有 1 年在海外研修或合作研究的经历;组建 100 人左右的外籍兼职教师队伍,开发国际课程板块,列入选课目录;开发 100 门用英语授课的学科课程;推进中外联合办学等等。我们希望将华东师范大学打造成国家和上海教育开放合作的重要窗口,中外教育合作交流的重要舞台,国际学生留学的重要目标学校。

华东师范大学在推进国际化进程方面所取得的进步,离不开各位领导和各位同仁的关心和支持,在此我要道一声感谢!我也知道,各兄弟师范院校都在积极探索国际化进程的新途径和新方法,且颇有成效。真心地希望大家通过本次会议,进一步加强彼此间的交流沟通,共同应对高等教育国际化和全球化带来的挑战,进一步推进师范院校的国际化进程,进一步提高师范院校外事工作的能力和水平。

心有多大，世界就有多大①

（2010 年 6 月）

今天我们相聚在这里，举行 2010 届学生毕业典礼，大家心中充满喜悦、充满希望。首先，我衷心祝贺每一位毕业生，你们以自己的努力赢得了一把开启未来之门的钥匙。我也衷心感谢每一位同学，是你们倾注的青春和热忱为华东师范大学增添了活力和色彩。同学们，想想才刚走过的这段路程，你们人生中的美好青春时光正是和华东师大事业的蓬勃发展紧紧联系在一起的；记住这段难忘的历程，这一路上有多少人在扶持和支撑着你们啊！同学们，你们的成就凝聚着家人和师长的辛勤奉献。我请大家，以最热烈的掌声向父母和家人表示感谢！我请大家，以最热烈的掌声向导师、向全校教职工表示感谢！我请大家，以最热烈的掌声向你的同窗好友表示感谢！

每当学生毕业离校之际，我总觉得有很多话想说，又不知从何说起。前些日子，征求了一些意见。有同学说到，校长可以以自己的亲身经历对大家提点希望啊！感谢同学真诚的提醒，我今天就和大家讲几件事，谈点亲身感受，表达对同学的祝愿和期待。

第一件事，是作为校长最感遗憾的事。每个学期，校长办公会议都会讨论一些学生的退学事宜。和你们一起入学的同学中，共有 72 名中途退学，其中 2006 级本科生 48 名，2007 级硕士生 22 名，博士生 2 名。当然，有些是因为出国留学了，而不少是因各种令人伤感的原因。此时此刻，我虽然想不起这些学生的名字，但我真的很想念这些退学的同学，特别为那些没有能继续完成学业的同学感到遗憾。他们的掉队，很可能只是因为没有能再坚持一下。虽说竞争的社会不免失意和挫折，但我真诚地希望每个同学都能跟上竞争的节拍，紧紧跟上这个时代的发展。同学们，人生

① 本文为俞立中在 2010 届华东师范大学毕业典礼上的讲话，标题为编者所加。

的道路不会总像校园里的林荫道，不会总是那么平坦，不会总有师长庇护。数载寒窗苦，毕业了，找到工作是一种担当，还没找到工作的有一份焦躁，继续深造的还要经受一番历练。未来的确还有许多不确定性。但是，这种不确定性也孕育着更多的机会和可能，取决于个人的心气和努力。青春年少，当有雄心壮志。心有多大，世界就有多大。希望同学们"用心凝望不害怕"，相信"一直有双隐形的翅膀"，带我飞，给我希望。在任何时候，让梦恒久比天长，留一个愿望让自己想象，愿同学们，"所有梦想都开花"。

第二件事，去年年底，我在法国里昂参加人文高师的一个仪式，高师校长向与会者介绍，我曾经在黑龙江当了十年的农民，会场里竟响起了热烈的掌声。我深知这掌声是对我们这一代人的奋斗人生的赞许。1969 年至 1978 年，我在北大荒当了近十年的农民。平心而论，这段人生经历是时代潮流的驱使，但也由此造就了我们这一代人独特的性格。在北大荒待过，知道了什么叫作"开天辟地，艰苦奋斗"；当过农民，知道什么叫作"种瓜得瓜，种豆得豆"。一天辛勤劳作之后，还打着手电筒在被窝里读书，那是真正理解了"知识就是力量"的真谛。同学们，尽管环境不同、时代不同，但许多人生的道理是一样的。作为受过高等教育的青年知识分子，我们应该对民族、对国家、对社会有所担当，应当有强烈的使命感。这个大时代注定了我们这一代，甚至几代中国人必须比别人更加艰苦、更加努力。所有的收获都需要辛勤的付出，诚实与勤勉终会有回报。请记住校训上写着的"求实"二字。我坚信：只要我们努力过，"掌声总会响起来"。

第三件事，与世博会有关。华东师大的专家和学生志愿者为世博会作了不少贡献，给了我很多感动。但我今天想说的是会见以色列馆设计师哈伊姆·多坦给我的感受。多坦的母亲 1919 年出生在上海，是一位犹太难民。这位著名设计师一见面就对我激动地说：上海是我的根，没有上海人民的帮助，就没有我。感恩上海，感恩中国，这是我当初参与设计、建造以色列国家馆政府招标的最主要理由。我要为中国人民、为上海做更多的事。我知道以色列馆入口墙上有一段文字写道："二战期间，有 30 000 名犹太人在上海得到了中国人民的安全庇护，使他们从欧洲残暴的大屠杀中逃离出来。中国人民高尚的举动将永远被犹太人民铭记。"播出的视频短片解说词说：以色列很小，但以色列人懂得把最小的做到极致……。于是，我想到了感恩、回报、平凡、创造这几个词。同学们，我们每一个人成长的路上都离不开别人的帮助。感谢别人的帮助,并努力使自己对别人有所帮助,我们的人生就会是幸福的、成功的。我们也许很普通,但努力把平凡的事做到极致,就是了不起的创造,就一定能成就不平凡的人生。请记住我们的校训上写着“创造”二字。你的成就不仅是你的精彩,也是华东师大的精彩。

同学们,从今天开始,你们从学生成为校友。我在学校的 BBS 上看到有同学留言写道:“看着空荡荡的宿舍和柜子,我总觉得还留下了点什么,原来是留下了对母校和同学们深深的思念。”亲爱的同学们,感谢你们对母校的深情厚意,无论走得多远,华东师范大学都会深深思念着你们。在你们远行的行囊中,请装下我们的深情祝福。

服务国家发展战略，建设世界知名高水平研究型大学①

（2010年10月）

各位领导、各位老师：

国家《教育规划纲要》提出：强国必先强教。优先发展教育、提高教育现代化水平，对实现全面建设小康社会奋斗目标，建设富强民主文明和谐的社会主义现代化国家具有决定性意义。这一战略定位，预示着中国教育将进入新的更高水平发展的历史时期，也赋予每一所学校、每一个教育工作者崇高的历史使命。

2009年9月起，我们启动了《华东师范大学改革和发展规划纲要（2010—2020）》的编制工作。在制订学校《规划纲要》的过程中，全校师生形成了一些重要的共识。

一、服务国家和上海发展战略是学校的崇高使命

为了做好规划纲要制订工作，学校领导班子遵循“坚持民主，充分参与”和“实行开放、集思广益”的原则，在学校层面召开了20多次座谈会，听取老干部、教授、民主党派和群众团体、学生、校友等各方面的意见和建议。各院系召开了各类座谈会40多次，学校还通过问卷调查征求了5 000多名学生和校友的意见，并开辟了专门网络窗口，面向校内外广泛征询意见和建议。通过广泛深入的讨论，全校师生逐步形成了第一个最重要的共识是：“立足上海，服务全国”一直是华东师大人坚定的信念，学校进入“985工程”建设行列后，对国家和上海发展所肩负的责任更加重大。

作为一所全国重点大学，华东师范大学必须进一步牢固树立服务国家和地方发展战略的意识，加大改革力度，加快发展步伐，努力建成世界知名高水平研究型大

① 本文为俞立中在《华东师范大学改革和发展规划纲要（2010—2020）》发布大会上的讲话。

学，以卓越的成就，担当起历史赋予的崇高使命，担当起国家赋予的神圣职责。作为地处上海的全国重点大学，华东师范大学要以更宏大的气魄推进学校改革，以更开阔的视野推进国际化，以更积极的态度主动对接国家和上海发展战略，致力于培养具有国际视野的拔尖创新人才，致力于提高大学的核心竞争力，提高办学质量、提高服务能力。

学校在制订规划纲要过程中反复强调，无论是总体规划纲要还是专项规划、院系规划，都必须从学校实际出发，都必须着眼于服务国家和上海中长期经济社会发展战略目标，都必须贯彻《国家中长期教育改革和发展规划纲要》和《上海中长期教育改革和发展规划纲要》对高等教育、教师教育和建设世界高水平大学、一流大学的根本要求。据此，学校规划纲要紧扣“彰显特色”、“高水平研究型”和“深化改革创新”三条主线，突出反映了我们对学校现状和未来发展目标的共同认识，对大学的国家使命和社会责任的深刻理解，对世界高等教育和科研创新发展趋势的科学判断，体现了针对性、继承性、前瞻性、科学性和可操作性的有机统一。

二、建设世界知名高水平大学是学校的战略目标

建设高水平大学，必须遵循高等教育的发展规律，必须学习借鉴世界一流大学的发展经验，必须坚持反映学校特点的办学理念。在制订学校规划纲要过程中，全校师生更坚定了建设世界知名高水平研究型大学的信心和决心。我们确定的华东师范大学中长期战略目标是：建成若干世界一流学科，实现多学科协调发展，引领中国教师教育，在2020年左右进入世界知名高水平研究型大学行列，为到本世纪中叶建成世界一流大学奠定坚实基础。

在坚定建设高水平大学信心和决心的同时，我们也加深了对如何建设高水平大学的认识，全校师生形成了第二个重要共识是：“坚守大学本质，海纳天下英才，创造学术精品，引领教育发展”。

坚守大学本质，就是要坚持“育人为本”，坚定不移地全面贯彻党的教育方针，将不断提高人才培养质量作为立校之本，作为学校改革发展的根本出发点和落脚点。以严谨笃学奠基大师辈出，以学术自由鼓励科研创新，以特色发展实现跨越。坚持大学的国家使命和社会责任，以科研创新支撑国家发展，以培养杰出人才引领民族

未来。

海纳天下英才，就是要坚持学校大计、教师为本，坚定不移地将建设一流教师队伍作为学校改革发展的战略重点。大力推进学校管理体制机制的系统性改革，创造组织团队集体攻关与鼓励个人学术自由相结合的体制机制，为每一位教师充分展现个人才华和自身价值提供自由探索的制度环境，为每一位教师服务国家、服务上海提供有力的资源保障和支持体系，逐步建成中国特色社会主义现代大学制度，使学校成为天下英才向往之地。

创造学术精品，就是要坚持勇于创新、奋发进取，坚定不移地将培养拔尖创新人才作为人才培养的工作重心，将不断创造世界一流科研成果作为建设世界一流学科的战略重点。传承中国在数千年教育实践中积淀的人才培养思想精髓，借鉴世界一流大学人才培养的有益经验，立足本土，走国际化的人才培养道路，不断培养出包括未来教育家在内的卓越人才。瞄准世界科研前沿，把握科研未来趋势，完善科研体制机制，培育和催生世界一流成果，为国家和上海做出卓越贡献。

引领教育发展，就是要坚持学校教师教育特色，发展教育研究优势，坚定不移地把教师教育、教育研究作为重点建设领域。不断发展学校在教育理论研究、教育政策服务、教育实验实施和教育技术开发等方面的国内领先优势，努力在世界上形成具有中国特色的教师教育模式，形成具有时代特征的中国现代教育思想流派。引领中小学教师、校长尤其优秀教师、校长的发展，为他们发展成为中国的教育家提供一流服务；引领中小学校的发展，为它们提供更高水平的咨询服务；引领教育理论的发展，为教育政策的制定提供理论导向和有力支撑。

基于对高等教育发展中世界一流大学发展规律的认识，我们认识到，学校在“十一五”期间坚持的发展思路是正确有效的。未来一个时期，华东师范大学将继续瞄准世界一流大学，以培养创新型人才、提升创新能力为中心，推进学科交叉融合，推进学校国际化进程，汇聚英才，积聚资源，创造精品，走有华东师范大学特色的科学发展道路。

为了实现学校的中长期发展战略目标，在战略步骤上必须坚持“分领域规划”，“分类别指导”，“分阶段推进”。我们希望经过10—15年的努力，将学校建设成为孕育各行业精英乃至领袖人物的摇篮，成为生长具有国际重要影响力学科的基地，成为对接国家重大战略需求的重镇，成为办学体制机制改革的先锋，跻身中国大学前列。再经过 30 年乃至更长时间的奋斗，使学校综合实力和核心竞争力进一步增强，以鲜明的特色和世界一流的教育质量在国内外产生广泛影响。

三、改革创新是建设高水平大学的根本动力

第三个重要共识是：学校要朝着更高水平的目标加快发展，根本靠改革创新。关键是更新教育观念，核心是改革人才培养体制，重点是建设世界高水平的教师人才队伍，以加强学科交叉统合和推进学校国际化进程作为我们选择的两条重要的战略路径，形成具有华东师范大学特点的人才辈出、拔尖创新人才不断涌现的人才培养模式。

我校作为优秀教师和教育家的摇篮，作为国家培养公费师范生的重镇，一直致力于优秀教师与未来教育家培养模式和培养体制的创新。我们将继续以培养创新型教师为重点，建设有利于各学科领域拔尖创新人才培养的自主、多元招生录取机制；面向全体学生，为每一个学生的终身发展夯实基础，形成“个性化培养、多种发展途径”的各学科领域拔尖创新人才培养模式，实行更加开放的选课制，大幅度增加学生跨校、跨国学习的机会，大力推进国际合作培养；实施开放式、多元化的英才教育战略，贯通研究生与本科生课程体系，探索建立融选拔程序、培养计划、学业指导、科研训练、文化交流、持续发展为一体的拔尖创新人才培养机制，使优秀学生脱颖而出；形成有利于各学科领域拔尖创新人才培养的支撑体系，在国内建设若干实践基地，有计划地组织学生深入社会实践，从广大人民群众中汲取营养，从实践中发现问题、开拓研究思路，坚持人才培养为有中国特色社会主义现代化建设服务的宗旨，培养人文社会科学拔尖创新人才具有坚定的社会主义信念，为人民、为国家服务的精神追求，提升综合素养。

学校大计，教师为本。我校教师队伍建设体制机制改革的目标是汇聚一批世界级领军人才和战略科学家，造就一批具有突出创新能力和发展潜力的青年学术精英和学科带头人，形成具有世界一流水平的高层次人才梯队和一大批高水平的骨干教师，建设一支师德高尚、业务一流、结构合理、具有突出的创新意识与创新能力、充满活力、适应建设世界高水平大学需要的教师队伍。我们将继续健全党管人才的体制机制；进一步创新教师组织体制，加快推行教师岗位的全球公开招聘，提高教师队伍

的国际化程度和国际竞争力；坚持培养和引进并重、以引进推进培养的原则，积极推进“领军人才引进与培育工程”；努力培养优秀青年人才，实施英才培育计划，招聘一批有潜力的海外优秀青年人才；建立科学的人才评价机制、竞争机制和激励机制，制订不同岗位不同学科领域的人才评价标准，实行综合素质评价与特殊才能评价相结合、近期绩效与长期绩效相结合；建立人才特区；科学合理地设置教师职务岗位，在全面合同管理基础上推行教师职务聘任制。

学校发展，科研引领。我校科研体制机制改革的目标是形成与世界知名高水平研究型大学相匹配的科研体系，人文社会科学研究、自然科学基础研究和前沿技术研究综合实力显著增强，成为国家创新体系的重要成员；在3—5个研究领域达到世界一流水平，取得一批具有国际影响力的系列创新研究成果，科研实力进入国内大学前列；在国家和上海市经济建设、社会发展等关键领域拥有一批关键核心技术；科研成果应用、转化的质和量有突破性进展。我们将继续与若干世界一流学科建设相结合，整体部署、分类指导、分步推进、重点突破，形成鲜明的学校学科特色；建立服务国家战略、上海发展的科研导向机制，深度参与经济建设和社会服务，打造科研与社会服务系列产品的学校品牌；加强和完善个人与团队相结合、学校与企业及科研机构相结合、教师科研与创新人才培养相结合的科研创新组织；完善基础研究与技术创新相协调、长期攻关与集中突破相统一、潜心研究与成果导向相互补、应用研究与市场开发相衔接的科研项目运行机制；建立政策调控与市场手段相结合的科研管理机制；开辟多种途径，推进与国际一流高校、科研院所、高科技企业以及国际组织的高层次科研合作；与上海市区县政府合作，建设高新科技产业园，加快科技应用开发和科技成果孵化；遵循不同领域科研创新规律和特点，实行分类指导和评价，逐步引入国际评估机制。

四、追求卓越是建设高水平大学的精神支柱

第四个重要共识是：在建设世界高水平研究型大学，迈向世界一流大学的历史进程中，必须重视大学文化建设，而追求卓越应该成为高水平大学建设的精神支柱。

华东师范大学建设世界一流大学文化的指导思想是坚持以社会主义核心价值体系为中心，增强社会主义意识形态的吸引力和凝聚力；坚持用马克思主义中国化

最新成果指导学校文化建设，指导人文社会科学研究；坚持用中国特色社会主义共同理想凝聚力量，用以爱国主义为核心的民族精神和以改革创新为核心的时代精神鼓舞师生，用社会主义荣辱观引领学校风尚，巩固学校师生团结奋斗的共同思想基础。

学校文化建设的目标是坚持以一流大学的文化意识和文化自觉引领学校文化建设，弘扬刚柔相济、博大精深、自信务实、包容执著的学校优秀文化传统，形成提倡学术民主，推崇学术自由，鼓励百花齐放、百家争鸣的学术文化；弘扬“求实创造、为人师表”的校训精神，培育相互协作、荣辱与共的团队精神，激发敢为人先、追求卓越的创新精神，形成高尚、和谐、进取的精神文化；坚持民主管理、科学管理、人本管理，实行激励与约束相结合以激励为主的机制，建设以人为本的制度文化。

我们将进一步挖掘和宣传学校优秀文化传统，发掘和宣传学校当代优秀人物、先进事迹。对学校历史上的学术大师、杰出校友、名人轶事和正面的重大事件进行全面、系统的整理，努力传承师大文脉。建立有效机制，以先进文化的价值取向和一流大学的文化追求，及时发现、树立和宣传学校当代典型人物，使学校优秀文化传统得到发展和升华。坚持以科学发展观为指导培育大学精神，让“建成世界知名高水平研究型大学”的办学目标、“坚守大学本质、海纳天下英才、创造学术精品、引领教育发展”的办学理念，深入贯彻到办学的各个环节，真正内化为师生员工的深度共识，积极培育与世界一流大学相匹配的大学精神。坚持以鼓励创新、追求卓越的制度文化建设为重点，建设一流的学术文化和精神文化。积极推进制度创新，体现学术自由，实现学术民主，为一流大学的学术文化、精神文化提供制度环境。坚持以追求卓越的教风和科研风气为核心，积极塑造爱岗敬业，严谨笃学、勇于创新、奋发进取、潜心学术、志存高远的教师职业精神，形成立志成材的优良学风，塑造一流大学的校风。

蓝图已经绘就，关键在于落实。今天，学校将正式发布《华东师范大学改革和发展规划纲要(2010—2020)》。还要将各专项规划和院系(所、实验室)规划在修改完善的基础上正式编辑成册予以公布。今后十年，是我校建设世界知名高水平研究型大学的关键时期。全校师生尤其每一位党员和干部，要有高度的历史责任感、强烈的忧患意识和全景的国际视野，在“十二五”期间勇于面对在激烈竞争中不进则退的严峻挑战，紧紧抓住稍纵即逝的历史性机遇，深化改革，奋力拼搏，加快发展，为后五年实现学校中长期改革发展总体战略目标奠定坚实基础。我们要全面深入贯彻落实《国家中长期教育改革和发展规划纲要》和《上海中长期教育改革和发展规划纲要》的精神，推进学校规划纲要的实施。目前，学校已经申报获批了“国家教育体制改革试点”三个项目，启动了“985 工程”三期建设和一系列重大改革项目。我们坚信，在国家教育改革发展方针政策的指引下，在教育部和上海市委、市政府的领导下，全校师生共同艰苦奋斗，华东师范大学一定能够实现建成世界高水平研究型大学的战略目标，一定能够为国家和上海的发展作出新的更大的贡献！

华东师范大学第六届教代会第四次会议行政工作报告

（2010年12月）

我代表学校向第六届教职工代表大会第四次会议作行政工作报告，请各位代表审议，并请列席代表提出意见。

2009年12月华东师范大学召开了六届三次教代会。自上次教代会以来，学校师生员工深入贯彻科学发展观，解放思想，深化改革，不断推进以提高质量、凸显特色为中心的内涵建设，完善并启动实施《华东师范大学中长期改革和发展规划纲要》，围绕学校“985工程”建设，着力创新体制机制、提高人才培养质量、提升学科队伍水平、增强科研创新能力和社会服务能力，积极参与和服务上海世博会，在广大师生员工的共同努力下，学校各项事业都在新的历史起点上取得了新突破。

根据教代会主席团的建议，结合学校的实际工作，行政工作报告分两个部分。第一部分，学校“985工程”建设情况；第二部分，与师生切身利益密切相关实事的落实情况。

一、描绘蓝图，寻求突破，推进新一轮“985工程”建设

2010年，学校“985工程”二期建设顺利通过教育部组织验收。在瞄准国家和地方重大战略需求，紧密结合《国家中长期教育改革和发展规划纲要》和《华东师范大学中长期改革和发展规划纲要》的目标和任务，学校新一轮“985工程”建设正式启动，新一轮“985工程”建设将以“顶层设计、基层组织、纵向管理、横向实施”为总体实施原则和思路，以学科建设和队伍建设为核心，以体制机制创新和人事分配制度改革为抓手，统筹资源、突出重点、长期规划、分类指导、动态实施，全面提升学校的整体水平和综合实力，进一步提高学校的自主创新能力和国际影响力，全面实现“十二

五”规划目标，早日建成世界知名高水平大学。回顾总结“985 工程”二期建设成效，主要体现在以下几方面。

(一) 2010 年主要工作成效

1. 编制中长期发展规划，推动学校事业发展

编制学校中长期发展规划。通过组织召开各种会议，征集各方意见，形成《华东师范大学改革和发展规划纲要(2010—2020)》，并于 10 月份召开《规划纲要》发布会。进一步明确了建设世界知名高水平研究型大学的战略目标，形成以培养创新型人才、提升创新能力为中心，推进学科交叉融合，推进学校国际化进程，汇聚英才，集聚资源，创造精品的战略思想。积极做好学校“十二五”规划和“985 工程”新一轮建设各项工作，确立服务国家和上海发展战略的学校使命，明确今后十年为学校建设世界知名高水平研究型大学的关键时期，为学校各项事业健康、持续、快速发展提供坚实保障。

2. 深化教师教育改革，推进教师教育发展

完善免费师范生培养体系。重构师范生基础平台课程，增设基础文理课程，夯实师范生培养基础。继续推进“师范生卓越人才培养计划”，选派师范生赴爱尔兰国立大学交流学习。举办免费师范生座谈会，了解他们在学习和生活上的困难和问题，听取他们的意见和建议，不断巩固免费师范生专业素养和职业信念。有效做好免费师范生的实习和就业工作。制定师范生实习管理条例和师范生实习工作方案，形成“定编定岗、混合编组，相对集中”的新型实习模式。选派骨干教师担任教育实习的指导教师，在成都、昆明、江苏、浙江等地为首届免费师范生设立 95 所实习学校，举行免费师范生实习动员与培训大会，为师范生顺利实习提供保障。继续实施“走出去、请进来”策略，举办免费师范生就业推介月系列活动，进一步加强与重点用人单位联系沟通，建立长期合作机制，为免费师范生顺利就业搭建平台。

服务国家教育发展。响应国家关于高等教育国际合作交流的发展战略，承担“面向发展中国家教育硕士项目”，开设非洲教育硕士班，研究非洲和国际教师教育政策，为国家实施对外教育援助与交流提供依据。组建非洲工作访问团，参与国家“中非高校 20+20 合作计划”项目，与非洲坦桑尼亚达累斯萨拉姆大学达成“一对一”合作大学的意向，在合作开展科学研究、教师培训等方面达成共识。创建“全国

教师教育政策研究数据库”,成立教师教育政策研究数据中心,完成并出版《中国中小学教师专业发展状况调查和政策分析报告》,为国家教师教育研究提供政策依据和咨询服务。举办“普通高中教育改革和发展座谈会”,围绕“普通高中多样化办学”和“普通高中创新人才培养”等内容,继续推进普通高中教育转型研究。发挥学校教育和教学研究优势,通过理解型素质教育和自然分材教学研究成果,推进义务教育内涵性均衡发展研究。积极参与国家“国培计划”项目建设,为国家中小学教师队伍建设提供优质服务。

深化区域教育交流与合作。与昆山市人民政府签订教育合作框架协议,在教师培训、校长培训、教育品牌、实习基地、终身教育等方面开展卓有成效的交流合作。与西藏民族学院共同建设“远程互动视频教学系统”实验室,并签署《西藏民族学院选送部分专业优秀本科学生到华东师范大学插班学习交流的协议书》和《西藏民族学院与华东师范大学联合培养教育技术学专业本科生的协议书》。联合上海京城高新技术开发有限公司,成立“华师京城——新疆师范大学双语教育信息化装备实验室”。修订《非学历教育活动管理规定》、建立成人高等教育督导库,完善继续教育管理系统建设,顺利完成对口支援新疆汉语骨干教师及都江堰中小学骨干教师培训项目。积极开展三区联动工作,启动闵行区华东师范大学紫竹教育园工程,推进华东师大影剧院、博物馆等区校共建项目建设进程。

3. 优化学科发展布局,提升学科综合发展水平

优化学科发展布局。根据国家稳步发展学术型学位教育,大力发展专业学位教育战略思想,制定《华东师范大学新增硕士专业学位授权点审核办法》,组织参与教育硕士、汉语国际教育硕士、MBA 专业学位综合改革试点工作。审核通过并上报金融硕士、应用统计硕士、国际商务硕士、保险硕士、资产评估硕士等 12 个硕士专业学位类型。自主审核并上报电子科学与技术、计算机科学与技术等 9 个一级学科博士点,信息与通信工程、海洋科学等 3 个一级学科硕士点。在本科专业建设方面,新增金融工程、环境工程、会计学 3 个本科专业,开展德语、社会学、教育技术学等 10 个本科专业评估工作,为进一步优化学科发展布局提供保障。

构建学科发展平台。增强学科交叉融合与创新能力研究,探索学科交叉创新的新思路、新形式。组建化学与转基因组学研究所,推动构建心理学、脑科学和教育学跨学科研究平台,支撑相关前沿研究。完善管理办法,推进科学与技术跨学科高等

研究院建设，为构建推动学科交叉融合的理工科研究平台提供制度保障。增强学科发展能力，形成在国际学界具有重要影响的学科发展领域。在教育部公布的2007—2009年全国学科排名，学校教育学、地理学、系统科学、体育学、心理学、中国语言文学和社会学7个一级学科整体实力全国排名前10位。

提升学科发展水平。根据英国《泰晤士报》公布的结果，我国有38所高校跻身亚洲200强，学校整体水平位列第20位。学校在2010中国高校科学贡献力排行榜、中国高校国家重大自然科学奖排行榜、中国高校nature&science论文排行榜（第二作者单位）中的位次也有不同程度的提升。根据中国校友网和《21世纪人才报》公布的数据，在1978—2009年获国家重大社科奖励排名中，学校列第6位。学校人文社科在研项目、发表论文和出版专著，在全国高校人文社会科学研究情况排名中位居第3位，相关学科发展水平得以显著提升。

4. 提升科研创新能力，服务创新型国家建设

学校全面布局和推进研究型、综合性科研体系建设，学校的科研经费稳步增长，科研创新能力持续提升，科研成果显著增加。

科研经费稳步增长。2010年，学校共获得115项国家自然科学基金的资助，比2009年增加了29项，获得1项国家973项目，2项重大科学研究计划项目；获得31项国家社科基金项目，2项国家社科基金重大项目，2项教育部重大攻关项目，17项全国教育科学规划项目，49项教育部人文社会科学项目。到校课题经费总数预计2.4亿元。

科研创新能力持续提升。重点实验室建设取得突破，河口海岸学国家重点实验室和精密光谱科学与技术国家重点实验室顺利通过科技部专家评估；脑功能基因组学教育部重点实验室顺利通过教育部专家评估；同时，上海市脑功能基因组学重点实验室通过了上海市科委专家评估，获小组第一名，进入“优秀”类实验室复审。“上海数字化教育装备工程技术研究中心”完成建设计划可行性论证，正式进入上海市工程研究中心的建设行列。基地建设成果突出，6所教育部人文社会科学重点研究基地顺利通过第二轮评估，2个上海市社会科学创新基地和工作室，以及上海社会调查研究分中心建设工作顺利开展。创新团队建设不断提升，数学系芮和兵教授获得国家自然科学基金委杰出青年基金，以软件学院何积丰院士为带头人的团队入选基金委创新群体。重大科研任务承接能力显著提高，学校牵头的全球变化重大科学研

究计划首批重大项目“我国典型海岸带系统对气候变化的响应机制及脆弱性评估研究”获准立项。丁平兴教授为首席的“中国典型河口—近海陆海相互作用及其环境效应”项目和张卫平教授为首席的“基于光子与原子系统的量子计算与关键量子器件”项目获国家重大基础研究发展计划和国家重大科学研究计划（973 计划）批准。杜德斌教授主持的《科技全球化的最新发展与我国的对策研究》和阎光才教授主持的《高端学术人才评价标准与模型研究》，获教育部科技委战略研究重点项目立项。沪上目前最大的学术文化项目共计约 4 100 种著述的《子藏》工程已正式启动。服务世博会成绩显著，学校世博研究院及林拓教授为本届世博会的成功举办提供了重要的智力支持并获上海世博组委会执委会表彰，设计学院获得了世博会主题场馆设计及世博会特许产品设计项目并被列为中国馆衍生产品设计研发唯一指定设计单位。

科研成果显著增加。自然科学方面，2010 年学校科研人员申请国家专利 231 项，其中发明专利 142 项；专利授权 160 项，其中发明专利授权 79 项。夏涛教授的相关研究成果《通过基因改组获得了一个新的植物液泡钠氢离子逆向转运蛋白提高了酵母的耐盐性》发表在国际著名学术期刊《生物化学杂志》上，引起较大反响。教育部战略研究基地华东师范大学科技创新与发展战略研究中心完成 3 项教育部战略研究重点课题，2 篇研究成果被《专家建议》采用。人文社会科学方面，共有 53 项成果在上海市第十届哲学社会科学优秀成果和第八届邓小平理论优秀成果奖评选中获奖，其中一等奖 8 项；有 3 项成果在上海市第七届决策咨询研究成果奖，学校获得的一等奖是上海高校获得的 4 项一等奖之一。

5. 优化教师队伍结构，推进高水平人才队伍建设

学校不断优化师资队伍结构，在领军人才、创新团队、优秀青年教师队伍建设方面取得了显著成效。

高层次人才队伍建设取得较大进展。学校通过中组部“千人计划”从海外著名大学和科研机构引进了林华新、周迅宇、孙东初、W.J.Mitsch、林学民等 5 名教授；新入选“长江学者”5 人，总数增至 17 人；新增国家杰出青年科学基金获得者 1 人，全职引进 1 人，总数增至 17 人。新聘美国化学家，《美国化学会志》主编 Peter J. Stang 教授为学校名誉教授。段纯刚教授领衔的“极化类信息功能材料”项目成功入选“长江学者和创新团队发展计划”。

青年优秀人才培养工作不断推进。学校加快实施“青年英才培育计划”和“晨辉

青年教师发展资助计划”。2010年，学校共推荐108人申报国家留学基金委资助的各类海外研修项目，通过国家公派、校际交流、单位公派等途径派出60余名青年教师进行国际合作交流。12人入选“新世纪优秀人才支持计划”，2人入选“上海市领军人才”；理科3人入选“上海市优秀学科带头人”，4入选上海市“科技启明星计划”，6人入选上海市“浦江人才计划”，3人入选上海市“晨光计划”；文科有12人入选上海市“浦江人才计划”，2人入选上海市“晨光计划”，3名教师入选2010—2011年度中美富布赖特项目；瞿骏、文军荣获上海2009年度社科新人。

人才评价奖励机制逐步完善。学校初步制定了2010年岗位绩效津贴调整方案，发挥分配制度在人才队伍建设中的激励、杠杆作用，并建立以竞争、流动为核心的人事管理机制，激发广大教师的创新意识和工作热情。2010年，学校张经院士获得上海市先进工作者，浙江天童森林生态系统国家野外科学观测研究站荣获上海市模范集体。

6. 坚持人才培养机制改革，全面提高创新型人才培养能力

创新型人才培养是学校的核心任务。通过启动新一轮“985工程”建设工作，学校在培养模式改革、课程与教材发展、优秀教学团队建设、实践教育和创新能力培养、国际游学和跨文化教育等方面进行了新的探索，取得了可喜成绩。

学校围绕“一流本科教育”的目标，在本科课程建设与教学改革方面取得了新成效：5门课程入选国家精品课程；1门课程入选国家双语教学示范课程；6门课程入选上海市精品课程；3门课程入选上海高校示范性全英文课程。体育教育、英语、统计学专业入选第六批国家级高等学校特色专业建设点。2个教学团队入选国家级教学团队，4个教学团队入选上海市优秀教学团队。组织开展了新立国家级项目50个、市级项目60个，校级大夏项目309个和师范生研习项目174个，资助总经费230万元。学校积极与国内外高校开展合作交流，为本科生赴国内外大学交流学习提供了更多的机会，2010年，学校启动首期与科罗拉多州立大学“2+2”联合培养双学士学位项目，派本科生赴爱尔兰国立大学等多所国外高校交流学习，开展暑期海外夏令营，海外中心课程计划等交流活动，与国内知名高校上海交通大学等开展交流生培养项目，共派出交换生近200人，接收外校学生150人。

学校以制定研究生教育中长期发展规划纲要和“985工程”拔尖创新人才培养建设项目规划及改革方案为契机，进一步完善研究生资助体制，创新招生模式，吸取优

质生源，实施推免生专项计划，促进研究生结构调整与培养模式改革，推进教育创新。学校为 2010 年教育部进行“博士研究生学术新人奖”试点单位，孟凯等 10 名博士生荣获博士生教育部 2010 年度“博士研究生学术新人奖”。学生赴哈佛大学、日本佐贺大学，台湾政治大学等进行长短期交流，组织推荐 3 名优秀博士生参加德国诺贝尔奖获得者大会。15 人被法国高师录取为联合培养博士生，另有 3 人被法国其他高校和研究机构录取为博士研究生，为历届录取比例最高。学校张姣博士的论文获得法国高师集团博士论文评价系统中最高评价等级“TRES HONORABLE”（非常优秀）；与巴黎高师联合培养的 2006 级博士研究生李筠参与的重要学术成果《基于原子芯片的多体量子纠缠》在 *Nature* 杂志上刊发。

学校通过“学生参议会”、“师生午餐会”、“学生新闻发布会”及校长信箱等途径，进一步加强与学生的沟通交流，鼓励学生参与学校管理，推进和谐校园的构建。学校获上海科技馆志愿者活动先进集体称号；在世博会志愿者活动中，校团委荣获“上海世博工作优秀集体”荣誉称号。

积极拓宽就业渠道，全力做好 2010 届毕业生就业工作。目前学校 2010 届毕业生总体就业率为 95.53％。其中，本科生就业率为 94.27％，博士研究生就业率达 98.71％，硕士研究生就业率达 96.26％，就业率继续位居上海市高校前列。

7. 稳步推进国际化进程，逐步提高学校国际地位

2010 年，学校依照《关于加快推进华东师范大学国际化进程的若干意见》，进一步理清思路，明确目标，努力推进学校国际化进程，逐步提高国际地位，全面建设世界知名高水平大学。

国际合作层次显著提升。学校与纽约大学及浦东新区共建分校的筹备工作正在紧锣密鼓的开展当中，2010 年 4 月，学校与纽约大学正式签署了《关于成立上海纽约大学的协议备忘录》，6 月得到了上海政府的批准通过，随后又得到了教育部和上海市领导的大力支持，各方形成合力加快前期工作，争取尽早签约。2010 年，推进了与法国巴黎高师集团的合作，选拔 18 名学生进入第九届中法班学习，选拔 15 名学生攻读 2010—2013 年法国高师博士学位，入选人数达到赴法学生历史之最。举行华师大与里昂高师和法国科学研究中心成立的社会和科学联合研究院（JORISS）的成立大会，签订了合作协议，并在学校举行了 JORISS 项目挂牌仪式，联合研究院的成立标志着学校与里昂高师的合作进入了一个新阶段。2010 年，学校与澳大利亚麦考瑞

大学签订合作协议书，与美国康奈尔大学、澳大利亚拉筹伯大学再签合作协议。

国际交流数量明显增加。通过各种渠道，积极争取非洲援外国际教育项目，首次设立“教育领导与管理”国际教育管理专业硕士的招生和培养，首批 21 位非洲学生顺利进入学校学习。继续推进“师范生卓越人才培养计划”二期项目的实施，选派 30 名优秀师范生赴爱尔兰大学交流学习。启动首期与科罗拉多州立大学联合培养双学士学位项目。增加选派赴美国、英国、德国、法国、日本等国的交换生与海外实习项目。完成了暑期英国“体验感动中国”曼彻斯特大学学习项目和新开设的美国暑期学校项目。2010 年起，里昂商学院计划每年派送 500 名学生前来学习中国经济和文化以及相关课程。2010 年学校接待短期留学项目 29 个，800 多名学生。

国际教育规模不断扩大。2010 年，学校留学生人数 4 100 余人，比 2009 年的 3 600 增加近 500 人，增长幅度 12%左右。新招学历生近 290 人，比去年增长 22%。在校生的国别从去年的 92 个增加至 104 个国家。硕士研究生、博士研究生留学人数呈现大幅度增加的趋势。举行了第六所孔子学院“美国俄勒冈大学孔子学院”的揭牌仪式

全力打造国际教育园区。2010 年，学校又与美国国籍留学服务中心（ISA）成功签约，使 ISA 顺利入驻学校国际教育园区，入驻学校国际教育园区的美国教育服务增加到三个。2010 年国际教育园区为学校本科生和研究生共计 10 余人提供了 50 门以英语为授课语言的专业课程，内容涵盖社会、文化、历史、经济、金融、商业、国际关系、全球化问题等多方面。学校继续推进国际教育园区服务工作，组织协调本科生和研究生选修园区内各单位提供的英语课程，集中力量加强英语课程建设。

各位代表：学校自进入“985 工程”建设以来，广大教职员工围绕建设世界知名的高水平大学这一宏伟目标，凝聚人心，彰显特色，团结一致，勇于创新，学校发展取得显著进步，人才培养质量明显提高。引领中国教师教育发展的作用显著增强。传统优势学科领先地位得到巩固，新兴交叉学科建设取得重要进展。科研创新与应用技术开发水平显著提升，社会服务能力明显提升。国际交流与合作日益扩大，学校正在形成一定的国际声誉。这些成绩的取得，是我们每一个教职员工爱岗爱业、辛勤工作、全新投入的结果。在此，我谨代表学校向各位代表、向为学校发展付出辛勤

劳动的全体教职员工表示最衷心的感谢和最崇高的敬意！

与此同时，我们也清醒地认识到，学校发展离国家和上海对高水平大学新的更高要求还有较大的差距，在国内高水平大学中的竞争优势尚不明显，离世界知名高水平大学的建设目标还有很大的距离，面临很大的挑战。学校工作还存在着诸多的不相适应。其中最重要的是：

1. 人才培养体制

人才培养是一所大学的根本任务和首要职责，人才培养质量是衡量一所大学发展水平的重要标志。我国教育的发展，尤其是高等教育的发展已经从外延拓展为主转向特色发展和质量提升。在今后一段时间内，凸显特色和提升质量的内涵建设将是高等教育发展的永恒主题。因此，如何紧紧围绕人才培养质量，加强内涵建设，对于学校的发展将是一个至关重要的问题。第一，面对日益激烈的招生竞争形势，如何拓展招生途径，创新招生模式，吸引高水平的优质生源报考华东师大，提升生源质量。第二、如何强化创新意识，深化人才培养机制改革，增强学生的创新精神和创新能力，培养学生的跨学科思维和批判性思维，适应建设创新型国家对拔尖创新人才的迫切需要。

2. 学科与师资队伍建设

学科建设方面，主要变现在两个方面：一是学科整体发展水平尚未达到较高水平，冲击国际前沿学科以及国内一流学科仍有不少困难。二是具有重大影响的科研原创性成果缺乏，领域内突破性成果不足，具有国际影响力的一流成果仍然缺少。

师资队伍建设方面，一是尚未形成一批能够带动相关研究领域达到国际水准和国内先进行列的学科领军人物和一大批高层次创新团队；二是杰出中青年人才队伍尚未建成，学术梯队建设尚不完善，师资队伍的整体水平与世界知名的高水平大学不相匹配。尤其是在新一轮的"985工程"建设中，提升学科建设的水平，完善高水平师资队伍建设，提高人才培养的质量，已成为推进学校建设的关键问题。

3. 管理体制机制

学校的发展是全校师生的共同理想和责任，当前在学校的发展过程中，管理体制机制尚不足以建立更加强劲的发展合力，还不能更加充分地激发所有院系和全体师生的积极性和创造性。现有的资源尚未科学有效整合，服务设施有待完善，尚未建成与世界知名高水平大学相匹配的管理服务体制。

(二) 今后的工作思路

当前,国家中长期教育改革和发展规划纲要以及全国教育工作会议对于我国教育的发展提出了新的思路和目标。同时,在全校广大干部教师积极参与下,华东师范大学改革和发展规划纲要也已颁布实施,蓝图已经绘就,面对新形势,要有明确的工作思路,才能更好地推进学校各项工作的进行。就学校今后一段时期内的工作思路,我想提几点意见,供大家讨论:

1. 认真贯彻落实华东师范大学改革和发展规划纲要

国家和上海市中长期教育改革和发展规划纲要已经颁布实施,学校的改革和发展规划纲要也已经正式公布,战略路径选择了,接下来就是落实。因此,下一步的工作思路就是要在国家的战略部署下,认真贯彻落实华东师范大学改革和发展规划纲要所确立的战略目标、指导方针和战略思路,进一步明确并深化学校建设高水平大学的办学目标和定位,瞄准世界一流大学,以培养创新人才、提升创新能力为中心,推进学科交叉融合,推进学校国际化进程,汇聚英才,集聚战略,创造精品,主动顺应高等教育改革发展的新形势,捕捉各项事业改革发展的新契机,推到学校各项事业更好更快地发展。

2. 完善人才培养机制,培养高素质创新型人才

必须坚持人才培养在学校工作中的中心地位,以"一流本科教育"为目标,以陶冶品行、学会学习、学会发展为导向,推进本科人才培养体制创新,形成注重创新、强化实践、满足个性、促进全面发展的培养特色。坚持研究生教育"质量为本"的发展战略,推进研究生人才培养体制创新,努力使研究生具备与其学位类型、学位层次、学科门类相适应的专业知识体系。鼓励探索创新,培育学术新人。在促进全面发展的基础上,努力培养优秀专门人才和拔尖创新人才。

必须坚持开放办学的理念,大力推进国际化进程。积极开拓高水平的交流项目,实现中外合作办学突破;提高本科生培养的国际化程度,培养具有国际视野的人才;提高研究生教育的国际化程度,造就高水平国际化人才。

3. 全面推进学科建设,提升学校核心竞争力

必须坚持推进学科交叉融合,坚持巩固优势学科和学科群;大力发展符合国家目标、引领科学发展趋势的前沿学科;积极扶持特色鲜明、社会急需、发展潜力巨大

的应用型学科；以服务创新型人才培养、适应国家经济社会发展为导向，促进学科间的交叉融合，催生新的学科分支，打造具备国际竞争实力的特色学科集群。

瞄准学科前沿领域，通过学科交叉争取产生新的学科生长点，在若干学科交叉领域取得重大突破。支持心理与认知学科通过学科交叉实现基础心理、认知神经科学等领域研究的重大突破，通过与学前教育、特殊教育、生命生理学科等专业的结合，实现发展与教育心理、认知发展障碍等领域研究的重大进展。鼓励立足我国社会转型期社会心理深刻而复杂的变化，与社会学、新闻传播学等领域有机结合，初步创建追赶世界先进水平和有中国特色的社会心理分析模型和预警工具。大力支持金融学科与经济学科、应用数学专业等深度交叉，紧密结合我国建设有中国特色金融体制机制、建成适应我国国情的国际化现代金融体系、推动金融创新和确保金融安全等战略需求，密切配合上海市建设现代国际金融中心的重大战略，初步创建以金融数学为核心的新的学科生长点，建立冲击或初具世界先进水平的各种金融数学模型、工具技术和数据库，努力构建基于方法和技术创新的金融理论体系，为建成世界高水平金融学科奠定基础。

我们希望，通过新一轮“985工程”建设，学科总体发展水平达到国内先进水平，若干重点学科进入国际前沿，初步建成多学科高水平协调发展的学科创新体系。

4. 大力实施人才强校战略，建设高水平师资队伍

必须坚持学校发展以教师为本，坚定不移地将建设一流教师队伍作为学校改革发展的战略基础，使学校初步成为天下英才集聚高地，实现人尽其用、人尽其才。

必须坚持高端引领，以建设世界知名高水平研究型大学为导向，立足全球，汇聚英才，通过各类人才计划的实施，大力吸引海外高端人才的加盟，加快实现学校师资队伍的国际化，使学校成为一流人才聚集的高地。结合一流学科建设，培养和引进一批具有国际水准的战略科学家和学科、学术领军人才，培养造就一批世界一流的科学家及创新团队，培养和汇聚一大批具有国际先进水平的领军人才、一大批具有创新能力和发展潜力的学科带头人，带动师资队伍整体水平的提升，形成优秀人才的团队效应，提升学校在国际、国内的学术地位和竞争能力。

必须加强青年人才队伍建设，培养具有国际视野、富有创新能力的青年优秀后备人才，实现师资队伍的可持续发展。实施海外高层次青年人才引进计划，着力从海内外引进青年杰出后备人才，建成一支一流人才领军、杰出人才辈出的高水平的

可持续发展的教师队伍。继续大力推进“青年英才培育计划”，加强和完善青年教师培养计划，鼓励优秀青年教师到国外高水平大学开展合作研究，为使其成为优秀学科带头人后备人选创造条件。

必须坚持以改革创新为根本动力，以充分发挥各单位和每一位师生员工积极性创造性为重点，以培养拔尖创新人才、保障学术自由、促进科研创新为目标，深化学校管理体制机制改革，推进国际合作交流和办学体制改革，基本建成制度化、规范化、效率高的民主管理和科学管理的大学治理结构。

二、促进和谐，讲求实效，切实打造师生满意的实事工程

在全面贯彻落实科学发展观的过程中，学校始终坚持把实现好、发展好、维护好师生的根本利益作为学校各项工作的出发点和落脚点。促进和谐，讲求实效，有力、有序、有效地推进实事工程建设。

(一) 主要成效

1. 世博服务安保圆满完成

2010年，学校以科学发展观为指导，深入贯彻落实上海世博安保精神，以创建“平安校园”为目标，在校园管理、安全防范、消防安全教育、维护学校稳定和校园周边综合治理等方面做了大量的工作，确保了世博期间校园的政治稳定和良好治安秩序。

以世博安保为重心，落实校园安全稳定。为了做好世博校园面上治安防控工作，学校加强不安定因素的排查，积极做好突发事件的应急处置工作，整个世博期间，潜在和发生的不安定因素得到了及时处理，未给学校造成实质性影响。世博期间采取了“人防、物防、技防”联动等多项安保措施，有效压减了案发率。加强了重点要害部位的管理和防范，开展了全校重点工作的梳理界定自查整改，使学校的重点要害部位的软硬件管理皆上了一个台阶。

积极开展校园周边综合治理。坚持街道、学校和三位一体(居委会、业委会、物业)的综合治理推进会制度，协同长风街道开展了几次大规模的拆违行动，拆除了大量占路、占绿，出租经营的违章建筑，改善了校园周边环境。同时，积极配合区政府、

长风街道开展师大一村的整治工作，通过绿化改造、管道改造、道路整改、房屋维修等，明显改善了师大一村居住环境。

2. 师生学习工作条件有所改善

积极改善办学条件。软件设施方面，2010 年，学校投资 260 多万，扩充学校公共平台实力，提升了公共计算服务能力，建立信息科学与技术公共分析测试平台，提升大型科学仪器设施共享服务能力，继续完善公共数据系统，更新数据库服务器，进一步加强网络建设。硬件设备方面，推进实验室建设，做好仪器设备管理工作，做好设备配套工作，为学校教学、科研工作提供条件保障；投入 3 000 余万元资金进行大型项目修缮，加强了中北、闵行两校区设施设备的维护保养工作。图书资源方面，2010 年，学校采购并验收送编中外图书 40 426 种(75 546 册)，其中外文图书 5 262 种(6 301 册)，订购中文期刊 3 440 中，外文原版期刊 772 种；电子资源数据库总数达到 264 种；新增 Talyor Francis 科技类电子期刊等 7 个数据库；新增顶 SSCI 等回溯数据，进一步保证了学校教学、科研的正常进行。

加大帮困助学力度。2010 年，针对家庭遭遇水旱灾害学生，经济困难毕业生，假期留校学生的不同具体情况，发放各类困难补助 151 万元。2010 年秋季获得校源地国家助学贷款学生 380 人，贷款金额 651.3 万元。2010 年 9 月至 12 月，新放、续放校源地国家助学贷款总人数为 1 847 人，总金额为 1 088.495 万元。2010 年，共计安排勤工助学岗位 10 891 个，学生收入达 2 630 万元。爱心屋总计发放总价值 251 892.95 元各类领用券，发放总价值 113 825 元的各类票券。

积极改善教职工福利。2010 年，向 2 060 人，发放约为 19 825.09 万元住房补贴，优先考虑退休人员和新参加工作的青年教师。按时发放全体教职员工工资奖金及各项补贴，尽力为教职工和离休人员做好医疗保障和困难补助工作。制订了学校 2010 年岗位绩效津贴调整方案，争取在年底前实施。

3. 校庆筹备工作有序推进

成立校庆筹备办公室及专项工作组。为推进迎接 60 周年校庆的各项工作，学校成立了华东师范大学 60 周年校庆筹备委员会和校庆筹备办公室，并成立校庆筹备委员会办公室，成立宣传展示组、学术活动组、文体活动组、形象设计组、对外联络组、后勤保障组等 6 个校庆筹备专项工作组，各工作组明确工作职责，全力准备校庆筹备工作。

开展各项校庆筹备活动。制订了《华东师范大学 60 周年校庆工作方案》，制订了各项校庆活动方案。在校庆之际，拍摄校庆 60 周年专题片，举办 60 周年校史成就展；推出 60 周年校庆大型学术论坛和一系列学术讲座，召开各种国际学术会议，出版学术文集；举办各项校庆文化艺术展演活动，启用华东师范大学视觉形象识别系统；成立校董会，出版《丽娃逸事·校友风采录》，开展校友系列捐赠活动。校庆活动后勤保障工作也尽职到位，2010 年学校大型修缮项目资金总量达 3 000 余万元，完成了各项修缮任务，也将在 2011 年完成校庆活动专项修缮和建设项目，全力支持校庆活动。

4. 信息公开建设初见成效

自《高等学校信息公开办法》颁布以来，学校高度重视信息公开工作，成立了依法治校与信息公开领导小组，两次召开信息公开工作领导小组会议讨论开展学校信息公开工作，确立了各部门信息公开工作责任人和工作人员，并对各部门信息公开工作人员就信息公开工作进行了专门培训。

为稳步推进信息公开工作，学校制订并印发了《华东师范大学信息公开实施细则》(试行)，制订了《华东师范大学信息公开指南》、《华东师范大学信息公开目录》、《华东师范大学信息公开工作汇总表》等文件并两轮征询相关部门意见，建设了信息公开网站，各部门陆续完善了公开信息。学校以教育部和上海市相关文件为依据，结合学校的具体情况，通过依法治校与信息公开领导小组顶层设计，各部门积极配合，切实做好信息公开工作，共同建立健全学校的信息公开工作机制，顺利开展学校信息公开工作。

5. 财务运行状况保持平稳

平稳财务收支。2009 年决算总收入 16.46 亿元，总支出 16.92 亿元，当年支出大于收入 4 645 万元。2010 年部门预算总收入 18.86 亿元，预算总支出 18.86 亿元；预算总收入中，财政拨款预算 8.04 亿元。财务收支状况保持平稳。

规范财务管理。根据教育部开展防治“小金库”长效机制建设的要求，加大制度建设力度，修建了一系列财经规章制度如《华东师范大学收款票据管理办法》，从制度上防范“小金库”产生。改进和规范预算编制工作，重新制订了《华东师范大学预算管理办法(试行)》，使预算收入、支出的形式和内容更加规范，程序更加合理，预算编制的责任主体更加明确。同时，积极参与“973 科研项目”审计，进一步推进中央专项预算执行进度，并取得了良好效果。

创新专业服务。2010年，学校积极探索创新服务新形式，开通网上预约报销业务，开通一站式报销医疗费业务，推出网上缴费系统，改善科研专项科研经费查询系统。加强财会队伍尤其是骨干队伍的建设，提升财务人员的学历职称水平，提高其思想政治素质和业务能力水平。同时，加强财务政策、业务流程和要求的宣传，让师生及时、方便地了解财务制度和办事流程，减少因信息不对称而产生的误解，提高办事效率。

一年来，学校直面师生最关心、最直接、最现实的利益问题，通过拓展各类资源，提高服务水平，推进管理创新，构建和谐校园，千方百计为广大师生办实事、办好事。但我们仍清醒地认识到，学校管理体制机制改革的推进力度还不够，解决事关群众切身利益问题与师生的期望还有较大差距。主要表现在四个方面：

1. 服务水平有待增强

新形势下随着学校体制机制改革的不断深入，对学校的管理服务水平提出了新的更高的要求。一些传统的服务理念和服务技能已无法满足师生的现实需求。服务人员的素质有待进一步提高，“不推诿，不敷衍，待人热情，耐心细致，急事急办，特事特办”的服务意识还有待进一步增强。

2. 效益观念有待深化

学校的成本效益是可持续发展的关键。然而，学校建设节约型校园的制度还有待完善，一些部门对效益的认识还不高，理念还不强，头脑中缺乏成本意识，对办学成本状态不清楚，总是考虑如何花掉经费，很少思考如何节省成本促使资金滚动发展。部分项目也存在着计划不严谨，标准不明确等问题。

3. 民主管理有待深入

学校的民主管理已有一定的成效，但仍存在着“偏”、“淡”、“虚”等问题。一些部门仅仅单方面地听取师生的意见，但并未通过各种渠道让师生及时了解学校的工作情况；一些师生的民主参与度有待提高，对讨论的问题缺乏必要的了解，难以给出有价值的建议；一些民主管理的制度和程序有待完善，还需要进一步落到实处。

4. 品牌意识有待强化

一些陈旧的教育观念正束缚着学校的品牌建设。学校至今仍缺乏品牌保护的有效措施，缺乏品牌建设的有效方案。一些部门看重学校有形资产，却忽视品牌——这一学校无形资产，滥用学校品牌的现象仍然存在。师生的品牌意识也有待强化，缺乏“行为是否与学校品牌相匹配”的思考。

（二）今后的工作思路

2011 年，学校将迎来 60 华诞。60 年的办学经验让我们认识到，师生为学校之命脉，其利益系安危；发展为学校之动力，其水平系进退；品牌为学校之基础，其声誉系兴衰。今后，民主、管理、发展、品牌将成为学校常抓不懈的重点。

1. 科学管理，建设高校的公共服务保障体系

积极建设与世界知名高水平研究型大学相匹配的文献保障体系、计算机信息网络平台、优质高效的校园安全和后勤服务体系。

进一步推进图书馆建设。启动数字图书馆发展项目，完成古籍书目的回溯建库和 80 年代硕士学位论文的数字化工作。

进一步拓展公共数据库平台业务系统范畴。建设并推广网站群，完成校医院系统和公房管理系统的试运行，继续开发及试运行研究生系统，建设新版本科生教务管理系统，建设网上支付平台，优化短信平台。

进一步推动后勤社会化改革。建立健全各项后勤工作评估体系，规范对后勤集团、社会企业在学生食堂、宿舍大楼物业、校园环境、修缮工程中的管理，进一步提高为师生服务质量。

2. 协调发展，提高经费和资源的使用效率

将构建节约型大学作为构建和谐校园的一个重要组成部分。把提高办学效益视为治校理政的一个基本原则、一个主要因素。

进一步改革财务管理体制。以改革预算编制方法为切入点，推进以二级部门预算为核心的预算管理改革。开通预算查询系统。加强学校各级领导对预算的管理与控制，强化预算的约束性，发挥预算在财务管理中的主导作用。编撰《华东师范大学财经制度汇编》，加大规范化、制度化管理的力度。

进一步提高资源使用效率。通过完善国有资产使用和处置行为的管理制度，科学整合学校存量资源，努力拓展和引入国内外社会资源、校友资源。推广公共资源有偿使用，实行有力的监管措施，保障学校资产的安全和保值增值。

3. 民主办学，推进校务公开和信息公开建设

坚持民主管理为学校建设发展服务的立足点。确保师生的主人翁地位，充分调

动师生的积极性、创造性，为学校的建设发展服务。

进一步加强民主办学的宣传力度。大力宣传民主管理的积极作用，强调民主管理有利于增强凝聚力；有利于加强管理部门和师生的联系，完善和加强学校管理；有利于营造良好的大学文化氛围。

进一步落实校务公开和信息公开。重视重大决策公开，让广大师生参与讨论和决策，使决策更具有民主性和科学性；重视学校财务和资源公开，让师生参与管理、参与监督，使学校有限的资金得到合理地使用，发挥最大效益；重视师生关注的热点问题公开，使广大师生参与管事、议事，发表意见，畅通民主渠道，把好事办实、实事办好。

4. 强化品牌，做好60周年校庆活动

学校在60年的办学历史中形成了良好的品牌，无形资产价值难以估量。学校将充分调动师生的积极性，群策群力，全力做好华东师范大学60周年校庆活动。

认真做好60周年校庆各项工作。做好学校校园改造工作和学校标识系统建设。精心准备和组织好校庆庆典和重点学术活动。做好校史编撰和校史馆建设。进一步加强校友联络，建成“校友之家”，组织各地校友参加校庆活动。

推进大学文化建设。进一步做好校园文化规划、建设工作，提升学校文化品位。通过丰富多彩的活动凝聚师生和广大校友，积极推进与世界一流大学的文化交流。

过去一年是我们积极迎接挑战，勇敢克服困难，不断取得新成就的一年，是我们坚定信念、群策群力，全力迈向建设世界知名高水平大学的一年，也是全校师生迎难而上，奋力拼搏，战胜各种艰难险阻的一年。“天行健，君子以自强不息”，华东师范大学正焕发出勃勃生机。回顾历史，我们满怀信心，展望未来，我们充满期待。2011年将是学校全面启动改革和发展规划纲要的开首之年，是学校建设和发展史上的重要里程碑，是载入学校发展史的标志性事件，更是进一步扩大学校知名度和影响力的重要契机。我们必须站在新起点，肩负新使命，谋求新发展，开创新局面，在建设世界知名高水平大学的道路上迈出新的坚实步伐。

华东师范大学校长述职报告

（2011 年 1 月）

2010 是上海世博年，也是教育规划年。服务世博、编制规划、985 建设三件大事贯穿了全年。这一年的工作非常繁重，压力也很大，尤其是改革进入了深水区，推进学校的快速发展，需要有更多的智慧和勇气。我觉得，班子成员有使命感和凝聚力，尽心尽职，努力工作，把握了学校的科学发展，2010 年学校各项事业的进步是显著的。

根据述职要求，我从五方面，总结自己一年的工作。

一、学校发展正处在一个关键时期，机遇很好，挑战更多。作为一校之长，我有强烈的使命感和责任心，尽管去年一月我的任期已到，但丝毫不敢怠慢，坚持全身心地投入学校工作，努力推进学校事业发展。2010 年上海世博会的举办为我们创造了一个很好的机会，以展示学校的理念、形象和内涵，拓展国际合作交流，提升社会的影响力。我们把握住了这个机遇，通过全校师生的不懈努力，产生了很好的社会影响，学校与世界高水平大学的战略合作持续发展，国际影响力不断扩大。2010 年，学校确定和发布了中长期改革与发展规划纲要，启动了学校十二五规划的编制工作。我们认识到这是全校上下进一步解放思想、拓展思路、明确目标、统一认识的过程。一年来的反复讨论和调研，更明晰了今后五年、十年学校的发展目标、指导方针和战略路径。2010 年是学校“985 工程”二期建设总结和新一轮建设启动之年，我们总结了学校在人才培养、科学研究、队伍建设、学科发展各个方面的成效和不足，集中思考和谋划了学校新一论的内涵建设。我感到，由于种种原因这些工作尽管还有不少遗憾，但对学校的可持续发展是具有长远性、战略性意义的。

二、过去一年里，在校党委领导下，我作为学校行政一把手，能团结班子成员，加强沟通和协商，坚持执行民主集中制，愉快地推进学校各项工作。特别是本届行政班子里有 4 名 2009 年新上岗的年轻同志。他们有想法，有干劲，工作积极主动。我在工作中注意发挥副校长们的积极性，关心他们的发展，努力把大家推在一线，鼓励和支持班子成员更主动提出自己的工作思路，更加敢于拍板、更多承担责任。我觉得班子成员的思想水平和工作能力在不断提高，但全局观和大局意识还需增强，如何把分管工作放在全局中谋划和实施，需要更多的全局思考，需要更多的沟通协调。更好地体现集体决策，分工负责，协调运行的管理模式，提高决策的准确性，工作的执行力，过程的协调度。

三、学校管理层的思想作风和工作作风，会影响学校的风气，关系到大学文化建设。在学校行政工作中，我注意学习国内外高校治理的成功经验，推崇“教育以学生为本，办学以教师为本”的理念，重视与师生的沟通联系，乐于听取大家的意见和建议，发挥学术委员会、学位评定委员会、各类教授评议会等的作用，处理好行政权力与学术权力的关系，调动广大教师参与学校管理的积极性。在会议和与师生交往中极力摒弃官话和套话，推进民主平等的交流。通过师生午餐会、师生见面会、人人网个人主页等形式，加强与学生的沟通交流，了解学生的思想、学习、生活情况，听取学生的诉求，发现学校管理和服务上的问题；也利用这些平台让同学们了解学校的发展理念、改革思路、方针政策、管理举措，鼓励学生参与学校管理，推进和谐校园的构建。

四、2010 年是规划年，也是思考的一年。在经历了 985 二期建设后，华东师大如何在这个基础上迈开更大的步伐奔世界知名高水平大学的目标，需要进一步明确发展思路、在人才培养、学科发展、队伍建设等各方面有所创新，积极有效地推进体制机制改革。我有想法，但魄力不大了，也有畏难情绪。新的发展阶段，有新的困难和问题。如何把改革思路落实到具体措施上，积极有效地推进改革，以改革促发展？在大的社会背景下，如何处理和解决好改革和发展中的矛盾。我们的办法还不是很多，困难还是很大。驾驭复杂局面的能力还有待加强。

五、在党风廉政建设方面，我能严格要求自己并履行廉政职责。但是，我认识到，学校管理还有很多漏洞，资源流失现象还很严重，种种不正之风和渎职行为阻碍了学校事业的顺利发展，也会害了一些人。廉政需要大家的监督，希望我们一起来抵制不正之风。面对不正常的情况，要敢于提出问题，有把问题搞搞清的认真劲，不要轻信所谓的“有背景”、“水很深”之说，树正气，顶歪风。

当前面临的形势、任务和工作举措①

（2011 年 2 月）

我们刚刚送走了庚寅虎年，再一次感谢大家在过去一年为学校发展所付出的辛勤努力。新的学期，新的一年，是“十二五”的开局之年，是中长期规划的开局之年，是建校 60 周年喜庆之年，是学校发展的新起点。在这个时候，召开全校教师干部大会，就是希望能和大家充分沟通信息，明确今年的工作重点，统一思想，深化共识。寒假期间，学校召开了党建工作会议、领导班子务虚会、党政联席会等，讨论相关工作。前几天上海市召开了高校党政负责人会议。根据这些会议的精神，结合 2011 年学校重点工作，谈三个问题：我们面临的形势、学校发展的基本理念、2011 年的工作举措。

一、经济社会发展的新变化和各方对教育发展的新期待，使学校发展面临新的形势（关键字：变）

2010 年，国家颁布《国家中长期教育改革和发展规划纲要（2010—2020 年）》，标志着高等教育进入了一个新的发展阶段，努力发展高质量的高等教育，是摆在我们面前的大命题，也是我们必须承担的使命。拥有一流高等教育是一个国家产生强大世界影响的核心要素之一。国家间的竞争，核心是人才的竞争，基础则在教育。因而，提高综合国力、增强国际竞争力，需要充分发挥高等教育的创新能力和社会服务功能，为经济社会发展提供强大的人才支持。

去年，中国经济规模首次超过日本，已经成为全球第二大经济体。与此同时，经济持续快速发展所带来的人口、资源、环境压力日益加大。中国社会经济的可持续

① 本文为俞立中在华东师范大学全校教师干部大会上的讲话，标题为编者所加。

发展，迫切需要以创新引领，加快经济发展方式的转变。深化高等教育自身改革，提升质量、凸现特色，使人才培养和学校各项事业发展更适应经济转型和创新型社会建设的要求，显得更加重要和紧迫。

上海成功举办世博会后，在未来一二十年内要建设成为一流的国际大都市，建成国际经济、金融、贸易、航运中心，需要大批国际化人才支撑。因此，大幅提升教育的国际化水平，尽快形成上海高等学校在全国的先发优势，为国家培养大批具有国际视野、通晓国际规则，能够参与国际事务与国际企业、劳动力市场竞争的国际化人才，将成为未来十年上海高等教育发展的重要任务。

经过“十五”、“十一五”十年的建设，特别是学校在2006年进入“985工程”建设行列以来，我们抓住机遇，经过较长一段时间的快速发展，各项事业稳步推进，各方的期待不断提升。接下来的十年，要实现2020年进入世界知名高水平研究型大学的行列的战略目标，任务非常艰巨，需要克服的困难很多。今年，是贯彻落实国家和上海市教育改革和发展规划纲要的第一年，也是实施学校改革发展规划纲要和“十二五”规划的第一年，非常关键。如何在服务国家和社会发展中实现自身快速发展，提升创新人才培养和知识创新与服务的能力，要有明确的思路和具体的举措。

二、适应改革与发展的新变化，必须坚持以人为本，明确人才培养和队伍建设两个重点，坚守大学本质，提升学校的综合竞争力（关键字：人）

推进学校快速发展，关键在人，当前尤其要重点考虑三方面的基础工作。

1. 以学生发展为根本，把培养造就优秀人才作为学校发展的核心任务。

人才培养，是高校的核心使命。坚持以人为本，体现在人才培养中就是要以学生为本，按人才成长规律育人，培养造就大批适应经济社会发展的各类人才，实现学校的社会价值和自身发展。

坚持以学生为本，需要我们在制定培养方案、在实施教学管理的过程中，充分考虑到学生的年龄特征，注重以学生的学习效果为评估取向，以学生的全面发展为最高目标，更多地考虑人性关怀，为学生提供更多发展机会、选择机会和发展可能；充分认识和肯定学生的主体地位，以促进学生的全面发展为基础，切实关注每个学生的个体差异及其对发展的实际需要，设计制定各种有益于培养学生、促进学生发展的教育教学培养机制与管理制度，调动学生学习的积极因素，激发学生的创造性，帮助他们获得成功。

学生是我们教育的主体，学校之所以存在和发展，正是因为有源源不断的学生。学校的声誉在很大程度上体现于人才培养的成就上，在教学、科研和社会服务中都必须充分考虑人才培养的核心使命。如果我们培养了大批杰出人才、社会栋梁，这就是我们对于社会最有价值的服务和贡献。

2. *以教师发展为主导，把建设一流师资队伍作为学校发展的战略基础*

教师是办学主体，是提高学校办学质量的关键。教师队伍的建设是学校最为基本的建设，是具有战略意义的基本建设。学校的持续发展离不开高质量的教师队伍。没有一流的师资，就没有一流的大学。以人为本，就是要充分体现教师在教学、科研、社会服务中的主体地位。学校的制度设计、管理服务、文化建设一定要有利于吸引优秀人才、留住优秀人才，有利于优秀人才的成长发展和道德自律，有利于优秀人才施展才华。要保障教师基于兴趣的自由探索，按学术研究规律从事学术研究和学术管理，也要组织教师团队面向国家和地方需求开展科学攻关和社会服务。在师资队伍发展的基础上，提升人才培养的质量，提升学科专业的水平，提升学校的创新能力和综合竞争力。

3. *重视管理队伍建设，把体制机制创新作为学校发展的重要驱动力*

管理理念、治理结构、管理队伍是推进现代大学制度建设的重要基础，是建设高水平大学的重要保障。大学的管理队伍，包括了学校领导班子、机关部门、直属机构的管理人员，院系班子和管理人员，还应该包括全体教师，体现在教师参与管理、参与决策的职责，尤其在院系层面上。现代大学的治理结构应该最大可能地涵盖这所学校的所有成员，使每个成员都对学校事业有归属感、责任感、荣誉感。管理服务于人才培养、学术发展、贡献社会和文化传承，服务于学校的整体目标，是学校发展的重要保障。管理体制机制的创新，迫切需要管理队伍改革意识和整体水平的提升。

高校的内涵建设，关键是质量和特色。《国家中长期教育改革和发展规划纲要》提出了大学的不同定位和分类指导原则。华东师范大学的院系发展也存在根据学科特点、发展基础进行分类指导的问题，但在各院系考虑自身的定位和特色时必须考虑如何体现学校的定位和特色。我们希望院系结合自身发展目标，明确建设重点，提出绩效评估体系，提出校院（系）两级管理、管理重心下移的模式和期待，提出争取外部资源的思路。通过改革体制机制，加快发展步伐。

从根本上说，学生、教师、管理服务人员的发展是互相联系的，他们既有不同的发展要求和利益需要，又都统一于学校的发展目标。学生的成长成才，既是教师和管理服务人员辛勤工作的成果，也是最好的回报。毫无疑问，学校的学术声誉与社会地位，最终主要集中体现在教师的工作上。同时，学校发展了，每个人就拥有更多的发展机会。因此，学校的发展，必须牢牢树立以人为本的理念，确保广大教职员工在学校管理发展过程中的主体地位，强化教师爱岗、爱业、爱学生的观念，使大家各安其位、各尽所能、各得其所。

三、明确发展思路，凝聚各方力量，推动2011年各项改革举措的落实和工作重点的完成（关键字：改）

2011年是个中长期规划纲要的落实之年，我们要依托新一轮“985工程”建设和国家教育改革试点项目，积极推进学校的改革发展。

（一）坚持以学生发展为本，实施英才教育战略，推进人才培养机制改革，进一步提高人才培养质量。

围绕建设“一流本科教育”的目标，抓住若干关键环节，继续推进本科人才培养体制创新。积极拓展招生途径，探索与人才培养目标相适应的招生体制和机制。探索开放式、多元化的人才培养模式，制订拔尖创新人才培养计划实施方案，筹办优秀生学院。召开以专业特色建设为主题的第四次本科教学工作会议。设立“华东师范大学本科生跨国交流培养基金”。探索研究生与本科生课程开放共享机制，开发相应的教学信息管理系统。

完善免费师范生培养体系，进一步推进“卓越教师”培养计划。加大免费师范生就业指导力度，切实做好2007级免费师范生就业服务工作。改进免费师范生自主招生办法，选拔招收乐教、适教的优秀中学毕业生。改进孟宪承书院的体制机制，为免费师范生的素质养成提供更有力支持。推进教师教育课程结构和教材体系改革，提升教师教育课程的整体水平，打造更多有影响力的一流课程。进一步探索专兼职学科教学师资队伍相结合的发展模式，抓紧实施免费师范生“本硕一体化”的教学体系和课程建设，基本完成基于网络媒介的免费师范生在职攻读教育硕士学习与管理平台构建。加大教师教育实验教学中心项目开发和实验室开放力度。在国内创设一批与基础教育良性互动，合作共赢的实践基地和实验区。

深化研究生教育改革，提升研究生科研创新能力。深化研究生招生制度改革，在部分院系试行入学申请考核、按一级学科命题招收博士研究生制度。调整学科专业目录，修订培养方案，构建以培养科研创新能力为核心的课程与教学新体系。实施“优博论文培育行动计划”，加强科研创新能力培养。加强专业学位教育，推进教育硕士、汉语国际教育硕士和MBA教育国家级综合改革试点，设立校级专业学位改革试点项目，完善专业学位教育课程体系、师资队伍和实践基地建设。

（二）坚持学校发展以教师为本，把建设一流教师队伍作为学校发展的战略基础，努力建设英才集聚高地，优化学科布局结构，催生高水平原创性成果。

根据学校中长期改革和发展规划纲要确立的师资队伍建设目标，积极推进师资队伍的规模发展、结构改善和整体水平的提升。认真总结教师聘任制改革的经验，健全教师聘任规范，建立多元化的师资聘用模式（专职科研人员、师资博士后）。深化人事分配制度改革，完善岗位责任制度，做好校内绩效津贴实施准备。

创新人力资源管理体制机制，更好地发挥高端人才的引领作用，为青年教师的学术发展和职务晋升创造更多更好的机会。做好院士、国家“千人计划”、上海市“千人计划”等领军人才项目的申报工作。加强青年杰出后备人才队伍建设，启动师资博士后招聘计划，实施“晨辉英才培育计划”。继续推进“青年英才”计划和青年教师海外研修计划，支持青年教师开展海外合作研究。健全对兼职教师队伍的管理，更多发挥兼职教师在课程教学、研究团队中的作用，增强兼职教师的认同感和归属感。

（三）坚持以改革创新为根本动力，以落实国家教育体制机制改革试点项目为抓手，推进现代大学制度建设，提高学校管理服务水平。

根据国家教育体制机制改革试点项目的要求，修订完善试点实施方案，落实各项试点工作的责任单位，有序推进试点方案的实施。修订《华东师范大学章程》，完善学校管理组织体系，推进依法治校。深化管理重心下移试点工作，探索院系自主管理新模式。完善各级学术委员会和学位委员会章程，拓展学术自主、教授治学的有效途径。落实《华东师范大学信息公开实施细则》，拓宽师生参与学校民主管理的途径。进一步健全学校重大事项决策程序，建立健全决策执行和督办反馈机制，提高民主办学、科学决策水平。

积极借鉴一流大学的管理服务经验，调整学校机关部门的职能，健全职能部门协调机制，提高管理服务工作水平。建立机关工作首问责任制度，明确职责（权）范围，提高工作效率。建立部门联席会议制度，及时处理复杂事务和难题。改革管理服务工作考核方式，建立管理服务监督和评价机制。制订和完善《华东师范大学教职工手册》、《华东师范大学学生手册》、《华东师范大学留学生手册》。进一步梳理明晰各种办事规程，推进教职工队伍建设和学生事务管理服务制度化、程序化。

（四）抓住国际合作办学的重大机遇，继续推进国际化战略，打造国际一流优秀团队和国际合作联合研究院，为建设高水平大学赢得更大的发展空间。

积极贯彻落实教育部和上海市有关筹建上海纽约大学的精神，成立上海纽约大学项目专门工作小组，加快推进上海纽约大学筹建工作。推进中法联合研究院、中美新能源研究院等高水平国际合作研究基地建设。在美国威尔逊战略咨询研究中心建立华东师范大学工作室。落实“中非高校 20＋20 合作计划”，深化与坦桑尼亚达累斯萨拉姆大学的合作。发挥海外高层次人才的领军作用，搭建平台，组建队伍，推进高水平国际合作，打造国际一流优秀团队。

召开外事管理工作研讨会，制订《华东师范大学海外合作教育机构驻校管理办法》，实施高端外籍专家重点支持计划。修订《华东师范大学海外专家项目及相关管理办法》，推进外籍专家和荣誉教授管理体制改革。选派优秀中青年管理骨干、实验技术人员赴海外挂职、研修，拓展管理服务人员的国际视野。推进华东师范大学留学生教育园区建设，提高留学生管理服务水平。

（五）推动学科和科研基地/平台建设，完善学科布局，增强创新研究和服务社会的核心能力。

进一步提升优势学科，推动学科交叉融合，培育新兴学科，完善学科布局，（如 Edu_x 研究基地群：2 个人文社会科学重点基地，3 个教育部重点实验室，1 个上海市工程技术研究中心）。梳理学科结构，分析学科现状，做好新一轮国家重点学科申报和教育部一级学科评估工作。做好“211 工程”三期检查验收工作和上海市重点学科检查验收工作。

推进科研体制机制改革创新，增强创新研究和服务社会的核心能力。积极酝酿科研体制机制创新改革方案，完善科研管理和服务保障体系，召开学校科技工作会议。建立健全人文学科原创奖的评价机制，完善预研究项目制度。做好重大科研项目申报工作。做好军工保密资质验收工作。做好国家大学科技园验收工作。完成教育部极化材料重点实验室和教育部言语听觉重点实验室建设验收。做好“冷战与当代世界研究所”教育部重点研究基地申报工作。

（六）以60周年校庆为契机，凝聚人心，增强共识，推进学校中长期改革和发展规划纲要的贯彻落实，推进学校新一轮大发展。

完成学校“十二五”规划编制工作，完善专项规划和配套体系。制定重点改革项目方案，落实改革重要举措的配套实施办法。建立规划实施的监测与评估机制，切实推进规划纲要的落实。

建立校董会，有效整合社会资源，推动学校发展。编撰《大夏大学校史》、《光华大学校史》、《华东师范大学校史》，拍摄校庆专题片，总结办学经验，弘扬办学传统。做好校史馆建设工程，展示学校文化脉络和发展成就。推进学校标识系统工程建设，形成学校标识系列产品。推进各地校友会的建设，组织各地校友参加校庆活动。组织开展高水平的学术活动和丰富多彩的文体联谊活动，凝聚师生和广大校友，扩大学校的国际影响和社会声誉。

60周年校庆是学校发展过程中的重要时间节点。经过60年的发展和几代师大人的不懈努力，学校各项事业取得较大进展，世界知名高水平大学的进程不断推进。学校将以60周年校庆为契机，传承文脉，展示成就，凝聚人心，促进发展。争取早日把华东师范大学建设成为世界知名高水平大学。

各位老师，各位同学：今天我就谈这三个想法，简单地说：我们面临的是一个快速变化发展的时代，一个色彩斑斓的世界；我们需要有所坚持，人的自由全面发展是大学根本使命和永恒主题；我们必须适应时代，顺应潮流，解放思想，改革创新，推进学校在新的历史起点上取得新的成就。

关于图书馆问题致小郑同学的信①

（2011 年 3 月）

小郑同学：你好！

首先，我很感谢你对学校事业的关心和爱护。看到站内信，特别是你表达的这种情绪，让我感到非常不安。考虑到问题的严重性，我希望能向同学们有个准确的回应，故当天就去图书馆作了一番实地调研。我想根据自己的观察和了解，和你沟通一些想法。尽管我们思考问题的角度也许不尽相同，我希望我们能相互理解，共同破解难题。

一、正如你讲的，我们都意识到图书馆是学校学术文化最重要的承载者和象征之一。这些年来学校一直在加大对图书馆的投入，我们的投入量不会比其他 985 高校少的。实际上，华东师大图书馆的藏书量有 400 多万册，是上海前三位之一，包括上图。中山北路图书馆也约有 200 万册图书，而且校内闵行与中山北路两地图书馆的图书都可以异地互借，只要网上预约后，图书馆会负责将书送到。现在每年来回在两校区间运送的图书已达四万多册（可惜的是，其中约有三分之一的同学预约后却不来借，也不注销预约）。另外，还可以在上海市图书馆和复旦等高校图书馆调借图书（图书馆一直在积极宣传这项服务，但实际使用的人却很少）。这些年来，学校每年购买纸质图书的投入巨大，2010 年中文图书为 374 万元，外文为 340 万元，另加 10.5 万美元，各类期刊为 395 万元。采购前征询各院系购书需求已是图书馆持续性的常规工作，而凡师生因需要单独提出要求的，图书馆也千方百计地设法购买。一年前图书馆为方便学生，上调了学生借书量与续借次数，我校这方面已在全国高校的最前列。学校还投入了大量经费购买数字书刊资源，仅 2010 年就投入了 867 万元。而且每年都会收到新增数据库的要求，学校也总是尽量设法安排经费给予满

① 此文发布在人人网上，标题为编者所加。

足。新生入学时,图书馆对这些都有宣讲,也给每个同学们发了介绍的小册子。只要了解和掌握图书馆运作规则,同学们应该可以得到丰富的学术资源,这是图书馆最重要的功能。我不知道大家是否学会了合理利用这些资源、实际又用了多少。

二、相对于闵行校区图书馆,我们的老图书馆是旧了。图书馆已经在申请大修了,准备争取教育部的修购基金,尽快进入程序。但我仔细看了一圈,尽管中北图书馆目前存在一些问题,说句实在话并没有到了不像样的地步。我特意到三楼阅览室,想看看摇晃得不行的桌子,但并没有发现,大部分桌椅还是比较新的。我问了在阅览室的一些同学,大家没有这个印象啊。此后,中山北路图书馆又对所有阅览室进行了一次普查,发现有两个桌子有摇动现象,现正在修理。

三、关于不可以带包进阅览室的问题,其原因大家都明白。但我们觉得不能总采取被动的方法,一方面学校在加大对学生的教育,另一方面也已经在闵行校区图书馆部分阅览室进行试点。如果运行可以,再逐步推开。我被告知,国内很多高校图书馆还是实行不可以带包这个规定。不知道你是否有实地调查,还是随便说说的?但不管别人怎么做,我们还是按开放的思路走下去。我也相信华东师大的学生会争气的。

四、老图书馆电路老化,有待整体维修,这是阅览室不能插电用电脑的原因之一,但不仅如此。有同学抱怨,在阅览室原本想静心看书,但时常被旁边的电脑键盘声干扰。也有同学说,阅览室是看书的地方,电脑什么地方都可以用,为什么要占了想在这里看书同学的位子?在图书馆做助管的同学反映,阅览室里乱拉电源线很不安全。同学们从不同角度出发,提出了不同的诉求。是不是应该相互谅解?该不该有个规范?其实,为了解决部分同学的需求,老图书馆已经在一楼开了一个允许使用电脑的空间。我建议维修后的图书馆可以在更多的公共空间,如走廊、大厅,方便同学们使用电脑。这样既可以发挥阅览室的主要功能,又能满足同学们在电脑上查阅资料的需求。

为了建设一个能让师生满意的图书馆,老师和工作人员们真是很积极努力,学校连年大手笔投入。我很希望同学们能了解我上面讲的这些基本情况,也很希望同学们能理解暂时的一些困难。学校快速发展需要大量的经费投入,建设高水平的师资队伍需要大投入,设施更新改造需要大投入,校舍维修同样需要持续的投入。而国家年度拨款只占学校实际运行经费的一半,更不用说建设经费了;本科生的学费收入大多都以各类奖学金、助学金的形式，返回给同学了。学校已经承受了沉重的债务，改善办学条件只能积极争取国家、地方和社会各方面的支持，必须根据轻重缓急，依据经费来源的要求逐步推进。现在绝对不是我们想做什么就可以做什么的时候，也不是可以大手大脚过日子的光景。图书馆空调的开启是根据气温情况。闵行图书馆那天空调过热是因为空调设备在检修调试，同学不了解情况。其实，每到期末中山北路图书馆总是设法开辟空间，打开空调，为同学增加提供温暖或凉爽的复习环境，这都是图书馆在提供阅览的本职工作之外，主动为同学服务，希望同学们也能注意到。我也想告诉大家，不是在酷暑严寒情况下我办公室一般也不开空调的。中国经济发展到今天这个水平，大学的基本办学条件已今非昔比了，但建设一所高水平的大学肯定不是那么容易的，校长也不是那么好当的。无论困难有多大，我们还是要勇往直前，努力推进学校事业的发展。相信华东师大会越来越好！

有感而发，希望同学们能理解。

主动应对全球化挑战，积极探索中国高等教育国际化的战略路径[①]

（2011年3月）

国际化是世界一流大学发展的重要趋势。在全球化背景下，知识和信息对经济增长的贡献举足轻重，人才已经成为国家在世界政治和经济舞台上重要的核心竞争力。因此，在国际高等教育大平台上思考大学的发展战略，加快高等教育国际化进程，培养具有国际视野和国际竞争力的优秀创新人才，已经成为中国高校发展必须高度重视的问题。

2006年，华东师范大学在制定学校“十一五”发展规划时，已充分认识到推进国际化进程是建设高水平研究型大学的重要路径，并明确将之列为学校发展的主要战略之一，以提高人才培养、科学研究和学科建设水平，优化教师队伍和全面提高学校管理水平。

近年来，在全校师生的不懈努力下，通过与世界一流大学、权威研究机构、国际教科组织的深度合作，学校的国际声誉和影响力不断提升。在推进国际化进程中，我们不断拓宽国际视野，增强国际交流能力，丰富国际合作内涵，积极引进优质资源，努力开拓合作领域，注重提升合作层次，取得了明显成效。

一、国外、境外交流活动呈现逐年增长的态势

国际合作交流数量明显增加。对2006年和2010年的各项外事统计数据进行比较，经过五年的发展，我校留学生，国外、境外来访学者和港澳台人员，长短期外籍专家，来访团组以及教师学生出访团组的增量较明显。其中长期留学生人数从1 055

① 本文为俞立中在中国教育国际化论坛上的演讲。

人增加到 1 668 人；短期外籍专家人数从 273 人增加到 368 人；出国出境人次从 528 人次增加到 709 人次；出访团组数从 80 次增加到 157 次。2010 年，国外和境外教育机构来访数量达到 140 个。截至 2010 年，我校共聘任长期专家 48 人，短期专家 368 人。

这些数据表明，学校在国际合作交流方面活跃程度明显增强，学校的国际影响力有所提高。

国际合作交流的质量显著提高。主要表现在：(1) 签约并开展实质性合作的学校的水平和数量都有显著提高。近几年，多所世界知名大学与我校签署了合作交流协议或备忘录，如美国的康乃尔大学、纽约大学、弗吉尼亚大学、加州大学的多个分校、宾夕法尼亚大学、哥伦比亚大学、伊利诺伊大学厄本那香槟分校、英国爱克塞特大学等；(2) 重量级国外学者来访数量明显增加。近几年，每年均有知名学者来访，包括美国多元智力的创始人霍华德·加德纳(Howard Gardner)博士，《帝国》一书的作者迈克尔·哈特(Michael Hardt)博士，美国艺术与科学院士安东尼·维德勒(Anthony Vidler)，日本著名的社会活动家和思想家池田大作教授，当代伟大的语言科学大师、美国艺术与科学院院士约翰·塞尔(John R. Searle)，诺贝尔物理奖获得者约翰·霍尔(John L. Hall)教授等。

二、开拓与发展中国家的教育合作，国际交流趋于多元化

近年来，华东师范大学充分发挥自身办学优势，主动服务国家发展战略，依托多边平台，积极参与非洲国家的人才培养，启动面向非洲国家的"发展中国家教育硕士项目"。该项目是华东师范大学推进教育国际化、建设高水平大学、培养发展中国家教育人才的重要举措。此外，为积极落实中非教育合作 20+20 计划，我校与非洲坦桑尼亚达累斯萨拉姆大学达成"一对一"合作大学的意向，全面开展双方的合作，开展互助式交流。2008 年和 2009 年，我校还先后承办了两期非洲教师教育高级研修班；2010 年启动了教育部和商务部共同支持的旨在培养非洲教育领导的教育硕士项目，有效落实了我国对非教育援助的承诺，取得了广泛的社会反响和良好的示范效应。

我校还积极开拓与东南亚国家的广泛深入的合作交流。自 2009 年以来，我校

受越南中组部委托为越南公安部公务员开设“管理与技能”高级研修班；我校对外汉语学院专家赴越南河内国家大学讲学授课。今年 2 月份，我校国际汉语教师培训基地承办了赴东南亚四国汉语教师志愿者储备人员培训班，315 名学员毕业后将赴泰国、印度尼西亚、菲律宾和尼泊尔任教。借助汉语国际推广事业的平台，促进和加强了我校同东南亚发展中国家的教育合作交流。

三、人才培养的国际化程度逐步提高

为完善师范生培养模式和激励机制，开阔师范生的国际视野，我校先后与美国哥伦比亚大学教育学院、爱尔兰国立大学合作开展为期四周的“师范生卓越人才培养计划”暑期实践培训活动。为了给学生创造通畅的留学渠道，学校先后和 38 所国外名校签署了接受我校研究生留学的合作协议。学校与以巴黎高师为首的法国高师集团合作成立了中法联合研究生院，联合培养理科基础学科和欧洲研究的硕士、博士生。至今已有 200 多位硕士生、80 多位博士生得益于这个项目，30 多位学生已经获得中法双博士学位，并在 985 高校任教。我校教育科学学院与宾西法尼亚大学教育研究生院正式启动联合培养高级教育行政博士项目。此外，我校还与西南大学教育学院、美国密歇根州立大学、华盛顿大学、特拉华大学教育学院签署五院联合培养博士计划，旨在为五个学院的学生建立学术互访平台。

四、留学生教育持续发展

过去的五年间，我校留学生教育规模逐步扩大的同时，留学生结构上也出现了两个可喜的变化：(1) 留学生中的学历生数量自 2004 年的 229 人增至 2008 年的 545 人，增幅达到 138%，学历生占长期留学生的比例达到 23%。2008 年，奖学金生的数量达到 202 人，在全国高校中名列前茅；(2) 留学生选学专业呈多样化趋势。“学语言的学生多，学其他专业的学生少；选文科专业的多，选理科专业的少”的现象正在逐步改变。在过去的 5 年中，我校留学生总数由 2003 人，增至 4 200 人，每年以 10%—12%的速度递增。按照教育部统计口径，多年来我校留学生总数一直在上海所有高校中位列第三，在全国高校中位列前十之内。

五、国际教育园区建设初见成效

由国外若干所大学和机构在国内同一所大学设立办学点并与依托学校共享教育资源的国际合作新模式已经初步成型。纽约大学、弗吉尼亚大学、法国里昂商学院及美国国际教育交流协会相继在我校设立海外校园、上海校区或上海中心，选派学生到我校学习。美国的科罗拉多州立大学、加拿大圭尔夫大学等也相继与我校签约，开展同类形式的合作。2009 年，纽约大学选派到我校学习一学期的本科生人数已经达到 221 人，2008 年，里昂商学院派遣了 180 名 MBA 学生参加 Entrepreneurs for Asia 项目（简称 EFA），在我校进行为期四个月的学习；CIEE 从其会员单位，即美国约 360 多所大学中选派本科生至我校进行中文项目学习，累计派送至我校学习的学生已超过千名。上述这些国外大学和机构在学校开设的课程中，有相当部分向我校本科生和研究生开放，为我校学生创造了一个不出国门即可修读国外名校课程的机会。

六、教师队伍国际化程度有所提高

推进学校国际化进程的关键和基础是学校教师队伍的国际化水平。近年来，在人事部门和相关院系的努力下，学校共引进具有海外留学经历的人才 212 人，占引进人才总数的 85%。其中正高级职称 144 人，副高级职称 68 人，在国外获得博士和硕士学位的教师比例达到 11%。学校以“团队引进”的方式，从海外引进人才，组建生物医学、认知科学、分子医药等 7 个团队。2008 年 12 月，中央人才工作协调小组制定了《关于实施海外高层次人才引进计划的意见》（简称“千人计划”），我校至今共有 13 位教授入选该计划。此外，在国家外专局“高等学校学科创新引智计划”（简称“111”计划）支持下，学校组建了“数学研究创新引智基地”和“河口海岸水安全创新引智基地”，为开展高水平的国际科研合作搭建了良好的平台。

七、国际合作的科研机构建设进展顺利

2008 年，在中法联合研究生院的基础上，为更好地推动双方实质性的科研合作，

我校和法国4所高师协商成立了中法联合研究院。并在联合研究院的框架下，建立了生命科学、化学和社会学方向的3个联合实验室和中心，哲学方向的联合研究中心也即将签约成立。2009年，我校依托思勉人文高等研究院，与康奈尔大学合作成立了ECNU-Cornell比较人文研究中心，在此平台上的科研合作和学术交流已经展开。

八、汉语国际推广工作成绩显著

我校是教育部国家对外汉语教学基地和国务院侨办华文教学基地，以对外汉语学院为主要依托开展的汉语国际推广工作在国内高校中一直处于领先地位。自2005年起，我校先后承办了美国纽约华美协进社孔子学院、芝加哥孔子学院、爱荷华大学孔子学院、中阿肯色大学孔子学院、意大利都灵孔子学院及俄勒冈大学孔子学院。2008年12月，国家汉办“国际汉语教师研修基地”在我校设立。这是国家汉办布局的重点基地中首个挂牌并进入实质性运作的基地。

九、与港澳台地区交流频繁

我校与港澳台地区学术交流频繁，先后与港澳台地区高校建立了校际交流关系，形成新的交流项目。通过共同举办学术会议、科研合作和学生互换等方式，每年有近400人次的港澳台地区学者、学生来我校进行学术访问，我校则有近百人次的教师、学生赴上述地区学术交流。近年来，我校还举办高层次高级别的海峡两岸学术讨论会。2010年，我校举办上海海峡两岸法学研究中心成立暨两岸法学学术论坛和纪念辛亥革命一百周年暨两岸关系学术讨论会，海峡两岸高层领导及两岸著名专家学者出席了会议。

回顾我校在过去五年的国际化进程工作取得的丰硕成果，主要有以下几点成功的经验与诸位高校及专家分享：

积极与世界一流大学合作，全面提高国际化水平。只有与更高水平的学校合作，才能更快更好地提高自身的国际化水平。2010年4月，在国家教育部的大力支持下，以及上海市教委的积极推动下，华东师范大学与纽约大学及浦东新区正式签约，将共建上海纽约大学，于 2013 年正式面向全球招生，奠基仪式将于今年 3 月 28 日举行。这将成为上海高等教育国际化办学具有标志意义的项目，而高起点、高水平的合作办学也必将为我校全面提升自身国际化水平提供重要的契机。

通过国际学术交流与合作提高科研创新能力。2009 年 6 月创建“华东师范大学—康乃尔大学比较人文研究中心”。这是华东师范大学 985 国际化发展的战略举措，拥有国际化的创新型机制。在这种双边建制的模式下举办定期的“比较人文”国际论坛、暑期中英双语讲习班、双语学术研究项目开发等九个方面的系统工程建设。

2010 年 8 月 31 日在世博会的法国馆举行的华师大与里昂高师和法国科学研究中心成立的社会和科学联合研究院(JORISS)的成立大会，中法双方签署了合作协议。联合研究院的成立标志着华东师大与里昂高师的合作进入了一个更广更深入的新阶段。

通过汉语国际推广等工作提高中国文化的国际影响力。作为国家汉办(孔子学院总部)在国内建立的第一个国际汉语教师研修基地单位，我校依托综合性的学科优势和丰富的海外资源，已培训世界 27 个国家的本土汉语教师 400 余名，搜集各国汉语教学案例 150 余份。目前已在欧美国家成立六所孔子学院，分别是：美国纽约孔子学院、美国芝加哥孔子学院、美国中阿肯色大学孔子学院、美国爱荷华大学孔子学院、意大利都灵孔子学院和美国俄勒冈大学孔子学院。其中纽约孔子学院和芝加哥孔子学院双双入选全球先进孔子学院。

发现问题寻找不足，及时完善国际化进程改革措施。随着国际化进程的推进和深入，我校从局部的、分散的、各院系在不同程度上的各自为政的国际化，转向具有整体目标、有战略规划、有管理制度可循的国际化，将国际化纳入常规工作，有序进行。为此，我校积极探索并建立“校院(系)互动、部门协同”的国际交流合作体制和机制，把国际化作为推进各项工作的基本视角和基本指标，鼓励并支持院系开拓国际交流合作渠道，建立长期的学术合作伙伴。2009 年全校召开外事会议，主要讨论了学校推进国际化进程的问题，并听取院系及各行政部门的意见，总结经验，发现不足，并制定了《华东师范大学推进学校国际化进程若干意见》，从全校范围内加大国际化进程的改革力度和落实机制。

在全校师生的共同努力下，尽管华东师范大学在推进国际化进程方面取得了较大的成果和较丰富的经验，但真正做到与国际接轨，我校的国际化发展在理念、人才培养模式，师资队伍的国际交流水平、学校的运行管理机制等方面仍存在着不适应，需进一步深入改革与落实。在实现中国高校国际化的漫长道路上，我们面临着机遇和挑战并存。推进高校国际化进程的工作任重道远！华东师范大学将抓住国际合作办学的重大机遇，继续推进国际化战略，打造国际一流优秀团队和国际合作联合研究院，为建设成为世界知名的高水平研究型大学赢得更大的发展空间。

理想有多远，我们才能走多远[①]

（2011 年 4 月）

第二十七次学生代表大会、第十一次研究生代表大会隆重召开，这是华东师大广大学生政治生活中的一件大事。在此，我谨代表学校党政向大会的召开表示衷心的祝贺！向专程前来出席会议的各位来宾表示热烈的欢迎！

两年前，我在这里先后见证了第二十六次学生代表大会和第十次研究生代表大会。时光飞逝，而今，又一个学生会和研究生会新老交替的时刻来到了。两年来，学生会和研究生会在学校党委和上海市学联的领导下，在学校团委和研工部的指导下，围绕着青年学生成长成才，牢牢把握引领青年、服务青年的主线，勤奋求实、主动有为、开拓创新，在促进学生健康成长成才、繁荣校园文化、维护学生权益、加强自身建设等方面取得了显著成绩。

其中，我们欣喜地看到，校学生会和研究生会积极创新形式，进一步拓宽了学校与学生沟通联系的有效渠道，如"师生午餐会"、学生新闻发布会、人人网公共主页等形式，帮助学校及时了解学生的需求，切实维护了学生权益，同时创造了更多让学生参与校园管理的机会。

在 2010 年上海世博会等一系列重大社会活动志愿者工作中，各级学生组织默默奉献，在组织、协调、引领等方面发挥了不可替代的重要作用，出色地完成了各项任务，以实际行动赢得了社会各界的高度肯定和广泛赞誉。在广大志愿者身上，鲜明地体现出为国争光、勇夺一流的奋斗精神，乐于付出、服务社会的奉献精神，尽职尽责、精益求精的敬业精神，大局为重、精诚协作的团队精神，充分展示了师大青年学子的风采。

① 本文为俞立中在华东师范大学第二十七次学生代表大会、第十一次研究生代表大会开幕式上的讲话，标题为编者所加。

“大夏杯”大学生课外学术科技作品竞赛、大学生创业计划大赛、“晨星杯”教学技能大赛等品牌活动已经成为培养大学生创新精神和创新能力的重要平台；华夏学子讲坛、丽娃讲堂等一批高水平学术讲座，进一步提升了校园的学术文化氛围；“校园文化艺术节”、“银杏杯文艺汇演”等高水平的文艺活动已成为师大校园中一道道靓丽的文化风景。

两年来，各级学生组织用实际行动和杰出表现证明，你们不辱使命，没有辜负广大同学的期望和信任。作为学校联系广大青年学生重要的桥梁和纽带，各级学生组织成为了大学生思想政治教育工作的一支重要依靠力量，成为了广大青年学生的贴心人。

2010 年 7 月，党中央、国务院召开了新世纪第一次全国教育工作会议，颁布了《教育规划纲要》，预示着包括高等教育在内的中国教育事业将进入新的更高水平发展的历史时期。华东师范大学也正站在新的历史起点，全力推进学校新一轮大发展，力争在 2020 年左右进入世界知名高水平研究型大学行列。创建世界知名高水平研究型大学，担当起历史赋予的崇高使命，担当起国家赋予的神圣职责，是全体师大人的共同责任。

各位同学，时代呼唤英才，你们正生逢其时，是幸运的。同时，祖国和民族的希望寄托于青年，华东师大的未来也系于青年，作为学校新一轮大发展的见证者、实践者、开拓者，你们又是责任重大的。为此，在大会召开之际，我代表学校党政对新一届学生会、研究生会和广大青年学生提出几点希望：

第一，希望新一届学生会、研究生会充分发挥引领青年学生全面发展、服务青年学生科学成才的优势和潜能。

教育以育人为本，以学生为主体，各级学生组织要充分发挥“自我教育、自我管理、自我服务”的作用，进一步团结和凝聚青年学生，更积极地引领和服务广大青年学生全面发展、科学成才。

要进一步牢固树立“以人为本”的理念，主动适应社会发展的新要求和青年发展的新需求，进一步密切与青年学生的联系、深入了解青年学生的所思所想，更有效地引领青年追求理想，更主动地为广大青年学生成长与发展搭建平台、创造条件，更积极地营造富有华东师大特色的一流大学校园文化。

第二，希望广大同学从创建世界知名高水平大学的要求出发，认清肩负的责任，明确自身的成才目标，努力成长为各领域的卓越人才。

作为一所世界知名高水平大学的学生，应当具备怎样的理想信念、道德品格、素质和能力，无疑是值得在座的每一位同学认真思考的问题。

一所世界知名高水平大学培养的优秀创新人才，需要具备远大的理想。理想有多远我们才能走多远，要把实现自身价值和服务祖国、社会统一起来，以更宽广的视野，更博大的胸怀去定位自己的人生坐标，奋发进取、追求卓越。高远的理想是引导一个人锲而不舍，不断追求，不断攀登的引擎，是人生的动力。许多杰出人才从青年时代起，就志存高远，有理想，有信念，有追求，有人生大目标，只有这样才能登得高，走得远。

需要具备全面发展的素质和能力，全面提高自身综合素质和学习能力、实践能力、创新能力。此外，面对经济科技全球化的时代潮流，还需要具备开阔的国际视野和跨文化交流沟通的能力。

对于研究生同学而言，不仅要不断提高自己的业务素质和科研能力，更要在治学精神和学术人格上不断完善自我，以第一等品行为根基，成就第一等学问、第一等事业。

今年是学校建校 60 周年，60 年的文化积淀，一代又一代华东师大人的奋斗成长，造就了她自由独立、海纳百川的开放心胸，追求真理、勇攀高峰的理想信念，学高为师、身正为范的精神气度。相信华东师大这一优秀的精神文化传统一定会在你们身上薪火相传，并进一步发扬光大，在学校创建世界知名高水平大学的历史征程中，书写和演绎同学们的美好人生。

学生就是大学[①]

（2011 年 6 月）

今天是同学们的一个大日子。毕业典礼标志着一段生活的结束，也是一段人生的起点。临别之际想几句话送给同学们，还是感到忐忑。说些欢送的话，也许同学会说，“再美丽的啰嗦还是啰嗦”，说些叮嘱的话，也许有人会说“我年轻，需要指点，但不需要指指点点”。因此，我会努力把欢送的话说得美丽些，绝不指指点点，叮嘱的话未必中听，但一定是发自内心。

同学们，今年是华东师大建校 60 周年。上溯至 1924 年的大夏大学，我们这所学校已经迎来了 87 届学生。上周参加了大夏光华校友的座谈会，在前辈面前，我似乎还很青春还很“潮”；在你们面前，60 岁的我已经很“古老”。但是大学因为学生，因为有你们的青春和热忱，始终充满活力和精彩。毕业了，但青春永在心间，我们要欢呼：青春万岁！

过去的三年、四年间，有的是七年甚至十年间，在这个校园里，你们与老师、与同学一起追求过，经历过，你们参与和见证了华东师范大学建设世界知名高水平大学的努力。迎接奥运圣火，携手抗震救灾，庆祝共和国 60 华诞，参加世博盛会，你们的付出成为学校发展的重要动力，你们的青春融入了学校的历史，成为我们共同的记忆。华东师大感谢你们，为你们喝彩！

当然，不是所有的日子都那么精彩，有过彷徨，有时也许还很无奈。有些书可能还没来得及打开，毕业已猛然站在眼前。青春是欢快的，毕业典礼已经不是第一次了，但对一部分同学来说可能是最后一次。蓦然回首，有的人看到了“灯火阑珊”，有的人则感叹“白驹过隙”。“年轻就是资本”，我们可以说，未来的领袖就在你们中间。“做人需要低调”，我们不妨说，平凡的事做到极致，就是了不起的创造。希望同学们

① 本文为俞立中在华东师范大学 2011 届毕业典礼上的讲话，标题为编者所加。

都积极地向前看,地平线就在前方。再无奈的时候,对自己也要温柔一点,对着自己说:“人人都说我很丑,其实我只是美得不明显。”我希望每个校友都是成功的,更祝愿每一个校友都是快乐的!

我相信你们的父母也是这样想的。有首歌唱道:“小时侯觉得母亲很高很高,我总是仰起头,扑向母亲温暖的怀抱;长大后我比母亲还要高,她总是扬起头,向我发出会心的微笑。”毕业了,无论是深造,还是就业,或者还要“海漂”,请把父母、师长的恩情记在心中;请大家以最热烈的掌声向最亲爱的父母、向最敬爱的师长表示我们深深的谢意!

同学们,我们每一个人的成长,都寄托着很多人的希望。父母的,老师的,今后还有妻子的、丈夫的,孩子的,更有老板的、领导的要求,同事的、社会的期待,也有母校华东师大的期待。走上工作岗位,“社会”与“生活”变得更加鲜活、更加具体。你会真正体会到什么叫作叫“青春”,什么叫“责任”,网络上说,“那些允许被挥霍的时代叫青春”,我补充一句“那些不能被推托的期待叫责任”。

今天的时代,是一个全球化的时代,是一个网络的时代。我们因此靠得很近,也因此离得很远。这几年来,华东师大顺应趋势,把推进国际化作为学校的发展战略。今年3月底,与纽约大学合作举办上海纽约大学在浦东陆家嘴奠基。网上有人说我和塞克斯通校长是无话不谈的朋友,基本属实。就某些理念而言,我们离得很近,比如我和他都认为,“在全球化的大背景下,连接中国和世界的路,就是通向未来的路”。但实事求是地说,和我最近的、最好的朋友是你们——华东师大的学生、华东师大的校友。在我的心中,“学生就是大学”。经常有人问我,人人网上的俞立中是真的吗?告诉大家,那不是“山寨”的,是原创的、真实的。我的好友基本都是华东师大的学生,或曾是华东师大的学生。同学们,因为华东师大,我们会是“一生一起走”的好朋友。

同学们,大学的6月,是个离别的季节,伤心处另有感动,喜悦中含着躁动。被誉为岭南第一女词人的苏拉老师,是89级中文系校友,一位杰出的中学语文教师。我听说她写的歌词很火,有一首叫作《伤心雨》,写道:“你的泪是伤心的雨,在我心里下个不停……”浪漫感人。在今天这个时代,我们可以尽情挥洒自己的情感,是幸福的。你们是华东师大的学生,毕业的时候,无论喜悦的泪、伤心的泪,都与华东师大联系在一起。无论你走得多远,华东师范大学都会深深思念着你们。在你们远行的行囊中,请装下我们的深情祝福——祝愿同学们快乐向前,走向社会,走向未来!

在《乡村教师飞翔计划2011》结业仪式上的讲话

（2011年8月）

各位老师、各位嘉宾、各位志愿者，大家好！

很高兴能赶上《乡村教师飞翔计划2011》的结业仪式，代表华东师大向参与组织本次活动的上海华侨基金会、内蒙古驻上海办事处、上海内蒙古商会、新民晚报、新民网、分众传媒、崔永元公益基金等机构表示衷心的感谢，向关心和支持本次活动的内蒙古自治区教育厅、上海市侨联、上海市教委表示衷心的感谢，向全程报道本次活动的上海、内蒙古各大电视台、电台、报纸、网站等媒体表示衷心的感谢，向积极参与本次活动的内蒙古乡村教师们表示衷心的感谢，向本次活动的讲师们，向竭诚参与本次活动的市民，家庭，及各行各业的志愿者们表示衷心的感谢！

一个国家、一个民族的发展，教育是基础，教师则是基础的基础。教师是教育质量的关键因素，对学生的影响是全方位的，从学习到处事，从学问到为人。教师的学识、素养、眼界和理念会影响到一代一代学生的发展。《乡村教师飞翔计划》邀请边远地区的乡村教师，利用暑假来上海进行为期十天的体验式培训，这是一项很有意义的公益活动，也是对国家和地方教师专业培训的补充，有助于缩小区域差距、推进义务教育均衡发展，是贯彻实施《国家中长期教育改革和发展规划纲要（2010—2020年）》的实际行动。

去年的这个时候，来自云南边远地区的50名乡村教师参加了首届乡村教师飞翔计划，取得了良好的社会效应。他们带着新见闻新理念，带着坚持在乡村教育岗位育人的强大动力回到云南家乡，把“爱的种子”播撒在了孩子的心田，并发芽、成长。今年在座的101位来自内蒙古各旗县边远贫困地区的优秀乡村教师，你们是学生心目中的好老师，正如锡林郭勒盟正镶白旗第一小学张昭静小朋友写的：“你们都是饱读诗书的大学生，可是，为了我们乡村的这些孩子，你们放弃了优越的生活条件，放弃了舒适的城市生活，义无反顾地来到了这里。你们没有令人羡慕的工资，更没有宽敞明亮的住房，可你们却是世界上最富有的人，因为你们赢得了乡村孩子的爱戴。”桃李不言，师道绵长。请接受我对你们的致敬，也希望“乡村教师飞翔计划”对你们有所帮助，希望你们带着新知识、新理念，回到家乡带着学生、带着乡村孩子一起飞翔。

作为《乡村教师飞翔计划 2011》主办方之一，华东师范大学从这次活动中更深切地感悟到大学的责任和义务，更深切地体验到教育的力量和幸福。这种感受来自于参与培训的各位乡村教师，也来自于所有参与组织和实施这个计划的各行各业的志愿者。志愿者队伍中，有崔永元，袁岳，钱文忠，蒋昌建，姚大力，刘京海等一批著名的专家学者，他们放弃休息，精心准备了丰富多彩的讲座；有正在华东师大就读的内蒙古籍大学生和免费师范生；更有热心社会公益事业的华东师大校友，查建渝校友提出和策划了这个计划，钱倩校友、陈保平校友、成蓉校友、刘波校友，张立群校友、汤国勤校友、瞿平校友、张文质校友、王为松校友等参与了组织实施，并提供了人力、物力的支持；还有一大批华东师大的师生放弃了暑假休息，主动参与这项有意义的活动，奉献自己的爱心。因为你们，母校感到骄傲和幸福。在此，我们还特别感谢来自复旦大学、上海交通大学、上海大学、厦门集美大学等各兄弟院校的志愿者和其他社会各界的爱心人士，谢谢你们对活动无私的奉献。

今年是华东师大建校 60 周年的大庆之年。以什么方式来庆贺母校的生日，这是大家都关心的话题。这里，我想告诉大家“服务社会、服务教育，为社会做实事”是我校 60 周年校庆的主基调。“乡村教师飞翔计划 2011”正是学校服务社会、服务教育要做的 60 件实事之一，衷心感谢在座的乡村教师们给了我们这个机会，衷心感谢社会各界对华东师大的关心、支持和帮助！

推进大学国际化战略，深化人才培养模式改革[①]

（2011年8月）

全球化背景下，大学人才培养的质量与大学国际化水平之间的关系越来越密切。通过实施国际化发展战略，提升办学水平和能力，推进人才培养模式的改革，是加快中国高等教育发展的一条重要路径。

一、推进国际化战略，拓宽人才培养模式改革的视野

高等教育的根本任务是人才培养，全面提升高等教育质量，首先是提升人才培养的质量。面对日益激烈的教育国际竞争，探索人才培养模式的改革，不应该关起门来做，需要借鉴国际先进理念和实践经验。推进国际化战略，立足本土、拓宽视野，是探索多元化人才培养模式改革的积极举措。

2006年，华东师大就将国际化作为学校发展的主要战略路径之一。我们认为，建设一所高水平大学，一定要站在国际高等教育大平台上审视自己、谋划自己。尽管我们和世界一流大学的差距还很大，但是要看清将来应该是什么样的。有没有国际视野和高度，是不一样的。战略眼光和战略高度对学校发展会起实质性的影响。华东师大不是把国际化看作国际交流的迎来送往，也不只是国际学生的进进出出，而是从学校自身的办学思想、队伍建设、教育目标、培养模式、教学方法和管理服务等出发，把握世界高等教育发展的基本规律，学习和借鉴世界一流大学的办学经验，从国际高等教育发展的视角来思考和审视学校的发展。

在推进国际化进程中，我们有三个原则：寻求共识，追求共赢；内涵为先，形式多样；搭建平台，持续发展。

---

① 本文为俞立中在教育部高校咨询会议上的发言。

寻求共识，追求共赢。一个成功的可持续的国际合作，很重要的一点就是寻求共识。寻找到发展理念上的共同点，才可能坦诚对话，才可以持续合作。例如，华东师大和法国高师集团合作成立的中法联合研究生院已成功运行了九年，在中外联合培养高层次人才的模式上作了积极的探索，并在此基础上加强了教授间的科研合作，2009 年又成立了联合研究院。合作成功的基础就是共识、共赢。

内涵为先，形式多样。推进国际化进程，关键是考虑我们自己要做什么，内涵是最重要的。形式可以多样化，不能千篇一律。例如，学校围绕培养创新人才，提升教育质量的思考，提出了“一流本科教育”的建设目标。我们感到在全球化背景下，国际视野和跨文化理解，国际交流、合作与竞争能力，是人才质量评价不可缺或的方面。因此，学校通过建立国际教育园区、国际交流、海外游学、联合培养、学分互认、双学位、合作办学等多样形式和途径，利用国际一流大学的优质教育资源，营造多元化的国际教育环境，为学生提供各种选择的机会，推进学校人才培养模式的改革。

搭建平台，持续发展。推进国际化战略，要注重搭建平台。没有可持续的平台和制度保证，只是做几个项目，很难实现长远目标。2009 年，学校召开了推进国际化进程工作会议，制定了《华东师范大学推进学校国际化进程的若干意见》，加大推进力度，落实运作机制。从局部的、分散的国际合作交流转向具有整体目标、有战略规划、有管理制度可循的国际化进程，提出了 10 个方面的具体目标和措施。将国际化纳入常规工作，有序进行，积极探索并建立“校院互动、部门协同”的机制。把国际化作为推进各项工作的基本视角和指标，鼓励并支持院系开拓渠道，建立战略合作伙伴关系。

二、推进国际化战略、深化人才培养模式改革的实践

本着培养一大批具有国际视野，适应多元文化环境下学习工作，具备国际交流、理解、合作和竞争能力的未来人才的需求，我们在推进国际化进程中坚持以学生发展为本，围绕人才培养模式改革进行了一系列探索。

加大本科教育国际合作交流的力度，拓展学生的国际视野，促进本科教学的改革。学校在推进全英文课程、跨文化课程建设，鼓励和支持引进海外优秀教材，提升学生外语应用能力的基础上，积极改革本科教育课程体系，推进与世界高水平大学

的学分互认，发展学生交流项目，拓展联合培养模式。学校设立了国际交流专项奖学金，支持优秀学生赴海外著名大学学习交流。通过本科交流生计划、大学生海外实习项目、优秀学生海外研修项目等计划，为更多的本科生提供海外学习的多样化渠道，同时也促进了学校的课程与教学的改革。

推进国际联合研究机构的建设，加强科研合作与人才培养的结合。学校大力支持与国外高水平大学建立联合实验室或研究中心，在促进双方科研人员合作研究的基础上加强研究生的联合培养，探索高层次创新人才培养的长效运行机制。学校已和一批世界知名大学或一流学科建立了长期合作关系，在人才培养、科学研究、教师发展、资源共享等方面的实现全面合作，如：与法国高师合作建立的“中法联合研究院”、与美国科罗拉多州立大学合作建立的“新能源与环境联合研究院”、与康奈尔大学合作建立的“比较人文研究中心”、在美国智库威尔逊中心建立的“华东师大冷战史研究室”等等。据不完全统计，中法联合培养的中方博士生已经在国际主流学术期刊发表高质量学术论文 70 余篇，其中不乏 *Science* 等国际顶级学术期刊。已获得中法双学位的博士毕业生大多都应聘为 985 高校的教师，也成为我校教学科研岗位的生力军。

创办国际教育园区，搭建优质资源共享、多元文化交融的国际教育平台，提高人才培养的质量。自 2006 年起，美国纽约大学、法国里昂商学院等海外知名高校和教育服务机构，先后在我校设立了海外校区或海外教学中心，推进各国学生在中国高校的学习体验。随着规模扩展和办学层次提升，至 2009 年已发展成为初具规模的国际教育园区。学校加快开发用外语授课的系列课程，建设国际教育课程体系，为中外学生建立了国际学分板块，实现了与世界知名大学的学分互认。学校也利用园区内的国外大学课程资源，为本校学生提供更多的优质选修课程，让学生体验不同的大学文化和教学理念与方式。同时，我们利用国际教育园区，学习借鉴国际知名高校的课程体系、课程标准和教学模式，推进人才培养模式改革。

拓展与世界一流大学的战略合作，引进优质教育资源，探索创新人才培养模式，深化高等教育体制改革。华东师大和纽约大学合作举办上海纽约大学，是基于双方都意识到全球化时代的人才特征和大学的社会责任，需要通过人才培养模式的创新来提升人才培养的能力。上海纽约大学可以成为高等教育改革的一个实践平台。通过近距离合作，我们会体验和审视美国纽约大学的教学、科研和管理经验，推进管理体制、教学模式、课程体系，招生制度等的改革，积极思考人才选拔标准和培养模式，并通过合作研究和联合培养提高科研水平和人才培养质量。

华东师大将继续以推进国际化战略为重要路径，提高人才培养质量，提升在国际高等教育舞台上的话语权和影响力，服务建设教育强国的国家战略。

拓宽视野、探索创新，积极推进人才培养模式的改革[①]

（2011 年 8 月）

胡锦涛总书记在庆祝清华大学建校 100 周年大会上的重要讲话，明确指出了全面提高高等教育质量的战略思路。人才培养是一所大学的根本任务和首要职责。如何根据学校的特色定位，加强人才培养模式改革的力度，适应社会经济发展对未来人才的要求，是提高大学办学质量的重要切入点和抓手。近年来，华东师范大学以推进学科交叉融合，推进国际化进程为重要战略路径，积极探索创新人才培养模式的改革，努力提升人才培养的质量。有以下几点体会。

一、促进学科交叉融合，拓展人才培养的学科平台

围绕国家和上海市社会经济发展的重大需求，学校根据自身的目标定位，突出特色优势，瞄准学科前沿，坚持有所为、有所不为，规划学科整体布局，重点架构了四个类别的七个学科群，涉及了 30 个一级学科博士点、40 个一级学科硕士点。同时，我们积极推进了学科交叉融合。

学校新组建了心理与认知科学学院、金融与统计学院、社会发展学院、思勉高等研究院、科学与技术跨学科高等研究院等交叉学科人才培养和科学研究平台；推进一批有关联度的交叉研究集群建设，组织跨学科研究团队。在推进学科交叉融合的进程中，通过实施“985 工程”拔尖创新人才培养建设项目，鼓励学生开展跨学科的创新性、应用性合作课题研究，使越来越多的学生获得在交叉学科平台的学习研究机会，扩大了学科视野。

---

① 本文为俞立中在上海高校领导干部会议上的发言。

同时，学校也努力打破原有的专业设置壁垒，初步实现了全校所有专业课程面向全体本科生开放，推进各院系专业课程资源的共享，引导本科生跨学科、跨专业选修课程（每个学期提供近 2 000 门次专业课程，约 1 200 多人次跨院系选课）。鼓励并支持教师参与交叉学科的教学和科研活动，不断扩大交叉学科课程规模。

二、创新国际合作模式，拓宽人才培养的国际视野

在全球化背景下，培养一大批具有国际视野，适应多元文化环境下学习工作，具备国际交流、理解、合作和竞争能力的未来人才是国家发展战略的需求。我们在推进国际化进程中，围绕人才培养模式改革进行了一系列探索。

学校加大了本科教育国际合作的力度，改革课程体系，推进与世界高水平大学的学分互认，发展学生交流项目，拓展联合培养模式。设立了国际交流专项奖学金，支持优秀学生赴海外著名大学学习交流。通过本科交流生计划、大学生海外实习项目、优秀学生海外研修项目、联合培养双学士项目等计划，为更多本科生提供海外学习的多样化渠道。

学校大力支持与国外高水平大学建立联合实验室或研究中心，在促进双方科研人员合作研究的基础上加强研究生的联合培养，探索高层次人才培养的长效运行机制。学校已和一批世界知名大学或一流学科建立了长期合作关系，实现全面合作，如：与法国高师合作的“中法联合研究院”、与科罗拉多州立大学合作的“新能源与环境联合研究院”、与康奈尔大学合作的“比较人文研究中心”等等。中法联合培养的中方博士生已经在国际主流学术期刊发表高质量学术论文 70 余篇，其中不乏 *Science* 等国际顶级学术期刊。已获得中法双学位的博士毕业生大多都应聘为 985 高校的教师，也成为我校教学科研岗位的生力军。

自 2006 年起，纽约大学、里昂商学院等知名高校和教育服务机构，先后在我校设立了海外校区或教学中心，推进各国学生在中国高校的学习体验。随着规模扩展和办学层次提升，至 2009 年已发展成为初具规模的国际教育园区。学校在完善中国语言文化课程建设的基础上，也重视开发用外语授课的系列课程，建设国际教育课程体系，为中外学生建立了国际学分板块，实现了与世界知名大学的学分互认。园区内的国外大学课程资源也为本校学生提供了更多的优质选修课程，让学生体验

不同的大学文化和教学理念与方式。国际教育园区也为我们学习借鉴一流大学的课程体系、课程标准和教学模式、推进学校的教学改革提供了机会。

学校积极拓展与世界一流大学的战略合作，探索创新人才培养模式，深化高等教育体制改革。华东师大和纽约大学合作举办上海纽约大学，是基于双方都意识到全球化时代的人才特征和大学的社会责任，需要通过人才培养模式的创新来提升人才培养的能力。上海纽约大学可以成为高等教育改革的一个实践平台。通过近距离合作，我们会体验和审视美国纽约大学的教学、科研和管理经验，推进管理体制、教学模式、课程体系，招生制度等的改革，通过合作研究和联合培养研究生提高科研水平和人才培养质量。

三、夯实教育教学基础，丰富人才培养的选择机会

以学生发展为本，鼓励独立思考、自主探索，需要丰富学习资源，需要营造宽松的学习环境。为了给学生提供更多的选择机会，学校加快了课程体系和实践基地的建设。

一方面，梳理调整学科结构，构筑支撑新学科体系的课程，形成高质量的课程群，促进学生专业素质的培养。另一方面，积极建构一系列具有宽泛性、交叉性和时代特征、有利于学生综合素质培养的课程。经过几年的努力，在校本科生规模保持稳定的情况下，学校的课程总量已从原有的 3 000 余门次增加至 6 000 余门次（3 400 多种），学生有了更多课程选择的机会。学校充分尊重学生的选择，让全体学生分享教学改革和科研发展的成果，同时探索优秀学生的培养途径，引导和激励尽可能多的优秀学生在竞争中脱颖而出。我们也通过各种国际合作平台，丰富学生的选择，让学生体验不同的社会文化和大学教学理念与方式，推进人才培养模式改革，提升人才培养质量。

学校不断健全学分制建设，正在建设新的教学管理信息系统。这个系统将从顶层设计上打通本科生和研究生教育的课程体系，为学生提供提前修读课程，提前进入更高层次学习阶段的机会，提高学生在校期间的学习效率。在课程建设中，努力按照传承文化价值观念和建立科学思维的目标，完善和提高通识教育课程的质量，让所有华东师大的学生都能够获得成为“完整的人”的教育。

学校积极探索开放式、多元化的人才培养模式，为各类不同学生的成才创造机会，鼓励学生走出校园，走出国门，参与实践，了解社会，培养创新思维，提高解决实际问题的能力。按照研究型大学的办学特征，努力使学术研究成为本科人才培养不可缺少的教学环节。学校承诺，为所有对学术研究有兴趣的学生提供参与学术研究的机会和相应的经费支持，使学生在华东师大不仅课堂上学到知识、试卷上获得分数，同时在学术研究中体验创新、收获成果。我们鼓励学生组成团队完成课题，并积极参与挑战杯等大学生创新竞赛，获得了优异成绩。“积极参与学术研究并表现出良好潜质”在华东师大已经成为对优秀学生评价的依据之一。

学校创设了一批实践基地和实验区，如在国内最先创建了科学商店。学校利用自身优势，联络各省市教育行政部门和中小学校，在全国 90 余所学校建立了实习基地。学校还积极鼓励院系根据实际情况建立对口实践基地，为学生利用专业知识，开展社会实践开拓渠道。并支持和组织不同专业的学生组成团队，开赴各地开展社会实践活动，在实践中增长见识和才干。

各位领导、各位同仁，在高等教育大众化、人才需求多样化以及科技迅速发展的时代背景下，提升人才培养质量更是一个严峻的话题。积极创新人才培养模式，需要更新教育理念，需要在体制机制上引导广大教师对人才培养给予更多的重视、承担更多的责任，投入更多的精力。华东师大会不断探索，提高人才培养质量，以卓越的成就担当服务国家和上海发展的崇高使命。

理论与实践相结合[①]

（2011 年 8 月）

这次全委扩大会议考虑了如何把理论与实践相结合，讨论问题时能够更加结合实际谈想法，是一次非常成功的会议，呈现出一些新的风貌。第一，理性务实。各个小组交流时都谈到了对童世骏书记报告的感受，我也很有感触。报告立意很高、很有哲理。面对学校发展中的实际问题，特别是思想上的困惑和理解上的疑点，作了理性的阐述。大会的交流报告，三位校领导和两位专家从不同的角度展开，有思想，也很务实，提出了很多好想法。这对指导今后的工作，具有非常积极的意义和作用。第二，思想认识逐步统一。这次分组讨论，包括我所在的第二组，大家的发言水平都很高，讨论也很热烈。所有的发言都围绕学校发展问题，有很深入的思考。这说明在学校的发展过程中，大家的思想认识逐步一致。在讨论中有了更多的思考和更好的想法。第三，以实际行动促改革。这次全委扩大会，除了开幕式的几分钟校领导坐在台上，其他时间都和大家坐在一起。从某种意义上，这表明了学校领导对去行政化的一种态度。我们坐在一起讨论问题，思考问题，至少感觉更近一点。尽量避免台上坐一排，台下坐着听。当然，这仅仅是形式上的，实质上的还要推进。这次全委扩大会后，会有一些更务实的考虑，会有更加实际的做法。

今年暑假，我与童书记参加了两个重要的会议。一个是教育部直属高校工作咨询会。国务委员刘延东到会做了讲话，教育部袁贵仁部长做了总结发言。会上讨论了两个重要文件：一是《关于全面提高高等教育质量的若干意见》，包括 30 条意见，重点是围绕提高人才培养质量。二是《高等学校创新能力提升计划》，也就是“2011 计划”。此外，还讨论了九个相关文件，包括免费师范生教育、研究生培养机制改革

① 本文为俞立中在华东师范大学 2011 年党委全委扩大会上的总结讲话，根据录音整理，标题为编者所加。

等。这两个文件的实施意味着一个新的机遇,也意味是我们下一步的工作重点。文件即将正式下发,如果我们起步早一点,准备充分一点,也许能抓住更多的机会。

另一个会议是几天前的上海高校党政领导干部会议。这是每个学期开学前都要召开的,但是今年韩正市长亲自参加会议,并在第一天上午就作了报告。韩正市长的报告用很大篇幅谈上海社会经济可持续发展碰到的困难和机遇,最后用很小篇幅谈了上海社会经济发展对高等教育的要求。从市领导的角度来讲,可能更多地希望能够拓展我们大学管理人员的视野和思考问题的角度,希望我们更多地把高等教育发展的思考放在整个上海乃至全国的社会经济发展这个大平台上,而不是就高等教育想高等教育。这是很高明的做法,也确实开拓了我们的视野,让我们更多地看到高等教育的社会责任,让我们更多地看到高等教育面临的挑战和机遇。

对于华东师范大学来讲,我们仍需要增强自信心和自豪感,华东师范大学"伤不起"。虽然在发展过程中遇到些挫折能锻炼我们的毅力和抗挫折能力,但是对广大的师生员工来讲,学校是伤不起的。我同意许纪霖老师讲的一句话:华师大现在跑在第一梯队,就像长跑一样不能掉队,不能放掉任何机会。华东师大无论在什么时候,特别在当今,一定要冷静,一定要增强自信心和自豪感,这是学校发展很重要的动力。同时,我们更需要有危机感和紧迫感,实际上,我们不仅和世界一流大学有较大的差距,和国内的"985"高校比,也还有明显的差距。因此,我们既要有信心,又要有紧迫感。这是我们的一种态度,是对我们自己,对学校发展的一种态度。

通过这两次会议,我延伸出了一些具体的思考。借这个机会,跟大家沟通一下,讲三个"一定要",就是三个方面的考虑和行动。

一、一定要坚持质量为先,把人才培养放在学校工作的核心地位

中国高等教育发展到今天,已经从外延拓展为主转向特色发展和质量提升。提升质量的内涵建设将是高等教育发展的永恒主题。因此,如何紧紧围绕特色和质量,加强内涵建设,对于一所学校的发展是一个至关重要的问题。人才培养是学校核心任务。人才培养模式改革,将是今后学校需要着重思考和解决的。"人才培养、科学研究、服务社会、文化传承"是大学的四大功能,但核心功能以及所有其他责任的重要落脚点,就是人才培养。这是大学最根本、最基础性的工作。在这个问题上,

我们要形成共识，那就是学校的工作一定要坚持以学生为本、以学生发展为本。我们做任何工作，一定要想到怎么和人才培养联系起来，一定要把大学的四个功能最后立足到人才培养上、育人上。

在教育部直属高校咨询会上，华东师大成为六个交流发言的学校之一，谈的就是如何在推进国际化战略中改革人才培养模式，最后的落脚点是在人才培养上。在上海高校党政领导干部工作会议上，华东师大成为四个交流发言的学校之一，讲的是在推进学科交叉，推进国际化进程中，如何推进人才培养模式改革，落脚点还是人才培养。华东师大两次被指定交流发言，这是很难得的，说明教育部和上海市的领导看到了华东师大这些年来的发展，看到了我们在发展过程中有自己的一些特色，取得了一定的成绩。我们确实做了很多工作，但是这些工作是不是真正达到了效果？是否取得了成效？我觉得我们需要努力的方面很多，想谈几点想法：

第一，积极探索多元化人才培养的新模式。在“十一五”期间，学校提出了“推进学科交叉融合”和“推进国际化进程”这两条战略路径。大家都比较认可学校在推进国际化进程方面取得的成绩。相对而言，在推进学科交叉融合上，我们的措施没有那么坚决，共识还没有那么一致。事实上，在推进学科交叉融合方面，我们也做了很多探索。先后设立了金融与统计学院、心理与认知科学学院、社会发展学院，成立了科学与技术跨学科高等研究院、思勉人文高等研究院等，客观上为学生的发展搭建了一个学科交叉的平台，让他们利用这些平台，在不同学科背景老师的指导下、在多学科文化氛围的影响下，做一些跨学科的研究和学习。这是我们在推进学科交叉融合过程当中对人才培养的模式改革和发展所做的一些新的探索。

在推进国际化的进程中设立的国际教育园区，为学生提供了更多的选择机会。可以在不同教育文化背景下，参与国际学生群体共同学习，选择课程。这些年来，我们也努力把本科生送到国外学习和交流。正是通过这些国际合作交流项目，促使我们更清醒地审视我们和国外一流大学的差距，进而推进课程体系和人才培养模式的改革。如果就事论事，就国际化谈国际化，就学科交叉融合谈学科交叉融合，它的效益不是学校发展的全部。必须将学科交叉融合、国际化发展很好地落脚到创新能力的发展，落脚到师资队伍的发展，更重要的是要落脚到人才培养模式的改革上。只有这样，学校的发展才能真正体现大学的文化和大学的本质。

当然，在探索多样化的人才培养模式上，会涉及到很多问题。比如从学校层面上可能更多关注推进通识教育，使学生得到全面发展。但学校里又有一些应用型很强的专业，比如软件工程、设计等，在这些专业的培养上，是不是也要按照文理科通识教育模式？值得认真思考和探索。

第二，大力提倡把科研活动和人才培养紧密结合起来。科研活动和人才培养是大学最重要的两种功能，但千万不能把科研和教学作为两件事情，或者作为对立面来考虑。教育部多次要求让学生进实验室，参与课题研究。作为一所研究型大学，我们有很强的科研能力、创新能力，有很先进的实验室。人才培养能够在这样的氛围里发挥优势。千万不要把人才培养和科学研究对立起来，而是要把所有的成果，包括科研的成果、改革的成果都要用到人才培养上。把人才培养与科研活动紧密结合，作为一个整体来考虑。

第三，要把人才培养模式改革作为管理重心下移的前提。重心下移已经说了很多年，而且也在逐步推进，但是重心下移有一个很重要的前提，就是在职权统一前提下的重心下移。这项工作目前很难在学校全面展开，但可以选几个院系作为试点。很希望有院系能够提出试点要求。这次教育部也提出所谓的二级学院试点，也就是重心下移，包括在队伍建设、学科建设、人才培养、科学研究方面以院为实体的探索，我认为学校也可以这样。但需要特别强调是，在考虑重心下移过程中，在院系的改革过程中，首先应当考虑的是人才培养模式的改革。院系在规划自身发展的过程中，一定要把人才培养模式的改革坚定地担在肩上，把人才培养模式的改革落实到的具体行动中。所以我希望各个院系、各位老师一定要充分意识到每个人的责任，把人才培养作为各项工作重要的落脚点，切实的推进人才培养模式改革。

第四，着力营造优秀教师在一线授课的育人文化氛围。如何让优秀教师特别是教授走上讲台，需要培育一种育人的文化。对于大学来讲，其实不仅仅是让教授上讲台的问题，也不仅仅是课时费等奖励的问题，我们的落脚点是要建立一种育人的文化，营造一种优秀教师上一线授课的育人文化氛围。让每一位教师感受到，在为本科生、研究生上课方面花功夫是一种荣耀。在教学的评价方式上，除了精品课程、教学名师等，更需要静下心来，认真考虑人才培养，确立先进的教学理念，推进课程体系改革，探索新的教学方法等。

二、一定要坚持改革创新，不断提升学校的创新能力

坚持改革创新，不断提升学校的创新能力是教育部高等教育创新能力提升计划的要求，在这次会上，大家提了很多好的建议。这里我想谈四点想法：

第一，加强校内资源的整合。现在各院系与国外大学的合作很多，而校内学科之间的合作却很少。这次何积丰院士提出了要建立软件学科联盟，这就是一种整合校内资源的思路。学校也意识到这个问题，希望采取积极措施，从体制机制上跟进。昨晚我们召开了党委常委会，讨论把校领导分工联系院系做一下调整。原来有一定的随机性，没有考虑学科的组合，现在的调整是基于学科群的考虑。希望通过校领导联系院系的调整，有意识地推进相关学科，相关院系之间的资源整合，加强学科群内在的联系，推进学科内部的联系。下一步是考虑采取联席会议制，针对学校发展过程中的学科建设、师资队伍建设，人才培养、创新能力发展、与社会结合等方面的问题，由分管校领导和相关的职能部门成立一系列联席会议制度，协同解决发展中的问题。

第二，加强校外资源的整合。在这里我特别想强调一下“2011 计划”，我希望在座的各位领导能够高度的关注“2011 计划”带来的机会。“2011 计划”就相当于“211 工程”、“985 工程”这样的机会。这个计划就是要通过体制机制的创新，加大高校之间的联合，加大高校和科研机构的联合，加大高校和企业的联合，加大高校和区域政府的联合，来解决国家、区域、企业发展过程中出现的一些重大问题。实际上，就是整合社会资源，协同创新。

这一计划有几个很重要的关键要素。第一，整合是为了解决国家、区域、行业发展中急需要解决的核心问题、关键问题。第二，要有基础和平台。平台和平台之间还要协调和整合。第三，必须在体制机制上有所创新，而不是凑合或者组合。体制机制创新主要包括以下内容：一是拥有多方参与的管理机构，负责重大事物的协商和决策，制定科学和技术总体发展路线，明确各方职权、人员、资源、成果、知识产权等的归属问题，实现开放共享，持续发展；二是要改革人事管理制度，探索与国际接轨和以任务为驱动的人员聘用和分配制度，增强对国内外优秀人才的吸引和凝聚力；三是要建立寓教于研的创新人才培养模式，以科学研究和实践创新为主导，完善

高校、科研院所、企业相结合的导师组制度，实行联合培养，联合授予学位，以高水平的科学研究支撑高质量的人才培养，不仅是科研创新，而且是人才培养模式的创新；四是要以提高创新质量、解决国家重大需求的实效为导向的考核评价机制，改变单纯以论文获奖为主的评奖方法，建立社会评奖和退出机制，鼓励竞争动态发展；五是强化以优势和特色学科为导向的资源配置方式，充分利用和盘活现有的资源，集中优势资源，重点支持构建有利于创新的基础条件，形成长效机制，还涉及到一个资源配置的方式；六是创新国际交流与合作模式，推动与国外高水平的大学科研机构等创新力量开展实质性的合作，吸引世界一流的专家学者参与协同创新；七是营造自由开放，鼓励创新，宽容失败的学术氛围，倡导拼搏进取、敬业、奉献、求真务实、团结合作的精神风尚，形成有利于协同创新的文化环境。

第三，加强国际资源的整合。陈群副校长给大家介绍了上海纽约大学的筹建进程和思路，希望大家进一步提高对上海纽约大学建设意义的认识，要高度意识到上海纽约大学对华东师范大学发展的意义和机遇。上海纽约大学的创建对于华东师范大学的国际影响、国内声誉的提高已经带来一些正面效应。这次去牛津大学交流，牛津大学校长分析了纽约大学和华东师范大学合作的理由，很有创见。国内一些大学的校长、教授听到上海纽约大学这个事情，第一句话就是为什么是华东师范大学。他们好像觉得我们和纽约大学不大般配。但是牛津大学校长给出了很好的理由。他说纽约大学是美国一所非常好的学校，但是美国的常春藤大学并不把它看成是一个梯队的。尽管纽约大学连续很多年都评为美国大学生最喜欢的大学。华东师范大学在中国所遇到的情况和纽约大学是一样的，你们很优秀，但是北大、清华、复旦、交大未必认为你们和他们是一个档次的。你们都想改变自己的地位，有改革意识，所以走到了一起。我觉得这个解释很有创见。像我们这样的大学，应该是最富有改革动力的大学，我们没有负担。像美国的常春藤大学，他们很看重传统，所以要改革很累。华东师范大学看重自己的传统，更想改变自己的地位，更想往前面突飞猛进。我们希望通过改革来使自己的树立一个新的形象，使学校能够在一个比较短的时间里显示出不可替代性，这就是我们改革的动力，这也是纽约大学的改革动力，所以我们走到了一起。

我们希望在全球化的大背景下，建立一所能够适应国际高等教育变化大趋势的高等学府。从这个意义上来讲，我们一定要重视上海纽约大学的建设，不仅靠这样的合作来提升我们的声誉，更需要通过这样的机会来推进我们自身的改革，包括在教学、科研、管理方面的改革。比如金融、数学、旅游等等学科一定要主动去思考这些问题，主动去对接。如果整合好，对这些学科的发展会带来很重要的影响。我们要把华东师范大学和上海纽约大学密切结合起来，把整个学校的教育科研、管理体系和这所学校的发展紧密的结合起来。如果能做到这些，上海纽约大学的建设将是华东师范大学在发展历史中的一次最好的机遇。

另外，我们要整合已有的资源，比如新能源和环境联合研究院。国家外专局、上海市和科罗拉多州立大学对研究院都很重视，我们能不能把握好这个机会，把这个研究院真正建立成一个有世界影响的研究院，这都是整合国际资源一个很重要的方面。还有国际教育园区，这是华东师大首创的一种校园国际文化建设模式。怎样利用好国际教育园区，在创新能力和人才培养方面能够有更好的资源整合？这就要坚持改革创新，在体制机构创新的基础上整合校内资源，整合国内资源，整合国际资源，把华东师范大学真正放在一个高水平、国际化的平台上，来考虑我们的发展。

第四，加强创新队伍建设。我特别强调一下，提升创新能力，教师队伍需要一定体量。现在不是没有编制，而是各院系在引进优秀人才问题上，主动意识还不强。我们希望大家高度重视人才队伍建设，特别是国家、教育部、上海市的重点实验室、重点研究基地和重点学科要率先加强优秀人才引进，大力引进优秀学科带头人，引进发展潜力大的青年才俊。同时，也要重视青年教师的培养，促进人才梯队建设。

三、一定要积极探索，切实推进现代大学制度建设

作为一所把国际化作为重要战略路径的大学来讲，国际化的一个很重要的内容，就是要成为一所真正意义上的现代大学。要成为真正意义上的现代大学，必须在制度上进行探索、改革和创新，在这个问题上，同志们一定要有高度、有视野、有胸怀，一定要站在大学本质的立场来思考学校的制度建设。如果一所大学一谈发展就站在一个很实用的角度，看眼前的一些小问题，这所学校永远成为不了一所有影响的大学，有文化的大学。所以在积极探索的过程当中，一定要站在国际高等教育发展的高度上去思考问题，从大视野、大平台、大文化的角度出发。

第一，积极吸纳各方意见及建议，修订并完善“十二五”规划。学校的“十二五”

规划已经制定了一年时间，还没有定稿。这两天讨论的过程中大家有很多很好的建议，希望在最近的时间里，把这些好建议，包括教育部《关于全面提升高等教育质量的若干意见》文件中的提升高等教育创新能力等内涵融入到“十二五”规划中，尽早完成“十二五”规划的编制工作。

第二，加快推进教育部体制机制改革试点项目，推进各类试点工作。教育部的体制机制改革试点项目，就是学校的现代大学制度建设项目。尽管我们每月上报进展，不断讨论方案，但没有实质性的推进。这次童书记利用假期做了两个月的调研，提出了很多想法。对资源整合问题，包括公房有偿使用、职权统一下的重心下移、建立定性和定量的绩效考核评价的问题等都有思考。希望一些院系能够主动作为职权统一下的重心下移、绩效评估的试点单位，学校一定会大力支持，推动试点改革。

第三，认真落实大学章程的修订工作，体现现代大学要义。这次教育部的文件中还提出了关于大学章程的修订问题。华东师大已经有一个比较规范的大学章程。我们希望先抓紧把教师手册、学生手册制定好，从学校的管理制度上形成一个统一的手册。把主体移到教师的身上、学生的身上，让大学的民主观念真正体现在大学的自由和自律两者统一的基础上。

第四，认真组织60周年校庆活动，展现大学文化精髓。作为今年的重点工作之一，为办好一次有意义的校庆，学校层面已经作了大量的工作，也启动了一些文化设施建设。希望各院系认真组织60周年校庆活动，尤其是做好校友返校工作，让广大校友充分参与到校庆活动中，积极为学校的发展献言献策。另外，在校庆期间，各院系也可以探索组织一些富有文化意义的展示活动和学术研讨活动。我们就是要通过这样的一些活动，通过学术水平和社会服务，展示成就，扩大影响力。

我很有信心，华东师大有这样的文化底蕴和学术基础，有这样齐心的教师队伍、校友队伍、学生队伍，我们一定能建成一所世界知名的高水平大学！

促进长三角中小学教育的联动发展[①]

（2011 年 9 月）

尊敬的各位领导、各位校长：

上午好！

今天，第二期长三角中小学名校长高级研究班开班了。首先，我代表华东师范大学党政，对研究班的开班表示热烈的祝贺！对来自上海、江苏、浙江的优秀中小学校长表示热烈的欢迎！对百忙之中拨冗出席开班典礼的各位领导表示热烈的欢迎和衷心的感谢！

长三角中小学名校长高级研究班是落实长三角中小学名校长联合培训计划的重要举措。根据《国务院关于进一步推动推进长三角地区改革开放和经济社会发展的指导意见》和《长三角教育联动发展协调会议纪要》的精神和要求，在两省一市教委和教育厅的大力支持和帮助下，长三角中小学名校长联合培训计划旨在通过共享长三角地区优质培训资源，促进长三角地区教育领域的联动发展、率先发展、科学发展、和谐发展，努力把长三角地区打造成我国教育综合改革的试验区、教育协同发展的示范区。联合培训计划的实施，可以更好地指导和帮助长三角中小学名校长系统总结办学经验，形成符合教育规律、特色鲜明的教育思想，为造就一大批教育家型的校长奠定坚实的基础，从而促进长三角中小学教育的持续提升，引领我国基础教育的发展。

在成功举办第一期长三角中小学名校长高级研究班的基础上，继续开办第二期长三角中小学名校长高级研究班，体现了两省一市教委和教育厅领导对华东师大和中学校长培训中心的高度信任。华东师范大学作为国家“985 工程”重点大学，始终以引领教师教育发展为己任，把服务基础教育改革和发展当作办学的首要任务。近

① 本文为俞立中在第二期长三角中小学名校长高级研究班开学典礼上的讲话，标题为编者所加。

年来,随着我国基础教育改革形势的深入发展,华东师范大学也在不断改革,努力适应教育发展的要求。尤其在教师教育人才培养模式改革方面,进行了大量探索,取得了可喜的进展。我们将在教育部的领导下,一如既往支持、帮助教育部中学校长培训中心办好第二期长三角中小学名校长高级研究班,为参加学习的长三角地区优秀中小学校长早日成长为教育家做出最大的努力。

教育部中学校长培训中心是教育部设在华东师大的校长培训国家级基地,更是联系我校与全国基础教育的纽带,是我校发挥自身优势积极服务校长专业发展、服务全国基础教育改革和发展的重要平台。校长培训中心成立 20 多年来,在教育部的领导下,在全国中学校长的支持下,依托华东师大的教育、管理学科优势和上海的地域优势,在校长培训、学校改进、港澳台及海外教育交流等领域取得了显著成绩,成为华东师大的一个重要品牌。

第二期长三角中小学名校长高级研究班层次高、时间长,办班目标富有挑战性,研修任务相当繁重。希望各位校长在培训过程中能够劳逸结合,切实有效地提高自身的理论素养、政策水平和业务能力,进一步增强实施素质教育的领导力和发展教育的创新力,高质量完成研修计划规定的各项研修任务。我相信,在教育部的正确领导下,在上海市教委、江苏省教育厅、浙江省教育厅等部门的大力支持下,通过各位校长的积极努力和校长培训中心的出色工作,第二期长三角中小学名校长高级研究班一定能够取得圆满成功!

以辩证的思维对待学校发展中的各种矛盾和问题[①]

（2011 年 9 月）

每学期初都要召开一次全校教师干部大会，这是学校所有会议中规模最大的一次，也是学校所有会议中最重要的一次。我们想通过这样一个机会，将学校班子对学校未来发展的一些思考和具体部署与全校教师、干部进行充分沟通，从而在发展理念上形成共识，这是学校事业的基本保障。

刚才童世骏书记将自己的想法、对学校发展的认识，与大家作了分享。我觉得，这不仅是对学校发展理念的阐述，也是一堂精彩的哲学课。他讲了许多关系问题，实际上就是以辩证的思维对待学校发展中的各种矛盾和问题，这是学校未来工作中很重要的思想指导。

暑假里我和童书记参加了两个重要会议，一个是教育部在东莞召开的直属高校咨询工作会议。这次会上讨论了几个重要文件，国务委员刘延东、教育部部长袁贵仁作了重要讲话。袁部长的讲话精辟、实在，很有感情，打动了所有与会的书记、校长。他对高校发展中面临的问题和高校如何引导自己未来的发展，作了非常到位的分析。另一个是开学之前上海市教卫党委召开的高校领导干部会议，会上也作了重要部署。我想结合会议精神，联系学校 2011 年重点工作进展情况，谈谈下半年要重点落实的四方面工作。

一、积极推进人才培养模式改革，切实提升办学质量

办学质量包含很多方面。刚刚童书记说到了大学的四个功能，即人才培养、科学研究、社会服务和文化传承，这些功能都可以归属到一件事，那就是积极推进人才

① 本文为俞立中在华东师范大学全校教师干部大会上的讲话，根据录音整理，标题为编者所加。

培养模式改革,提升教育质量。在近期的几次重要会议上,“质量”是一个关键词,而“质量”这个关键词最后又落到很重要的一个点,那就是人才培养。

中国高校经过改革开放以来几十年的发展,特别是近十年以来的快速扩张,大家越来越意识到高校的办学质量是必须高度关注的问题。办学质量最基本、最核心的落脚点就是人才培养质量。人才培养质量的提高,需要通过改革来推进。

学校会在人才培养模式改革方面做出工作部署。今年 10 月或 11 月,我校将召开第四次本科教学工作会议,探讨如何以专业特色建设来推进人才培养试点工作的问题。会上将进一步讨论学生个性化培养方案、组织论坛和交流活动、推进本科生科学研究、建立大学生学术研究计划在线系统、进一步推动本科教育的国际化、建立本科教育访学制度等工作。希望围绕专业特色建设这个主题,引导好这些工作的开展。

过几天,我们就要迎来 2011 级新生。在开学典礼上,我想强调两点。第一是明确大学教育是要培养一个完整的人。昨天俞正声书记在学校座谈,他特别强调,现在很多的社会现象,追溯起来应该反思的是教育,包括高等教育。现在教育方面缺失的问题也许不是大学阶段造成的,但是如何进行完整的做人的教育,培养学生学习能力、沟通能力、合作能力和适应社会发展的各方面能力,值得我们思考。在人才培养模式上首先应该考虑培养一个完整的人,然后才是一个专门的人才,这是需要牢牢确立的思想。培养一个完整的人,这是所有教师的责任,包括管理人员、后勤人员。第二是针对不同培养目标的多样化培养模式,让学生在大学里可以有更多的选择,学校提供更多的机会。这也是人才培养模式改革过程中需要积极探索的问题。华东师大有这样的传统,就是强调注重个性发展。让学生有更多的选择,学会如何去选择,如何规划自己的人生,使自己成为符合社会发展需要的人。关于这一点,我们将继续予以推进。

在师范生培养方面,第一批免费师范生已经毕业,走向了基础教育工作岗位。社会反映很好,我们的心血没有白费。从下学期开始,这批免费师范生就要陆续回到学校接受教育硕士的学习。本学期除了进一步完善师范生本科阶段培养方案,还要进一步考虑研究生阶段的教育,形成本硕一体化的培养模式,真正为国家培养一批优秀的教师和未来教育家。华东师范大学无论怎样发展,无论在学术地位方面如何被社会和学界认可,我们在教师培养方面的引领作用一定要充分重视,这种传统不应该放弃，也不能放弃。

研究生教育方面，我们现在有26个一级学科博士点，还有近40个一级学科硕士点。相对于本科教育来说，研究生教育改革的力度要更大一些。我们需要探索学科研究生培养模式，但今年下半年需要更多探索的是专业学位教育。今年我们增加了许多专业学位，上海学位委员会还将对我校进行评估。如何进行专业学位的建设，通过专业学位的平台培养一批适应社会需要的高层次的应用人才，这是今年下半年研究生教育重点推进的工作。

二、努力加强学校创新能力建设，服务经济社会发展

国家即将推出“2011计划”，有特定的内涵。211的重点是建设学科，985的重点是建设创新平台和创新基地，2011的重点是创新体制机制，提升协同创新的能力。要搭建一个大的科研和人才培养的平台，把科学研究与人才培养结合起来，加强高校之间、高校与科研院所之间、高校与企业之间、高校与地方政府之间的紧密合作，在体制机制上有所创新，来解决国家社会经济发展中的重大问题。华东师大必须抓住2011计划的机会，通过2011计划争取更多的支持，增强解决国家重大问题的能力。

下半年的重点工作之一就是尽早规划，对接2011计划。一是考虑什么是华东师大牵头联合其他高校、企业、地方政府来搭建的创新平台，二是考虑华东师大哪些学科、哪些教授可以参加到解决国家重大问题的2011计划中。请同志们高度关注。有两点是关键的，一是必须有体制机制的创新，包括队伍的开放、流动，科研和人才培养的结合，还有薪金待遇、知识产权等等各方面都要有一个整体性的创新体制。二是所面向的必须是国家的重大目标、科学发展的重大目标或者社会发展的重大目标。

第二项工作，一定要同时做好985三期建设。985已经开始新一轮建设，可能我们对985的感觉在逐渐丧失，但是大家一定要记住我们进入985的艰难过程。985对学校发展的动力是有目共睹的，如果没有985的支撑，我们不可能在这么短的时间内有这么大的进步。以教师队伍为例，最近这几年里，学校从海外引进的教授、副教授或者相当水平的博士后有200多人，我们送到国外培养一年以上的青年教师有

300 多人，这两支队伍加起来就有 500 多人。可以说通过 985 建设，学校教师队伍的结构在发生巨大的变化，水平明显提升，这是我们事业推进的最基本要素。如果没有 985 的经费支持，没有这样的平台，我们很难吸引这么多的优秀人才。我希望同志们仍然关注 985 建设产生的效应，特别要关注 985 建设如何为上海地方社会经济发展服务的问题。

第三项工作，仍然要做好 211 建设。今年一定要做好 211 三期的检查。211 的重点是学科建设，重点学科在大学发展的评价体系中是一个重要的指标。这个指标未必正确，但我们要予以关注。当然，学科建设不是仅仅为了评重点学科，而是要具备这样的竞争能力，能够真正在学术上有引领作用。

第四项工作，要关注各种平台的发展。特别是国家重点实验室，教育部和上海市的重点实验室、重点基地，工程中心，这些都是重要的发展平台。近年来，国家科研投入的基本思路是将竞争性与非竞争性科研投入结合起来。以前是以竞争性的科研项目支持为主，现在要逐步扩大非竞争性的科研经费持续投入。由教育部直拨的科研资金在增加，属于非竞争性的科研经费。这就要求学校能够有目标、有规划的重点支持一批研究平台，使科研目标得到持续的支持，取得重大突破。在这种前提下，学校争取各种各样的重点实验室和平台是非常重要的，希望各个学科在学科建设的同时关注这些重点实验室和平台的建设。

三、落实国家教育体制改革试点项目，推进体制机制改革

华东师大有两个国家教育体制改革试点项目。一项是学校管理体制机制的改革。刚才童书记已经谈了这方面的考虑，我不再重复。需要大家高度关注的是，学校会进一步思考如何在职权利统一的前提下稳步推进管理重心下移，也希望有院系勇敢站出来做这件事。我们想多做几个试点积累经验，之后再全面推开。

我们也在考虑如何使学科领域之间能更紧密的联系。这次党委全委扩大会议期间，我们开了一次很短的党委常委会，决定调整校领导联系的院系。不像过去那样比较随机，而是根据学科群来分工联系。每个副校长、副书记联系一个学科群，如经济管理类的学科群，人文学科的学科群等等。希望通过这种协调机制使相关学科群建设有更紧密的联系。同时，为了协调学校中心工作的有效开展，我们会加强学

校管理层的联系。通过联席会议制度更好协调各部门的工作。

今年下半年，学校的校务委员会、学术委员会和学位委员会要进行换届。我们想通过换届的过程逐步推进大学制度建设，能够让更多的教授参与到学校决策咨询。我们要编好华东师大《教师手册》，使之更好的体现学校的办学理念。

上海纽约大学的建设，是华东师范大学继“985工程”之后一次最大的机遇。上海纽约大学所带来的无形资产和社会影响已经展现，未来还会有更多的我们无法估量到的影响。因为这是中国高等教育体制机制改革很重要的一步，这是1949年以来中美合作举办的第一所高校。而且我们合作的方式，我们的体制机制是与众不同的。从一开始就是本科生、研究生、科学研究整体考虑、整体规划。两所大学从一开始就给予了重大的关注和巨大的投入，来共同推进这件事情。对华东师范大学来讲，我希望大家更多考虑如何通过上海纽约大学这条纽带，加强与世界一流大学——美国纽约大学的合作。在与一流大学近距离的合作中，观察反思学校的教学、科研、管理等各个方面存在的薄弱环节和不足之处，推动人才培养、科学研究、学校管理等方面的发展。如何抓住上海纽约大学建设的契机推进我们自身的改革，希望各位老师高度关注，把握住这样一个好机会。

四、以60周年校庆为载体，传承文脉、凝聚人心、促进发展

今年对华东师大来说是一个特殊的年份，是我们建校60周年的大庆之年。进入“985工程”建设行列，学校得到了前所未有的发展机遇，现在又有筹建上海纽约大学的契机，对华东师大来说机会难得。60周年校庆是一个载体、一个抓手。我们要抓住60周年校庆的机会，更好地凝聚师生和校友，增强对学校的认同感，增强对学校未来的自信，同时的向社会展示华东师范大学，展示学校的文化和品位。

在设计60周年校庆活动时，大家动了很多脑筋。社会对大学校庆的浮夸、豪华颇有微词。我们提出以学术研讨、师生同庆、校友联谊、服务社会为指导思想，以此为内涵来搞校庆。我们不刻意请很多领导、社会贤达来举办大型活动，而是以实实在在的学术研讨，实实在在的服务社会，以各种方法将师生凝聚起来，将校友聚集在一起，通过这样的途径来认识自己的学校，来认识自己的文化，来推动学校未来的发展。

我们提出了几个“60”的活动。一个是服务社会60件实事活动,通过为社会服务来体现华东师大的社会价值,体现我们的文化,从而表达华东师大的情怀和理念。另一个是基础教育战线60位校友返校活动。我们有一批很显眼的校友,有领导、企业家、出版人、作家等等,但也有一批同样很优秀的踏踏实实在教育第一线特别是在偏远地区学校服务的校友。我们也希望有机会请他们回来与大家见面。我参加清华大学百年校庆时,服务我的志愿者是来自云南的学生,他说他特意选择我作为服务对象,是因为他的中学老师就是华东师大毕业的。这件事情给了我很大的感触,我看到了好教师能够带来的巨大影响力。所以我建议让学生来推荐好教师,只要学生认可的好老师,不管多么平凡,学校都请他们来参加校庆。让他们感到,一名普通教师,一名勤勤恳恳培育学生的老师,同样会受到学校高度的认可,受到我们的尊敬。还有一个是60位校友祝福活动,请60位不同年代的校友对学校说一段话,表示祝福。

这就是我们注重文化内涵建设的设想。一年以来,学校已经组织了很多学术研讨会议。这些活动在校园文化建设中的作用已经逐步显示出来了。在樱桃河畔,我们在建一条文脉长廊,这是艺术学院美术系的老师设计的。孟宪承老校长的铜像已经竖立在草坪上,这个铜像不是很高大,但是很平凡、沉稳、淡定,这恰恰体现了华东师范大学的理念与品位。

在整个校庆的过程中,校友、师生都倾注了许多心血,募捐的活动进行的非常顺利。华东师大在成立基金会、校友会后,募捐工作发展很快,这项工作要继续做。我们可以通过各种各样的方式捐赠,捐赠的数量是一个标志,标志着一所学校吸引资金的能力。但这次校庆我们更关注的是捐赠率,捐赠率是一个重要指标,表现了学校职工、师生、校友们对学校的认同。儿女们对母亲的感情,这种感情不是以钱的多少来衡量的,只要做了就是心意的表达。我看到许多老师、校友通过各种各样的途径在捐赠。我希望各位老师关注一下,表达自己的心意,不在多少。

围绕60周年校庆,还有很多其他的工作,目的就是想真正把这次校庆办成弘扬华东师范大学文化精神的庆典,引领社会文化。希望大家广泛参与,全力做好校庆的相关工作。

牢记教师使命，努力做好人才培养工作[①]

（2011 年 9 月）

我们在这里隆重举行华东师范大学庆祝第 27 个教师节暨表彰大会，可谓群贤毕至、星光璀璨。出席此次会议的有“教学新星”、“科研新星”、“管理服务新星”，还有闪耀了 30 年的“三十年教龄”之星。在此，我代表学校向在各自工作岗位上有突出表现的教学、科研、管理新星表示衷心的感谢和祝贺！向全校教职员工致以节日的祝福，祝愿大家节日快乐、万事胜意！

今天是一个很重要的庆典活动，我们的新星闪耀，星光耀眼。刚刚我们授奖时有点乱，我恳切地希望明年能不能改一改形式，让领导都坐在下面，把这个天空留给新星，让我们的新星一颗一颗走上台来领奖。

今天是一个表彰大会，除了感谢之外，更想说说华东师范大学未来的发展，如何把人才培养作为学校的中心工作，放在核心的地位来考虑。在座的各位在各自的教学、科研、管理岗位上都作出了很大的贡献，在拿到这样一个荣誉称号的同时，需要更多的思考学校在人才培养当中还存在哪些问题，特别是那些我们亟需去思考解决的问题。

当前，高等教育的发展已经从外延拓展为主转向特色发展和质量提升。凸显特色和提升质量的内涵建设是高等教育发展的主题。因此，如何紧紧围绕人才培养质量，加强内涵建设，对于学校发展是一个至关重要的问题。正因为如此，高等教育在人才培养方面可以大有作为，当前，无论是科学的发展，还是国家社会经济的发展，对人才的需求都和目前的教育体制所能达到的效果之间存在较大的差距。这里有学校教学理念的问题，也有专业、学科设置的问题，但可能更多还是教学模式、教学方法和教材等等方面的问题。所以利用今天这样一个机会，请我们的老师们，包括

① 本文为俞立中在华东师范大学庆祝第二十七个教师节暨表彰大会上的致辞。

我们的老教师们，还有在教学科研岗位上已经作出了贡献的老师们，多思考当前教学当中的不足，多考虑大学教育的改革如何使人才培养更符合社会发展的需要，使学生在华东师范大学都能够获得成为“完整的人”的教育，能够为我们未来社会承担更多的责任，这是华东师范大学的责任，也是在座各位的责任。

我希望在教师节这天与我们在座的所有老师共同思考这一问题，让我们共同努力为中国高等教育事业作出我们更大的贡献！

站在新的起跑线上[①]

（2011 年 9 月）

今天我们在这里举行开学典礼，无论这个仪式是简朴的或隆重的，它都标志着一段新生活的开始。刚刚过了中秋节，如果说同学们完成了前一阶段的教育算是圆满的话，那么，今天开始的学业就是一个新的开始。过去的，无论多么辉煌，都已经过去了！

我很高兴与大家共同分享新阶段的喜悦！我代表全校老师和老同学欢迎你们，华东师大欢迎你们！

从今天开始，我们是一家人了。一家人不说两家话。在这个人生的新起点上，我想提醒同学们思考几个问题。

第一，请同学们回想一下：你们为什么选择了华东师大？

也许是出于对这所学校的崇敬，也许是因为对某个专业的兴趣，或许是老师的推荐、亲友的建议，个人的志向，或许是为了将来的就业。当然，也可能就是因为“爱在华师大”。但不管什么缘由，今天我们已经站在一起，成为这所大学的一员，我希望华东师范大学成为你们骄傲的理由，我也相信，你们就是华东师大骄傲的理由。大家都知道，华东师大是“211 工程”重点建设的高校，是“985 工程”重点建设的高校，这些很重要，很值得骄傲。但是，更让我们骄傲的是因为我们这所大学是一个有理想、有志向，有深厚人文积淀的大学。首任校长孟宪承先生说，“大学的理想实在就含孕着关于人类和文化的最高理想”，具体地说就是，大学肩负着“智慧的创获，品性的陶熔，民族和社会的发展”的崇高使命，肩负着“人才培养、科学研究、服务社会、传承文化”的四大功能。大学是民族的未来，你们是祖国的未来！

---

① 本文为俞立中在华东师范大学 2011 级新生开学典礼上的讲话。

第二,请同学们构思一下未来:怎样度过在华东师大的岁月?

同学们都是优秀的,你们过去的学业已经证明了这一点,但这不能保证你们今后一定还是优秀的。社会对人才的需求是多方面的。大学教育不仅是知识传授,更要体现品性、能力、责任的培养。也就是说,大学教育首先是培养人,然后才是专业之才。作为老师,我们应该思考如何为学生创造优越的条件,使学生更加优秀。作为学生,你们需要思考在既定的条件下,如何让自己更加优秀。中国有句老话:"师傅引进门,修行在个人。"这不是推托学校的责任,而是想告诉每一个同学,在同样的条件下,每个人在大学的收获不会是相同的。每年,学校都有近一百位同学由于种种原因不能继续学业,每年,也都有许多同学以自豪的心情走出校门。希望大家学会选择,规划好自己。你们的成就更多地取决于自己的人生目标、成才动力、学习态度、自律意识、投入和付出。路,在自己脚下!

第三,请大家思考一下:我为华东师大做些什么?

今年是华东师大建校 60 周年。六十年来,学校向社会输送了十几万名毕业生,许多人成为了各行各业的领袖和栋梁。我们不能以世俗的功名评价大学的成就。但是我们必须承认,一所大学的声誉主要依赖她的学生的成就。大学生活是人生中自由度最大、想象空间最丰富、塑造机会最多的一段日子。如何使自己目标更明确,生活更充实,学习更有效?学会独立思考,学会选择人生,提升自己各方面的素养和能力,是未来发展的重要基础。你的选择将决定自己的命运,将决定你最终成为什么样的人,也决定了未来十年、二十年……六十年华东师大的地位和声誉。

同学们,人类社会发展需要一代又一代有理想、有责任、有信念、有道德、有知识、有能力的知识分子。大学的使命在于造就英才。把同学们培养成人成才是华东师大的神圣使命。志存高远,规划人生,是你们不可推脱的责任。记着一个朴实的真理:时光不会倒流,机会不会重来!

请以积极的态度,去感受大学这份从容的幸福,合理规划自己的未来。请勇敢向你的老师、学长、同学请教,寻求他们的帮助,努力实现自己的目标。请珍惜跨学科、跨院系、跨学校甚至跨国境的学习机会,不断开拓自己的视野。请乐观面对失败和困难,用心走自己的路,在点滴进步中积累成功。

同学们,从今天开始,你们将开始新的人生旅程。请跨过过去的辉煌,以谦卑的心态站在新的起点上。

同学们,在这个喜悦的时刻,更请大家把父母、师长的恩情记在心中,感谢所有帮助自己的人。

同学们,站在新的起跑线上,请大家做好准备!

在孟宪承校长铜像揭幕仪式上的致辞

（2011 年 9 月）

今天，在这个草坪上，我们举行一个非常简单，但又非常隆重的孟宪承校长铜像揭幕仪式。首先非常感谢袁运开和张瑞琨两位老校长、各位老教授，以及各位老师和同学来参加这个揭牌仪式。在这里我不想对孟宪承老校长的学术思想和他的为人作评价，一会儿我们将在他的文集首发仪式上很好地讨论这些内容。

大家一直期盼着这个雕像的揭幕，我已经听到很多见过这个铜像的人的评价，听到对这个环境的评价，大家的感觉都很好。在这样的氛围里，以这样的形式来展示我们孟校长的铜像，具有很好的艺术感染力。站在我们面前的不仅是华东师范大学的第一任校长，他还代表了我们新中国成立后的第一批教育家，代表了华东师范大学所有的开拓者，那些为这所学校作出贡献的老一辈教授和老一辈领导，所以我希望大家喜欢他。我希望孟校长的雕像为华东师范大学的文化建设，为华东师范大学的未来发展带来更多的精神上的支持。

大力推进文化传承创新，充分发挥校庆育人功能

（2011年9月）

关于大学的功能，人们一定会想到人才培养、科学研究、社会服务这三大主要功能。人才培养是大学的核心工作；科学研究是大学的重要职能，也是人才培养的重要载体；社会服务是人才培养和科学研究功能的延伸。不久前，胡锦涛总书记在清华大学建校100周年庆祝大会上的重要讲话中所提出的“文化传承创新”作为大学的第四大功能得到高等院校的普遍响应。这一站在高等教育基本功能的战略高度所提出的第四大功能，是对大学功能的丰富和发展。它深刻揭示了高等教育在文化传承创新中的重要功能与作用，对全面提高我国高等教育质量、推进高等教育又好又快发展具有非常重要的理论与实践意义。

大学文化积淀着一所大学的学术传统和文化精神，凝聚着一所大学的办学理念和办学追求，是大学科学发展的精神支撑，对于培养创新人才具有十分重要的意义。大学文化是社会主义先进文化的重要组成部分，在弘扬和发展社会主义先进文化中发挥着积极的引领作用。一所大学要有一所大学的独特精神气质，大学精神是大学的航标和灵魂，是大学生存发展的精神动力，是奠定优良校风学风的重要基础，是培养人才的重要保证。作为优秀文化传承的重要载体和思想文化创新的重要源泉，大学理应大力推进文化传承创新。

我校经过60年的砥砺意志与发奋进取，积淀了深厚的文化底蕴，形成了刚柔并济、博大精深、笃厚扎实、创新进取的大学精神与大学文化。60周年校庆要基于建校以来所积累的底蕴和成就，追溯师大厚重历史，传承师大学术薪火与文脉，弘扬“求实创造、为人师表”校训精神，塑造新时期积极向上、大气和谐的校园文化，提升凝聚力、向心力和影响力，坚定信念和追求，在传承和奋斗中创造出无愧于先贤、无愧于历史的新业绩，为推进学校“十二五”新一轮大发展和加快建设世界知名高水平研究型大学奠定坚实的基础。

60周年校庆要充分体现和实践胡锦涛总书记"文化传承创新"的重要思想，并以此为契机，形成学校的办学基本理念以及校庆基本理念和总体思路。经过认真而又慎重的研讨，学校决定把我校首任校长孟宪承先生关于大学理想表述的三句话——"智慧的创获""品性的陶熔""民族和社会的发展"作为学校的办学基本理念，把"传承文脉，提升凝聚力；展示成就，扩大影响力；聚焦人气，增强归属感；总结反思，再创新辉煌"作为校庆主题。

联系我校具体实际，60周年校庆应本着广泛参与、注重内涵、节俭高效等原则，尽力发动广大师生员工、海内外校友及社会各界人士积极参与校庆活动。校庆活动以高层次成果展示、高水平学术会议、高水准文艺演出等活动为主，追求丰富的思想和高雅的文化，重在挖掘内涵，传承文脉，光大学术，体现特色。60周年校庆既要注重隆重精彩，又要提倡节俭质朴，同时各单位要通力合作，进一步提高校庆筹办的效率。

大学的中心工作是人才培养，学校的一切活动都是为这一中心工作服务的。校庆工作同样要围绕这一中心工作开展，校庆活动的育人功能正受到越来越多的关注。我校校庆活动要以人才培养为核心，充分发挥校庆育人功能，以"学术交流、师生同庆、校友联谊、服务社会"为内涵，通过校庆系列活动，展现大学文化的精髓，推进学校未来的发展。

再过33天，我们将迎来建校60华诞纪念日，希望通过对学校一甲子发展历程的总结，明确办学的核心竞争力，对内增强学校的凝聚力，对外提升学校的影响力；希望广大师生员工和海内外校友继续努力，为举办一届具有感召力、凝聚力的校庆而努力！

以“原创”为引领鼓励理论与方法创新①

（2011 年 10 月）

10 月的丽娃河畔，色彩斑斓，绚丽缤纷。国庆长假刚刚过去，我校六十华诞即将到来。在这金风送爽的美好时节，我们济济一堂，举行首届“思勉原创奖”颁奖典礼，为节庆的校园增添了一抹亮色。在此，首先请允许我代表华东师范大学全体师生，对各位领导、各位来宾表示热烈的欢迎！对获得首届“思勉原创奖”的各位专家表示衷心的祝贺！

创新是一个民族进步的灵魂，是一个国家兴旺发达的不竭动力。我们深深感到，作为人才荟萃、专家云集的高等学府，学术追求是灵魂，知识创新是责任。正如著名教育家、华东师范大学首任校长孟宪承先生所说“大学的理想实在就含孕着关于人类和文化的最高理想”，可具体为“智慧的创获”、“品性的陶镕”、“民族和社会的发展”。我们也深深感到，在跨越发展、高度竞争的时代，潜心学术有多么不易，克服浮躁是多么重要。在教育部的支持下，华东师范大学提出并组织了“思勉原创奖”评选，就是要表达我们对大学精神的坚定信念。

人文社会科学研究需要传承，更需要创新。而推进学术创新需要倡导原创理念，营造鼓励原创的氛围，创新学术评价机制。2008 年，华东师大在校内开展了“原创奖”的评选，明确以原创作为评奖的主要标准，旨在以“原创”为引领，倡导和鼓励学者追求理论创新、方法创新，催生原创成果。今天，这一以原创为名的奖项成为了面向全国的“思勉原创奖”，我们深感荣幸，更感责任重大。希望我们的努力探索能够成为繁荣中国人文社会科学的有益尝试。

“思勉原创奖”的产生，离不开教育部、上海市委宣传部、上海市教委等相关部门的关心和支持，离不开各位专家、学者的参与和帮助。今天，卫红副部长、东刚副司

① 本文为俞立中在华东师范大学首届“思勉原创奖”颁奖典礼上的致辞，标题为编者所加。

长等各位领导和各位专家还专程前来出席颁奖典礼，对相关工作给予指导。借此机会，向各位领导和来宾表示衷心的感谢！

深厚的历史积淀，悠久的学术传承，造就了今天华东师大人文社会科学厚重的思想根基、浓郁的学术氛围。华东师大将一如既往，在教育部和上海市的支持和指导下，继续做好"思勉原创奖"这项具有开创性的工作，并以此为契机，兼容并包，海纳百川，鼓励创新，追求卓越，为繁荣哲学社会科学、建设创新型国家作出新的贡献。

建设高水平大学，必须永葆大学理想[①]

（2011年10月）

今天，我们相聚在这里，庆祝华东师范大学成立60周年，我谨代表学校，对各位领导和嘉宾的莅临表示最热烈的欢迎！向为学校建设和发展作出贡献的所有师大人致以最崇高的敬意！向关心和支持学校事业的各级领导和各界朋友表示最衷心的感谢！

今天是华东师大的生日，海内外校友不远万里，回校共庆母校生日。亲爱的校友，欢迎你们回家！

今天是华东师大的节日，全校的师生员工以各种形式，表达我们对家园的热爱，对未来的憧憬。亲爱的老师们、同学们，节日快乐！

60是一个普通的数字，因为被赋予"一甲子"的含义，显得格外特别。1951年——在共和国太阳初升的年代，也是百废待兴的年代——丽娃河畔群贤集聚，我们的前辈，一笔一划、一砖一瓦，谋划和建设了华东师范大学。如果上溯到1924年的大夏大学，1925年的光华大学，我们这所大学则是在风雨交加的年代创办的，她走过了近90年的时光，穿越了硝烟弥漫的岁月。抗战时期，大夏大学西迁，曾在江西、贵州等地办学。当年的群贤堂、思群堂，如今的文史楼、大礼堂，曾经历过血与火的洗礼。今天，我们举行这样隆重的校庆活动，首先是要表达对这所大学创建者们的敬意。没有他们的远见卓识，没有他们的艰辛创造和勇敢担当，就没有我们的今天。所以，作为后学，我们应该记住一些前辈的名字。王伯群、马君武、张寿镛、孟宪承和许多教育家的名字，镌刻在华东师大的历史上，也铭记在我们的心中。一所大学，必须充满历史感。不是为了宣扬我们有多么辉煌，而是要表达一种理念：问渠那得清如许，为有源头活水来。

① 本文为俞立中在庆祝华东师范大学成立60周年大会的讲话，标题为编者所加。

60年前的今天，在学校大礼堂，举行了华东师大成立典礼。大夏大学的校园先后迎来了光华大学、圣约翰大学、复旦大学、浙江大学、同济大学等高校的师生。1972年上海师范学院、上海体育学院等并入，至1980年间学校曾一度改名为上海师范大学。1997、1998年，上海幼儿师范高等专科学校、上海教育学院和上海第二教育学院先后并入。2002年启动闵行校区规划建设，形成了今天"一校两区、联动发展"的办学格局。60年间，华东师范大学吸纳了众多杰出的知识分子，为社会输送了数以十万计的优秀人才，在人才培养、科学研究、社会服务、文化传承等各个方面做出了重要贡献。1959年学校被中共中央确定为全国16所重点院校之一。1978年再次被确认为全国重点大学。1986年被国务院批准成为设立研究生院的33所高等院校之一。1996年成为"211工程"重点建设高校。2006年进入国家"985工程"重点建设行列。今天，我们举行这样隆重的校庆活动，也是要表达对所有给予我们恩惠的人们的谢意。这所大学的每一步发展，都与国家、民族的命运紧紧相连，都离不开社会各界的支持和帮助，都凝聚着全校师生共同奋斗的心血与汗水。以一颗感恩的心对待学校的历史，这是教育的职责，也是校庆的意义所在。

进入新世纪以来，建设高等教育强国的时代召唤，为学校发展提供了新的历史机遇；闵行校区建设，极大地改善了办学条件。在推动"211工程"、"985工程"建设过程中，学校发展迈入了快车道。2006年召开的第十一次党代会，确立了建设世界知名高水平研究型大学的发展目标，明确以培养创新型人才、提升创新能力为中心，把推进学科交叉融合、推进学校国际化进程作为战略路径。各项有力的举措，提升了学校的办学能力，提升了学校的社会影响力，提升了学校的国际能见度。今天，我们举行这样隆重的校庆活动，是要表达我们对办学信念的坚定追求。一所大学，在其发展的进程中，有机遇，也有挑战；有辉煌，也难免有挫折，这是社会发展的规律，也是人类认识发展的规律。但是，一所大学必须有她的气质，必须有自己的精、气、神。无论是面对历史，还是面向未来，我们都需要表达一种信念：思想有多远，路就有多远。

回顾华东师范大学60年，或者上溯至近90年的历史。我们走过了光辉而不平坦的历程。颂扬历史的成就，不是说我们的历史有多悠久，也不是说我们的源头有多高贵，而是为了表达感激：在历史面前，无论她是90年还是60年，我们都应该保持谦卑的态度。颂扬历史的成就，不是说我们已经很满足，也不是说我们有多么的自得和骄傲，而是为了启迪思考：我们这所大学发展的轨迹，为什么会延伸到现在，怎样延伸到这里；从现在、从这里，我们又将延伸到哪里，将怎样延伸下去。大学可以缺很多东西，当然是在不得已的情况下。但是有一点，在任何时候、任何情况下都不应该或缺，那就是思考的精神、反思的勇气。

面向未来，回顾华东师范大学走过的历程，我们深切体会到：建设高水平大学，必须坚守大学本质。大学被称作高等学府，是因为她是学术组织，是知识分子集聚的人才高地，承载着培养人才、创获智慧、服务人类、引领文化的神圣使命。不管是自觉的或是自然的，追求学术、坚持真理是大学永恒的命题。60 年来，"爱在华师大"已经成为一种文化。从丽娃河到樱桃河，我们这所大学一直传递着一份温馨的情怀。无论你来自天南海北，无论你属于河东河西，无论你学的是文理工管，在我们这所大学都能感受到这种气息。学术是高深的，但真理往往是朴素的。华东师大是朴素的，以至于有时你会觉得她太不修饰自己。但朴素的并非单调，我们这所大学一直是丰富多彩的。华东师大是平凡的，以至于有时候你觉得她没有人家那么显赫。但平凡的并非平庸，我们这所大学一直是富有学术气息的。是孟宪承、吕思勉这样一些大家，铸就了我们最初的血脉，让我们的校园、我们的心充满着人文的精神和学术的追求。但是我们必须承认，在一个跨越发展、高度竞争的时代，克服浮躁是多么重要，潜心学术是多么不易。华东师大 60 周年校庆之际，在校园里塑起孟宪承老校长的铜像，立起大师石，建成文脉廊，举行各类学术报告会和研讨会，评选"思勉原创奖"，就是要表达我们对大学精神的坚定信念。

面向未来，回顾华东师范大学走过的历程，我们深切体会到，建设高水平大学，必须永葆大学理想。"大学的理想实在就含孕着关于人类和文化的最高理想"，孟宪承先生把其归纳为"智慧的创获"、"品性的陶镕"、"民族和社会的发展"。这是对中国传统教育思想的继承和发展，是"善其身"与"达天下"的融合。这不仅是前辈的嘱托，也是时代的使命。以追求真理和智慧为己任，以服务民族和社会为己任，无论我们面临多少艰难困苦，信念不能动摇。60 年来，历代华东师大人矢志不渝、追求卓越，坚持育人为本。"爱在华师大"。从丽娃河到樱桃河，师长们的辛勤耕耘，培育了万千学子；校友们传承"求实创造，为人师表"的精神，为人类进步、国家建设和民族复兴恪尽职守、奉献心智。无论是默默奉献的教师、文员、公仆，还是功成名就的教育家、科学家、企业家、银行家、出版家……校友的成绩就是学校的骄傲。华东师大校友“勤奋、踏实、责任、奉献”的美誉让我们倍感自豪。但我们并不自满，我们只想说：师大人以自己的方式做出努力，尽了责任。也许，我们应该做得更好，我们也应该努力做得更好。为了教师的发展、为了学生的发展、为了校友的发展，学校应该努力提供更多的机会，提供更好的服务。人的发展是一个永恒的命题。如何提高教育质量，如何提高办学水平，是需要不断思考探索的命题。我们需要在今天，在明天，不断得到校友和社会各界的提醒，我们坚信，这些提醒是出于关切，是因为爱。因此，任何批评和建议都是对我们的帮助。

面向未来，回顾华东师范大学走过的历程，我们深切体会到，建设高水平大学，必须有与时俱进的精神。现存的各种组织中，大学是最古老的方式之一。我们每一个人的生命是有限的，但大学之树是常青的。大学之树之所以常青，是因为她从来不失批判精神，勇于改变自己；是因为她积极顺应世界发展的潮流，善于与时俱进。60 年前，为了共和国培养百万人民教师，华东师大应运而生，成为师范性和学术性并重的多科性师范大学领头羊。30 多年前，刘佛年校长等在《人民日报》率先疾呼“给高等学校一点自主权”，华东师大积极探索办学新路，走上了以教师教育为特色的综合性大学的发展道路。新世纪以来，我们推进人才培养模式改革，实施人才强校战略，加大学科建设力度，探索体制机制改革，在学校特色和定位的基础上发展教师队伍和新兴学科，明显提升了创新能力。我们做出了不懈的努力，有过成功和喜悦，也有过挫折和苦痛。我们知道，60 年的大学虽然年轻，但也积淀深厚。这些积淀需要经常被重温，也需要经常被讨论。在不断的新的和更新的实践过程中，延伸大学的历史。大学的智慧，大学的真理，应该被当作一种实践的过程，或者是一种讨论的倾向，而不是置于与现实的正在发生的难题完全隔绝的状态之中。只有这样，我们才称得上是一所真正的大学。因此，我们需要继承传统，也需要思考传统是什么，还必须思考：未来的华东师大，该如何建构？学校的发展目标已经明确，但与这一目标相适应的制度建构，却远没有完成。一所现代意义上的大学，需要理想，也需要制度，更需要激情和勇气去推动改革。只有在现代大学制度的平台上，才可能提供一种被称为公正的机会，让人的发展在和谐的环境中进行。如果说最重要的知识创新主要来自一部分杰出英才，那么制度的创新则是更大程度上依赖于全体师生的智慧。因此，鼓励和宽容改革，应该成为我们这所大学的品质。只有这样，我们才能真正实现高水平大学的目标。

面向未来，回顾华东师范大学走过的历程，我们深切体会到，建设高水平大学，必须有海纳百川的胸怀。中国的大学校园有围墙，但大学精神应该冲破藩篱。大学是属于思想者的，属于创新者的。大学，应该拥有开放的心态，秉持包容的精神，应该积极接纳一切优秀的和美好的事物，包容不同的声音，孕育新的思想。60 年来，我们这所大学始终坚持"立足上海，面向全国"，与这个城市共同发展，为国家的各项事业砥砺奋进。60 年来，我们这所大学几度分合，融进了不同的学科、学者，不同的思想和文化。改革开放以来，我们不断加大改革力度，以更大的胸怀吸引海内外学者，推动师生走出国门。在中国高等教育国际化、上海建设国际化大都市的进程中，"立足中国，面向世界"逐步成为我们发展的必然选择。最近四年间，我们吸引了 200 多位具有海外学习工作背景的专家学者加盟教师队伍，派送了 300 多名青年教师到国外一流大学研修，在校留学生规模达到了 4 500 人。与世界一流大学的合作，成为推动学校进一步发展的重要契机。"会当凌绝顶，一览众山小。"大学就是要引领人们，首先是她的学生和教师，努力登高，远眺地平线。时代的高度应该成为大学的高度，世界的视野应该成为大学的视野。而大学的胸怀，体现在教师的胸怀、学生的胸怀。大学的教育应该让人们学会学习、学会生活、学会合作，追求创造和发展。60 年来，我们做了很多努力，但着眼未来，我们还有更多工作要做。

尊敬的各位来宾、各位校友，亲爱的老师们、同学们：华东师大的发展，足以让我们自豪；华东师大担当的使命，需要我们谦卑。面对未来，我们有决心，也有信心。在未来的道路上，我们坚信国家和地方政府的关心，我们期待社会各界的支持。作为华东师大的一分子，我们要弘扬优良传统，携手同心，砥砺奋进，为华东师范大学更加美好的未来而努力奋斗！

观六十周年校庆文艺晚会之感言[①]

（2011年10月）

60周年校庆日前夕，10月15日晚在闵行校区大草坪上的一场令人难忘的校庆专题文艺晚会，掀起了祝福母校60岁生日的一个高潮。我已经看到很多同学和校友在微博、人人等各种媒体上表达了自己的感受和祝福。这台晚会节目之精彩、场面之热烈，我想所有在场的同学们都会有同感。有更多的感慨，想与好友们分享。

首先是对志愿者们的感慨和敬意。这台晚会台前台后、场内场外好多学生志愿者啊！他们很早就到岗了，很晚才离岗，也许很多志愿者根本没有欣赏到精彩的节目，但他们始终精神饱满、认真负责地坚守在各自的岗位上。很感谢这些孩子们。这是大家没有看到的感人一幕，但应该让大家知道。当然，还有很多同学积极报名参加志愿者队伍，可是没有这个机会。我相信，如果他们在这个岗位上也会做得很好。同样感谢他们的这份心意！不要遗憾，一生中当志愿者的机会很多，只要有这份心，母校一样感谢你们！

同样想表达对所有在场同学们的感慨，其实当晚就真想说几句话。为了让更多的老师、同学、校友能参与到校庆活动中来，学校举办了有史以来最大规模的师生聚会，一万多人哪！我们最担心的是秩序、安全、环卫。好事办好，很不容易，真是对师大人素质的大考验。我们看到的结果是，进场退场秩序井然，全场气氛热烈而不乱，包括场外站立了几个小时的同学、校友们。同学们既爆发出了对母校的帜热情感，又表现了顾大局、识大体的精神素养。师大人的风貌，相信给所有在场的人留下了深刻的印象。特别值得同学们自豪的是散场后草坪上基本看不到垃圾弃物。感谢大家！更希望我们师大学子把这种精神气质光大发扬。

最感概的当然应该是所有参演者和组织者。从来没有组织过这么大型的主题

① 本文为俞立中在华东师范大学60周年校庆专题文艺晚会结束后，写在人人网上的感言。

文艺晚会，却是那么成功完美。有同学说，春晚提前来到了。的确，这场晚会群星闪耀，质量极高，舞美灯光都绝了，但我们自豪华东师大人才济济的同时，要知道背后凝聚了多少老师、校友、同学们的心血和汗水啊！很多知名校友在母校的召唤下放下手头的工作，热情担当起各种角色，完美地向母校生日献上了厚礼。60 位普教界优秀校友来母校为同学们讲教学人生，也走上舞台展示了华东师大学子为人师表、献生教育事业的精神传承。学生艺术团、老教师合唱团、艺术学院、体育学院等的老师、同学们倾注心血，出色地表演了精彩节目。在彩排时还遭遇了一场大暴雨，每个人都被浇成了落汤鸡，但仍然坚持排演。团委、校庆办是这台节目的主要组织者，策划、请人、排练、舞台、场地、组织……每件事都很不容易的。大家看到这台主题感人、表演感人、舞美感人的节目，从头到底、从里到外，都是母校事、母校人、母校的演员和职员，所以特别有感情。这首先应该是他们的功劳，首先应该感谢他们！

为了晚会的顺利进行，保卫处全体出动，背后的艰辛和付出，同学们一定要知道。像这样的大型广场活动，保卫工作是最难的事，他们做到了。祝贺他们经受了考验，更感谢他们的辛劳付出！为这次校庆晚会，还有各院系、各部门许许多多老师、同学、校友们的付出……还有许许多多的感概……希望能够一并在这里感谢了。

一句话，为华东师大的师生、校友骄傲！为母校自豪！

党的建设与大学文化建设①

（2012 年 1 月）

这次会议的主题是“加强和改进党的建设，为深化机制体制改革，加强大学文化建设提供坚强有力的思想、政治、组织保证”，包括了三个主题词：党建、体制机制改革、大学文化建设。回顾今天整个会议的内容，几位老师的主题发言、小组讨论、交流发言，以及院系经验交流，都紧紧围绕着这个主题，非常精彩，给了我们很多启示。各院系和直属单位的党委或总支围绕学校中心工作，在加强和改进党的建设方面作了积极的探索。这些经验对学校下一步的党建工作，并通过党建来推动学校各项事业的发展，都有重要意义。

围绕会议主题，我谈三个问题。

一、着力思考改革方案，完善学校内部治理结构

学校发展到今天，在目标、理念上已经有共识。在这个基础上，如何针对问题，推进改革，需要认真思考。60 周年校庆，我们总结了学校发展中的一些经验和成绩，凝聚了人心，扩大了学校的社会影响。同时我们有反思，今年是个很好的时机，应该把反思的问题提到议事日程上了，直接面对，加以解决。

学校的发展还有一些瓶颈问题，体制机制改革是一个很严峻的挑战。2012 年是实施“十二五”规划的关键之年，是国家教育体制改革试点项目推进之年。国家教育体制改革的一个重要项目就是高校的内部治理结构，而华东师大恰好承担了这一改革试点。在这样的背景下，我们能不能坦然面对我们之前所反思过的问题，在体制机制改革方面实现重点突破？这些问题将最终归结到大学章程的制定和完善。上

① 本文为俞立中在 2012 年华东师范大学党建年会上的讲话，根据录音整理，标题为编者所加。

午的四个交流发言，分别介绍了现代大学制度建设的四个子课题，也就是我们需要着力突破的问题。如果学校在新一轮发展中，能够围绕这四个方面有力推进改革，学校一定会有一个新的面貌。

第一，学校组织架构上的改革。这项改革涉及学校的行政权力、学术权力的分配问题。在中国现代大学制度建设的大背景下，更为有效的组织架构是什么样的，如何更好的体现党委领导、校长负责、教授治学、民主管理？这实际上就涉及到权力的分配问题，目的是使学校的学术发展和管理更加有效，更加民主。我们现在所面临的许多问题实际上与我们的组织架构密切联系的，这也是我们的一个瓶颈问题。

第二，院系、部门的评价体系和方法。评价是一种方向引领，并不是只给大家压力。围绕学校发展目标，我们应该怎样引领大家向前发展？作为院系、作为教师个体，应该往哪个方向走？要目标明确才能走好。科学制定评价标准体系，合理进行评价考核，就是为了推进学校、教师个体、学术机构的发展，同时也更好的地完善激励机制。职务升迁、教职进退、资源投入、管理下移等等，都应该建立在评价体系的基础上。而根本的目的，就是为了引导教师、院系和学校向一个正确的方向发展，向世界一流大学的方向发展。

第三，学校资源的管理和配置问题。学校发展需要资源保证，也需要资源的有效配置。资源配置合理，才能高投入，高产出。在发展中，如何高投入高产出，这就需要对学校资源进行科学合理的配置，充分保证效益。这个瓶颈问题一直没有解决，需要积极探索。

第四，人才培养质量问题。人才培养是学校功能的集中体现。人才培养模式的改革也是需要大力探索的，有了好的思路和方案就需要大胆推进改革。

二、高度重视文化建设，推动学校的内涵发展

60 周年校庆，学校组织了各类活动，以此为载体，推进了大学文化建设，强调了大学的办学理念、学术价值和社会价值，营造了继承和弘扬优良文化传统、建设一流大学的氛围。例如，学校组织了服务社会 60 件实事活动，60 位基础教育战线校友返校活动等。通过这些活动，我们想要传递的就是学校的社会价值，体现学校为社会服务，通过人才培养来体现学校的社会价值和服务功能。在文化建设中，最需要关

注的是精神文化建设，它决定了大学的文化内涵和价值取向，彰显了大学的精神追求和社会形象。

学校出现的问题，讲到底都是人的问题，关键的关键就是人。具体来讲，就是学校的每一个成员能不能有高尚的价值取向和理想追求。我们一定要弘扬大学的价值取向，引领社会发展。如果我们真正能够摆正个人和集体的关系、事业大局和个人利益的关系，把自己的发展融入到学校的发展之中，很多问题都是容易解决的。一个学科的发展说到底还是人才问题，如果不在人才上下功夫，没有一批真正引领学科发展的优秀带头人的话，是不会有突破的。一个学科、一个学院，甚至是一个学校，它发展到什么水平，跟这个学科、这个学院、这个学校的带头人的学术境界、学术视野、学术圈子密切相关。之所以把这个问题和文化建设放在一起，就是要求我们的学科带头人和院系领导，一定要有这样的文化自觉性，有这样的胸怀，真正把高水平学者引进来，用文化建设来推动学校的内涵发展。

三、有效增强创新活力，体现党组织的核心作用

学校各项事业的发展都离不开党组织的战斗堡垒作用和党员的先锋模范作用。如何在新形势下更好地体现党组织在学校中心工作中的核心作用，需要更加努力地提升创新活力。在发挥党组织和党员先锋模范作用方面，需要不断的创新，以更加有效的途径，发挥党组织和党员的作用。希望各级党组织在党建过程中，更加注重提升创新活力，在学校攻坚克难的改革中发挥更大作用，努力促进学校各项事业的全面发展。

积极开放务实，推进本科教学改革[①]

（2012年1月）

自2008年第三次本科教学工作会议以来，学校瞄准世界知名高水平研究型大学的目标，致力于建设与之相符的一流本科教育。校、院、系和广大教师们在课程体系、培养模式、教学方法、教材建设等各方面作了很多探索，也破解了一些难题。第四次本科教学工作会议就是在这样一个新的起点上来思考本科教育。对本次会议的感受，我想可以用三个词来形容：积极、开放、务实。

首先是“积极”。从昨天的几个报告，到今天下午的分组讨论，我很强烈地感受到，尽管我们在本科教育中面临着各种问题，但是大家都是以一种积极的态度提出问题、思考问题。面对问题而不是回避，以努力探索和积极解决问题为出发点，这就是一种积极、奋发、向上的精神状态。

其次是“开放”。本科教学中的许多事情很难用统一的模式来简单地判断对与错，最合适学生长远发展的本科教育就是我们需要的本科教育。在刚才的交流发言中，大家可以发现，软件学院和设计学院对本科人才培养的思考就不完全一样，采用的培养方式也不完全一样。我相信文理基础学科在人才培养的思路和方式上与之差别更大。但是，大家把思路打开了，就更容易形成与华东师范大学的目标定位相适应、和所在院系教学水平、学科发展水平相适应的本科教育模式。本次会议特别提出了以专业特色建设为抓手，更准确地说是以“专业优势特色建设”为抓手，这既尊重了综合性大学中专业之间的差异，也指明了不同专业的发展方向。

第三是“务实”。本科教育改革需要有正确的理念来引导，但只有理念是不够的，还需要有具体的方案和措施，更需要实实在在的行动。如果没有积极的探索，理

① 本文为俞立中在华东师范大学第四次本科教学工作会议闭幕式上的讲话，根据录音整理，标题为编者所加。

念、方案就只停留在纸面上，我们的本科教育改革就不可能得到切实的推进，学生也享受不到教学改革带来的效益。这次大会的几个报告，立足于学校本科教学的实际，结合国内外高水平大学本科教育改革的鲜活例子，既拓宽了思路，又非常务实，对本科教学改革会有很好的指导作用。

从以上三个特点可以看出，本次会议是很有成效的。那么会后该怎么做呢？这是一次工作会议，不同学科、不同专业的师生们在一起思考、找准并发展自己的专业特色。会后教务处将会同其他职能部门，把本次会议上大家的真知灼见归纳提炼，形成《华东师范大学推进专业特色建设的若干意见》，以落实各项措施，切实推进本科教学改革。

我们需要再次强调，必须把人才培养放在学校工作的核心地位。人才培养、科学研究、社会服务和文化传承是大学的四大功能，但落脚点是在人才培养上。而人才培养首先要关注本科教育，它是基础的基础。在这一点上全校上下不能有任何的动摇和怀疑。这不是纸面上的一句话，而是要实实在地落实在学校工作的各个方面。

在学校层面上，我们要加大有利于本科教育改革的各项硬件和软件建设。硬件建设，包括教育教学环境的建设。学校最近正在对教学基础设施建设作整体规划。我希望教学基础设施的改进能够对本科教学改革起到激发和推进作用。比如，多媒体教学手段不应该和 PPT 划等号，要真正地实现用信息化来推动课堂教学的改革；教室的规划设计中要充分考虑小班化教学的需求，考虑到研讨式教学的需求；一校两区的办学模式怎样通过网络互动来优化我们的教学，使两个校区的学生都能享受到综合性大学的课程和学术资源。学校会增大投入，使我们整个学校的教育环境、教育设施更符合我们现代教学发展的趋势。

软件建设主要指学校的制度建设，包括政策导向、教学管理，也包括管理重心下移的问题。这几年我们已经在尝试把原来按学生人数划拨教学经费的模式逐步转变成以课程数量为依据的拨款模式。院系应该把关注点从招收学生的数量转向通过优势课程吸引学生。学校也将进一步增大院系可控的本科教育经费投入，使院系可以有资源，实质性地推进本科教育教学改革。让大家真正感觉到，推进教学改革，认真完成教学工作，努力提高教学质量，学生认可了，学生受益了，院系和教师的受益也将更多。

在人才培养模式改革、专业特色建设方面还有许多问题，需要我们深入思考、认真探索，包括课程体系、教学模式、教学方法、课外活动、教师的投入、学生的主动学习等等。这里我就几个关键问题谈点个人的想法，与大家交流。

第一是如何评价教师的教学成效。多年来，科研一直是有奖励的，而教学没有奖励。我认为教学更应该奖励，但是怎么奖励，奖励的标准是什么？奖励不是目的，而是政策引导，关键是往哪个方向引导。当然绝对不是奖励课时数。教师上课是天经地义的事情，上课多并不能够说明上得好。关键问题还是在我们怎么去评价一门课是优秀的、合格的，或者不合格的；优秀的课程肯定应该奖励，而不合格的课程就不应该再开了。有人提出，一门好的课程应该能够立足学科前沿，在教学过程中强调探究、实践，能够用讨论和互动的方式来展开，从而在课堂教学中实现以教师为中心向以学生为中心的转变，真正激发和调动学生的学习兴趣和探究精神。比如，怎么才能够激发学生在一个小时课堂学习外还能够在课前课后花三个小时去阅读和思考？如果没有一个正确的课堂评价标准，我们的教育教学改革之路就会走歪掉。不管是用学生评价，用毕业生的评价，用督导的评价，还是各种方式结合起来的评价，如果标准正确了，差的课程该取消就取消，优秀的课程就应该奖励甚至重奖，本科教学改革要让那些有想法、肯投入的优秀教师得到肯定，得到收益。

第二是如何处理教学与科研之间的关系。要给予优秀教师以奖励，这是肯定的；但是另外一方面，作为一位大学教师，教学是基本工作，做好教学是本职工作。但是以为教学工作做好了，就应该升教授了，这也未必正确。大家出国见识了很多，一流大学不会有这样情形，不会有教师说我教学很好，所以就要升教授。我坚持认为，应该奖励那些教学优秀的教师，包括精神、物质方面的，做好教学工作，应该得到实惠。但是，教授的评价标准是学术水平。教授、副教授是学术职务，不是劳动模范的称号。学术上没有追求、没有发展，就要评教授，我不认同这样的做法，这会严重影响整个学校的学术发展。当然，学术评价的标准和方法也是需要大家一起探索的，特别是分类指导。我衷心希望作为一所研究型大学的教师，不仅应该是一个教学高手，也应该是一个学术高手，这两者应该是相辅相成的，只有这样的人才是我们学校真正需要的教授。我不希望我们学校出现很多缺腿的大学教授，包括会搞科研但不会上课，也包括只能上课但不会搞科研，这都不符合研究型大学的要求。

在院系层面上，推进专业特色建设的重心应该落在院系。教育部要求大学书记校长既是教育家，又是政治家。我觉得对我们院系领导的要求更应该是教育家。院系领导考虑的中心问题应该是一个教育家考虑的问题，即如何培养一流的人才，这是我们最应该考虑的问题。今天很高兴听了软件学院和设计学院本科教学、专业特色建设的交流。我觉得思路非常清楚，有教育家的味道。但是，我很难自信地说我们每一个院长、系主任都能清晰地讲明白本单位、本专业在人才培养改革方面的理念、思路、举措和成效。当然，相当一部院系领导都有这样的水平，只是一些院系领导没有把心思放在人才培养上面。人才培养、教学改革应该是院长、系主任首先考虑的问题，不然就是最大的失职或不称职。如果在本科教学改革中，你们觉得在专业特色建设上与学校现有的体制机制有冲突，可以向分管领导提出。学校会支持你们，只有这样才可能形成多元化的人才培养模式。当然，先决条件是你们的想法和做法要符合学校建设高水平研究型大学的目标。

在教师层面上，应该鼓励教授给本科生上课，鼓励教师积极探索培养模式、教学理念、教学方式的改革，鼓励教师把科研和社会服务的成果转化到教学实践。听到两个不对称的信息，一方面反映课程太多，教师压力过大；另一方面说教师人数多，但课程数量不足，没有机会上课。也许各个院系的情况不一样，但是至少反映出我们的师资队伍结构存在问题。我们的教授，特别是长江学者、紫江学者、终身教授等资深的教授们应该多为本科生上课，创立课程和专业的品牌，也可以使青年教师空出点时间到海外去进修，有时间跟教授们做科研，有学术提升的空间和机会。当然，青年教师更应该成为教学改革的先锋，也许因为你们在年龄上和学生更接近、更能理解学生，更能接受新的理念。总之，我希望我们每一位教师都应该在人才培养方面尽到自己的责任。

相互合作，共赢发展[①]

（2012 年 1 月）

华东师范大学和黄浦区人民政府在这里签署教育合作框架协议，这标志着华东师范大学和黄浦区的紧密合作进入到一个新的阶段。

刚刚过去的 2011 年，是“十二五”的开局之年，也是贯彻实施国家和上海中长期教育改革和发展规划纲要的重要一年。这一年里，卢湾、黄浦完成合并建立新黄浦区，华东师大度过六十周年校庆，我们双方都站在新的起点，既迎来历史发展机遇，也面临着全新的挑战。如何更好的服务国家和上海的发展战略，如何更好地满足人民群众对教育的需求，如何推动上海教育全面协调可持续发展，这既是我们共同面对的课题，也包含着社会对大学的期望。

作为地处上海的国家“985 工程”重点建设高校，华东师范大学始终把“立足上海，服务全国”作为坚定信念，在上海的发展进程中，积极发挥一所大学所应有的作用，特别是发挥教师教育特色和优势，积极加强与各区县政府的教育合作，参与基础教育师资队伍建设，为上海市创新型教师培养、教师终身教育体系建设做了很多探索。在上海市教委的指导和支持下，目前华东师范大学与包括黄浦区在内的多个区县开展全面教育合作，并在共建教师教育理论与实践创新基地、合作办学、开展各级各类学校校长和教师培训、推动基础教育科研课题与政策研究、完善终身教育体系以及推动基础教育国际化等方面，取得了可喜的成果，积累了丰富的经验，实现了政府与高校的相互合作、共赢发展。

作为上海城市的缩影和海派文化的源头，黄浦区充分利用丰富的文化资源和深厚的历史底蕴，高度重视教育内涵发展，实施“科教兴区”战略，并努力创建与黄浦区

① 本文为俞立中在华东师范大学与黄浦区政府教育合作框架协议签约仪式上的致辞，标题为编者所加。

功能定位相匹配的一流教育,与现代化国际大都市相适应的现代化基础教育,不断提高教育均衡发展水平。

此次双方共建华东师范大学卢湾辅读实验学校和启动名校长名师培养项目,体现了华东师范大学凝聚优势教育资源,倾力为黄浦区乃至上海市教育的均衡发展、内涵发展、特色发展和可持续发展做出贡献的诚挚努力。今天我们开始的是教育的全面合作,以此为契机,双方可以扩大合作领域,在资源环境、金融经济等社会发展的各个领域开展进一步的合作,我们非常愿意以自己的行动,尽我们最大的努力,在更高层次上参与到黄浦区的社会文化事业的发展和提高中来。

我们真诚地期待并相信,在大家的共同努力下,我们的合作一定会取得更大的成功。

以文化建设为抓手推进学校改革①

（2012 年 2 月）

在座各位大多是学校的学术骨干和管理骨干。一所大学就是一个大的系统，它的良好运转要靠各个环节之间的相互协调，形成合力。今天是新学期开始的第三天，这个时候召开教师干部大会，就是希望在学期开始的时候，学校的骨干力量能够相互沟通，形成共识，增强合力。

2006 年我回到学校后提出，每学期初尽可能召开一次这样的大会，让更多的教师、干部以及学生代表直接了解学校近期工作的思路和重点。如果信息不对称，大家的想法不一致，很多工作是难以推进的。刚才童书记围绕学校 2012 年工作的整体思路，特别是以文化建设为抓手全面推进学校的教学、科研和管理工作，推进体制机制改革，作了一个非常精彩的报告。希望大家能够在文化建设的基点上对学校的发展达成共识。

下面我结合 2012 年重点工作的内容，讲四个方面的具体工作。

一、学科建设方面，以对接“2011 计划”和做好第三轮学科评估工作为抓手，推动协同创新，优化学科布局结构，推进学科建设和发展

近年来，华东师范大学以“211 工程”和“985 工程”的建设为重要机遇，以国家和上海市社会经济发展的重大需求为导向，瞄准学科前沿，推进重点建设，在学科内涵、人才培养及创新能力方面有了明显的提升。但也要清醒地看到，无论是和世界一流学科相比，还是和国内高水平大学相比，华东师范大学真正有竞争力的学科还

① 本文为俞立中在华东师范大学教师干部大会上的讲话，根据录音整理，标题为编者所加。

是很少的。到目前为止，在所有的评估中，我们还没有一个一级学科排在国内第一。在学科建设的积极性和自觉性方面，各个院系的差异很大，很不平衡。学科是体现学校水平的一个根本标志，如何利用今年的相关项目更好地规划各个学科的发展，提高学科的水平和竞争力，这是我要讲的第一个问题。

对接“2011 计划”，提升协同创新能力。“2011 计划”即将出台。从国家层面来讲，“211 工程”是以学科建设为主导，“985 工程”是以创新平台和创新基地建设为主导，“2011 计划”是继“211 工程”、“985 工程”之后更高层面的创新项目，它的核心是协同创新。

“2011 计划”的重点，一是体制机制的创新，二是面向重大问题。通过体制机制的创新，使高校与研究所、高校与地方政府，高校与企业甚至国内外高校之间，有更好的协同合作。这不是一般意义的交流，而是核心竞争力要素上的协同合作。协同创新平台必须瞄准国家、区域和学科的重大问题。怎样才能申报“2011 计划”？根据我们了解，地方和高校都可以创造性地搭建和创造“2011 计划”的工作平台，教育部会从中选择运作较好、质量较高、亮点突出、目标明确的平台，给予经济或政策等方面的支持。

“2011 计划”是继“211 工程”、“985 工程”后，学校所面临的一个非常重要的发展机遇，我们应该以怎样的精神状态去应对这一机遇呢？大家可能还记得我们进入“985 工程”前的艰难历程，记得我们自带干粮也要建设“985”的悲壮和决心。现在，面对新的改革和发展机会，我们有没有做好准备，我们能不能抢占先机？

今天把“2011 计划”提出来，就是希望在座的同志们能够抓紧时间积极行动起来。我知道前一段时间有的院系已经做了一些事，但从整体上看，力度和迫切性还不够。如果我们稍有松懈，机会很可能一闪而过。现在一些高校已经在积极策划、活动，联络各方面力量，晚一步的话，不要说我们组织协同创新基地，可能加入其他平台的机会都没有。希望大家高度关注，尽早计划，居安思危，全力以赴，很好地对接“2011 计划”。

认真准备，迎接第三轮学科评估。继 2002 年、2006 年两轮学科评估后，教育部学位中心今年将组织开展第三轮学科评估工作，3 月份左右就要上交材料。评估结果将按一级学科对各参评单位进行排序，并通过《中国研究生》、中国学位与研究生教育信息网等媒体向社会公布。学科评估的结果，一方面关系到这个学科在同类学科和行业中的声誉，是对学校和学科的社会评价，将为后续国家重点学科评估奠定基础，会有重要的社会影响和学术效应；另一方面，即使不考虑这些因素，如果能够对学科进行很好的总结梳理、反思规划，也将有效推动学科的发展。

前两轮评估，我们取得了一定的成绩，但大家对结果并不十分满意，对评估体系也有意见。这次的评估体系和评估方法已经根据目前国家学科发展的目标进行了很多修订。评估内容主要包括师资队伍与资源、科学研究与创作、人才培养质量、学科声誉等。评估将强化质量评价，关注代表性论文和科研项目；突出人才培养质量，增加博士论文抽检结果、优秀学生和毕业生情况；加强国际化指标，鼓励国际交流与合作；加强分类评估，突出学科特色；博士点和硕士点进行分层评估。

我校共有 44 个学科符合参评条件。寒假前，陈校长与学科办、研究生院等部门已经召集院系和学科带头人进行了部署，但是有些到目前为止还没有太大的动静。希望同志们能够认识到这次学科评估对学科发展和学校发展的重大意义，高度重视、协同合作，确保重点、把握信息，争取好的成绩。特别是一些跨院系的学科，更需要紧密合作，真正在评估中体现我们的水平和理念。

进一步加强"211 工程"、"985 工程"建设。今年将进行"211 工程"三期验收、四期申报，这是我们仍然要做好的工作，请大家继续关注这方面的工作。目前的情况是，只要大家有好的想法，我们总会尽力争取到各方面的资金支持。现在国家在教育科研上的投入不断增强，资金已经不是很大的问题，关键是要有好的想法。在学校没有进入"985 工程"前，大家群情激昂，想法很多，感觉只要有投入，就能有很大的产出。但是进入"985"以后，这种向上的精神、急迫的心情在减弱，对"211 工程"、"985 工程"的责任心在降低。有与没有"211 工程"、"985 工程"项目的差别到底在哪里？希望拿到项目经费的单位认真思考这个问题。一定要充分利用这些项目经费，积极发展新增一级学科，依托优势学科，培育新的学科增长点，实现学科与学科群的协同发展。

二、人才培养方面，全面履行以人才培养为核心的大学功能，着力提高人才培养质量

去年底学校召开了第四次本科教学工作会议，主题是专业特色建设。高等教育发展到今天，受到社会批评最多的就是办学质量的问题。办学质量的核心是人才培

养质量,人才培养质量最受关注的又是本科教育质量。作为国家"985工程"重点建设的大学,能不能把人才培养质量的提升放在学校工作的核心地位,能不能把人才培养、科学研究、社会服务、文化传承的四大功能最终都落脚在人才培养上,对我们是一个严峻的考验。今年需要做好以下工作。

(一)围绕建设"一流本科教育"的目标,推进本科人才培养模式改革实践,努力培养各领域有影响力的卓越人才

围绕一流本科教育的目标,以专业特色建设为抓手,建设与大学发展目标相符合的一流本科教育,积极推进本科教育改革。专业特色建设,就是要根据不同专业的优势与特色,明确建设目标、建设思路、建设举措和预期成效,积极加强专业特色建设。本科教育的重点不在教务处,我们可以提出一些想法、理念,推出一些政策,但人才培养质量提升的关键在课堂、在教育第一线的教师身上。希望各院系领导在规划本单位工作时,能认真思考如何根据本单位的专业,努力将之建设成为有优势、有特点的学科,在人才培养的模式方面有新的推进,真正提高本科教育的质量。

以学生为本,激励教师特别是具有高级职称的教师认清教学任务,为本科生授课,推动教学改革,关心学生的成长。教务处做了统计,2011年有本科教育的院系之中,只有52%的教授给本科生上课,加上副教授,只有64%的教授、副教授给本科生上课,这个数字是偏低的。这个学期共有2 841个本科教学班,其中任课教师为教授的有346个班,占12.18%,副教授的有930个班,占44.91%。

教师们能不能将精力放在教学与人才培养方面,这是我们面临的大问题,要引起各个院系和老师们的高度关注。作为大学教师,教学是基本工作,也是本职工作,没有任何理由不参与学生的培养和教学工作,包括长江学者、紫江学者、终身教授等资深教授也应该尽可能为本科生上课,积极探索培养模式、教学理念、教学方式的改革,把科研和社会服务的成果转化为教学的实践。

去年本科教学工作会议之后,学校制定了一些政策,对用心本科教学、在教学改革方面取得成绩的教师给予奖励。90年代末,我们鼓励教师投身科学研究,通过科学研究提高自身学术水平,因为那时只有很少一部分教师搞科研。现在,我们要鼓励教师们将心放在人才培养上,积极推进本科教学模式和人才培养模式的改革。大家可能关注到,今年国家推出的"长江学者奖励计划"中,特聘教授的基本条件就增

加了"胜任核心课程的讲授任务",对客座教授要求"开设本学科前沿领域的课程或讲座",这是非常明显的政策导向。任何教师不能以科研任务重为理由而不从事本科教学工作。学校也将完善教学评价体系和奖惩制度,对教学成绩突出的教师进行奖励,对不能完成教学任务的教师给予一定的处罚。

加大有利于本科教育改革的各项硬件和软件建设。学校去年已经投入经费,改善了部分教室的投影仪器设备,进一步加强了教育教学软硬件建设。但重要的是将教育设施、教学资源改造得更有创造性,更能发挥教师才干,更能提高教师对本科教育改革的冲动与热情,从而推动本科教学改革。大学教室的设置,需要考虑小班化教学所需要的活动式教室、多媒体信息技术手段的应用以及网络互动教室的运用。有些中学在这方面的建设已经超过了大学。今年,学校将投入相当一部分资金对教室进行整体改造,包括教室的规模、布局和设施。教室应该怎样设置才有利于推进互动式教学,引发学生的思考?希望在座的老师也对未来的教室提出自己的想法。

学校将把按学生人数划拨教学经费的模式逐步转变成为以课程数量为依据的模式,鼓励院系开设高水平的课程供学生选读。开设课程越好,吸引的学生越多,能够拿到的教学经费也就越多。希望院系把获取经费的关注点从招收学生的数量转向通过优质课程吸引学生。学校将进一步增大院系可控的本科教育经费投入,同时,教学经费整体投入也会大幅增长。当然,前提是院系一定要把钱用好,公开透明地做好预算。

今年还将出台学生赴国(境)外高水平大学交流学习的相关措施。教务处将发布国(境)外高水平大学名单,鼓励学生自己联系到这些学校自由访学,学校予以认可并记录学分。我们希望针对不同培养目标的多元化培养模式,为学生提供更多的机会,让学生在大学里可以有更多的选择。并且学会如何去选择,如何规划自己的人生,使本科教育质量有明显的提升。

(二) 推进研究生教育培养、管理模式改革,完善研究生培养体系,提升研究生科研创新能力

2011 年,学校召开了研究生培养工作会议,探讨研究生培养中的问题,形成了一些思考。2012 年,我们还要围绕以下问题,展开进一步的探索和实践。

重视源头问题,明确培养目标。完善研究生招生制度,加快推进研究生选拔方

式改革。改革中的一个重要内容是健全多元评价体系，加大面试成绩比重，招收更优秀、更有创新能力的学生。

重视分类指导，落实改革措施。对不同学科、不同类型的研究生教育要进行分类指导，在培养方案、模式、课程、实践环节、考核标准上进行差别化设计，进行科学合理的人才分流、学科分类，针对不同的学生、不同学科制定不同的培养方案、考核标准。

重视课程建设，加强课程改革。研究生的一些课程比较陈旧，要围绕培养具有批判精神、创新能力的人才作为改革方向，来开展课程改革，增加问题导向性、研讨式的课程，提高研究生的思维能力、批判能力。

重视国际合作，探索联合培养。进一步强化研究生国际化培养模式。今年，我们与美国纽约大学讨论要先建立四个联合研究中心，联合培养研究生，将来还会推出更多的联合培养研究生项目，提升研究生培养的质量。

重视环境建设，加大支持力度。今年，我们也会加强研究生教育支持体系建设，为研究生创新研究提供更优良的环境条件。希望在未来几年，各院系与学校共同努力，在人才培养特别是创新型人才培养方面取得新的突破。

（三）强化教师教育特色和优势，创新教师教育培养模式，提高免费师范生培养质量

今年暑假，首届免费师范生将返回学校在职攻读教育硕士专业学位。这是一项非常重要的工作，它不仅是国家免费师范生政策、培养优秀教师和未来教育家的重要环节，也是建设高素质专业化教师队伍，探索新形势下教师教育提升的机遇。这里特别提醒有师范生的院系以及教育学科的老师们，要高度重视第一批免费师范生返校攻读教育硕士专业学位的工作。

学校前一段时间已经通过教务处与各个院系沟通，制定了免费师范生本科和教育硕士一体化培养方案。今年将通过首届免费师范生返校攻读教育硕士的机会来落实和完善这一培养方案，真正使免费师范生的课程教育、实践教育和养成教育得到完善，培养一批优秀教师和未来教育家。特别提醒的是，近年来华东师范大学各学科专业都有了一定的提升，但是作为一所师范大学，教师教育这一特色不能放弃。我们要记住，在推进学校全面发展，在向综合性研究型大学的转型过程中，教师教育的特色仍然要牢牢抓住，这是我们竞争优势的重要组成部分。教师教育除了师范生

培养，还表现在在职教师的培训，华东师范大学应该发挥更重要的作用，这也是我们在人才培养方面的重要工作。

三、能力发展与提升方面，继续加强师资队伍建设，凝聚一流人才，培养青年骨干，提升科研能力

加快国际合作的实际性推进，凝聚一流人才，培养青年骨干，以提升教师队伍的整体水平和科研创新能力。这些年来，华东师范大学搭建了许多国际合作平台，应该说在人才培养、科学研究、社会服务等方面发挥了很好的作用。但是如何充分利用好这些平台，使之发挥更好的作用和实效，需要深入研究。平台的搭建仅仅是工作的起步阶段，现在需要的是深度合作与推进。无论是师资队伍的建设，科研能力的提升，还是服务国家和区域发展，都希望大家用好这些国际合作平台，发挥更好的效应。

大家要特别关注上海纽约大学建设的契机。我们在推进国家“千人计划”等的过程中，可以借助上海纽约大学的平台，采用双聘的方法，将优秀的人才吸纳进来。青年教师的培养也可以利用上海纽约大学合作的机会，向纽约大学派遣管理人才和专业人才，特别是将来要成立神经科学、应用数学、计算化学、社会工作等联合研究中心，可以通过这些合作平台，提升青年教师的科研、教学水平和能力。

总之，新一年人才队伍建设的工作仍然要坚持两个词——“引进”和“培养”。这就要求院系领导一定要具有眼界与胸怀，把优秀的人才引进来，为青年教师搭建平台，让他们走出去。教师也要有学术自觉性，不断提升自己的水平和能力。

科研方面，围绕国家和上海市战略布局，积极争取重大科研任务。根据科技处和社科处的统计，2011 年，文科到校课题经费 5 195 万元，理科课题到校经费 24 365.4 万元，均比 2010 年增长了 20%以上。2012 年，学校将召开科研工作会议，积极酝酿科研体制机制创新改革方案，完善科研管理和服务保障体系。探索以学科集群为单位实施学术管理、学术评价和资源分配的新机制，完善重点实验室和工程中心的整体绩效考核制度，提升重要研究机构的科研实力。全面推进新一轮哲学社会科学繁荣计划，提升人文社会科学学术优势，推动以质量提升为核心的哲学社会科学发展，努力产出高质量的重大学术成果。

国际化战略是学校发展的主要战略之一，国际合作对于促进科研能力的加速提升具有重要作用。国际合作的平台，不仅有利于提升学校科研队伍国际化水平，还将带动相关领域科研水平的整体提升。2011 年，“华东师大—康奈尔大学比较人文研究中心”、“中美新能源与环境联合研究院”等联合研究机构相继成立，高层次国际合作项目不断拓展。今年，我们将进一步推进这些项目，使之取得实质性进展。

2012 年，我们要瞄准国家及上海战略发展需要，主动承担战略科研项目。以国际航运物流研究院建设为抓手，探索国际航运和物流的关键技术，为上海国际航运中心建设提供服务。以长江口亚三角洲项目研究为抓手，为崇明岛乃至上海城市的未来发展提供服务。实质性推进新能源与绿色碳科学交叉研究，为国家能源开发与节能提供服务。推进国家大学科技园建设，提升其服务社会的能力，建立与地方技术需求的长效沟通机制。积极开展优势学科融合，打造产学研合作全新运行机制。

四、民生方面，坚持以人为本、和谐发展的理念，立足实际，努力改善广大师生员工的工作、学习、生活条件

教师方面：启动青年教师房贴工作，启动教职工补充公积金缴存工作，逐步提高广大教职员工的收入待遇。做好华东师范大学闵行紫竹基础教育园区附属学校的招生入学、运行管理等工作，为教职员工子女入学创造良好条件。启动并分批修缮公有住房，与地方政府合作拓展青年教师租房房源。

学生方面：制订并逐步实施校园环境建设规划方案，加快推动闵行校区文化中心建设工作，推进校园文化景观建设。推进“智慧校园”建设，加大网络扩容。围绕教育教学改革，不断改善教学设备、优化教学条件。

校友方面：进一步搭建平台，加强与广大校友的沟通和联系。申请成立校友总会，进一步健全组织架构，完善校友信息系统，以网络平台建设加强与广大校友的沟通和联系，让校友及时了解母校的建设和发展动态，激发校友的爱校荣校之情，主动关心校友的发展，为其提供必要的帮助和支持，并加大对杰出校友和先进典型的宣传，扎实推进校友会、基金会工作。

教育是打造卓越灵魂的事业[①]

（2012 年 2 月）

经过一段时间的精心筹备，由香港青年发展基金与华东师范大学青少年心理健康教育研究与培训中心联合举办的“培育卓越”研讨会今天顺利举行。首先我想对香港青年发展基金长期以来与华东师范大学心理咨询中心的合作表示感谢，这种合作给我们提供很多开阔眼界的机会，也使我们了解到如何通过心理的引导，帮助学生更加健康和顺利的成长。也感谢蔡元云会长一直以来的支持和帮助，感谢沈祖尧校长在百忙之中来到华东师范大学，参加这个论坛，给师生们带来精彩的演讲。

蔡会长演讲，通过他在人生教育方面的一些理念和很多具体的事例，向我们很好地阐述了“卓越人生”这样一个概念，我也听到许多同事跟我介绍蔡会长所做的工作。我觉得“培育卓越”确实是现在的大学甚至中小学教育中很重要的一个内涵。沈校长的演讲，分享了自己的人生经历，已经向我们展示了什么样的人生才是卓越的人生。同时，作为校长，他也谈了培养卓越人才的理念，以及大学教育如何去实现这样的理念。下面，我想与各位分享一下华东师范大学的努力。

上海高校中流传着一句话，叫作“爱在华师大”，我很喜欢这句话。这个“爱”，不是狭义的恋爱，而是博爱。卓越的人是博爱的，爱家，爱学校，爱社会，爱人类，爱地球。爱也是一种责任，正是有了这样的一种爱，我们才能有怀着这样一份责任去关怀它，关心它，发展它，推进它。爱还是一种追求，因为有爱才会有追求，你热爱它，你觉得这是一份很崇高的事业，你就会去追求它。同时，爱还蕴涵着人生的理想，只有真正地去关爱它，你才会觉得这样一个人生是非常有意义，非常有价值的。“爱”是华东师大人的一种责任，华东师大有责任让每一个学生能够健康成长，能够得到完整的发展。

① 本文为俞立中在“培育卓越”专题研讨会上的演讲，标题为编者所加。

去年是华东师范大学的60周年校庆,很多校友都回到母校。我们有一个很重要的理念,也是我们的校庆理念,就是校庆以师生为本,以校友为主,欢迎校友们回到母校来参加各种各样的庆典活动。无论你是做什么的,无论你有多少成就,对华东师范大学来讲,就只有一个概念,那就是我们的校友,是我们的一份子,是这个大家庭中的一个成员。在我们回校的众多校友里面,有一位普通的女校友,她的名字叫韩颖,2000年的时候她考入华东师范大学,成为华师大继续教育学院的学生。但是很不幸,在进入学校不久后她由于疾病的原因眼睛开始失明,最终成为了全盲人。在人生的这一段挫折当中,她生活开始是一片黑暗。但是我们这位韩颖同学的精神,我认为就是一种爱。她保持了一种人生的追求,去乐观地面对这样一个挫折和不幸。在她成为盲人以后,经过了一段时间去适应这样一种新的环境,之后她又回到母校,继续她的学习生涯。她是在职读书的,一边工作一边读书,每次都是由一只导盲犬带她来到我们的丽娃河畔。整整十年时间,到2010年完成了她的学业。我们的老师专门为她上课,通过朗读的方式,来教给她要学习的东西,也用口述的办法来接受她的考试。去年校庆的时候,她回到母校,讲了一番非常动听的话。"尽管我的眼睛是一片黑暗,但是我的心里仍然荡漾着丽娃河的波澜,"她说道,"华东师范大学给了我爱,给了我人生的机会,让我成长成为一个对社会有价值的人。"她目前在香港做一名对外汉语教师。她在非常乐观地面对人生,面对自己未来的发展。

我想通过这个故事,说明了一个道理:爱是一种责任。对华东师范大学来讲,我们有爱、有责任让每一个学生健康成长,能够得到发展;对学生来讲,这种爱是作为对人生的一种责任,作为一个生命、一个学生、一个公民,如何用自己这份爱去执着地实现人生理想,做一个对社会和民族的发展有价值的人。所以韩颖同学能够坚持这样一种追求,坚持这样一种人生,用十年来完成自己的学业,成为一个对社会更有贡献的人。

华东师大校友韩颖的求学故事,体现了华东师大60多年在教育培育上的卓越的追求:教育是打造卓越灵魂的事业,教育的目标是让每一个学生都渴望事业的成功、渴求人生的卓越、渴求生命的辉煌,所以把每一位学生作为完整的人来教育,为了每一个学生的终身发展,把年轻人培养成对社会负责的成人。大学培育卓越的生命,就要传递爱的责任与追求,培养人生的理想。校友韩颖的故事也给了我们很多的思考,学校的教育应该如何做得更好?如何能够实现我们培养卓越人才这样一种理想？在这里，我想从华东师范大学的角度，谈几点我自己的感受。

首先，大学培育卓越的生命，首先培养的是一个人，然后才是一个人才。这也是华东师范大学坚持的理念。今天的这一代，成长在一个社会经济快速发展的和平年代，而且很多是独生子女。父母不恰当的“爱”常常导致孩子某些方面教育的缺失，不关注社会，失去了对挫折的承受能力，也就使孩子失去了很多成长的机会。因此，今天中国的大学，一个很重要的课题就是培养一个完整的人，而不只是培养一个专业的人才。如果一个人不能够正确地面对今天的社会，面对世界的未来，不能面对各式各样的挫折；如果一个年轻人没有强烈的社会责任感，没有对人类社会发展的一种历史责任感的话，有再多的知识，再多的专业本领，又能为这个社会作多大的贡献？

当前社会，知识更新频繁，我想只有一个有理想、有抱负的人，一个坚持不懈的人，才会在未来事业发展过程中，不断学习、不断努力，才有可能成为一个真正对社会发展有用、有价值的专业人才。所以，在每年的开学典礼上，我都会告诉我们的学生，学校的责任是首先把学生培养成一个完全的人，然后是一个成功的专业人才，这一直是我们在人才培养方面一个很重要的理念。

其次，一个卓越的生命是独立的、负责的、有创新意识的，知道面对挑战需要做出怎样的选择。大学应该给学生提供更多的机会，更多的选择，让学生学会选择。在个人的人生道路上，永远充满着不同的选择，会选择的人和不会选择的人，主动选择的人和被动选择的人，所产生的结果完全不一样，他们的人生也截然不同。在今天这样的一个时代，在这样一个知识经济的大背景下，我们面对着一个快速的全球化的过程，学生需要学会选择，并不断地追求，才能成为一个卓越的人。所以，大学培育卓越的生命，需要完善培养方案，在学生学习期间为学生提供更多的选择机会，包括课程、实践、国际合作交流的机会，鼓励学生学会自主选择，引导学生广泛涉猎不同的学科领域，从而为其一生的多向发展提供必要的准备，让每一个学生都得到充分而卓越的发展。

第三，大学是一个教和学的过程，学是主体。培养卓越的学生就需要有卓越的教师，教师在传授知识的过程之中，应该以自己的行为和形象，树立一个楷模。华东师范大学有一个非常重要的特色，就是培养教师，我们的校训是“求实创造，为人师表”，“为人师表”不仅仅是我们的老师，而且是所有从这里走出去的学生。我们要做到“为人师表”这一点，也要告诉学生这一点。所以这对我们的道德要求，对我们的行为标准要求，就更高。在这一点上，我们做得还不是很好，我们还要继续努力。我希望华东师范大学的教师为人师表，同时我们也致力于建立和学生在一起的学校领导和管理层，能够倾听学生的心声，能够理解学生的想法，用自己的爱来唤醒学生的爱。我们分管学生工作的林在勇副校长和陆靖校长和在这方面都做了很多，也做得很好。我们利用各种机会和学生在一起，了解学生的想法。作为校长，我更愿意和学生在一起，倾听学生的心声，建立平等的师生关系。我们都需要互相理解，互相尊重，互相倾听。

一所大学能不能办好，不只是校长的事情，也不只是教师的事情，是师生共同的事业，这个共同首先体现在，我们坐在一起，我们共同面对各种各样的问题。我在人人网上的主页就是这样一个平台，它表达了学校发展的理念和信心，表达了我对学生心声的倾听和理解，这就是一种大学文化，也是我们培养卓越人才所需要的文化基础，如果没有这样一个基础，一个大学的发展会背离它的本质，背离教育事业的本质。教育就是为了让每一个人得到健康的成长，每一个人的潜力得到充分的发挥，让每个学生得到充分而卓越的发展，所有这些的前提就是人和人之间的尊重和理解。所以，卓越，这是一种永远的追求，这个卓越往往体现在很多平凡的事情当中，蕴含在许多平平淡淡之中。作为一名大学生，对卓越的追求应该是永远的，这是一种理想、一种胸怀、一种境界，也是一种人生的动力。

对中学地理教育改革的几点思考①

（2012年2月）

中学地理课程的改革是这次会议的热点问题，我想谈谈自己的想法。这些思考也许是很另类的，希望大家批评。

一、立足教育本质，思考中学地理教育的改革

我是从事地理科学研究的，对中学地理教育很感兴趣。我相信每一个在地理科学领域工作的人，都希望这个学科能够很好地传承下去，有更多的年青人对地理科学感兴趣，将来能够继承这个事业。也许中学地理教育的有些问题就是源于这个情结。

这些年来，有机会经常听听教育学家对基础教育的议论，引发了我很多思考。我意识到，教育学家对当今人才培养的一些批评归根究底就是一句话，我们所有的教育行为应该立足于教育的本质，尤其是基础教育。那么，教育的本质是什么？教育是为了人的发展，为了每个学生的潜能得到充分的发挥。从这个意义上讲，中学地理教育的改革是否也应该思考一下，无论是高中的地理课程还是初中的地理课程，应该在学生的发展过程中起到什么作用。不同阶段的地理教育如何影响学生的知识、能力、情感的发展，如何激发学生的潜能？地理课能起到什么样的作用？我感到，我们现在对地理课改的考虑更多的还是从地理学科的自身出发，我们想得更多的还是地理科学的体系和结构。或者说，我们是基于地理科学的学科体系和知识结构，在考虑中学的地理课教什么，重点是什么，要让孩子们记住什么。当然，让学生在中学阶段掌握基本的地理知识、技能和思维方法是重要的。但我们更需要认真考

① 本文为俞立中在中国教育学会地理教学专业委员会年会上的讲话。

虑的是，在不同年龄段孩子的知识、能力和情感的发展中，在激发孩子各种潜能的过程中，地理学科到底应该并能够发挥什么作用？中学的地理教育要达到什么目的？毕竟将来会成为地理学家或地理工作者的学生是极少的。但是作为一个人的发展，作为未来事业接班人的成长，地理学科对每个孩子的人生起到什么样的熏陶作用，发挥了什么样的教育作用？

经常听到一些关于地理学科在中学的地位的议论，当然这也是与高考密切相关的。作为校长，作为家长，甚至在国家层面上思考问题，绝对不会从某个学科的角度出发去考虑这门学科要不要学，应该把它放在何等重要的地位，而是从人的教育的整体来考虑的。培养一个高素质的人、一个适应未来社会发展的人，到底应该有什么样的知识结构？怎样提升综合能力和素养？用什么样的课程平台或活动载体？这才是中学教育的出发点。我们对地理学科是很有感情的，一直希望为地理课争得地位，包括在高考中体现其重要性。但是，如果不是从教育的本质去思考问题，中学地理课程的状况不可能有根本的变化。

我不是认为地理学没有用，实际上地理学很有用。仔细想一想，除了地理学科，在基础教育课程中还有哪门课是讲宏观空间概念，关注空间格局、时空关系及其相关性的？还有哪门课是讲人与自然界的相互作用，强调综合考虑人类社会与自然环境的相互关系的？我觉得好像没有了。地球是人类的生存环境，认识这个星球、了解自然规律、理解和分析各类空间格局与空间关系等等，对于一个人的知识和能力而言都是不可或缺的。当今人类面临的很多问题，包括人口、资源、环境与可持续发展等，哪个问题都缺少不了正确的地理观、地理学知识和地理分析能力。从简单的表象世界，分析复杂的内在关系，又从错综复杂的关系中归纳总结，找出解决问题的思路和方法，这就是所谓的以问题为引导的思维方法，也是地理科学的思维方法。由此可见，地理学对学生知识、素养和能力的培养有不可替代的作用。关键是我们在实施地理教学的过程中能不能立足于教育的本质，从学生发展的角度去思考和组织这门课程。如果把这个问题想清楚了，在理论上有所建树、在实践层面可操作的话，地理学科绝对不是今天这个地位。

人类对世界的认识并不是基于什么学科的概念，而是各种错综复杂的问题。是因为科学发展了，才细分出各门学科。一门学科如果不跟问题联系，不会有更多的话语权。我今天想强调的问题是，如何立足于教育的本质去认识我们的地理教学。

我觉得地理课程现在面临的一些困惑，包括高考问题，其实是因为对它在基础教育中的目的和定位不够清晰。这个问题想不清楚，讲不明白，不能为大家所接受的话，我们会永远在困惑里晃来晃去。我希望大家能认真思考，跳出地理学科的框架，从人的发展、从教育的本质出发，明确地理课程的意义和改革方向。

二、把握时代特征，推进中学地理教学的改革

我想谈的第二个问题是中学地理课程改革如何把握时代特征，从时代特征出发推进中国地理教学改革。当今时代特征是什么？经济全球化是个大趋势。在经济全球化的时代、面对多元文化的世界，地理学的普及意义更加重要了。

中国正在从一个世界经济大国走向经济强国，从一个世界教育大国走向教育强国。在打开国门、走向世界的今天，如果我们的民众对这个世界的基本格局不甚了解，或不知道怎么去学习把握的话，会有很多问题的。地理学经常讲的自然要素如气候、地质、地貌、水文、土壤、植被、动物，和基本的人文要素如行政区划、产业布局、人口、民族、资源、城市、交通等等，以及这些要素的相互关联和空间格局，应该成为这个时代的中国公民的基本素养。我觉得，未来的建设者至少应该懂得从哪些方面去认识这个世界，从哪些角度去了解一个区域，应该具备学习这些知识和分析相关信息的能力。世界地理已经有很多年没有得到重视了，大学地理系在这方面的研究力量都比较弱。为什么呢？因为过去的三十年大家都在关注国内的改革和发展，也许没有认识到这种紧迫需要。当中国的企业在走向世界、中国的资金在走向世界、中国的教育在走向世界的时候，对世界地理研究、对地理教育提出了新要求。这是时代特征对地理学、对公众地理知识和能力的期待。

另一个时代特征就是信息化。大家已经意识到信息时代对人类社会发展的深刻影响。信息化给教育带来的变化也是非常深远的，对未来的学校教育、课堂教学会有越来越大的影响和冲击。今天，很多孩子都会通过网络、计算机以及各种媒体平台获取信息，了解和理解气象万千的世界。这对于一个人的终身发展、知识结构、能力素养会产生多么深刻的影响！但是，我更多看到的是信息化给地理教育改革带来的机会。因为地理学的对象是宏观世界，是一个自然、社会、人文各种要素组合在一起的世界，地理学强调的是各种要素的空间布局结构及其机理，所以涉及了海量

数据，最讲究情景。计算机、网络、多媒体技术为地理知识的获取、演示和分析提供了极为有效的平台，有利于直观地把握地理学内涵、发展空间认知能力、增强学习兴趣。

在我脑海里有一个非常深刻的印象，那是金祖孟教授在大学一年级给我们上地球概论课，真可谓是煞费心机。金先生应该是地球概论这门课的鼻祖了。为了帮助同学们理解日、月、地的运动轨道、黄赤交角等概念，他动了很多脑筋，亲自研制了许多教具。我们至今还记得金先生用来启发学生的空间想象力的那把天文伞。但是，很多同学想了半天还没想明白，这门课考得好的学生并不是很多。今天，地理信息和多媒体技术的发展，使这些三维空间运动和位置关系的模拟变得非常便利和直观，也能形象地展示轨道运动与昼夜和四季变化的关联。这是一个信息时代，学生可以在网络上随意获取各类地理信息，包括遥感影像、电子地图、甚至三维地理景观。地理教育必须思考，新的全媒体信息平台对孩子的知识获取、空间认知、思维训练、情感教育带来什么样的影响。从深层次上讲，我们应该如何更好地运用地理信息系统、多媒体网络技术促进学生的学习积极性，强化自主学习和研究型学习。

地理被高考边缘化，选考地理的学生不多，这也许是一件好事。因为地理与高考的关联度不大，可以放开胆子去改变它。从根本上讲，一门课程的地位或重要性，应该体现在学生知识、能力、情感发展过程中的功能和作用，或是教育主管部门重视，或是学生喜欢。为什么我们不能让中学地理课程成为中学里的一门最好玩的课、最有趣的课、学生最喜欢的课？如果能够做到这一点，那么地理课在中学教育的基础地位就奠定了。地理这门课可以在机房里上，从问题出发，让学生学会如何在计算机网络环境中采集获取各类地理信息，学会利用基本工具分析各种地理要素的空间布局规律；根据人口、资源、环境与可持续发展问题的案例，思考人类活动和自然环境相互作用的机理。运用地理信息系统和遥感技术，把网络数据变成活生生的信息，感受信息技术的魅力，掌握各种与信息时代相关的处理问题、解决问题的技术工具和能力。这样，地理教育不仅从自身发展，也从孩子的发展着眼，跟上了时代的脉搏，这就是教育的魅力。

地理课程也应该充分利用社会资源、自然资源，可以与野外考察、社会调查、郊游、访谈等结合起来，我们的课堂可以拓展到实地、博物馆、科技馆、城市规划馆等场所。如果地理教育能有那么丰富多彩，我相信地理会成为孩子们喜欢的一门课，有意思、感兴趣的一门课，当然对他们的成长是非常有意义的。

三、地理教育的核心价值

中学地理课程的地位，取决于地理教育对中学年龄段的孩子发展的重要性。地理教育的核心价值是什么？地理教育的不可替代性在哪里？我个人有点不成熟的想法。

首先，地理学的核心问题就是人地关系。科学发展观的基本内容是什么呢？除了政治内涵外，科学发展观强调的是人和自然的协调发展，就是资源、环境、人口与可持续发展的问题。这是地理教育的一个核心价值。要用案例，让学生真正理解人与自然需要和谐相处，人类社会经济的发展要尊重自然规律。由于人与自然的相互作用，由于自然要素之间的复杂关联，必须从人地关系的辩证思维全面认识技术进步、经济增长和社会发展。

其二，区域和区域分异的概念。中学地理教育很重视区域地理的内容。我觉得强调区域的意义不在于让学生记住各个尺度的地域单元名字、内容，重要的是理解区域结构特点、区域的整体性和区域间的差异性。我们在讲均衡、和谐的时候，不能不考虑到区域间的差异，而造成区域差异的原因包含了地理区位、自然环境因素，社会经济条件、历史演化及其相互影响等等。没有其他课程会强调区域结构、区域分异，只有地理课会讲，所以我们要牢牢地把握住这些内涵。我国东中西部差异是怎么形成的？首先是与地理区位、自然环境有关的，如果按东部的经济发展来思考西部的未来，对不对？应该这样做吗？想想成年人的一些非理性、不科学的决策和行为，应该好好反思中学地理教育。

其三，自然与社会的综合观察分析能力的培养。环顾中学教育，还有哪门课程会把自然和社会这两个不同属性的内涵放在一个系统里面去观察？地理学前辈胡焕庸先生在上个世纪30年代就提出了反映中国人口分布东西部差异的“胡焕庸线”。这条线实际上也是我国自然环境、社会经济等很多要素分界线，这就是综合观察分析能力。这类问题如果放到今天来做，我们能不能通过地理课让学生自己去学会综合观测和分析。可以让学生通过网络和GIS收集数据，分析东中西部的差异及其形成原因，还可以思考分析沿海地区的南北差异。如果从人口分析，我们也可以明显地看到几个三角洲，京津唐、长三角、珠三角地区的人口集聚、产业集聚、经济发展。就是在东部不同区域也是有明显差异的。如果学生能够通过观察和数据分析自己来得出一些结论，地理课在自然与社会综合观察和分析能力的训练方面就是不可替代的。

其四，热爱自然的情感教育，欣赏自然的素质养成。随着快速城市化进程，中国的城市人口已经超过半数。生活在城市里的孩子，缺乏对大自然的体验，缺乏对自然现象、自然过程的感性理解。因此，如同人文素养、艺术素养的培育，自然地理对孩子的认知和情感发展显得越来越重要。今天，旅游已经成为一种时尚。但对不少国人而言旅游成了“上车睡觉，下车拍照，回家就忘”的一个笑话。这说明了什么？很多人缺失欣赏自然界的眼光和能力，这是地理素养的问题，也是地理教育的问题。一个有教养的人会热爱自然、欣赏自然、享受自然。如果在一个美丽的景区，游人只能追随导游介绍的那些不着边际的想象，如青蛙、孙悟空、恋人……那实在是太可悲了。二十年、三十年后，如果我们仍然还是这样的旅游，真应该反思我们的地理教育了。培养孩子们热爱自然。欣赏自然的情怀，是谁的责任？当然是在座的各位——地理老师们！

其五，空间信息获取、分析和空间想象力的发展。在信息时代的海量数据面前，学生要学会如何从海量数据中获取需要的信息，并把这些信息在空间架构里组合起来，建立相互联系。这是地理教育的一个很好的切入点，因为地理学强调的就是空间布局和结构。无论学生将来从事什么职业，空间分析能力都会是很重要的。中国教育重视逻辑分析、计算能力的培养，但在想象力尤其是空间想象力培养方面比较薄弱，这也许是东西方教育的差别之一。有想象才有假设，这是兴趣的激发点，也是探究问题的出发点，更是设计科学方法证明或推翻假设的基础。如果没有充分的想象力，没有合理的假设，也就没有问题，更谈不上解决问题了。所以，我希望中学地理课程能在学生的空间思维、空间想象力培养方面发挥重要作用。

当然，如果我们从爱国主义教育、地球村教育、环境教育等不同角度着眼，会看到中学地理教育对学生的知识、能力、情感发展更多的的价值。

中学地理教育的改革，需要理念的引领，也需要实实在在地推进课程标准、教学内容、教材课件的建设，还涉及到教师的培训、教学模式的改变。改革是不容易的，要真正走到可操作这一步，需要各位专家、老师们的不懈努力，任重道远。

为促进人类社会可持续发展作出更大的贡献[①]

（2012 年 3 月）

今天，在丽娃河畔再次迎来了我们的老朋友——科罗拉多州立大学访问团一行。比尔·瑞特先生（Bill Ritter）、吉姆·库尼校长（Jim Cooney）、比尔·法兰校长（Bill Farland）和同事们不远万里来到华东师范大学，与在座的各位贵宾一起，共同见证和祝贺华东师范大学与科罗拉多州立大学战略合作伙伴关系缔结出又一个里程碑式的成果——“中美能源与环境政策研究中心”的诞生。特别是 Bill Ritter 先生，作为科罗拉多州的前州长，他见证了科罗拉多大学和华东师范大学联合研究院的成立。能源与环境问题不仅是当前中美两国共同关注的问题，也是当前全球性热点问题。

2008 年 11 月，华东师范大学与科罗拉多州立大学签署了战略合作备忘录，从此以后两校之间全方位的合作驶入了快车道。两校的“2＋2”双学位联合培养项目合作非常愉快，第一批、第二批的同学已经非常愉快地在科罗拉多州立大学学习，取得了可喜的成绩；今年新的一批学生已经经过面试，大家都非常满意。这说明华东师大和科罗拉多州立大学合作的“2＋2”项目越走越顺，也说明这个项目是非常成功的。我想这个项目最大的受益者，是在座的各位同学。去年，可口可乐水资源全额奖学金计划的正式启动，也进一步激发了我校优秀学生申请留学科罗拉多州立大学的热情。

在合作过程当中，我们和科罗拉多州立大学都把视线投向了当前世界特别关注的新能源和环境问题。在国家外国专家局，上海市政府特别是上海的外专局、上海科委、上海教委、闵行区政府的关心支持下，去年 6 月，也正是在这个会场，我们成立了“新能源环境联合研究院”，瞄准我国在全球变化中快速城市化大背景下，面临的

① 本文为俞立中在中美能源与环境政策研究中心成立仪式上的致辞，标题为编者所加。

能源问题和环境问题,开展前瞻性的联合研究工作。一年来,联合研究院在项目合作、专家互访、人才交流等方面取得了一定的成绩,正逐步地成为中美科学家开展国际合作研究的平台之一。

随着新能源技术的不断推陈出新,人们对于环境关注程度的不断提高,政策因素已经成为建设新能源经济、实现人与环境和谐共存的重要推手。由于政策具有牵一发而动全身的作用,其重要性不言而喻。因此,开展相关领域政策层面上的多学科综合研究,用科学的数据和系统的分析,引导决策者作出正确的决策,具有重大意义。

比尔·瑞特先生(Bill Ritter)在担任州长期间,最重要的政绩之一,就是将科罗拉多州建设成为美国乃至世界上新能源利用的示范州。他的新能源经济政策创造了数千个新的工作岗位和数百个新型企业。其签署的一揽子清洁能源相关法案,将科罗拉多州建设成为国内和国际新能源经济的枢纽。

中国在新能源领域的发展速度很快,"十二五"期间更是把新能源产业列入国家重点支持的七大领域之一,发展方向非常明确。中美能源与环境政策研究中心的成立,既是两校深化战略合作关系的又一成果,也是对接国家战略和服务经济社会发展全局的重要举措。中心的成立,能够为政策规划者、制定者、执行者提供新能源与环境、经济、社会协调发展的路线图。我相信,在 Bill Ritter 先生和褚君浩院士的带领下,在国家外专局和上海市领导的关怀下,在华东师范大学老师与同学们的共同努力下,该中心必将在中国开展新能源经济建设和解决新时期面临的诸多环境问题中发挥重要作用。

衷心期待中美能源与环境政策研究中心为促进人类社会的可持续发展作出更大的贡献。

让二附中在浦东这块热土上增光添彩①

（2012 年 3 月）

我们欢聚一堂，共同分享华东师大二附中“东迁浦东十年教学教育成果回顾展”，共同见证二附中在浦东这片热土上的十年发展历程。作为在华东师大学习工作了近 30 年的老师，我对二附中有一份格外的亲切感。二附中是国家教育部直属的重点中学，也是上海市首批实验性、示范性高中。长期以来，在上海市各级领导的关心帮助下，在全体师生的共同努力下，二附中人勇于创新，追求卓越，取得了骄人的成绩。学校形成了“勤奋、求实、开拓、进取”的优良校风，培养了一大批勇于创新、德才兼备、拥有国际化视野的高素质人才。大家普遍认为，有两个带“华东师范大学”名字的单位在全国的名气比华东师范大学还要大，一个是二附中，一个是出版社。现在我们仍然可以自豪地说，二附中走在全国基础教育发展的前列。

2000 年前后，华东师大与浦东新区达成协议，共建二附中。在浦东新区政府的大力支持下，2002 年，二附中整体搬迁至浦东张江高科园区。搬迁后的二附中，不仅办学条件得到了极大改善，而且获得了更加良好的外部环境。浦东特别是张江的改革创新、先行先试的强大的精神力量感染和浸润了这所优秀的学府，二附中不断改革、谋求创新的动力进一步增强。同时，在培养学生的创新精神和实践能力的过程中，二附中还得到了浦东特别是张江的高科企业、研究单位、社区和各方面机构的支持。

依托浦东改革开放和创新人才聚集的区位优势，二附中的教师队伍进一步优化，教学质量进一步提高，办学品位进一步提升。我们欣喜地看到，这十年来，二附中在办学思想、办学理念方面有了更深入的思考，在学校管理和推进素质教育方面有了更为创新、更为有效的举措。二附中大力实施的“六个一百”举措，以培养德才

---

① 本文为俞立中在“东迁浦东十年教学教育成果回顾展”上的讲话，标题为编者所加。

兼备的创新拔尖人才为目标，有效实现了“轻负担、好成绩、可持续”，成功推进了素质教育。尤其是 2007 年创建“科技创新班”，构建高中学生创新教育的体系，培养了许多具有科学创新能力的优秀学生，在国际中学生奥林匹克竞赛中摘金夺银。还有两名同学因为在国际英特尔科学与工程创新大赛上的出色表现而获得国际天文学会两颗小行星的命名。

可以说，在浦东这片改革创新的热土上，二附中取得了创造性的成就，学校的办学理念、办学定位提升到了一个新的高度。二附中发展，为华东师大、为浦东新区乃至上海市增添了亮丽的色彩。二附中不仅是华东师大的一个品牌，也是浦东的一张名片。

当前，教育领域迎来了前所未有的大好形势，国家和上海市中长期教育改革和发展规划纲要扎实推进，教育投入不断加大，与此同时，社会各界对教育工作的期待和要求也越来越高。站在新的起点上，衷心希望二附中能够总结宝贵经验，进一步营造有利于创新性人才成长的校园文化氛围，进一步致力于培养具有创新意识和创新能力的优秀人才，进一步为浦东、为上海乃至全国的基础教育改革和发展作出更大的贡献。华东师大将一如既往地支持二附中各项事业跨上一个新的台阶，一如既往地支持二附中在浦东的第二个十年收获更大的进步！

档案是大学文明的重要标志[①]

（2012年4月）

参加这个典礼，尽管场面不大，人也不算太多，可是心情非常激动。档案承载着学校每一位老师、同学的信息，正是因为这份历史感和厚重感，使得这份工作更加有魅力和有意义。我想与各位老师交流三点体会。

第一，档案工作需要有档案意识。

档案工作要经得起历史的考验，要经得起每一个同学、每一个老师、每一个校友的考验。最近有一位同学给我写信，说因为工作上的安排需要个人档案，但是他之前的档案找不到了。我想一份档案丢失了，大家可能不一定当回事，但对于个人来讲，可能就是至关重要的大事。一点点档案工作方面的闪失甚至可能会给一个人的人生带来意想不到的影响。所以，档案工作人员一定要有档案意识，因为这可能会牵涉到每一位同学、老师和校友。档案工作做好了，会非常有效地提升学校形象。从这个角度来讲，所谓档案意识，就是责任意识和历史感，要能够更进一步地认同档案工作的重要性和价值。

第二，档案工作需要规范，也需要创新。

规范是基础，如果档案工作随心所欲，那一定会出问题。在规范的前提下，要不断地创新。这就需要我们不断挖掘各种各样的、今后可能为大家所用的档案资源，不断提升档案工作的内涵。比如说校友资源，海内海外的校友资源都会对学校的发展起到重要的作用。值得一提的就是留学生的档案，随着留学生规模的不断扩大，越来越多的留学生成为华东师范大学的一份子，这些人将来可能会成为我们的荣耀。范军副校长告诉我，台湾的大学就把华东师范大学前去游学的同学纳入他们的档案材料。去年美国能源部的助理部长到学校来访问，提起他曾经在改革开放初期

① 本文为俞立中在2012年华东师范大学档案工作暨先进表彰大会上的讲话，标题为编者所加。

在华东师大学习了一年，他还可以讲出很多那个时候的人文景观和故事，可惜我们找不到相关的档案资料。所以我想，我们的学生资料包括照片都是宝贵的，哪怕只是参加暑期班的，也要留下来。

第三，档案工作需要培养兴趣，发现愉快。

做任何一件事情，要把它做好、做到淋漓尽致，除了责任以外——实际上责任是更表象的东西——最重要的是一种兴趣、一种愉快。一个人的一生是有限的，怎么能够愉快地度过，很重要的一点，就是在每一样工作当中去发现它的愉快，发现自己的兴趣。所以我觉得，我们做档案工作的最高境界就是在档案工作中培养兴趣，发现它的愉快。希望所有的档案工作者，不管是兼职的还是全职的，能够在这份平凡的工作中，在这份沉甸甸的工作里面找到自己的兴趣，让我们的生活更加丰富一点。

最后，请宣传部门能够利用各种机会宣传这些档案工作的先进个人和先进集体，使全校的档案工作做得更好，为华东师大的历史留下更多辉煌的篇章，为我们的后人、我们的前人、我们自己，留下更多美好的回忆。

站在时代的高度，增强历史使命感，推动华东师范大学更好更快地发展①

（2012 年 4 月）

我代表学校向第七届教职工代表大会和第十三次工代会作行政工作报告，请各位代表审议，并请列席代表提出意见。

报告分三部分：一、理念与举措；二、进展与成效；三、挑战与反思。

一、理念与举措

2006 年 5 月学校第十一次党代会，颁布了“十一五”发展规划，确定了学校中长期发展目标和发展战略。2007 年 4 月召开的第六届教代会暨第十二次工代会，明确提出：今后几年，学校一切工作，必须围绕着“十一五”规划的落实，瞄准建设“世界知名的高水平大学”这一宏伟目标，坚持“一个中心”（以培养创新型人才，提升创新能力为中心）、“两个推进”（推进学科交叉融合，推进学校国际化进程）、“三大战略”（汇聚英才，集聚资源，创造精品）。

过去的六年，学校走过了不平凡的发展历程。我们跻身“985 工程”重点建设高校行列，持续推进高水平大学建设进程；完成了学校主体搬迁闵行，形成了一校两区的办学格局，极大地改善了办学条件；通过接受本科教学水平评估，总结办学理念，明确办学特色，深化了教育教学的改革；积极探索创新人才培养模式，落实了免费师范生教育的试点工作，推进了研究生创新培养计划；实施“千人计划”等高层次人才计划，加大青年教师培养力度，有效积蓄了人力资源，优化了师资队伍结构；通过推进国际化进程，创建国际教育园区，筹建上海纽约大学，拓展了与世界一流大学的深

① 本文为俞立中在华东师范大学第七届教代会暨第十三次工代会上的行政工作报告。

度合作；以北京奥运会、上海世博会、新中国成立60周年、建党90周年、建校60周年等重大活动为契机，凝聚人心，服务社会，加强与地方合作，提升了学校的社会声誉和影响力。

学校的发展凝聚着全校师生的心血和智慧，回顾总结过去六年的历程，有几点特别值得珍惜。

（一）坚持以人为本、质量为先的办学理念

学校清醒地认识到，办好一所大学必须把学生的成人成才放在首位，把教师的成长发展放在首位；办成一所高水平大学，人才培养的质量是关键，教师队伍的质量是基础。在学校所有要素中，人是关键的关键。因此，我们始终坚持“以人为本，质量为先”，推出了一系列重要举措。

高度重视高水平师资队伍的建设。师资是衡量大学水平的最重要的指标和要素。师资队伍建设是一个全局性、整体性的工作，是学校建设的重中之重。六年来，学校对引进优秀学科带头人、培养青年学术骨干、培育创新团队、优化队伍结构、完善评价体系和聘用机制、提升教师队伍整体素质给予了极大的关注和投入，进行了各种积极的探索。

首先，确立人才强校的战略思维，在校、院、系各个层面上增强人才队伍建设的紧迫感。反复强调，没有人才观念的领导不是一个好领导。在管理上，突破体制机制上的障碍，优化人才政策环境，积极从海内外引进优秀人才，包括从海外成建制引进创新团队，并为创新研究提供各种便利条件，全方位做好服务和配套工作，充分发挥高端人才的潜能。六年里，学校引进人才210人，其中正高118人，45岁以下的中青年127人；84％的引进人才有一年及以上海外留学或工作经历。

其次，根据学校的定位和发展目标，围绕国家和地方发展需要，规划师资队伍建设，架构学校人才计划，对接国家和上海市各类人才计划。学校上下花了大功夫，积极申报和引进“两院”院士、“千人计划”学者，争取教育部“长江学者”奖励计划、“国家杰出青年基金”，以及“东方学者”等上海领军人才项目的支持，着力为海内外有重大影响的知名学者搭建平台，培育有国际竞争力的学科带头人。

其三，加大青年教师的培养力度，为青年教师的成长创造各种机会，让优秀青年人才脱颖而出。2007年，学校召开全校青年教师大会，颁布了《关于促进青年教师发

展的若干意见》，推出了包括青年教师岗前培训、出国研修、科研启动经费等13条具体措施。六年里，有400余名青年教师在国家留学基金支持下赴世界一流大学进修或合作研究，800余名青年教师在学校的资助下赴海外研修。近年来，学校又相继出台“英才计划”、“师资博士后计划”等人才计划，实施优秀青年教师职务晋升遴选，重点培养和挖掘有潜力的中青年拔尖人才，为学校发展集聚一批优秀的青年才俊。

其四，逐步完善符合国际惯例的评价体系，充分发挥院系教授会、学校高评委在教师聘任和职务晋升中的学术评价作用，保证教师队伍质量的不断提升。严格控制应届毕业生直接留校任教，避免“近亲繁殖”，改善学缘结构。加强聘期考核，完善教师转退机制。近年来，有100余人分流出教师岗位。

其五，多渠道筹集资金，尽力提高教师待遇。学校大幅增加了岗位津贴及其覆盖面；通过交通补贴、用餐补贴等，提高教职工的实际收入水平；落实和发放住房补贴，积极争取社会公租房源，帮助青年教师解决住房问题；加强与政府和企业的合作，建设华东师范大学闵行紫竹基础教育园区，增加教职工子女享受优质教育的机会。2011年，学校在人力资源上的投入已超过11亿元，是2006年的三倍。

扎实推进人才培养模式改革。大学的根本任务是人才培养，提升人才培养质量是学校内涵建设最重要的内容。学校积极探索多样化的人才培养模式，在规范管理的基础上，针对人才培养中存在的问题，进行了各种改革尝试。

在本科教育方面，通过2006年本科教学水平评估，学校更明确了“夯实基础，凸现特色，注重创新，追求卓越”的人才培养理念，提出了“一流本科教育”的目标。在教学改革中，一是从培养“完整的人”的角度理解通识教育的内涵，以文化价值观念的传承和科学思维方式的形成为目的，加强通识教育课程建设，促进本科教学中的学科相互渗透，提高学生的综合素质；二是以专业特色建设为目标，夯实本科人才培养的组织基础，鼓励院系根据专业特点和培养目标，探索多样化的培养模式；三是瞄准学科前沿，拓宽国际视野，大力推进全英文课程、跨文化课程建设，引进海外优秀教材，提升学生的外语交流能力；四是打破原有的专业设置壁垒，推进各院系专业课程资源的共享，实现常态化的本科生跨学科、跨专业选修课程机制；五是建立健全完全学分制，积极创造海外、校外游学和联合培养的机会，增强学生学习的自主性和选择性，激发学生内在需求和创造力。

在国家试行免费师范生教育政策的背景下，学校发挥教育学科的优势，创新教师教育体系。着眼于培养“适教、乐教、善教”的优秀教师和未来教育家，形成了课堂教育、实践教育、养成教育相融和的培养模式。在招生环节中，逐步增加面试的权重，关注学生的从教信念、心理素养、综合能力。在课程改革中，根据教师专业发展的需要，构建了通识教育、专业教育、教师教育三大课程板块；按照中小学对优秀教师“一专多能”的要求，分文理两大类打通低年级基础课程。在实践环节上，提出了见习、研习、实习三位一体的实践教育体系；创建了国家级教师教育实验教学示范中心；在四川、云南、重庆、贵州、安徽、江西等地最好的中学建立实习基地，实施混合编组、异地实习。在养成教育方面，设立了孟宪承书院，通过名师报告会、书法培训、演讲与口才培训、合唱团等多样化的课外活动和交流，帮助免费师范生坚定教师信念，树立正确的价值观，提升教师职业素养。学校还推出卓越教师计划，选送优秀师范生到世界名校访学，拓展国际视野，培养跨文化环境下的学习和发展能力；制订了本硕一体化的教师培养方案，提升免费师范生培养定位。

在研究生教育方面，着力于调整结构、分类管理、提高生源质量、完善培养机制。通过调整研究生学位授权体系结构，实行学术型学位和应用型学位的分类管理制度。大力发展专业学位研究生教育，专业学位硕士点达到了 17 个，其中教育硕士、汉语国际教育硕士、工商管理硕士等 3 个专业学位点，获教育部批准开展综合改革试点工作。以“提高创新能力，提高培养质量”为重点，推进培养模式改革；通过举办“优秀大学生夏令营”，实施“专项推免生计划”等措施，努力提高研究生生源质量；设立研究生重点课程教材建设专项基金，支持公共课和通识课的教材建设，推进了研究生课程与教学改革；建立健全激励机制，全面推进了研究生助教、助研、助管工作，26 615 人次①参与“三助”，发放“三助”总金额 8 526 万元，导师助研出资金额 2 194 万元。

学校重视学生在实践中提升创新能力和综合素质。不断完善 21 世纪人才学院的人才培养模式；向所有学生开放实验室，增加了大学生科研项目的数量和金额；激励学生积极参与学校“大夏杯”竞赛；有效地组织学生参加了全国“挑战杯”以及各类专项竞赛；鼓励学生开展跨学科研究、提出应用性研究课题、组织社会考察和调研，在实践中培养兴趣、发展特长。我们也采取多种方式，增加学生与教师和学校管理

① 其中“助教”人数为 4 920 人，“助管”人数为 5 438 人，“助研”人数为 16 257 人。

层的接触，提供沟通交流的机会，努力把人才培养贯穿在办学的全部过程和各个环节，促进学生的发展。

在学校主体搬迁闵行的过程中，关注教学资源的建设，健全公共服务体系，改善学生的学习条件。闵行校区建设先后完成并投入使用实验楼、教学楼、图书馆等20多个工程项目，共计建筑面积44万多平方米；中山北路校区群贤堂、思群堂、老图书馆、老物理楼等也修缮一新。学校还逐步加大了人才培养的经费投入，2006年投入2.19亿元，2011年增至3.13亿元。

积极推进以人为本的文化建设。我们深刻认识到，建设积极、创新、大气、和谐的文化氛围，不仅对实现"党委领导、校长负责、教授治学、民主管理"的大学管理体制，推进高水平大学建设有着重要的意义，也会对学校的社会形象、社会资源产生深刻的影响。学校在弘扬文化传统和人文精神、推进制度建设、营造文化环境等方面作了一些积极的探索。

在依法治校、推进规章制度建设方面，学校编制了《华东师范大学行政规章制度汇编》，第一次全面梳理了各项行政规章制度。2008年，又讨论制定了《华东师范大学章程》，把学校的教学、科研和管理的基本价值与理念、组织结构、规范的行为模式通过学校章程确定下来，也为学校制度的改革保留了空间。章程的起草、讨论过程充分体现了依法治校、民主管理的理念。与此同时，学校不断完善校务委员会、学术委员会、学位评定委员会、教学委员会等委员会的功能，注意发挥专家学者在学术管理中的作用；不断完善教代会、工代会的作用，体现教职工的主人翁地位；积极制订学生手册、教师手册，推进校务公开，实施信息公开。我们更注意利用各种机会，加大与师生的沟通交流，听取各方面的意见和建议。

学校积极担当社会责任，弘扬大学人文精神，提升学校的文化品位和社会影响力。把密切与校友的联系作为重要的工作，努力把校友会建设成为校友之家，目前已经组建了各地校友分会和院系校友会31个，其中海外校友会13个。通过挖掘学校资源为校友提供服务，提升校友反哺母校、服务母校的意识和力度，把学校的发展与校友的发展密切联系起来。2008年1月成立华东师范大学教育发展基金会以来，争取校友和社会各界的支持，积极筹措资金，接受社会捐赠共2.04亿元，获得财政配套1.36亿元。2011年，学校以"传承文脉，展示成就，凝聚人心，促进发展"为主题，着力通过"学术校庆、文化校庆、师生校庆、校友校庆"的形式，举办了60周年校庆系列活动，建设了一批校园文化景观，营造了浓厚的文化氛围，增强了师生、校友的凝聚力和向心力，加强了与社会各界的沟通联系，扩大了学校的社会影响。

（二）坚持办学特色、以重点牵引全局的发展思路

学校清醒地认识到，在全面提升办学质量的进程中必须坚持办学特色，才能形成不可替代的竞争优势，才能在服务国家和地方发展战略中体现出独特的价值。围绕建设世界知名的高水平研究型大学的目标，我们更注重发挥学校的特色优势，坚持特色与质量的统一，以重点牵引全局，提升了学校的综合实力。

发挥教师教育特色优势，服务基础教育发展。教师教育是我们在办学过程中形成的最重要的特色和优势。发挥学科优势，引领教师教育的改革，服务基础教育的发展，是国家对华东师范大学的期待和关注点。学校把教师教育创新平台建设作为"985 工程"建设的重中之重，在实施《教师教育创新计划》、构建教师教育创新体系的同时，加大对教育理论研究与教育改革实践的支持力度，加强教育学科与相关学科的集成优势，发挥教师教育的引领作用，扩大教师教育的国际影响，为基础教育的改革和发展提供有力的理论支持和智力支撑。

一是在教育理论研究和改革实践中，重视继承传统，鼓励开拓创新，努力把学校建成中国教育理论创新的策源地、教育改革的先行者、教育决策咨询的思想库、优秀教师的培育基地和教育国际合作交流平台，形成了诸如"新基础教育"、"国家教师教育标准"、"理解教育"、"聚焦课堂"、"高中教育改革"等一批有影响的成果。60 周年校庆之际，编辑出版了《孟宪承文集》，整理继承老一辈教育家的教育理论，惠及后人。

二是依托教育学科的优势，支持学科交叉，推进研究平台的建设，形成了以教育部人文社会科学重点研究基地、教育部重点实验室、上海市工程技术研究中心为核心的 Edu-X 研究集群，如课程与教学研究所、基础教育改革与发展研究所、言语听觉科学教育部重点实验室、青少年健康评价与运动干预教育部重点实验室、脑功能基因组学教育部重点实验室、上海数字化教育装备工程技术研究中心等，提升了支撑国家教育研究的整体优势。

三是主动服务国家和地方教育发展的需要，推进网络教育学院和继续教育学院的转型，成立了上海教师专业发展中心，集聚全校教师教育资源，积极承担国家教师

培训任务；依托教育部中学校长培训中心，成为校长和骨干教师培训、支援中西部教师教育发展的重要基地。2009 年起通过教育部示范性国培项目，培训各学科骨干教师及管理者 740 人；2010 年起承担大量省级国培计划，培训中西部省市选送教师逾 4 万人；连续三年承担新疆汉语骨干教师培训任务，2011 年又承接喀什普通高校毕业生来沪培养教学工作。

四是辐射学科优势，发挥引领作用，服务国家战略，通过对口支援，带动边疆地区院校的发展。这些年来，在对新疆师范大学、西藏民族学院、内蒙古师范大学、贵阳学院、云南师范大学、喀什师范学院的对口支援中，助力西部地区高等教育事业发展，并荣获“对口支援西部高校典型经验集体”称号。

五是全方位服务上海的教育发展。2006 年，根据上海基础教育改革和发展的需要，学校提出了为上海教师教育和基础教育发展服务的十四条意见。2010 年举全校之力，研制了华东师大版《上海市中长期教育改革和发展规划纲要》。近年来，实施了一系列服务上海基础教育发展的举措，推动教育改革，提升区域教育质量；先后与浦东新区、黄浦区等 7 个区县签署了教育合作协议；与闵行区、紫竹科学园区共建紫竹基础教育园区；扩大了附属学校和实验学校的数量，加大了支持和指导的力度。

六是依托联合国教科文组织教师教育教席和学校网络，推动教师教育的国际合作交流，扩大学校教师教育的国际影响，服务国家发展战略。开拓了与非洲国家的教育合作，建立了与坦桑尼亚达累斯萨拉姆大学的“一对一”合作。在商务部和教育部支持下，开设了面向非洲学生的“教育领导与管理”国际教育专业硕士班；举办了两期非洲教师教育高级研修班；主办了 2011 年“非洲英语国家中小学校长研修班”。

重点建设，以特色形成优势，牵引全局。在考虑“985 工程”二期建设方案顶层设计时，学校强调了分类指导、重点建设的原则，集中资金，重点支持与学校定位紧密相关的学科，重点支持能形成竞争优势的研究平台和基地，重点支持国家和地方有重大需求的领域。以重点牵引全局，体现学校的学科特色和竞争优势。我们做了几方面的努力。

首先，在“985 工程”的创新平台/基地建设中，立足“培育大团队、建设大平台、争取大项目、产出大成果”，采用“优秀带头人＋创新团队＋重点基地”的捆绑式建设模式，挑选“学术前沿＋国家需要＋已有优势”的学科或项目重点扶持。围绕领军人物，在平台搭建、团队建设、经费投入、资源配置、管理体制等各方面全面配套、全面服务。

其次，创新体制机制，促进学科交叉融合，带动学科群的发展。2008 年，在 2 个教育部人文社会科学重点研究基地、4 个实体系所的基础上，突破原有的系、所分割，组建了思勉人文高等研究院，探索人文科学研究组织和管理的新机制。2009 年，成立了科学与技术跨学科高等研究院，作为推进理工类学科交叉融合的试点平台。六年来，学校根据社会经济发展和学科整合的需要，先后组建了金融与统计学院、心理与认知科学学院、社会发展学院，从体制上搭建了学科交叉融合与协同创新的平台。

第三，完善科研评价体系，推动创新性研究。实施科技创新工程行动计划，开展对接重大科技项目的预研工作；打破条块分割、相互封闭、重复分散的学科与行政壁垒，提高重点实验室和工程研究中心等创新研究平台的整体管理水平；落实哲学社会科学繁荣计划，加大激励机制，设立思勉人文原创成果奖；扩大“大夏讲坛”等系列讲坛的知名度，打造学术精品讲座。

第四，对接重大需求，提升社会服务能力。与美国杜兰大学签署中美绿色伙伴关系协议；与美国科罗拉多州立大学联合成立新能源与环境研究院；瞄准上海航运中心建设需求，组建应用统计科学研究院、国际航运物流研究院；与普陀区政府合作，建设国家大学科技园区；与国家开发银行合作，建立国家开发银行—华东师范大学国际关系与地区发展研究院。

（三）坚持在国际高等教育平台上谋划学校的发展

学校清醒地认识到，建设一所高水平大学，一定要站在国际高等教育的大平台上审视自己、谋划自己。有没有国际视野和高度，其结果是不一样的。战略眼光和战略高度对学校发展会起实质性的影响。我们从学校自身的办学思想、队伍建设、教育目标、培养模式、教学方法和管理服务等出发，把握世界高等教育发展的基本规律，学习和借鉴世界一流大学的办学经验。

把局部的、分散的国际合作交流转向具有整体目标、有战略规划、有管理制度可循的国际化进程。2009 年，学校召开了首次“推进国际化进程工作会议”，颁布了《华东师范大学推进国际化进程若干意见》，从探索建立校、院（系）两级互动的国际化推进机制，拓展与若干世界一流大学的战略合作，推进教师队伍、本科和研究生教育国际化，提升国际化进程中学校管理能力的适应度等 12 个方面，明确了推进学校国际化进程的发展方向。把国际化作为推进各项工作的基本视角和指标，鼓励并支持院系开拓渠道，建立战略合作伙伴关系。与此同时，学校积极创造条件，鼓励和支持师生参与国际合作交流，实施青年教师海外培训计划、优秀学生海外研修项目、本科交流生计划，大学生跨文化与学术交流项目等，推动学校各项工作逐步引入国际评估机制，有计划、有目标地建立国际教育与科研合作网络，提升学校的国际形象，扩大学校的国际影响。

建立国际联合研究机构，加强科研合作与人才培养的结合。学校大力支持与国外高水平大学建立联合实验室或研究中心，在促进双方科研人员合作研究的基础上加强研究生的联合培养，探索创新人才培养的长效运行机制。已和一批世界知名大学或一流学科建立了长期合作关系，在人才培养、科学研究、教师发展、资源共享等方面实现全面合作，如：与法国高师集团合作建立的“中法联合研究院”、与美国科罗拉多州立大学合作建立的“新能源与环境联合研究院”、与康奈尔大学合作建立的“比较人文研究中心”、在美国智库威尔逊中心建立的“华东师大冷战史研究室”、与里昂高师和法国科学院联合成立的“科学和社会联合研究院”等。

创新国际合作模式，实现了“国际教育园区”从观念到实践的飞跃，从空间概念到文化概念的飞跃。自 2006 年起，美国纽约大学、法国里昂商学院等海外知名高校和国际教育服务机构，先后在我校设立了海外校区或海外教学中心，推进各国学生在中国高校的学习体验。随着规模扩展和办学层次提升，至 2009 年已发展成为初具规模的国际教育园区。学校加快开发用外语授课的系列课程，建设国际教育课程体系，为中外学生建立了国际学分板块，实现了与世界知名大学的学分互认。学校也利用园区内的国外大学课程资源，为本校学生提供更多的优质选修课程，让学生体验不同的大学文化和教学理念与方式。目前，已建立了可操作的国际教育园区准入机制，逐步完善与国际接轨的服务管理体制，使学位学历生、交流交换生、职前职后培训生、外国企业高管等均能在国际教育园区得到满意的相关教育服务。

实现了与世界一流大学的战略合作，探索创新人才培养模式，深化高等教育体制改革。2011 年 1 月，教育部批准同意华东师大和纽约大学合作筹建上海纽约大学。目前该项目各项筹建工作基本就绪，已经向教育部提出正式成立上海纽约大学的申请。这是新中国第一所中美合作的高等学府，也是《国家中长期教育改革和发展规划纲要》颁布后的第一个高等教育国际合作试点项目。华东师大和纽约大学合作举办上海纽约大学，是基于双方都意识到全球化时代的人才特征和大学的社会责任，需要通过人才培养模式的创新来提升人才培养的能力。上海纽约大学可以成为高等教育改革的一块“试验田”，也为我们体验和审视美国纽约大学的教学、科研和管理经验、推进各项改革提供了一个很好的平台。同时，可以通过合作研究和联合培养提高学校的科研水平和人才培养质量。

学校将继续以推进国际化战略为重要路径，不断创新，提高办学水平和质量，提升学校在国际高等教育舞台上的话语权和影响力。

二、进展与成效

根据学校“十一五”规划的目标、理念和路径，借助进入“985工程”带来的人气、动力和投入，全校师生员工努力奋进，各项事业取得了长足的进步，具体表现在以下五个方面。

（一）教育教学改革初见成效

班级规模有所下降。2006年班级规模少于20人的课程为439门，占总数的10.5%，2011年增至1 391门，占总数的22.5%，比例大幅增长。

优质课程显著增多。与2006年相比，国家级精品课程数量由4门增至23门；上海市精品课程由28门增至64门。新入选国家双语教学示范课程5门，精品视频公开课3门，上海高校示范性全英语教学课程9门。

名师队伍壮大。新入选国家级教学名师2名，上海市级教学名师18名；5个教学团队成为国家级教学团队，10个教学团队成为上海市级教学团队。

专业建设初见成效。15个专业入选国家级特色专业。历史系成为国家级史学人才培养模式创新实验区，中文系成为综合性中文人才培养模式创新实验区。

学生科研能力增强。2007年至2010年，研究生公开发表论文2 851篇①，科研贡献率近60%，2009年实现文科研究生SSCI来源文献上发表论文零突破。本科生公开发表论文700余篇，其中SCI论文80余篇。1篇论文获得全国百篇优秀博士论

---

① 研究生院自2007年开始统计，2011年数据尚未核对完成。

文，13篇论文获全国百篇优秀博士论文提名；20名博士研究生荣获教育部“博士研究生学术新人奖”。

课外竞赛取得佳绩。六年里，我校学生共获得160余项省部级以上奖项。连续三次参加“挑战杯”全国大学生课外学术科技作品竞赛，都进入前十名。其中2009年取得全国高校第二名、上海第一名，创历史最好成绩。在教育部举办的“东芝杯”理科师范生教学技能大赛中，连续两年摘得化学、物理学科奖项。数学系、金融与统计学院学生连续四年获美国大学生数学建模竞赛一等奖，在全国数学建模竞赛、全国统计建模竞赛屡获佳绩。软件学院学生在ACM国际大学生程序设计竞赛荣获金奖和银奖；信息科学技术学院学生在全国大学生电子设计竞赛、全国大学生信息安全竞赛中均获得二等奖；我校文科学生在第四届中国大学生(文科)计算机设计大赛中荣获二等奖。外语学院、对外汉语学院学生在全国大学生英语竞赛中荣获特等奖和一等奖。学生艺术团合唱队获第二十届悉尼国际音乐节金奖，连续三年获全国大学生艺术展演金奖；传播学院学生在教育部、国家语委组织的“中华颂·经典诵读大赛”中荣获特等奖；设计学院学生在“2011一分钟影像大赛”中荣获实验类大奖；学校健美操队在第26届世界大学生夏季运动会上夺得5枚金牌。

就业率保持良好。2006年至2011年，学校平均就业率为96.56%。其中本科生就业率为96.30%，研究生就业率为96.82%，就业率继续位居全国高校前列。

海外学习机会增加。1 300余名本科生参加了跨国(境)的交流和联合培养项目；学校通过海外研修计划选派研究生出国，2006年，15名研究生赴海外学习，2011年增至142名，六年来共选派350名研究生赴海外研修；2007年国家启动“高水平大学公派研究生计划”，截至2011年，学校共派出523名研究生，公派联合培养博士生发表高质量论文177篇。

留学生规模不断扩大。以2011年与2006年相比，来华留学生国别从74个增加到118个；人数从3 063人增加到4 685人，增长52.95%，其中学历生数从333人增加到916人，增长近2倍。

(二) 师资队伍质量明显提升

师资结构得到优化。2011年与2006年比，专任教师由1 765人增至2 123人，增加20.3%；具有博士学位的教师由778人增至1 376人，占教师总数的64.8%；非本校毕业的专任教师 1 277 人，占总数的 60.2%。外籍专任教师达到 44 人。

领军人物显著增加。学校共有中国科学院、中国工程院院士（含双聘）14 人，“千人计划”入选者 15 人，东方学者 7 人，“上海市优秀学科带头人”24 人。六年中，教育部新世纪人才由 20 人增至 79 人，长江学者由 6 人增至 18 人，国家杰出青年基金获得者由 7 人增至 19 人，上海领军人才及后备 18 人。

入选青年人才计划。六年中，有 17 位青年教师入选上海市曙光计划，31 人入选上海市“青年科技启明星计划”，41 人入选“浦江人才计划”，18 人入选上海市“晨光计划”。3 人入选 2010—2011 年度中美富布莱特项目；2 人荣获 2009 年度社科新人。

（三）学科与科研水平整体提高

学科地位有所上升。目前共有 2 个国家一级重点学科，5 个国家二级重点学科，5 个国家重点培育学科，12 个上海市重点学科。教育学、地理学、系统科学、体育学、心理学、中国语言文学和社会学等 7 个一级学科在全国排名前十，其中教育学、地理学位居第二。根据国际核心期刊评估体系 ESI（ISI Essential Science Indicators）的最新统计结果，我校的数学、物理、化学、工程学、植物和动物学、环境生态学、材料科学等 7 个学科进入全球同类学科的前 1%，数量在全国高校中并列第 15 位。

科研经费持续增长。2006 年文科课题经费为 3 238 万元，2011 年达到 6 477 万元，年均增长为 23.7%；2006 年理工科课题经费为 11 108 万元，2011 年达到 27 127 万元，年均增长为 32.8%。

承接重大重点科研项目的能力在增强。六年里，承担哲学社会科学研究课题近 5 000 项，各类纵向课题 1 600 多项。承担国家社科基金重大项目 9 项，教育部人文社会科学重大攻关项目 10 项，上海市社科基金重大项目 3 项。主持国家自然科学基金项目 558 项，上海市重大项目 22 项，作为项目首席单位主持 7 项国家“973”项目和国家重大科技专项。

科研成果的数量和质量有了提升。六年来，人文社会科学领域出版学术著作近 3 500 种，发表论文 24 000 多篇，其中作为第一完成单位被 CSSCI 收录论文 6 800 篇（2011 年数据尚未公布完整统计结果）；在教育部直属司公布的《高校 2010 年基本情况统计资料汇编》中，我校人文社会科学出版著作和发表论文数量均位居全国高校第一。获省部级优秀成果奖 244 项，教育部人文社会科学优秀成果奖 26 项，含一等奖 4 项，在最近一次于 2009 年举行的第五届教育部人文社科优秀成果评奖中，我校获一等奖 3 项，位居全国高校第三。获得上海市各类社科研究成果奖 140 项，含一等奖 13 项。理工科研究成果获国家、省部级奖励 26 项，其中国家自然科学二等奖 1 项，国家科技进步二等奖 2 项，省部级奖励 23 项；发表论文 8 692 篇，被三大检索系统①收录 5 286 篇；2011 年在国际一流学术期刊上发表的高水平学术论文数是 2005 年的 8 倍；申请专利 1 103 项，专利授权 389 项；六年来，专利申请量是“十五”期间总量的 4 倍，发明专利的授权量是“十五”期间的 8 倍。有 2 项授权专利转让获利达到 4 000 万元。

科研基地有了新的发展。学校现有 6 个教育部人文社科重点研究基地，2009 年以来新增了 3 个上海市社会科学创新研究基地和上海市政府发展研究中心工作室；六年来，学校从拥有 1 个国家重点实验室、1 个国家野外台站、3 个教育部重点实验室，4 个上海市重点实验室，发展到拥有 2 个国家重点实验室、1 个国家野外台站、5 个教育部重点实验室、6 个上海市重点实验室，3 个“111”创新引智基地，2 个教育部工程中心，2 个上海市工程研究中心，1 个教育部战略研究基地。六年来，省部级以上的科技创新重要基地从 9 个增长到 22 个，初步构建了与研究型大学相匹配的科研创新体系，大力推动了我校科技工作的内涵建设与质量提升。

(四) 学校资源和经济总量大幅增长

学校资源大幅增加，办学条件明显改善。随着闵行校区的建成启用，学校校舍面积由 665 699 平方米增至 1 099 686 平方米；固定资产总值由 15.4 亿元增至 38.9 亿元；教学科研仪器设备总值由 3.3 亿元增至 9.7 亿元。图书馆馆藏图书由 353 万册增至 414 万册，电子文献数据库由 67 个增至 109 个。网络基础设施不断改善，建成闵行校区中心机房，完成中山北路校区中心机房改造，网络出口不断扩容，实现两校区教学、办公区域无线网络全覆盖。

经济总量大幅增长，财务运行保持平稳。2006 年与 2011 年，学校财务收入总额分别为 114 899 万元、262 612 万元，支出总额分别为 107 495 万元、238 531 万元，2011 年的财务收入总额和支出总额分别是 2006 年的 2.4 倍和 2.2 倍；学校资产总额

① SCIES 收录论文 2 993 篇，EI 收录论文 1 527 篇，ISTP 收录论文 766 篇。

分别为 336 473 万元、626 250 万元，净资产总额分别为 251 573 万元、554 455 万元，2011 年学校资产总额和净资产总额分别比 2006 年增长 86.12%和 120.40%。新校区建设的银行贷款由最高时的 80 000 万元降至 2011 年的 42 600 万元。

(五) 社会影响力不断扩大

大学排名稳步提升。六年来，我校在各类高校排名榜中的位置稳步提升。综合国内目前各类有影响力的高校排行榜，我校目前排名较 2006 年整体提升了 5 至 6 位。在校友会网中国大学排行榜中，我校六年来的综合排名分别是 30 名，29 名，25 名，24 名，24 名和 23 名。在武汉大学版 2012 年一流大学和中国校友会网 2012 年中国两岸四地一流大学名单中，华东师范大学都跻身其中，这是我校首次进入世界知名高校排行榜的榜单。

社会美誉度不断提高。在各类社会公益性志愿者活动中，都活跃着华东师范大学师生的身影。2006 年至今，我校先后参与了特奥会、奥运会、世博会、世游赛等大型赛会志愿服务工作，赛会正式志愿者达到 5 246 人。在 2010 年上海世博会中，我校教授提出中国馆“城市发展中的中华智慧”的主题理念，提出城市生命体思维和“人・城市・地球”等理念框架，设计学院圆满完成了世博园城市足迹馆的设计项目。以“百城千乡行动”、“乡村教师飞翔计划”、抗震救灾心理援助服务队、“欢乐大篷车”流动幼儿园支教服务队为代表的一批学生社会实践及志愿者活动取得了丰硕的成果和广泛的社会影响。广大师生的热忱奉献赢得了社会各界的普遍赞誉。

六十周年校庆以“学术研讨、师生同庆、校友联谊、总结反思、服务社会”为内涵，推出服务社会六十件实事，欢迎社会各界校友返校，不设校庆主席台等举措，增强了社会对大学本质的文化认同，赢得了社会广泛赞誉。

学校积极通过多种传媒平台宣传展示发展成就，取得了很好的效果。据不完全统计，2011 年我校在校外报纸报道 2 200 多条，主流网络报道 1 400 多条，数量是 2006 年两倍多。根据中国校友会网 2012 中国最受媒体关注大学排行榜，我校进入全国前 20 名的行列。

各位代表，第六届教代会第一次会议暨第十二次工代会以来，在大家的共同努力下，我们朝着“世界知名的高水平大学”的宏伟目标迈出了坚实的一步，这是全校教职员工的辛勤付出的结果。学校行政在这一过程中所做出的努力，是在校党委的集体领导下，在广大师生民主监督和广泛参与下进行的。在此，我代表学校向辛勤工作在学校各个岗位的教职员工，向关心和支持学校发展的校友和朋友表示衷心的感谢和诚挚的敬意！

三、挑战与反思

经过多年的快速发展，中国高等教育步入了质量提升、内涵发展的新阶段。华东师范大学也站在一个新起点，发展过程中存在的一些深层次的问题也逐步暴露出来，改革进入深水区。如何抓住新机遇，迎接新挑战，解决新问题，实现新一轮大发展，需要我们树立强烈的危机感和紧迫感，认真总结，勇于反思，以更饱满的精神、更宽阔的视野、更清晰的发展思路、更扎实的改革举措，推动学校向更高的目标前进。

（一）办学质量与目标定位存在明显差距，提升质量是学校发展的核心任务

在推进“985 工程”建设过程中，学校的整体实力和社会评价都呈现上升的态势。同时必须清醒认识到自身的差距。这种差距并不只是表现在学校的综合实力和办学质量与世界一流大学的差距，或者是与国内其他高水平大学的差距。更重要的是，就学校办学质量与自身目标定位相比，也存在明显差距：在规模迅速发展的同时，提升人才培养质量的压力正在加大；与创新型人才培养需要相比，师资队伍结构、层次、水平还不相适应；与科研项目经费数量相比，原创性的重大成果还比较有限；与迅速发展的高等教育趋势相比，某些领域的竞争优势已不明显甚至出现相对下滑的趋势；学科队伍发展态势很不平衡，某些学科发展长期处于停滞半停滞状态；在办学投入不断加大的同时，办学效益亟待提高。在学校总体发展态势良好的情况下，办学质量与学校的目标定位不相适应已经成为学校发展的主要矛盾，提升质量是高水平大学建设的主要任务。

牢固确立以人才培养为中心的办学思想，即围绕培养什么人、怎么培养人的问题，确立人才培养的中心地位，抓住“一切为了学生成长成才”这个纲，是实现质量提升的关键。作为一个以教师教育为特色的“985 工程”重点建设的大学，我们更有责任在这一方面做得好一些，也应该有能力做得更好一些。

如何把“一切为了学生的成长成才”的理念落到实处，是需要“系统推进”的全局性战略性问题。应该说我们一直在推进这方面的工作。但是，一方面，推进的力度还需要加大，我们的一些工作立意不低、声势不小，但成效未必显著、痕迹未必深刻。其中一个重要的因素是形式主义、浅尝辄止。要重视从人才培养的各个环节、各个细节着手，务求实效。另一方面，推进的深度需要加大，我们的一些工作在局部看来有声有色，但如果放在全局来审视可能是黯然失色的。其中一个重要的原因是本位主义、小家子气。如何把“一切为了学生的成长成才”转化成具体的制度和举措，在学校的制度体系中、在运行过程中，充分体现人才培养的中心地位，充分保障人才培养的中心地位，这是需要深入思考、积极探索的一个大问题。

今后一个时期，学校事业发展必须进一步确立以人才培养为中心的理念。打造高水平师资队伍，加快教育教学改革，提高科学研究、社会服务和文化传承创新能力，都必须围绕这个核心使命，努力形成以人才培养为中心，科学研究、社会服务和文化传承相互支撑、整体提升质量的格局。

（二）精神状态与事业要求存在明显差距，增强发展动力是学校发展迫切需要解决的问题

在推进新校区建设、“985 工程”建设过程中，全校干部教师表现出积极进取、锐意改革的精神，这是学校近年来持续发展的重要动力。必须清醒地看到，在经过长时间艰苦跋涉之后，出现了较为严重的疲劳感；在经过努力奋斗收获成果的同时，小富即安、精神懈怠的问题逐步显现；在发展面临深层次矛盾时，不敢改、不愿改、不会改的畏难情绪逐步暴露。提高办学质量，迫切需要增强学校发展的内在动力。

60 周年校庆活动已经结束，但总结反思学校发展历程的思考和探索不能停止。学校发展的历程固然无法摆脱社会历史发展的潮流，但是学校发展的曲折也与我们自身的思想认识和行为方式有关。在此意义上，保持清醒的头脑，保持昂扬的精神状态，增强干部教师的使命感、责任感，是一个不容忽视的问题。

俗话说，生于忧患而死于安乐。我们必须清醒认识到：在一些核心竞争指标上，学校和国内一流大学还存在明显的差距，有些单项排名远落后于学校综合排名。在国内外有影响力和竞争力的学者、学科，以国家三大奖为标志的高水平科研成果以及成果转化等依然是制约学校发展的瓶颈。学校还没有一个学科能位列全国第一。根据高校排名的国际指标，我校在顶级期刊发表的论文数目及被引用次数还相对较少，原创性的科研成果无论在数量还是在质量上都尚未取得突破性进展，教师队伍的整体学术水准急待提升。随着学校“985 工程”项目的不断推进以及国家“2011 计划”的出台，如何寻找新的推动力和突破口，提升学校的核心竞争力，成为我们面临的重要问题。

今天，学校发展已经置身于一个更为宏大的历史背景，外延扩张时代已经过去。在推进新一轮“985 工程”建设的同时，“协同创新”已经成为国家推进高等教育发展的重要战略，提升质量内涵发展成为高等教育发展的主题。推进高等教育国际化，与世界一流大学合作竞技，已经成为学校加快转型发展的一个最可能的路径选择。

今后一个时期，学校事业发展需要我们继续解放思想，继续转变观念。而解放思想，转变观念，需要有气度和胸怀。要清醒认识到：不同的发展阶段，需要有不同举措，过去适合的现在不一定适合，今天适合的在未来不一定适合，在局部适合的在全局上不一定适合。解放思想，转变观念，与时俱进，学习是前提。要认真总结经验教训，虚心向历史学习；要直面困难和问题，虚心向实践中学习；要放宽眼界，虚心向世界一流大学学习。

(三) 制度建设与发展需求存在明显差距，深化改革创新是学校发展的根本出路

建设现代大学制度成为高等教育改革的时代课题。随着国家教育体制改革试点全面启动，各高校积极推进改革试点，完善高校治理结构，提高学校管理服务水平。这些年，我们做了不少工作。从学校发展的总体态势看，体制机制与发展需要之间的关系是良性的。但从长远发展需要，以前瞻的眼光看待学校制度建设的水平，体制机制的滞后可以说还是比较严重的。

在推进现代大学制度建设过程中，“一切为了学生的成人成才”是核心理念，如何在制度建构中全面深入贯彻这一理念，特别需要我们下大功夫。我们尚未建立有效的政策措施和管理机制，激励和引导教师重视教学。尽管已经有部分教师积极尝试改革教育教学方法，但很多教师仍习惯于传统教学方法，改革教育教学内容和教学方法尚没有成为教师的自觉和主动行为。外在条件已逐步具备，但内在观念尚需转变。作为人才培养基本单元的院系办学能力、资源合理配置没有显著提升，教育和教学改革的成果并没有完全让学生受益，尚未被学生深刻感受到。学生在学习中的主体地位还没有确立，学生的主动选择意识显然不足，需要拓宽学科视野。境内

外交流力度逐步加大，学生的关注持续增加，但学校提供选择的机会仍显不足。促进学生综合素质提高和个性发展的评价方式还没有完全形成，促进学生自主学习和主动学习的机制依然缺乏。

现代大学制度建设任务相当艰巨。有些问题可能还没有引起我们足够的重视，发展的成绩掩盖了问题的实质或淡化了问题的程度；有的问题还没有找到很好的解决办法，还在纠结，还在思考调研讨论过程之中；有的问题则的确需要等待时间和机会，当然也有些问题之所以没有解决是因为我们还没有足够的勇气正视。但无论如何，着眼学校长远发展，制度建设是一项长期性、基础性的工作，我们必须正视这些问题和矛盾。

今后一个时期，学校事业发展需要我们继续深化改革，推进现代大学制度建设。制度建设需要勇气和胆识，也需要耐心和虚心。制度建设要真正化为利益驱动的准则，化为行为的规范，需要师生的参与和集体的智慧。制度建设要成为学校发展的支撑保障，既需要干部教师的自觉行动也需要强有力的组织保障。

未来几年，是落实学校中长期改革和发展规划纲要和"十二五"规划的关键时期。实现建设世界知名的高水平大学的目标，需要我们坚持以人为本、质量为先的理念，需要我们改革与高水平大学建设不相适应的体制机制，推进学校内涵发展。我们过去所做出的努力、所取得的成绩，以及我们在这一过程中树立的远大志向、养成的优秀品质，使我们有理由相信：师大人将以坚定执着的信念、改革创新的精神，团结一心，勤奋工作，推动学校更好更快地发展。

深化共识，集思广益，谋划发展[①]

（2012 年 4 月）

经过全体代表的共同努力，华东师范大学第七届教代会暨第十三次工代会已经完成了预定的各项议程，即将闭幕。在此，我谨代表学校向刚刚当选的新一届工会委员会、经费审查委员会的各位委员表示热烈的祝贺！衷心期望各位委员在今后的工作中，紧密团结全校教职工，认真履行职责，维护教职工权益，为学校事业的发展奉献热情，贡献智慧。我也想向为会议的顺利召开付出辛勤劳动的各位同志表示衷心的感谢！

此时此刻，我不由回想起过去几年大家共同度过的那些日日夜夜。在这难忘的、不平凡的几年里，我们经受了很多考验，克服了很多困难，全校师生齐心协力，不畏艰难，求真务实，锐意进取，创造了华东师大改革发展过程中来之不易的骄人业绩。这些成绩凝聚着全校师生的辛勤汗水，体现了师大人求实创造的传统，展示了师大人团结奋斗的品格。

本次教代会、工代会既起到了总结过去、深化共识的作用，更达到了进一步集思广益、谋划发展的目的。感谢大家用富于智慧和勇气的实践，为学校的发展出谋划策，为学校面临的挑战提供建设性意见，为学校更美好的明天共同迈出更加坚定踏实的步伐。

作为闭幕词，我想用三个词来总结本次会议：积极、务实、进取。

第一，积极。在这次“双代会”上，各位代表保持了高昂的热情，站在学校全局和长远发展的高度，认真履行代表职责，积极反映广大师生职工的意见和建议，踊跃为学校的改革发展献计献策，许多意见和建议都是非常中肯、非常到位的，这是代表们

---

① 本文为俞立中在华东师范大学第七届教代会暨第十三次工代会闭幕式上的致辞，标题为编者所加。

作为师大人主人翁意识的体现，更饱含了爱校荣校的深情。正是这种荣辱与共、爱之责之的情怀，本次会议呈现出积极向上的面貌。

第二，务实。根据本次大会的各项议程，代表们讨论审议了学校行政工作报告、教代会和工会工作报告、工会财务工作和经审工作报告、教职工代表大会实施办法(草案)、补充住房公积金缴存办法(草案)。各代表团在讨论中还就学校的发展目标、改革举措、教学、科研、科技成果转化、管理、社会服务、医疗卫生、校园文化建设、后勤保障等各个方面，提出了很多建设性的意见和建议，都非常务实。各位代表以强烈的使命感和责任感，很好地履行了教代会、工代会民主参与、民主监督、民主管理的职能，为学校的发展作出了积极贡献。

第三，进取。各位代表在会议中呈现出良好的进取心，都能从学校的未来发展的高度来思考和讨论问题，这既说明学校的发展目标已经深入人心，得到广泛认同，也说明推动这一目标的实现，已经成为大家的共识和自觉行动。昨天开幕会上，童书记说师大人“从容而不懈怠，进取而不张扬”，这是非常好的概括。我们既需要增强自豪感、自信心，也需要提高危机感和紧迫感，从容应对，积极进取。本次会议也很好地体现了这一点。

当然，由于时间关系，不少代表的意见还没有充分展开，会后大家可以通过提案的方式继续献计献策，希望相关部门一定要高度重视，认真研究，把大家的真知灼见归纳提炼，逐一答复，积极落实。

华东师大正站在新的起点上勇攀新的高峰。在把华东师范大学建设成为世界知名高水平大学的征程中，我们还会遇到不少新问题、新困难和新挑战。我们深信，只要全校师生万众一心、群策群力，开拓创新，就一定能够把华东师范大学建设好，一定能够无愧于党和人民的重托，一定能够实现我们的宏伟目标和远大抱负！

在白俄罗斯研究中心揭牌仪式暨“中白关系二十年”研讨会上的致辞

（2012 年 4 月）

尊敬的鲁桂成大使、弗拉基米尔·沃罗别伊总领事、各位嘉宾：

一年前，白俄罗斯教育部第一副部长亚·茹科率团访问我校，此后，白俄罗斯新驻华大使维·布里亚也曾来访。今天，华东师大又迎来了许多备受尊敬的领导、嘉宾和学者，共同见证华东师范大学白俄罗斯研究中心的揭牌，一起研讨“中白关系二十年”，这是一件很有意义的事。有道是“有朋自远方来，不亦乐乎。”首先请允许我代表华东师范大学，对远道而来的各位领导、海内外专家学者表示热烈的欢迎！对领导、同行，对白俄罗斯教育部、白俄罗斯驻上海总领事馆，尤其是弗拉基米尔·沃罗别伊总领事在白俄罗斯研究中心筹建过程中给予的宝贵支持和帮助，表示衷心的感谢！

白俄罗斯虽然与中国远隔千山万水，但两国友谊源远流长。丰饶的土地孕育了白俄罗斯这个热爱文化、艺术的民族。2010 年上海世博会上，白俄罗斯馆更让我们领略了这个以清新的空气、茂密的森林和洁净的淡水闻名于世的美丽国度。今天，我们也用传统白俄罗斯的礼仪欢迎了我们最尊贵的客人。

当今世界，国与国之间的联系日益紧密。华东师大作为国家重点高校，有着悠久的历史和特色鲜明的办学理念。近年来，学校大力推进国际化进程，充分发挥多学科交叉融合优势，积极拓展国际合作研究领域，先后与 100 多所海外高校、科研机构建立了合作关系，特别是与白俄罗斯国立大学、白俄罗斯国立技术大学、白俄罗斯国立信息与无线电电子大学、明斯克国立语言大学等高校在人才培养、教材建设和科学研究方面建立了良好合作关系，结下了深厚的友谊。

白俄罗斯研究中心的成立，将有利于加强对白俄罗斯历史、文化、政治、经济等各领域的研究，推动白俄罗斯文化在中国的介绍和传播，深化两国人民，尤其是青年学者之间的交流与合作。学校将全力支持和推进中心的工作，使之能够成为中白两国加强沟通、增进理解、促进合作的一座桥梁、一条纽带。

揭牌仪式之后，还将举行“中白关系二十年”研讨会。出席此次研讨会的，既有中白两国研究国际关系和中白关系的专家和青年学者，更有长期在白俄罗斯工作、参与和见证中白关系发展的资深外交家。从这里发出的声音，对于发展中白关系是具有重要影响的。在此意义上，研讨会的积极成果不仅是学术性的，也是社会性的。我们每个人既是参与者，也是受益者。为此，我再一次代表学校感谢各位领导和专家学者莅临指导。我相信，本次活动必定能推进新时期中白关系全方位、多层次的研究，并加强两国专家学者间的交流与合作。

关注学生全面成长，全程指导生涯发展①

（2012 年 4 月）

华东师范大学就业工作始终坚持服务于学校总体发展和人才培养，坚持以人为本，以改革为动力，以质量为核心，坚持“关注学生全面成长，全程指导生涯发展”的理念，以文化的底气、创新的锐气、开拓的勇气、集体的默契，开创了具有华东师范大学特色的就业工作新局面。

一、就业工作总体概况

近年来，华东师范大学的就业工作在全校上下师生的共同努力下，不断自我完善，取得不俗成绩，赢得社会好评。

（一）工作实绩——毕业生就业总体概况

从近几年的数据来看，华东师范大学的毕业生就业情况总体较好，毕业生就业率总体保持在较高水平。据统计，2007—2011 年连续五年，在毕业生人数连年攀升的情况下，我校克服了金融危机等重重不利因素的影响，毕业生的总体就业率基本保持在 96％以上，实现了预期的就业目标。

从就业去向上来看，我校毕业生的就业去向以教育类单位和企事业单位为主，就业流向分布总体合理。从趋势上看，越来越多的毕业生愿意投身到祖国的基础教育事业中去。

值得一提的是，近两年来在学校的大力倡导和鼓励下，越来越多的毕业生选择前往西部地区和基层就业。其中，2011 届毕业生中，前往基层就业的毕业生比例达

① 本文为俞立中关于华东师范大学就业特色工作的汇报提纲。

58%，其中前往县级以下就业205人；前往西部就业的人数达630人，较前一年的数据翻了一番。

（二）基础扎实——切实落实“四化”、“三到位”

在学校领导的重视关心下，在全体师生的共同参与下，华东师范大学扎实推进就业工作的“全程化、全员化、信息化、专业化”建设，切实落实就业工作的“三到位”，为就业工作高效全面的开展奠定了扎实的基础。

在全程化建设方面，以“关注学生全面成长”为导向，以提高人才培养质量为依托，形成“招生——培养——就业”一体化体系，并不断推进学校的教学改革和发展；重视就业工作的生涯辅导“提早抓”、知识能力“两手抓”、优生双困“抓两头”，形成了覆盖学业全程的就业指导体系。在全员化建设方面，学校切实落实一把手工程，打造出“学校——职能部门——基层院系”三级联动体制，各院系主动出击、各部门积极配合、各条块紧密衔接，营造出了全校全员关心就业、促进就业的良好氛围。在信息化建设方面，学校以打造“网上就业市场”为目标，以“就业网”为依托，以微博、短信多种形式的新媒体为辅助手段，强化就业网络信息平台建设，形成全方位、立体化、无间断的“网上就业市场”。此外，我校将网络建设与就业指导、就业科研有机结合起来，开展职业测评、职前教育网络学堂和问卷调研等工作，为大学生的就业指导工作打开了新的窗口。在专业化建设方面，学校特别重视对就业人员的专业培训，为学校就业工作的持续健康发展提供了重要保障。在全部就业相关工作人员中，27人获得职业咨询师中级认证，3人获得职业指导师资格证书，3人获得高级创业咨询师，10人获全球职业规划师资质；我校青年教师在首届全国就业指导课程大赛上获上海市一等奖、全国优秀奖。在此基础之上，就业职能部门还建立了“定职、定岗、定责”的工作制度，完善了考评制度，实施首问责任制，进一步提高就业工作的服务质量。

在经费投入方面，学校每年下拨直接用于就业工作的经费120余万元，并设立专项经费支持，确保了就业经费的足额下拨；在人员编制方面，学校共配备专职工作人员11人，同时辅之以一线毕业班辅导员为核心的“兼职就业工作人员”百余人，有力地支持了就业工作的队伍建设；在场地设施到位方面，学校以两个校区大学生中心（学生之家）为基础，落实了专属的办公场所近600平方米，同时提供可调配的就业活动场地达 3 000 平米,保障了各项就业服务工作顺利有序的开展。

(三) 评价反馈——三方评估促就业工作

为了全面准备的了解我校就业工作的实际成效,学校以强大的就业科研优势为基础,开展了常态化的就业调研三方评估。在学生评估方面,毕业生普遍对我校就业工作持正面评价,其对就业工作满意度一直保持在 85%—95%左右;在雇主评价方面,多数用人单位对我校毕业生持积极评价,92.5%的雇主评价我校毕业生“很好”或“较好”,约 95%的用人单位评价我校师范类毕业生“很好”或“较好”;在社会评估方面,根据麦可思的第三方评价,我校毕业生的总体就业能力名列全国高校第 12 位,其中学校对毕业生的“就业辅导指数”名列全国高校首位。

此外,我校毕业生就业工作也受到了媒体的广泛关注和报道,教育部等网站多次专文介绍我校做好毕业生就业工作的经验;学校在上海市组织的多次就业评比中均名列前茅。我校学生就业咨询服务中心也多次获得“上海市普通高等学校毕业生就业工作先进集体”、“上海市高校毕业生就业和职业发展教育工作先进集体”、“上海市教育先锋号”等荣誉称号。

二、就业工作整体思路

经过多年的探索实践,华东师范大学逐步形成了“一个理念,两套体系,三大平台,四项服务”的学生就业工作新模式,为毕业生就业工作的新发展注入了新鲜的活力。

(一) 一个理念——关注学生全面成长,全程指导生涯发展

在总体工作思路上,华东师范大学以培养高水平精英人才为目标,长期坚持将“大学生生涯发展教育”运用到实际的工作中去,并将“全程化”、“个性化”、“可雇用能力”等国际生涯教育的最先进理念融入其中,打破了原先仅针对毕业生开展工作的局限,提出了“关注学生全面成长,全程指导生涯发展”的理念,把学生的“全面成长”和“生涯发展”、“国家和社会的需要”和“有效就业”等概念纳入了就业工作范畴,进一步提升了学校就业工作的服务理念。

“关注学生全面成长，全程指导生涯发展”理念首先强调“以学生为本”，认为大学不仅要关注学生的第一份职业，更要关注学生的生涯发展和全面发展；其次，强调“全程化指导学生生涯发展”，主张以高水平大学人才培养目标为基准，在培养学生学会做人做事、全面发展的基础上，强化学生的就业能力；最后，强调“全方位推动学生健康成长”，培养出一批基础扎实、眼界开阔，脚踏实地、志存高远，专业潜力大、实践能力强，综合素养高、个人品德优的高水平研究型大学的毕业生。

（二）两套体系——精英人才生涯发展体系，优秀教师生涯发展体系

在生涯发展引导上，华东师范大学针对不同类型的学生，着力构建起“精英人才生涯发展体系”和“优秀教师生涯发展体系”两套体系，为全体学生勾勒出了一张全面而清晰的生涯发展路线图，建立起了覆盖全程和全局的生涯发展体系。

精英人才生涯发展体系。从“关注大学生全方位成长，培养国家和社会需要的精英人才”的视角出发，探索适应我校发展的生涯发展辅导新体系，从社会需求出发改革人才培养模式和专业设置，面向非师范类学生逐步构建起了“有序推进、模块支撑”的生涯发展体系。通过“重视基础”，夯实学生的基础知识和专业学习能力；强化“个性选择”，鼓励学生树立生涯发展的意识，明确个人发展目标，尝试开展个性化、多元化的选择和发展；大力开展实践教育，鼓励学生积极参加学术实践、科研实践、校园实践、社会实践、公益实践、岗位实践等活动；最终实现学生的“全面发展”，践行“生涯发展”的教育理念。

优秀教师生涯发展体系。作为一所以高质量教师教育为重要办学特色的综合性研究型大学，针对师范类学生的成长特性，构建起了优秀教师生涯发展模式，分阶段面向师范生开展从教信念引导、学科专业教育，综合素质养成、实践能力提升，引领师范生成长成才，实现“信念和能力迁移”和“知识向实践迁移”；同时，建立师范生三维评价体系，从学生自主评价、学校综合评价和社会客观评价三个维度全面评估师范毕业生就业总体情况，从而为指导和改进师范毕业生就业工作提供参考依据。

在两大生涯发展体系的构建上，学校就业工作还着力打造六大平台，从生涯辅导模块、能力养成模块、实践实训模块、信息建设模块、就业帮困模块和综合评估模块，完善和支撑起了两大生涯发展体系。

(三) 三大平台——多元化的就业辅导平台，灵活化的就业市场平台，专业化的科研助推平台

在就业工作开展上，华东师范大学精心打造起“多元化的就业辅导平台”、“灵活化的就业市场平台”和“专业化的科研助推平台”等三大平台，为积极践行“关注学生全面成长，全程指导生涯发展”的理念提供了重要的保障和支撑。

多元化的就业辅导平台。通过多年的不懈努力，学校打造出了以“1＋2＋X”课程体系为核心、以“点面结合”的个性化就业咨询指导相结合的体系化就业辅导大平台。此外，华东师范大学通过提供“就业主题沙龙”、“生涯风向标”、“职场加油站”、“求职一点通”、“创业带动就业”等主题活动，为广大毕业生提供了根据自身需求，自己选择自行设计求职指导方案的空间，这种“点面结合，个性选择，全程覆盖，全面关怀”的就业辅导平台一经推出，就受到了毕业生的普遍欢迎。

灵活化的就业市场平台。其一，走出去。学校积极走访用人单位，在大力开发就业市场，注重毕业生的随访和跟踪调查，通过对用人单位和历届校友的走访，挖掘潜在的信息和资源。其二，请进来。每年举办 3—4 场大型招聘会，并根据毕业生实际需求灵活开展 10 余场招聘直通车和实习招聘会，为毕业生提供了选项选择的大平台。其三，多渠道。学校加强校企合作，每年举办各类校园宣讲会 200 余场，发布各类招聘信息数千条，为毕业生提供了丰富的求职选择。其四，多维度。学校通过提供 1.4 万个勤助实践岗位、建设 100 余家企事业单位实训基地，为毕业生提升就业能力和实践水平提供了大量的选择，全面服务毕业生求职就业。

专业化的科研助推平台。学校依托丰富的学术资源，积极强化理论研究，注重以就业促科研，以科研促就业，逐步构建起了专业化的科研助推大平台，为不断完善学校的就业工作体系提供了重要的依据。首先，我校就业科研的层次高，承担了教育部哲学社会科学规划项目、教育部学生司重点项目、上海市哲学社会科学规划项目、英国首相基金、上海市教委的研究项目；其次，我校就业科研的思路广，不仅涉及大学生自主创业、中外大学生就业比较、职业生涯辅导研究、就业指导课程体系、免费师范生培养与就业等内容，还从工作实际出发，将就业调研工作常态化、固定化，形成了就业工作调研体系；最后，我校就业科研的成果多，一方面构建起了毕业生就业信息数据库，形成一年一度的毕业生就业状况白皮书，一方面在《教育发展研究》、

《教师教育研究》、《全球教育展望》、《思想理论教育》、《中国高等教育》等权威刊物发表相关学术论文达 20 余篇。

(四) 四项服务——生涯发展计划,就业绿色通道,就业援助机制,学生自我服务

在具体实施计划上,华东师范大学不断推进"生涯发展计划"、"就业绿色通道"、"就业困难援助",倡导"学生自我服务",构建起了全方面的就业服务网络。

生涯发展计划。学校学生就业咨询服务中心携手全校 20 余个实体院系定期于每年 10 月到 11 月推出"求职启航月"系列活动,协助学生顺利走上求职之路;每年 12 月举办"就业推介月",重点面向一批重点单位和知名企业推荐一批优秀学生;每年 3 月举办"就业服务月"系列活动,以"职前教育"为主题协助学生开启生涯发展之路;每年 6 月推出"毕业季"就业系列活动,以"传承、分享、启航"为主题,为今后毕业生就业做好准备。四大品牌活动相互配合,有机结合,为毕业生量身打造了丰盛的"就业大餐",极大地丰富了校园就业文化建设。

就业绿色通道。我校学生就业咨询服务中心在充分考虑学生就业压力的情况下,于每年毕业生就业高峰期间开设了就业"绿色通道",即个性化咨询通道、优生优荐通道、晚间工作通道,为学生提供切实、便捷、高效的就业服务。

就业援助机制。在积极推荐优秀毕业生基础上,学校针对尚未落实就业岗位的毕业生实行优先扶持和重点帮助,启动"就业援助计划"。针对就业困难院系,制定"一院一案"特色化就业推进方案;针对就业毕业生群体,研究"一问一方"专门化就业解决方案;针对就业困难个体,提供"一人一策"个性化就业指导方案,从不同层面全方位做好就业困难学生的援助工作。

学生自我服务。为了充分发挥学生的自主意识,学校还成立了以学生为主体的学生就业工作服务室,举办"成功面对面"、"职场先锋"、"职业精英俱乐部"等一系列就业讲座和培训活动,从就业培训、就业信息、宣传服务、招聘活动、调研科研、师范生专项服务等多个角度出发,鼓励学生自我管理、自我服务、自我教育,取得了良好的成效。

三、就业工作特色展示

华东师范大学的就业工作紧紧围绕"关注学生全面成长,全程指导生涯发展"的工作理念，在现有工作思路和模式的基础上，紧跟社会发展步伐，满足人才培养需求，从体制、教育和科研三个角度入手，积极探索，不断创新，为毕业生就业工作增添了新的内涵。

(一) 就业体制——三位一体共助就业育人

学校积极整合各方资源，建立相关保障机构，专门成立了学生发展服务联合中心，将勤工助学管理中心和心理咨询中心整体融入到学校就业工作大局中去，形成了三位一体的就业工作新体制，为我校就业工作增添了新的动力。一方面，勤工助学中心每年可以提供数万个校内外实习岗位，组织开展社会公益实践，并为就业困难群体学生提供了大量的资助和补贴；另一方面，心理咨询中心通过专业化的咨询和辅导、团队训练和技能养成，有力地促进了毕业生就业心理和就业技能的成长和成熟。正是通过“心理导人”、“帮困助人”和“实践塑人”三者的有机结合，最终实现了“就业育人”的目标，真正把“关注学生全面成长，全程指导生涯发展”的理念落到实处，极大地促进了学生的个人成长和生涯发展。

(二) 就业教育——双管齐下提升实践能力

在就业教育方面积极实践，确保“就业教育”和“创业辅导”两手抓，双管齐下提升毕业生的就业实践能力和创业实践能力。

就业教育“四个课堂”。在原有“传统课堂”的基础上，增添了“活动课堂”、“网络课堂”和“实践课堂”。在“传统课堂”上开展就业必修课和选修课的教学，在“活动课堂”上辅以培训、讲座、沙龙和各种团队活动，在“网络课堂”上开设网络学堂和自主测评，强调学生的自主学习意识；在“实践课堂”上开展公益实践、勤助实训和社会实习，从而形成了“由知识到能力，由意识到实践”的全方面就业教育养成模式。

创业辅导“五步战略”。为了对大学生创业提供全方位的支持，学校多筹并举，不断完善大学生创业教育和创业服务长效机制。第一步成立了校级大学生科技创业领导小组，统一组织校内资源，加强教育管理；第二步开展创业辅导，开设创业指导课程，面向全校学生开设了《创业教育》选修课，开展了微小型创新创业教育实战系列讲座；第三步打造若干创业指导服务品牌，如“大学生创业传递计划”创业教育培训班、“大夏杯”创业计划大赛、“创业驿站”创业咨询服务等活动，激发了大学生的创业意识;第四步建设实训基地,依托华东师范大学国家大学科技园和社会企业家、中小企业服务中心等机构,为大学生创业提供资源、服务、信息、孵化一体的全过程全方位服务;第五步设立创业基金,成立上海市大学生科技创业基金华东师范大学分基金会,为创业大学生提供创业融资支持。

(三) 就业科研——就业科研提升服务水平

学校不断加强就业调查研究,开展就业科研攻关,夯实就业工作理论基础,提升学生就业服务水平。第一个层面,通过开展广泛深入的调研工作,收集一手数据,撰写完成多份高质量的就业调研报告。学校深入实体院系开展了就业工作走访调研,开展生涯指导专家座谈会、咨询会,通过问卷调研收集毕业生的就业动向和心态认知,开展企业和社会的调研评价,对人才培养进行反馈。第二个层面,开展就业专项研究工作,主题涉及生涯发展教育、人才培养与就业、中外大学生就业对比研究、大学生创业研究、师范生培养素质研究、大学就业文化建设等系统化的就业课题。第三个层面,在调研和科研的基础上,形成一批科研成功,编撰了《大学生活与生涯规划》、《大学生职业生涯规划概论》等书籍,并建成了若干个毕业生就业调研的数据资料库,为今后开展长期跟踪和对比研究提供了强大的支撑。

春雨润物细无声。党的十七届六中全会以来,华东师范大学就业工作围绕着学校“智慧的创获,品性的陶熔,民族和社会的发展”的文脉精神,从学校的文化建设大局出发,以众多文化深厚的就业品牌活动和就业服务为支撑,从“智慧”、“实践”、“育人”、“师德”、“诚信”、“进取”、“人本”、“感恩”和“奉献”等角度入手,挖掘和重构了具有华东师范大学特色的就业文化体系,进一步从广度和深度上强化了我校就业工作的内涵建设。

正是在这些对学生无微不至的关怀和帮助下,我校毕业生就业工作不断取得新的成就,一次次用实际行动宣誓了华东师范大学“关注学生全面成长,全程指导生涯发展”的工作理念。我们坚信,在党和国家的关心和支持下,在学校全体师生的共同努力下,华东师范大学的就业工作一定会坚守“求实创造,为人师表”的校训精神,厚积薄发,锐意进取,不断前行,创造辉煌,为民族和社会输送更多优秀的人才!

在学生社团第十次会长大会暨2012年社团发展大会上的致辞

（2012年5月）

各位同学们：

在五四青年节即将到来之际，我校学生社团第十次会长大会暨2012年社团发展大会正式开幕，这是六十周年校庆之后的又一个大的校园文化活动。首先，我想向社团联合会、向各位同学表示热烈的祝贺，向为社团建设辛勤工作的各位老师、各位同学表示由衷的感谢。

同学们在大学学习，不仅要提高专业能力，更要培养品性、能力和责任。我在许多场合都说过，大学教育首先是培养人，然后才是专业之才。同学们将来无论从事什么职业，都应该具备一定的综合素质和文化素养。提升自己各方面的能力，是未来发展的重要基础。学生社团就是通过同学们的自由选择、自主活动，满足同学们的成才需求，促进同学们的全面发展。可以说，学生社团是同学们成长成才的训练场，是大学第二课堂的中坚力量。

近年来，我校学生社团服务同学们的成长成才，开展了丰富多彩的活动，充分发挥了学生社团在校园文化建设中生力军和突击队的作用。很多场合都能看到学生社团的活跃身影，我校一批高水平的学生社团，学有特色，行有专长，玩有趣味，创有志向，充分展现了华东师大学生积极、蓬勃、向上的精神风貌，有效地扩大了学校的社会影响。

同学们可能注意到，在很多世界一流大学的宣传片中，有相当一部分内容是关于学生社团的，比如哈佛大学、纽约大学、东京大学等等。可以说，学生社团的水准是大学水平的重要参照。对照我校建设世界知名高水平大学的目标，我们的社团发展还有很大的提升空间。从学校来说，将更大力度地扶持社团的发展，给予社团更多指导和关心。今年开始，我们每年拿出30万元，专门用于社团建设。同时，我们也将继续优化环境、完善制度，加大指导教师激励力度，为学生社团的发展提供有力保障。

同学们，今天社团发展大会的召开具有重要意义，去芜存菁，继往开来，才能让社团的小家园，打造出今后的大天地。在座的同学们都是社团骨干，希望你们怀着更大的热情和责任感，积极投入学生社团的建设和发展，展现师大的风采，展示当代大学生的风范。衷心祝福学生社团在学校的发展中再立新功。

在上海市法学会教育法学研究会成立大会上的致辞

（2012 年 5 月）

今天在这里举行“上海市法学会教育法学研究会”成立大会。我代表华东师范大学，向出席大会的各位领导、专家，表示热烈的欢迎和衷心的感谢。

教育领域中的法制建设和法律问题已经受到社会各界越来越多的关注。健全教育法制建设，推进依法办学，是国家中长期教育改革发展规划纲要的重要内容，也是社会各界的共识，更是教育界责无旁贷的使命。上海法学会教育法学研究会的成立，可以有效地联合各方力量和资源，推进教育法学研究，对上海教育的改革与发展有着重要的现实意义。

多年来，在教育部、市教委的关心指导下，华东师范大学积极推进依法治校，在法制建设方面作了有益的探索和尝试。2006 年编制了《华东师范大学行政规章制度汇编》，全面梳理了各项行政规章制度；2008 年讨论制定了《华东师范大学章程》，把教学、科研和管理的基本价值与理念、组织结构、规范的行为模式通过学校章程确定下来，也为学校制度改革保留了空间；学校还全面推进信息公开，分层次、多形式地实行校务公开，不断规范学校管理。当前，学校正在推进国家教育体制改革试点项目建设，尤其是现代大学制度建设，需要在教育法制框架下有更多的创新思路和举措。

今天，各位专家拨冗莅临华东师大，给我们提供了宝贵的学习机会。学校将积极支持和参与教育法学研究会的建设，并依托研究会提升依法治校的水平。我相信，在上海市教委和上海市法学会的支持下，在各位法律界、教育界的专家、学者共同参与下，教育法学研究会一定大有作为。

在转化生物医学研究前沿学术研讨会上的致辞

（2012年6月）

今天的华东师范大学可谓群英荟萃、大师云集，来自国内外生命科学领域的顶尖专家学者齐聚华东师范大学，共同研讨转化生物医学的前沿问题。

21世纪是生命科学的世纪，伴随着社会经济的日益发展、生活水平的普遍提高，人们对生命健康与疾病预防也越来越关注，生物医学的发展迎来了前所未有的广阔空间和大好机遇。作为国家教育部直属的“985工程”重点建设高校，华东师范大学一直关注国际学术前沿，抓住学科发展契机，促进生物医学和神经科学领域的发展。早在2001年，我校就正式成立了由“‘聪明鼠’之父”钱卓教授领衔的上海市脑功能基因组学重点实验室，2002年又在原有基础上成立了脑功能基因组学教育部重点实验室。2007年我校成建制引进了刘明耀教授领衔的生命医学研究领域专业团队，成立了生命医学研究所。2010年，我校成立了国内首个将教育科学、心理科学、认知科学、神经科学进行整合研究的多学科综合研究机构——教育神经科学研究中心。与此同时，我校充分利用和发挥重点实验室、实验中心、研究所等各类学科平台优势，优化学科队伍，推进学术研究。近年来，生物医学和神经科学领域承担了多项国家“973计划”、“863计划”等重大科研项目，在*PNAS*、*Neuron*、*Cancer Research*等国际专业杂志上发表了一系列原创研究成果，在若干领域取得了不俗的成绩。

当前，生物医学学科的发展既面临新的机遇，也面临新的挑战，需要生物医学学科乃至生命科学领域的众多研究人员的共同努力。今天，我们很荣幸的邀请到诺贝尔生理学奖Michael Bishop博士、拉斯克医学奖获得者Elizabeth Neufeld博士，以及陈竺院士、程京院士、钱卓教授、刘明耀教授等顶尖学者，还有在座的各位专家。我相信在大家的共同参与努力下，通过充分交流和深度探讨，一定能够碰撞出绚丽的思想火花，勾画出生物医学研究发展的新蓝图！

华东师范大学能够主办这一学术活动，我们感到十分荣幸，也非常珍惜。我们将牢牢抓住这次难得的与国际知名专家面对面交流学习的机会，在享受学术盛宴的同时，虚心求教，热诚服务。也诚挚地欢迎各位专家学者经常到华东师范大学讲学、讲课、传经送宝，对华东师范大学的建设和发展，尤其是生物医学与神经科学领域学科的发展给予更多的关心和支持。

伟大变革时代的担当①

（2012 年 6 月）

今天我们怀着喜悦的心情相聚在这里，为 2012 届的同学们举行隆重的毕业典礼。大家一定注意到，会场里所有的本科毕业生都穿上了新设计制作的学位服。这不仅使毕业仪式显得更加神圣、庄重，而且体现了我们这所大学与每一位学生之间的心灵契约。几度春夏秋冬，只在转瞬之间。你们怀揣憧憬走进校门的那一刻仿佛就在昨日，今天同学们就要跨出校门。此时此刻，我的心情很难形容，大家的心情也许更难形容。我姑且把这种心情称为“毕业心情”。与大家分享这种感受，作为临别赠言。

毕业心情，是幸福的心情。

毕业虽然不是学习的最终目的。但是，经过一段长途跋涉，我们到达了一个目的地。实话实说，学习研究真的很辛苦，能够做到“苦中寻乐”就是很不错的境界了。我们应该可以为数年的辛勤擦擦汗水，应该可以享受一下收获的喜悦。大学毕业了，研究生毕业了，拿到学位证书的时候，同学们有理由说一声“我骄傲”，同学们有理由接受更多的祝福。

美好的祝福永远不会太多，我真心地为大家添一份祝福。华东师范大学 2012 届的每一位毕业生，我代表学校最衷心地祝贺你们！

毕业心情，是感恩的心情。

以往所有的旅程，从襁褓怀抱到姗姗学步，从陪伴牵引到独立前行，从家庭到学校，从幼儿园到大学。我们的成长都是亲人朋友共同的成就。在今天这样高度分化和个性化的时代，我们尤其需要寻找并珍惜这种生命历程的共同感受。在一个市场化的社会，人与人之间的关系通常被解读为契约关系。但人生不只是契约关系。我

① 本文为俞立中在华东师范大学 2012 届毕业典礼上的讲话，标题为编者所加。

们所经历的各种生活共同体，不仅是利益共同体，也是价值共同体和情感共同体。60周年校庆之际，老少校友回来了上万人，许多人选择在食堂吃饭。排队时的等待、用餐时的交流是同学间深刻的生活记忆。当年的食堂师傅大多已经退休，但那一直被我们批评的食堂饭菜——“舌尖上的华东师大”的滋味却一直在心头。离别的时候，请对老师、对同窗，对宿管阿姨，对食堂师傅，对所有关心帮助过我们的人，再说声谢谢！

毕业心情，是留恋的心情。

大学时代，青春岁月，我们有很多的情感要表达。这些日子里，微博上、人人网上已看到了毕业班同学们的各种感言。我可以肯定，华东师大给予你的不是你所期待的全部——尽管我们的老师，我们的职工努力了，学校依旧没有能做到让你们人人、事事都满意。但是我相信：就像我们每个人与家庭的关系一样，大家都懂得学校对于自己的意义。有同学告诉我，你们想为校园里添块石头，几年后等大家有了成就再回校刻上字。我理解，这无字的石头是同学们默默的承诺。我想说，只要同学们尽力了，无论成就大小，你们的名字、你们的青春年华会永远留在华东师范大学这块巨石上！有同学告诉我，你们想在校园里种棵树，要“把根留住”，一起见证学校的发展。是一代代学子用青春谱写了“爱在华师大”的故事。同学们，在你们念恋母校的时刻，母校和老师们也牵挂着你们。

毕业心情，是勇敢的心情！

大学是现存的世界上最古老的组织之一。大学之所以长久，是因为她是最自由和宽容的殿堂，在这里，“疯狂”、“迷茫”、“抱怨”，甚至“任性”，也许都可以视为你们青春的一个侧面而被理解。但社会生活，没有多少理由可以任性；职业生涯更多的需要适应、需要磨练、需要担当。你们会真正感到“人生难免苦与痛”。你们的未来，需要成熟的心智判断，需要有力的肩膀担当。这就是你们祖辈父辈时代的“在大风大浪中茁壮成长”，今天的时尚口号叫作“不经历风雨，怎么见彩虹”。时代的进步，需要一代又一代人的智慧、付出、担当和奉献。走上新的岗位，社会与生活会变得更加具体，青春的意义会显得更加鲜活。我们要知道，“那些不能被推托的期待叫责任”，“那些不能被任性的岗位是职业”。同学们，我们处在一个伟大的变革时代。在社会转型过程中，难免出现这样那样的问题，甚至出现一些丑陋的、令人难以容忍的现象。社会发展过程从来都不是笔直平坦的。革故鼎新，重要的是从自己的周边做起,从自己做起。我们可以批评,但不要一味的"抱怨"。希望同学们勇敢面对外部的挑战,要对自己狠一点;希望同学们勇敢地面对经历的挫折,对自已温柔一点。我们希望每个毕业生都是成功的,更祝愿每一位毕业生都是快乐的!

六月,是挥手的季节;今天,是告别的日子。

亲爱的同学们,今天是你们的毕业典礼,也是我的毕业典礼。这是我最后一次以华东师范大学校长的名义参加你们的盛会。你们是我在华东师范大学校长岗位上欢送的第七届毕业生。一起走过的日子,无论是在教室、在餐厅、在操场、在礼堂,还是在"人人"、在微博,同学们都给了我莫大的感动和支持。我们一起为汶川、为玉树加油,我们一起为世博、为奥运喝彩,我们一起为国庆、为校庆欢呼,我们一起为华东师大努力奋斗过。借此机会,我也以个人的名义向华东师大的每一位教职工,向每一位同学,表示我最衷心的谢意!

在今后的日子,我们都是华东师范大学的校友,我们永远是华东师范大学的校友!

让我们继续一起努力,为了华东师范大学的明天更美好!

祝愿每一位同学、每一位校友,愿笑容伴你走过每一个春夏秋冬,愿你和我重逢在灿烂的季节。

坚持大学理想，坚守大学本质[①]

（2012 年 7 月）

还清楚地记得 2006 年 1 月初，也是在这个会场，我从王建磐校长肩上接过了担子，并向老师和同学们承诺，要努力为华东师大的事业长河注入新的动力和源泉。六年零六个月过去了，第六任校长今天就要把接力棒交给第七任校长和新一届行政班子，我感到由衷的高兴和欣慰。首先，我衷心祝贺多年来一起奋斗、同甘共苦的陈群校长和新一届行政班子的成员，特别要祝贺郭为禄、孙真荣两位新任副校长。其实，我知道，对你们而言，深情祝贺的背后，将是更重的担当、更大的责任和更多的奉献。

卸任之际，有很多感谢的话，也许很落入俗套，但确实是发自肺腑的：

衷心感谢教育部、上海市领导，感谢华东师大的各位老师，是你们的信任，给了我一个服务母校、服务母校师生员工的机会。我的学术生涯是在华东师范大学起步，也是在这个平台上发展的。是母校培养了我，能为母校事业的发展承担一份责任，贡献一份力量，这是我一生的幸福。

衷心感谢老师们、员工们、同学们对我的理解、支持、帮助和宽容。学校发展的重要动力来自于人气，而和谐的基础是理解和宽容。这些年来，学校进步的源泉是广大师生员工的心气、豪气、灵气、勇气和力气，是源自于师生员工和学校领导层之间的相互理解、相互支持、相互鼓励。在过去的六年零六个月时间里，我们共同经历了很多难忘的或已经忘却的事，老师们、同学们给了我很多感动，给了我很多激励，让我深深感受到，如果不奋发有为，无颜面对江东父老。师生员工的人气，是我们努力工作的巨大动力。此时此刻，特别想多说几个谢谢，谢谢大家。

衷心感谢学校党政班子各位同仁的勇于担当、相互支持与精诚合作。说实话，一校之长的压力很大、很累，但我有幸在一个和谐、奋进的班子里工作，真的感到很

① 本文为俞立中卸任华东师范大学校长的离职感言，标题为编者所加。

愉快。先后与张济顺、童世骏两位书记搭班，他们的尊重、诚意、大度、支持和包容，给了我很大的空间，去思考发展、面对问题、施展拳脚。我之所以能勇往直前，是因为有张书记、童书记把握全局，主动承担了破解难题、化解矛盾的责任。班子的各位副职、助理有思路、有干劲、顾大局、负责任。有这么一个可信任、可依靠的班子，使我有自信、能从容。

衷心感谢院系、研究平台、职能部门的同事们，在我们共同的岁月里，大家一起挑起了学校管理和服务的担子。学校的改革与发展，需要很多人的积极探索。承担一份责任，是对学校事业的奉献。多少次听到："这件事就交给我去办吧，你放心！""不到万不得已，不来麻烦你！"心里珍藏着这些感动，我会永远记住大家的付出和友情。

卸任之际，有许多遗憾，也想说很多致歉的话。

60周年校庆前后，有机会认真回顾学校走过的路，反思自己的工作。应该说，我们是幸运的，国家社会经济的快速发展，给高等教育带来了很多机遇，可以有所作为；我们又是不幸的，在一个社会转型时期，社会上的急功近利、浮躁风气不可避免地影响到大学。为了争取一些实在的或虚无的发展机会，我们也会做一些我们不愿意做的或不应该做的事，希望老师和同学们能够谅解。

这些年来，学校的发展理念得到了大家的认可，学校事业在持续发展。坦然面对现实，我们至少还保持着大学的那份理想，不愿背离大学的本质。但我很清楚，我们做过的许多事情，并没有完全做好；我们想做的许多事请，还没有来得及做；我们应该做的许多事情，也许尚未想到去做。

我知道，无论在思想观念还是在举措行动上，人才培养在学校事业发展中的核心地位尚未真正确立起来；以人为本的现代大学管理服务体制机制的改革和建设需要更大的勇气去推进；办学质量和核心竞争力离高水平大学的标准还有很大的差距。这些都是实实在在的遗憾。

我也知道，由于我的个性和工作方法，会给大家带来不少困惑和麻烦。想借这个机会，再说一声抱歉。

学校事业的发展需要一代代人的努力。不同的发展阶段会有不同的重点。华东师范大学今后的改革和发展任务会更重，更艰巨，新班子也会更有所作为。寄希望于未来，寄希望于新一届班子。希望大家继续努力，支持和帮助新班子的工作，为了华东师大对高等教育的更大贡献，为了华东师大更美好的未来。

我们的大学[①]

（2012年9月）

我追逐的大学梦

我清楚地记得1969年7月里的那一天，行了三天三夜的列车把我们送到了黑龙江二井子站，这个地图上也找不到的寂静的小站顿时沸腾起来。呼吸到了北大荒的气息，眺望着无边无际的田野，我没有欢欣和激动，心绪就如同这茫茫的大草甸，简单而茫然。就这样，在祖国的北疆，我开始了长达九年多的"知识青年上山下乡"的"战天斗地"的生活。

那是一个叫长水河的农场，位于黑河地区。"长水河"现在听起来似乎还挺浪漫的，但当时却丝毫感受不到，印象中就是一条蜿蜒穿过草甸子、横卧在黑土地上的小河。农场的工作和生活条件是艰苦的，没有亲身经历过的人根本无法感受当年开垦北大荒的艰辛。盛夏严冬不是下地锄草收割就是上山伐木采石，过着日出而作日落而息的日子。而对于年轻人来说，生活上的煎熬、体力上的劳累，都是可以坚持下来的，最让人难以忍受的则是那思乡之苦，那无法看到的前途。年月流逝，这种苦恼与时俱增。

去黑龙江之前，我是上海市西中学的一名高中生。如果在今天，完成高中学业，考上理想的大学，可能就是我人生的必由之路。但是，"文化大革命"中断了我们的学习，"上山下乡"改变了我们的命运。在艰苦和迷茫中，我内心深处一直有个强烈的信念，那就是要继续学习。上大学成为我挥之不去的梦。

70年代初，农场开始推荐工农兵大学生。由于我吃苦耐劳、表现突出，每年都被知青们推荐上去，但是每次都由于种种原因被挤了下来。1973年，当得知在选拔大

① 本文原载《东方早报》2012年9月4日。

学生的程序中加上了文化考试环节,这让我喜出望外,我自认为凭真才实学,是不会比别人差的。可是命运偏偏爱跟我开玩笑,竟出了个张铁生"白卷事件"。这位老兄在考试中交了白卷,还在试卷背后写了一封表示对文化考试不满的信,给"文革派"提供了一发重型"炮弹"。就因为这封信,当年的考试作废,我的大学梦再次破灭。

直到1977年,"文革"后拨乱反正,中国走上了改革开放的道路,国家宣布恢复高考制度,这才改变了我们这代人的命运。为了抓住这个机会,我在短短几个月时间里,自学了高二、高三的各门课程。白天必须努力劳作,只有在夜深人静之时,我才可以放心地在蚊帐里打着手电筒翻看书本。经常是打着亮一会儿,赶紧把知识点和习题记在心上,然后关掉手电,躺在炕上反复琢磨、回忆,在心里默默解题。清晨出工前,我把重要的数学公式、物理公式写在手心上,歇息时打开掌心看看,加深记忆。总之,任何支离破碎、分分秒秒的间隙都成了我复习迎考的宝贵时间,但绝对不能影响工作,不能让表现不好成为不准我报考的口舌。说来也怪,那个时候真有过目不忘的本领,我想可能是因为我太想上大学了吧。

但是恢复高考的当年我并没有去参加考试,因为不够报名"资格"。当年规定可以报名参加考试的年龄限制是25周岁以下,还有一个备注是:"66、67届高中生中特别优秀的也能破格。"很遗憾,我是68届高中。尽管我不死心,请母校给我出了一张优秀学生的证明……但最后还是没有让我报名。

1978年,教育部放开了报考年龄,我以黑河地区初试第一名的成绩,取得了参加当年全国高考的资格。记得去考试的那天凌晨,我们一群参加高考的知青怀着无限的期待,坐着货运卡车一路颠簸了1个多小时赶到北安农场学校,进了考场还没从头昏脑胀中缓过劲来,就开始答卷了。中午一碗井水就着两个馒头就算是午餐了,下午继续考试,一天下来感觉非常疲惫。几个知青一合计,觉得不能再坐大卡车来回折腾了,不然肚子里的"学问"都会颠出去。于是我们就借住在当地一户老乡家里,晚上,六七个"黑兄、黑弟"裹着军大衣挤睡在一张土炕上。没灯怎么复习?我们自有绝招,黑暗中轮流提出各种问题,大家一起答题和讨论。就这样,应考的两夜也凑合着过去了。

考完最后一门课,我深深地松了一口气,我知道自己一定能考上大学。我的第一志愿就是华东师范大学(当时五校合一,称为上海师范大学),在我眼里她就是最好的大学。我永远记得1978年9月的一天,我正在地里干农活,一起参加高考的一位朋友坐着拖拉机匆匆赶到麦田找我，神秘兮兮地问我："如果考上了师大你高兴吗？""那还用问嘛，当然高兴啦。"我毫不犹豫地回答。"那我告诉你，你考上了。"这位朋友用非常低沉、非常平静、非常严肃的语气向我传递了这个就此改变我人生的喜讯。我明白，他的刻意"稳重"是怕我落了"范进中举"的套。

最后，我被华东师大地理系录取，这恰是我喜欢的专业之一。就这样，近而立之年的我终于如愿以偿地踏进了梦想中的大学校园，回到了阔别已久的故乡上海。回想自己从自学、复习到考试的高考历程，真的很难，很不容易，今天的年轻人恐怕难以想象。当时，有一个强烈的信念支撑着我，那就是要把握自己的命运，用知识改变人生。现在想来，曾经走过的那段不平坦的路，让我变得更加坚强，更加刚毅。艰难的高考之路磨练了我在逆境中前行的能力，增强了我应对困难的信心和勇气，这足以让我受益终身。

如饥似渴的求知路

有人后来问我：当你考上了一所理想的大学，回到了上海，是否觉得梦想已经实现，感到很满足了？我很干脆地回答：怎么可能呢！尽管，我们那个时代还没有人生规划这个概念，但对知识的渴望，对理想的追求，却是实实在在的。记得我还在黑龙江农场时，每逢回上海探亲，新华书店是必去的地方。那个年代，也没有太多可选择的书籍，有什么书就看什么书，文学、历史、政治、地理、农业、机械、英语，甚至厨师读物都会认真地看。憋了十年，进了大学，求知欲爆发，就好像"老鼠掉到米缸里"，用它来形容我当时的心情，真是一点都不过分。

在我眼里，大学是知识的殿堂，这里有很多学习的机会。我并没有考虑自己将来会去从事什么职业，而是想怎么用好这些机会，学习更多的知识，提高自己的能力，将来可以服务社会，实现人生价值。"文革"磨蚀了我们这代人的青春年华，十年里我们不知道自己的未来在哪里、该往哪个方向努力，因为一切都是不可控的。进了大学，发现有那么多感兴趣的东西，有那么多可以利用的资源，更觉得一定要把握好人生机会，充实自己，确立未来的发展目标。

事实上，不止是我一个人这么想。我们中的很多人都是从农村、工矿的工作岗位上考进来的。进入大学后，大家都是憋着一股劲在玩命学习。以至于班上一群年龄比我们小10多岁的应届生也被我们带动了。至今同学聚会时他们还会唏嘘当年“跟着你们这帮老大哥、老大姐，不努力也不行啊！”

怎么个玩命？每天早晨6点多起床，拿着英语书找个校园角落去背英文单词和课文，然后到操场跑步锻炼、做广播操，再去食堂吃“老三样”——稀饭、咸菜、馒头。早饭后，很多同学就会直奔教室抢前排座位。现在想想，我这个大高个也和大家争抢前几排座位，实在有点可笑，但当时就是想能听得清楚些、思想更集中些、和老师有更多的互动机会罢了。

大学的课程排得很满，特别是一、二年级的基础课很多。地理系也特别强调数理化的课程学习，这对我们今后的发展的确起到了重要的作用。当然，听课、理解、作业，对我们这些成年人而言并非困难之事，重要的是每个人都有很多兴趣所在。每天下午的最后一节课后，我们就会冲出教室去占排球场，玩一两个小时，过了球瘾再去食堂吃饭，也就剩“残羹冷菜”了。晚饭后的自修是我们学习的重头戏，想上图书馆找个座？门儿都没有，早被人占了。

不过，去自修教室也是我们班上大多数人的不二之选，晚上的教室也如同白天上课一样坐得满满的。任课老师经常会在教室里，给我们答疑解惑。有一位老师我至今记得，金祖孟教授，已近花甲的老先生亲自给我们上《地球概论》这门课，当时全国高校地理系的《地球概论》课程都是用他编的教材，不能不让人肃然起敬。他家就住在师大一村，学校直通一村的门晚上11点就关闭了，可金老师总是因为指导我们晚自习而赶不上关门时间，每每都是很晚了绕一个很大的圈子走回家……

我要说的是，在那个特殊的年代，像金祖孟老师这样的教师比比皆是，他们同样被“文革”耽误了十年，英雄无用武之地，所以看到我们这些对知识如饥似渴的学生，他们也特别投入，一心想着怎么把自己的满腹经纶传授给我们。

然而，我们这群学生也不好对付，除了上课提问多、下课缠着老师外，对任课老师还有自己的评价标准。大学恢复高考招生不久，教师的学术水平、教学能力差别很大，面对这么较真的学生，老师的压力也是大的。我还记得，当年给我们讲授《政治经济学》这门课的老师面对改革开放形势下的很多新变化，在讲解原理、分析现实问题上显得力不从心了，大家意见很大。同学们联名向学校提出意见，要求调换教师。有的同学就在课堂上堂而皇之看报纸，表示抗议。后来校领导来听了一节课，觉得是有问题，就换了教研室主任自己来给我们上课，确实水平不一样，大家听得津津有味。结果我们还不“满足”，硬要求这位教研室主任给我们连续几个晚上重新补上之前的课程。

晚自修结束还不意味着一天学习的结束。熄灯后，宿舍的走廊、厕所，都会有一些在那儿看书学习的学生。此情此景，今日的大学生也许只会在考试前夜的“临时抱佛脚”才会出现吧。只能说，那个年代的我们太想读书了，真的是想把全部时间都用来学习。70、80年代还是一周六天工作制，但很多人周日回家也是看书、写笔记，不少人干脆选择不回家。其实，大家都明白一个道理，无论学习方法如何高效，要想进步快必须有付出，我们是在补回失去的年华呀。印象特别深的是有位同班同学，考试结束放暑假了，他照旧背着书包去教室自修，自己研究问题。当年的付出，自然有回报，这位老兄现在是一名国内外有影响的人口学家，美国杜克大学和北京大学的教授。

当然，也别把我们个个都想象成只会读书的机器，我们那“疯狂”的求知欲体现在大学生活的方方面面。但凡学校有讲座，只要感兴趣的，我们一场也不会落下。尤其是那些海外学者的学术讲座，偌大的教室都会坐满、站满学生。学校的人文艺术类讲座也是人满为患。上海音乐学院的谭若冰教授来做系列音乐欣赏讲座，从交响乐到流行音乐，场场爆满，培养了一代人的音乐兴趣，造就了一批对音乐迷恋的学生。

学习是需要好奇和兴趣的驱动的，课堂教育决不是大学的全部内涵。我们班上有一位对数学有特殊兴趣的同学，他不满足课堂上的高等数学内容和作业，给自己安排了更高难度的数学自学和习题练习，大学四年里经常可以看到他捧着一本数学书在那里思考。老天不负有心人，数学爱好给他带来的知识和能力也成就了他的事业，如今他真成了上海气象局气候中心的气候预报室主任。

学习可以是丰富多彩的。我们几个同学对环境研究和环境保护很感兴趣，从本科开始就利用各种假期参加老师们的环境研究课题。大暑天跟船出长江口调查取样，尽管风浪把我们搞的晕船呕吐，大家仍乐此不疲，坚持不懈。我们也结合计量地理课程，完成了第一篇学术论文，并发表在刊物上。今天，我们这几个同学几乎都成了环境科学领域的专家。大学期间完全出于兴趣的这些科研活动，就是我们学术生涯的起步。

整整十年，国人压抑着对文化的饥渴，随着“文革”的结束，那真正是万物复苏的时代，人人都怀着拨云见日的欣喜在重新审视周遭的一切，所以一切都是新奇、美好的，这种对生活的眷恋是今天的年轻人无法同样体验的。我们这代人或许在对人生的感悟上要比今天的青年人早熟、也丰富许多。

珍惜这份幸运

很多人问：时代变了，大学有没有变？当然，今天的大学硬件条件已不能与当年同日而语，社会经济的发展对大学责任和义务的要求也在不断提升。但有一些东西是不应该变的，如大学精神、学术追求、人才培养的责任。

过去的十多年里，我们的大学得到了前所未有的快速发展，中国的高等教育进入了大众化的阶段，毛入学率已经超过了26%。对当今这代年轻人应该是多大的幸运啊！我真想说，同学们要珍惜这份幸运。

也许有人会说，因为毛入学率的成倍提高，能进入大学的人群结构已经发生了很大的变化，和当年百里挑一的选拔相比，现在的年轻人不会像我们一样珍惜上大学的机会。也有人会说，因为入学人数比例高了，加大了就业竞争，学生在学习上表现出的功利性也在所难免。当然，我尝试着去理解这一切，大学毕竟不是遗世独立的一座“伊甸园”，随着经济的发展，中国从知识、文化贫乏的时代“生如夏花”般生开出一个琳琅满目的社会，吸引人的东西越来越多，青年人的选择自然就多样化了。但我更想说的是，在浮躁、功利的社会大环境下，这代年轻人如何坚持理想，把握自己，懂得选择，显得越来越重要。

作为一个有志向的青年学生，应该有长远的人生目标，在好奇和兴趣中发现生命的价值。很遗憾，我知道有些同学仅是以职业收入为基点选择专业，蜂拥追逐经管类的专业，因为并不喜欢，一辈子也无法体会到工作的激情和实现理想的愉悦。当然，也有不少同学是有人生思考的，也始终愿意听从自己内心的声音。从事业上讲，这条路未必就通往贫穷潦倒，而人生也不是仅以金钱来衡量其价值的。事业的满足、兴趣的满足、于人生有意义，这就是一种值得追求的价值。

我们不得不承认环境对人的影响很大，当你身边的人都在讨论房子、车子、票子的时候，你还会如你所想的淡定吗？然而，社会发展的每一个阶段，总会有这么一批人，当别人在急匆匆地想要得到什么或已得到什么时，你的淡定会让你的现在及将来跟别人大为不同。时代发展的本身就是一个不完美和追求完美的过程。当我看到那些热血青年踊跃地支教西部，甚至在西藏支教一待就是多年；当我看到那些有为青年坚持理想，不畏艰险，积极投身国家与社会事业的发展……我会深深被这代年轻人的追求和担当所感动，这就是明天的希望。

在大学高度关注内涵发展的今天，大学教育的理念、内容和方法都在发生变化。教和学的关系应该得到根本的改变，逐步形成以学生为主体的主动学习、互动学习、研讨式学习的教学模式。这就更需要同学们规划学习，增强选择意识和能力。其实，你们比我们这代人幸运得多，我们是在没有多少可选择的情况下依然在努力选择。如今，大学给了你们很多的选择机会，关键是要有这个意识，懂得如何做出合适的选择。如果我们有明确的发展目标，能在每一个机会面前，抓住合适的，放弃不合适的，人生道路才能走得比较顺畅。

这些年来，我在校长的工作岗位上有一个基本的理念，学校就是要努力为广大学生创造和提供更多的选择和机会，联合培养、海外访学、社会实践、校际交流、校内辅修、课程选修，等等。如果同学们能把握好这些机会，可以体现多元化的人才培养模式，实现不同的人生追求。可惜的是，我在与学生的交流中多次发现，不少学生最后幡然醒悟却是在毕业时刻，才觉得很遗憾，当时没有注意到这些机会。这就是选择意识和选择能力。

大学一年级往往是一些大学生的"遗憾"，也是不当选择的开始。高考的压力使得不少学生从初中到高中都处于一种亢奋的状态，考上了大学，一部分学生就认为人生目标已经实现，可以放松了。从大学一开始，就没有把握好自己，沉溺于网络游戏，不好好学习，自然而然就淘汰了。还有部分学生，进了大学没有及时改变学习观念和学习方法，不去主动适应大学的学习生活，懵懵懂懂地度过了四年，当然就收获甚少。如何让大学四年过得更充实，让同样的四年得到更多的收获，有没有目标，会不会选择，结果是大不一样的。

大学生活是丰富多彩的，大学学习更需要刻苦努力。看看世界一流大学学生的学习态度和取向，不得不说一句话：没有辛勤付出，哪有精彩收获。这也是大学生活给予我的人生启迪。

弘扬李春芬先生的治学精神[①]

（2012 年 9 月）

今年 10 月 10 日是我国著名地理学家和地理教育家李春芬先生诞辰 100 周年的日子。今天，我们借先生百年诞辰之际，召开学术研讨会和纪念大会，以表达我们对先生的敬仰和缅怀之情，更为重要的是，我们要借此机会弘扬先生的治学精神和学术思想，积极探讨在新的时代背景下，如何加强地理学科与国家重大战略需求的对接，地理学科如何为国家的对外战略和全球战略服务。

李春芬先生是我国杰出的地理学家。1939 年，李先生以全国地理科第一的优异成绩考取了中英庚子赔款公费留学生，1940 年就读于加拿大多伦多大学，师从国际著名地理学家泰勒教授，经过三年的刻苦学习，于 1943 年获得加拿大第一个地理学博士学位（The First Ph.D. in Geography Awarded in Canada）。1988 年 8 月，加拿大地理学家协会授予李春芬特别荣誉奖状（Special Awardfor Distinguished Contributions to Canadian Geography），以表彰他对加拿大地理学和中加地理界学术交流所作出的重要贡献。

博士毕业后，李先生到哈佛大学地质地理系从事博士后研修，就教于著名地理学家惠特尔西（D · Whitlesey）教授。1944 年，李先生就职于美国内政部，任专业第四级区域地理学家。抗战胜利后，他毅然放弃优厚待遇，于 1946 年回国，先后任教于浙江大学和华东师范大学长达 60 年。1978 年，大地回春，已过花甲的李春芬先生光荣地加入中国共产党，实现了向往数十年的政治归宿。李春芬先生一生热爱祖国、奋发上进、主持正义、追求进步，永远是我们后辈学习的榜样！

李春芬先生是我国近代区域地理学的主要奠基人。他的学术研究涉及自然地

① 本文为俞立中在地理学与中国全球战略高层论坛暨李春芬先生百年诞辰纪念大会上的发言，标题为编者所加。

理、自然区划、理论地理、城市地理、农业地理、区域地理等诸多方面,成果斐然,其中尤以世界区域地理的成果最为卓著。他与区域地理结下不解之缘,其研究成果始于区域地理,终于区域地理。他的博士论文《加拿大安大略省西部格兰德中游河谷的区域地理研究》就是一部经典的区域地理著作;他 1995 年发表在《地理学报》的学术论文"区际联系—区域地理学的近期前沿",则为其毕生致力的区域地理研究画上一个圆满的句号。在李春芬先生的区域地理论著中,最具代表性和学术价值的是倾注其毕生精力的两部鸿篇巨著《南美洲地理环境的结构》(1962 年)和《北美洲地理环境的结构》(1990 年)。两书出版时间虽然相隔 28 年,但学术思想一脉相承。论著中提出的"地理环境结构的整体性和差异性"的学术思想是对我国地理学理论的重大贡献。鉴于两部著作在学术上的巨大成就,1991 年荣获国家教委科技进步一等奖,1994 年获全国首届优秀地理图书著作类一等奖。

促进地理学科服务国家的外交战略是李先生对我国世界地理学科发展的重要贡献之一。早在 1948 年,李先生针对矛盾尖锐的中东问题,发表了"从地理因素看圣地纷争"一文,明确指出巴勒斯坦混乱局形成的根源在于中东重要的战略地位和丰富的石油资源。后来又发表了"地理因素与国际纠纷"的论文,论述了地理因素对国际纠纷和国际关系的影响。20 世纪 70 年代前后,拉丁美洲各国掀起了为维护领海主权、反对海洋霸权的斗争,李先生根据当时国际国内形势的需要,于 1973 年在《人民日报》发表了"拉丁美洲国家为保卫本国海洋资源而斗争"的政论性文章。论文发表后,被中央人民广播电台时事述评节目两次全文广播,后又被《北京周报》全文译成英文发表,在国内外产生了广泛而深远的影响。在此文基础上,李先生发表了"秘鲁 200 浬海洋权的地理分析",进一步科学地论证了 200 海里海洋权的合情合理性。

李春芬先生一直是我国世界地理学科的学术带头人,不仅长期担任中国地理学会世界地理专业委员会主任,还领导全国地理同仁完成《中国大百科全书・世界地理卷》、《辞海・世界地理分册》、《世界农业地理丛书》等大型工具书和世界地理基础性研究成果;他还倡导出版了世界地理学术期刊《世界地理研究》,不仅长期担任杂志主编,还亲自撰写学术论文和审阅、批改稿件,为提高刊物质量和推动世界地理学术期刊发展做出了重要贡献。

李春芬先生还是一位杰出的地理教育家。全国解放后,他先后于 1949 年创立浙江大学地理系,1951 创立浙江师范专科学校地理科(杭州大学地理系的前身),1952 年创立华东师范大学地理系等三个地理系,并曾先后担任这三个地理系的系主任。在担任华东师范大学地理系主任 26 年的时间里,李先生带领全系师生,将华东师大地理系建设成为国内一流、国际领先的地理系。1962 年至 1996 年,李春芬先生曾两度出任华东师范大学副校长;还曾担任学校学术委员会副主任和学位委员会副主任。

李春芬先生虽然长期担任行政领导,但始终坚持在教学第一线。几十年中,他曾开设过基础课、专业课、选修课、专业外语等多门课程。他无论给本科生、研究生、青年教师上课,都认真备课,精心讲解,教学态度令受业者记忆犹新,崇高的敬业精神堪为后人楷模。李先生严谨求实、一丝不苟的治学之道和平易近人、廉洁奉公的处世之道,深得师生的尊敬和爱戴。他通过言传身教,育德育才,为祖国培养出一代又一代的优秀人才。

李春芬先生热爱地理科学事业、大力支持和积极参与地理学会工作。他不仅长期担任中国地理学会世界地理专业委员会主任和上海市地理学会理事长,还曾担任中国地理学会副理事长、教育工作委员会主任、自然地理专业委员会副主任,教育部中学地理教材顾问,高等学校理工科教材地理组编审委员会副主任,国务院学位委员会第一届学科评议组理学组成员,为繁荣我国地理科学事业做出了巨大贡献。此外,他还是第四、五、六届全国政协委员,为国家社会经济发展贡献了自己的智慧和才干。

斯人虽逝,风范永存。李春芬先生对我国地理科学和地理教育事业的贡献将永留史册,愿先生的精神永远照耀着我国世界地理学科前行的脚步! 愿此次会议成为我国世界地理学科发展的新起点,祝愿世界地理学科的队伍越来越庞大,世界地理学术事业越来越辉煌!

在上海纽约大学成立仪式上的讲话

（2012年10月）

今天，是一个值得纪念的历史性时刻。无论对上海纽约大学，对杰夫、李玫、小京及上海纽约大学管理团队的所有成员，还是对我个人，这都是一件大喜事、一个新起点。欢欣之余，感激之情涌上心头、强烈的使命感油然而生。

首先，请允许我代表上海纽约大学，衷心感谢在座的各位领导和各位嘉宾，感谢来自纽约大学和华东师大的师生。感谢你们莅临现场，共同见证一所新的大学的诞生！这对我和上海纽约大学的管理团队是个莫大的荣幸。

感谢一直以来关心、支持、帮助和指导上海纽约大学建设的国家教育部、上海市政府、上海市教委和浦东新区政府的领导，是你们的远见卓识和大力支持促成了这项中美高等教育国际合作的创举！

感谢上海纽约大学校园建设方陆家嘴公司，是你们的默默奉献让上海纽约大学这座“象牙塔”在陆家嘴金融贸易区拔地而起！

感谢纽约大学和华东师范大学领导，是你们的共同理念和亲密合作孕育了上海纽约大学这所全新的大学。感谢上海纽约大学筹建团队的中美双方全体成员，是你们的卓越贡献和付出完成了上海纽约大学的各项筹建工作。

感谢关注和支持上海纽约大学建设的社会各界，是你们的信任和期待让我们更加充满信心。感谢媒体的各位朋友的关注，你们的积极评价和美好祝愿为新生的上海纽约大学披上一层光环！

上海纽约大学是国家教育体制改革试点项目，是《国家中长期教育改革和发展规划纲要》颁布后教育部正式批准的第一个独立设置的中外合作办学机构，也是第一所中美合作创办的国际化大学。她是中国高等教育国际合作的“试验田”，是中美教育合作和文化交流的桥梁。作为纽约大学全球教育体系的组成部分，这是一个多语言、多种族、多元文化汇聚的平台。无论从那一方面讲，上海纽约大学都是一项开创性的事业，面对这样全新的挑战，我和上海纽约大学管理团队的各位同事深深地感受到了身上所肩负的责任和使命。

一切还刚刚开始，我们不敢说得太多；改革创新不会一帆风顺，我们有思想准备。但是，无论我们如何碰到什么挑战，我和上海纽约大学同事们，一定会坚持依法办学，紧密依托纽约大学和华东师范大学两所母体学校，秉承追求卓越的精神，全力以赴、团结协作、努力不懈，因为我们在追求共同的愿景。

为办好一所高质量、有特色的大学，我们会在招生评价方式、人才培养模式、课程体系建设、学生事务管理、体制机制创新等各个方面做积极的探索，努力培养一大批具有全球视野、知识面宽、善于跨文化沟通合作、乐于求新探索的创新型人才，努力把上海纽约大学建成真正意义上的世界级、国际化的研究型大学，为上海乃至中国高等教育的改革和发展作出应有的贡献。

育人为本,提高师范教育质量①

(2012年11月)

中国高等教育学会师范教育分会是从事高等师范教育研究的群众性学术团体,成立于1987年11月,原名为"中国高等师范教育研究会",成为中国高等教育学会二级学会后更名为"中国高等教育学会高等师范教育专业委员会"。2003年,根据民政部关于社会团体登记办法的改革意见,更名为中国高等教育学会师范教育分会。本会实行单位会员制,会员单位主要包括全国各师范大学、地方师范学院、专科师范学校、省市级教育学院以及部分由师范院校合并或升格后组建的综合院校。第六届理事会有会员单位95个,其中常务理事单位32个,兼顾了东、中、西部不同地域和师范院校、教育学院、综合院校间的平衡。第六届理事长单位为华东师范大学,秘书处设在华东师范大学。在不担任理事长单位时期,北京师范大学为副理事长单位。其他四所部属师范大学和华南师范大学、西北师范大学则是固定的常务理事单位,其他常务理事单位和理事单位则综合考虑层次、地域的平衡,每届都作适当调整。本届理事会是第六届理事会,成立于2008年8月,由我担任理事长,现北京师范大学董奇教授担任副理事长,华东师范大学原教育科学学院院长丁钢教授担任秘书长。

在过去的四年里,本届理事会以邓小平理论和"三个代表"重要思想为指导,全面落实科学发展观,把服务于我国师范院校和教师教育改革发展的大局作为各项工作努力的指针,充分发挥群众性学术组织应有的作用,积极组织各种形式的学术研讨会议,开展国际间的学术交流与沟通,不断加强学会自身的组织建设。在此,我谨代表中国高等教育学会师范教育分会第六届理事会,向各会员单位做换届工作报告。

---

① 本文为俞立中在中国高等教育学会师范教育分会第六届理事会上的工作报告,标题为编者所加。

一、组织学术年会，开展教师教育理论研讨活动

长期以来，作为我国基础教育事业发展的支持系统，教师教育在国家教育事业改革发展中一直处于优先发展的地位。自2007年以来，党和国家领导人指出，要办人民满意的教育，要推进教育公平和均衡发展，教师是关键，必须从根本上提高教师队伍的整体素质。

从2008年至今，我国师范院校与教师教育改革呈现出一些新局面，逐步进入以走向开放、提升层次、优化结构、提高质量为主要特征的改革发展新时期，并取得了较好的成就。一方面，在国家教师教育政策的指导下，以师范院校为主体的、灵活开放的教师教育初步形成，教师教育机构办学层次与办学水平显著提高，为基础教育培养输送了一大批合格的教师，另一方面，以师范生免费政策的实施和高等教育质量工程的开展，以师范院校为主体的教师教育机构在教师培养模式、课程体系上的改革明显加快，教师培养的学历、学科结构更加合理，学历层次显著提高。当然，我们也应该充分认识到，在建设创新型国家，努力把我国从人力资源大国转变为人力资源强国的新形势下，基础教育改革发展对教师教育的要求在不断提高，而教师教育发展面临的一些老问题仍未得到很好的解决，改革发展进程中又出现了一些新问题，主要表现为：教师教育优先发展地位未能全面落实，引领、促进基础教育改革发展的能力还不够；师范院校和参与教师教育的综合院校在办学目标上过于注重综合化，固然也强调教师教育特色的同时，但也存在相对忽视教师教育师资队伍、课程体系的建设的现象；教师教育职前培养、在职培训一体化改革缺少进一步的实践探索；教师教育课程在教育思想、教学内容和教学方法不能完全适应实施素质教育的需要，教育理论与实践相脱节的状况尚未明显改善等。

作为教师教育领域的群众性学术组织，中国高等教育学会师范教育分会的基本任务之一就是组织、开展与师范院校改革发展、教师教育理论与实践研究的学术交流活动。四年来，我们先后在湖南科技大学（原湘潭师范学院）、沈阳师范大学、湛江师范学院等学校召开了学术年会，在此，我代表本届理事会，对承办师范教育分会学术年会的学校表示衷心的感谢，对积极参加并支持分会工作的会员单位表示感谢！

2009年8月25日至26日，中国高等教育学会师范教育分会2009年年会暨全

国高等师范院校校长论坛在湖南科技大学召开。湖南科技大学校长刘德顺和中国高等教育学会师范教育分会俞立中理事长致辞，教育部师范司司长管培俊到会并作了重要讲话。此次会议以教师教育改革与区域社会发展为主题，广泛讨论了如何坚持教师教育特色和灵活开放的教师教育体系建设，强调教师教育改革与区域人才战略服务区域社会发展，并由此讨论了区域师范院校课程与教学改革、区域教师教育改革与发展的案例，以及区域教师教育改革发展策等，不仅促进了对于国家教师教育创新的深入理解，也在分享各自的经验基础上，对于教师教育改革与区域社会发展的关系理清了发展思路。

2010 年 7 月 19 日至 20 日，中国高等教育学会师范教育分会 2012 年年会在沈阳师范大学召开。教育部师范司司长管培俊、辽宁省教育厅副厅长王燕玲到会并发表了讲话。年会恰逢《国家中长期教育改革与发展规划纲要》颁发，中共中央、国务院全国教育工作会议胜利闭幕之际召开，具有深远的意义。一方面，年会本身就是我国教师教育界深入贯彻《规划纲要》和全国教育工作会议的重要举措；另一方面，通过年会大家集思广益、凝聚共识，更有助于为教师教育事业科学发展廓清思路、指明方向。来自国内 47 所高师院校或综合院校的 120 余位领导及专家分成四个组，围绕“高素质专业化教师队伍建设、专业化背景下教师培养培训体系的重构、农村教师补给机制的创新、教师培养模式的创新”等议题展开了广泛的交流与讨论。与会会员单位的领导与专家一致认为，《国家中长期教育改革和发展规划纲要》和全国教育工作会议，明确了今后十年我国教育改革发展要贯彻优先发展、育人为本、改革创新、促进公平、提高质量的方针。教育大计，教师为本。有好的教师，才有好的教育。从这一意义上说，要贯彻“育人为本”、“提高质量”的方针，教师任重道远、责无旁贷。

2011 年 9 月 27 日至 29 日，中国高等教育学会师范教育分会学术年会在广东湛江召开，来自全国各知名师范院校、开展教师教育综合院校的 90 余位领导及专家学者聚首共商教师教育的创新与发展。会议主要围绕教师教育创新发展、实践探索和存在问题等进行了探讨。与会代表还就各校教师教育改革发展的经验做法进行了充分交流，并提出了存在问题和政策建议。与会人员普遍认为，当前国家和社会对教师教育的关注是空前的，而关注的焦点在教师教育质量提升；教师的质量是提高教育质量的关键，而提高教师教育的质量是提高教师质量的重要前提。因此，加大改革力度，加快创新发展，着力提高教师教育质量成为各院校的共识。

二、积极开展国际学术交流，推动教师教育的国际化

师范教育分会长期致力于加强教师教育国际交流与合作，加强与境外高水平大学和有关国际组织的项目合作，充分利用国际教师教育资源和经验，促进我国教师教育事业的改革与发展。师范教育分会先后与日本教师教育学会联合举办了6届国际研讨会，鉴于21世纪以来教师教育研究的国际化趋势，经与日本教师教育学会数次协商，决定扩大国际研讨会的参加范围，吸收包括东亚其他国家与地区的专家学者参加，广泛探讨东亚国家教师形象和教师教育的改革发展问题，并于2008年将第七届国际研讨会更名为第一届“东亚教师教育研究国际研讨会”。

2010年12月15日至17日，由香港教育学院主办、日本教师教育学会和中国高等教育学会师范教育分会协办的第二届东亚教师教育研究国际研讨会，在多个国家及国际机构共同赞助下在香港特别行政区香港教育学院召开。会议主题为“面向未来的教师教育—国际视野”。来自日本、韩国、中国、新加坡等国600余位教育领域的专家学者围绕教师教育与教师发展的脉络、教师教育课程、教师教育的素质保证和教师资格认证、教师与教师能力的研究、学科教学与高等教育的教师专业发展、信息科枝和语言在教师教育的应用等主题展开了广泛、深入的讨论。与会学者共同认识到，随着社会与经济的急速变化，教师在培育个人的发展和建造美好的未来社会方面担当的举足轻重的角色，教师及教师教育面对的很多新的挑战，包括标准制定和问责、终身学习的需要、教育改革、市场化、全球化等。教师教育研究如何在创造知识、影响政策、实践和创新等方面，为亚洲社会及其他地区扮演着重要的角色，将是其改革发展面临的重要课题。

刚刚在华东师范大学召开的第三届东亚教师教育研究国际研讨会暨师范教育分会2012年年会，以“高素质教师与教师专业标准——国际图景”为主题，集聚了亚太地区及其他地区的教师教育的管理者和研究人员100余人，围绕教师教育课程及其标准、教师专业发展及其标准体系、教师准入制度、高素质教师的培养、新技术与教师专业发展、学科教学的创新等问题，展开了深入的探讨与交流，共同分享彼此的研究成果与实践经验。

三、加强师范教育分会自身建设

学会的自身建设是学会生存与发展的基础。自 2008 年来，尽管学会的发展遇到了种种困难，但学会仍然坚持正常的学术活动，坚持与上下级学会的联系，坚持与其他兄弟学会建立良好的合作伙伴关系。主要做了以下几方面的工作：

第一，参与政府教师教育决策咨询研究。师范教育分会积极组织会员单位或个人参加教育部师范教育司的多项重大项目研究及涉及师范教育改革的多项政策咨询工作。如原师范教育司(现教师工作司)委托、世界银行资助并由理事长俞立中主持的《中国教师教育标准体系研究》，汇聚了一大批华东师范大学、北京师范大学等师范院校的教师教育与课程教学研究领域的专家学者，共同研究制订了《教师专业标准》、《教师教育课程标准》、《教师教育机构认证标准》和《教师教育质量评估标准》。其中，《教师专业标准》和《教师教育课程标准》在之后的两年间经历多次修改、完善后已经于 2011 年 11 月以试行方式颁布实施。

第二，定期参加高等教育学会的分会秘书长工作会议，向中国高等教育学会汇报高师院校的改革现状与教师教育的发展趋势，并与高等教育学会所属各分会进行交流。

第三，支持会员单位的交流与合作活动。近年来，各会员单位在教师教育改革发展进程中面临着一些新的挑战，亟需通过同行、同类院校间的交流，来借鉴其他高校的经验。学会以年会的形式搭建了各会员单位之间交流、沟通、合作的平台，各会员单位则积极谋求各种形式的交流与合作。不同区域、层次师范院校间的互访与交流，同一区域师范院校在教师教育课程、教育实习、社会实践等方面的资源共享，已经成为促进师范院校教师教育改革的一个重要形式。如北京师范大学、华东师范大学在国家指定的援助建设中西部师范院校的基础上，以师范教育分会为平台，通过派遣师资、管理人员等形式，不断加大对中西部师范院校的支持力度，协助中西部师范院校实现更好、更快的发展。自 2008 年起，北京师范大学、华东师范大学、华中师范大学尝试开展教师教育课程的共享，并且以网络直播模式异地开设教师教育课程，在探索新的课程共享模式方面做出了积极的探索。

第四，编辑、出版学术刊物。《教师教育研究》是由教育部师范教育司主管、师范教育分会的学会机关刊物，由北京师范大学与华东师范大学联合主办。近几年来，《教师教育研究》的办刊水平逐年提升，发行数量逐年上升，在学术界尤其是是教育理论领域的影响力也逐年增强。该刊物一直注重教师教育理论研究，强调将教师教育实践领域的问题进行系统化、学术化的研究。近几年，也开始重视对教师教育实践领域的经验总结以及一些实证方面的研究成果的展示。随着《教师教育研究》杂志的日趋成熟，相信对我国师范院校的改革和教师教育的发展产生更加积极的作用。

四、存在的问题及建议

在过去的四年时间里，在教育部师范教育司和中国高等教育学会的指导和帮助下，在各会员单位的大力支持下，第六届理事会的各项工作取得了一些成绩，当然也在一些问题及不足。

第一，与各会员单位的日常联络不够频繁，对各师范院校教师教育改革实践与研究的支持力度不够。

第二，与上、下级的关系问题。目前本会下属三级学会变动较大，许多下属学会已经自然消亡，与现存的各下属分会也未能及时沟通。此外，与上级高等教育学会的联系也有待加强。

第三，各理事单位、会员单位的缺少跨区域、跨层次的交流机制，使得学会很大程度上局限于年会期间的交流、沟通和局部区域、层次院校之间的跨校合作。

第四，学会过于重视学术年会等大型学术活动的组织，未能举办分散的、不同学校类型的小型专题研讨会，以致于许多会员单位无法感受到学会的作用。一些国际交流活动、重大课题的研究也未能体现学会的广泛性。

为了进一步推动师范教育分会各项工作的顺利开展，对下一届师范教育分会理事会的工作，我们也有一些建议：

第一，加强与教育部教师工作司的联系与沟通，把握好当前我国师范院校与教师教育改革发展的趋势，配合并落实教师工作司的各项教师教育政策，为我国教师教育事业的健康发展而尽心尽力。

第二，加强学会自身建设。严格执行中国高等教育学会的《中国高等教育学会分支机构管理办法》，处理好与同类性质的兄弟分会的关系，如教师教育分会、师资管理分会等。

第三，积极发展新会员单位，扩大常务理事与理事单位的名额，使更多的单位了解师范教育分会的性质与活动，扩大本学会的影响力。

第四，继续加强教师教育领域的国际交流与合作，以“东亚教师教育国际研讨会”，扩大与亚太地区、欧美各国在教师教育研究与实践领域的合作。

以上是我代表中国高等教育学会师范教育分会第六届理事会所作的工作报告。

同志们，中国教师教育改革发展正处于一个关键时期，对于在座的各会员单位而言，也是一个谋求发展、提升水平的重要契机。2012 年 8 月《国务院关于加强教师队伍建设的意见(国发[2012]41 号)》进一步强调了加强教师队伍建设的重要性，提出了教师队伍建设的目标：“到 2020 年，形成一支师德高尚、业务精湛、结构合理、充满活力的高素质专业化教师队伍。专任教师数量满足各级各类教育发展需要；教师队伍整体素质大幅提高，普遍具有良好的职业道德素养、先进的教育理念、扎实的专业知识基础和较强的教育教学能力；教师队伍的年龄、学历、职务(职称)、学科结构以及学段、城乡分布结构与教育事业发展相协调；教师地位待遇不断提高，农村教师职业吸引力明显增强；教师管理制度科学规范，形成富有效率、更加开放的教师工作体制机制。”《意见》还从加强教师思想政治教育和师德建设、大力提高教师专业化水平、建立健全教师管理制度、切实保障教师合法权益和待遇、确保教师队伍建设政策措施落到实处等六个方面提出了加强教师队伍建设的 20 条具体的意见。这些意见将成为未来十年中国教师队伍建设及其政策制定与实施的重要依据。

在此次换届会议上，将会产生新一届的理事会，我们相信在新的理事会的领导下，师范教育分会的工作会更加丰富、更加充实。我们同样相信，在教育部师范教育司和中国高等教育学会的领导下，我国教师教育事业将稳步前进，师范教育分会在我国师范院校的改革和教师教育事业的发展中必将发挥更大、更积极的作用。

新媒体时代的沟通[①]

（2013 年 6 月）

一、关于地沟油联想的故事

先给大家讲个故事，一个真实的故事。去年 5 月的一天，新浪微博上出现了这么一组照片。大家能看清吗？原帖已被作者删除了，这是从报刊上截下来的，分辨率太低。但没有关系，看看配的文字就明白照片要显示什么了。“中北校区河东食堂书报亭旁边捞地沟油的证据，不知道捞这些油有何用途？也不知这些油流到哪里去了？”

很快，不到一个小时，转帖、评论铺天盖地而来，从疑问到质疑到结论，最后指向到“一所 985 高校竟然用地沟油，令人发指！”

理性思考一下，这样的故事延伸也许很可笑，但新媒体确实演绎了这么一个故事。

二、新媒体时代：公共信息平台的效应

新媒体时代，社会上人、事、物的能见度和透明度大大增强，同时也凸显了信息的不对称性，而公共互动信息平台的高时效性、高滚动率、高传播力、高影响度，自然而然地放大了信息的不对称。

“好事不出门，坏事传千里”，这是信息选择的不对称性；在公信力缺失的情况下习惯往坏处想象，这是社会心态的不对称性；网络语境下的情绪发泄、愤青吐槽，这是情感色彩的不对称性。在没有主动应对、积极互动的情况下，一条吸引眼球、抓住心结的信息就会如此滚雪球般地传播，引发了食堂用地沟油的结论性联想。这是公

① 本文为俞立中在听道讲坛上的演讲。

众对食品安全监控的不信任，对地沟油的恐惧和愤慨的大学版呈现。

现在请让我把故事讲完。

进办公室上班，打开电脑，先查看一下网络信息，这是我多年的工作习惯。当看到这条微博及转发与评论，我的第一反应是震惊和不可思议，马上也意识到这是一次信任危机，必须认真应对。我和学校后勤处处长打了电话，请他尽快调查了解，并告知实情。很快，事实就搞清楚了，这是例行的下水道疏通。我在微博上作了回应："经了解，新浪微博上的照片，正在打捞下水道油脂沉渣的人员是我校后勤集团环境管理中心人员（打捞的目的是防止油脂沉渣堵塞下水道），打捞出来的油脂沉渣是倒入垃圾处理掉的。我们找到了他本人，并与照片中边上的人证实，是把油脂沉渣倒到进了垃圾堆。请同学们放心，要相信学校。"

同时，为了让同学们了解学校食堂废弃食用油脂的处理办法，我也把后勤处发给我的处置规范在微博上转发了："我校后勤集团与上海普环实业有限公司签订了《普陀区废弃食用油脂有偿服务协议书》（学校出钱），食堂废弃的食用油脂回收，由该公司负责派人到学校回收，由普陀区市容环境卫生管理局监督，防止流入非正规渠道损害人民健康。哈哈。大家要支持后勤的工作，请搞清事实后再发表感慨。"

针对部分同学对食堂食用油进口的疑问，又发微博作了说明："我很理解同学们的担忧，食品安全已经成为社会共同关注的问题。为了师生健康，后勤处加强了对食堂的监管，后勤集团食堂的食用油全部来自上海高校后勤服务公司（市教委下属的学校食堂配货中心），社会企业食堂也要求从超市等正规渠道进货。后勤处和卫生监管部门会经常查看进货单。特告之，请监管。"

几个小时内，事实得到了澄清。同学们不仅了解了真相、解除了疑虑，也经历了一次理性思考的过程。下午，微博上的舆论完全走向正面，高度认同了学校和学生之间的及时沟通、积极互动，更是表达了对学校的信任、热爱和支持。已经得到媒体关注的一次"丑闻曝光"成了"用微博解决危机"的报道。

从这个故事里，我们也许可以得到不少启示。

三、校长之道在于沟通，用好新媒体的那一刃

有人曾问我，你当过上海师范大学、华东师范大学、上海纽约大学三所不同类型

大学的校长,你觉得什么是校长的主要工作?大家都知道,美国大学校长的主要工作是找钱、找人——争取办学经费,争取优秀人才。大家也一定了解,中国大学校长似乎什么都要管,什么都是“一把手工程”。

如果要我用最简洁的词语来概括校长的工作,我会说两个词——“思考”和“沟通”。在众人的智慧源泉中选择适合学校的战略方向和发展路径,需要“思考”,这是校长的重要职责。认真听取各种声音,在互动中完善服务和管理;让理念成为共识、计划成为行动、蓝图成为现实,都需要“沟通”,这更是校长的职责。其实,仔细想一想,不管是争取办学经费还是争取优秀人才,那一样不是“沟通”的过程和“沟通”的成效。

我们有很多传统的沟通方法。开大会,传达精神、布置工作,这是自上而下的沟通;召开座谈会、恳谈会、咨询会,这是自下而上的沟通;民主生活、促膝谈心,这是互动式的沟通。沟通是学习过程——“听君一席话,胜读十年书”。沟通是思想传播——取得理解和认同,才能把思想、计划、方案转化为行动。沟通是双向交流——促成相互了解,消除误解,取得共识、建立互信。

然而,时代不同了,信息技术、媒体技术的快速发展,需要我们寻找更有效的沟通平台,来适应新媒体时代的特点:信息来源的多元化、信息传播的互动性、信息扩散的滚动效应;需要我们寻找更有效的沟通方式,来面对现代社会多样化的群体意见和个体诉求。

对大学的服务和管理而言,体现“办学以教师为本,教育以学生为本”的理念,需要我们更贴近老师和学生。而现代大学的规模,几乎不可能做到校长和每位学生都有面对面的沟通机会。每当我听到有学生在说,毕业了还没有见过校长呢,实在感到汗颜。但是,我一直在努力、在探索,希望建立与学生直接沟通的渠道。

记得10年前,我在上海师大当校长,每年要聘请一批学生校长助理,以加强与学生的沟通。一位学助是学校BBS的版主,是她建议我在BBS上设立了“校长在线”,让我享受到了与广大学生直接沟通的欣喜和收获。2006年回到华东师大,有一好心的学生在人人网上以我的名义注册,与同学们交流,使我意识到公共信息平台的互动效应,促成了我在很多年里利用人人网公共主页发布信息、听取意见,与师生沟通交流。也是在学生一片“你已OUT了!”的呼声中,我加V注册了新浪微博,结交了更多的朋友,实现了更有效的沟通。

从BBS到人人网到微博，我的与时俱进，实实在在是在追随数字土著这一族的喜好，不断升级平台。我深深地体会到，新媒体给了我一个有效的沟通平台，以聆听学生心声、征求大众意见、了解舆论动向、交流热点问题、提醒重大活动、传播发展理念、解读学校政策、发现管理缺失，化解突发危机。通过这个沟通平台，可以使学校的政策和管理更加透明，消除信息不对称带来的疑虑和情绪，同时也能及时发现学校服务和管理上的问题，增强师生的凝聚力。

四、网络沟通的几点体会

向热心在互联网上沟通的朋友们交流几点体会：

明确有限目的。对我而言，新媒体互动平台上的沟通，是方法、也是理念、更是态度。沟通的目的是什么，心里一定要清楚。网络上的沟通不是万能的，网人和真人有两面性，面对面的沟通同样是重要的，是相互补充的。曾经，在BBS校长在线上，一位同学用比较激烈的语言表达了对学校某个活动安排的意见，我试图作些说明，却没想到引来了更多的不满。考虑到这种情绪不利于进一步沟通，我就约她见面一谈，当面听取意见。我们的面谈是非常愉快的，这是一个很有理性、有思想的同学，并非愤青。通过谈话，她理解了学校推出这项活动的初衷，我也意识到了因为安排不周全、解释不到位，造成了学生的误解。有意思的是，她一见面就马上检讨说："之所以口无遮拦，是因为在网上可以随性，请校长不要在意。"其实，这样的经历，我有过很多次。一般情况下，网上沟通出现问题，我都会约同学当面交谈，几乎没有被拒绝过。这种情景下的沟通，既解决问题，也增进友谊，很值得的。

正确对待自己。正如这位学生所讲，上网就是享受一个平等的感觉，谁是谁啊！真的不要以为自己是谁。以宽容，保持良好的心态；以积极、平等、真诚的沟通，集聚正能量。维护一个好的网络环境，我们要善于聆听、善于学习，尊重不同意见。我也有过这样的教训，因为想解释清楚一个问题，陷于唇枪舌战的争论，结果是越抹越黑，愤然收场。其实，微博是不适合辩论的，千万不要较劲。在这个多元化的公共平台上，大家都在说自己想说的话，表达自己想表达的情绪。坦然面对宽容处置，才会真正有感觉。

追求沟通效果。网络没有语境，话语的歧义很容易引起可笑的误解，学会用"呵呵、哈哈”营造宽松的语言氛围；网络见不到言者的表情，学会多用可爱的脸谱，显示你的幽默感、友好态度，让朋友们也有个好心情。这是我多年上网学习的心得体会，一个网上能愉快沟通交流的人，网下也一定能和他人沟通好。

最后，提醒诸位，小心上瘾。经常上微博，有这个可能！

个人的梦和世界的梦①

（2013 年 8 月）

今天我们欢聚在这里，举行上海纽约大学首届学生的入学典礼。这是一个具有特殊意义的时刻。不仅是因为这所学校的特殊身份，也因为在座同学们的特殊身份。请大家注意到，这所大学、这批学生承载着很多的“第一”，我们都是这个全新事业的开拓者，我们共同在谱写高等教育国际合作的新篇章，开创上海纽约大学的历史。请允许我代表上海纽约大学，欢迎同学们的到来。我也想代表上海纽约大学，感谢各位家长的光临，感谢你们给予孩子们的关爱和支持。

我叫俞立中，上海纽约大学校长。同学们可以按照英语习惯，叫我 Lee，或者按照中国传统，叫俞老师。今后四年里我们会经常在一起，希望成为大家的朋友。也许，在微博或 QQ 群里，我们已经是朋友了。

同学们，现在我们已经是上海纽约大学这个大家庭的一员了，作为这个大家庭的一位长者，我真的有很多话想和大家讲讲。但是，我还是决定把那些严肃的话题留给杰夫，我们的美方校长，因为他要对这所大学的学术水准和教学质量负责任。这里，我就和同学们谈些轻松的话题吧，一个和我自己有关的“梦”的故事。

首先，请同学们再问一下自己，我为什么选择了上海纽约大学？每个人都会有很多梦，这个选择圆了我什么梦？今天的场景，让我想起了 35 年前我进入大学的那段经历，那年我已经 29 岁了，那年我已经在黑龙江的农场里度过了九个多年头。在座的年青人也许知道“文化大革命”、“知识青年”、“上山下乡”这些名词，但是否明白这些名词对我们这代人意味着什么？中国的孩子不太了解，来自海外的同学们更无法理解了。

历史事实是，“文化大革命”中断了我们的学习，所有的学校都不上课了；大批学

① 本文为俞立中在 2013 年上海纽约大学首届新生入学典礼上的讲话，英文讲稿，标题为编者所加。

生被送到边远的乡村，“知识青年”“上山下乡”，“接受再教育”。我去了黑龙江小兴安岭山麓的一个农场，在那里一待就是近10年。农场的工作和生活条件是非常艰苦的，对于年轻人来说，生活上的煎熬、体力上的劳累，都是可以坚持下来的，而最让人难以忍受的是那无法看到的前途。但是，在最困难的10年里，我的内心深处一直有个强烈的信念，“上大学，成为一个真正有知识的青年”就是我挥之不去的梦。

20世纪70年代末，中国走上了改革开放之路。恢复高考，给了我们改变命运的机会。在短短几个月时间里，我自学了高中的各门课程。白天必须努力劳作，只有在夜深人静之时，我才能在蚊帐里打着手电筒翻看书本。经常是打亮一会儿，赶紧把知识点和习题记在心上，然后关掉手电，躺在炕上反复琢磨、回忆，在心里默默解题。清晨出工前，我会把重要的数学公式、物理公式写在手心上，歇息时打开掌心看看，加深记忆。总之，任何支离破碎、分分秒秒的间隙都成了我复习迎考的宝贵时间。

记得去考试的那天凌晨，我们坐着货运卡车颠簸了一个多小时，头昏脑胀地进入了考场，开始答卷。馒头加冷水是我们的三餐，晚上只能借住在老乡家里，六七个人挤睡在一张土炕上。我很幸运考上了华东师范大学，重新开始学习生涯，实现了自己的梦想。要知道，当年只有不到百分之一的年轻人才有这个机会的啊。

“文化大革命”磨蚀了我们这代人的青春年华，十年里我们不知道自己的未来在哪里。十年后，我们这代人却在机会面前大分化了。我经常想，为什么我能走上这条路？也许就是因为梦，这个大学梦使我在任何困境下，不放弃、不灰心，坚持不懈、乐观处世。“梦”是人生的一个目标，一个愿景，一个希望，一个动力。人需要有“梦”。

如果说进入上海纽约大学是同学们的一个梦，现在这个梦已经实现了，下一个梦是什么呢？在校园日活动时，一些中国同学说，上海纽约大学有一半是中国学生、一半是国际学生，全英语教学和互动学习模式更适合国际学生，他们更有竞争优势。在国际学生活动时，也有美国学生问我，听说中国学生学习都很努力，我们会不会跟不上呀？我很高兴看到同学们能意识到自己的优势和弱项。但是，发挥自己的优势，弥补自己的不足，需要思考、需要付出。为了实现美好的“梦”，勤于思考、刻苦努力是必须的。我希望同学们享受学习过程，也希望同学们有艰苦的准备。大学只是为我们的成长提供了机会，创造了条件，而成功的人生，一定需要自己加倍的付出。

当年，我们在大学学习真是憋足了一股劲，因为大家知道机会来之不易。让我给大家展示几个情景：为了提高英语水平，清晨6点多，校园的每个角落都有学生在猛背英文单词和课文；晚上自修教室和图书馆都坐满了学生，甚至还有站着看书的；各种学术报告、文化讲座、社团活动，都会挤满了学生，以致席地而坐；熄灯后，还有同学在宿舍的走廊和厕所里看书学习。那个年代的我们太想读书了，真想把全部时间都用来汲取知识、提升能力。因为大家都明白一个道理，要想成为一个能跟上时代发展的社会栋梁，需要积极思维、需要努力探索，必须有更多的付出，我们是在补回失去的年华呀。

我无意提倡同学们向我们这代人学习，只是想告诉大家：实现美好的“梦”，必须有付出。

今天，同学们面对的是一个新的时代，被称之为：“全球化时代”、“知识经济时代”、“信息化时代”、“生命科技时代”等等。上海纽约大学希望为这个时代培养一大批有全球视野，善于跨文化理解、交流和合作能力的国际化创新人才，以迎接未来的挑战。这是符合时代发展、世界需要的探索。这也是所有上海纽约大学的创建者、参与者的梦，是我们大家的梦。每个人都有“梦”，当我们把个人的“梦”和社会的“梦”、世界的“梦”联系在一起的时候，个人的“梦”也变得更有意义，更伟大了。

愿同学们“永远有一个美好的梦”，希望同学们“为实现梦想而努力”，希望同学们“把个人的梦和社会的梦、世界的梦联系起来”。这就是我想送给新同学的见面礼。

祝愿同学们有一个愉快而成功的大学生活。

让教育更具活力，让大学更具创造力[①]

（2014 年 1 月）

认真研读了《政府工作报告》中关于“深化教育领域综合改革”的部分，其中不少内容涉及到高等教育的改革和发展——促进高等教育内涵发展，研究制定高等教育布局结构规划、学科布局规划、现代职业教育体系规划，推进考试招生制度改革，健全高等教育财政投入机制，扩大高校经费使用自主权，推动高校改革人才培养模式，提升协同创新能力，探索建立现代大学制度……

多年来，社会公众对高等教育质量的提升一直有很大的期待；而激发大学的创新和创造活力，又是上海转型发展的一个关键要素。我觉得，在推进高等教育改革与发展的进程中，处理好政府、大学、社会三者的关系，真正发挥各自应有的作用，实实在在是一个重要的问题。很高兴看到，在政府工作报告中把促进高等教育内涵发展的政府定位和着力点放在了研究制定高等教育布局结构规划、学科布局规划、财政投入机制、扩大高校自主权等方面，体现了政府在宏观政策引导、高等教育发展战略层面上的积极作用。通过政策引导和机制改革，激发大学在人才培养模式的改革、创新能力的提升、现代大学制度的探索等内涵发展领域的创造力和自主性。我国著名教育学家、华东师范大学首任校长孟宪承在上世纪三十年代提出的大学理想，即“智慧的创获”、“品性的陶熔”、“民族和社会的发展”，至今仍有重要的现实指导意义。人才培养、科学研究和社会服务是现代大学的三个重要使命；而这些内涵能力的提升，只有通过大学学术共同体的持续努力才能实现。政府的着力点应该是在创造外部条件、完善激励机制，在科学规划的基础上通过资源的配置来实现高等教育的整体发展。

上海建设国际化大都市，成为国际经济、金融、贸易和航运中心，人才是基础，教

① 本文原载《解放日报》2014 年 1 月。

育是基础的基础。建议在规划高等教育布局结构时，不仅需要立足于上海未来产业发展的人才需要，也要面对全球化、信息化时代发展的人才需要，更要考虑不同特质人群的发展需要，鼓励高校体现自己的办学特色，探索多样化的人才培养模式。只有这样，高等教育才能满足社会对人才的多样化需求，才能满足学生对学习和发展的多样化需求。同样作为国际大都市的纽约，既有哥伦比亚大学、纽约大学这样的世界一流的私立大学，也有高水平的纽约州立大学体系，还有一个庞大的城市大学体系，更有一批有影响、有特色的专业性很强的高等学校或高等职业学院，从而显现了纽约国际大都市的文化气质和创新活力。位于纽约市的音乐学院、设计学院、烹饪学院等等同样也是世界一流的。相比之下，中国高等教育一个很大的问题就是"趋同化"，单一的评价标准制约了大学办学模式和人才培养模式的多样化发展。而恰恰因为学生的个体差异，因为社会各类岗位对人才需求的不同，任何一种教育模式都不可能适用于所有的学生，也不可能满足各行各业的人才要求。高等教育只有提供更多的选择，才能让每个学生找到适合的学习模式和发展模式，满足人的发展要求，才能够满足经济社会发展对人才的多样化需求。多样化是高等教育的良性生态环境的重要特征。

高等教育应该在一定程度上体现出超前性，起到引领社会发展的功能。因此在学科布局规划中，既要考虑社会对各类专业人才的实际需求，又要有前瞻性和发展性的考虑，尤其是对大学本科教育而言。本科阶段的通识教育加专业教育模式，可以为一部分精英学生打下更为宽厚的基础，发掘学生的兴趣和潜质，培养更深层次的学习和思维能力，以适应时代发展的各种可能变数。

教育应该着眼于人，着眼于人的发展。上海高等教育的发展应该给学生更多的选择机会。在上海市政府的支持和推动下，我国第一所中美合作举办的高等学府——上海纽约大学于 2012 年正式成立，去年已经招收了第一批学生。作为中国高等教育改革的一块"试验田"，上海纽约大学正在努力为当今时代的发展培养一批具有全球视野，善于和不同文化背景的人沟通交流、合作共事的国际化创新人才。在纽约大学通识教育模式的基础上，上海纽约大学在培养机制、课程体系、教学方法、师资配置、学生构成等方面作了更为积极的探索，更体现了全球视野、多元文化、跨学科、中国元素的特点。例如，学校开设的"科学基础"课程，融合了物理学、生物学和化学的知识和技能，强化了面对问题的学科交叉融合；上海纽约大学美方校长雷蒙主讲的《全球视野下的社会》课程，采用了大班讲授、小班讨论、写作指导等多种教学形式，通过海量阅读、讨论、写作等，拓宽学生的视野，培养学生的阅读与写作习惯，训练学生的思维能力。主动学习模式、通识教育课程、推迟选择专业、全球教育体系中的流动学习、全英语教学环境、多元文化的学生群体和生活安排，高水平的教师队伍等等都是上纽大的独到之处，它们也丰富了上海高等教育的内涵。

我们期待上海的高等教育能给市民们带来更多的惊喜，对上海新一轮的发展作出更大的贡献。

创新合作办学模式提升高等教育质量[①]

（2014 年 4 月）

中国高等教育经历了过去十几年的快速发展，今天并不在乎再多一所大学，更不在乎再多招一些大学生，我们需要的是高质量的教育、高水平的大学、有特色的办学，需要的是改革的勇气和路径。

改革的道路可以是不一样的。上海纽约大学选择的是怎样一条道路？根据国家中外合作办学条例，我们尝试借鉴世界一流大学的办学理念，引进国外优质教育资源，构建国际化的学习环境，积极探索全球化背景下的人才培养模式。

纽约大学无论从哪个方面都称得上是一所世界一流大学。多年前，华东师大和纽约大学合作，积极地引进纽约大学的优质教育资源。在此基础上我们通过谈判，正式决定通过合作办学的模式来建立上海纽约大学。我们特别看重的是纽约大学正在努力构建全球教育体系（Global Network University）。纽约大学校长认为，在全球化时代的大背景下，我们要给学生更多的机会，在大学期间就能接触和理解世界不同的文化，有更多的机会与不同文化背景的学生沟通、交流与合作。在过去的十几年里，纽约大学积极推进全球教育体系的建设，在世界很多大都市里，设立了海外教学点和校区。学生可以在这些教学点或校园流动，完成他们的大学学业，把课堂学习、文化体验、社会观察和研究实践紧密地结合起来，作为人才发展和培养的一个平台。同时，纽约大学的教授也在这些教学点流动、教学。到目前为止，纽约大学已经在世界 14 个大城市里建立了海外教学点或海外校区。

上海纽约大学于 2011 年 1 月获教育部批准筹建；2012 年 9 月正式成立；2013 年 8 月第一批学生正式入校，开始了他们为期 4 年的本科学习生涯。学校的第一年是在华东师大中山北路校园过渡，今年 8 月我们将正式搬迁到位于浦东陆家嘴世纪大

① 本文为俞立中在上海教育博览会上的演讲，根据录音整理。

道1555号的新校区。

我们究竟想把上海纽约大学办成一所什么样的学校？我们办学的基本理念是什么？用几句话来概括一下。首先，上海纽约大学是中美两所高水平大学合作创办的，具有独立法人资格和学位授予权的国际化大学。简单地讲，这是我们的中国户口，是中国教育部正式批准的中外合作举办的国际化大学。同时，它也是纽约大学全球教育体系的组成部分。一个大学具有双重身份，这是我们在中外合作办学过程中的积极探索。如果不是中国高等教育体系的组成部分，上海纽约大学对推动我国高等教育改革的意义就很小；而如果没有和纽约大学的直接联系，我们从什么角度去把国际优质资源真正引进过来呢？我们要引进的不仅仅是一个名字、一个学位，而是要实实在在地引进它的办学理念、师资力量、课程体系、教学方法以及学生管理等各方面。我们努力让这所学校的双重身份得到很好的体现，真正把中国的优质资源和美国的优质资源紧密地结合起来。其次，我们希望通过中外合作办学，探索国内高等教育的改革，建设一所世界级的、多元文化交融、文理工学科兼有的研究型大学，成为全球化进程中不同文化交流和教育合作的典范。

一开始我们就把上海纽约大学定位在建设一所世界一流大学而且是研究型大学的层面上。怎么来体现一流？怎么在办学中积极探索？上海纽约大学不是简单的办一所大学，它更重要的意义在于探索。不仅探索中外合作办学的模式，更是在探索应对中国高等教育发展过程中所面对的各种问题。

首先，一流的大学，一定要有一流的师资队伍来保障。上海纽约大学的师资队伍40%来自纽约大学的高水平教授群体，到目前为止已有200多位纽约大学的教授愿意参加上海纽约大学的建设和授课。我们第一学期选了其中最优秀的一部分教师。在第一学期授课的教师队伍里，有7位美国艺术与科学院院士，2位美国国家科学院院士，还有一批讲席教授。世界上任何一所大学，包括纽约大学的学生都不可能有这样机会——这么多的院士在给一年级的学生开基础课。还有40%的师资是纽约大学各院、系按纽约大学的标准，帮助上海纽约大学在全球招聘的教授。另外，我们也在上海本地聘用了一些兼职教授或客座教授。通过这样的国际化教师队伍的构建，为学校引进最优质的教学资源。

第二，我们一定要吸引最优秀的学生。上海纽约大学第一年招生，一半是中国学生，一半是国际学生。在第一批国际学生里，大约超过一半是美国学生，剩下的是来自 34 个不同国家或地区,充分体现了多元文化和国际化。上海纽约大学国际学生的 SAT 平均成绩要高于纽约大学学生的平均成绩。因此纽约大学校长曾经说过,如果把上海纽约大学看成是纽约大学的一个 school 的话,那么这个 school 一定是 honor school,应该是高于纽约大学的平均水平。在大陆学生的招生工作中,我们积极探索与传统的、以高考成绩为唯一录取标准所不相同评价体系和招生模式。我们的招生是先选学生,再让学生参加高考。每年一月,我们的学生报名就截止了,学生必须同时走美国大学和中国大学的两条申请通道。学校综合考虑学生的高中成绩和学业考试成绩、校园日活动的评价以及高考成绩,来选拔学生。学生在参加高考前,就已经知道有没有机会被上海纽约大学录取。通过校园日活动,学校会选拔一部分的学生作为条件录取,只要高考成绩到一本线就会被录取;另外有一部分学生是作为候补,高考成绩出来后,学校结合中学学业情况、校园日活动的表现,再确定能否录取。

大家可以看到,我们的选拔录取方式与传统方法有很大的差异。在学生评价方面,除了学业成绩,更注重学生的学习动力、人生抱负、探索精神、冒险勇气、批判性思维能力、团队合作、亲和力、交流能力等等,更关注学生有没有建立中国和世界纽带联系的意愿。概括起来讲,就是重视学生世界观、人生观、价值观的考察。

学校旨在培养符合时代发展要求的、具有全球视野的国际化创新人才。因此,在培养模式和课程体系建设上,特别重视以下几个方面。首先,拓展学生的科学视野,激发学生的好奇心;其二,推动基于兴趣的主动学习;其三,推迟选择专业,让学生在学习过程中发现自己的兴趣和潜力所在,再选择专业;其四,培养实践探索精神,给学生各种机会参与社会实践和科学实践活动,并在这个过程当中得到发展;其五,提高人文素养,提升批判性思维的能力;其六,培养跨学科分析问题、解决问题的能力。课程体系和教学方法的设计,不仅在于拓宽学生的知识面,更在于培养学生的思维能力,让学生成为善于学习、善于思考、善于交流、善于选择的一代人。

上海纽约大学的本科教育,采用通识教育的模式,也称为博雅教育模式。学生在头一两年主要学习核心课程,后两年主要学习专业课程。在一年级结束以前,学生可以开始考虑选择专业,到二年级结束时,必须确定自己的专业。可以选一个专业,也可以选两个专业或一个主修专业和一个辅修专业。以小班化、互动式教学为主,全英语授课。学生进校时就有一位学业导师,指导学生自主选择课程,自主选择专业。

上海纽约大学的学生能够享用纽约大学全球教育体系所有的资源,包括教师资源和校园资源的共享。在大学四年中,学生根据自己的专业和课程的需要,至少一个学期,最多三个学期,可以选择到纽约大学全球教育体系遍布五大洲的 14 个教学点和校区去学习,真正地把课堂学习、文化体验、社会观察和研究实践融为一体。同时,纽约大学的所有网络资源以及图书资源都可以为上海纽约大学的学生所用。举个例子,我们有个学生看到可以借阅纽约大学图书馆的书,就订了几本,四天后图书馆就通知书到了,是用飞机空运过来的。

概括一下:上海纽约大学的人才培养模式和我们传统的教育有哪些不一样呢?一是主动学习模式;二是全英语教学环境;三是通识教育核心课程;四是推迟选择专业;五是跨学科基础;六是在全球教育体系中流动。当然,今天国内一些大学也在尝试通识教育。我的体会是,通识教育的目的不仅是让学生学一点人文科学、社会科学、科学和工程,更重要的是培养学生的思维能力,在拓宽视野、拓宽知识面的基础上学会思考,培养社会责任,明确人生目标,这才是通识教育的灵魂。

这是我在网上下载的:凌晨 4 点,我们的学生在自习室里发的一个微博,文字是"学霸都到哪里去了"。实际上他们都躲在镜头后面,桌子上面摊的都是他们的书。在上海纽约大学的学习过程中,学生需要大量原著的阅读,需要大量的写作,需要大量的讨论。在这个过程中,可以培养阅读、思维和表达能力。虽然是刚开学不久的几个星期,我们的学生已经在熬夜阅读,准备第二天的讨论课了。

上海纽约大学的课堂教学是由不同类型的授课方式组合在一起,不完全是老师讲课的形式。除了部分教师主讲,还有专门的写作课、讨论课、实验课,通过这样的形式实现教和学的充分结合,让学生能够更多地、自主地选择利用不同的教学资源。学校也聘用了一批全球学术助理,负责对学生的一对一、面对面的课外辅导。学校注重学生的科研实践,特别强调面对问题的跨学科解决办法和思维方式,也特别强调培养学生的学术规范。教学中还重视动手制作,如"互动媒体创意技术"这门课的课程作业就是让学生做一个作品,让学生思考如何把技术和艺术有机地结合起来,成为作品。

从以上我和大家的分享中可以看出,上海纽约大学正在进行各方面的探索和实践。迄今为止,进展还是不错的,应该说,比预期的要好。困难是有的,毕竟是一所新的学校、一种新的模式和思路，势必会在不断产生的问题和困难中前行。

上海纽约大学才刚刚起步，改革的路还很长。探索高等教育国际合作模式，推进中国高等教育的改革创新，任重道远，我们需要不断地努力和奋斗。

全球化时代的人才培养与大学选择[①]

（2014 年 6 月）

今年 8 月，上海纽约大学将入住位于浦东新区世纪大道旁的新校区，第二届招生人数和去年一样，依然是 151 名中国学生，149 名国际学生；到 2017 年，计划在校生人数为 1 600 人左右。这是一所什么样的大学？招生数为什么这么少？怎么会有一半外国学生？6 月 28 日，上海纽约大学校长俞立中做客浙江人文大讲堂，开讲《全球化时代的人才培养与大学选择》。

现场听众对校长挺拔的高个印象深刻，对他给普通听众发名片的亲和印象深刻，也对他所讲的上海纽约大学印象深刻，“我们的学生阅读量很大，我对首届学生做过一个小调查，大多数学生晚上学习到 1 点才去睡觉”。

高等教育需要一个多元化的生态环境

这几天，各个省陆续在发布高考成绩和投档分数线。在学生和家长选择自己未来道路的时候，我们也在考虑大学教育的改革，考虑怎样培养未来的学生。

今天是一个全球化时代。世界变得越来越扁平，需要更宽阔的全球视野，需要多元文化的理解和包容，需要更多的跨文化沟通、交流和合作。

今天是一个是信息化时代。计算机、大数据、网络通讯技术的迅速发展，大大地改变了我们的生活和学习方式，也带来了新的教育手段和模式。

今天是一个知识经济时代。知识爆炸，知识更新速度的加快，新知识、新技术对社会经济发展的巨大推动作用，不断在挑战我们的学习能力和选择能力。

① 本文为俞立中在浙江人文大讲堂所作的讲座摘录。原载浙江省社会科学界联合会、钱江晚报编《浙江人文大讲堂(第 10 辑)》。

大学教育面对的首要问题就是如何适应时代变化，如何应对全球化的挑战。

面对信息化带来的大数据时代，年轻一代人怎样去掌握信息获取、处理和应用的新方法，如何改变自己的学习模式和学习方法，这是一个新的、必须应对的挑战。

除了技术变革，今天的年轻人所接触的工作对象或合作伙伴也已超越了同类文化群体，越来越多的中国企业、机构、资金在走向世界各地。中国在国际事务和国际合作中的投入和影响在不断加大，但并没有那么高比例的中国籍人员在各类国际组织任职。

中国企业走出国门最缺的是什么？国际化人才！是具有全球视野、能够理解和包容不同的文化，能够与不同文化背景的人沟通、交流和合作的人才。我们的高等教育还跟不上时代的要求。

大学教育的改革不仅要关注当今时代的特征，也要适应人的发展需求、适应社会的发展需求。多样化应该是中国高等教育的良性生态环境。社会各行各业需要不同类型、不同层次的人才，没有一种培养模式，可以满足所有的需要。因此，高等教育应该有不同的人才培养模式，造就不同类型的人才，满足不同行业、不同岗位的需求。每个学生个体的特质和潜力也不尽相同，高等教育应该为学生提供不同类型的培养模式，使学生总能找到适合他的发展路径。

在我看来，当今大学生最缺乏的能力，是选择的能力，思考的能力。在选择大学，选择专业时，有多少是学生自己在选择？更多的是家长的选择。家长认为哪个学校名声好、哪个专业的出路好，却很少考虑孩子自己的感受和兴趣。多年来，基础教育改革花了很大劲，但由于高考指挥棒，学生面对更多的还是应试教育，一味追求标准答案的教育，影响了思维能力的培养。

在今天这个时代，我们的人才培养，特别是创新人才的培养，需要考虑一些什么因素？

选择上海纽约大学，就是选择对未知的探索

上海纽约大学是一所精英学校，我们的培养目标是：符合当今时代需要的具有全球视野的创新人才、未来的世界精英。

学校重视学生的知识、能力和素养的整体发展，特别关注以下几个方面：

首先，科学视野和好奇心。学校注重拓宽学生的科学视野，激发学生的好奇心。让学生有机会接触更多的原来没有接触过或接触不多的领域，由好奇产生兴趣，有兴趣才更有学习动力。

其次，基于兴趣的主动学习。学生是学习的主体，大学学习模式应该是学生的主动学习，而不是由老师都具体安排好，学生按部就班地完成学业。今天，在很多的课堂里，还是老师从头讲到尾，学生努力记笔记，应付好考试就算成功了。这样的学习模式，很少有学生是主动在学习的，更谈不上探索。

第三，实践探索精神。实践也是一种学习，让学生更多地参与各种类型的社会实践和研究实践，培养实践探索精神，是学生发展很重要的方面。讲到学习，我们往往就想到课堂教学。其实，文化体验、社会观察、科学研究、公益活动、人与人的交往等等都是很有效的学习途径。实践探索能力也是学习能力。

第四，人文素质。大学教育首先是培养“人”，然后才是培养专业的人才。提高学生的人文素养，不仅仅是人文知识，更重要的是学会做人，做一个有积极价值取向，有社会责任、有修养的人。如果学生毕业了，有知识，有专业，而不懂得怎么做人，这不是成功的大学教育。

第五，批评性思维。上海纽约大学美方校长杰夫·雷蒙在首届学生入学典礼上讲得很精彩：“创造者、发明者和领导者不可能靠背诵和记忆别人的答案来创造、发明和领导。他们必须掌握为旧问题给出新的、更好的答案的能力，必须掌握能及时发现旧答案已经不合时宜的能力，因为世界是在不停变化的。大学教育不只是给你们前人的智慧，不只是要给你们已有的知识，也不只是要告诉你们某个正确答案。”培养学生批判性思维能力，是大学教育很重要的一个方面。钱学森世纪之问，指出为什么今天的中国很难培养创新性人才。如果一个人只是习惯于接受前人的知识，其结果也就只能是前人知识的传播者，而社会的发展、创新，一定要敢于批评和挑战权威，站在前人的肩膀上往上走，才能产生新的技术，有新的发现。

最后，跨学科基础。今天学科越分越细，但很多人类面临的问题不是单一学科可以解决的。大学教育要让学生学会如何去打破学科界限，用跨学科的知识和技能去面对问题、处理问题和解决问题。

当然，上海纽约大学特别关注培养学生的全球视野、多元文化的理解和欣赏、跨文化沟通交流和合作的能力。在上纽大，无论是在课堂上，还是学生寝室，经常会出现这样的现象：抛出一个问题，也许是老师提出的，也许是学生提出的，大家会从不同文化视角去看待和分析，并发表自己的意见。我们的教师来自世界各地，学生也来自世界各地，在讨论中，你才知道为什么别人的想法跟你不一样，每个人有自己的文化背景、教育背景，在成长过程中形成了对这个世界的认知，这种差异性，我们怎么理解，怎么尊重别人的意见，就是一个学习交流和沟通的过程。

我们的首届学生中，不少人是放弃了其他机会，选择了上海纽约大学的。一位毕业于上海中学的学生，他的高考成绩可以进任何国内一流大学，也得到了香港科技大学全额奖学金的承诺，但他最后选择了上纽大。他说，他选择上海纽约大学，是看中了这所大学与众不同的学习模式，他愿意选择一条不同的人生道路。

选择一所知名大学，前方道路明明白白，相当平坦。但是上海纽约大学，这是第一届学生，毕业后就业怎么样？读研机会怎么样？没有历史可以借鉴。如果学生没有追求新事物的意愿，没有积极探索不同学习模式的志向，是不会选择上海纽约大学的，或者选择了也会后悔。

由此可见，选一所大学，也是在选一种学习模式，甚至在选一条人生的道路。学生一定要想明白，自己追求的是什么，喜欢的是什么。

不要指望在好大学里，学得轻松

不管选择什么样的大学，追求什么样的学习生活，同学们一定要有心理准备，不要指望在一所好的大学里会过得轻松。你去哈佛大学看看，去耶鲁大学看看，学生都很辛苦。

在上纽大，学生要能够跟得上课堂的学习，必须有大量的原著阅读、讨论和写作经历。这是培养学生批判性思维、阅读和表达能力所必须的。我看到不少学生凌晨四点还在自习室里看书学习，也有通宵达旦的。当然我并不赞同学生这样开夜车。我曾问过学生，晚上一般几点睡觉，他们说一点，最晚两点，因为有很多作业，有大量的课外学习，不努力会跟不上的。

大学生的自主选择和自觉学习，应该是大学生活里非常重要的环节。不少大学生对大学学习生活没有很好的预期，进大学后还习惯于听从学校和老师的安排，实际上已经失去了很多机会。我在工作过的几所大学里都看到过不少这样的学生，有的在第一年就被淘汰了。

在上海纽约大学学习，整个过程就是学生自己选择的过程，没有人替你做出选择，学生自己选择专业、选择课程、选择活动，当然导师会给一定的建议，但选择权还是学生自己的。这些选择促进了学生对自己人生的思考和对自己未来发展的思考。

要更好了解上海纽约大学，我还得介绍一下纽约大学。我经常发现有人会把纽约州立大学、纽约市立大学跟纽约大学混淆起来。纽约大学是一所私立大学，是美国规模最大的私立大学。根据各种世界大学排名榜，纽约大学是名列前茅的，无疑是世界一流大学。上海交大的2013年世界大学学术排名榜上，纽约大学列全美第20位，世界第27位。纽约大学也是一所上升非常快的美国大学，一些学科在美国甚至在全球都是数一数二的。值得注意的是，在过去十多年里，纽约大学积极推进全球教育体系的建设，在世界六大洲设立了14个“门户校园”或“海外学习中心”，支持教师和学生在全球教育体系中流动，把课堂教学、文化体验、社会观察、研究实践有机地结合在一起，让学生享受到了独特的学习环境和学习模式。

上海纽约大学是纽约大学和华东师范大学合作举办的国际化大学，也是纽约大学全球教育体系组成部分。因此，纽约大学全球教育体系的所有资源也都是上海纽约大学的共享资源，包括师资、课程、网络、图书馆、遍布全球的学习中心等等。我们学生的ID卡在纽约大学全球教育体系通用。学生在网上借阅纽约大学图书馆的书，四天就空运过来了。

上海纽约大学学生毕业，将授予中国大学的学位证书和毕业证书，即上海纽约大学的学位证书和毕业证书，也同时授予美国大学的学位证书，即纽约大学的学位证书，中美大学的证书都是得到中美教育权威机构认证的。

人才选拔标准和选拔方式的改革

上海纽约大学积极探索选拔标准和选拔方式的改革，综合考虑学生的高中学业表现、综合素养评价和高考成绩。整个招生过程有三个环节。

第一步：通过申请资料评估。申请者必须在网上填写并递交美国大学通用申请表(Common Application)。同时，向上海纽约大学寄送高中学习成绩、学业考试成绩、校长推荐以及有关证明材料。中美招生团队在审阅材料的基础上，从几千份申请里选拔 400 个到 500 个学生参加校园日活动。

第二步：通过校园日活动评估。校园日活动是综合评价学生的重要环节。在近 24 个小时的各种活动中，一大批教授和招生人员会考察和评价学生各方面的素养和能力。最后，招生委员会在充分讨论的基础上，选择一部分学生进入 A 档（即条件录取），如果学生高考成绩达到本省一本线以上就被录取了；一部分学生进入 B 档（即候补录取），如果高考成绩高于一本线，还要结合学生的中学学业成绩及综合素质评价，从中选拔录取。没有进入 A、B 档的，就没有机会了。

在中国学生的选拔过程中，我们特别强调了综合评价。这是对以高考成绩作为唯一评价标准的突破。学生的高中学业、人生态度、价值取向、能力素养等等都是评价的方面。

我觉得，美国人也很看重学习成绩。在这一点上，我们的媒体有些误导，好像美国人是强调综合素质，并不看重学习成绩。但实际不是这样，中学的学业成绩很重要。从一定意义上讲，学习成绩优秀是个基本条件，在此基础上选拔各方面都优秀的学生，或者讲更适合我们培养目标和培养模式的学生。因为可以选拔的库很大，光有成绩优秀是不行的，各方面都要优秀，就是这么个概念。

其次，我觉得美国人很重视世界观，人生观和价值观。学生对世界的认识，人生的志向、追求和价值取向，在整个评价中是占了很重的份量。我们原来好像很少意识到这点，一讲到世界观，人生观和价值观就觉得是我们的那一套。我相信任何一种教育体制都会把这些作为学生发展潜力的重要因素。人的发展动力，来自于他对这个世界的认识、社会责任感、理想、抱负和价值取向。当然，这些评价也是多元化的。

校园日活动主要是考察什么呢？就是通过模拟课堂、写作、团队活动、面谈等方式来考察学生的求知欲、亲和力、学习能力、适应能力、交流能力、心理素质、团队精神、表达能力和行为道德等等。整个活动都是在英语环境下的。所以英语的实用能力是考察的一个重要方面。学校也就是通过这个环节来把握学生能不能适应全英语教学环境。校园日活动分批举行，每批七、八十个学生，而参加评估的老师大概就有二三十个。这些老师和学生在一起，从各个角度考察学生的言行举止，进行评价。但这个评价，不是打分，而是评语。在每场校园日活动结束后，评估团队会坐在一起，对学生一一讨论，最后确定进入条件录取和候补录取的学生名单。

校园日活动是选拔学生的重要环节，也是学生和学校双向选择的过程。我们要求进入校园日活动的学生能表现真实的自我，让老师们能客观地了解学生，评价他们是否适合学校的培养目标和模式，而知识水平和学习能力的评价主要依据申请材料。因为，高中学习成绩和学业考试可以基本体现学生的学业情况和学习能力。

第三步：参加高考、提前录取。列入条件录取的学生，只要高考成绩高于本省一本录取线，学校肯定录取，双方有签约，当然学生可以不选择我们。对进入 B 档（候补录取）的学生，学校会在高考成绩出来后，进入一本录取程序前，就确定是否能录取。

上海纽约大学自主招生方法打破了以高考成绩作为唯一评价标准的模式。我们的核心理念就是要选拔优秀且合适的学生，既强调优秀，又强调合适，更重要的是合适。学生有各自不同的特质，学校有各自的目标定位和培养模式。因此，我们选择的不仅是优秀学生，也关注学生是不是适合我们的培养目标和培养方式。

上海纽约大学旨在培养具有全球视野的国际化创新人才，这是学校人才培养的目标定位；本科教育采用的是通识教育模式，强调主动学习。我们所期待的学生，除了学业优秀，特别需要有学术抱负、求知若渴。学校重视学生的开拓精神、创新意识和批判性思维能力；鼓励学生尝试新事物，努力丰富自己的思想，勇于探索和冒险，追求不一样的学习路径，探索不一样的人生道路，而不是一味因循守旧，循规蹈矩。我们也希望学生有强烈的愿望，充分利用上海纽约大学的平台，充分利用纽约大学全球教育体系，建立中国和世界的纽带。这些都是学校在选拔学生时所关注的。

上海纽约大学的探索与改革[①]

（2014 年 6 月）

一、引言：为什么要办上海纽约大学？

（一）中国高等教育的发展需要更重视质量和特色

今天讲的第一句话是，中国的高等教育发展到今天，我们更需要关注的是改革和探索，需要有这样的理念和勇气。因为对于当今高等教育的规模来讲，我们再举办一所大学，再多招一些学生，已经没有什么太实质性的意义了，而需要的是真正意义上的高质量的教育，高水平的大学和有特色的办学，这样才能使我国高等教育上到一个新的台阶，更符合人和社会发展的需要。

（二）探索真正意义上的高质量大学，路在何方？

探索可以选择各种途径，采用不同方法。上海纽约大学的探索是依照国家中外合作办学条例的基本思路，即借鉴世界一流大学的办学理念，引进国外优质教育资源，构建国际化的学习环境，积极探索全球化背景下的人才培养模式。这项探索的立足点，就是要和世界一流大学对接。通过学习和借鉴，拓展我们的视野，能够真正理解面对全球化时代的机遇和挑战，高等教育应该做些什么？改革应该往哪个方向去努力？

（三）办学理念的合拍：纽约大学与华东师范大学结缘

此纽约大学，非彼纽约州立大学与纽约市立大学。纽约大学，也许在座的各位专家非常熟悉。但是，我在交流中经常发觉，很多人把纽约大学（New York University，

---

① 本文为俞立中在上海教育评估协会年会上的交流发言，根据录音整理。

简称 NYU)与纽约州立大学(State University of New York，简称 SUNY)，甚至纽约市立大学(City University of New York，简称 CUNY)这两个大学体系混淆起来了。

我们熟悉的杨振宁博士、诺贝尔奖的获得者，在纽约州立大学石溪分校工作过，这和纽约大学不是一个学校。纽约州立大学是一个体系，是一个州立大学的体系。纽约还有一个市立大学的体系，规模也非常大。

纽约大学是一所私立大学。如果看各类大学排名，纽约大学显然是高于纽约州立大学和纽约市立大学的。在上海交大 2013 年世界高校的排名中，纽约大学排在美国第 20 位，全球第 27 位。今年泰晤士报教育版世界大学的非名中，纽约大学排在美国第 16 位，全球第 27 位。当然，也有其他相对靠后的排名，但十多年来纽约大学的排名一直在往上提升。

纽约大学十多年来的办学理念。从一所只在美国东北部有一定影响的区域性的私立大学，发展为美国学生最喜欢的高校之一，成为一所世界名校，纽约大学这些年来的快速发展与它的办学理念，与纽约这个城市的发展是分不开的。

长期跟踪，值得合作。为了深入了解纽约大学，近年来我们对纽约大学的各方面情况做了比较深入的研究，看到了这个合作对象所具有的优质资源。在纽约大学的各项排名榜中，师资队伍是最靠前的一项。这与纽约这个城市的发展、与美国人对城市生活的重新认识也是有关系的。一些著名教授，包括诺贝尔奖获得者，愿意选择在纽约这个国际大都市工作和生活，而纽约大学也能提供吸引优秀人才的条件。过去十多年里，有 8 位纽约大学教授获得了诺贝尔奖，其中有 3 位是诺贝尔经济奖的获得者。

全球理念，共谋合作。最引起我们关注的是纽约大学在过去十多年里提出了全球教育体系(Global Network University)的概念。纽约大学校长一再强调，在全球化时代里我们的大学不应该仅仅建立在一种文化基础上，建在一个国家范围里，而需要建立在多元文化的基础上，让世界成为我们的课堂。10 多年来，纽约大学在世界各地的国际大都市设立了海外教学点(Study Away Site)，如伦敦、巴黎、柏林、马德里、佛罗伦萨、特拉维夫、悉尼、布利诺斯艾利斯等这些富有创新活力的大城市。学生和老师可以在遍布六大洲的海外教学点或校园流动，把课堂教学、文化体验、社会观察和研究实践紧紧结合在一起。学生在本科四年里有更多机会接触不同的文化，观察不同的社会形态；有更多机会与不同文化背景的同学在同一个教室里学习，在同一个校园里生活，以促进跨文化的理解、沟通、交流和合作。

二、回顾：艰难而愉快的合作历程

(一) 上海成为首选，华东师范大学捷足先登

建设全球教育体系(Global Network University)，一定会考虑到中国；而在中国设立海外教学点，纽约大学首先想到的就是上海。中国改革开放以来的经济发展和社会变革为世人瞩目；上海作为中国改革开放的龙头，作为一座国际化大都市，是设立纽约大学全球教育体系海外教学点的理想城市。2006 年，纽约大学代表团到上海来寻找合作伙伴，先后派了几批人到实地考察，了解学习、生活方方面面的情况，最后确定与华东师范大学合作，在中山北路校区设立纽约大学上海中心。从那时起，我们和纽约大学的合作越来越紧密，相互间的了解也越来越深入。2006 年我们正式签约。当年秋季，第一批 18 个纽约大学学生就到上海中心来学习了。第二学期、第三学期来沪学生数就增加到几十个乃至上百个。后来，每年都有二三百个纽约大学学生在华东师范大学校园里学习。在这种情况下，双方都想到要将合作更往前推一步，就产生了合作举办上海纽约大学的想法。

(二) 艰难而愉快的合作

华东师大和纽约大学合作举办上海纽约大学得到了教育部和上海市的大力支持。尽管在谈判和筹建过程中我们遇到过不少困难，有时也觉得很艰难，但是这个新生事物得到了部、市领导的关心、支持和帮助，得到了社会公众的认同和鼓励，媒体也给予了这所大学的发展很多正能量，还是取得了愉快的结果。

2011 年 1 月，教育部下达了批准筹建上海纽约大学的公函。这是教育部在专家组考察和评审后作出的决定。上海市把上海纽约大学建设作为国家教育综合改革实验区的一个内容，列入了市政府的重点工作。我印象非常深刻，在连续两年的市人代会上，韩正市长的政府工作报告中都提到了上海纽约大学的建设，可见市政府对这个高等教育改革试点的期待和决心。2011 年 3 月，上海市教委、浦东新区政府、华东师大和纽约大学正式签订了四方合作协议。

2012 年 5 月，教育部第二次派专家组到上海，进行实地考察和评估。9 月 22 日

教育部正式发函，批准华东师范大学和纽约大学合作设立上海纽约大学。10 月 15 日举行了上海纽约大学成立仪式。

2013 年 8 月 11 日，首届学生报到；8 月 12 日，举行了新生入学仪式。华东师范大学把中山北路校区的地理馆修缮一新，作为上海纽约大学第一学年的过渡校园。目前，位于浦东陆家嘴世纪大道旁的上海纽约大学校区已在收尾阶段，即将交付使用。

今年 7 月底我们将正式搬迁浦东校园。8 月份，第二届学生就直接进入到浦东的校园。世纪大道两侧高楼林立，最矮的那幢楼就是上海纽约大学的，其实也有 15 层。如果大家有兴趣，等搬迁后，欢迎在座的各位专家和领导来视察指导。

（三）国家领导与教育部领导的关心和重视

上海的纽约大学的建设也得到了国务院、教育部领导的很多关注和重视。刘延东同志在接见纽约大学校长时，特别强调了要努力把上海纽约大学办成高等教育国际合作示范改革的试验田，建设成为高水平的世界一流大学。教育部袁贵仁部长对纽约大学校长说，要把上海纽约大学不仅建设成为中外合作办学的典范，也成为中国高等教育改革的典范。

我刚才特别强调了，与其说上海纽约大学是在办一所大学，还不如说是在做一项探索，不仅是中外合作办学模式的探索，也是中国高等教育改革的探索，这是设立上海纽约大学的真正意义所在。如果你们来评价上海纽约大学，似应更多关注这所学校在办学模式、培养模式、教学方法、课程体系、学校管理、学生服务等方面进行了怎样的改革？这样的探索有何成效？而不是一般意义上的评价。

三、探索：我们的改革与探索之路

上海纽约大学到底是一所什么样的大学？我前天在北京碰到宋庆龄基金会的领导、原外交部的唐闻生同志，她也问我上海纽约大学到底是怎么回事？我给她说了 15 分钟，她还在不断提出问题。然后我只好说，如果你有时间，请您来学校看一下，具体向您汇报。

(一) 办学定位：中美两所高水平大学合作举办的国际化大学

上海纽约大学是什么性质的学校？为什么要办这所学校？大家了解的并不是很透。用一句话来概括，这是中美两所高水平大学合作创办的、具有独立法人资格和学位授予权的国际化大学，也是纽约大学全球教育体系的组成部分。

上海纽约大学实际上是一个有双重身份的大学。我为什么要强调这一点？这是我们在中外合作办学模式上的一项探索。它的双重身份：一个身份是中国政府正式批准的、具有中国独立法人资格的、一所中国的国际化大学，这个中国户口的概念是非常清楚的，所以这所大学的法人一定要是中国人；另一个身份是纽约大学全球教育体系的组成部分。所以，纽约大学校长在对纽约大学的教授们，对院长、系主任讲的时候，强调的是纽约大学全球教育体系的组成部分，因而纽约大学对这所大学的质量、水平、社会声誉也要负责任的。

最重要的是实现中外合作办学的目的。为什么要有这样的概念？这样的说法并没有出现在任何官方文件里。我们一直在思考，如何才能达到中外合作办学的目的，真正引进国际优质教育资源，让合作伙伴愿意实实在在地把优质资源投入到这所大学，真正担当起确保质量和水平的责任。只有这样，才会有借鉴意义，才有助于推进中国高等教育的改革。然而，凭什么能让合作方负起这个责任？协议明确了任何一方都不能从上海纽约大学办学中得到经济回报，但纽约大学要承担办学质量和水平保障的责任，要授予纽约大学的学位。能够把我们连接在一起的，只有探索全球教育的办学理想了。这是我们的理想，也是纽约大学的理想。

如果说中外合作办学，仅仅是用世界一流大学的品牌，仅仅是颁发国外大学的学位证书，能够真正把优质教育资源引过来吗？能够实现在办学过程中学习和借鉴一流大学的经验吗？上海纽约大学，正因为有这样的双重身份，纽约大学全球教育体系的所有资源也是我们的资源，包括教师、课程、图书、教学和实验设施等。我们的学生不仅可以用纽约大学所有的网络资源，也可以在上海直接借阅纽约大学图书馆的书籍。有学生尝试过了，她在网上订了几本纽约大学图书馆的书，四天后我们的图书馆就通知她可以来取书了，是空运过来的。我们学生的 ID 卡，目前可以在华东师范大学的各种场所使用，包括食堂、图书馆。体育馆。学生的 ID 卡还可以在纽约大学全球教育体系遍布六大洲的其他 13 个教学点或校园使用。所以，我在这里强调了上海纽约大学的双重身份，让我们的母体学校都充分认同它，真正把它作为自己的一部分，全力扶持上海纽约大学的发展。

中美双方的充分沟通、相互理解是这项探索的基础。上海纽约大学的目标是：建成一所世界级的，多元文化融合，文理工学科兼有的研究性大学，成为全球化进程中不同文化交流，教育合作的典范。要建一所世界级大学(World Class University)，一所研究型大学(Research University)，这条路需要我们一步一步的去走。为了保障这所大学的办学质量和水平，我们在合作协议里设立了一些条款。如，纽约大学有权确立上海纽约大学的学术标准，以确保能够达到纽约大学的学位要求；常务副校长由纽约大学提名，负责这些标准的实施，大学理事会要尊重常务副校长的职权。

目前，上海纽约大学的校长是我，常务副校长是杰弗里·雷蒙(Jeffery Lehman)。我经常对媒体说，我是中方校长，杰夫是美方校长，我们两个应该是“两个身体、一个脑袋”，这所学校的发展一定要中美双方的充分沟通，相互理解，按照高标准来设立学术目标和培养目标。杰夫曾经担任过美国康奈尔大学的校长，也担任过密西根大学的法学院院长，来上海之前他是北大国际法学院的院长，是中国政府友谊奖、上海市“白玉兰奖”的获得者。教务长汪小京教授原是耶鲁大学神经科学教授，现在他转到纽约大学，同时派到上海纽约大学担任教务长(Provost)。商业与工程学院院长艾顿·增莫尔(Eitan Zemel)是纽约大学商学院负责国际项目的副院长。文理学院院长卫周安(Joanna Waley-Cohen)原担任纽约大学历史系系主任，历史学教授，是剑桥的博士。当然，我们也有中方的副院长等。

(二) 办学路径：保证一流师资、一流生源、一流培养模式

实现上海纽约大学的目标定位，首先要考虑哪些问题呢？我们的关注点放在这几方面。首先是教师队伍，能不能保证一流的师资，这是一流大学的基础。二是生源质量，优秀的学生群体是稳定一流教师的重要条件，高水平的老师喜欢有追求的学生。三是培养模式和课程体系，一流的培养模式才能让一流学生在一流的老师的培养下，发挥最大的潜能，在知识、技能、素养各方面得到长足的发展。下面我就这些方面来汇报一下上海纽约大学是怎么做的。

如何保证一流师资？

按照合作协议，上海纽约大学的40%的师资是上海纽约大学和纽约大学共同聘

用的教授，这些老师既是纽约大学教授，也是上海纽约大学教授，必须有部分时间在上海纽约大学授课；另外40%的师资是由纽约大学按高于纽约大学教师的平均水准，面向全球招聘，相关院系帮助我们把关，这些教授具有在纽约大学得到Tenure的水平。还有20%的师资是从国内或者其他国外一流高校聘用的兼职教授或客座教授，这些教授有些是做讲座的，也有来上课的，包括我们华东师大的教授。

纽约大学已有200多位教授表示愿意到上海来授课，我们是在这200多名教授中选择所需的、学术水平高、教学能力强的教师。第一学期，纽约大学来授课的老师中有7位美国国家科学院院士或者艺术与科学院的院士，包括一位诺贝尔经济奖提名者，在经济学界非常有影响的教授。这个学期，有5位美国科学院院士或者艺术与科学院院士在上海纽约大学上课，包括一批数学、物理、化学学会的会士，很多都是讲席教授(Chair Professor)，从一开始就确立了上海纽约大学的质量标准。给一年级本科生授课，这样豪华的师资队伍，相信在世界上难以找出第二所大学，即便是纽约大学。

第一学期，有两位来自以色列海法大学的教授，一个是搞经济学的，一个是搞统计学的。他们都是非常优秀的教师，其中一位是以色列统计学会的会长。学生对他们的反映非常好。两个老师上课无论是知识水平还是授课能力都给学生留下了深刻的印象。这个学期有两位教授来自于法国巴黎大学。

国内的教师，除了给国际学生上汉语课外，也承担了一些关于中国历史文化的课程，都是英语教学。上学期的《中国传统智慧及其现代转型》这门课是由华东师大哲学系主任郁振华教授讲授，得到了同学们的好评。政治学系的吴冠军教授在本学期开设了《中国的政治思想》这门课，他是从澳洲回来的教授。当然还有来自其他高校的兼课老师。

在上海纽约大学授课的教师中有相当一部分是很有影响的名教授，这是我们想要的一流师资。我们也已经有了一批在上海纽约大学长期任职的教授，其中的华裔学者都进入了国家“千人计划”，涉及数学、物理、化学、生物、历史等不同学科领域，也有美国艺术与科学院院士。

如何保证一流生源？

上海纽约大学的招生分成两个部分，一半是国际学生，一半是中国学生，实际上是149∶151。

国际学生由纽约大学招录。国际学生的报名和录取，都跟着纽约大学的体系一起走。在纽约大学报名网上，学生可以有三个选择：纽约、阿布扎比、上海。上海纽约大学国际学生的录取程序是和纽约大学一样的。

可以告诉大家，上海纽约大学首届学生的 SAT 平均成绩是高于纽约大学的。换句话说，能进纽约大学的未必能进上海纽约大学，因为我们招生规模小，标准更高。在国际学生中，美国学生占了近三分之二，共 88 名；其他来自 34 个不同的国家；讲 36 种不同语言，18%为少数民族。在这批国际学生中，也有获得盖茨奖、霍雷肖·阿尔杰奖的。不少学生是在得到的很多名校录取通知中选择了上海纽约大学的。

中国学生由上海纽约大学招录。中国学生的选拔，比较复杂一点了。因为上海纽约大学是一所具有双重身份的学校，所以中国学生既要走美国大学的申请通道，又要走中国大学的申请通道。当然，学生会得到双重好处，既能得到中国大学的学位和毕业证书，即上海纽约大学的毕业证书和学位证书，同时也能得到美国大学的学位证书，即纽约大学的学位证书。那么，两条通道怎么走？

第一步：通过申请资料评估。申请者必须在网上填写并递交美国大学通用申请表(Common Application)。同时，向上海纽约大学寄送高中学习成绩、学业考试成绩、校长推荐以及有关证明材料。中美招生团队在审阅材料的基础上，从几千份申请里选拔 400 个到 500 个学生参加校园日活动。

第二步：通过校园日活动评估。校园日活动是综合评价学生的重要环节。在近 24 个小时的各种活动中，一大批教授和招生人员会考察和评价学生各方面的素养和能力。最后，招生委员会在充分讨论的基础上，选择一部分学生进入 A 档(即条件录取)，如果学生高考成绩达到本省一本线以上就被录取了；一部分学生进入 B 档(即候补录取)，如果高考成绩高于一本线，还要结合学生的中学学业成绩及综合素质评价，从中选拔录取。没有进入 A、B 档的，就没有机会了。

在中国学生的选拔过程中，我们特别强调了综合评价。这是对以高考成绩作为唯一评价标准的突破。学生的高中学业、人生态度、价值取向、能力素养等等都是评价的方面。

我觉得，美国人也很看重学习成绩。在这一点上，我们的媒体有些误导，好像美国人是强调综合素质，并不看重学习成绩。但实际不是这样，中学的学业成绩很重要。从一定意义上讲，学习成绩优秀是个基本条件，在此基础上选拔各方面都优秀的学生，或者讲更适合我们培养目标和培养模式的学生。因为可以选拔的库很大，光有成绩优秀是不行的，各方面都要优秀，就是这么个概念。

其次，我觉得美国人很重视世界观，人生观和价值观。学生对世界的认识，人生的志向、追求和价值取向，在整个评价中是占了很重的分量。我们原来好像很少意识到这点，一讲到世界观，人生观和价值观就觉得是我们的那一套。我相信任何一种教育体制都会把这些作为学生发展潜力的重要因素。人的发展动力，来自于他对这个世界的认识、社会责任感、理想、抱负和价值取向。当然，这些评价是多元化的。

校园日活动主要是考察什么呢？就是通过模拟课堂、写作、团队活动、面谈等方式来考察学生的求知欲、亲和力、学习能力、适应能力、交流能力、心理素质、团队精神、表达能力和行为道德等等。整个活动都是在英语环境下的。所以英语的实用能力是考察的一个重要方面。学校也就是通过这个环节来把握学生能不能适应全英语教学环境。校园日活动分批举行，每批七八十个学生，而参加评估的老师大概就有二三十个。这些老师和学生在一起，从各个角度考察学生的言行举止，进行评价。但这个评价，不是打分，而是评语。在每场校园日活动结束后，评估团队会坐在一起，对学生一一讨论，最后确定进入条件录取和候补录取的学生名单。

校园日活动是选拔学生的重要环节，也是学生和学校双向选择的过程。我们要求进入校园日活动的学生能表现真实的自我，让老师们能客观地了解学生，评价他们是否适合学校的培养目标和模式，而知识水平和学习能力的评价主要依据申请材料。因为，高中学习成绩和学业考试可以基本体现学生的学业情况和学习能力。

第三步：参加高考、提前录取。列入条件录取的学生，只要高考成绩高于本省一本录取线，学校肯定录取，双方有签约，当然学生可以不选择我们。对进入B档（候补录取）的学生，学校会在高考成绩出来后，进入一本录取程序前，就确定是否能录取。

这是我们自主招生过程的三个环节，打破了以高考成绩作为唯一评价标准的模式。

核心理念：优秀且合适才是我们要选的学生。上海纽约大学选拔学生一是强调优秀，二是强调合适，更重要的是合适。学生有各自不同的特质，学校有各自的目标定位和培养模式。因此，我们选择的不仅是优秀学生，也关注学生是不是适合我们的培养目标和培养方式。

上海纽约大学旨在培养具有全球视野的国际化创新人才，这是学校人才培养的目标定位；本科教育采用的是通识教育模式，强调主动学习。我们所期待的学生，除了学业优秀，特别需要有学术抱负、求知若渴。学校重视学生的开拓精神、创新意识和批判性思维能力；鼓励学生尝试新事物，努力丰富自己的思想，勇于探索和冒险，追求不一样的学习路径，探索不一样的人生道路，而不是一味因循守旧，循规蹈矩。我们也希望学生有强烈的愿望，充分利用上海纽约大学的平台，充分利用纽约大学全球教育体系，建立中国和世界的纽带。这些都是学校在选拔学生时所关注的。

结果表明：我们招到了比较理想的学生。我参加了两届学生的校园日活动，只看不评，当观察员。我觉得参加上海纽约大学校园日活动的学生大多是非常优秀的；而最终被选中的学生确实不一样。一些华东师大教授跟我讲，在校园里走，能看得出哪些是上海纽约大学的学生，包括中国学生和外国学生。华东师范大学仍然有很多学生在中山北路校区学习，还有 5 000 多名留学生，但老师竟然能分辨出上海纽约大学的学生，很有意思吧。我问他们差别在哪里？他们回答我一句话："气场，气场不一样！"据说，他们都证实过自己的判断。几个老师在校园路上走，碰到一群学生，感觉像上海纽约大学的，就过去问了。果然如此。想想还是有一定的道理，毕竟我们的学生是面对面选出来的，不是光看学习成绩。

如何设计一流的培养模式与课程体系？

培养目标。上海纽约大学的培养目标是具有全球视野、时代特征的创新型人才；善于跨文化理解、交流、合作的世界公民。我们在考虑培养模式和课程体系方面特别关注哪些要素呢？我在微信上看到过美国大学本科教育对学生培养的 12 个方面内容，非常相近，当然也不完全一样。我们特别关注培养学生的哪些方面呢？

一是科学视野与好奇心。有多宽的视野决定学生将来的路能走多远，所以怎么去拓展学生的科学视野，激发学生的好奇心，是我们本科教育中特别关注的一个方面。

二是基于兴趣的主动学习。学校提供了很多机会，但是选择权在学生手里。如果学生有想法的，能够主动学习，就可以把握好很多机会；如果自己不主动去思考问题，不主动去选择的话，那这些机会就等于零。所以我们要有意识的去培养学生基于兴趣的主动学习。

三是实践探索精神。在上海纽约大学的培养模式里，课堂教学只是一部分，不是全部。文化体验、社会观察、研究实践都是学生发展的重要方面。学校强调，学生要利用课堂内、课堂外各种实践机会积极探索自己感兴趣的问题，从生活中学习，从社会活动中学习，培育学生的实践探索精神。

四是人文素养。人文教育是通识教育的重要组成部分，不仅仅是让学生了解人文科学，也不仅仅是拓宽学生的知识面，通识教育的核心就是要培养学生的人文精神，培养学生的思维能力，培养学生的思想方法。通识教育特别强调思想方法、思维能力、表达能力、阅读能力的培养。这些都是构成人文素养的重要方面，而不仅仅是知识。

五是批判性思维能力。学生要学会面对大量已有的知识、各种各样的思想，怎么用自己的思维去认识它们，发现已有知识和思想的不合时宜方面或缺陷之处。对权威的挑战，对不同观点批判性的接受或者批判性的发展，这些都是创新的基础。

六是跨学科能力。随着科学技术的发展，学科越分越细，而人类所面对的问题大多是复杂的，往往不是单一学科可以解决的，需要不同的学科知识和方法的集成。所以在课程体系设计中特别注意培养学生打破学科界限，多学科交叉融合，面对问题、解决问题的能力。

七是全球视野。培养具有全球视野的世界公民，需要特别强调全球视野、社会责任，强调对不同文化的理解、欣赏和包容，强调跨文化之间的沟通、交流和合作。这才能符合今天这个全球化时代、知识经济时代、信息化时代的人才要求。

培养模式。上海纽约大学的本科教育实施的是博雅教育或者叫文理通识教育。学生在第一、二年里是以核心课程学习为主，就是我们讲的通识教育课程，当然也有一部分专业课程；第三、四年以学习专业课程为主。学生进校时不需要明确专业，在学习过程中考虑专业选择，但是在二年级结束前必须选定专业。可以选一个专业，也可以选两个专业，或者选一个主修专业和一个辅修专业，完全取决于学生的兴趣和意愿。学校不会考虑每个专业的人数比例，学生有选择专业的自由，也有选课的自由。当然，每个学生都有学业导师，从进学校起他们就会指导学生如何选课，如何考虑专业发展。如何根据专业意向来选修课程，等等。学业导师也会帮学生规划自己的学业生涯。上海纽约大学学生毕业时可以获得中、美两张学士学位证书。

上海纽约大学实行小班化教学、互动式学习、全英语授课。我办公室隔壁就是教室，在办公室里从早到晚没有安静的时候。隔壁在上课，一会儿笑声，一会儿鼓掌声，一会儿在争论。课堂教学有相当多的互动。

在四年本科学习期间，学生至少要有一个学期，最多可以有三个学期，选择在纽约大学全球教育体系遍布六大洲的15个校园或者教学点选课学习，就是刚才讲的把课堂学习、文化体验、社会观察、研究实践融为一体。

试想，如果一个学生选修文艺复兴时代或者欧洲中世纪社会和文化的课程，同样的老师，同样的教材，这门课在佛罗伦萨学，在上海学，或在纽约学，最后的实效肯定是不一样的，因为学习环境、文化体验和社会资源是不一样的。同样，如果一个学生选修中国改革开放三十年来的社会经济变化的课程，同样的老师，同样的教材，在上海学，在纽约学，或在欧洲学，最后的效果也会是不一样的。这就是我们所强调的，学习过程是全方位、多通道的。所以，学校要把课堂学习、文化体验、社会观察、研究实践这些平台紧密结合起来，来增长学生的学习能力和知识水平。

与我们已经习惯的大学教育模式相比，上海纽约大学有什么不同之处呢？当然，国内许多大学也在进行各种积极的探索。我下面讲的是在一般情况下的比较，大概有这么几点：

一是主动学习模式。教学以学生为中心，体现在方方面面。上海纽约大学的学生，如果在课前没有认真阅读大量文献，课堂上不动脑筋、不积极发言，是没办跟上教学节奏的。目前，中国大学很多还保留了“老师讲授，学生笔记”的课堂教学情境。

二是全英语教学模式。因为，上海纽约大学一半是中国学生，一半是国际学生，所以都用英语授课。但是，国际学生要学中文，是有学分的。

三是通识教育的核心课程。核心课程包括五个板块：社会与文化基础、科学基础、写作、数学，以及针对国际学生的外语；强调了四个关键词：全球视野、多元文化、学科融合、中国元素。各个板块里有一系列选修课，只有极少必修课，如《全球视野下的社会》和《全球视野下的艺术》是所有学生都要修的。写作是核心课程中很重要的一个内容，不是一门课，但很多课程中都有写作这一块，由专门教授写作的老师给学生上课，辅导学生写作。写作课的重点是训练阅读能力、思维能力和表达能力，与各门课程结合在一起。数学也是核心课程的重要板块，不是就数学讲数学，而强调应用，怎么把数学用到不同学科、不同领域，解决不同问题。

四是推迟选择专业。学生入学时不需要选择专业，在二年级结束前可以根据自己的兴趣和志向，自由选定专业。

五是跨学科基础。重视学生跨学科思考和解决问题的能力。

六是在纽约大学全球教育体系中的流动。

课堂教学。上海纽约大学的课堂教学包含了大量的原著阅读、自由讨论和写作训练，培养学生阅读、表达和思维能力，特别是批判性思维。有几张发在微博上的照片，是某日凌晨四点钟同学们在学习室里照的：一大堆书摊在桌上，戏称学霸。我和几位学生交流过，他们说一个学期的阅读量，肯定比有些大学本科四年的阅读量都要多，而且都是古今中外伟大思想家、哲学家的英文论著，如孔子、孟子、老子、邓小平、马克思等都在其中。只有阅读了大量原著，他们才能在课堂里参加讨论，才可能进入写作思考。我在微博上看到学生发的一个帖子，说这个学期结束了，他整理东西一看，才意识到这个学期里他写了这么厚一沓东西。实际上，第一学期这门课的写作要求是四篇作业论文，作为考评的一个方面，但是学生每篇文章至少要修改五到六次，每一次修改就仿佛是重写一遍，所以最后就是厚厚的一沓。

课堂教学方式也是多样化的，一门课程可以有不同类型的授课方式组合在一起的，有主讲课、研讨课、实验课、写作课等。例如，《科学基础》是一门课，每周有四节主讲课，每节课是 75 分钟；有两节研讨课，每节课也是 75 分钟；还有一节实验课，每节课 90 分钟。再如《全球视野下的社会》这门课，每周只有一节主讲课。是美方校长 Jeffery Lehman 和 Paul Roman 教授两位主讲的，一个是经济学家，一个是法学家。他们在课堂上从不同角度启发同学们思考古往今来的伟大思想家对各类社会问题的论述，和学生一起讨论这些哲学家的观点。每周还有一节研讨课、两节写作课。这样的教学组合形式，不仅能够促进教和学的结合，也可以让学生对课堂内容进行深入的分析和思考，并学会如何充分的利用各种资源。

学术资源中心。上海纽约大学聘用了一批助教，大多是世界一流大学毕业的博士、硕士，也有部分本科毕业生，配合教授们的教学工作。他们也要给学生作一对一、面对面的辅导，包括写作、数学、科学等课程。学校设立了学术资源中心，学生可以在网上预约助教，到学术资源中心得到助教们耐心、精心的一对一辅导。这些助教能力很强，也非常热情，只要学生需要，没有时间限制的。这样的学习资源确实让我们的学生得到了很多提高学习的机会。

我向华东师大陈群校长建议了：我们学校有那么多的硕士生和博士生，也给了各种各样的奖学金，能不能换一种方式？不是以奖学金的形式，而是聘用他们当助教，给他们更高的报酬，但必须明确助教的责任。这样不仅使本科生得益，对研究生的职业发展也有利的。现在教师跟学生的接触时间相对比较少，如果助教能给本科生更多的个别辅导，会对本科生学业进步有较大的帮助。同时，助教的经历也能培养研究生的能力，促进他们更多的思考，对知识有更深的理解。如果我们换一个思路，会得到两全其美的结果。上海纽约大学的助教不用付给教师工资，只是给生活津贴，就是给他们一个实习的机会，聘用一至两年。但是我听到很多学生讲，这些助教水平很高，也非常敬业，对学生的帮助是非常大的。

考评方法。考评目的是检验教和学的效果，促进学生的学习。我专门问了教务部门，老师是怎么对学生评分的？我觉得这也是值得我们思考的方面。一是重视评价程序，注意动态评价。每门课的老师可以确定自己的评价方式，但是他必须在第一次上课的时候，就向学生讲清楚这门课的评价方法和评价依据。有的老师一个学期进行两次考试，把两次考试成绩平均了，就作为学生的期末成绩，但这样的老师很少。很多老师在一个学期里有多次考试或测验，甚至几周就有一次考核，这些考试或测验的成绩综合便是学生的期末评价。也有老师把写作和考试成绩综合起来考虑，还有部分老师把学生的出勤率都作为评价指标之一。所有评价过程是在整个学期中展开的，而不是在学期结束最后的一刹那，通过一次考试来确定的，这也给了学生更多的补救机会。如果一次考试考得不好，后面还有弥补的机会。同时也让学生善始善终，任何一个阶段的放松都会影响学期评价。

二是强调实践与规范的评价。第一学期“科学基础”课程的考核内容之一，就是让学生组成研究小组，搞一个小课题。我看了学生展示的研究成果，从表现形式、内容规范上与国际学术会议的 POST 完全一样。这些研究实践，特别重视培养学生用多学科的技术方法来解决现实问题的能力，特别强调学术规范。即使在细节方面不符合学术规范，教师也不会通过，必须一次次反复。

曾听到一位学生讲，她的作业论文引用了专著中的一段话，并在参考文献中列了这本书，但老师看了后，把她找去谈话，严肃地说这样做是不规范的，必须在引用的地方标注出来。这位学生不仅做了修改，还被要求写下保证书，以后一定注意学术规范。她说对这件事的印象非常深刻。由此可见，大学教育就应该关注学术规范，这是学术研究很重要的方面，也是学术道德的基本要求。现在研究生论文中出现不符合学术规范或有学术造假的情况。学生竟然还会说不知道这些细节，说明我们没有足够重视这方面的教育。

三是强调动手制作。“互动媒体技术”是一门把技术和艺术结合的课程，期末作业就是要学生自己制造一个作品。还开了一个作品展示会，我看了以后很震撼，很有感触。学生真的很有创意，有很多好的想法，能够通过他们制作的作品表现出来。

专业选择。入学后的两年里，学生必须确定专业。教育部已经正式批准上海纽约大学设立的12个专业。其中，社会科学2个：商业与金融、经济学；人文科学1个：综合人文；理工科9个：数学、物理、化学、生物、神经科学、计算机科学、计算机工程、电子信息工程、互动媒体技术。理工学科板块称为STEM(Science，Technology，Engineering and Mathematics)。学生在选定专业后，还会有一个专业导师，指导其专业学习和科研实践。

学生服务。学生服务体现了学校的培养目标和发展理念，也是学校文化建设的重要方面。上海纽约大学配备了一支专业化的学生服务团队，帮助学生在各方面健康发展。为了加强多元文化融合，学生宿舍的安排是采用中外学生混住的模式，以利于促进跨文化之间的沟通交流。学校鼓励学生组织各类学生社团和文体俱乐部，组织各类社会公益活动、志愿者服务、文艺体育活动，使学生有更多机会广泛接触社会、服务社会、体验文化，也有更多机会表现自己、展示特长、实现自我。上海纽约大学职业发展中心为学生设计了职业发展的四年规划：大学一年级，职业发展启蒙；大学二年级，职业发展方向探索与定位；大学三年级，职业素养的进一步提升；大学四年级，身份角色的顺利过渡转换。为了帮助学生在大一阶段就建立职业发展启蒙的教育基础，本学期上海纽约大学职业发展中心联合纽约大学沃瑟曼职业发展中心，开展了“职业发展月”活动，给首届学生提供了一系列职业发展讲座和经验交流，举办了“与职场精英下午茶活动”，让学生有与企事业单位、公益组织的社会精英和人力资源部门作近距离交流的机会。学生可以在这个活动中实践在社交场合介绍自己、合理提问和倾听他人的技能，通过与各行各业精英的对话，了解不同行业对人才素养和能力的要求，有利于学生的自我发展和未来职业选择。用人单位可以在这个活动中深入了解了上海纽约大学的办学理念、培养目标，切身感受到了我们学生的能力和素养。参与活动的企事业单位都表达了对上海纽约大学学生的高度兴趣。

四、结语：为实现理想而努力奋斗

上海纽约大学才刚刚起步，改革的路还很长。我们既需要得到社会各界的大力支持和帮助，也必须冷静思考学校的可持续发展。在市民政局的关心和帮助下，今天上海纽约大学教育发展基金会已经正式注册成立。通过纽约大学基金会的协助，学校在 2013 年度也得到了一些社会捐赠，用于助学金、奖学金、图书馆、设立讲座教授。尽管学校在起步阶段得到了上海市政府的扶持，但因为纽约大学全球教育体系的软硬件标准，学费还是比较高的。作为大学的社会责任，我们承诺，不会让任何一个孩子因为家庭经济困难而失去机会。我们在招生的过程中根本不看，也不知道学生的家庭背景。学生一旦被上海纽约大学选中，如果家庭确有困难，学校会尽力帮助学生完成学业。除了奖学金，首届学生也有获得助学金的。实际上，上海纽约大学的学生大多数来自工薪阶层家庭，知识分子家庭的可能更多一点。

为了更好地发挥中外合作办学的资源和机制优势，我们在上海纽约大学的平台上，搭建了数学、神经科学、计算化学、社会发展等 4 个华东师范大学和纽约大学联合研究中心，还在筹建数据科学、城市分析、金融、物理等学科领域的联合研究中心。这些平台将支撑上海纽约大学的科研和研究生培养，也有利于本科生的科研活动。

华东师范大学和上海纽约大学签订了一个推进资源共享的工作机制，包括高层协商机制、联合研究中心建设机制、人力资源合作机制、经济财务管理协商机制等，以及在学生事务、教学事务、安保事务、新闻事务等方面的协调机制。不仅能够让华东师大的师生共享上海纽约大学的优质资源，也能让上海纽约大学师生共享到华东师范大学的各方资源，促进合作、取得双赢。

探索高等教育国际合作模式，推进中国高等教育的改革创新，任重道远，我们都需要努力为实现这样一个理想去努力奋斗。

这是一所真正多元文化融合的大学[①]

（2014 年 8 月）

今天我们欢聚在崭新的浦东校园，举行上海纽约大学 2018 届新生的入学仪式，这个场面显得格外喜气洋洋。

同学们，现在我们都是上海纽约大学这个大家庭的一员了。今后四年里我们会经常在一起，我真正希望成为大家的朋友。也许，在微博、微信、QQ 群，我们早已是朋友了。作为你们的朋友，也作为这所大学创建的参与者，我很想再一次问各位三个问题。你为什么选择了上海纽约大学？你对学校、对自己有什么期待？你为未来的学习生活作好准备了吗？如何回答这些问题，体现了你的志向、抱负、态度，也会影响你未来的选择和行动。

不久，上海纽约大学就要迎来两周岁的生日了。作为第一所中美合作创办的国际化大学和纽约大学全球教育体系的组成部分，上海纽约大学是这个时代的理想，也是一项实践探索。在不同教育体制合作的基础上实现多元文化的融合，积极探索全球化教育，培养未来的世界精英，这在中美教育史上，乃至世界教育史上都是具有非常意义的。我们欣喜地看到，支持这所大学的发展已经被列入第五轮中美人文交流高层磋商联合成果清单，也成为了中国教育改革的试点项目。这所大学对探索高等教育的国际合作，对探索全球化时代的大学教育，对培养具有全球视野的创新人才，都会起到不同寻常的积极作用。我们，在座的同学、家长、教师、职工，在一起创造这段历史。

我曾经担任过教育部直属大学的校长、上海地方大学的校长，对国内高校有亲身的体验，也访问过很多世界一流大学，了解到不同大学的共性和个性。可以这么讲，上海纽约大学在很多方面都是独一无二的，它的国际化人才培养的目标和模式

① 本文为俞立中在上海纽约大学 2014 年入学典礼上的讲话，英文讲稿，标题为编者所加。

也有着鲜明的特色。

首先,这所学校是真正多元文化融合的大学。我们的老师、同学来自世界各地,本届学生就有来自五大洲40多个不同的国家。跨文化的理解、沟通、交流、合作会渗透在我们学习和生活的每一天,构成上海纽约大学教育的重要内涵。把握好这个难得的机会,也就是把握自己的未来。相互理解、相互学习、相互合作,利用一切机会主动与室友们交流、与同学们交流、与老师们交流,结交更多的与自己有着相同或不同文化背景的朋友,拓宽自己的视野,这将成为你一生的财富。如同一位2017届的学生所说:"上海纽约大学是个大熔炉、大家庭,每个人都有自己的故事,来自不同的背景。认识一位新朋友,就像听一个有意义的故事;认识一位新朋友,就像收获一笔人生财富。"全球化时代的世界公民需要这样的视野,需要这样的态度,需要这样的能力。

其次,不同于校园大学,上海纽约大学垂向65 000平方米的空间,让校园变得更加紧凑,同学们会有更多机会和教授接触交流,和同学接触交流,共享学术氛围,共建学习共同体。但我们并不想把学生局限在这个小天地里。上海纽约大学选址在浦东的经济和文化中心,就是希望有一个类似纽约大学的区位,真正接触国际大都市社会、经济、文化的地气,继承纽约大学"立足城市、融入城市"的传统,并从这里出发,实现纽约大学全球教育体系"立足世界、融入世界"的伟大理想。中国是当今世界经济的增长极,上海是中国改革开放的龙头,而浦东陆家嘴是在成长中的国际金融中心。上海纽约大学会是同学们了解当代中国、建立世界与中国纽带的理想平台。在浦东这个大校园里,我们能直接感受到都市发展的活力,也能看到城市化带来的问题,更会有大量的实习实践机会。学校在努力构建支撑学校发展的区域共同体,陆家嘴金融城、源深体育馆、东方艺术中心、上海科技馆、潍坊街道等等都是上海纽约大学的拓展空间。贴近社会的学习环境,会对学生未来的学业、职业发展有重要的影响。

其三,作为纽约大学全球教育体系的组成部分,上海纽约大学是全球教育模式在中国本土的全新尝试,这是一种把课堂教学、文化体验、社会观察、研究实践融为一体的学习模式。学校会努力给同学们提供最好的教育、最好的服务、最好的机会。但选择什么、怎么选择,如何把握机会,主动权是掌握在每个学生自己的手中。在校园日活动时,一些中国学生说,全英语教学和互动学习模式更适合国际学生,他们更有优势。在国际学生活动时,也有美国学生问我,听说中国学生学习都很努力,我们会不会跟不上呀？我很高兴看到同学们能意识到自己的优势和弱项。如何发挥自己的优势，弥补自己的不足，需要思考、需要付出。我希望同学们享受学习的过程，也希望同学们做好迎接挑战的准备。大学只是为我们的成长提供了机会，创造了条件，而成功的人生，一定需要自己加倍的付出。在这所大学里，你们与教师、职工们一样，都是创业者，也希望大家为学校的持续发展贡献自己的智慧和力量。你们的学长，首届上海纽约大学学生已经为我们作了很好的榜样，他们以自己的良好表现展示了自己、也展示了学校，充分诠释了学生的未来就是上海纽约大学的未来。

最后，我想谈一点自己的人生感悟。为了准备今天的演讲稿，我在网上随机征求了一些学生和家长的意见，大家给了我很多好的建议。通过一年的学习，首届学生中的不少人已经在比较中回顾、总结自己的成长，庆幸自己当年作了正确的选择。不少家长也看到了自己孩子身上的变化，并以此来观察和评议上海纽约大学的教育。我想说的是，这所大学在学生培养中更看重的是什么？面对今天这个快速变化的世界，我们希望年轻一代人具有良知和理想，懂得思考，有社会责任感，有爱人和爱己之心之行。学校会在教学和活动中体现这样的目标，也希望同学们在上海纽约大学独特的学习和实践环境中进一步感悟人生的价值。

我是在上海出生，在上海长大，在上海工作，但对我人生有着特别重要影响的两段经历恰恰不在上海。一段是痛苦的回忆，文化大革命期间我在黑龙江的一个农场当了 10 年的农民，可谓是“土插队”吧；一段是幸运的经历，改革开放后我在英国度过了 5 年，从事博士和博士后研究，可称为“洋插队”吧。无论是艰难还是幸运，人生中的 15 年也算是一段不短的经历了，让我深刻地体验和感受到了不一样的中国、不一样的世界。那是在劳作中、在学习中、在社会观察和实践中、在与不同文化人群的交往中，更感知了这个世界的多样性，拓宽了自己的视野，丰富了自己的思想。这样的人生经历，改变了我对世界的认识，改变了我对人生价值的判断，让我更加理解了什么是责任，什么是幸福。

同学们，我相信你们在上海纽约大学的四年学习经历也一定会对自己的人生产生重要的影响。这里，我想引用一位家长在微博上的几句话，作为对大家的期望：“希望同学们成为一个有抱负、有自信的孩子；一个具备专业精神的孩子；一个有创新意识的孩子；一个有社会责任感的孩子；一个有团队意识、能包容的孩子；一个勇于接受挑战、经历挫折，意志坚强的孩子；一个乐观、快乐、健康、阳光、充满活力的孩子。”

上海纽约大学本科教学模式与实现方式①

（2014 年 8 月）

实现上海纽约大学的目标定位，首先要考虑哪些问题呢？学校的关注点放在这几方面。首先是教师队伍，能不能保证一流的师资，这是一流大学的基础。二是生源质量，优秀的学生群体也是稳定一流教师的重要条件，高水平的老师喜欢有追求的学生。三是培养模式和课程体系，一流的培养模式才能让一流学生在一流老师的培养下，发挥最大的潜能，在知识、技能、素养各方面得到长足的发展。下面我就这些方面来汇报一下上海纽约大学是怎么做的。

一、如何保证一流的师资队伍？

按照合作协议，学校 40%的师资是上海纽约大学和纽约大学共同聘用的教授，既是纽约大学教授，也是上海纽约大学教授，必须有部分时间在上海纽约大学授课；另外 40%的师资是由纽约大学按高于纽约大学教师的平均水准，面向全球招聘，相关院系帮助我们把关，应具有纽约大学 Tenure 的水平；还有 20%的师资是从国内或者其他国外一流高校聘用的兼职教授或客座教授，有的是做讲座，也有的承担课程，包括华东师大教授。

纽约大学已有 200 多位教授表达愿意到上海来授课，我们是在这 200 多名教授中选择所需的、学术水平高、教学能力强的教师。第一学期，纽约大学来授课的老师中有 7 位美国国家科学院院士或者艺术与科学院的院士，包括一位诺贝尔经济奖提名者，在经济学界非常有影响的教授。第二学期，有 5 位美国科学院院士或者艺术与科学院院士在上海纽约大学上课，包括一批数学、物理、化学学会的会士，很多都

① 本文为俞立中在上海市高校领导干部大会上的发言。

是讲席教授(Chair Professor),从一开始就确立了上海纽约大学的质量标准。给一年级本科生授课,这样豪华的师资队伍,相信在世界上难以找出第二所大学,即便是纽约大学。

在上海纽约大学授课的教师中有相当一部分是很有影响的名教授,这是学校想要的一流师资。我们也已经有了一批在上海纽约大学长期任职的教授,其中的华裔学者都进入了国家"千人计划",涉及数学、物理学、化学、生物学、经济学等不同学科领域,也有美国艺术与科学院院士。设在上海纽约大学的华东师大与纽约大学联合研究中心为这些教授提供了科研和研究生培养的平台。

二、如何在培养目标下设计培养模式?

上海纽约大学旨在培养具有全球视野、符合时代特征的国际化创新型人才。在人才培养方面,学校特别关注哪些因素呢?一是拓宽科学视野、激发好奇心;二是强调基于兴趣的主动学习;三是培养实践探索精神;四是重视人文素养;五是强化批判性思维能力和跨学科能力的培养;七是强调全球视野与跨文化交流、沟通和合作能力。

学校在本科阶段实施文理通识教育。学生在前两年以核心课程学习为主,就是通识教育课程,也有一部分专业课程;第三、四年以学习专业课程为主。学生进校时不需要明确专业,在学习过程中考虑专业选择,在二年级结束前必须选定专业。可以选一个专业,也可以选两个专业,或者选一个主修专业和一个辅修专业,完全取决于学生的兴趣和意愿。学校不会考虑每个专业的人数比例,学生有选择专业的自由,也有选课的自由。教授的教学大纲、每节课的内容在选课时就放在网上了,以便学生了解。每个学生都有学业导师,他们会指导学生如何考虑专业发展,如何根据专业意向来选修课程,也会帮学生规划自己的学业生涯。

本科四年期间,学生至少有一个学期,最多可以三个学期,选择在纽约大学全球教育体系遍布六大洲的 15 个校园或者教学点选课学习,把课堂学习、文化体验、社会观察、研究实践融为一体。

试想,如果一个学生选修中国改革开放 30 年来的社会经济变化的课程,同样的老师,同样的教材,在上海学,在纽约学,或在欧洲学,最后的效果是不一样的。这就是我们所强调的，学习过程是全方位、多通道的，不同学习平台的紧密结合，有利于提升学生的学习能力和知识水平。

与传统的大学教育模式相比，上海纽约大学有哪些不同之处呢？

一是主动学习模式。教学以学生为中心，体现在方方面面。如果学生在课前没有认真阅读大量文献，积极开动脑筋、是没法参与课堂讨论的，也没办跟上教学的节奏。

二是全英语教学模式。因为，上海纽约大学一半是中国学生、一半是国际学生。当然，国际学生要学中文，是有学分的。

三是通识教育的核心课程。核心课程包括五个板块：社会与文化基础、科学基础、写作、数学，以及针对国际学生的汉语；强调了四个关键词：全球视野、多元文化、学科融合、中国元素。各个板块里有一些课程是必修的，如《全球视野下的社会》和《全球视野下的艺术》是所有学生都要修的。写作是核心课程中很重要的一个内容，不是一门课，但很多课程中都有写作这一块，由专门教授写作的老师给学生上课，辅导学生写作。写作课的重点是训练阅读能力、思维能力和表达能力，与相关课程相结合。数学也是核心课程的重要板块，但不是就数学讲数学，更强调应用，如何把数学用到不同学科、不同领域，解决不同问题。

四是推迟选择专业。

五是跨学科基础。重视学生跨学科思考和解决问题的能力。

六是在纽约大学全球教育体系中的流动。

三、如何实施课堂教学？

上海纽约大学实行小班化教学、互动式学习、全英语授课。我办公室隔壁就是教室，上课很少有安静的时候，一会儿笑声，一会儿鼓掌声，一会儿在争论。课堂教学有相当多的互动。

上海纽约大学的课堂教学包含了大量的原著阅读、自由讨论和写作训练，培养学生阅读、表达和思维能力，特别是批判性思维。有几张发在微博上的照片，是某日凌晨四点钟同学们在学习室里照的：一大堆书摊在桌上，戏称学霸。我和几位学生交流过，他们说一个学期的阅读量，可能比有些大学本科四年的阅读量都要多，而且都是古今中外伟大思想家、哲学家的英文论著，如孔子、孟子、老子、邓小平、马克思等都在其中。只有阅读了大量原著，他们才能在课堂里参加讨论，才可能进入写作思考。我在微博上看到学生发的一个帖子，说这个学期结束了，他整理东西一看，才意识到这个学期里他写了这么厚一沓东西。实际上，第一学期这门课的写作要求是四篇作业论文，作为考评的一个方面，但是学生每篇文章至少要修改五到六次，每一次修改就仿佛是重写一遍，所以最后就是厚厚的一沓。

课堂教学方式也是多样化的，一门课程可以有不同类型的授课方式组合在一起的，有主讲课、研讨课、实验课、写作课等。例如，《科学基础》是一门课，每周有四节主讲课，每节课是 75 分钟；有两节研讨课，每节课也是 75 分钟；还有一节实验课，每节课 90 分钟。再如“全球视野下的社会”这门课，每周只有一节主讲课。是美方校长 Jeffery Lehman 和 Paul Roman 教授两位主讲的，一个是经济学家，一个是法学家。他们在课堂上从不同角度启发同学们们思考古往今来的伟大思想家对各类社会问题的论述，和学生一起讨论这些哲学家的观点。每周还有一节研讨课、两节写作课。这样的教学组合形式，不仅能够促进教和学的结合，也可以让学生对课堂内容进行深入的分析和思考，并学会如何充分的利用各种资源。

第一学年，华东师大选派了一批青年教师在上海纽约大学随堂听课，这里我引用几段听课教师的心得。

“Hohenberg 教授是美国国家科学院院士，也是美国艺术与科学院的院士，在物理研究方面有很高的成就，物理教学方面也有非常丰富的经验。从他的授课中，可以感受到一些独特之处。一是教学以学生为中心，通过教学反馈表，了解学生的需求，并且在后续教学中不断根据学生的学习情况调节课程进度与难度；二是课程以问题为线索，通过一个一个的课堂表决问题来引导学生学习，使得学生从被动的接受知识变成主动的寻求知识；三是在授课中，注重物理知识与其他学科以及历史发展的结合，在帮助学生掌握物理概念和原理的同时，也能够建立更全面的知识结构。”

“Prof. Bar-Lev 讲授“商务统计学”，在课堂上和学生的互动比较多，尤其统计学中的一些知识点，如区间估计、假设检验和回归分析等，对大一学生来说相对困难，学生在听课过程中如有问题，可以随时打断教授进行提问，教授都会很耐心的讲解，也有学生是在课堂结束后或者教授的答疑时间到办公室向老师请教。课堂教学十分信息化,课程讲义、相关资料和作业都在纽约大学网络系统里公布。每周五的讨论课主要以随堂的习题练习和讲解为主,由助教进行讲授,加深学生对知识点的理解。教授和助教的教学热情都十分高昂,非常认真,花了大量时间,为课程准备了非常丰富的资料和算例,并且一丝不苟、孜孜不倦地回答学生提问。

"Kim 教授的'微观经济学'课程,举了很多切实的例子,包括金属冶炼厂,来讲清为什么企业会有固定成本,以及固定和变动成本的区别。他还结合了当前的热点话题(城市化和贫富差距)进行了讨论,告诉学生当市场价格被政府干预到低于企业的生产成本时,企业会如何应对。非常精彩的理论联系实际,或更准确的说是理论在实际的拓展,极大地引发了学生的学习热情,大家都听得很入神。Kim 教授的讲课风格是'手舞足蹈',激情澎湃。他会停顿让学生发问,也会突然对某个学生提问。他的讲课:认真、富有激情、PPT 生动、讲解深入浅出、案例丰富且恰到好处、和学生的互动积极。他在课上从不卖弄自己的学识,而是全心全意为提高学生的理解而努力。Kim 运用的大量实例不仅是他知识的积累,更是他人生的积淀。他的好多例子,我从未听过。30 多年的教龄,赋予了 Kim 敏锐的洞察力,却没有磨去他对教学的热情。能有 Kim 这样的老师,是学生的幸运。我也很幸运,这个学期从 Kim 身上学到了很多,也有很多的感悟。相信这些会帮助我成为一个好的老师。"

"第一次去听由法学专家 Jeffery Lehman 和经济学家 Paul Romer 教授的'全球视野下的社会'这门课,我受到了很大的震撼,因为课程的内容和我预想的完全不一样。因为这门课虽然以'全球视野'为题,但是整节课并没有涉及我们平常理解的一些'全球化'课程的内容。那节课,主要讨论'一个人对陌生他者之间的义务'。上课同学的课程读物(不是现成的教材或者读本,而是教师选取一些名著的经典章节来集结成册,著作中包括一些经典哲学家和启蒙思想家,比如柏拉图、马克思、亚当·斯密、卢梭、孟德斯鸠等的作品,以及中国的思想家:孔子、孟子、梁启超等)都是一些有关价值和伦理探讨的文章。对此我很困惑,课后我找老师表达了我的困惑。他告诉我:因为全球化时代,大家在交往中要达成一些最基本的伦理价值的共识,所以这门课通过阅读一些经典文本来启发同学们思考哪些伦理价值具有普适性。所以,这门课特别适合思政专业以及其他讨论价值、伦理的通识课程来借鉴的教学方式。在上课方式上,第一点让我特别惊诧的是,lecture 课持续 1 个小时 15 分钟,很多时候,老师上课就以短短几个问题串成了一节课。以我听的这节课为例,老师在给出了四个问题，然后全体学生用‘表决器’来马上形成意见分布(在课程的 ppt 上能马上显示出结果)，然后教师随机点名，让一位同学来回答问题(他选了什么答案，为什么选这样的答案)，在回答过程中，教师会让学生联系书本，讨论站在作者的角度他会选择什么答案，或者这个现实的问题，对应书本里的相关论述。这样的上课方式，教师把一些抽象的伦理讨论，用一些非常微妙的现实经验问题表达出来，让学生进行回答，从而变成学生的问题意识(不是以一种艰涩的文本语言来组织思考)，把学习的主体性给了学生，我个人感觉很有效果。当然，这对教师本身的修炼也要求非常高，他们对于学问已经达到了一种‘返璞归真’的境界。另外，这门课的两位教师之间还就同一问题进行回想发问，让学生见识到了不同学科的视角差异。这门课虽然课堂上只用几个问题来组织讨论，看似很轻松，但是对学生的课外要求很高(比如，要求学生在课前读过所有文本，对内容很熟悉，课后要参加讨论课和写作课，任课老师每周都安排答疑时间，下课后一些学生都围着老师问问题)。此外，每节新课前后，任课教师都对课程的主要内容和前后脉络进行总结。这门课并没有很直白地介绍一定的知识体系，但课堂中看似很分散的讨论，是有一定的系统性的，教师会在课前和课后做一定的‘点题’来进行引导。除了运用经验问题来组织课程的讨论，两位教师还注重培养学生的理论性思维能力。如有一节课，让学生把所读几个学者的观点分类，填入相应的表格，总结流派；有一节课，让学生根据经验故事，联系某一学者的具体观点，把理论抽象和经验洞察相结合；又如，让学生从学者的文章中总结他所设置的情境，分析里面雄辩的一面，以及作者有内在张力、或者逻辑不严密的方面；还有通过比较不同学者的论证技术，探讨他们所使用的一些‘烟雾弹’技巧。通过这些手段，教师让这些大一新生逐渐培养一种抽象性的、有挑战和反思性的理论思维能力。在这门课程即将结束的最后一节课，两位上课的学者又对大家阅读的经典作品进行了分析，进行了某种形式的‘解构’：从一种文化相对论的角度对‘普世价值’进行了反思；从各种论证的技巧出发，分析了‘大家’们的薄弱环节和机巧的论证方式；从偏好和价值取向方面，对不同学者的‘客观性’进行了探讨——这种‘解构式’的逆转，我认为体现了一种学术本身的严谨和客观性：让学生培养多元文化赏鉴能力，培养他们反思和挑战权威的能力——这些对培养新时期学生的创新能力来说都很重要。”

上海纽约大学学术资源中心聘用了一批学术助理(GAF，Global Academic

Fellow)，配合教授们的教学工作。他们大多是世界一流大学的毕业生，给学生作一对一、面对面的辅导，包括写作、数学、科学等课程。学生可以在网上预约 GAF 们，在学术资源中心得到他们耐心、精心的辅导。GAF 们的能力很强，工作热情也很高，只要学生需要，没有时间限制的。这样的学习资源确实让我们的学生得到了很多提高学习的机会。我想，我们公立大学有很多研究生，也给了各种各样的奖学金，能不能换一种方式？不是以奖学金的形式，而是聘用部分责任性、有能力的研究生当教学助理，给他们更高的报酬，但必须明确责任。这样不仅使本科生得益，对研究生的职业发展也是有利的。今天，很多大学的生师比很高，教师跟学生的接触时间相对比较少，如果教学助理能给本科生更多的个别辅导，会对本科生学业进步、适应大学学习生活有较大的帮助，这个经历也有利于提高研究生的综合能力。换一个思路考虑问题，可以得到两全其美的结果。学校对 GAF 们有专门的培训。我听到很多学生讲，这些学术助理水平很高，也非常敬业，对学生的帮助是非常大的。

四、如何进行课程学习考评?

考评的目的是检验教和学的效果，促进学生的学习。我专门问了教务部门，老师是怎么对学生评分的？很多方面值得我们思考。

一是重视评价程序，注意动态评价。每门课的老师可以确定自己的评价方式，但是他必须在第一次上课的时候，就向学生讲清楚这门课的评价方法和评价依据。有的老师一个学期进行两次考试，把两次考试成绩平均了，就作为学生的期末成绩，但这样的老师很少。很多老师在一个学期里有多次考试或测验，甚至几周就有一次考核，这些考试或测验的成绩综合便是学生的期末评价。也有老师把写作和考试成绩综合起来考虑，还有部分老师把学生的出勤率或课堂表现都作为评价指标之一。所有评价过程是在整个学期中展开的，而不是在期末通过一次考试来确定的。这不仅强调了学习是个过程，要求学生善始善终，认真对待每个学习环节，也给了学生各种的补救机会。

二是强调实践与规范的评价。第一学期《科学基础》课程的考核内容之一，就是让学生组成研究小组，搞一个小课题。我看了学生展示的研究成果，从表现形式、内容规范上与国际学术会议的 POST 完全一样。这些研究实践，特别重视培养学生用多学科的技术方法来解决现实问题的能力，特别强调学术规范。即使在细节方面不符合学术规范，教师也不会通过，必须一次次反复。

曾听到一位学生讲，她的作业论文引用了专著中的一段话，并在参考文献中列了这本书，但老师看了后，把她找去谈话，严肃地说这样做是不规范的，必须在引用的地方标注出来。这位学生不仅做了修改，还被要求写下保证书，以后一定注意学术规范。她说对这件事的印象非常深刻。由此可见，大学教育就应该关注学术规范，这是学术研究很重要的方面，也是学术道德的基本要求。现在研究生论文中出现不符合学术规范或有学术造假的情况。学生竟然还会说不知道这些细节，说明我们没有足够重视这方面的教育。

本学年，副教务长要为二年级学生开一门“荣誉课程”《政策分析导论》，修课学生是经过选拔的，结合与国家外专局合作的“公共政策分析”课题，在学习中分析现实问题，产出研究成果。

三是强调动手制作。“互动媒体技术”是一门把技术和艺术结合的课程，期末作业就是要学生自己制造一个作品，还开了一个作品展示会。我看了以后很震撼，很有感触。学生真的很有创意，有很多好的想法，能够通过他们制作的作品表现出来。

五、如何组织和协调本科教学？

为了准备这次交流材料，我专门和美方副教务长沟通了本科教学组织方面的一些问题。上海纽约大学的教授们在教学方面有充分的自由度，可以有各自的风格和考虑，但必须高度负责。

协调与培训机制。每学期开学前，学校都会组织一次教授培训活动，强调上海纽约大学多元文化背景的学生群体及在教学中必须关注的问题；介绍上海纽约大学课程体系的规划理念和各门课程之间的联系，以及学生考核评分原则等。对于新任教师有一周的入职培训，内容包括课程设计、引导讨论、学生评价、多媒体技术应用等方面。

课程委员会。上海纽约大学设有课程委员会，由 10 位不同学科的教授组成，主要责任是批准新课程、协调教学内容以及评价教学质量等。通过与教师和学生的交流，发现问题，提出改进教学质量的意见和建议。

交流与沟通机制。学校每周或每两周有一次教授午餐会，交流教学心得，沟通相关问题。任课教师间的沟通也非常重要，如“科学基础”是一门重要的核心课程，由物理学、化学、生物学三门学科的教授参与授课，还有一位总协调教授。这些教授每两周就要开一次协调会议，沟通内容进度，协调知识衔接。

六、结　语

上海纽约大学成立近两年，本科教学的实践才一年，还不是总结成效的时候。然而，对于学校的培养模式和教学方法，学生和家长已经有了一些切身的体会。学生家长不断在博客、微博、微信、QQ群上发帖，从孩子身上看到的变化评价上海纽约大学的教育。引用几段家长语录，作为本文的结束语。

“……写了一篇学术论文，教授批改了，表扬了一番(其实是鼓励，第一篇论文不可能好，但美国教授说再修改扩充一下，有可能发表。孩子积极性马上来了)。重视鼓励，学以致用。”

“……孩子有变化，回家就看书，是古希腊的书，家长看不懂。看完要写论文。”

“……尽管是周末，大部分学生都在读书、写作。有几个学生在练习舞蹈，是舞蹈社的。问孩子怎么不回家。孩子说回家耽误时间，没有这里的学习氛围。说刚才遇到的那个学生，尽管家在上海，国庆都没回去。我问孩子感觉怎么样？回答：学习和高三一样忙，但很快乐！很喜欢学校！”

“好高兴！孩子学习不要我们操心了，已经从被动向主动转变了。关键是精神面貌很好，不像以前。高中孩子有点怕数学，这次孩子告诉我，喜欢上统计学了。我学过统计，是比较难的。不知道这上纽大的教授有什么魔力，为选择这学校高兴，但愿孩子忙并快乐着！”

“……重要的训练是写文章。根据教授推荐的几本书，阅读后结合教授给定的题目写出自己的观点。这个要求与国内的作文完全不一样。要求文章的事实必须是内在逻辑性完整，不是景物描写，或者抒情。一是培养思考方式；二是培养严密的逻辑思维；三是培养写作表达能力；四是培养创新精神。这是我自己的观点。随着学期的进展，文章的内容不断扩展。开始要求写2 000字，逐渐增加到5页，目前要求是10页。10页内容，要分析，要议论，要有根据，要有自己的观点。这不是一点点难!”

“……上星期挨到孩子发言。要求做PPT,正装出席,10分钟演讲。讲完,同学评价,观点讨论,最后教授点评。这既锻炼了学生的表达能力,又锻炼了胆量,和大众面前的思维力。这不就是相当于求职的面试吗?不就是申请课题经费的发言形式?不就是申请奖项的演讲?”

“上海纽约大学的老师来自世界各地,就是一个国际化的环境。……统计学教授是个以色列人,在欧洲大学教书……该教授教书的确有一套。以前我也学习过统计课程,那时用中文学也非常吃力,许多问题搞不清楚……现在孩子也学习同样的内容,经过这个教授的课程,他感觉很容易,几乎都是满分,他是用英语学的,可见教授的水平。学期要结束了,教授特意把孩子叫去,给了通讯方式。‘下学期我要去欧洲了,你的统计课程很出色,今后一定要考博士,可以来欧洲读书,那里奖学金比较多。’教授叫什么我们都不知道,也没有见过面,可见他们是真正地热爱学生,热爱教师这个工作。”

“数学教授来自巴黎六大,是个法国女教授。以前虽然孩子是学习理科的,但是数学一直不是强项,到了高中有时还有点害怕数学。但奇怪,在外国老师教授下,孩子高等数学非常出色,经常拿到附加分数,变成数学学霸了!怎么起的变化?不是很清楚。”

“……介绍一下考试的情况,…平时出席,课堂发言,平时作业都记分数。每2—3周有课堂考试,相当于阶段测验也是记分数的。期中,期末考试只占一定的比例,好像期中考试占20%。所以要想成绩好,要注意平时成绩,否则可能你期末考试成绩优秀,也不一定能及格。这就使得学生不敢放松平时的学习,不存在平时混混,考前突击的情况。所以这里的学生是平时很用功的,经常要学习到凌晨。”

“……考前学校有许多活动,你可以选择参加,也可以不参加。教授也不会给你划重点,更不可能给你复习。复习,如何安排时间是你自己的事。一面要考试,一面教授布置的作业要完成,时间一到,概不接受,记为0分。没有任何理由和商量的余地。”

“昨天晚上孩子来电话,非常高兴。一是学期结束了,二是报告成绩。刚得到消息:本次统计学课程考试采用的是一种新的题型,考完感觉没有把握。结果助教告诉他对了,所以非常开心。数学有12道题,前面的题目半小时就做完了,后面几道题,整整花了 2 个多小时思考,终于做出来了(对不对不知道)。…"

"……下周孩子也要赶回学校,旅游计划泡汤了。一是报名参加学校的活动,帮助整理材料,二是学校在寒假开设了课程,由来自纽约大学斯特恩商学院的经济学教授以讲座的形式上课。不计学分,不收费用,自愿报名。原来以为第一个假期,大家会留在家里。结果报名的学生很多,只能在大教室开讲了。"

"……孩子今天刚回到家,看到孩子慢慢适应,很是欣喜。孩子回来给我印象最深的是箱子很重,打开一看是电脑和书本。书又大又厚,说回来还有作业要做。"

"学校注重激发学生自主学习能力,注重个体能力的培养的教学模式很吸引孩子,学习兴趣也很浓厚,真欣慰!"

新招生改革方案对大学招生的考验[①]

（2014年9月）

新的招生考试制度改革，提出了自主招生推迟到高考后以及高校根据学生学业考的等级以及通过情况，根据不同的学校和专业的要求，对学生的学业水平提出各自的要求，这对于长期在高考单一的分数体系下进行招生录取的高校来说，提出了新的考验。

从大学招生角度来讲，这个改革方案强调了用多维度的评价方式来选拔学生，改变了以高考总分来排队录取的简单模式。用高考总分这一把尺子来衡量所有的学生，操作上比较简单，可能实现了分数面前人人平等，但不是科学的评价方法。由于不同学校甚至不同专业的培养目标和培养模式对学生知识、能力和素质要求不尽相同，而学生也是各有所长，多维度的评价可以照顾到这些差异性。高校可以根据自己的目标和特色，要求相应的考试科目，并结合学生高中阶段的综合素质评价进行选拔。应该说，较之原有的选拔模式，这个方案已经往前跨了一大步。

虽然，过去各所高校在自主招生方面都有自己的尝试，但是总的来说都是在高考分数的框架体系下，并且兼顾到公平的社会环境和舆论，很多时候，学校不得不把高考的分数放在第一位。同时，还有一个因素是，对于大学来说，除了高考分数以外，并没有更多的可以供高校在招生时参考的依据。

此次的新方案还提出"要积极稳妥推进高中学生综合素质评价信息的使用。2017年起，推动高中学生综合素质评价信息在自主招生等环节中开始使用。高等学校应提前公布具体使用办法，使用情况必须规范、公开。"这显然为高校招生时提供了更多的参考依据。

然而，从教育理想的层面考虑，目前的改革方案不可能解决人才选拔过程中存

① 本文原载《文汇报》2014年9月20日。

在的所有问题，只能算是一个阶段性的解决方案。我们必须意识到，尽管公众对“高考指挥棒”和招生选拔方法有很多批评意见，但对什么是公平、公正、科学的选拔模式仍是见智见仁。鉴于当今社会大环境的影响，一些积极的改革措施如果执行不当，很有可能因“功利性”而被异化，因“公信力缺失”而被质疑，因“诚信问题”而被偷梁换柱。因此，涉及到千家万户的招生选拔改革需要一步一步、踏踏实实地走，需要考虑公众的承受能力和观念转变的过程。

这个改革方案，在设定选拔标准上，大学有了一定的自主权，同时也对高校目标定位、培养特色的确定提出了更高的要求。然而，这对大学的招生和人才培养也提出了新的要求，甚至可以说对高校的转型和提升是一个考验。

如果高校不能把握这个机会，没有积极思考学校的定位以及人才培养的目标和特色，很可能提不出差异性的选拔标准，也很难真正选拔适合自己学校的学生。

选拔适合学校定位和培养目标的学生，是高校工作的重要组成部分。但坦率地说，国内高校过去对这项工作的关注度不够，而是把更多的注意力放在高分学生的身上。这既有过去学生评价体系不完善的因素，也有本身国内高校从某种程度上来说，对本身定位和发展的路径不够清晰的因素。这样的状况既不利于大学教育的特色发展，也不利于中学教育的改革。

招生考试制度的改革，使评价方法更多元化了，增加了录取程序的复杂性，招生工作量自然也会更大。但无论是对学校未来的发展，还是对学生未来的成长，这样的付出都是有回报的。

积极探索全球化时代的高等教育发展
——上海纽约大学的理想与实践①

（2015 年 4 月）

随着全球化的不断发展，高等教育国际化成为必然趋势。与此同时，国内学生对世界一流的优质教育资源的需求也越来越强烈，各类出国留学人员呈不断上升态势，2011 年，中国各类出国留学人员总数达 33.97 万人。这从一个侧面反映中国目前的高等教育水平与发达国家还存在着较大差距。为此，《国家中长期教育改革和发展规划纲要（2010—2020 年）》中明确提出，要"开展多种形式的国际交流与合作，办好若干所示范性中外合作学校和一批中外合作办学项目。探索多种方式利用国外优质教育资源"。而设立上海纽约大学就是要充分学习借鉴纽约大学的办学经验，利用纽约大学及其全球系统的教育资源，高起点创办一所现代化、高水平的中外合作高等教育机构，为学生接受世界一流的高等教育提供机会。

因此，"让世界成为你的课堂"将成为上海纽约大学的重要办学理念和办学特色。上海纽约大学在筹建过程中，积极致力于推进这一目标的实现，在人才培养目标、课程设置、招生方案、师资建设等各个方面做了许多有益的探索。

一、以全球化为背景，实施文理兼容的博雅教育，培养具有扎实文理基础和宽广知识面的国际化创新型人才

教育以育人为本。应该为学生提供什么样的教育、培养什么样的人才也成为上海纽约大学筹建过程中的重点。作为国家高等教育改革的试点项目，上海纽约大学筹建过程中，积极探索创新人才培养模式，推进高等教育体制机制改革。

① 本文为俞立中在香港中文大学教育学院论坛上的发言。

随着经济全球化的发展，中国和世界的关系更加密切，需要培养更多具有国际视野，能够通晓国际规则、参与国际竞争的高层次人才。为了更好地满足这一需求，上海纽约大学充分借鉴美国一流大学特别是纽约大学开展博雅教育的经验，紧密结合中国实际，拟订了具有世界一流水平、体现上海纽约大学特色、多元文化融合的课程体系。该课程体系将由“核心课程”和“专业课程”组成，“核心课程”包括语言、社会和文化基础、写作、数学、科学五部分。同时，为了体现上海纽约大学的特色和优势，在社会和文化基础课程板块中，开设了较大比重的有关中国国情的课程。

与国内其他一流大学的本科课程相比，上海纽约大学的课程设计具有显著的特色，集中体现为多学科融合、全球视野、以及创新性。

第一，上海纽约大学的“核心课程”(或称通识教育课程)涵盖了语言、社会和文化基础、写作、数学、科学五大部分。所有学生在入学后的前两年均需接受“核心课程”的教育，在第二学年结束时才选择自己的专业。这样的课程设置不仅体现了文理兼容的特点，在教学过程中也强调多学科的融合。比如，“核心课程”中的科学设置了“科学、社会和历史”系列课程，探讨科学对社会的影响及不同文化和历史时代的人们对科学发现的态度，综合了科学、历史学、社会学等多学科的知识。写作并不是一门独立于其他学科的单独课程，而是融入具体学科的教学中，并着重培养学生的写作能力、思辨能力和理性思维能力。

第二，社会和文化基础板块为学生提供了涵盖不同时代、不同文化、不同学科的经典作品，通过阅读、分析这些作品，学生可以培养广阔的全球视野。此外，上海纽约大学的课程设置与纽约大学全球体系中其他校园和学习中心的课程设置可以紧密衔接，学生可以根据自己的专业及兴趣爱好，选择适合自己的海外校园或中心进行海外学习，获得更直观的全球体验。

第三，上海纽约大学在课程设计上进行了许多创新性的探索。比如，“核心课程”中科学课程的设置，就是对科学教育的新探索。该科学板块包括“以实验发现自然世界”和“科学、社会和历史”两个系列的课程，其中“以实验发现自然世界”强调在动态的过程中探索科学的基本概念和现象，“科学、社会和历史”则着重在历史和社会的语境中探索科学的发展。“核心课程”中社会和文化课程的设置，则是对深化人文社会科学通识教育、加强国情教育的重要探索。该社会和文化基础板块的课程既考虑到上海纽约大学对多元文化融合的需要，设置了“全球视野中的社会”和“全球文学”系列课程；又服务于弘扬和发展中国文化、加强中国国情教育的战略目标，设置了“社会科学视野中的中国”和“中国艺术”系列课程，具体包括“现代中国之兴起”、“比较视野中的中国发展”、“中国传统智慧及其现代转化”、“中国艺术和现代世界”、“中国文学”等课程。

为了保证一流的教学和科研，满足全球化的人才培养需求，上海纽约大学在师资建设上也坚持高水平、国际化的基本原则。上海纽约大学秉承追求学术卓越的精神，努力吸引全球最优秀的教授，从专业和课程的实际需求出发，以与纽约大学相同或更高的标准面向全球招聘师资。上海纽约大学的师生比为 1∶8，并以小班化教学为主，以保证学生与教师有足够的交流和互动。在师资构成上，上海纽约大学全球招聘的专任教师将 40%，与纽约大学和华东师范大学联合聘用的教师占 40%，来自国内外其他一流大学和研究机构的兼职教师和客座教授占 20%。此外，上海纽约大学还将以两所母体大学华东师范大学和纽约大学为依托，在神经科学、应用数学、社会工作、计算化学等若干领域成立联合研究中心，吸引更多高水平人才加盟，为上海纽约大学提供师资和科研支撑。

二、借鉴世界一流大学的招生经验，创新高校招生方式，通过“三位一体”的综合评价选拔最适合的学生

为了实现建设高水平大学的目标，上海纽约大学必须致力于充分利用优质的国外教育资源，吸引一批高素质的国内外学生，努力培养社会和经济发展需要的高素质人才。因此，对上海纽约大学来说，以何种标准、采取何种方式招收学生，如何最大限度发挥现有招生制度的积极因素，并从上海纽约大学的自身特点出发，积极尝试新的招生方式，成为制订上海纽约大学招生方案的核心问题。

按照计划，上海纽约大学拟于 2013 年招收本科生 300 名，其中中国大陆学生占 51%，全球范围内招收的国际学生占 49%。为了保证招收到最优秀、同时也最适合上海纽约大学的学生，上海纽约大学在充分学习借鉴纽约大学及其他世界一流大学的招生经验的基础上，大胆创新，积极探索，制订了针对国际和国内学生的招生方案。

面向国际学生的招生将按照纽约大学的标准，利用纽约大学全球系统的优势，通过学生申请的方式选拔录取。纽约大学遵循全球化的办学理念，在全球范围内构

建了纽约大学的全球体系。该体系包括纽约、上海、阿布扎比三个校园和11个海外学习中心，纽约大学的所有学生均有机会到其他校园或海外中心进行一到三个学期的学习。纽约大学的开放性、全球化、以及多元文化的交融吸引了各国优秀的学生，并连续数年被《普林斯顿评论》评为“最受高中生欢迎的大学”。而作为美国规模最大的私立大学，纽约大学在招生方面积累了丰富的经验，建立了成熟的招生系统。有意就读上海纽约大学的国际学生可通过纽约大学的招生系统提交通用申请及相关补充材料，招生部门将按照纽约大学的严格标准进行对申请人进行考查和选拔。

上海纽约大学面向国内学生的招生将在尊重高考制度的前提下进行。在招生方案的制订和实施过程中，将坚持“公平、公正、公开，全面考核，综合评价，择优录取”的原则。同时，为了有效引导中学教育的改革和发展，上海纽约大学将创新招生方式，积极探索建立多元评价体系，结合学生的高考成绩、高中学业水平考试和综合素质评价，进行“三位一体”的综合评价选拔。有意报考上海纽约大学的学生可以通过登陆学校的网上报名系统，填写相关资料，提交学业水平考试成绩证明、校长推荐、以及个人自荐等相关材料。上海纽约大学将对学生提交的材料进行审核，从对学生进行全面考察以及减轻学生负担的目的出发，选拔符合条件的学生参加“校园日活动”。由上海纽约大学和美国纽约大学教授和招生人员组成的专家委员会将通过演讲、面试、写作、团队合作等多种方式综合考查学生的求知欲、语言能力、应变能力和领导能力等，并确定预录取的名单。“校园日活动”中也会确定一批候补录取的学生，我们会在高考后，结合学生的高考成绩、高中学业水平和综合素质评价，选拔录取一部分学生。

三、以纽约大学全球体系为依托，为学生提供全球化、多元化、个性化的服务，促进学生的全面发展

作为纽约大学全球体系的一部分，上海纽约大学将积极学习和借鉴纽约大学在学生服务方面的先进经验，充分利用纽约大学全球体系的各种资源和优势，为学生提供全球化、多元化、个性化的服务，丰富学生在跨文化环境中的生活体验，促进学生服务与专业教学的有机结合，提高学生的综合素质和能力。

第一，在学术服务方面，上海纽约大学将采用创新的手段把教学延伸至到课堂以外。所有学生在入学后都将有一名学业导师，为学生在课程、专业选择上提供指

导。一旦学生确定专业后，其导师将换成该领域的一名教授。通过这种方式，学生将有机会与教授进行一对一的交流。学生还可以跟导师一起制订适合自己的个性化培养方案，经由学校批准后可按照该个性化方案进行培养。同时，多元化的教师和学生主体可以让学生学会如何在多元文化的背景下学习和交流，培养跨文化沟通合作的能力和技巧。

第二，在生活服务方面，上海纽约大学将参照纽约大学的标准，结合上海的实际情况，建设一支专业化的学生事务管理团队，为学生提供咨询服务、多样校园活动、平等参与机会和多元文化发展等方面的专业服务和支持。同时，上海纽约大学的学生事务将更多依托纽约大学全球体系的网络信息系统。该系统包括学生旅行服务系统、学生信息系统、网上报名和调查系统等多个系统，学生不管在纽约大学全球体系中的哪个校园或学习中心，都可以随时随地进入该系统获取信息、享受服务。此外，纽约大学一周 7 天、一天 24 小时的健康和安全服务热线也将对上海纽约大学开放，学生在任何需要的时候都可以得到专业、全面的生理和心理健康的咨询和服务。学生宿舍也都配有学生助管和教师辅导员，为学生提供住宿生活服务。

第三，在职业发展方面，上海纽约大学将共享纽约大学的全球校友资源，纽约校园著名的 Wasserman 职业发展中心庞大的电子资源，以及纽约大学与全球 500 强公司、NGO 组织等建立的良好合作关系，使学生在全球范围内获得更多的兼职实习机会和社区服务机会。同时，上海纽约大学的职业发展中心也鼓励学生锁定本地企业中与其专业相关的实习机会，并为学生寻找实习机会提供建议、协助和指引。

第四，在校园设施方面，上海纽约大学充分考虑到建设世界一流大学的办学目标和培养国际化创新型人才的人才培养目标。比如，为了满足上海纽约大学小班化教学的需要，教学楼中的教室 70%以上都是只能容纳 16—20 人的教室。大部分教室中的桌椅都是可移动式的，可以根据课堂的需要改变布局，实现研讨、辩论、演讲等多种形式的授课方式。另外，大部分教室都安装有视频会议设备，这就意味着上海纽约大学的课堂将能与纽约大学全球体系中的其他校园进行实时和互动的视频会议，让不同校园的学生和老师进行互动和交流，营造真正的国际课堂，实现全球化的教与学。上海纽约大学的图书馆也将根据纽约大学图书馆建设标准，建设充分应用数字化技术的现代化图书馆，共享纽约大学的全球大学系统的图书资源，满足师生专业化、个性化、多样化的需求。

四、依法构建上海纽约大学治理结构，建立现代大学制度，创新管理模式，建立有效的保障机制

为了保证学校教学活动的顺利进行，真正以创新的视角举办上海纽约大学，学校在治理结构、制度建设、管理模式等方面也进行了大胆的探索和创新。依法办学是建立现代大学制度的重要前提。根据《中华人民共和国高等教育法》、《中华人民共和国中外合作办学条例》以及其他有关的中国法律和法规，华东师范大学组织专人认真学习研究纽约大学的章程，并参考其他世界和国内一流大学的章程，在此基础上与纽约大学相关人员深入讨论，共同制定了《上海纽约大学（筹）章程》，为上海纽约大学建立了基本制度框架和治理结构。

根据合作协议和章程的规定，上海纽约大学成立了理事会。理事会是上海纽约大学的决策机构，并享有批准双方委派的理事会成员、聘任和解聘校长、修改章程和重要规章制度、批准发展计划和工作计划等重大职权。2012 年 4 月 5 日，上海纽约大学理事会召开的第五次会议讨论并通过了上海纽约大学拟任校长和常务副校长人选：华东师范大学原校长俞立中拟任上海纽约大学校长，康奈尔大学原校长、北京大学国际法学院创始院长 Jeffrey Lehman 拟任上海纽约大学常务副校长。

在筹建过程中，上海纽约大学筹建团队充分借鉴纽约大学先进的管理经验。2011 年 5 月，华东师范大学在全校范围内公开选拔人员赴纽约大学挂职培训。经过面试选拔，最终选定 6 人分别派往纽约大学人力资源、财务、学生事务管理部门进行为期二个月的挂职工作，了解纽约大学管理架构和运作模式，学习先进的管理方法和工作流程，体会纽约大学的管理文化。在充分学习研究纽约大学的相关制度后，筹建团队制订了上海纽约大学人力资源管理、财务管理、基金会管理等制度，并积极探寻市场化、专业化的途径推进相关工作。

成立上海纽约大学（筹）教育发展基金会是上海纽约大学的一项重要筹建工作，其目的在于为未来上海纽约大学的健康发展广泛募集海内外社会资金。在学校筹建期间就同步进行社会资金募集，这是我国高等院校建设中的一项创新之举。为了有效进行资金募集和使用管理，筹建团队已经草拟了基金会章程并制定相应的管理制度和规程。

高考制度改革与青少年科技创新教育①

（2015 年 12 月）

中国正经历一个以创新引领的转型发展过程。建设创新型国家，需要一大批不同类型的创新型人才。创新人才不是教出来的，但教育如何促使创新人才脱颖而出，这是我们需要思考和实践的问题。因此，无论是高考制度改革还是青少年科技创新教育，都与培育创新人才直接相关的。

全球化和信息化背景下的教育变革

在任何时期，教育的发展目标和发展理念总是带着时代的特征，随着时代的变化而变化。当今世界发生了什么变化？对教育产生了什么影响？上世纪末和本世纪初，有许多新名词来表征这个时代，描述当今世界，用得最多的可能就是“全球化”这个词。全球化时代要求年轻一代拥有更加宽阔的视野，可以从多视角观察、思考、分析我们面临的各种问题和发生的各类事情。今天的世界越来越扁平，青年学子毕业后要从事的工作可能会与世界联系在一起，要共事的人群也许有着不同的文化背景。因此，这个时代要求我们的下一代有更加宽阔的视野，能从不同维度去思考问题，具备和不同文化背景的人沟通、交流、合作的能力。

以计算机、互联网、通讯技术、大数据、智能化为特征的信息化时代，给未来发展带来了很多新的机遇，也带来了更多的挑战。如何在浩瀚的数据里挖掘有用的信息？如何应用大数据来解决各种问题？信息的获取、选择、处理和应用都需要新的技能，也需要新的思维模式。

知识经济时代揭示了经济发展对知识更新的依赖。在知识爆炸的今天，学校教

① 本文为俞立中在上海市科技教育论坛上的演讲。

育是不足以提供未来职业发展所需的所有知识和技能。因此，学习是终身的需要，学习能力和选择能力的培养变得越来越重要。不会学习就无法适应知识的更新，就无法面对不断出现的新问题和新挑战。

互联网不仅改变了我们的工作和生活，也改变了我们的学习方式。互联网的发展给教育模式与学习模式带来了深刻的变化。比如，近年来MOOCs（慕课）的兴起，给我们带来了许多机遇，当然也有不足的方面。我个人不认为MOOCs会取代未来的学校教育，但是MOOCs确实能帮助我们解决很多原来不能解决的问题。譬如说优质资源的共享问题，由于互联网的发展，优质教育资源可以通过网络来传播。通过网络获取优质教育资源，也促进了教育公平和均衡发展。学生可以在任何地方、任何时间、通过任何终端主动上网学习，促进了学习模式的转变。由于MOOCs的碎片化结构，可以根据需求，进行个人定制，也就是学习的个性化设计，为学生提供了更为丰富的学习内容和学习方式，促使了教学改革。这也是我们强调要学会学习的一个重要方面。

世界在变化，教育也在变化。联合国教科文组织协会世界联合会副主席陶西平先生概括了当今世界教育教学改革的六大新动向，即从“全民教育”到“全民学习”，从以课程为中心到以学生为中心，从以能力为导向到以价值观为导向，从知识传授到创新精神培养，从信息工具的使用到教学模式的转变，从单一测评到综合评价。

高考制度改革的背景和目的

创新是一个国家、一个民族进步的灵魂。今天我们的教育面临很多挑战、也存在很多问题。其中一个问题就是“应试教育”的影响，这是社会公众一直在批评的。在这个大背景下，很多学校在积极探索素质教育，推进多样化、个性化的发展，但困难很多。我曾经和一些中学校长、学生和家长交流过，他们认为很多好的教育理念大家能接受，但是现在很难推进，因为最后决定学生命运的还是高考成绩。高考分数线是严酷的，在分数线上就可以进入心仪的大学，差一分就进不去了，这是现实。能否通过招生制度改革让学校、学生、家长逐步走出“应试教育”的阴影？这是教育面临的指挥棒问题，非常不容易，需要循序渐进，一步一步往前走。

今天的高考制度不是一天两天形成的，中国的科举制度是一千多年延续下来的。至今，尽管大多数人都在批评高考指挥棒，但是高考仍然被认为是最公平的方法。公平在什么地方？分数面前人人平等。我们强调教育的公平、公正，但只是以一次考试成绩作为绝对的评价标准，实际上是不公平的，而且有害的。一个极端的后果就是引导学生把追求考试高分变成了学习目的。这种思维习惯已经根深蒂固，很难改变。上海纽约大学在探索选拔标准和招生模式的改革，申请上海纽约大学的学生必须参加高考，但不是简单以分数划线，而是通过综合评价，择优录取。但是，这些年来还是不断有人问我，高考成绩多少分可以被录取，这也成了衡量一所大学水平的线。我往往解释半天，家长仍不明白。很多人已经习惯于用分数衡量学生，用录取分数线衡量学校，没有分数线就没有标准了。由于公信力的缺失，综合评价的结果又很容易被质疑。所以，高考制度的改革一定需要政府来推动，有个逐步适应的过程。改革最根本的目的就是让教育回归本源，成为每个人成长的需求，培养出更多有创新理念和能力的人才，而不是一大批仅有考试能力的学生。

高考制度改革的目标与路径

考试招生制度改革的总目标就是逐步建立中国特色现代教育考试招生制度，形成分类考试、综合评价、多元录取的考试和招生模式。健全促进公平，科学选才，监督有力的体制机制。构建衔接沟通各级各类教育，认可多种学习成果的终身学习立交桥。

除了保证公平、公正、社会监督外，有三个具体目标需要高度关注：

首先，遵循教育的规律，扭转片面应试的教育倾向，坚持正确育人导向。进一步明确教育的目标是要培养学生成为符合社会发展的一个完整的人，而不是培养考试机器。

第二，增加学生的选择权，鼓励发展兴趣，让学生健康成长。既减轻学生的考试压力，也可以让招生选拔基于多样化层面。这与校外教育的提升有着紧密的关系。

第三，促进高校办学定位和人才培养目标的多样化。根据各个高校和专业的特色，提出学生选拔的条件。例如，物理系可以要求考生的物理成绩必须优秀，化学系可以要求化学成绩必须优秀，数学系可以要求数学和物理成绩都比较优秀等等，不是千篇一律的标准。这样对于高校来讲，原来是在总分的基础上选拔学生，不管是考什么专业都是用高考总分来衡量，改革后就是多样化、有特色的录取标准了。

考试招生制度改革是一个过程，不可能一步到位，需要逐步完善。改革必须顾及学生和家长的承受能力、学校的改革进程、社会舆论和观念转变等因素。

上海是考试招生制度改革的试点省市之一，已经有了实施方案。这个方案至少在几个方面有了突破。

第一，合格性和等级性的结合，兼顾了全面发展和兴趣特长两个侧面，兼顾了基本要求和选拔要求两个方面，给了学生一些自主选择权。

第二，通过构建学生综合素质评价体系，为建立多元化的学生评价标准和评价模式打下了基础。就我个人所见，综合评价不应该强调定量，而只是定性的评价。在上海纽约大学的校园日活动中，老师对每个学生各方面能力和素养的评价都是描述性的，而不是打分。校外教育要吸引真正有兴趣的学生，挖掘学生的潜力，培养他们的兴趣和特长，而不是去满足某些功利。

第三，简化了统一考试科目，给学生两次外语考试的机会，分解了高考的负担。这样，学生不需要把复习英语的精力集中在高三，可以将考试的压力提前释放，而且还可以考两次，选择一个好的成绩。

第四，改变录取方式，实施统一高考成绩和高中学业水平考试等级分相结合的选拔办法，取消了文理分科，合并一本二本的批次。

这些改革的出发点都是正面的，就是让学生不要把太多的精力放在应付高考上，而是有机会发展兴趣和专长，全面提升与这个年龄段相应的知识、技能和品性。这样的导向无论从主观愿望还是从实际操作都是积极的。

STEM 教育的特点与校外教育

高考制度改革也向青少年科技创新教育提出了新的问题，这两者之间如何能更好地结合起来？我想到一个概念就是 STEM 教育。这个概念最早源于高等教育，是 NSF1986 年在《本科的科学、数学和工程教育报告》里面提出来，这个报告被认为是美国 STEM 教育的里程碑，后来才逐步推广到中小学。我为什么想到 STEM 教育，是因为注意到 STEM 教育的基本特点和校外教育十分契合。一是强调学生的主动学习；二是重视动手和体验；三是基于项目的学习，通过项目的实施来实现教育目标;四是突出科学探究与工程设计的过程;五是跨学科,以问题为导向,用不同学科的知识和技能来解决问题;六是团队合作,培养学生的领导力和协作能力。从STEM的基本特点来看,校外教育就是一个非常好的STEM教育平台,而校外教育如果真正能在创新人才培养方面发挥好作用的话,必然会体现STEM教育的特点。

线上线下青少年科技教育的挑战与应对

互联网时代,什么事都有了线上和线下,购物有线上线下、金融有线上线下,教育也有线上线下。那么青少年科技创新教育的线上线下呢?今天,很多科技知识或许都能在网上找到。青少年科技教育的线上线下关系,是否应该类似于翻转课堂。很多知识性的内容可以在网上学习,通过网络视频、科技网站等了解和掌握。丰富的网络资源,多样化的网络终端,使得线上科技教育的学习行为随时随地都可以灵活地发生,这就对线下教育提出了挑战。因此,线下的科技创新教育要更加关注体验、实践和互动,要充分体现科技的亲民性,让孩子在"玩"的过程中实现自己的创想。STEM教育的六方面特点对课外教育很有借鉴意义。线下的青少年科技创新教育要在问题导向、团队项目、动手实践的基础上培养学生的科学兴趣、科学精神、科学能力。

第一,保护孩子们的好奇心和探索兴趣,这是科技教育最可贵的东西。保持好奇心,对学生一生的发展都是非常重要的。青少年科技创新教育不能落入功利化的陷阱。激发学生的好奇心,鼓励兴趣探索,才是培养未来创新人才的最重要方面。知识可以学习,技能可以培养,好奇心和兴趣则不能简单产生的。倘若在少年时代把学生的好奇心扼杀了,对其一生的成长会带来不可估量的后果。

第二,培养学生发散性思维、批判性思维、想象力、创造力。当今中国教育比较注重学生逻辑思维的发展,但发散性思维、批判性思维的培养还是比较缺失的。课外教育不受大纲限定,应该起更多的作用。在设计科技活动时,应有更多的环节让学生自由地畅想、发挥。

第三,以问题为导向,以项目为基础,培养学生跨学科的综合能力。学校教育大多还是以学科为中心。我本科专业是地理科学,但我一直对中学地理老师讲,你们不要把大学地理课程体系搬到中学里,中学地理教育要培养学生的地理观和地理素养，而不是成为地理学家。最重要的是，让学生在处理、分析、解决问题时能不知不觉地用到地理课上学到的知识、技能和方法。校外教育没有学科约束，更容易实现以问题导向、以项目为基础，培养学生的跨学科能力。

第四，创设实践动手、技能拓展和尝试新技术的学习环境。让学生关注和体验新科技和未来科技，校外教育应该如何与时俱进？我们小时候是玩矿石机、飞机模型，今天的校外教育早就不玩这一套了。校外教育需要创设良好的学习和实践空间环境，让学生有机会探索和体验类似3D打印、穿戴式技术、机器人、基因技术等有时代特征和引领未来的科技。高科技环境的体验对学生未来发展会有重要影响的。

创新人才培养模式与学习生态系统

专业技能、原创精神、求真的渴望是创新的三个基本要素，但创新人才的培养不应只有一种模式。如果说，教育有了一个良好的生态环境，那它一定是多样化的。单一的培养模式不会有好的教育生态环境，因为学生个体是千差万别的，没有一种培养模式会适用于所有人。教育只有提供更多的选择，才能让每一个学生找到适合自己的模式。另一个方面，教育要为社会培养合格人才，而各行各业对人才的需求是多样化的，不同岗位对人才的要求也是不一样的，只有教育模式的多样化才可能满足经济社会发展对不同人才的需求。

校外教育要为学生提供一个良好的学习生态系统。孩子们可以在这个生态系统里做出他们不同的选择，可以有适合不同人群的学习和实践资源。第一，要大力拓展中小学教育的课外学习资源；第二，要鼓励创新探索，提供更多的体验和互动内容，培养学生设计和动手制作能力；第三，课外校外基地要成为学生综合素质评价体系的组成部分，发挥积极作用；第四，要拓展成为大学教育实践课堂和实践基地，接受更多的大学生作为基地的志愿者，让大学生在和中小学生的互动中发展自己能力，最终形成互补的学习生态系统，体现其社会功能和育人价值。

立足世界，融入世界[1]

（2016 年 8 月）

上海纽约大学已经走过四年的历程，而 2020 届新生的到来标志着学校本科教育进入了一个新的阶段。请允许我代表上海纽约大学的教职员工，欢迎大家的到来，欢迎同学们加入这个独特的国际大家庭。也想借这个机会，感谢各位家长的光临，感谢你们给予孩子们的关爱和支持。

其实，我和在座的大多数同学都已有过交往，今后四年里我们会经常在一起，我真正希望成为大家的朋友。今天，在同学们入学的第一天，作为你们的朋友，也作为这所大学创建的一个参与者，我想再一次问大家几个问题，请你们认真思考一下。你为什么选择了上海纽约大学？你对学校、对自己有何期待？你是否有充分的思想准备，来迎接未来学习生活的挑战？如何回答这些问题，体现了你的志向、抱负、态度，也会影响你未来的选择和行动。

上海纽约大学的首届学生明年即将毕业。在刚过去的几个月里，我利用去美国开会的机会，和同事们一起访问了西海岸的斯坦福大学、加州大学伯克利、加州大学洛杉矶、南加州大学、华盛顿大学和东海岸的耶鲁大学、麻省理工大学、哈佛大学。为了什么？我们就是希望这些世界一流大学更多了解上海纽约大学的探索，了解学校的培养理念和模式，更认同我们的学生。在和这些学校领导的交谈中，我深受鼓舞。我接触到的领导，无论是校长、教务长，还是研究生院院长、学院院长、教授，很清楚上海纽约大学的独特性，他们都饶有兴趣地问到了学生群体的构成，本科生的培养模式。当我讲到，上海纽约大学的学生来自世界五大洲 60 多个国家，一半是中国学生、一半是国际学生，学校在宿舍安排、社团组建、课程设置、实践活动中都强调了全球视野的培养和多元文化的融合；当我讲到，上海纽约大学教授来自世界各地，

---

① 本文为俞立中在上海纽约大学 2016 年新生入学典礼上的讲话，英文讲稿，标题为编者所加。

具有不同文化背景，学校鼓励不同文化、思想的碰撞和讨论时，不时会听到这样的认同和赞许："太棒了"，"我们也在促成这样的多元文化环境"，"这正是符合全球化时代的要求"。在今天这个快速变化而又充满挑战的世界，对多元文化的理解和认同，提升跨文化沟通和合作能力显得格外重要。作为第一所中美合作创办的国际化大学，作为纽约大学全球教育体系的重要组成部分，上海纽约大学是这个时代的理想，也是一项实践探索。在不同教育体制合作的基础上实现多元文化的融合，积极探索全球化教育，培养未来的世界精英，这在中美教育史上，乃至世界教育史上都是具有非常意义的。我们欣喜地看到，支持这所大学的发展已经被列入第五轮中美人文交流高层磋商联合成果清单，也成为了中国教育改革的试点项目。这所大学的成功对探索高等教育的国际合作，对探索全球化时代的大学教育，对培养具有全球视野的创新人才，都会起到不同寻常的积极作用。我们，在座的同学、家长、教师、职工，在一起创造这段历史。

纽约大学全球教育体系的校园和学习中心都是建在最有创新活力的国际大都市，上海和纽约更为突出。上海纽约大学选址在浦东的经济和文化中心，就是希望有一个类似纽约大学的区位，真正接触国际大都市社会、经济、文化的地气，继承纽约大学"立足城市、融入城市"的传统，并从这里出发，实现纽约大学全球教育体系"立足世界、融入世界"的伟大理想。中国是当今世界经济的增长极之一，上海是中国改革开放的龙头，正在建设具有全球影响力的科技创新中心，而浦东陆家嘴是在成长中的国际金融中心。上海纽约大学会是同学们了解当代中国、建立世界与中国纽带的理想平台。在浦东这个大校园里，我们能直接感受到都市发展的活力，看到城市化带来的问题，也会有大量的实习实践机会，更会激发同学们的创造热情和灵感。贴近社会的学习环境，会对学生未来的学业、职业发展有重要的影响。

上海纽约大学是纽约大学全球教育模式在中国本土的全新尝试，这是一种把课堂教学、文化体验、社会观察、研究实践融为一体的学习模式。学校会努力给同学们提供最好的教育、最好的服务、最好的机会。但选择什么、怎么选择，如何把握这些机会，主动权是掌握在每个学生自己的手中。时常会听到一些中国学生说，全英语教学和互动学习模式更适合国际学生，他们更有优势；而也有美国学生对我说，中国学生学习都很努力，我们会不会跟不上呀？我很高兴看到同学们能意识到自己的优势和弱项。如何发挥自己的优势，弥补自己的不足，需要思考、需要付出。我希望同学们享受学习的过程，也希望同学们做好迎接挑战的准备。大学只是为我们的成长提供了机会，创造了条件，而成功的人生，一定需要自己加倍的付出。在这所大学里，你们与教师、职工们一样，都是创业者，也希望大家为学校的持续发展贡献自己的智慧和力量。

31年前，我去英国攻读博士学位。见到导师，很自然地问道："学校要求我听什么课？"教授说："我们没有要求。如果你愿意去听什么课，和任课老师说一下，去听就可以了。但我觉得用好图书馆和实验室，和老师和同学交流请教，都是你学习的机会啊！"今天，我更理解到，不同的教育体系、不同学习阶段对学生的要求是不一样的，但用好不同的教育资源，多向教授请教，多和同学交流，共享学术氛围，共建学习共同体，这是学生发展的重要途径。海外留学，给了我不一样的人生经历，在与不同文化人群的交往中，更感知了这个世界的多样性，拓宽了自己的视野，丰富了自己的思想。这样的人生经历，改变了我对世界的认识，改变了我对人生价值的判断，让我更加理解了什么是责任，什么是幸福。

同学们，我相信你们在上海纽约大学的四年学习经历也一定会对自己的人生产生重要的影响。祝愿同学们有一个愉快而成功的大学生活。

探索、改革、创新①

（2016年9月）

作为第一所中美合作创办的国际化大学，上海纽约大学已经走过了四年的历程。今天，上海市教委组织第三方对上海纽约大学的办学成效和未来十年的建设规划进行全面评估，我们感到非常兴奋和鼓舞。请允许我代表上海纽约大学的师生，热烈欢迎评估组的专家们，也想借这个机会，感谢教育部、上海市政府和市人大、浦东新区领导一直以来对学校建设和发展的关心、支持和帮助。

今天在座的上海纽约大学方面的人员包括：所有在校的学校领导、各学部的领导、各行政部门的领导；还有我们母体学校的领导，华东师大校长陈群和纽约大学常务副校长 Bob Berne，以及纽约大学前任教务长 David McLaughlin。没有华东师大和纽约大学的全力合作，不可能有上海纽约大学。一会儿，他们会代表两所母体学校讲话。

在进入浦东校区的短短两年里，学校接待了几万名来自国内外的访客，雷蒙校长和我被邀请到很多高校，在国内外各类大会上介绍了学校的探索和创新。立足上海，上海纽约大学师生员工已在过去几年里稳步融入上海社会方方面面。上海纽约大学被列入了第五轮中美人文交流高层磋商联合成果清单，也是中国教育改革的试点项目。作为上海纽约大学创立者和建设者，我们深深感到肩上责任重大。这所大学的成功与否对探索高等教育的国际合作，对探索全球化时代的大学教育，对培养具有全球视野的创新人才，都会起到不同寻常的积极作用。学校将不仅成为上海人民的骄傲，也将成为上海作为世界一流城市的文化标志之一。就如领导所要求的“把上海纽约大学不仅建设成为中外合作办学的典范，也成为中国高等教育改革的典范。”“努力把上海纽约大学办成高等教育国际合作示范改革的试验田，建设成为

① 本文为俞立中在上海市教委对上海纽约大学本科教育评估会上的致辞，标题为编者所加。

高水平的世界一流大学。"因此,高水平、高质量是这所学校的必然要求,探索、改革、创新是这所大学的关键词。

上海纽约大学常务副校长杰夫.雷蒙教授会具体向大家汇报学校的理念、特色、举措和成效。我们真心希望展示给大家的不仅是一所国际化的大学,而且是一项探索性的改革创新;不仅涉及国际合作办学模式,更是在学生评价和人才培养模式、课程体系、教学方法、师资队伍、社会服务、科学研究、管理机制等各方面的积极探索。我们衷心期待专家们对上海纽约大学的建设和发展提出宝贵的意见和建议,帮助上海纽约大学更好地进行探索实践,实现 21 世纪大学的理想。

守护大学教育的灵魂——读《失去灵魂的卓越》[1]

（2017 年 4 月）

一句话推荐语：时下，对高等教育的种种担忧和批评，在这本书里多多少少都能看到一些影子，而我们可能还尚未有深入的思考和分析。如果不能从教育的本质出发，去认识一些问题和争议，我们的努力就会事倍功半，甚至适得其反。

当数以十万计的中国学子远渡重洋，追逐那些海外名校的学习机会，当人们对国内大学教育愤然指责之时，大家是否理性思考过，我们在追求什么样的教育？当中国高等教育的迅猛发展激发了诸多大学争创世界一流的雄心之时，我们是否真正认识到一流大学的价值何在？一流教育的灵魂何在？今天，再读《失去灵魂的卓越》一书，一定会有别样的感觉，因为时代不同了，外部环境不同了。我们不仅在看美国常春藤大学的故事，也在思考自己的未来。作者哈瑞·刘易斯在该书中文版序言中写了这么一段话："本书的宗旨是回顾大学通识教育的发展历史，并展望其未来前景。大学通识教育的目标超越了学科的专业技能。通识教育旨在利用大学生的可塑性，鼓励年轻人认识自我，并发现自己的生活道路。通识教育的任务还在于提醒学生：自己应对社会知恩图报，应该利用自己掌握的知识为人类谋福利，而不仅仅追求自身的经济富足。"这些年来，国内大学对通识教育也有了越来越多的关注和实践。我是带着对当前高等教育发展问题的思考，读完了这本书。尽管书中的大量笔墨是针对哈佛大学的通识课程、大学教学、道德教育、国际化、宿舍教育、学生辅导、评分制度等方面问题的分析和批评，但涉及到了很多大学教育的内涵问题，耐人深思。

"……我们怎样教育学生？教给了学生什么？如何给学生打分？打分的依据是什么？在培养学生责任心方面的成败得失是什么？金钱对学生有什么一般性的影

---

① 本文原载《文汇讲堂》2017 年 4 月 16 日。

响？金钱对大学发展体育运动有什么特别的影响？等等。这些问题很有意思，因为它们历久弥新，仅这一点就可以说明大学时刻都处于各种价值观的冲突之中。面对这些问题，大学有时认识清醒，有时则不然。如今，我们痛心地看到自己正在失去主张。”导言的第三段，作者回顾了担任哈佛学院院长期间所面临的种种矛盾，从价值观的冲突引出了教育的问题。《失去灵魂的卓越》一书给我的最大启示是，大学教育不仅要传授知识，更要培养学生的人格、品性、能力和责任。大学首先着眼于培养人，“卓越”不专属于某个人或某一群人，每一个学生都有权利得到充分而卓越的发展。大学应追求“守住灵魂的卓越”。

中国高等教育发展到今天，多办几所大学、多招一些大学生已经不重要了，而高质量的教育、高水平的大学、有特色的办学为大众所期待，也关系到国家和民族的未来，需要改革的勇气和合适的路径。上世纪 30 年代，著名教育家、华东师范大学的首任校长孟宪承就提出“智慧的创获、品性的陶熔，民族和社会的服务”作为大学的三大使命。显然，人才培养是大学的核心，而本科教育则是基础，大学应该培养出有社会责任感的年轻人。时下，对高校本科教育的种种担忧和批评，在这本书里多多少少都能看到一些影子，而我们可能还尚未有深入的思考和分析。如果不能从教育的本质出发，去认识一些问题和争议，我们的努力就会事倍功半，甚至适得其反。

大学教育应该是个性化的，理想的大学教育应是给予学生更多的选择机会，启发学生发现自己，学会选择，并对自己的选择负责。从而，提升学生选择能力和学习能力也是大学教育的重要目标。其实，人生就是一个选择的过程，一个不断学习的过程。在知识经济时代，不可能指望在大学里就能学会各种所需的专业知识和技能。对一流大学而言，到那里不是去学一门职业手艺的。

一讲到高等教育，我们往往会把不同类型的高等教育混为一谈。必须看到，学生个体是千差万别的，没有一种教育模式会适用于所有人，高等教育只有提供更多的选择，才能让每个学生找到适合自己的学习模式和发展模式。同样，社会各行各业对人才的需求也是多样化的。不同层次、不同类型的职业岗位对人才的要求也是不一样的。因此，高等教育应该积极探索多样化的办学模式，积极探索多样化的人才培养模式，才能够满足经济社会发展的要求，才能够满足人的发展要求。

尽管中国的高等教育已经进入大众化阶段，但各类大学的培养目标不尽相同，精英教育仍是一部分学校的重点。大学教育对这些学生而言更多的是知识、能力和素养的全面发展。学校需要把更多的关注放在拓宽学生的视野、启迪学生的责任，激发学生的潜力，让他们了解自我、探索自己生活的远大目标，而不是职业培养。《失去灵魂的卓越》会引发我们对这些问题的深思，并在实践中有所借鉴。

上海纽约大学的办学理念、建设成效和发展设想

（2017 年 4 月）

上海纽约大学是我国第一所由中美两所高水平大学合作创办的具有独立法人资格和学位授予权的国际化大学，也是纽约大学全球教育体系（NYU Global Network University，NYU GNU）的重要组成部分。学校于 2012 年 9 月获得教育部的正式批准，2013 年 8 月接纳首届本科生入学，2014 年 8 月入住浦东陆家嘴校区，逐步进入常态化的发展轨道，正在努力实现“世界级的、多元文化交融、文理工学科兼有的研究型大学”的定位目标，成为“全球化进程中不同文化交流和教育合作的典范”。

一、办 学 理 念

1. 立足“探索”、“改革”和“创新”。设立上海纽约大学的根本意义在于积极探索全球化时代高等教育国际合作的新模式。因此，一定要借鉴世界一流大学的办学经验，在人才培养、学术创新、社会服务、管理体制、师资建设等各方面进行大胆的改革与创新，使之成为中国高等教育改革的“试验田”。

2. 建设一所“具有变革意义”的精品学校。参照普林斯顿大学和加州理工学院的模式，始终把“高质量”、“高水平”、“有特色”作为学校的基本目标，不贪大求全，不追求表面，不搞规模效应。

3. 融入纽约大学全球教育体系的实践。纽约大学全球教育体系不仅实践了全球化时代高等教育发展的创新理念，而且显示了一所世界一流大学的人才群体可以在全球体系中流动而形成。上海纽约大学将充分利用全球教育体系的效应，吸引各国精英人才，在多元文化平台上提升师生员工的合作能力，使之成为连接中国与世界的桥梁。

4. 建立联合、共享、共赢的机制。上海纽约大学是没有围墙的大学，不仅在物理

上,更在观念上。学校要充分依托纽约大学和华东师范大学的母体优势,也要与国内外有合作意愿的大学或机构建立不同形式的学术共同体,更要深度融入上海,利用各种社会和企业的资源,开放合作,辐射影响,回馈社会。

二、建 设 成 效

目前,学校已经有四届近 1 200 名本科生,一半中国学生,一半国际学生。今年 5 月,首届本科生即将毕业,已广泛受到世界一流大学和企业的青睐。中国学生来自全国各地,包括港台学生,采用高中学业成绩、综合素质考评与高考成绩相结合的自主招生模式,先择优选拔、再参加高考,达到要求后录取。国际学生来自世界 60 多个国家,美国学生为主,按纽约大学的报名程序和标准录取。无论国际学生还是中国学生都是非常优秀的,且适合上海纽约大学培养目标和培养模式。

上海纽约大学的师资由三部分组成。一是和纽约大学共同聘用的教授,占 30%。他们既是纽约大学教授,也是上海纽约大学教授,他们必须有部分时间在上海纽约大学授课和研究。二是纽约大学按其标准在全球为上海纽约大学招聘的教授,占 50%,由纽约大学按高于纽约大学教师的平均水准,面向全球招聘。三是从国内外聘用的兼职教授或客座教授,占 20%,包括华东师范大学教授以及从纽约大学以外的国外其他一流高校聘用的教授。现共有教师 170 人左右,教辅人员和职员 250 人左右。

学校从一开始就确立了师资的质量标准。第一学期,从纽约大学来上海纽约大学授课的教师中有 7 位美国国家科学院院士或者人文与科学院的院士;第二学期,有 5 位美国科学院院士或者人文与科学院院士,还有一批数学、物理、化学学会的会士,多是讲席教授(Chair Professor)。目前,在上海纽约大学授课的教师中有相当一部分是很有影响的知名教授,其中的华裔学者都进入了国家“千人计划”,涉及数学、物理学、化学、生物学、经济学等不同学科领域。

学校旨在培养具有全球视野、符合时代特征的国际化创新型人才,秉承“让世界成为你的课堂”的理念,积极探索人才培养模式和教学方法的改革,构建课堂教学、文化体验、社会观察和研究实践为一体的学习平台。学校引入世界一流大学通识教育模式,构建以核心课程、专业课程、专业拓展课程三大板块为基础的课程体系;全英语教学环境、小班化教学，国际学生都要学习汉语，并计入学分，毕业时必须达到中级以上水平；强调全球视野、多元文化理解、跨文化沟通、交流和合作；重视阅读、思考、讨论、口头和书面表达能力的培养。已设有经济学、商业与金融、综合人文、数学、物理、化学、生物、神经科学、计算机科学、计算机工程、电子信息工程、互动媒体技术等 12 个专业，学生可以在二年级结束前确定所选专业。本科四年期间，学生一般有两个学期，选择在纽约大学全球教育体系遍布五大洲的其他校园或教学中心学习，包括纽约、阿布扎比、悉尼、安卡拉、布利诺斯艾利斯、特拉维夫、伦敦、巴黎、柏林、马德里、佛罗伦萨、华盛顿。研究生项目还在筹划、申请之中。

学校尊重教授们在教学方面的创造性，每个教授都可以有各自的风格和考虑，但必须高度负责。每学期开学前，学校都会组织教授培训活动，强调上海纽约大学多元文化背景的学生群体及在教学中必须关注的问题；介绍上海纽约大学课程体系的规划理念和各门课程之间的联系，以及学生考核评分原则等。新任教师有一周的入职培训，包含课程设计、引导讨论、学生评价、多媒体技术应用等方面。上海纽约大学设有课程委员会，由 10 位不同学科的教授组成，主要责任是批准新课程、协调教学内容以及评价教学质量等。通过与教师和学生的交流，发现问题，提出改进教学质量的意见。每两周有一次教授午餐会，交流学术，沟通相关问题。任课教师间的沟通也非常重要，如“科学基础”是一门重要的核心课程，由物理学、化学、生物学三门学科的教授参与授课，还有一位总协调教授。这些教授每两周就要开一次协调会议，沟通内容进度，协调知识衔接。

上海纽约大学是由华东师范大学与纽约大学合作举办的，推进与华东师大的联动发展是上海纽约大学办学的重要内容。目前已经和正在推进的工作主要包括：

(1) 建立联合研究中心。联合研究中心既是作为中美合作的科研基地，也是研究生联合培养的基地。目前已经建立了神经科学、数学、计算化学、社会发展、凝聚态物理、数据科学等 6 个联合研究中心，还成立了金融波动研究所、泛亚文化研究中心等研究机构。开展了一系列的科学研究，已在国际主要学术期刊上发表了高质量的学术论文 200 多篇；每年举办多次学术会议或论坛，以及旨在培养研究生的不同领域的工作坊。

(2) 教师互聘机制。在上海纽约大学聘请华东师大部分教授担任兼职教授的同时，上海纽约大学的多位教授在华东师大任教或开展合作研究。截至目前，上海纽约大学聘请了华东师范大学5位教授授课，华东师范大学聘请了上海纽约大学8位教授任兼职教授，其中5人为千人计划入选者，3人为海外知名高校教授。

（3）青年教师课堂观摩学习机制。为了促进青年教师拓宽学术视野，提高教学能力，推动学校教学改革。华东师范大学每学期选派青年教师到上海纽约大学随堂听课，与上海纽约大学教授结对子学习。从2013年8月上海纽约大学开学至今，华东师大选送了8批青年教师到上海纽约大学全程观摩学习，目前这个机制已经拓展到了上海市属高校的青年教师。

（4）管理工作交流机制。为了有效支持上海纽约大学的办学活动，推动两校联动发展，两校建立了校领导联席会议机制和部门对口协调机制。

学校致力于建设一所“在城市且融入城市”的大学，紧密依托浦东高速发展的经济、金融和文化事业。目前上海纽约大学已经和浦东新区金融局、陆家嘴金融城、上海科技馆、东方艺术中心、源深体育馆等建立了资源共享和合作机制。和浦东图书馆合作，设立浦东图书馆上海纽约大学教授大讲堂。诺贝尔经济奖获得者，纽约大学商学院教授罗伯特.英格尔已在浦东设立金融波动研究所分部。

支持上海纽约大学的发展已列入了第五轮中美人文交流高层磋商的联合成果清单。去年11月，教育部陈宝生部长在接见纽约大学校长汉密尔顿教授时说：“今天纽约大学与华东师范大学合作创建的上海纽约大学更是声名远播，人人都知道。这是你们这两个母校共同结的一个“金蛋”。利用你们的教学优势、富有创见的想法、高质量的科研成果就能推动社会的变化，强强联合足以改变世界。”

2016年9月，根据上海市人民政府及上海市教育委员会的要求和委托，上海市教育评估院组织专家组对上海纽约大学一期建设成效开展了综合评估。专家组充分肯定了上海纽约大学的办学成效，意见如下：1. 形成了中美合作办学的有效模式。建立以来，在各方的支持和努力下运行平稳，初具世界一流的研究型大学的雏形。其办学理念与定位，组织形式，治理结构，运行机制，人才培养理念和模式，学术与质量标准，管理制度均体现充分吸纳了中外最佳理念和实践经验，成为中美合作大学的一种有效模式。2. 营造了良好的学术环境和校园文化，树立了优质教育品牌和声誉，为持续发展奠定了无形资产，形成了精英人才集聚效应。利用良好的学术制度和平台，引进国际优秀师资，在师资遴选和生源招募上，以纽约大学的学术标准为准绳。集聚优秀师资和管理人才，形成了良性循环、不断吸引更多人才的良好局面。

3. 以本科人才培养为核心，在教学与科研、管理和服务上追求卓越，走稳健而循序渐进的发展道路。学校定位于高端和创新人才培养，重质量，走特色发展和竞争优势发展道路。每个环节严格把握学术标准和质量，紧紧围绕中国发展和上海城市创新所需的创新型人才。学校重视人才培养、关心学生，学生资质良好、学习动力强、普遍对学校满意度较高。4. 进行了教育和管理制度创新。作为第一所中美合作办学机构，学校秉持"探索""创新"精神，进行了诸多方面的制度创新："以人为本，学术至上"的办学理念，本科生招生制度，"新博雅"本科教育模式，行政管理制度和运行方式，注重"中西合璧"，在人员、课程、组织管理等方面实现中外要素的融合，重视社区、大学及产业融合的人才培养模式。既彰显了中外合作办学的发展特色，也为中国高等院校综合改革和现代大学制度建设提供了参考经验。

三、发展设想

在未来的10年，作为纽约大学全球教育体系中一个不可分割的组成部分，上海纽约大学将努力成为一所公认的具有变革意义的新型的世界一流大学；成为世界，特别是中国，精英教育和科研创新的转型典范；为上海的社会、经济、学术、文化的发展做出显著贡献。

在人才培养方面，积极创新人才培养模式，实现办一流教育的承诺，培养出一批具有全球视野和国际竞争力的优秀人才。完善创新型多元文化的本科通识教育，将在与其他世界一流大学的竞争中形成优势，吸引中国和世界最优秀的高中毕业生；专业学位研究生教育和非学历培训侧重社会发展最需要的领域，如金融工程、互动媒体等，注重探索不同类型的实用、高效的学习模式，以满足社会需求，促进社会发展，形成社会影响；博士项目则以一流大学的毕业生为主要招生目标，提供世界顶尖水平的博士教育，在包括数学、神经科学、数据科学等学科领域培养优秀科研人才，成为科研贡献的重要基石。在校学生规模将达到：本科生 2 000 名；硕士生 1 000 名；博士生 200 名。

在师资队伍方面，将形成一支结构合理、具有世界一流水平的国际化教师队伍。上海纽约大学的教授必须在全世界同领域、同职业阶段所有学者之中达到前 2%的水平；获得终身聘用的副教授必须在全世界同领域、同职业阶段所有学者之中达到前 2%的水平，并且具有成为该领域全球前 2%的正教授的潜力；获得终身聘用的助理教授必须明显体现出能够成为上海纽约大学或其他世界一流大学长聘教授的学术能力和潜力，并展现出能够开展重要研究工作的能力。获得上海纽约大学终身教职的学者具有进入国内各种人才计划的竞争力。在未来 10 年内，上海纽约大学的全职教师将达到 250 名，并确保学校的师生比始终优于 1∶8。通过持续的高质量的科研支持，确保高水平教师队伍的稳定。

在学术研究方面，将产出一批具有世界水准的原创性成果。上海纽约大学教授的人均学术贡献在质量和数量上都高于纽约大学的人均水平。学校在跨学科、跨地域的学术研究和合作方面发挥特殊的制度优势，在神经科学、数据科学、数学、计算化学、社会发展和金融风险等领域形成若干有国际影响力的研究机构或研究团队，建设一批“高峰”学科。依托纽约大学全球体系，发挥上海纽约大学精干灵活的体制优势，探索多学科合作研究的平台和机制，使之成为纽约大学乃至全球著名学者与中国同行开展合作研究与跨学科合作研究的重要平台和桥梁。上海纽约大学已经建成的研究中心有：数学、脑与认知科学、量子物理学、计算化学、金融波动、数据科学、社会发展和亚洲研究等。筹建中的还有城市化研究等等。

在社会服务方面，全方位融入上海。为上海国际大都市社会、经济、文化的发展做出特别的贡献。上海纽约大学将深度参与上海的科技创新、转型发展，特别是国际金融中心建设、自贸区的发展；体现国际化大学的特色，承担起国际舞台和多元文化桥梁的责任，为城市发展增添活力；发挥大学的文化辐射作用，成为上海浦东的一个重要地标，从关爱困难家庭，到志愿者服务；从激励机制创新，到参与社区文化活动等等；集聚国际教育资源，培养培训紧缺人才，将积极学习的理念和企业家精神传递给社会各界。

在行政管理方面，积极实践 21 世纪大学管理与共治的原则。在学术支持、运营支持、流程支持等方面，全力保障教师和学生的学习与工作的顺利开展。鼓励员工以服务精神为宗旨，形成积极进取、勇于冒险、互信互助的工作文化。从各个层面接轨纽约大学全球体系，形成一套完善的体系，以突显上海纽约大学既作为纽约大学的学位授予校园之一，又作为一所中国的中外合办大学这一身份特质，为切实有效地开展跨文化的教育国际合作提供有益的经验和成功的范本。

在硬件设施方面，要为大学的建筑与设施设计起到示范作用。一切设施的设计都要围绕21世纪一流大学的要求，以学生、教师、科研为本，最大限度地保障和促进他们的智力创新与交流。为学者提供充足的信息、网络、通讯、计算、实验等各种条件和技术支持，保障教学和科研的开展。随着教学规模逐渐扩大，特别是科研工作全面开展以及研究生教育起步，上海纽约大学现校舍规模有限，很难满足学校发展需求；作为中国高等教育国际合作的领头羊，学校面临较大竞争压力，而办学空间的限制，将给学校可持续发展带来较大阻碍。因此，合理选择新校址，适当扩大校舍规模，时间紧迫，势在必行。

综合考虑上海纽约大学未来发展的需求以及城市区域发展定位和导向，根据市府专题会议精神，新校址初步定在前滩地区。前滩地区是上海市重点建设区域，其综合性和国际性的城市功能，将为上海纽约大学建设"城市中的大学"提供切实的基础；同时，作为世界一流大学，上海纽约大学的落户将进一步完善前滩地区综合功能，提升地区综合品质。

校舍初步选址于前滩地区东南部45-01地块，紧邻前滩地区功能核心和公共交通核心区域，区域位置优越。预计未来校舍规模总建筑面积12.5万平方米，地上建设3栋楼宇，主要布局教学、科研、办公等功能，地下空间整体贯通，主要布局学生活动、公共学术、餐饮配套、停车库等功能。上海纽约大学将着力打造与地区公共环境共生融合的校园场地，在文化、艺术、体育等多方面实现与地区城市功能及资源的互动共享。在校舍选址的同时，尽快在周边地区一并落实教师和学生公寓事宜。

上海纽约大学的发展现状况与未来几年的规划[①]

（2017 年 5 月）

感谢家长们的捐赠，设立了这个“启航研习室”。我想借这个机会，代表学校谢谢各位家长，感谢您们对这所学校的爱，你们把孩子送到上海纽约大学，又以自己的实际行动来支持学校的发展。无论是作为学校的员工还是校长，心存感激！给大家鞠躬。

上海纽约大学已有四年的实质性建设（成立近五年了），但四年对于一所大学来讲，还处在婴儿期。人到四岁还是学龄前儿童，对大学来讲，可能是个更短的概念。学术文化、教学秩序、人才培养模式及社会影响等，很难在短时间里形成，需要一个比较长的时间，要经得起学界的考验。

但是，上海纽约大学在短短的四年里就树立了社会声望。不只是领导的认同、学生的认同、家长的认同、媒体的认同，而是得到了社会各界（包括国外教育机构和社会团体）的认同。两年前，我在美国参加一个会议，美国国际教育学会（Institute of International Education）主席 Allen Goodman 碰到我说：“上海纽约大学的存在就是成功。”我仔细想想，是很有意思的。两种不同的文化，两种不同的教育体制，甚至两个不同制度的国家，能够在一起办一所大学，它的存在就是成功，说明了在全球化时代多元化文化融合的重要性和必要性。很多人说，上海纽约大学树立了一个标杆，质量的标杆，水准的标杆。中外合作大学并不是上不了大学的人只要愿意花钱就可以去念的学校。今天，有些学生选择清华、北大，有些学生选择出国留学，大家同样认为选择上海纽约大学也很了不起，这就是上海纽约大学的魅力。那么为什么会这样？我觉得，很重要的因素是我们的学生和家长，你们对学校的热爱。当然我们的

① 本文为俞立中在上海纽约大学“启航研习室”命名揭牌仪式上的讲话，根据录音整理，标题为编者所加。“启航研习室”位于上海纽约大学 4 楼图书馆内的 405 室，是上纽大家长为 2017 届的首届毕业班送去的一份礼物，体现了家长对学校的支持。

老师和员工都有很多付出，都应该感谢的。但是我们所有付出的结果一定要得到社会的认同，尤其是学生和家长的认同。

今年，首届学生即将毕业，这是上海纽约大学收获的第一批成果。大家可能看到，最近各种媒体都在报道上海纽约大学，有学生个体介绍，也有学校整体报道。总的来讲，如果我们用世俗的眼光去看，有多少学生考上世界一流大学的研究生，有多少学生进了世界五百强企业，上海纽约大学的答卷绝对是漂亮的。我了解到，已有十几个学生拿到了哥伦比亚大学研究生项目的录取通知，被纽约大学研究生项目录取的学生也有十几个，还有不少学生收到了哈佛、MIT、普林斯顿、宾大等名校的录取通知，大多数学生都能进入他们心仪的大学深造。从就业机会来讲，很多知名企业看中了我们的学生，如普华永道就签了十几个学生。但是，我总是觉得讲这些太俗气。能进入上海纽约大学的学生本来就是很优秀的，通过四年的精心培养，他们更优秀了，一定会被一流大学和百强企业青睐。上海纽约大学人才培养模式的成功不能仅仅以此为标杆。我觉得更欣喜的是，我们的学生知道自己想要什么，为了实现自己的目标应该做什么。不是每一个大学毕业生都是那么清楚的，有很多人是糊里糊涂进了大学，糊里糊涂离开大学，糊里糊涂走向工作岗位。这是个社会现象，特别是独生子女的这一代，因为他们的生长环境太优越。但是上海纽约大学，我可以说，大多数的学生都非常清楚他们到底要追求什么，他们希望体现的什么样的价值，希望能够承担什么样的责任。你们可能在报纸上面看到我举的几个例子。有学生被哈佛录取了，得到消息后，她说："如果卡内基梅隆大学录取我，我肯定去卡内基梅隆大学，因为我学的计算机专业，那个学校是最好的。"在一般人的眼里，被哈佛大学录取，跑都来不及呢，还有什么犹豫的。我现在知道她也被卡内基梅隆大学录取了，而且真去了那个大学。大家会问：为什么？因为这位学生不是追求表面的光鲜，她知道她要学的东西在哪里可能会学得更好，更能够体现她的价值。还有一位学生被国际知名企业录用了，我问她会去吗？她说："我不会去的，我只是想试试自己的能力。我想选择一个能够给我带来快乐，体现自身价值的工作。"她最后去了真格基金上海办公室。真格上海开张时，我去了。我问总经理："上海办公室有多少人？"她回答我："包括你们的学生一共三个人。"当然真格在全国已经很有影响了，徐小平先生创立的真格基金就是专门扶持年轻人创业，而且已经有很多成功的创业，但上海办公室还在开创阶段呢。这两个例子，一个是上学，一个是就业，我想说明我们的学生是真有自己的想法,他们不是追求表面的光鲜,或者是随社会大流,而是真正知道自己想要干什么、追求什么。从这点来看,我觉得上海纽约大学的培养模式体现了其优越性和成效,它拓宽了学生的视野,通过对人生价值的理解,选择自己的追求和责任。

各位家长对自己子女有期待,支持他们到上海纽约大学来学习,我们希望大家看到孩子们的成长,这就是给你们最好的回报。

经过四年的发展,上海纽约大学有了一定的基础,我们会有更长远的考虑。明年学校会积极启动授予纽约大学学位的研究生教育,现在已经获得教育部批准或正在申请的研究生项目有英语教育、社会工作、互动媒体、计量金融、数据分析,打算2018年开始招生。

在上海市和浦东新区政府的支持下,学校正在考虑新校区建设,扩大办学空间,可能放在前滩地块,已经开了多次协调会。我们希望扩大一倍的面积,满足研究生教育、科研工作和社会服务的需求。上海市政府也在规划对学校下一个五年发展的支持。当然,这些还在协商过程中。我想,所有这一切都离不开办学的成效。如果学校办得很烂,没人会支持,我们也没脸去问政府要钱。上海有这么多大学,干嘛还要再办一所?而真正体现上海纽约大学的理念“探索、创新、改革”,用实际成效来体现办学目标,大家会认同,这是一件大好事。

借今天的机会,向大家介绍一下上海纽约大学的发展和未来。当然,这些工作需要一步一步踏踏实实地去做,都需要时间,也很辛苦。好在上海纽约大学全体教职员工,大家是齐心协力的,学生、家长和我们一起在创造历史,这是这所学校最了不起的地方。我相信,十年、二十年、三十年后,上海纽约大学一定会以它的办学质量、水准、成效,交给社会一个漂亮的答卷。

不知同学们是否还记得四年前，在入学典礼上我送给大家的见面礼？我想在这里再重复一下：愿同学们“永远有一个美好的梦”，希望同学们“为实现梦想而努力”，希望同学们“把个人的梦和人类的梦、世界的梦联系起来”。今天，我可以肯定地说，同学们对未来一定都有一个美丽的梦，也会为实现梦想而努力；今天，我更期待是，同学们要把个人的“梦”和人类的“梦”、世界的“梦”联系在一起。如果这样，我们每个人的“梦”也会变得更有意义，更加伟大。

认识自己，了解自己①

（2017 年 8 月）

上海纽约大学已经走过五年的历程。不久前我们刚送走了首届毕业生，东方明珠的紫光尚未从我们心中褪去，毕业典礼的场景还历历在目，今天学校又迎来 2021 届新生。我们感慨时间的飞逝，更为上海纽约大学的迅速成长而骄傲。在此，我谨代表全校教职员工，欢迎同学们的到来。也想借这个机会，感谢各位家长的光临，感谢你们给予孩子们的关爱和支持。

同学们，为了迎接大家加入上海纽约大学这个大家庭，学生事务部围绕了“棋”这个字，设计了 2017 入学教育活动。“琴棋书画”代表了中国古代学者的情趣修养，这个“棋”字是期待同学们布好未来四年的局。希望同学们深入思考一下，你为什么选择了上海纽约大学？你对学校、对自己有什么期待？你为未来的学习生活作好准备了吗？如何回答这些问题，是体现了你的志向、抱负、态度，也会影响你未来的选择和行动。

作为第一所中美合作创办的国际化大学和纽约大学全球教育体系的重要组成部分，上海纽约大学是这个时代的理想，也是一项实践探索。在不同教育体制合作的基础上，实践多元文化的交流融合，积极探索全球化教育，培养未来的世界精英，这在中美教育史上，乃至世界教育史上都是具有非常意义的。我们欣喜地看到，支持这所大学的发展已经被列入第五轮中美人文交流高层磋商联合成果清单，也成为了中国教育改革的试点项目。这所大学对探索高等教育的国际合作，对探索全球化时代的大学教育，对培养具有全球视野的创新人才，会起到不同寻常的积极作用。我们，在座的同学、家长、教师、职工，在一起创造这段历史。

我曾经担任过教育部直属大学的校长、上海地方大学的校长，对国内高校有亲

① 本文为俞立中在 2017 年上海纽约大学新生入学典礼上的讲话，英文讲稿，标题系编者所加。

身的体验，也访问过很多世界一流大学，了解到不同大学的共性和个性。可以这么讲，上海纽约大学在很多方面都是独一无二的，它的国际化人才培养的目标和模式也有着鲜明的特色。

上海纽约大学是一所真正体现多元文化融合的高校。我们的老师、同学来自世界各地，前四届学生来自五大洲 69 个不同的国家。跨文化的理解、沟通、交流、合作会渗透在我们学习和生活的每一天，构成上海纽约大学教育的重要内涵。把握好这个难得的机会，也就是把握自己的未来。相互理解、相互学习、相互合作，利用一切机会主动与室友们交流、与同学们交流、与老师们交流，结交更多的与自己有着相同或不同文化背景的朋友，拓宽自己的视野，这将成为你一生的财富。正如 2017 届毕业生胡爽所说的："上海纽约大学让我有机会深入学习外国文化，了解各国同学的生活方式，也能和他们分享我的文化，如同一扇通往思想新世界的大门向我打开。"也如另一名毕业生 Ravneet Dehal 说的："上海纽约大学彻底改变了我。我从一个不知怎么跟人接触交流的高中生，变成一个敢于走出去，尝试新鲜事物的人，并逐渐了解自己，认识世界。"全球化时代的世界公民需要有这样的视野，这样的态度，这样的能力。

上海纽约大学是一所真正扎根社会、融入世界的大学。在紧凑的垂直空间里，大家会有更多机会和教授接触交流，和同学接触交流，共享学术氛围，共建学习共同体。但我们并不想把学生局限在这个小天地里。上海纽约大学选址在浦东的经济和文化中心，就是希望有一个类似纽约大学的区位，直接触到国际大都市社会、经济、文化的地气，秉承纽约大学"立足城市、融入城市"的传统，并且从这里出发，实现纽约大学全球教育体系"立足世界、融入世界"的理想。上海纽约大学是你们了解当代中国、建立世界与中国纽带的理想平台。在浦东这个大校园里，你们能感受到大都市发展的活力，也看到城市化带来的问题，更会有大量的实习实践机会。贴近社会的学习环境，会对你们未来的发展起到重要的影响。中国是当今世界经济的增长极之一，上海是中国改革开放的龙头，覆盖大部分浦东区域的中国（上海）自由贸易区，已经给国际学生的就业打开了大门；"一带一路"倡议，也给了各国学生发展的机遇。我们毕业同学中已有中外室友在上海合作注册了公司，创建了自己的丝绸之路。在过去两年里，全球化面临新的挑战，但全球化进程并未止步。世界需要一大批具有全球视野、理解多元文化、愿意并善于跨文化沟通和合作的创新人才。希望你们充分理解上海纽约大学独立思考、创新创造的学术精神，开放、包容的文化精神。期待你们对人类和社会的进步做出更多的贡献，体现你们的价值和责任，也让更多人从你们身上感受到上海纽约大学探索的价值和意义。

上海纽约大学是纽约大学全球教育体系的组成部分，是全球教育在中国本土的全新尝试，这是融合课堂教学、文化体验、社会观察、研究实践为一体的学习模式。学校会努力给同学们提供最好的教育、最好的服务、最好的机会。但选择的主动权是掌握在每个学生自己的手中。如何发挥优势，弥补不足，需要认真思考，更需要付出。正如毕业生赵泽宇说的："在上海纽约大学读书最大的收获，就是找到了真正的兴趣所在，我转换到了想深入探索的领域，并在努力的过程中，更加认识自己，了解自己。"我们希望大家享受学习的过程，也希望同学们做好迎接挑战的准备。大学只是为每个人的成长提供了机会，创造了条件，而成功的人生，一定需要自己加倍的付出。你们的学长，首届上海纽约大学学生已经为我们作了很好的榜样，他们以自己优异的表现展示了自己，也展示了学校，充分诠释了学生的未来就是上海纽约大学的未来。

同学们，我们生活在一个快速变化中的世界，无论这世界怎么变化，我们期待年轻一代人具有良知和理想，懂得思考，有社会责任感，有爱人和爱己之心之行。学校会在教学和活动中体现这样的目标，也希望同学们在上海纽约大学独特的学习和实践环境中进一步感悟人生的价值。

我在上海出生，在上海长大，在上海工作，但对我人生有着特别重要影响的两段经历恰恰不在上海。一段是不堪的回忆，"文化大革命"期间我在黑龙江的一个农场当了近 10 年的农民，可谓是"土插队"吧；一段是幸运的经历，改革开放后我在英国度过了 5 年，从事博士和博士后研究，可称为"洋插队"吧。无论是艰难还是幸运，人生中的 15 年也算是一段不短的经历了，让我深刻地体验和感受到了不一样的中国、不一样的世界。那是在劳作中、在学习中、在社会观察和实践中、在与不同文化人群的交往中，更感知了这个世界的多样性，拓宽了自己的视野，丰富了自己的思想。这样的人生经历，改变了我对世界的认识，改变了我对人生价值的判断，让我更加理解了责任和幸福。

毕业生 Alexander Mayes 在临别时对学校说了这么一段感人的话："这是我人生中最美好的四年。有人说，如果一切都如你当初计划的那样，那就没有任何惊喜之处。对于我而言，上海纽约大学充满了惊喜。每一天都是一段新的路程，拥有新的挑战和机遇。在这里遇见的人，在这里结下的友谊，都将伴我终生。上海纽约大学将永远在我的心里有一席之地。”同学们，我相信你们在上海纽约大学的四年学习经历也一定会对自己的人生产生重要的影响。

离开“海岸线”,发现“新大陆”[①]

(2018 年 5 月)

今天是一个令人兴奋的日子,在这个校园、这栋楼里成长起来的首届学生即将毕业了。上海纽约大学已经成为浦东改革开放的地标之一,2018 届毕业生的未来也将为世人瞩目。今天又是一个令人感慨的日子,我们共同相处了四年的同学们即将离开校园,奔赴世界各地,继续追寻你们的梦。我们见证了这群锐意进取、意气风发的年轻人在过去四年里所取得的成绩,为你们的成长欢呼喝彩。祝贺你们,2018 届毕业生!

在这难忘的时刻,请同学们和我一起衷心感谢学校教职工,谢谢他们的关爱和耕耘;感谢各位家长,谢谢他们的支持和鼓励。

同学们,抵达此刻的过程是艰苦的,因为上海纽约大学有很多独特之处,“双重身份”、“多元文化”、“全球视野”、“改革创新”,我们在共同探索全球化时代的高等教育发展,为我们心目中的新世界铺路搭桥。

初入大学,离开了你们熟悉的学习和生活环境,面对语言、文化、习惯上的差异,同学们欣然接受了这样的挑战,因为你们有志于走出“舒适圈”。从“莫泰 168”到“金桥学生公寓”,你们植根在上海浦东,分享着全球的资源。不断变化着的城市,绚丽缤纷的多元文化环境,来自世界各地的优秀教授和同学们,激发了大家探索和创造的热情。有同学说,在上海纽约大学的每一天都如同在照镜子,不仅看到了文化间的异同,也学会了重新审视自己。这是一个打开视野,反思自己的过程,我们称之为“国际化”。

四年过去了,因为上海纽约大学独特的培养模式,因为同学和老师们的共同努力,你们受到了社会各界的欢迎。据我所知,有不少同学已经收到了很多世界名校

① 本文为俞立中在上海纽约大学 2018 届毕业典礼上的讲话,英文讲稿。

的研究生录取通知；有的同学得到了心仪企业和机构的录用；也有的同学成了天马行空的“创新小能手”，创建了自己的公司；还有的同学成了人见人爱的“跨文化沟通达人”，服务国际政府间组织。你们用自己的实践，展示了上海纽约大学，弘扬了学校的理念。

对上海纽约大学的同学们来说，大学生活就是不断破墙而出的过程。挑灯夜读，打开世界哲人的思想宝库；积极思考，勇于挑战已有认知；行走世界，闯荡纽约大学全球教育体系的大都市；探索未知，在文化体验、社会调查、研究实践中重新认识世界。无数次被看起来不可能完成的挑战打倒，最后却又坚强地站了起来。

也许同学们会觉得很累很辛苦，也许同学们有过一段迷茫和困惑，但这就是上海纽约大学为你提供的生活，让你尊重、珍惜、有自信，不因为舒适而放松。生活在这个快速变化的世界里，需要敢于挑战，需要学会选择，需要学会终身学习；在多元文化的世界里架构桥梁，需要冲破文化壁垒，增强跨文化沟通、交流和合作的意识和能力。这样的生活方式，将让你终身受用。

同学们，抵达此刻的过程是丰盈的，你们懂得倾听内心，追寻自己的价值。不久前，我在公益展上看到了交互媒体艺术专业一位学生的作品。她将设计、编程以及营销技术融为一体，创造出一个可以互动的星座体系。她想通过这个作品表达的理念是：希望每个个体都能自我定义。

每个人都在努力地寻找自我，但真正能够定义你的，只有你自己。我欣喜地看到上海纽约大学的同学们带着自己的观察和思考去认识世界，碰撞出新的火花。

在和同学们的交谈中，我发现“务实派”的同学早就为未来规划了一片蓝图，他们成竹在胸，充分调动起大学的时光，描绘着属于自己的精彩；而“浪漫派”的同学则在追随兴趣的过程中，不经意地在很多方面都留下了足迹，这些随性大胆的尝试最终也让他们找到了“一生所爱”。

只有辽阔且丰富的生命，才能把你带到生活的至高至远处。幸运的是，如今的你们，有了比我们当年更多的选择。

条条大路通罗马。正因为不同的道路选择都是源自于你们内心的呼唤，每条路都可以带领你们成就想要追寻的事业，实现自己的人生价值。请同学们记住这四年大学经历，记住四年来我们结下的友谊。上海纽约大学永远是你们的家，在这里你们连接了五大洲四大洋，在这里来自世界各国的老师和同学们构成了一个学术共同体，架起了全球网络，也许它将伴随我们一生；上海是你们的第二故乡，在这里你们搭建了连接中国的纽带，在未来的旅程中也许会给你们带来更多的机遇和责任。

同学们，抵达此刻的过程告诉你们，没有长远的梦想，就没有持久的旅程。时间永是流驶，世界在不断变化。上海纽约大学是在全球化进程中创建的，体现了教育的理想，而你们是和学校一起成长起来的先驱者。学校的“探索”、“改革”、“创新”精神也一定融入了你们的DNA。

世界的未来会是什么样子的？你有没有自己的构想？能不能让它们变成现实，你又可以在其中发挥怎样的影响？你们未来可以大展宏图的事业，尚在酝酿中。一些具有高增长潜力的领域如人工智能、大数据、区块链等；一些人类发展共同面对的全球问题，如气候变化、消除贫困、可持续发展等，都等待着同学们去开拓新的可能性。在日新月异的时代中，要想万里奔袭，光速成长，就要学会做时间的朋友。不负光阴，方能高歌猛进。我们的生命和热情，要用在有价值的事情上。把握机遇，不驰于空想，不骛于虚声。我们在共同创造历史，有勇于探索、敢于承担责任的你们，上海纽约大学的明天就永远值得期待。

正如法国诺贝尔文学奖得主安德烈·吉德(André Gide)所说的那样：“如果没有勇气离开自己的海岸线，人类将永远不会发现新大陆。”

毕业骊歌起，相顾却依依。今天你们将再次踏上另一段“奇幻漂流”。愿你们享受每一次叩开世界大门的冒险旅程。用自己的双手，将未知领域里那些不可能中的可能变成现实。

愿你们找到属于自己的平衡点。在那里，你的价值观会最被契合，天赋也会发挥到最大。别让任何人打乱你的人生节奏，时间是最好的答案。五年、十年以后，我们会欣喜地看到大家得到更多的收获。

愿你漫漫人生道路，充满奇迹，充满发现！别忘了，离开海岸线，发现新大陆！

积极探索符合时代特征的本科教育模式[①]

（2018年12月）

谈到回归本科教育，先要弄清楚几个问题。我们要回归什么样的本科教育？是不是只要把那些传统的、经典的本科教育思想搬过来就可以？是不是只要借鉴国外大学的本科教育模式就可以？我觉得都需要，但又都不行。时代在发展，我们在思考本科教育发展时，更应该注意到我们处在什么样的时代，也要注意到这个时代未来发展的趋势，以及对于人才培养的要求。我们要积极探索符合时代特征的本科教育模式，这个时代特征不仅仅是指当下，也指代了未来。

合作办学的价值是探索、改革、创新

我们身处一个快速变化的世界。我们的学生毕业后很可能去从事一份目前根本不存在的工作，使用现在还没有发明出来的技术，解决我们从未想到过的问题。当年看到这一段话时并不以为然，如今感同身受。

当今时代至少可以概括出全球化、信息化、知识经济这三个特征。这样的时代特征对我们的教育提出了什么样的要求？它需要我们培养的学生具有全球视野，善于在多元文化基础上思考问题，善于跨文化之间的沟通、交流与合作；需要学生能够运用大数据、人工智能等现代信息技术，通过选择、分析和思考来解决社会现实问题；需要学生在大学4年里，不仅是学习知识和技能，更重要的是学会学习，学会选择，学会合作，养成终生学习的习惯和能力。这些都是这个快速变化的时代对未来人才的迫切需求。

众所周知，中国的高等教育已经进入大众化阶段；根据目前的趋势，2020年就可

① 本文原载《神州学人》2018年第12期。

能迈入普及化阶段。随着高等教育规模的扩大，我们现在思考的问题和以往相比已经有了很多变化。我认为，中国教育现代化至少需要从三个维度去思考——国际化、信息化、多样化。一个良性的高等教育生态体系一定是多样化的结构。因为学生个体的差异性，没有哪一种培养模式能够适合所有学生，而社会各种类型的岗位对人才的需求也是不一样的，没有哪一种培养模式能够培养出适合所有岗位的人才。因此，大学需要积极探索不同的办学模式，探索不同的人才培养模式，让学生有更多的选择，满足学生的个性化发展和不同工作岗位的需求。

如今，中国高等教育发展的重心已经转移到“高质量的教育、高水平的大学、有特色的办学”。要实现这些目标，不仅需要有改革的勇气，也需要选择合适的路径。尽管大学的功能是人才培养、科学研究、社会服务、文化传承、国际交流等，但归根结底是人才培养，这是高等教育的根本任务。而人才培养模式的改革，更需要放在国际高等教育的大平台上去审视和思考，更需要面对时代的要求。

改革开放之初，中国高等教育领域的国际合作是从引进国外课程和教材起步的，但很快大家就意识到，同样的教材、同样的课程，因为不同的老师或不同的教学方法，所获得的教学效果是不一样的。从而，教师的引进和培养，教学方法的变革得到了重视。但是，如果人才培养模式不改变，仍然起不到应有的效果，于是高等教育的国际合作现在越来越多地考虑学生培养模式的改革。而培养模式又是建立在教育理念和教育思想的基础之上的，中外合作办学必须思考什么样的培养模式才能适应当今时代发展的要求。照搬国外大学的模式是否就行了？中外双方如何在教育理念上形成共识？这些都是中外合作办学的重要基础。

中国正在走向世界舞台中心。靠谁去走呢？世界的未来是属于年轻人的，当然需要一代又一代的年轻人，但是我们准备好了吗？我感到还没有。大学教育需要培养一大批具有全球视野，善于跨文化沟通、交流和合作的国际化创新人才，才能为走向世界舞台中心作好人才准备。同样，如何吸引和培养一大批真正了解中国的各国年轻人，成为连接世界和中国的年青一代的纽带和桥梁，也是这个时代趋势的要求。我们需要认真学习世界一流教育的先进理念，同时也要展示中国的文化和中国的道路，让世界了解真正的中国，两者都是中外合作办学所承担的责任。

中外合作办学的教育体系应该是多样化的，需要探索不同的模式，如果所有中外合作办学机构都走同一条路，那只是做了一种探索。我认为，中外合作办学真正的价值是探索、改革、创新，而不是简单地办成一所大学或多招了一些大学生。应该充分利用中外合作大学不局限于传统培养模式的全新体制，借鉴世界一流大学的办学理念，引进国外教育资源，探索全球化时代高等教育的国际合作，探索符合时代特征的人才培养模式，这才是中外合作办学的价值和优势。

上海纽约大学的探索

上海纽约大学是一所具有独立法人资格和学位授予权的国际化大学，是中国华东师范大学和美国纽约大学两所高水平大学合作创建的，也是纽约大学全球教育体系的组成部分。中外合作办学，华东师大希望学习和借鉴世界一流大学的办学经验，那么纽约大学合作办学的目的又是什么呢？他们当然有自己的理想和追求，那就是建立一个全球教育体系。

2006 年，我第一次到访纽约大学，在和纽约大学时任校长沟通时，他的一番话让我印象非常深刻。他说，在今天这个全球化时代，大学教育不应该建立在单一文化的基础上，而应该建立在多元文化的基础上，要让我们的学生学会从不同文化视角去看同一个问题，了解不同的观点，完整地理解这个世界；要让我们的学生在大学四年里有更多的机会接触不同文化背景的人，相互沟通交流和合作，这是学生未来发展的需要。当今世界变得越来越小，国家和国家之间、文化和文化之间的交往越来越多，合作交流越来越频繁，文化间的碰撞和交融也越来越多。纽约大学的理想是建成一所跨文化的全球性大学，适应当今时代特征。

上海纽约大学旨在成为一所世界级、多元文化交融、文理工学科兼有的研究型大学，探索全球化时代不同文化、不同教育体制的合作模式，助力中国高等教育的改革与发展。我们希望为学生提供不一样的学习和发展模式，从而影响基础教育的变革，改变社会公众对于高等教育的认知。所以，我们的关键词是“探索”、“改革”、“创新”。

我们做了哪些探索呢？

从评价标准、招生办法，到培养模式、课程体系、教学方法、考核要求、师资结构、实践活动、学生服务等各方面，学校作了全面的、积极的探索和改革。

首先，选拔优秀且适合的学生。可以说，这个标准是上海纽约大学第一次提出的。学业优秀的学生未必都适合我们的培养目标和培养模式。如果选拔学生不光看考试成绩，而是能全面考察学生的人生志向、发展意愿、价值取向以及其他的能力和素养是否适合自己学校的培养目标和培养模式，那么学生就有了更多的选择，学校和专业的特色也能体现出来。这是我们在人才选拔过程中一个很重要的标尺，也是我们做的第一项探索。上海纽约大学在选拔中国学生的过程中，不仅要看学生高中学业成绩中体现出来的学习能力和学习水平，也会通过 24 小时的校园日活动全面考察学生的能力和素养，包括世界观、人生观、价值观，综合评价、择优录取。当然，中国学生也必须参加高考，达到一定的要求，但不是根据考分的高低来录取的。

那么，什么样的学生适合上海纽约大学呢？总体而言，我们希望选择具有成长性思维的学生。我常常会向学生提出四个问题，请大家自己思考和选择：1. 你是否愿意选择一条不一样的人生道路？这条道路充满挑战，但是会有很多意外的惊喜；2. 你是否愿意选择一种不一样的学习模式？需要主动选择、主动学习，而不是被安排好的；3. 你是否愿意建立与世界联系的纽带？充分用好学校难能可贵的多元文化环境，51%是中国学生，49%是来自世界 80 多个国家和地区的国际学生，教授则来自世界各地；4. 你能否用较短的时间适应全英语教学环境？如果回答都是肯定的，那就说明这个学校是适合你的，可以来试试。

其二，课堂教学、文化体验、社会观察、研究实践相结合的人才培养模式。学校旨在培养具有全球视野的国际化创新人才，因此要让世界成为学习的大课堂。我们积极探索以创新和创造力培养为核心的通识教育模式，要求学生大量阅读古今中外伟大思想家和哲学家的原著，鼓励学生在比较、思辨、讨论的基础上建构自己的观点，发表自己的意见，并学会倾听别人不同的意见。学生可以自己选择课程、选择专业、选择社团、选择实践活动，并可以有两个学期选择在纽约大学全球教育体系遍布六大洲的其他 13 个校园和教学点学习，深入了解不同文化和社会环境，参与不同的研究实践。为了提升学生跨文化沟通、交流、合作的能力，充分理解和尊重不同文化，学校在学生寝室安排、学生会和社团组建、社会实践活动组织、学生科研项目申请等各方面都要求不同文化背景学生的融合，在一个多元文化的环境里学习和生活。当然，上海纽约大学地处中国改革开放的前沿——浦东陆家嘴地区，中国文化和中国语言是多元文化中的一个重要元素，上海浦东是学生接触中国社会的第一站。

创新是人类社会发展的推动力，一流大学的根本任务是要培养具有创新理念和创新能力的人才。创新人才不是教出来的，但创新素养是可以培养的。上海纽约大学创新人才培养模式的着眼点：一是拓宽学生的科学视野，激发学生的好奇心；二是在培养兴趣的基础上，养成主动学习的习惯和能力；三是鼓励学生实践、探索、试错，让学生真正理解学习的概念和学习的意义；四是培养批判性思维能力，敢于质疑和挑战已有的知识，根据时代特征和文化环境的差异，设置不同的情境，独立思考并提出自己的观点；五是提升人文素养，通过大量的阅读，了解人类思想史和发展史，加强对人类社会发展的责任感；六是跨学科思维方式和能力的培养，能够融合不同学科的知识和技能以解决实际问题；七是数字技术与数据分析能力的培养，以适应信息化时代的特征。

其三，通识教育的课程体系。本科教育课程体系包括三个部分：通识教育核心课程、专业课程、专业加强课程或第二专业课程。核心课程包括五个板块：社会与文化基础、科学基础、写作、数学和算法，以及针对国际学生的中国语言及中国文化课程。通识教育强调了四个关键词：全球视野、多元文化、学科融合、中国元素。各个板块里只有极少必修课，多为选修课模块，其中包含了中国社会、中国文化两大课程模块，涉及到中国的历史、哲学、文学、艺术、经济、金融、社会、教育、环境等各个方面内容，包括“中国传统思想与当代转型”、“中国的政治制度”、“中国历史”等课程，充分体现了本土文化的融入。学生必须在这两个模块里各选一门 4 学分的课程。部分课程是由华东师范大学资深教授主讲，受到学生的欢迎。同时，还有与课程相结合的社会考察。

写作是核心课程中很重要的一个内容，很多课程中都有写作这一块，由专门教授写作的老师给学生上课，辅导学生写作。写作课的重点是训练阅读能力、思维能力和表达能力，与各门课程结合在一起。数学和算法也是核心课程的一个重要板块，不是就数学讲数学，而强调数学逻辑的思维方式，强调应用，把数学用到不同学科、不同领域，解决不同问题，也特别加强了编程和建模的课程。汉语是国际学生的必修课，无论起点如何，毕业时必须达到中级或以上水平，包括听、说、读、写，并占到相当学分。

学校已设有经济学、商业与金融、综合人文、数学、物理、化学、生物、神经科学、计算机科学、计算机工程、电子信息工程、数据科学、互动媒体技术等 13 个专业，学生可以在二年级结束前确定所选专业，也可以选第二专业或辅修专业。

其四，教学方法和课程考核。上海纽约大学推行小班化、互动式教学，强调课堂讨论和课外学习的结合，包含了大量的原著阅读、自由讨论和写作训练，培养学生阅读、表达和思维能力，特别是批判性思维。有学生说他们一个学期的阅读量，比有些大学本科四年的阅读量都要多，而且都是古今中外伟大思想家、哲学家的英文论著，包含孔子、孟子、老子、毛泽东、邓小平、马克思等的论著。只有阅读了大量原著，他们才能在课堂里参加讨论，才可能进入写作思考。课堂教学方式也是多样化的，一门课程可以有不同类型的授课方式组合在一起的，有主讲课、研讨课、实验课、写作课等。这样的教学组合形式，不仅能够促进教和学的结合，也可以让学生对课堂内容进行深入的分析和思考，并学会如何充分地利用各种资源。上海纽约大学聘用了一批学术助理，大多是世界一流大学毕业的研究生和本科生，配合教授们的教学工作。他们要给学生做一对一、面对面的辅导，包括写作、数学、科学、计算机、商学等课程。学校设立了学术资源中心，学生可以在网上预约助教，到学术资源中心得到学术助理们耐心细致的一对一辅导。这些助理能力很强，也非常热情，只要学生需要，没有时间限制的。这样的学习资源确实让学生得到了很多提高学习的机会。

课程考评目的是检验教和学的效果，促进学生的学习。上海纽约大学老师是怎么对学生的课程学习评分的？首先是重视学生的教学参与度，实行动态评价。每个老师可以有自己的考评方式，但是他必须在第一堂课就告诉学生具体的评价方法和评价依据。有的老师一个学期进行两次考试，平均成绩就算作为学生的期末绩点，但这样的老师很少。很多老师在一个学期里有多次考试或考核，结合学生课堂参与情况，给学生综合打分。也有老师把写作和考试成绩综合起来考虑，还有部分老师把学生的出勤率都作为评价指标之一。所有评价过程是在整个学期中展开的，而不是仅仅依据期末一次考试。其目的是为了让学生善始善终，积极投入课堂学习，任何一个阶段的放松都会影响学期评价。二是强调实践与学术规范。小课题研究成果往往是考核内容之一。学生组成研究小组，搞一个小课题。研究成果的展示无论从表现形式，还是内容规范上都与国际学术会议的展板完全一样。这些研究实践，特别重视培养学生用多学科的知识和技能方法来解决现实问题的能力，特别强调学术规范。即使在细节方面不符合学术规范，教师也不会通过，必须一次次反复。三是强调动手制作。"互动媒体技术"是一门把技术和艺术结合的课程，期末作业就是要学生把自己的创意制作成作品，还要举办作品展示会，通过他们制作的作品可以表现他们的创新和创造力，看了很震撼。

上海纽约大学才刚刚起步，改革的路还很长。学校既需要得到社会各界的大力支持和帮助，也必须冷静思考长远的可持续发展。探索高等教育国际合作模式，推进中国高等教育的改革创新，任重道远，我们将继续为之努力奋斗。

我们的共同家园[①]

（2019年3月）

从上大学算起，我在大学学习和工作已经整整40年了。作为上海的一名教育工作者，与上海教育电视台有缘实在自然不过了，但回首往事，感觉还是暖暖的。今年是上海教育电视台开播25周年，我也跟随着教育电视台的成长，从一位教育新闻的普通观众，走进了教育新闻，并逐步成为教育思想、教育政策和教育实践的交流者和讨论者之一，还通过电视节目结交了一批热心的教育家和电视人。

近16年里，我先后担任了上海师范大学、华东师范大学和上海纽约大学的校长，学校有任何重要事项和活动，我们一定会想到上海教育电视台这个宣传平台。每当看到副台长、时任新闻部主任姚赟勤和摄像师申宁拿着话筒、扛着摄像机来到现场，感觉特别好，因为这是与兄弟院校乃至社会各界交流和分享的好机会啊！记得在担任上海师范大学校长时，每年高考前还会和分管教学的副校长项家祥一起参与电视台的招生节目，阐述学校的教育理念和招生政策。这里就像我们共同的家园。

然而，我记忆最深的、合作最多的栏目要数《山海经》，有机会和教育界的前辈后生一起讨论教育热点，还记得与上海大学原副校长叶志明教授的话题是《高校自主招生，未来会更好吗》、与市教委国际交流处杨伟人处长讨论《教育国际化，如何面向未来》、与复旦附中原校长黄玉峰一起谈《文理分科，你怎么看》、与复旦大学王德峰教授参与《大学新生致辞》、与复旦大学吴晓明教授录制了“恢复高考四十周年”之一《1977知识改变命运的起点》等。作为“2013上海教育年度新闻人物”之一，还与叶志明教授做了一档特别节目《教育山海经之教育因你而有梦》。参与话题的讨论，不仅是分享自己的观点，也能引发对相关问题的深层思考。平时身处教育管理一线，

---

① 本文原载《新民晚报》2019年3月6日。

在不断的面对问题、解决问题的过程中，很少去梳理和总结，《山海经》确实是一个好机会。上海教育电视台的导演周媛、主持人徐丽遐都是经验丰富的电视人，和她们一起做节目真学到了不少东西。长期的合作，我们也成了忘年之交。

上海教育电视台在不断提升中，但平心而论，电视台的工作环境并不那么理想，我能体会到电视人的辛苦，而更多是看到了他们对于教育事业的热忱和付出。每每去电视台录节目，时任台长张伯安、常务副台长陆生、新闻部主任姚赟勤、新闻部副主任王东雷都会热情地来看望大家，给予很多帮助和鼓励，这里会有家一样的感觉。

和媒体人交知心朋友[①]

（2019 年 5 月）

2003 年，我调到上海师范大学任校长。到任后，我走访的第一个部门是宣传部，这让大家好生奇怪。其实，我是去学习的，一直觉得上师大见报率很高，很想探个究竟。我学到的真经，就是要和媒体人交知心朋友。有些人对媒体有误解，见到记者能躲就躲。我觉得只要学校工作做得光明正大、合法合理，应该多多让社会公众了解，取得更多支持。邀请媒体进校园，和记者交朋友是在帮学校传播办学理念，放大学校工作的社会效应。和《解放日报》的结缘就从那时开始了。随着工作岗位的变动，我也把这个观念和做法带到了华东师范大学和上海纽约大学。

作为第一所中美合作举办的国际化大学，上海纽约大学是高等教育国际合作的积极尝试，也是中国高等教育改革的一块"试验田"，必然会成为舆论的焦点。学校的创建和发展始终在记者的视野中，让社会公众了解和理解学校的办学理念、特色和举措，离不开媒体的报道。

早在 2012 年 4 月 6 日，《解放日报》上就刊登了对我和 Jeff（上纽大常务副校长暨美方校长杰弗瑞・雷蒙）的专访稿件，题为《不会西风压倒东风》、《学会两只眼看世界》。

当时大家都很关注上纽大，也有很多疑问：为什么要建这所学校？学校教学质量如何？什么样的学生适合这所学校？这些问题都存在于学生和家长的头脑里。我之所以特别看好第一届学生，因为他们是在各种疑问中作出的人生选择，是真正敢"吃螃蟹"的人。

《解放日报》的专访报道很好地解释了这些问题。我在接受采访时提到，在上海纽约大学多元文化交融的教育环境中，不存在"西风"压倒"东风"，或是"东风"压倒

---

① 本文发布在上观新闻 2019 年 5 月 20 日。

“西风”的情况。合作办学是一种全新的探索。构建一个多元文化的环境，促进不同文化间的相互理解、相互融合，有利于培养学生的全球视野，让学生在文化交流沟通中理解世界文化的多样性，学会包容和合作，对人类社会的进步和发展有积极的影响。

《解放日报》是上海市委机关报，报社记者有原则，但不保守。在我印象中他们不仅富有远见，也很有冲劲。他们敏感地看到中外合作办学的深远意义，针对某些疑虑，坚持从实际出发，不是凭感觉、凭想象，人云亦云地写稿，而是通过自己的眼睛看、耳朵听，非常用心地采访调研。他们思考问题和做采访报道的方式让我印象深刻。

我还记得2013年上纽大第一届新生开学报到后，全国各地感兴趣的媒体有很多。当时，美方校长对媒体采访还是很谨慎的，他担心会影响学校秩序，更是怕媒体报道捕风捉影、不真实，所以只同意接待央视记者。

我告诉他，“No news is good news”也许是西方社会的认识，这句话的意思可以理解为“没有一则新闻是好消息”，或者可以理解为“没有新闻报道就是好消息”。但是根据我在上师大、华师大担任校长时的工作经历，我认为我们做的很多事情需要通过媒体来让社会了解，很多舆情也可以通过媒体来解释引导。上海纽约大学是新生事物，更应该让记者走近我们，了解学校实情，更应该和记者交朋友。

2013年8月12日，上纽大开学首日，《解放日报》记者徐瑞哲就和我说，希望能够跟踪采访新生营活动，并进行系列报道。当时学校为了保护学生的隐私权和肖像权，婉拒了所有媒体对新生营的采访请求，但他还是没有放弃。后来在他的坚持下，《解放日报》成为了唯一一家进入上纽大新生营和学生宿舍，与首届学生近距离接触的媒体。通过记者的眼睛观察并记录了许多学生故事，并在8月12、13、14日三天连续刊登报道。三周的新生营结束后，《解放日报》还在9月2日的“解放周一”上，用三个版面刊登了《上海纽大　今天开学》等图文报道，留下了历史的印记，也起到了很好的宣传效果。如果当时没有他的坚持，这段历史可能就无法被记录下来了。

我和解放日报的记者和编辑都像朋友一样地交往，我们经常在采访中聊天，天高地远、家长里短，采访到了那样的阶段，自然就会讲很多心里话。

我很喜欢记者沈轶伦所写的《多拥有一种选择，就能多释放一份潜力》这篇报道。当时我们聊起了她家的孩子和我家的小孙子，从孩子们谈到我对教育的理解和认识。在和沈铁伦聊天时我也提到，我今天对于一些问题的认识，其实和我年轻时在黑龙江务农的9年、在英国学习的5年经历是分不开的。我把这两段经历称为我的“土插队”和“洋插队”。我年轻时很多事无法选择，因此更感到在有选择机会的今天，引导年轻人学会选择的重要性。

从1978年考入大学到现在，40多年来，我一直没离开过大学，在大学的管理岗位上也已经23年了。在高等教育领域学习、工作，有了很多思考和想法，这些思考不是一天就能形成的。通过《解放日报》等平台，我也有机会能够表达对大学教育改革和发展的一些认识。

2012年，首届新解放教育讲坛举行，我受邀作为嘉宾参加。2013年，在第五届新解放教育讲坛上，我也做了主题为“今天需要怎样的大学”的演讲。当时我告诉台下的几百名中学生，我们很难用一个统一的模式来培养所有的人。每个学生都应该真正发现自我，找到适合自己发展的道路。因此，我们需要各种类型的大学、多样化的办学模式来培养各方面的人才。《解放日报》举行这样的讲坛是很有必要的，通过大学的教育改革探索来影响中学教育，也让社会看到教育应该是怎样的。

今年5月7日，在《解放日报》迎来创刊70周年之际，我作为新中国的同龄人，再次受邀参加解放日报第75届文化讲坛。以上海纽约大学为窗口，讲述了我与上海的三段经历“大学之路”、“回国之路”和“高教管理者之路”。在三所不同类型的大学当了16年校长，我觉得我最重要的工作之一就是保持与学生、教授的交流和沟通，保持与社会各界的充分交流与沟通。我和《解放日报》的渊源，也将继续延续。

七十年人生经历,与这片土地共命运①

（2019年5月）

我是新中国的同龄人,在娘肚子里听到解放上海的炮声;出生后16天,天安门广场升起了五星红旗。命运使然,我们这代人真的是与共和国同命运,共成长。

回想起来,蛮有意思的。我有很多带着时代特色的标记:新中国同龄人、老三届、下乡知青、77届、78届大学生、出国留学生、海归……,它们见证了共和国的坎坷和兴旺、也呈现了人生的艰难和幸福。

作为一个土生土长的上海人,在黑龙江农场"土插队"9年,在英国"洋插队"5年,其余56年基本就在上海了。老上海的记忆非常深刻,改革开放后的上海更是感同身受。

成年后的我,除了9年多的农场经历,其他时间都是在大学里度过的,不是读书就是工作。如果从1978年上大学开始,我和大学结缘已经40年有余,在大学的管理岗位上也有23年了,先后担任过三所不同类型大学的校长,亲眼目睹、亲身经历了新中国高等教育发展壮大的过程。

今年是共和国成立70周年,我也70周岁了。讲讲祖国翻天覆地的变化,讲讲上海日新月异的面貌,实际上也在讲自己经历的故事。

离乡方知这份依恋之情有多深

1969年我作为一名高中生,到黑龙江的农场。这里曾是劳改农场,生活条件相当艰苦。但是那个时候我们年轻力壮,无知无畏,能把艰苦视为锻炼。折磨我们的,是思乡的心情。

① 本文为俞立中在解放日报《文化讲坛》上的讲话。

从小在上海出生、长大，一旦离开上海，才发现自己对这座城市的感情多么深。这种依恋的心情和当时没有机会继续学习的失落，以及对前途渺茫的不安交织在一起。

70 年代初期的时候，我们有了推荐工农兵大学生，我在农场里面表现努力，年年得到推荐，但年年失败。这里面既有我家庭的原因，也有农场的领导不想放我走等原因。一直到了我 25 周岁那一年，已经到了年龄上限，得到了最后一次推荐的机会，当时我被推荐去上海的同济大学，心情雀跃。可谁知发通知的时候到了，名单上却没有我的名字。这件事对我来讲打击非常大。所以，当恢复高考的消息传来，对于我们知识青年是莫大的鼓励。

迎考时正值农忙，我白天下地锄草，晚上等大家都睡觉了，偷偷在蚊帐里面打开手电筒看书。早上出工的时候，把数学公式、化学方程式写在手上，一边劳动一边看一下手掌。我参加了黑龙江的初试，在黑河地区理科考了第一名，然后参加了全国的考试。考试那天，我们坐了两个多小时的卡车赶到考场。三天考试，当中的两个晚上，我们借宿当地农民家。晚上没有被子，我们裹着军大衣，蜷在炕上度过。

最终，我以优异考分进入了华东师范大学。去华师大，是我填的第一个志愿，我想回到上海。当年和我一起在农场的人，后来也陆陆续续都回到了上海。但是我们当中的大部分，今天可能是这个城市的最底层、最艰苦的人。我们不能忘记城市在发展当中我们这一代人的付出。

上海日新月异的发展超出想象

第二个故事，我想讲讲我的回国之路。1985 年，华东师范大学把我送到英国攻读博士学位，从出国那一天起，我就下定决心学成回来报效祖国。1990 年我毕业回国，这一年正逢浦东开发开放。

我一回到上海，看到的就是一派欣欣向荣的景象，大家的精气神为之一振。但物质水平上，大家生活还很拮据。回国不久，我们和上海商委一起合作研究建立上海商业的信息系统，在一起考虑上海整个城市建设的地理信息时，我看到规划中沿着南京路，沿着浦东，将有一栋一栋大楼，一条一条的商业街。我就问商委的同志，“这个有能力实现吗？钱从哪里来？”不敢相信这些设想能成真。

但是今天一切都发生了！我有很多英国同事到中国来，都为上海的变化震惊，而且他们每隔一段时间来，就发现所见又不一样。目睹上海日新月异，目睹上海第一条高速公路出现，第一座摩天大楼盖起来，这种心情，不仅是自豪，还有对上海未来发展的憧憬。有这样辛勤付出的上海人，有这样智慧的上海人，我觉得什么奇迹都能够发生。

一流的城市需要面向未来世界的教育

第三个故事，我想讲讲亲历教育领域的变化。1990 年我回国后在华东师范大学筹备实验室，当时校方全力支持，其中有两件最让我难忘的事，今天的青年是想象不到。

第一件事情，是破格允许在我的实验室里面装一台空调，4 000 块钱。因为当时大学里没有空调。有时外宾到我们系里面参观，看到大家都在没有空调的绘图室、实验室里面流着汗工作，感慨“你们太了不起了”。第二件事情，是允许我装了一台电话，这在 1990 年也是享受了特殊待遇。这就是当时大学的条件。但仅仅几年后，整个高等教育的发展，已经发生了翻天覆地的变化。

我在地理系，当时要去滩壁上取样。每一次我们去取样，就会发现周边的景观都在发生变化。眼见一幢幢楼拔地而起。如今我很自豪地对上海纽约大学的国际学生讲，现在你们学校所在的地方陆家嘴过去是一片农田。如今身处高楼中，所有的一切建筑物的历史，不会超过三十年。这一点对于国际学生的震撼非常大的。这反映了城市的速度，更反映了我们上海人民努力建设一座城市的能力。

今天的教育面临着很多挑战，也有很多问题。但是纵观历史，我们一直在进步。从高考制度恢复，到高等教育快速发展，从高等教育的精英化教育阶段到大众化，应该说我们一直在进步，一直在给予青年学生更多求学深造机会。

1996 年，我走向学校管理岗位，当时看到我们很多实验室里都还在使用上个世纪 50 年代的设备，当时我曾脱口而出“惨不忍睹”。但是今天我们看到，我们高校里的很多仪器设备，绝对可以和世界一流大学比较。经过这些年的发展，我们在硬件方面不短缺了，但还有哪些不足之处？

我觉得，缺的是一个好的教育理念，缺的是我们要实现这样一个教育理念的手段、途径和方法,缺的是我们高等教育改革的过程当中,我们用什么样的视野,什么样的心态,面对我们教育的变革,迎接教育的变革。我非常幸运,在我担任两所大学校长之后,有幸直接参与中外合作办学的创建,这是上海唯一一所具有独立法人资格和学位授予权的大学。我们一半的学生来自中国,一半的学生来自世界 80 多个不同的国家。

能够有来自 80 多个国家的学生在中国上海这一片土地上学习,接受高等教育,同时让他们亲身的体验、感受我们上海的变化速度和上海变化的场景,我想,这是一件很不容易的事情,但是我又觉得这是一件非常有意义的事情。中国正在走向世界,我们需要让世界能够更好的理解中国,我们需要建立更多中国和世界各国的纽带。

上海纽约大学已经有两届毕业生,今年 5 月份马上要迎来第三届毕业生,我们这些学生都是受到了世界顶级学校的青睐,受到了很多国际企业的青睐。为什么?我一直在想这个问题,世界的发展,需要有一大批这样有全球视野,善于跨文化沟通交流合作的年轻一代。我们需要有这样的一些年轻人,他会思考问题,他敢于迎接挑战,敢于做不一样的事情,这就是上海纽约大学成功的地方。

我们为了中国走向世界,培养一大批了解多元文化,善于跨文化沟通交流合作的中国的青年。同时,我们希望培养一大批来自世界不同国家的年轻人,他们能够了解中国的问题,了解中国的发展,愿意建立和中国之间的纽带。

所以回顾新中国成立以来,我们高等教育走过的历程,它不仅是在数量上,在观念方面、质量方面,都在一个提升的过程当中,当然我们也要看到,在这个发展过程当中,我们今天的教育还存在很多很多的问题,但是我相信,在我们大家共同的努力下面,特别是在我们上海有这样一大群热爱这座城市,勇于改革、勇于探索的人们共同努力下,中国的高等教育会发展得更好、更快,我相信未来也让我们所有生活在这座城市里面的人,能够为我们教育的发展,为教育质量的提升,为一流的大学有一流的教育感到自豪。

全球教育，看到一个更大的世界[1]

（2019 年 5 月）

一年一度，又一届毕业生即将离开学校，走向世界，走向更广阔的天地。此时此刻，作为一个和你们相伴四年的老人，特别容易动感情，为你们的成绩感到骄傲，也因为你们的离去而有些伤感。其实，这个时刻我最想对同学们重复这句话——“我们在共同创造历史”，过去、今天、将来。上海纽约大学是全球化时代高等教育国际合作的一块“试验田”，是当代教育改革与创新的一项积极探索。成功与否？有没有取得预期的成效？最终的检验是同学们，你们今天的人生感悟，明天的社会贡献。

尽管是第三届学生，你们同样是一群敢于冒险、勇于探索的开拓者。进入到一所全球化的大学，在多元文化环境里学习和生活，注定会面对更多的困难和挑战。不少同学在进入上海纽约大学之前从未离开过自己的国家，甚至从未离开过家乡；大多数人没有机会和来自不同文化背景的同学如此深度的共处和交流，也没有体验过这样丰富的学习模式。

你们在上海纽约大学这个多元文化环境里，加深了对这个世界的理解，打破了文化壁垒，求同存异，建立了信任和合作，来自世界各国的同学们结下了深厚的友谊，成为连接世界各国的纽带。

你们在教授们的鼓励、启发和悉心指导下，不仅很好地掌握了不同的专业知识和技能，更培养了独立思辨的学术品格和人文精神，拓宽了视野，增强了学习和选择能力，发展了全球胜任力，明确了今后的人生目标和道路。

你们利用各种机会，融入社会，在实践中探索，在实践中学习，积极参与内容丰富、形式多样的科学研究、企业实习、社会活动和志愿者服务，在社会服务中展现了才华，赢得了荣誉，提升了责任感和使命感。

离别之际，心情有点复杂。就像有同学说的那样，四年过得真快，舍不得离开学

① 本文为俞立中在上海纽约大学 2019 届毕业典礼上的讲话，英文讲稿。

校，离开这个群体。其实我们更舍不得你们离开，但该到放手让你们去闯荡世界的时候了。我相信，上海纽约大学的教职工和你们的学弟学妹们会永远记住你们，想念你们，不仅因为你们的出色表现，更因为你们勇于探索、不怕风险，用你们的理想和实践展示了学校的理念、质量和水准。

每个人都有自己的价值选择，上海纽约大学的教育是希望同学们有积极的人生态度，有担当推动人类社会文明进步和持续发展的责任。一个多月前，我在波士顿与一批 2017 届和 2018 届同学聚会，他们有的还在继续攻读研究生，有的即将毕业或已经毕业，在当地找到了工作，谈起在上海纽约大学的学习生活，历历在目，无不感慨万分。今天他们仍然在实现人生价值的路上，而上海纽约大学的全球教育让他们在世界舞台上游刃有余。我想，无论你们将来在哪里，无论你们在什么岗位上，你们都将延续上海纽约大学的历史，并继续创造属于你们自己的辉煌历史。你们的成长经历将会给高等教育的改革与创新提供一个个鲜活的案例。

我们生活在一个快速变化的世界。未来需要一大批具有全球视野、理解多元文化、愿意并善于跨文化沟通和合作的创新人才。愿你们发扬上海纽约大学独立思考、创新创造的学术精神，开放、包容的文化精神。期待你们对人类和社会的进步做出更多的贡献，体现你们的价值和责任，也让更多人从你们身上感受到上海纽约大学探索的价值和意义。

衷心祝贺 2019 届毕业生同学们！衷心感谢各位家长对学校的高度认同，对孩子们的全力支持！衷心感谢上海纽约大学中外教师和员工的付出和奉献！衷心感谢上海市教委和浦东新区对学校的支持和帮助！衷心感谢社会慈善人士和企业家对学校和学生的慷慨捐赠！衷心感谢所有在创建上海纽约大学过程中做出贡献的中外人士！上海纽约大学会以更出色的办学成效回报社会。

不知同学们是否还记得四年前，在入学典礼上我送给大家的见面礼？我想在这里再重复一下：愿同学们“永远有一个美好的梦”，希望同学们“为实现梦想而努力”，希望同学们“把个人的梦和人类的梦、世界的梦联系起来”。今天，我可以肯定地说，同学们对未来一定都有一个美丽的梦，也会为实现梦想而努力；今天，我更期待是，同学们要把个人的“梦”和人类的“梦”、世界的“梦”联系在一起。这样，我们每个人的“梦”也会变得更有意义，更加伟大。

祝福同学们。

《新民晚报》创刊 90 周年感言①

（2019 年 9 月）

新媒体时代的到来，对纸质媒体带来了极大的挑战。我已经习惯在手机上看新闻，获取各种信息，但有一份报纸仍是爱不释手，每天都会仔细浏览一遍，那就是《新民晚报》。我曾开玩笑地说，如果经济上只订得起一份报纸，我一定会选择《新民晚报》。作为一个上海人，从孩提认字起就看上了《新民晚报》，她陪伴了我大半人生。

为什么一份跨越两个世纪的报纸会受到那么多市民们的青睐？我觉得《新民晚报》是份雅俗共赏、老少皆宜的报纸，涉及的内容多样化，很多文章寓意深刻，文笔趣味性强，深受读者喜爱和欢迎。上海的老百姓大都已习惯了"新民晚报，夜饭吃饱"，在工作了一整天，吃过了晚饭，可以安安心心地坐下来，看一张晚报了。这是至今很多上海人的一种生活方式，更是一种精神上享受的时刻。

这么多年来，这份上海老百姓家门口的报纸见证了这座城市的发展和变化，见证了上海的改革开放，见证了上海教育事业的迅速发展。而她也随着时代的变化而不断地发展，但是她与市民百姓的紧密联系始终如初。通过几代报人的艰辛努力，矢志不渝地为民众办报，为老百姓办报，为上海市民和读者办报，新民晚报，不仅走进读者家门，更走进了读者的心房。

我和上海高等教育事业结缘 41 年有余，在大学管理岗位上也已经工作了 23 年。无论在上海师大、华东师大，还是在上海纽约大学，《新民晚报》对教育领域的探索和改革，都给予了大力支持和帮助。上海纽约大学是第一所中美合作创办的高校，《新民晚报》对这个新生事物，从一开始就投入了关注和爱护。从首届新生入学到现在，有近 50 篇专题或新闻里都出现了上海纽约大学的名字。两年前，《新民晚报》推出了"上海 100 胜"，其中之 86 篇是"有凤来仪"垂直大学嵌入陆家嘴。这篇专栏文章展

① 本文为俞立中在《新民晚报》创刊 90 周年座谈会上的发言。

示了一个城市新地标,揭示了上海纽约大学探索的价值和意义,不仅是一栋楼里的一所大学,而是一系列不受围墙限制的创新理念,也是建立世界与上海联系的理想平台。“一流城市需要一流教育”的理念,在努力推动教育事业的发展。

藉此《新民晚报》90 岁华诞,作为这所年轻大学的老校长,我要感谢我们家门口的这个报刊以及她的新媒体平台,为高等教育改革助力,讲述上海人喜闻乐见的故事。90 岁的《新民晚报》历程,是中国报业继往开来的丰富历史,衷心希望 90 岁的她在纸质媒体走进融合发展的时代,坚守品位,闯出一条新路,在未来依然繁花似锦。

后　记

为"存史、资政、育人"，早在十几年前，学校组织编纂出版校长系列文集，如孟宪承的《孟宪承文集》、刘佛年的《刘佛年教育文集》、袁运开的《生涯的足迹：教育、科技史与科技哲学文选》、张瑞琨的《教育生涯录：教育科学、自然科学史、自然辩证法文选》等。同时，也发掘整理出版学校前身校长之系列，如《王伯群与大夏大学》、《欧元怀校长与大夏大学》、《马君武校长与大夏大学》、《张寿镛校长与光华大学》、《朱经农校长与光华大学》、《廖世承校长与光华大学》，这些校长系列文集，比较集中地反映了校长们在大学治理、教育管理等方面的经验和探索。

为承前启后继往开来，我们以馆藏档案为基础，深度发掘，继续编纂俞立中校长文集，即《教育，看到一个更大的世界——俞立中文集》和《大学管理之道在于沟通——俞立中媒体访谈录》，以期赓续传统，对校长文集作进一步补充和完善。

《教育，看到一个更大的世界——俞立中文集》主要收集俞立中担任上海师范大学、华东师范大学和上海纽约大学校长期间代表学校所作的工作报告或致辞，在论坛或大会上的讲话或发言，开学典礼和毕业典礼的讲话，务虚会议或工作会议上的发言，报纸杂志上发表的文章，以及网络平台上与学生的交流或感言，共计 135 篇。

《大学管理之道在于沟通——俞立中媒体访谈录》主要选录了《人民日报》、《光明日报》、新华社、《解放日报》、《文汇报》、《新民晚报》等全国数十家媒体对俞立中在治理大学期间的办学理念、特色和举措等的采访文章，共计 102 篇。

本书编撰历时两载，在编撰过程中，得到了学校领导的高度重视和支持。文集在编辑过程中，得到上海师范大学校长办公室、档案馆，华东师范大学学校办公室、党委宣传部，以及上海纽约大学等单位的大力协助和多方支持，允值佩谢！文集的编纂，始终得到俞立中校长的极大关怀。他除提供珍藏的照片以外，还审阅全稿，对文集书稿多所校正，备著辛劳。对他的帮助，谨此致谢！

文集由档案馆馆长汤涛主持负责选稿、统稿。档案馆胡琨、林雨平负责具体篇目的选校，档案馆李炜菁、俞玮琦、杨婷、符玲玲等参与了本书的部分编辑工作。

为编撰本书，我们曾多次组织召开校内外专家专题座谈会，得到章华明、钱益民、喻世红、宁波和肖阳等专家的指导与建议。本书的出版得到华东师范大学出版社的支持，感谢出版社领导和责任编辑的辛勤付出，在此一并致谢！

由于编者水平所限，书中缺点及错误在所难免，敬请读者不吝指教。

编　者

2020 年春节

图书在版编目（CIP）数据

教育，看到一个更大的世界：俞立中文集 / 华东师范大学档案馆编. —上海：华东师范大学出版社，2020
（丽娃档案）
ISBN 978-7-5760-0859-3

Ⅰ.①教… Ⅱ.①华… Ⅲ.①高等教育—教育改革—中国—文集 Ⅳ.①G649.21-53

中国版本图书馆CIP数据核字(2020)第187038号

教育，看到一个更大的世界——俞立中文集

编　　者　华东师范大学档案馆
责任编辑　朱妙津
责任校对　马　珺　时东明
装帧设计　刘怡霖

出版发行　华东师范大学出版社
社　　址　上海市中山北路3663号　邮编 200062
网　　址　www.ecnupress.com.cn
电　　话　021-60821666　行政传真 021-62572105
客服电话　021-62865537　门市(邮购)电话 021-62869887
地　　址　上海市中山北路3663号华东师范大学校内先锋路口
网　　店　http://hdsdcbs.tmall.com/

印 刷 者　上海中华商务联合印刷有限公司
开　　本　787×1092　16开
印　　张　44.25
插　　页　8
字　　数　710千字
版　　次　2020年10月第1版
印　　次　2020年10月第1次
书　　号　ISBN 978-7-5760-0859-3
定　　价　198.00元

出 版 人　王　焰